统计建模与R软件

薛 毅 陈立萍 编著

清华大学出版社

北京

内 容 简 介

本书以统计理论为基础,按照数理统计教材的章节顺序,在讲明统计的基本概念的同时,以R软件为辅助计算手段,介绍统计计算的方法,从而有效地解决统计中的计算问题.

书中结合数理统计问题对R软件进行科学、准确和全面的介绍,以便使读者能深刻理解该软件的精髓和灵活、高效的使用技巧.此外,还介绍了在工程技术、经济管理、社会生活等各方面的丰富的统计问题及其统计建模方法,通过该软件将所建模型进行求解,使读者获得从实际问题建模入手,到利用软件进行求解,以及对计算结果进行分析的全面训练.

本书可作为理工、经济、管理、生物等专业学生数理统计课程的辅导教材或教学参考书,也可作为统计计算课程的教材和数学建模竞赛的辅导教材.

图书在版编目(CIP)数据

统计建模与 R 软件/薛毅,陈立萍编著.—北京:清华大学出版社,2007.4(2021.8重印)
ISBN 978-7-302-14366-6

Ⅰ.统⋯ Ⅱ.①薛⋯ ②陈⋯ Ⅲ.统计分析－应用软件 Ⅳ.C819

中国版本图书馆 CIP 数据核字(2006)第 158986 号

责任编辑:刘 颖 赵从棉
责任校对:赵丽敏
责任印制:朱雨萌

出版发行:清华大学出版社
  网 址:http://www.tup.com.cn,http://www.wqbook.com
  地 址:北京清华大学学研大厦 A 座 邮 编:100084
  社 总 机:010-62770175   邮 购:010- 62786544
  投稿与读者服务:010-62776969,c-service@tup.tsinghua.edu.cn
  质量反馈:010-62772015,zhiliang@tup.tsinghua.edu.cn
印 装 者:三河市君旺印务有限公司
经 销:全国新华书店
开 本:185mm×230mm 印 张:33.75 字 数:716 千字
版 次:2007 年 4 月第 1 版 印 次:2021 年 8 月第 22 次印刷
定 价:96.00 元

产品编号:020971-08

前　言

本书力求将实用统计方法的介绍与在计算机上 R 软件如何实现这些方法紧密地联系起来, 不仅介绍了各种数理统计方法的统计思想、实际背景、统计模型和计算方法, 并且结合 R 软件, 给出相应解决问题的步骤并对计算结果进行分析.

关于数理统计的教材或教科书已非常多. 这类教材主要以数理统计的理论为基础, 讲述其理论、方法与应用背景, 但对于计算, 讲的较少, 基本是以手工计算为主, 目的是为了帮助读者理解相应的统计方法, 可操作性不强.

关于统计计算的书也有不少. 目前, 统计计算的教材一般是讲算法 (这一点与数值分析或计算方法差不多), 而没有相应的软件做支撑, 有些内容是数值分析内容的重复, 统计味不足.

结合软件讲统计的书, 目前最多的是结合 SAS 软件、SPSS 软件. 这类书籍基本上相当于软件使用说明书, 虽然谈到一些统计概念, 但讲得很少.

本书既不是一本单纯的关于数理统计或统计计算的教科书, 也不是一本关于 R 软件的使用手册, 而是一本将两者相结合的教科书. 其特点是结合 R 软件讲述数理统计的基本概念与计算方法.

R 软件是一种共享的统计软件, 也是一种数学计算环境. 它提供了有弹性的、互动的环境来分析和处理数据; 它提供了若干统计程序包, 以及一些集成的统计工具和各种数学计算、统计计算的函数. 用户只需根据统计模型, 指定相应的数据库及相关的参数, 便可灵活机动地进行数据分析等工作, 甚至创造出符合需要的新的统计计算方法. 使用 R 软件可以简化数据分析过程, 从数据的存取, 到计算结果的分享, R 软件提供了非常方便的计算工具, 帮助用户更好地分析和解决问题. 通过 R 软件的许多内嵌统计函数, 可以很容易学习和掌握 R 软件的语法, 也可以编制自己的函数来扩展现有的 R 语言, 完成科研工作.

本教材的编写风格是: (1) 以目前常见的数理统计教材的内容为基准, 首先对数理统计的基本概念、基本方法作一个简单、清晰的介绍, 在注重基础的同时, 侧重统计思想和统计方法的介绍. (2) 以 R 语言为主, 编写相应的计算程序. 这部分内容的目的有两个: 第一是学习 R 软件的编程方法, 掌握 R 软件的基本技巧; 第二是通过编程加深对统计方法的了解与掌握, 同时, 还可以通过编程, 加深对 R 软件中相关函数的了解. (3) 介绍相关的计算函数. 针对许多统计方法, R 软件提供了大量的内嵌计算函数, 使用者只需输入数据并且调用相应的内嵌函数, 就可得到相应的结果. 本书这一部分的写作重点放在对计算结果的统计解释上, 即如何通过结果来分析已有数据中所包含的统计信息, 着重介绍相应的统计建模方法. 这些是本教材最主要的特色, 也是不同于其他与软件有关的教材之处. 本书着重强调统计建模, 以及如何使用 R 软件得到其计算结果和相应的结果解释.

本书的主要内容: 第 1 章, 概率统计的基本知识. 主要是复习统计的基本知识, 便于对后面各章内容的理解. 第 2 章, R 软件的使用. 主要介绍 R 软件的基本使用方法. 第 3 章, 数据描述性分析. 从数据描述开始分析数据, 主要介绍数据的基本特征, 如均值、方差, 还有与数据有关的各种图形, 如直方图、散点图等. 第 4 章, 参数估计. 介绍参数估计的基本方法, 如点估计和区间估计. 着重介绍 R 软件中与估计有关的函数. 第 5 章, 假设检验. 介绍假设检验的基本方法, 一类是参数检验, 另一类是非参数检验. 重点是介绍 R 软件中与假设检验有关的 R 函数及相关的使用方法. 第 6 章, 回归分析. 介绍回归分析的基本方法, 着重介绍回归分析的过程与方法和如何使用 R 软件作回归分析. 除一般的回归方法外, 还谈到逐步回归、非线性回归等内容. 第 7 章, 方差分析. 介绍单因素方差分析、双因素方差分析, 以及正交试验设计与方差分析之间的关系. 第 8 章, 应用多元分析 (I). 介绍判别分析和聚类分析, 这些内容与判别和分类有关. 第 9 章, 应用多元分析 (II). 介绍主成分分析、主因子分析和典型相关分析, 它是应用多元分析中降维计算的内容. 第 10 章, 计算机模拟. 介绍计算机模拟的 Monte Carlo 方法, 以及系统模拟方法, 最后介绍模拟方法在排队论中的应用. 此外, 还包括两个附录, 内容分别是作者自编函数的索引和 R 软件中函数的索引.

在学习本书的内容之后, 可以发现, 尽管有些统计内容其计算相当复杂, 但在使用 R 软件之后, 这些问题可以很轻松地得到解决.

本书所编写的 R 函数, 以及所介绍的 R 函数均以 R-2.1.1 版为基础 (目前的版本是 R-2.3.1, 大约每 3 至 4 个月版本会更新一次), 而且全部程序均运行通过, 读者如果需要作者自编的 R 程序, 可以通过电子邮件向作者索取, 邮件地址: xueyi@bjut.edu.cn.

本书是为理工、经济、管理、生物等专业学生或专业人员解决统计计算问题编写的, 可以作为上述专业学生数理统计课程的辅导教材或教学参考书, 也可作为统计计算课程的教材和数学建模竞赛的辅导教材.

由于编者水平有限, 书中一定存在不足甚至错误之处, 欢迎读者不吝指正, 我们的电子邮件地址是: xueyi@bjut.edu.cn (薛毅); chenliping@bjut.edu.cn (陈立萍).

编　者

2006 年 7 月

于北京工业大学

目　　录

第1章　概率统计的基本知识 ··· 1

1.1　随机事件与概率 ··· 1

1.1.1　随机事件 ·· 1

1.1.2　概率 ··· 3

1.1.3　古典概型 ·· 4

1.1.4　几何概型 ·· 5

1.1.5　条件概率 ·· 6

1.1.6　概率的乘法公式、全概率公式、Bayes 公式 ··········· 7

1.1.7　独立事件 ·· 8

1.1.8　n 重 Bernoulli 试验及其概率计算 ················ 9

1.2　随机变量及其分布 ··· 9

1.2.1　随机变量的定义 ·· 9

1.2.2　随机变量的分布函数 ·· 10

1.2.3　离散型随机变量 ··· 10

1.2.4　连续型随机变量 ··· 12

1.2.5　随机向量 ··· 16

1.3　随机变量的数字特征 ·· 21

1.3.1　数学期望 ··· 21

1.3.2　方差 ··· 22

1.3.3　几种常用随机变量分布的期望与方差 ·············· 22

1.3.4　协方差与相关系数 ··· 23

1.3.5　矩与协方差矩阵 ··· 24

1.4　极限定理 ·· 26

1.4.1　大数定律 ··· 26

1.4.2　中心极限定理 ··· 28

1.5　数理统计的基本概念 ·· 29

1.5.1　总体、个体、简单随机样本 ····························· 29

1.5.2　参数空间与分布族 ··· 31

　　　　1.5.3　统计量和抽样分布 ··· 31

　　　　1.5.4　正态总体样本均值与样本方差的分布 ································· 37

　　习题 ·· 38

第 2 章　R 软件的使用 ··· 41

　2.1　R 软件简介 ·· 41

　　　2.1.1　R 软件的下载与安装 ··· 42

　　　2.1.2　初识 R 软件 ·· 42

　　　2.1.3　R 软件主窗口命令与快捷方式 ······························· 48

　2.2　数字、字符与向量 ··· 58

　　　2.2.1　向量 ·· 58

　　　2.2.2　产生有规律的序列 ··· 60

　　　2.2.3　逻辑向量 ··· 61

　　　2.2.4　缺失数据 ··· 62

　　　2.2.5　字符型向量 ·· 63

　　　2.2.6　复数向量 ··· 63

　　　2.2.7　向量下标运算 ·· 64

　2.3　对象和它的模式与属性 ··· 67

　　　2.3.1　固有属性：mode 和 length ··· 67

　　　2.3.2　修改对象的长度 ·· 68

　　　2.3.3　attributes()和 attr()函数 ··· 68

　　　2.3.4　对象的 class 属性 ·· 69

　2.4　因子 ·· 69

　　　2.4.1　factor()函数 ··· 70

　　　2.4.2　tapply()函数 ·· 70

　　　2.4.3　gl()函数 ·· 71

　2.5　多维数组和矩阵 ··· 71

　　　2.5.1　生成数组或矩阵 ·· 71

　　　2.5.2　数组下标 ··· 73

　　　2.5.3　数组的四则运算 ·· 74

　　　2.5.4　矩阵的运算 ·· 76

　　　2.5.5　与矩阵(数组)运算有关的函数 ······································ 82

2.6　列表与数据框 ··· 84

　2.6.1　列表 ··· 84

　2.6.2　数据框 ··· 86

　2.6.3　列表与数据框的编辑 ··· 89

2.7　读、写数据文件 ··· 89

　2.7.1　读纯文本文件 ··· 89

　2.7.2　读其他格式的数据文件 ··· 92

　2.7.3　链接嵌入的数据库 ··· 94

　2.7.4　写数据文件 ··· 95

2.8　控制流 ··· 96

　2.8.1　分支语句 ··· 96

　2.8.2　中止语句与空语句 ··· 97

　2.8.3　循环语句 ··· 97

2.9　编写自己的函数 ··· 99

　2.9.1　简单的例子 ··· 99

　2.9.2　定义新的二元运算 ··· 102

　2.9.3　有名参数与默认参数 ··· 102

　2.9.4　递归函数 ··· 104

习题 ·· 105

第3章　数据描述性分析 ··· 107

3.1　描述统计量 ··· 107

　3.1.1　位置的度量 ··· 107

　3.1.2　分散程度的度量 ··· 112

　3.1.3　分布形状的度量 ··· 114

3.2　数据的分布 ··· 116

　3.2.1　分布函数 ··· 116

　3.2.2　直方图、经验分布图与 QQ 图 ······································ 118

　3.2.3　茎叶图、箱线图及五数总括 ·· 123

　3.2.4　正态性检验与分布拟合检验 ·· 128

3.3　R 软件中的绘图命令 ·· 130

　3.3.1　高水平作图函数 ··· 130

3.3.2 高水平绘图中的命令 ……………………………………… 137

3.3.3 低水平作图函数 …………………………………………… 138

3.4 多元数据的数据特征与相关分析 …………………………………… 140

3.4.1 二元数据的数字特征及相关系数 …………………………… 140

3.4.2 二元数据的相关性检验 ……………………………………… 142

3.4.3 多元数据的数字特征及相关矩阵 …………………………… 145

3.4.4 基于相关系数的变量分类 …………………………………… 148

3.5 多元数据的图形表示方法 …………………………………………… 154

3.5.1 轮廓图 ………………………………………………………… 154

3.5.2 星图 …………………………………………………………… 155

3.5.3 调和曲线图 …………………………………………………… 158

习题 …………………………………………………………………………… 160

第4章 参数估计 …………………………………………………………… 162

4.1 点估计 ………………………………………………………………… 162

4.1.1 矩法 …………………………………………………………… 163

4.1.2 极大似然法 …………………………………………………… 166

4.2 估计量的优良性准则 ………………………………………………… 174

4.2.1 无偏估计 ……………………………………………………… 174

4.2.2 有效性 ………………………………………………………… 176

4.2.3 相合性(一致性) ……………………………………………… 177

4.3 区间估计 ……………………………………………………………… 177

4.3.1 一个正态总体的情况 ………………………………………… 178

4.3.2 两个正态总体的情况 ………………………………………… 182

4.3.3 非正态总体的区间估计 ……………………………………… 190

4.3.4 单侧置信区间估计 …………………………………………… 191

习题 …………………………………………………………………………… 200

第5章 假设检验 …………………………………………………………… 203

5.1 假设检验的基本概念 ………………………………………………… 203

5.1.1 基本概念 ……………………………………………………… 203

5.1.2 假设检验的基本思想与步骤 ………………………………… 205

5.1.3 假设检验的两类错误 ………………………………………… 205

5.2　重要的参数检验 ··· 206

　　5.2.1　正态总体均值的假设检验 ······················· 206

　　5.2.2　正态总体方差的假设检验 ······················· 215

　　5.2.3　二项分布总体的假设检验 ······················· 220

5.3　若干重要的非参数检验 ·· 222

　　5.3.1　Pearson 拟合优度 χ^2 检验 ····················· 222

　　5.3.2　Kolmogorov-Smirnov 检验 ···················· 227

　　5.3.3　列联表数据的独立性检验 ······················· 229

　　5.3.4　符号检验 ·· 235

　　5.3.5　秩统计量 ·· 239

　　5.3.6　秩相关检验 ··· 240

　　5.3.7　Wilcoxon 秩检验 ···································· 243

习题 ··· 249

第 6 章　回归分析 ··· 253

6.1　一元线性回归 ··· 253

　　6.1.1　数学模型 ·· 253

　　6.1.2　回归参数的估计 ······································ 255

　　6.1.3　回归方程的显著性检验 ···························· 256

　　6.1.4　参数 β_0 与 β_1 的区间估计 ····················· 258

　　6.1.5　预测 ·· 259

　　6.1.6　控制 ·· 260

　　6.1.7　计算实例 ·· 260

6.2　R 软件中与线性模型有关的函数 ·························· 265

　　6.2.1　基本函数 ·· 265

　　6.2.2　提取模型信息的通用函数 ························· 266

6.3　多元线性回归分析 ··· 267

　　6.3.1　数学模型 ·· 267

　　6.3.2　回归系数的估计 ······································ 268

　　6.3.3　显著性检验 ··· 269

　　6.3.4　参数 β 的区间估计 ······························· 271

　　6.3.5　预测 ·· 272

　　　　6.3.6　修正拟合模型 ································· 272

　　　　6.3.7　计算实例 ····································· 273

　　6.4　逐步回归 ··· 279

　　　　6.4.1　"最优"回归方程的选择 ················· 279

　　　　6.4.2　逐步回归的计算 ··························· 279

　　6.5　回归诊断 ··· 284

　　　　6.5.1　什么是回归诊断 ··························· 284

　　　　6.5.2　残差 ··· 288

　　　　6.5.3　残差图 ······································· 291

　　　　6.5.4　影响分析 ····································· 296

　　　　6.5.5　多重共线性 ································· 304

　　6.6　广义线性回归模型 ······························· 307

　　　　6.6.1　与广义线性模型有关的 R 函数 ··········· 307

　　　　6.6.2　正态分布族 ································· 308

　　　　6.6.3　二项分布族 ································· 309

　　　　6.6.4　其他分布族 ································· 316

　　6.7　非线性回归模型 ································· 318

　　　　6.7.1　多项式回归模型 ··························· 319

　　　　6.7.2　(内在)非线性回归模型 ··················· 323

　　习题 ··· 331

第 7 章　方差分析 ··· 336

　　7.1　单因素方差分析 ································· 336

　　　　7.1.1　数学模型 ····································· 337

　　　　7.1.2　方差分析 ····································· 338

　　　　7.1.3　方差分析表的计算 ······················· 339

　　　　7.1.4　均值的多重比较 ··························· 342

　　　　7.1.5　方差的齐次性检验 ······················· 345

　　　　7.1.6　Kruskal-Wallis 秩和检验 ··············· 348

　　　　7.1.7　Friedman 秩和检验 ····················· 351

　　7.2　双因素方差分析 ································· 353

　　　　7.2.1　不考虑交互作用 ··························· 353

　　　7.2.2　考虑交互作用 ································· 356

　　　7.2.3　方差齐性检验 ································· 359

　7.3　正交试验设计与方差分析 ························· 361

　　　7.3.1　用正交表安排试验 ······················· 361

　　　7.3.2　正交试验的方差分析 ····················· 364

　　　7.3.3　有交互作用的试验 ······················· 366

　　　7.3.4　有重复试验的方差分析 ··················· 369

　习题 ··· 371

第8章　应用多元分析(I) ····························· 375

　8.1　判别分析 ································· 375

　　　8.1.1　距离判别 ································· 375

　　　8.1.2　Bayes 判别 ································· 385

　　　8.1.3　Fisher 判别 ································· 393

　8.2　聚类分析 ································· 397

　　　8.2.1　距离和相似系数 ························· 397

　　　8.2.2　系统聚类法 ································· 403

　　　8.2.3　动态聚类法 ································· 418

　习题 ··· 420

第9章　应用多元分析(II) ····························· 423

　9.1　主成分分析 ································· 423

　　　9.1.1　总体主成分 ································· 423

　　　9.1.2　样本主成分 ································· 427

　　　9.1.3　相关的 R 函数以及实例 ················· 429

　　　9.1.4　主成分分析的应用 ······················· 434

　9.2　因子分析 ································· 441

　　　9.2.1　引例 ································· 442

　　　9.2.2　因子模型 ································· 443

　　　9.2.3　参数估计 ································· 445

　　　9.2.4　方差最大的正交旋转 ····················· 455

　　　9.2.5　因子分析的计算函数 ····················· 458

　　　9.2.6　因子得分 ································· 461

9.3 典型相关分析 ………………………………………………………… 463

9.3.1 总体典型相关 ……………………………………………………… 464

9.3.2 样本典型相关 ……………………………………………………… 466

9.3.3 典型相关分析的计算 ……………………………………………… 467

9.3.4 典型相关系数的显著性检验 ……………………………………… 471

习题 ……………………………………………………………………… 473

第 10 章 计算机模拟 ……………………………………………………… 476

10.1 概率分析与 Monte Carlo 方法 ……………………………………… 476

10.1.1 概率分析 …………………………………………………………… 476

10.1.2 Monte Carlo 方法 ………………………………………………… 477

10.1.3 Monte Carlo 方法的精度分析 …………………………………… 480

10.2 随机数的产生 …………………………………………………………… 485

10.2.1 均匀分布随机数的产生 …………………………………………… 485

10.2.2 均匀随机数的检验 ………………………………………………… 486

10.2.3 任意分布随机数的产生 …………………………………………… 488

10.2.4 正态分布随机数的产生 …………………………………………… 489

10.2.5 用 R 软件生成随机数 ……………………………………………… 490

10.3 系统模拟 ………………………………………………………………… 490

10.3.1 连续系统模拟 ……………………………………………………… 491

10.3.2 离散系统模拟 ……………………………………………………… 492

10.4 模拟方法在排队论中的应用 ………………………………………… 497

10.4.1 排队服务系统的基本概念 ………………………………………… 497

10.4.2 排队模型模拟的关键 ……………………………………………… 500

10.4.3 等待制排队模型的模拟 …………………………………………… 501

10.4.4 损失制与混合制排队模型 ………………………………………… 507

习题 ……………………………………………………………………… 513

附录 索引 ……………………………………………………………… 515

附录 A 自编写的函数(程序) ……………………………………… 515

附录 B R 软件中的函数(程序) …………………………………… 517

参考文献 ………………………………………………………………… 526

第 1 章　概率统计的基本知识

本书是一本统计建模与软件应用相结合的教科书, 讲述重点是数理统计的基本方法和用 R 软件进行相应的计算. 众所周知, 数理统计是以概率论为基础, 应用非常广泛的数学学科分支, 是通过对试验或观察数据进行分析, 来研究随机现象以达到对研究对象的客观规律性做出合理的估计和推断的目的, 因此在介绍统计建模和 R 软件知识之前, 有必要先回顾一下相关的概率与数理统计的基本概念, 以及数理统计的各个应用分支.

本章用 4 节内容简单回顾概率论的基础知识, 用 1 节内容简单介绍数理统计的基本概念. 这样做的目的是使读者对已有概率论的知识有一个全面的了解与回顾, 对数理统计的概念有一个基本的认识.

1.1　随机事件与概率

1.1.1　随机事件

1. 随机事件

在一定条件下, 所得的结果不能预先完全确定, 而只能确定是多种可能结果中的一种, 称这种现象为随机现象. 例如, 抛掷一枚硬币, 其结果有可能是出现正面, 也有可能是出现反面; 电话交换台在 1 min 内接到的呼叫次数, 可能是 0 次、1 次、2 次、$\cdots\cdots$; 在同一工艺条件下生产出的灯泡, 其使用寿命有长有短; 测量同一物体的长度时, 由于仪器及观察受到环境的影响, 多次测量的结果往往有差异, 等等. 这些现象都是随机现象.

使随机现象得以实现和对它观察的全过程称为随机试验 (random experiment), 记为 E. 随机试验满足以下条件:

(1) 可以在相同条件下重复进行;

(2) 结果有多种可能性, 并且所有可能结果事先已知;

(3) 做一次试验究竟哪个结果出现, 事先不能确定.

称随机试验的所有可能结果组成的集合为样本空间 (sample space), 记为 Ω. 试验的每一个可能结果称为样本点 (sample point), 记为 ω.

称 Ω 中满足一定条件的子集为随机事件 (random event), 用大写字母 A, B, C, $\cdots$ 表示.

若一个随机事件只含一个不可再分的试验结果称为一个基本事件 (即一个样本点所组成的集合 $\{\omega\}$).

在试验中, 称一个事件发生是指构成该事件的一个样本点出现. 由于样本空间 Ω 包含了所有的样本点, 所以在每次试验中, 它总是发生, 因此称 Ω 为必然事件 (certain event). 空集 $\varnothing$ 不包含任何样本点, 且在每次试验中总不发生, 所以称 $\varnothing$ 为不可能事件 (impossible event).

2. 随机事件之间的关系

若事件 A 的发生必然导致事件 B 的发生, 则称事件 A 包含于事件 B, 或事件 B 包含事件 A, 记为 $A \subset B$, 亦称为事件的包含 (contain) 关系.

若 $A \subset B$, 且 $B \subset A$, 则称事件 A 与事件 B 等价 (equivalent), 记为 $A = B$.

若事件 A 与事件 B 至少有一个发生, 则称为事件的和 (union), 记为 $A \cup B$. 若 n 个事件 $A_1, A_2, \cdots, A_n$ 中至少有一个发生, 则称为 n 个事件的和, 记为 $A_1 \cup A_2 \cup \cdots \cup A_n$ 或 $\bigcup\limits_{i=1}^{n} A_i$.

同样, 可以定义可列无穷个事件的和 $A_1 \cup A_2 \cup \cdots \cup A_n \cup \cdots$ 或 $\bigcup\limits_{i=1}^{\infty} A_i$, 表示无穷个事件中至少有一个发生.

若事件 A 发生而事件 B 不发生, 则称为事件 A 与事件 B 的差, 记为 $A - B$.

若事件 A 与 B 同时发生, 则称事件 A 与事件 B 的积 (intersection), 记为 $A \cap B$ 或 AB. 若 n 个事件 $A_1, A_2, \cdots, A_n$ 同时发生, 则称为 n 个事件的积, 记为 $A_1 \cap A_2 \cap \cdots \cap A_n$ 或 $\bigcap\limits_{i=1}^{n} A_i$.

同样, 可以定义可列无穷个事件的积 $A_1 \cap A_2 \cap \cdots \cap A_n \cap \cdots$ 或 $\bigcap\limits_{i=1}^{\infty} A_i$, 表示无穷个事件同时发生.

若事件 A 与 B 不能同时发生, 则称事件 A 与事件 B 为互斥事件 (mutually exclusive event) 或不相容事件 (incompatiable event), 记为 $AB = \varnothing$.

在一次试验中, 基本事件之间是两两互斥的.

若 A 为随机事件, 称 "事件 A 不发生" 的事件为事件 A 的对立事件 (opposite event) 或逆事件 (complementary event), 记为 $\overline{A}$. 事件与对其立事件有如下关系:

$$A \cup \overline{A} = \Omega, \quad A\overline{A} = \varnothing.$$

由定义可知: 对立事件一定是互斥事件, 但互斥事件不一定是对立事件.

3. 随机事件的运算律

(1) 交换律

$$A \cup B = B \cup A, \quad AB = BA. \tag{1.1}$$

(2) 结合律

$$(A \cup B) \cup C = A \cup (B \cup C), \quad (A \cap B) \cap C = A \cap (B \cap C). \tag{1.2}$$

(3) 分配律

$$(A \cup B)C = (AC) \cup (BC), \quad A \cup (BC) = (A \cup B)(A \cup C). \tag{1.3}$$

(4) De Morgan(德·摩根) 律

$$\overline{A_1 \cup A_2} = \overline{A_1} \cap \overline{A_2}, \quad \overline{A_1 \cap A_2} = \overline{A_1} \cup \overline{A_2}. \tag{1.4}$$

对于 n 个或可列无穷个事件有

$$\overline{\bigcup_{k=1}^{n} A_k} = \bigcap_{k=1}^{n} \overline{A_k}, \quad \overline{\bigcap_{k=1}^{n} A_k} = \bigcup_{k=1}^{n} \overline{A_k}, \quad \overline{\bigcup_{k=1}^{\infty} A_k} = \bigcap_{k=1}^{\infty} \overline{A_k}, \quad \overline{\bigcap_{k=1}^{\infty} A_k} = \bigcup_{k=1}^{\infty} \overline{A_k}. \tag{1.5}$$

(5) 减法满足

$$A - B = A\overline{B} \quad 或 \quad A - B = A \cap \overline{B}. \tag{1.6}$$

1.1.2 概率

1. 概率的公理化定义

在概率论中并非样本空间 Ω 的任何子集均可以看作事件, 所定义的事件之间应满足一定的代数结构.

定义 1.1 设随机试验 E 的样本空间为 Ω, $\mathcal{F}$ 是 Ω 的子集组成的集族, 满足

(1) $\Omega \in \mathcal{F}$;

(2) 若 $A \in \mathcal{F}$, 则 $\overline{A} \in \mathcal{F}$;(对逆运算封闭)

(3) 若 $A_i \in \mathcal{F}$, $i = 1, 2, \cdots$, 则 $\bigcup_{i=1}^{\infty} A_i \in \mathcal{F}$. (对可列并运算封闭)

则称 $\mathcal{F}$ 为 Ω 的一个 σ 代数 (事件体), $\mathcal{F}$ 中的集合称为事件. 样本空间 Ω 和 σ 代数的二元体 $(\Omega, \mathcal{F})$ 称为可测空间.

定义 1.2 随机试验 E 的样本空间为 Ω, $(\Omega, \mathcal{F})$ 是可测空间, 对于每个事件 $A \in \mathcal{F}$, 定义一个实数 $P(A)$ 与之对应, 若函数 $P(\cdot)$ 满足条件:

(1) 对每个事件 A, 均有 $0 \leqslant P(A) \leqslant 1$;

(2) $P(\Omega) = 1$;

(3) 若事件 $A_1, A_2, \cdots$ 两两互斥, 即对于 $i, j = 1, 2, \cdots$, $i \neq j$, $A_i A_j = \varnothing$ 均有

$$P(A_1 \cup A_2 \cup \cdots) = P(A_1) + P(A_2) + \cdots.$$

则称 $P(A)$ 为事件 A 的概率 (probability), 称 $(\Omega, \mathcal{F}, P)$ 为概率空间.

2. 概率的性质

性质 1 $P(\varnothing) = 0$, 即不可能事件的概率为零.

但性质 1 反过来不成立, 即 $P(A) = 0 \nRightarrow A = \varnothing$.

性质 2 若事件 $A_1, A_2, \cdots, A_n$ 两两互斥, 则有

$$P(A_1 \cup A_2 \cup \cdots \cup A_n) = P(A_1) + P(A_2) + \cdots + P(A_n), \tag{1.7}$$

即互斥事件和的概率等于它们各自概率的和.

性质 3 对任一事件 A, 均有 $P(\overline{A}) = 1 - P(A)$.

性质 4 对两个事件 A 和 B, 若 $A \subset B$, 则有

$$P(B - A) = P(B) - P(A), \quad P(B) \geqslant P(A). \tag{1.8}$$

性质 5(加法公式) 对任意两个事件 A 和 B, 有

$$P(A \cup B) = P(A) + P(B) - P(AB). \tag{1.9}$$

性质 5 可以推广为

$$P(A_1 \cup A_2 \cup A_3) = P(A_1) + P(A_2) + P(A_3) - P(A_1 A_2) - P(A_1 A_3)$$
$$- P(A_2 A_3) + P(A_1 A_2 A_3), \tag{1.10}$$

$$P(A_1 \cup A_2 \cup \cdots \cup A_n) = S_1 - S_2 + S_3 - S_4 + \cdots + (-1)^{n-1} S_n, \tag{1.11}$$

其中 $S_1 = \sum\limits_{i=1}^{n} P(A_i)$, $S_2 = \sum\limits_{1 \leqslant i < j \leqslant n} P(A_i A_j)$, $S_3 = \sum\limits_{1 \leqslant i < j < k \leqslant n} P(A_i A_j A_k)$, $\cdots$, $S_n = P(A_1 A_2 \cdots A_n)$.

1.1.3 古典概型

设随机事件 E 的样本空间中只有有限个样本点, 即 $\Omega = \{\omega_1, \omega_2, \cdots, \omega_n\}$, 其中 n 为样本点总数. 每个样本点 $\omega_i (i = 1, 2, \cdots, n)$ 出现是等可能的, 并且每次试验有且仅有一个样本点发生, 则称这类现象为古典概型 (classical probability model). 若事件 A 包含 m 个样本点, 则事件 A 的概率定义为

$$P(A) = \frac{m}{n} = \frac{\text{事件 } A \text{ 包含的基本事件数}}{\text{基本事件总数}}. \tag{1.12}$$

例 1.1 设有 k 个不同的 (可分辨) 球, 每个球都能以同样的概率 $1/l$ 落到 l 个格子 $(l \geqslant k)$ 的每一个中, 且每个格子可容纳任意多个球, 试分别求如下两事件 A 与 B 的概率.

A: 指定的 k 个格子中各有一个球;

B: 存在 k 个格子, 其中各有一个球.

解 由于每个球可以落入 l 个格子中的任一个, 并且每一个格子中可落入任意多个球, 所以 k 个球落入 l 个格子中的分布情况相当于从 l 个格子中选取 k 个的可重复排列, 故样本空间共有 l^k 种等可能的基本结果.

事件 A 所含基本结果数应是 k 个球在指定的 k 个格子中的全排列数, 即 $k!$, 所以

$$P(A) = \frac{k!}{l^k}.$$

为了算出事件 B 所含的基本事件数, 可设想分两步进行: 因为 k 个格子可以是任意选取的, 故可先从 l 个格子中任意选出 k 个来, 选法共有 C_l^k 种; 对于每种选定的 k 个格子, 依上述各有一个球的推理, 则有 $k!$ 个基本结果, 故 B 含有 $C_l^k k!$ 个基本结果. 所以

$$P(B) = C_l^k \frac{k!}{l^k} = \frac{l!}{(l-k)!l^k}.$$

概率论的历史上有一个颇为著名的问题 —— 生日问题: 求 k 个同班同学没有两人生日相同的概率.

若把这 k 个同学看作例 1.1 中的 k 个球, 而把一年 365 天看作格子, 即 $l = 365$, 则上述的 $P(B)$ 就是所要求的概率. 例如, $k = 40$ 时, $P(B) = 0.109$. 换句话说, 40 个同学中至少两个人同一天过生日的概率是: $P(\overline{B}) = 1 - 0.109 = 0.891$, 其概率大得出乎意料.

1.1.4 几何概型

当随机试验的样本空间是某一可度量的区域, 并且任意一点落在度量 (长度、面积与体积) 相同的子区域内是等可能的, 则事件 A 的概率定义为

$$P(A) = \frac{S_A}{S} = \frac{\text{构成事件 } A \text{ 的子区域的度量}}{\text{样本空间的度量}}. \tag{1.13}$$

这种概率模型称为几何概型 (geometric probability model).

例 1.2 (Buffon(蒲丰) 投针问题) 设平面上画有等距为 a 的一簇平行线. 取一枚长为 $l(l < a)$ 的针随意扔到平面上, 求针与平行线相交的概率.

解 设 x 表示针的中心到最近一条平行线的距离, θ 表示针与此直线间的交角 (图 1.1(a)), 则 (θ, x) 完全决定针所落的位置. 针的所有可能的位置为

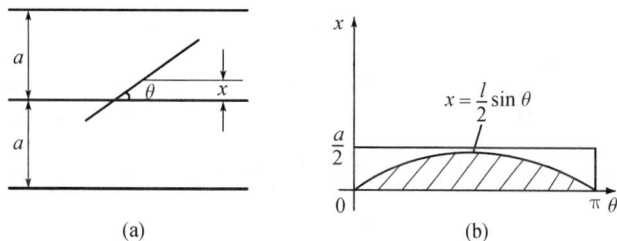

图 1.1 Buffon 投针的几何概率

$$\Omega = \left\{ (\theta, x) : 0 \leqslant \theta \leqslant \pi, \ 0 \leqslant x \leqslant \frac{a}{2} \right\}.$$

它可用 $\theta\text{-}x$ 平面上的一个矩形来表示 (图 1.1(b)). 针与平行线相交的充分必要条件是 $x \leqslant \dfrac{l}{2} \sin\theta$, 即图 1.1(b) 中的阴影部分, 它的面积为

$$S_A = \int_0^\pi \frac{l}{2} \sin\theta \mathrm{d}\theta = l.$$

因此, 若把往平面上随意扔一枚针理解为 Ω 内的任一点为等可能, 且记针与任一平行线相交的事件为 A, 则

$$P(A) = \frac{S_A}{S} = \frac{2l}{\pi a}. \tag{1.14}$$

由式 (1.14) 可以利用投针试验计算 π 值. 设随机投针 n 次, 其中 k 次针线相交, 当 n 充分大时, 可用频率 $\dfrac{k}{n}$ 作为概率 p 的估计值, 从而求得 π 的估计值为

$$\hat{\pi} = \frac{2ln}{ak}. \tag{1.15}$$

根据式 (1.15), 历史上曾有一些学者作了随机投针试验, 并得到 π 的估计值.

1.1.5　条件概率

研究随机事件之间的关系时, 在已知某些事件发生的条件下考虑另一些事件发生的概率规律有无变化及如何变化, 是十分重要的.

设 A 和 B 是两个事件, 且 $P(B) > 0$, 称

$$P(A|B) = \frac{P(AB)}{P(B)} \tag{1.16}$$

为在事件 B 发生的条件下, 事件 A 发生的条件概率 (conditional probability).

例如, 某集体中有 N 个男人和 M 个女人, 其中患色盲者男性 n 人, 女性 m 人. 用 Ω 表示该集体, A 表示其中全体女性的集合, B 表示其中全体色盲者的集合. 如果从 Ω 中随意抽取一人, 则这个人分别是女性、色盲者和同时既为女性又是色盲者的概率分别为

$$P(A) = \frac{M}{M+N}, \quad P(B) = \frac{m+n}{M+N}, \quad P(AB) = \frac{m}{M+N}.$$

如果限定只从女性中随机抽取一人 (即事件 A 已发生), 那么这个女人为色盲者的 (条件) 概率为

$$P(B|A) = \frac{m}{M} = \frac{P(AB)}{P(A)}.$$

条件概率也是概率, 它满足概率公理化定义中的三条, 即

(1) 对每个事件 A, 均有 $0 \leqslant P(A|B) \leqslant 1$;

(2) $P(\Omega|B) = 1$;

(3) 若事件 $A_1, A_2, \cdots$, 两两互斥, 即对于 $i, j = 1, 2, \cdots, i \neq j, A_i A_j = \varnothing$ 有

$$P((A_1 \cup A_2 \cup \cdots)|B) = P(A_1|B) + P(A_2|B) + \cdots,$$

并且对于在前面给出的概率性质和公式, 也都适用于条件概率. 例如, 对任意的事件 A_1, A_2, 有

$$P((A_1 \cup A_2)|B) = P(A_1|B) + P(A_2|B) - P(A_1 A_2|B).$$

1.1.6 概率的乘法公式、全概率公式、Bayes 公式

由条件概率公式, 得

$$P(AB) = P(A|B)P(B) = P(B|A)P(A). \tag{1.17}$$

称式 (1.17) 为概率的乘法公式 (multiplication formula).

乘法公式的推广: 对于任何正整数 $n \geqslant 2$, 当 $P(A_1 A_2 \cdots A_{n-1}) > 0$ 时, 有

$$P(A_1 A_2 \cdots A_{n-1} A_n) = P(A_1)P(A_2|A_1)P(A_3|A_1 A_2) \cdots P(A_n|A_1 A_2 \cdots A_{n-1}). \tag{1.18}$$

定义 1.3 如果事件组 $B_1, B_2, \cdots$ 满足

(1) $B_1, B_2, \cdots$ 两两互斥, 即 $B_i \bigcap B_j = \varnothing, i \neq j, i, j = 1, 2, \cdots,$ 且 $P(B_i) > 0,$ $i = 1, 2, \cdots$;

(2) $B_1 \cup B_2 \cup \cdots = \Omega$.

则称事件组 $B_1, B_2, \cdots$ 是样本空间 Ω 的一个划分.

设 $B_1, B_2, \cdots$ 是样本空间 Ω 的一个划分, A 为任一事件, 则

$$P(A) = \sum_{i=1}^{\infty} P(B_i)P(A|B_i). \tag{1.19}$$

称式 (1.19) 为全概率公式 (formula of total probability).

设 $B_1, B_2, \cdots$ 是样本空间 Ω 的一个划分, 则对任一事件 A $(P(A) > 0)$, 有

$$P(B_i|A) = \frac{P(B_i A)}{P(A)} = \frac{P(B_i)P(A|B_i)}{\sum\limits_{j=1}^{\infty} P(B_j)P(A|B_j)}, \quad i = 1, 2, \cdots, \tag{1.20}$$

称式 (1.20) 为 Bayes (贝叶斯) 公式 (Bayes formula), 称式中的 $P(B_i)(i = 1, 2, \cdots)$ 为先验概率, 称 $P(B_i|A)(i = 1, 2, \cdots)$ 为后验概率.

在实际中, 常取对样本空间 Ω 的有限划分 $B_1, B_2, \cdots, B_n$(例如 B 与 $\overline{B}$ 就构成样本空间 Ω 的一个划分). B_i 常被视为导致试验结果 A 发生的 "原因", 而 $P(B_i)$ 表示各种 "原因" 发生的可能性大小, 故称为先验概率; $P(B_i|A)$ 则反映当试验产生了结果 A 之后, 再对各种 "原因" 概率的新认识, 故称为后验概率.

例 1.3 假定用血清甲胎蛋白法诊断肝癌. 用 C 表示被检验者有肝癌这一事件, 用 A 表示被检验者为阳性反应这一事件. 设 $P(A|C) = 0.95$, $P(\overline{A}|\overline{C}) = 0.90$. 若某人群中 $P(C) = 0.0004$, 现有一人呈阳性反应, 求此人确为肝癌患者的概率 $P(C|A)$.

解 由 Bayes 公式, 有

$$
\begin{aligned}
P(C|A) &= \frac{P(C)P(A|C)}{P(C)P(A|C) + P(\overline{C})P(A|\overline{C})} \\
&= \frac{0.0004 \times 0.95}{0.0004 \times 0.95 + 0.9996 \times 0.10} = 0.0038.
\end{aligned}
$$

1.1.7 独立事件

如果两事件 A, B 的积事件发生的概率等于这两个事件的概率的乘积, 即

$$
P(AB) = P(A)P(B),
$$

则称事件 A 与事件 B 是相互独立的 (mutually independent).

性质 若事件 A 与事件 B 相互独立, 则 A 与 $\overline{B}$, $\overline{A}$ 与 B, $\overline{A}$ 与 $\overline{B}$ 也相互独立.

推广 设 $A_1, A_2, \cdots, A_n$ 为 n 个事件, 其中 $n \geqslant 2$. 如果对于其中的任意 $k(k \geqslant 2)$ 个事件 $A_{i_1}, A_{i_2}, \cdots, A_{i_k}, 1 \leqslant i_1 \leqslant i_2 \leqslant \cdots \leqslant i_k \leqslant n$, 等式

$$
P(A_{i_1} A_{i_2} \cdots A_{i_k}) = P(A_{i_1})P(A_{i_2}) \cdots P(A_{i_k})
$$

均成立, 则称 n 个事件 $A_1, A_2, \cdots, A_n$ 相互独立.

多个相互独立事件有如下性质:

(1) 若事件 $A_1, A_2, \cdots, A_n$ 相互独立, 则 $A_1, A_2, \cdots, A_n$ 中任意 $k(k \geqslant 2)$ 个事件 $A_{i_1}, A_{i_2}, \cdots, A_{i_k}, 1 \leqslant i_1 \leqslant i_2 \leqslant \cdots \leqslant i_k \leqslant n$, 也相互独立;

(2) 若事件 $A_1, A_2, \cdots, A_n$ 相互独立, 则事件 $B_1, B_2, \cdots, B_n$ 也相互独立. 其中 B_i 或为 A_i 或为 $\overline{A_i}$, $i = 1, 2, \cdots, n$.

注意: 若 $A_1, A_2, \cdots, A_n$ 相互独立, 则有 $A_1, A_2, \cdots, A_n$ 两两相互独立; 反过来若 $A_1, A_2, \cdots, A_n$ 两两相互独立, 则不一定有 $A_1, A_2, \cdots, A_n$ 相互独立. 事实上, n 个事件相互独立, 则要有 $C_n^2 + C_n^3 + \cdots + C_n^n = 2^n - n - 1$ 个等式成立, 而两两独立只需有 $C_n^2 = \dfrac{n(n-1)}{2}$ 个等式成立.

例 1.4 设有 4 张卡片, 其中 3 张上分别记有字母 A 和 B, B 和 C, A 和 C, 第 4 张是空白. 从中随机抽取一张, 就用 A, B 和 C 分别记事件 "抽到的卡片上有字母 A, B 和 C", 则显然有

$$P(A) = P(B) = P(C) = \frac{1}{2},$$
$$P(AB) = P(AC) = P(BC) = \frac{1}{4},$$
$$P(ABC) = 0 \neq P(A)P(B)P(C).$$

因此, A, B, C 三个事件中任意两个相互独立, 但这三个事件并不相互独立.

1.1.8 n 重 Bernoulli 试验及其概率计算

如果一个随机试验只有两种可能的结果 A 和 $\overline{A}$, 并且

$$P(A) = p, \qquad P(\overline{A}) = 1 - p = q,$$

其中 $0 < p < 1$, 则称此试验为 Bernoulli (伯努利) 试验 (Bernoulli trial). Bernoulli 试验独立重复进行 n 次, 称为 n 重 Bernoulli 试验.

例如, 从一批产品中检验次品, 在其中进行有放回抽样 n 次, 抽到次品称为 "成功", 抽到正品称为 "失败", 这就是 n 重 Bernoulli 试验.

设

$$A_k = \{n \text{ 重 Bernoulli 试验中 } A \text{ 出现 } k \text{ 次}\},$$

则

$$P(A_k) = \mathrm{C}_n^k p^k (1-p)^{n-k}, \quad k = 0, 1, 2, \cdots, n. \tag{1.21}$$

这就是著名的二项分布, 常记作 $B(n, k)$.

1.2 随机变量及其分布

1.2.1 随机变量的定义

定义 1.4 设 E 是随机试验, Ω 是样本空间, 如果对于每一个 $\omega \in \Omega$, 都有一个确定的实数 $X(\omega)$ 与之对应, 若对于任意实数 $x \in \mathbf{R}$, 有 $\{\omega : X(\omega) < x\} \in \mathcal{F}$, 则称 Ω 上的单值实函数 $X(\omega)$ 为一个随机变量 (random variable).

从定义可知随机变量是定义在样本空间 Ω 上, 取值在实数域上的函数. 由于它的自变量是随机试验的结果, 而随机试验结果的出现具有随机性, 因此随机变量的取值也具有一定的随机性. 这是随机变量与普通变量的不同之处.

1.2.2 随机变量的分布函数

描述一个随机变量, 不仅要说明它能够取哪些值, 而且还要关心它取这些值的概率. 因此, 引入随机变量的分布函数的概念.

定义 1.5 设 X 是一个随机变量, 对任意的实数 x, 令

$$F(x) = P\{X \leqslant x\}, \quad x \in (-\infty, +\infty), \tag{1.22}$$

则称 $F(x)$ 为随机变量 X 的分布函数 (distribution function), 也称为概率累积函数 (probability cumulative function).

从直观上看, 分布函数 $F(x)$ 是一个定义在 $(-\infty, +\infty)$ 上的实值函数, $F(x)$ 在点 x 处取值为随机变量 X 落在区间 $(-\infty, x]$ 上的概率.

分布函数具有以下性质:

(1) $0 \leqslant F(x) \leqslant 1$;

(2) $F(x)$ 是单调不减函数, 即当 $x_1 < x_2$ 时, $F(x_1) \leqslant F(x_2)$;

(3) $F(-\infty) = \lim\limits_{x \to -\infty} F(x) = 0$, $F(+\infty) = \lim\limits_{x \to +\infty} F(x) = 1$;

(4) $F(x)$ 是右连续的函数, 即 $\lim\limits_{x \to x_0^+} F(x) = F(x_0)$, $\forall\, x_0 \in \mathbf{R}$ 均成立;

(5) $P\{a < X \leqslant b\} = F(b) - F(a)$;

(6) $P\{X > a\} = 1 - P\{X \leqslant a\} = 1 - F(a)$.

在理论上已经证明: 如果一个函数满足上述的前四条性质, 则它一定是某个随机变量的分布函数.

1.2.3 离散型随机变量

1. 离散型随机变量

定义 1.6 如果随机变量 X 的全部可能取值只有有限多个或可列无穷多个, 则称 X 为离散型随机变量.

定义 1.7 对于离散型随机变量 X 可能取值为 x_k 的概率为

$$P\{X = x_k\} = p_k, \quad k = 1, 2, \cdots, \tag{1.23}$$

则称式 (1.23) 为离散型随机变量 X 的分布律.

离散型随机变量的分布律 p_k 具有以下性质:

(1) $p_k \geqslant 0$, $k = 1, 2, \cdots$;

(2) $\sum\limits_{k=1}^{\infty} p_k = 1$.

可用表 1.1 来表示其分布律.

表 1.1 分布律

X	x_1	x_2	$\cdots$	x_k	$\cdots$
p_k	p_1	p_2	$\cdots$	p_k	$\cdots$

离散型随机变量的分布函数为

$$F(x) = P\{X \leqslant x\} = \sum_{x_k \leqslant x} P\{X = x_k\} = \sum_{x_k \leqslant x} p_k. \tag{1.24}$$

2. 常见的离散型分布

(1) 两点分布 (0-1 分布)

若随机变量 X 的分布律为

$$P\{X = k\} = p^k(1-p)^{1-k}, \quad k = 0, 1, \ 0 < p < 1, \tag{1.25}$$

则称 X 服从参数为 p 的两点分布, 记作 $X \sim B(1, p)$. 其分布函数为

$$F(x) = \begin{cases} 0, & x < 0, \\ 1-p, & 0 \leqslant x < 1, \\ 1, & x \geqslant 1. \end{cases} \tag{1.26}$$

(2) Bernoulli 试验, 二项分布

若随机变量 X 的分布律为

$$P\{X = k\} = \mathrm{C}_n^k p^k(1-p)^{n-k}, \quad k = 0, 1, \cdots, n, \tag{1.27}$$

则称 X 服从参数为 n, p 的二项分布 (binomial distribution), 记为 $X \sim B(n, p)$, 其中 $\mathrm{C}_n^k p^k(1-p)^{n-k}$ 是 n 重 Bernoulli 试验中事件 A 恰好发生 k 次的概率. 其分布函数为

$$F(x) = \sum_{k=0}^{\lfloor x \rfloor} \mathrm{C}_n^k p^k(1-p)^{n-k}, \tag{1.28}$$

其中 $\lfloor x \rfloor$ 表示下取整, 即不超过 x 的最大整数, 下同.

(3) Poisson 分布

若随机变量 X 的分布律为

$$P\{X = k\} = \frac{\lambda^k \mathrm{e}^{-\lambda}}{k!}, \quad k = 0, 1, 2, \cdots, \tag{1.29}$$

则称 X 服从参数为 λ 的 Poisson (泊松) 分布 (Poisson distribution), 记作 $X \sim P(\lambda)$ 或 $X \sim \pi(\lambda)$, 其中 $\lambda > 0$ 为常数. 其分布函数为

$$F(x) = \sum_{k=0}^{\lfloor x \rfloor} \frac{\lambda^k \mathrm{e}^{-\lambda}}{k!}. \tag{1.30}$$

定理 1.1 (Poisson 定理)

在 Bernoulli 试验中, 以 p_n 代表事件 A 在试验中出现的概率, 它与试验总数 n 有关. 如果 $np_n \to \lambda$, 则当 $n \to \infty$ 时, 有

$$\lim_{n \to \infty} \mathrm{C}_n^k p_n^k (1 - p_n)^{n-k} = \frac{\lambda^k \mathrm{e}^{-\lambda}}{k!}. \tag{1.31}$$

当 n 很大且 p_n 很小时, 二项分布可以用 Poisson 分布来近似代替, 即

$$\mathrm{C}_n^k p_n^k (1 - p_n)^{n-k} \approx \frac{\lambda^k \mathrm{e}^{-\lambda}}{k!}, \tag{1.32}$$

其中 $\lambda = np_n$.

1.2.4 连续型随机变量

1. 连续型随机变量

定义 1.8 对于随机变量 X, 如果存在一个定义在 $(-\infty, +\infty)$ 上的非负函数 $f(x)$, 使得对于任意实数 x, 总有

$$F(x) = P\{X \leqslant x\} = \int_{-\infty}^{x} f(t)\,\mathrm{d}t, \quad -\infty < x < +\infty, \tag{1.33}$$

则称 X 为连续型随机变量, $f(x)$ 为 X 的概率密度函数 (probability density function), 简称概率密度.

概率密度函数有如下性质:

(1) $\int_{-\infty}^{+\infty} f(x)\mathrm{d}x = 1$;

(2) 对于任意的实数 $a, b(a < b)$, 都有 $P\{a < X \leqslant b\} = \int_a^b f(x)\mathrm{d}x$;

(3) 若 $f(x)$ 在点 x 处连续, 则 $f(x) = F'(x)$;

(4) 对任意实数 a, 总有 $P\{X = a\} = 0$.

2. 常见的连续型分布

(1) 均匀分布

若随机变量 X 的概率密度函数为

$$f(x) = \begin{cases} \dfrac{1}{b-a}, & a \leqslant x \leqslant b, \\ 0, & \text{其他}, \end{cases} \tag{1.34}$$

则称 X 服从区间 $[a, b]$ 上的均匀分布 (uniform distribution), 记为 $X \sim U[a, b]$. 其分布函数为

$$F(x) = \begin{cases} 0, & x < a, \\ \dfrac{x-a}{b-a}, & a \leqslant x < b, \\ 1, & x \geqslant b. \end{cases} \tag{1.35}$$

(2) 指数分布

若随机变量 X 的概率密度函数为

$$f(x) = \begin{cases} \lambda\, \mathrm{e}^{-\lambda x}, & x \geqslant 0, \\ 0, & x < 0, \end{cases} \tag{1.36}$$

其中 $\lambda > 0$ 为常数, 则称 X 服从参数为 λ 的指数分布 (exponential distribution). 其分布函数为

$$F(x) = \begin{cases} 1 - \mathrm{e}^{-\lambda x}, & x \geqslant 0, \\ 0, & x < 0. \end{cases} \tag{1.37}$$

(3) 正态分布

若随机变量 X 的概率密度函数为

$$f(x) = \frac{1}{\sqrt{2\pi}\sigma} \exp\left\{ -\frac{(x-\mu)^2}{2\sigma^2} \right\}, \quad -\infty < x < +\infty, \tag{1.38}$$

其中 $\mu, \sigma(\sigma > 0)$ 是两个常数, 则称 X 服从参数为 μ, σ 的正态分布 (normal distribution), 也称为 Gauss(高斯) 分布, 记作 $X \sim N(\mu, \sigma^2)$.

图 1.2 描绘的是参数为 $\mu = 0, \sigma = 1$; $\mu = 0, \sigma = 0.5$ 和 $\mu = 2, \sigma = 0.5$ 的正态分布的概率密度函数图. 如果改变 μ 值, 只会改变正态分布图形的位置, 而不会改变它的形状. 如果改变 σ 值, 则会改变正态分布的形状. 例如, 在图 1.2 中, 可以看到, 改变 μ 值, 实际上在改变正态分布的中心位置. μ 值变小, 图形向左移动; μ 值变大, 图形向右移动. 而改变 σ, 则改变图形的形状, σ 的值越小, 其图形越陡; 而 σ 越大, 则图形越平坦. 当我们讲过数学期望与方差的意义、正态随机变量的数学期望与方差后, 更容易理解这一点.

当 $\mu = 0$, $\sigma = 1$ 时, $X \sim N(0, 1)$, 则称 X 服从标准正态分布. 其概率密度函数为

$$\phi(x) = \frac{1}{\sqrt{2\pi}} \exp\left\{ -\frac{x^2}{2} \right\}, \quad -\infty < x < +\infty. \tag{1.39}$$

其分布函数为

$$\Phi(x) = \frac{1}{\sqrt{2\pi}} \int_{-\infty}^{x} \mathrm{e}^{-\frac{t^2}{2}} \, \mathrm{d}t, \tag{1.40}$$

且 $\Phi(-x) = 1 - \Phi(x)$.

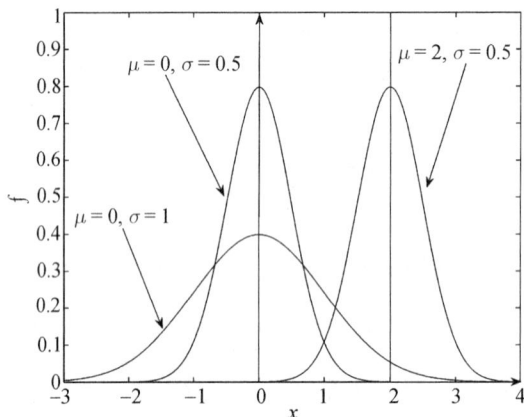

图 1.2　正态分布的概率密度函数

图 1.3 给出标准正态分布的概率密度曲线, 以及对应区间上积分 (相应的面积) 的百分比. 图 1.3 表明, 当 $X \sim N(0,1)$ 时, $P\{-1 \leqslant X \leqslant 1\} = 0.683$, $P\{-2 \leqslant X \leqslant 2\} = 0.954$, $P\{-3 \leqslant X \leqslant 3\} = 0.997$. 这些数量指标在实际中是常用的, 应该牢记.

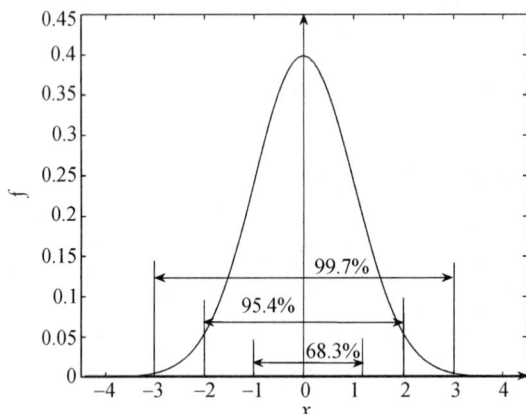

图 1.3　标准正态分布和对应区间上积分 (面积) 的百分比

这个概念可以推广到一般正态分布. 也就是说, 从 $\mu - 3\sigma$ 到 $\mu + 3\sigma$ 的区间上概率密度曲线之下的面积占总面积的 99.7%, 这就是著名的 3σ 原则.

若 $X \sim N(\mu, \sigma^2)$, 则

$$F(x) = \int_{-\infty}^{x} \frac{1}{\sqrt{2\pi}\sigma} \, \mathrm{e}^{-\frac{(t-\mu)^2}{2\sigma^2}} \, \mathrm{d}t = \Phi\left(\frac{x-\mu}{\sigma}\right), \quad -\infty < x < +\infty. \tag{1.41}$$

图 1.4 给出了正态分布的概率密度函数与分布函数之间的关系 (图 1.4 中的概率密度函数是标准正态分布的概率密度函数), 其中曲线为概率密度函数 $f(x)$, 而阴影部分则是分布

函数 $F(x)$. 由此容易得到

$$P\{x_1 < X \leqslant x_2\} = F(x_2) - F(x_1) = \Phi\left(\frac{x_2 - \mu}{\sigma}\right) - \Phi\left(\frac{x_1 - \mu}{\sigma}\right). \qquad (1.42)$$

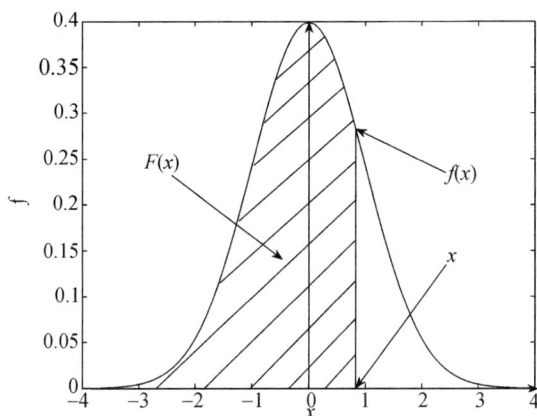

图 1.4 概率密度函数与分布函数之间的关系

设随机变量 $X \sim N(0,1)$, 对任意的 $0 < \alpha < 1$, 称满足条件

$$P\{X > Z_\alpha\} = \int_{Z_\alpha}^{+\infty} \phi(x)\,\mathrm{d}x = \alpha \qquad (1.43)$$

的点 Z_α 为标准正态分布的上 α 分位点.

图 1.5 给出了标准正态分布的上 α 分位点 Z_α 的几何意义, 其中阴影部分面积的值为 α.

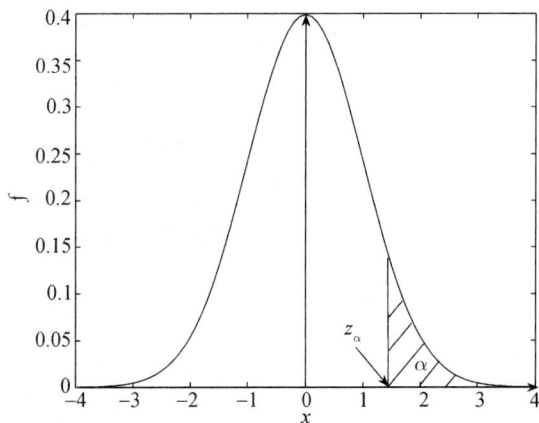

图 1.5 标准正态分布的上 α 分位点

3. 随机变量的函数的分布

若随机变量 X 具有概率密度函数 $f_X(x)$, $-\infty < x < +\infty$, 又设 $g(x)$ 处处可导且 $g'(x)$ 不变号, 则 $Y = g(X)$ 是连续型随机变量, 其概率密度函数为

$$f_Y(y) = \begin{cases} f_X(h(y)) |h'(y)|, & \alpha < y < \beta, \\ 0, & \text{其他}, \end{cases}$$

其中 $\alpha = \min\{g(-\infty), g(\infty)\}$, $\beta = \max\{g(-\infty), g(\infty)\}$, $x = h(y)$ 为 $y = g(x)$ 的反函数.

若 $g(x)$ 是非单调函数, 设随机变量 X 的分布函数为 $F_X(x)$, 概率密度函数为 $f_X(x)$, $Y = g(X)$ 的分布函数为 $F_Y(y)$, 概率密度函数为 $f_Y(y)$, 则

$$F_Y(y) = \int_{g(x) \leqslant y} \mathrm{d} F_X(x).$$

由此再进一步求出 $f_Y(y)$, 不过需要具体问题具体分析.

1.2.5　随机向量

1. 随机向量的定义

定义 1.9　如果 X 和 Y 是定义在同一概率空间 $(\Omega, \mathcal{F}, P)$ 上的两个随机变量, 称 (X, Y) 为二维随机向量 (random vector), 并称 X 和 Y 是二维随机向量 (X, Y) 的两个分量.

二维随机向量 (X, Y) 是定义在样本空间 Ω 上, 取值于 $\mathbf{R}^2$ 上的函数. 类似, 可定义 n 维随机向量.

定义 1.10　设 Ω 为样本空间, $X_1 = X_1(\omega)$, $X_2 = X_2(\omega)$, $\cdots$, $X_n = X_n(\omega)$ 是 Ω 上的 n 个随机变量, 则由它们构成的 n 维向量 $(X_1, X_2, \cdots, X_n)$ 称为 n 维随机向量 (n-dimensional random vector), 称 X_i 为 X 的第 i 个分量 (component).

2. 随机向量的联合分布函数

定义 1.11　设 (X, Y) 是定义在 $(\Omega, \mathcal{F}, P)$ 上的随机向量, 对任意的 $(x, y) \in \mathbf{R}^2$, 二元函数

$$F(x, y) = P\{\omega : X(\omega) \leqslant x, Y(\omega) \leqslant y\} \tag{1.44}$$

称为 (X, Y) 的联合分布函数 (joint distribution function), 其中 $\{X \leqslant x, Y \leqslant y\}$ 表示事件 $\{X \leqslant x\}$ 与事件 $\{Y \leqslant y\}$ 的积事件.

设 $X_1, X_2, \cdots, X_n$ 是一个 n 维随机向量, 对任意的 $(x_1, x_2, \cdots, x_n) \in \mathbf{R}^n$, n 元函数

$$F(x_1, x_2, \cdots, x_n) = P\{\omega : X_1(\omega) \leqslant x_1, X_2(\omega) \leqslant x_2, \cdots, X_n(\omega) \leqslant x_n\} \tag{1.45}$$

称为 $(X_1, X_2, \cdots, X_n)$ 的联合分布函数.

3. 分布函数的性质

(1) 对于任意固定的 y, 当 $x_2 > x_1$ 时, $F(x_2, y) \geqslant F(x_1, y)$. 对于任意固定的 x, 当 $y_2 > y_1$ 时, $F(x, y_2) \geqslant F(x, y_1)$, 即 $F(x, y)$ 对每个自变量是单调不减的.

(2) $0 \leqslant F(x, y) \leqslant 1$, 且对于任意固定的 y, $F(-\infty, y) = 0$. 对于任意固定的 x, $F(x, -\infty) = 0$, $F(-\infty, -\infty) = 0$, $F(+\infty, +\infty) = 1$.

(3) $F(x, y) = F(x + 0, y)$, $F(x, y) = F(x, y + 0)$, 即 $F(x, y)$ 关于 x 右连续, 也关于 y 右连续.

(4) 对于任意 (x_1, y_1), (x_2, y_2), $x_1 < x_2$, $y_1 < y_2$, 下述不等式

$$F(x_2, y_2) - F(x_2, y_1) - F(x_1, y_2) + F(x_1, y_1) \geqslant 0$$

成立.

由以上性质可得以下结论:

随机点 (X, Y) 落在矩形域 $\{x_1 < x \leqslant x_2, y_1 < y \leqslant y_2\}$ 内的概率为

$$P\{x_1 < X \leqslant x_2, y_1 < Y \leqslant y_2\} = F(x_2, y_2) - F(x_2, y_1) - F(x_1, y_2) + F(x_1, y_1). \quad (1.46)$$

4. 离散型二维随机向量

定义 1.12 如果二维随机向量 (X, Y) 的每个分量都是离散型随机变量, 则称 (X, Y) 是二维离散型随机向量.

定义 1.13 设二维离散型随机向量 (X, Y) 所有的可能取值为 (x_i, y_j), $i = 1, 2, \cdots$, $j = 1, 2, \cdots$, 取这些可能值的概率为

$$P\{X = x_i, Y = y_j\} = p_{ij}, \quad i, j = 1, 2, \cdots, \quad (1.47)$$

则称式 (1.47) 为离散型随机向量 (X, Y) 的分布律 (联合分布律).

显然, p_{ij} $(i, j = 1, 2, \cdots)$ 满足以下两个条件:

(1) $p_{ij} \geqslant 0$, $i, j = 1, 2, \cdots$;

(2) $\sum\limits_{i} \sum\limits_{j} p_{ij} = 1$.

离散型随机向量 (X, Y) 的分布函数为

$$F(x, y) = \sum_{x_i \leqslant x, y_j \leqslant y} p_{ij}, \quad \forall x, y \in \mathbf{R}.$$

5. 连续型二维随机向量

定义 1.14 如果对于二维随机向量 (X, Y) 的分布函数 $F(x, y)$, 存在非负函数 $f(x, y)$, 使对于任意的 x, y, 有

$$F(x, y) = \int_{-\infty}^{y} \int_{-\infty}^{x} f(u, v) \, \mathrm{d}u \, \mathrm{d}v, \tag{1.48}$$

则称 (X, Y) 是连续型的二维随机向量, 函数 $f(x, y)$ 称为二维随机向量 (X, Y) 的概率密度函数.

概率密度函数有如下性质:

(1) $f(x, y) \geqslant 0, \ \forall \ x, y \in \mathbf{R}$;

(2) $\displaystyle\int_{-\infty}^{+\infty} \int_{-\infty}^{+\infty} f(x, y) \, \mathrm{d}x \, \mathrm{d}y = F(+\infty, +\infty) = 1$;

(3) 在 $f(x, y)$ 的连续点处有

$$\frac{\partial^2 F(x, y)}{\partial x \partial y} = f(x, y);$$

(4) 随机点 (X, Y) 落在平面区域 G 内的概率为

$$P\{(X, Y) \in G\} = \iint\limits_{G} f(x, y) \, \mathrm{d}x \, \mathrm{d}y.$$

6. 边缘分布

X, Y 的边缘分布 (marginal distribution) 函数分别是

$$F_X(x) = P\{X \leqslant x\} = P\{X \leqslant x, Y < +\infty\} = F(x, +\infty), \tag{1.49}$$

$$F_Y(y) = P\{Y \leqslant y\} = P\{X < +\infty, Y \leqslant y\} = F(+\infty, y). \tag{1.50}$$

若 (X, Y) 为离散型随机向量, X 与 Y 的边缘分布律及边缘分布函数分别为

$$P\{X = x_i\} = \sum_{j=1}^{\infty} p_{ij} = p_{i\cdot}, \quad i = 1, 2, \cdots, \tag{1.51}$$

$$P\{Y = y_j\} = \sum_{i=1}^{\infty} p_{ij} = p_{\cdot j}, \quad j = 1, 2, \cdots, \tag{1.52}$$

$$F_X(x) = F(x, +\infty) = \sum_{x_i \leqslant x} \sum_{j=1}^{\infty} p_{ij}, \tag{1.53}$$

$$F_Y(y) = F(+\infty, y) = \sum_{i=1}^{\infty} \sum_{y_j \leqslant y} p_{ij}. \tag{1.54}$$

若 (X, Y) 为连续型随机向量, X 和 Y 的边缘概率密度分别为

$$f_X(x) = \int_{-\infty}^{+\infty} f(x, y) \mathrm{d}y, \tag{1.55}$$

$$f_Y(y) = \int_{-\infty}^{+\infty} f(x, y) \mathrm{d}x, \tag{1.56}$$

其边缘分布函数分别为

$$F_X(x) = P\{X \leqslant x\} = \int_{-\infty}^{x} \Big[\int_{-\infty}^{+\infty} f(x, y)\mathrm{d}y \Big] \mathrm{d}x = \int_{-\infty}^{x} f_X(x)\mathrm{d}x, \tag{1.57}$$

$$F_Y(y) = P\{Y \leqslant y\} = \int_{-\infty}^{y} \Big[\int_{-\infty}^{+\infty} f(x, y)\mathrm{d}x \Big] \mathrm{d}y = \int_{-\infty}^{y} f_Y(y)\mathrm{d}y. \tag{1.58}$$

7. 随机变量的独立性

设二维随机向量 (X, Y) 的分布函数为 $F(x, y)$, X 和 Y 的边缘分布函数分别是 $F_X(x)$ 和 $F_Y(y)$, 若对任意的实数 x, y, 有

$$F(x, y) = F_X(x)F_Y(y),$$

则称随机变量 X 和 Y 相互独立.

若 (X, Y) 是二维离散型随机向量, 其所有可能取的值为 (x_i, y_j), $i = 1, 2, \cdots$, $j = 1, 2, \cdots$, 则 X 和 Y 相互独立的条件可以写为

$$P\{X = x_i, Y = y_j\} = P\{X = x_i\}P\{Y = y_j\}, \quad i = 1, 2, \cdots, \quad j = 1, 2, \cdots,$$

或

$$p_{ij} = p_{i \cdot} p_{\cdot j}, \quad i = 1, 2, \cdots, \quad j = 1, 2, \cdots,$$

则随机变量 X 和 Y 相互独立.

若 (X, Y) 是二维连续型随机向量, 其概率密度函数为 $f(x, y)$, X 和 Y 的边缘密度函数为 $f_X(x)$ 和 $f_Y(y)$, 若对任意的实数 x, y, 均有

$$f(x, y) = f_X(x)f_Y(y),$$

则随机变量 X 和 Y 相互独立.

8. 常见二维随机向量的分布

(1) 二维均匀分布

若 (X, Y) 具有如下概率密度函数:

$$f(x, y) = \begin{cases} \dfrac{1}{A}, & (x, y) \in D, \\ 0, & \text{其他}, \end{cases} \tag{1.59}$$

其中 A 为平面区域 D 的面积值, 则称此二维连续型随机向量 (X, Y) 在区域 D 内服从二维均匀分布.

(2) 二维正态分布 $N(\mu_1, \mu_2, \sigma_1^2, \sigma_2^2, \rho)$

如果 (X, Y) 具有如下概率密度函数:

$$f(x,y) = \frac{1}{2\pi\sigma_1\sigma_2\sqrt{1-\rho^2}}$$

$$\cdot \exp\left\{-\frac{1}{2(1-\rho^2)}\left[\frac{(x-\mu_1)^2}{\sigma_1^2} - 2\rho\frac{(x-\mu_1)(y-\mu_2)}{\sigma_1\sigma_2} + \frac{(y-\mu_2)^2}{\sigma_2^2}\right]\right\},$$

$$-\infty < x < +\infty, -\infty < y < +\infty, \tag{1.60}$$

其中 μ_1, μ_2, $\sigma_1 > 0$, $\sigma_2 > 0$, $|\rho| < 1$ 为实数, 则称此二维连续型随机向量 (X, Y) 服从参数为 $\mu_1, \mu_2, \sigma_1, \sigma_2, \rho$ 的二维正态分布, 记作 $(X, Y) \sim N(\mu_1, \mu_2, \sigma_1^2, \sigma_2^2, \rho)$, 同时称 (X, Y) 为二维正态随机向量.

图 1.6 绘出了 ρ 取不同值的情况, 在图中 $\mu_1 = 0$, $\mu_2 = 0$, $\sigma_1 = 1$, $\sigma_2 = 2$. 当 $\rho = 0$ 时, 随机变量 X 与随机变量 Y 是独立的; 当 $\rho \neq 0$ 时, 随机变量 X 与随机变量 Y 相关 (不独立), 并且当 $|\rho|$ 越接近 1 时, 相关程度越密切.

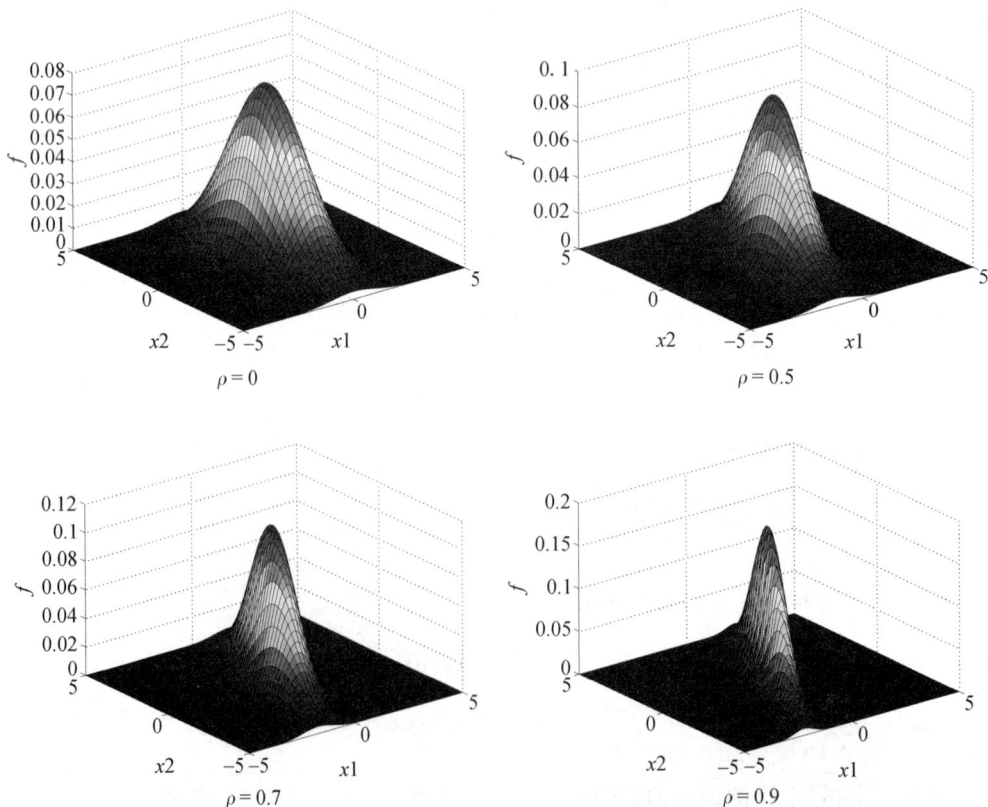

图 1.6   二维正态分布 ρ 取不同值的情况

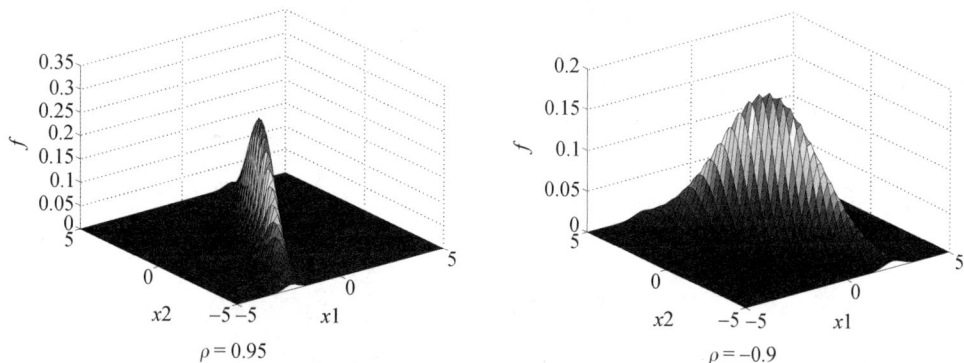

图 1.6(续)

1.3 随机变量的数字特征

1.3.1 数学期望

定义 1.15 设离散型随机变量 X 的分布律为 $P\{X = x_i\} = p_i$, $i = 1, 2, \cdots$, 若级数 $\sum_i |x_i| p_i$ 收敛, 则称级数 $\sum_i x_i p_i$ 的和为随机变量 X 的数学期望 (mathematical expectation), 记为 $E(X)$, 即

$$E(X) = \sum_i x_i p_i. \tag{1.61}$$

设连续型随机变量 X 的概率密度函数为 $f(x)$, 若积分 $\displaystyle\int_{-\infty}^{+\infty} |x| f(x) \mathrm{d}x$ 收敛, 则称积分 $\displaystyle\int_{-\infty}^{+\infty} x f(x) \mathrm{d}x$ 的值为随机变量 X 的数学期望, 记为 $E(X)$, 即

$$E(X) = \int_{-\infty}^{+\infty} x f(x) \mathrm{d}x. \tag{1.62}$$

$E(X)$ 又称为均值 (mean).

数学期望代表了随机变量取值的平均值, 是一个重要的数字特征. 数学期望具有如下性质:

(1) 若 c 是常数, 则 $E(c) = c$;

(2) $E(aX + bY) = aE(X) + bE(Y)$, 其中 a, b 为任意常数;

(3) 若 X, Y 相互独立, 则 $E(XY) = E(X)E(Y)$.

从数学期望的意义 (平均值), 很容易理解上述 3 条性质的意义.

如果 $X_1, X_2, \cdots, X_n$ 是 n 个随机变量, 反复运用性质 (2), 可得

$$E\left(\sum_{i=1}^{n} a_i X_i\right) = \sum_{i=1}^{n} a_i E(X_i), \tag{1.63}$$

其中 $a_i(i=1,2,\cdots,n)$ 是常数.

1.3.2 方差

定义 1.16 设 X 为随机变量, 如果 $E\left\{[X-E(X)]^2\right\}$ 存在, 则称 $E\{[X-E(X)]^2\}$ 为 X 的方差 (variance), 记为 $\mathrm{var}(X)$, 即

$$\mathrm{var}(X) = E\left\{[X-E(X)]^2\right\}, \tag{1.64}$$

并称 $\sqrt{\mathrm{var}(X)}$ 为 X 的标准差 (standard deviation) 或均方差 (root mean square).

方差是用来描述随机变量取值相对于均值的离散程度的一个量, 也是非常重要的数字特征. 方差有如下性质:

(1) 若 c 是常数, 则 $\mathrm{var}(c)=0$;

(2) $\mathrm{var}(aX+b)=a^2\mathrm{var}(X)$, 其中 a,b 为任意常数;

(3) 如果 X,Y 相互独立, 则 $\mathrm{var}(X+Y)=\mathrm{var}(X)+\mathrm{var}(Y)$.

从方差的意义 (离散程度), 很容易理解这 3 条性质的意义.

另外, 根据方差的定义不难得到如下公式

$$\mathrm{var}(X) = E(X^2) - [E(X)]^2. \tag{1.65}$$

式 (1.65) 可作为方差的计算公式.

1.3.3 几种常用随机变量分布的期望与方差

(1) 若 X 服从参数为 p 的两点分布 $B(1,p)$, 其中 $0<p<1$, 则

$$E(X) = p, \quad \mathrm{var}(X) = p(1-p). \tag{1.66}$$

(2) 若 X 服从参数为 n,p 的二项分布 $B(n,p)$, $0<p<1$, 则

$$E(X) = np, \quad \mathrm{var}(X) = np(1-p). \tag{1.67}$$

(3) 若 X 服从参数为 λ 的 Poisson 分布 $P(\lambda)$, 则

$$E(X) = \lambda, \quad \mathrm{var}(X) = \lambda. \tag{1.68}$$

(4) 若 X 服从参数为 a,b 的均匀分布 $U[a,b]$, 则

$$E(X) = \frac{a+b}{2}, \quad \mathrm{var}(X) = \frac{(b-a)^2}{12}. \tag{1.69}$$

(5) 若 X 服从参数为 λ 的指数分布, 则

$$E(X) = \frac{1}{\lambda}, \quad \mathrm{var}(X) = \frac{1}{\lambda^2}. \tag{1.70}$$

(6) 若 X 服从参数为 μ, σ 的正态分布 $N(\mu, \sigma^2)$, 则

$$E(X) = \mu, \quad \mathrm{var}(X) = \sigma^2. \tag{1.71}$$

由式 (1.71), 以及期望和方差的意义, 可以进一步帮助我们理解图 1.2 的意义.

1.3.4 协方差与相关系数

1. 协方差

设 X, Y 为两个随机变量, 称 $E\{[X - E(X)][Y - E(Y)]\}$ 为 X 和 Y 的协方差 (covariance), 记为 $\mathrm{cov}(X, Y)$, 即

$$\mathrm{cov}(X, Y) = E\{[X - E(X)][Y - E(Y)]\}. \tag{1.72}$$

协方差和下面介绍的相关系数都是描述随机变量 X 与随机变量 Y 之间的线性联系程度的数字量.

协方差具有如下基本性质:

(1) $\mathrm{cov}(X, Y) = \mathrm{cov}(Y, X)$;

(2) $\mathrm{cov}(aX + b, cY + d) = ac\,\mathrm{cov}(X, Y)$, 其中 a, b, c, d 为任意常数;

(3) $\mathrm{cov}(X_1 + X_2, Y) = \mathrm{cov}(X_1, Y) + \mathrm{cov}(X_2, Y)$;

(4) $\mathrm{cov}(X, Y) = E(XY) - E(X)E(Y)$, 特别地, 当 X 和 Y 相互独立时, 有 $\mathrm{cov}(X, Y) = 0$;

(5) $|\mathrm{cov}(X, Y)| \leqslant \sqrt{\mathrm{var}(X)}\sqrt{\mathrm{var}(Y)}$;

(6) $\mathrm{cov}(X, X) = \mathrm{var}(X)$.

如果 $X_1, X_2, \cdots, X_n$ 是 n 个随机变量, 利用上述性质得到

$$\mathrm{var}\left(\sum_{i=1}^{n} a_i X_i\right) = \sum_{i=1}^{n}\sum_{j=1}^{n} a_i a_j \mathrm{cov}(X_i, X_j), \tag{1.73}$$

其中 $a_i(i = 1, 2, \cdots, n)$ 是常数. 如果 $X_i(i = 1, 2, \cdots, n)$ 是 n 个相互独立的随机变量, 则式 (1.73) 可改写为

$$\mathrm{var}\left(\sum_{i=1}^{n} a_i X_i\right) = \sum_{i=1}^{n} a_i^2 \mathrm{var}(X_i). \tag{1.74}$$

2. 相关系数

当 $\mathrm{var}(X) > 0, \mathrm{var}(Y) > 0$ 时, 称

$$\rho(X, Y) = \frac{\mathrm{cov}(X, Y)}{\sqrt{\mathrm{var}(X)\mathrm{var}(Y)}} \tag{1.75}$$

为 X 与 Y 的相关系数 (coefficient of correlation), 它是无量纲的量. 其具有以下基本性质:

(1) $|\rho(X, Y)| \leqslant 1$. $|\rho(X, Y)| = 1$ 的充要条件为 X 与 Y 之间有线性关系, 即存在常数 $a, b\ (a \neq 0)$ 使得

$$P\{Y = aX + b\} = 1.$$

具体地 $a > 0$ 时, 对应 $\rho(X, Y) = 1$; $a < 0$ 时, 对应 $\rho(X, Y) = -1$.

(2) 若 X 与 Y 相互独立且 $\mathrm{var}(X)$, $\mathrm{var}(Y)$ 存在, 则 $\rho(X, Y) = 0$. 特别地当 X 与 Y 均为正态分布时, X 与 Y 相互独立的充要条件为 $\rho(X, Y) = 0$.

对于二维正态随机变量 X, Y, 其密度函数式 (1.60) 中的 μ_1 表示 X 的均值, μ_2 表示 Y 的均值, σ_1^2 表示 X 的方差, σ_2^2 表示 Y 的方差, ρ 表示 X 与 Y 的相关系数. 这就是为什么在图 1.6 中, 当 $|\rho|$ 越接近于 1 时, 其图形越瘦.

1.3.5　矩与协方差矩阵

1. 矩

设随机变量 X 有分布函数 $F(x)$, 对任意给定的正整数 k, 若 $E(|X|^k)$ 存在, 则称

$$\alpha_k = E(X^k) = \int_{-\infty}^{\infty} x^k \mathrm{d}F(x) \tag{1.76}$$

为 X 的 k 阶原点矩 (moment about origin). 对于 $k > 1$, 若 $E(|X|^k)$ 存在, 则称

$$\mu_k = E\left([X - E(X)]^k\right) = \int_{-\infty}^{\infty} (x - E(X))^k \mathrm{d}F(x) \tag{1.77}$$

为 X 的 k 阶中心矩 (moment about centre).

矩是广泛应用的一类数字特征, 均值与方差分别就是一阶原点矩和二阶中心矩.

设分布函数 $F(x)$ 有中心矩 $\mu_2 = E(X - E(X))^2$, $\mu_3 = E(X - E(X))^3$, 则称

$$C_\mathrm{s} = \mu_3 / \mu_2^{\frac{3}{2}} \tag{1.78}$$

为偏度系数 (coefficient of skewness).

偏度系数是一个无量纲的量, 它刻画分布函数的对称性. 当 $C_\mathrm{s} > 0$ 时, $F(x)$ 表示的概率分布偏向均值的右侧, 反之则偏向左侧.

设分布函数 $F(x)$ 有中心矩 $\mu_2 = E(X - E(X))^2$, $\mu_4 = E(X - E(X))^4$, 则称

$$C_\mathrm{k} = \mu_4 / \mu_2^2 - 3 \tag{1.79}$$

为峰度系数 (kurtosis).

峰度系数是一个无量纲的量, 它刻画不同类型的分布的集中和分散程度.

设随机变量 X 有均值 μ 和方差 σ^2, 则称

$$X^* = (X - \mu)/\sigma \tag{1.80}$$

为标准化随机变量.

2. 协方差矩阵

设 $\boldsymbol{X} = (X_1, X_2, \cdots, X_n)$, $\boldsymbol{Y} = (Y_1, Y_2, \cdots, Y_m)$ 为两个随机变量, 则称

$$\mathrm{cov}(\boldsymbol{X}, \boldsymbol{Y}) = (\sigma_{ij})_{n \times m}$$

为 $\boldsymbol{X}$ 与 $\boldsymbol{Y}$ 的协方差阵 (covariance matrix), 其中 $\sigma_{ij} = \mathrm{cov}(X_i, Y_j)$, $i = 1, 2, \cdots, n$, $j = 1, 2, \cdots, m$.

协方差阵具有如下性质:

(1) $\mathrm{cov}(\boldsymbol{X}, \boldsymbol{Y}) = \mathrm{cov}(\boldsymbol{Y}, \boldsymbol{X})^{\mathrm{T}}$.

(2) $\mathrm{cov}(\boldsymbol{AX} + \boldsymbol{b}, \boldsymbol{Y}) = \boldsymbol{A}\mathrm{cov}(\boldsymbol{X}, \boldsymbol{Y})$, 其中 $\boldsymbol{A}$ 是矩阵, $\boldsymbol{b}$ 是向量.

(3) $\mathrm{cov}(\boldsymbol{X} + \boldsymbol{Y}, \boldsymbol{Z}) = \mathrm{cov}(\boldsymbol{X}, \boldsymbol{Z}) + \mathrm{cov}(\boldsymbol{Y}, \boldsymbol{Z})$.

设 $\boldsymbol{X} = (X_1, X_2, \cdots, X_n)$ 为随机变量, 则称

$$\mathrm{var}(\boldsymbol{X}) = \mathrm{cov}(\boldsymbol{X}, \boldsymbol{X}) = (\sigma_{ij})_{n \times n}$$

为 $\boldsymbol{X}$ 的方差阵 (variance matrix), 也称为方差 – 协方差矩阵 (variance-covariance matrix), 其中 $\sigma_{ij} = \mathrm{cov}(X_i, X_j)$, $i, j = 1, 2, \cdots, n$.

方差矩阵具有如下性质:

(1) $\mathrm{var}(\boldsymbol{X})$ 半正定, 即 $\forall\, \boldsymbol{a} \in \mathbf{R}^n$, 有

$$\boldsymbol{a}^{\mathrm{T}}\mathrm{var}(\boldsymbol{X})\boldsymbol{a} \geqslant 0.$$

(2) $\forall\, \boldsymbol{a} \in \mathbf{R}^n$, 有

$$\mathrm{var}(\boldsymbol{a}^{\mathrm{T}}\boldsymbol{X}) = \boldsymbol{a}^{\mathrm{T}}\mathrm{var}(\boldsymbol{X})\boldsymbol{a}.$$

(3) $\forall\, \boldsymbol{A} \in \mathbf{R}^{k \times n}$, 有

$$\mathrm{var}(\boldsymbol{AX}) = \boldsymbol{A}\mathrm{var}(\boldsymbol{X})\boldsymbol{A}^{\mathrm{T}}.$$

(4) $\mathrm{var}(\boldsymbol{X}) = \boldsymbol{0}$ 的充分必要条件是: $\exists\, \boldsymbol{a} \in \mathbf{R}^n$, $c \in \mathbf{R}^1$, 使得

$$P\{\boldsymbol{a}^{\mathrm{T}}\boldsymbol{X} = c\} = 1.$$

有了协方差矩阵的概念, n 维正态随机向量的概率密度函数的表示就变得容易了. n 维正态随机向量 $\boldsymbol{X} = (X_1, X_2, \cdots, X_n)$ 的概率密度函数为

$$f(x) = \frac{1}{(2\pi)^{\frac{n}{2}} |\boldsymbol{\Sigma}|^{\frac{1}{2}}} \exp\left\{-\frac{1}{2}(\boldsymbol{x} - \boldsymbol{\mu})^{\mathrm{T}} \boldsymbol{\Sigma}^{-1}(\boldsymbol{x} - \boldsymbol{\mu})\right\}, \tag{1.81}$$

其中 $\boldsymbol{x} = (x_1, x_2, \cdots, x_n)^{\mathrm{T}}$, $\boldsymbol{\mu} = (\mu_1, \mu_2, \cdots, \mu_n)^{\mathrm{T}} = (E(X_1), E(X_2), \cdots, E(X_n))^{\mathrm{T}}$, $\boldsymbol{\Sigma} = \mathrm{var}(\boldsymbol{X})$ 为 $n \times n$ 阶协方差矩阵且正定.

二维正态随机变量的密度函数式 (1.60) 可以看成 n 维正态随机向量概率密度函数式 (1.81) 的特例, 其中协方差矩阵

$$\boldsymbol{\Sigma} = \begin{bmatrix} \sigma_1^2 & \rho\sigma_1\sigma_2 \\ \rho\sigma_1\sigma_2 & \sigma_2^2 \end{bmatrix}.$$

对于 n 维正态随机向量 $(X_1, X_2, \cdots, X_n)$, 有如下的性质:

(1) $X_1, X_2, \cdots, X_n$ 相互独立与 $X_1, X_2, \cdots, X_n$ 两两互不相关等价;

(2) 设 $Y_1, Y_2, \cdots, Y_m$ 均是 $X_1, X_2, \cdots, X_n$ 的线性函数, 则 $(Y_1, Y_2, \cdots, Y_m)$ 服从 m 维正态分布, 该性质称为正态分布的线性变换不变性.

3. 相关矩阵

设 $\boldsymbol{X} = (X_1, X_2, \cdots, X_n)$ 为随机变量, 则称

$$\mathrm{cor}(\boldsymbol{X}) = (\rho_{ij})_{n \times n}$$

为 $\boldsymbol{X}$ 的相关矩阵 (correlation matrix), 其中 $\rho_{ij} = \mathrm{cor}(X_i, X_j)$, $i, j = 1, 2, \cdots, n$.

相关矩阵具有如下性质:

(1) $\mathrm{cor}(\boldsymbol{X})$ 为对角线元素均为 1 的半正定对称矩阵.

(2) 设 $\boldsymbol{\Sigma} = (\sigma_{ij})_{n \times n}$ 为方差矩阵, $\boldsymbol{D} = \mathrm{diag}\left(\sigma_{11}^{\frac{1}{2}}, \sigma_{22}^{\frac{1}{2}}, \cdots, \sigma_{nn}^{\frac{1}{2}}\right)$, 则

$$\mathrm{cor}(\boldsymbol{X}) = \boldsymbol{D}^{-1}\boldsymbol{\Sigma}\boldsymbol{D}^{-1}.$$

1.4　极限定理

极限定理是概率论的基本定理之一, 在概率论和数理统计的理论研究和实际应用中都具有重要的意义. 在极限定理中, 最重要的是大数定律和中心极限定理.

1.4.1　大数定律

大数定律是判断随机变量的算术平均值是否向常数收敛的定律, 是概率论和数理统计学的基本定律之一.

定义 1.17 设 $X_1, X_2, \cdots, X_k, \cdots$ 是随机变量序列且 $E(X_k)$ 存在 $(k = 1, 2, \cdots)$, 令 $Y_n = \frac{1}{n} \sum\limits_{k=1}^{n} X_k$, 若对于任意给定的 $\varepsilon > 0$, 有

$$\lim_{n \to \infty} P\{|Y_n - E(Y_n)| \geqslant \varepsilon\} = 0$$

或

$$\lim_{n \to \infty} P\{|Y_n - E(Y_n)| < \varepsilon\} = 1,$$

则称随机变量序列 $\{X_k\}$ 服从大数定律.

关于大数定律有以下定律:

1. Bernoulli(伯努利) 大数定律

设 n_A 是 n 次独立重复试验中事件 A 发生的次数, p 是事件 A 在每次试验中发生的概率, 则对于任意的正数 ε, 有

$$\lim_{n \to \infty} P\left\{\left|\frac{n_A}{n} - p\right| < \varepsilon\right\} = 1.$$

Bernoulli 大数定律揭示了 "频率稳定于概率" 说法的实质.

2. Chebyshev(切比雪夫) 大数定律

设随机变量 $X_1, X_2, \cdots, X_k, \cdots$, 相互独立, 且具有相同的期望与方差, $E(X_k) = \mu$, $\mathrm{var}(X_k) = \sigma^2$ $(k = 1, 2, \cdots)$, 则对于任意的正数 ε, 有

$$\lim_{n \to \infty} P\{|Y_n - \mu| < \varepsilon\} = 1.$$

3. Khintchin(辛钦) 大数定律

设随机变量 $X_1, X_2, \cdots, X_k, \cdots$, 相互独立, 服从相同的分布, 且其期望 $E(X_k) = \mu$ $(k = 1, 2, \cdots)$, 则对于任意的正数 ε, 有

$$\lim_{n \to \infty} P\{|Y_n - \mu| < \varepsilon\} = 1.$$

若对随机变量序列 $X_1, X_2, \cdots, X_k, \cdots$, 存在常数 a, 使得对于任意的正数 ε, 有

$$\lim_{n \to \infty} P\{|X_n - a| < \varepsilon\} = 1$$

或

$$\lim_{n \to \infty} P\{|X_n - a| \geqslant \varepsilon\} = 0$$

成立, 则称 X_n 依概率收敛于 a, 记作 $X_n \xrightarrow{P} a$. 故上面的 Chebyshev 大数定律与 Khintchin 大数定律有

$$Y_n = \frac{1}{n} \sum_{i=1}^{n} X_i \xrightarrow{P} \mu.$$

定理 1.2　设随机变量 X 具有期望 $E(X) = \mu$, 方差 $\mathrm{var}(X) = \sigma^2$, 则对于任意 $\varepsilon > 0$, 有

$$P\{|X - \mu| \geqslant \varepsilon\} \leqslant \frac{\sigma^2}{\varepsilon^2}. \tag{1.82}$$

称定理 1.2 中的不等式 (1.82) 为 Chebyshev 不等式. 它是一个重要的理论工具, 应用很广. 例如, 在有关大数定律的证明中常用到它.

1.4.2　中心极限定理

中心极限定理是判断随机变量序列部分和的分布是否渐近于正态分布的一类定理. 在自然界及生产、科学实践中, 一些现象受到许多相互独立的随机因素的影响, 如果每个因素的影响都很小, 那么总的影响可以看作是服从正态分布. 中心极限定理正是从数学上论证了这一现象.

定义 1.18　凡是在一定条件下, 断定随机变量序列 $X_1, X_2, \cdots, X_k, \cdots$ 的部分和 $Y_n = \sum_{k=1}^{n} X_k$ 的极限分布为正态分布的定理, 均称为中心极限定理.

有两个最著名的中心极限定理.

1. 独立同分布的中心极限定理

设随机变量 $X_1, X_2, \cdots, X_k, \cdots$ 相互独立, 服从同一分布, 并且具有期望和方差, $E(X_k) = \mu$, $\mathrm{var}(X_k) = \sigma^2 > 0$, $k = 1, 2, \cdots$, 则随机变量

$$Y_n = \frac{\sum\limits_{k=1}^{n} X_k - n\mu}{\sqrt{n}\,\sigma}$$

的分布函数 $F_n(x)$ 收敛到标准正态分布函数, 即对于任意实数 x, 有

$$\lim_{n \to \infty} F_n(x) = \lim_{n \to \infty} P\{Y_n \leqslant x\} = \Phi(x),$$

其中

$$\Phi(x) = \frac{1}{\sqrt{2\pi}} \int_{-\infty}^{x} \mathrm{e}^{-\frac{t^2}{2}} \, \mathrm{d}t.$$

从中心极限定理可知, 当 n 足够大时, Y_n 近似服从标准正态分布 $N(0,1)$, 这在数理统计中有非常重要的应用.

2. De Moivre - Laplace (棣莫弗 - 拉普拉斯) 中心极限定理

设随机变量 $X_1, X_2, \cdots, X_k, \cdots$ 相互独立, 并且服从参数为 p 的两点分布, 则对于任意实数 x, 有

$$\lim_{n\to\infty} P \left\{ \frac{\sum\limits_{i=1}^{n} X_i - np}{\sqrt{np(1-p)}} \leqslant x \right\} = \Phi(x).$$

$\sum\limits_{i=1}^{n} X_i$ 服从二项分布 $B(n,p)$. 从 De Moivre -Laplace 中心极限定理可知, 当 n 足够大时, $B(n,p)$ 近似于正态分布. 它是独立同分布的中心极限定理的特殊情况.

1.5　数理统计的基本概念

前几节简单介绍了概率论的基本内容. 在概率论中, 一般是在随机变量分布已知的情况下, 着重讨论随机变量的性质. 但是对某个具体的随机变量来说, 如何判断它服从某种分布? 如果已知它服从某种类型的分布, 又该如何确定它的各个参数? 对于这些问题, 概率论都没有涉及到, 这些都是数理统计所要研究的内容, 并且这些问题的研究都直接或间接建立在试验的基础上. 数理统计学是利用概率论的理论对所要研究的随机现象进行多次的观察或试验, 研究如何合理地获得数据, 如何对所获得的数据进行整理、分析, 如何对所关心的问题作出估计或判断的一门学科, 其内容非常丰富.

下面给出数理统计的基本概念. 有关数理统计的各种方法和相应的 R 软件实现将在后续的各章中予以讨论.

1.5.1　总体、个体、简单随机样本

在数理统计中, 称研究对象的全体为总体 (population), 通常用一个随机变量表示总体. 组成总体的每个基本单元叫个体 (individual).

从总体 X 中随机抽取一部分个体 $X_1, X_2, \cdots, X_n$, 称 $X_1, X_2, \cdots, X_n$ 为取自 X 的容量为 n 的样本 (sample).

例如, 为了研究某厂生产的一批元件质量的好坏, 规定使用寿命低于 1000 h 的为次品, 则该批元件的全体就为总体, 每个元件就是个体. 实际上, 数理统计学中的总体是指与总体相联系的某个 (或某几个) 数量指标 X 取值的全体. 比如, 该批元件的使用寿命 X 的取值全体就是研究对象的总体. 显然 X 是随机变量, 这时, 就称 X 为总体.

为了判断该批元件的次品率, 最精确的办法是取出全部元件, 做对元件的寿命试验. 然而, 寿命试验具有破坏性, 即使某些试验是非破坏性的, 试验也要花费大量的人力、物力、时间, 因此只能从总体中抽取一部分, 比如说 n 个个体进行试验. 试验结果可得一组数值集合 $\{x_1, x_2, \cdots, x_n\}$, 其中 x_i 是第 i 次抽样观察的结果. 由于要根据这些观察结果来

对总体进行推断, 所以对每次抽样就需要有一定的要求, 要求每次抽取都必须是随机的、独立的, 这样才能较好地反映总体的情况. 所谓随机的是指每个个体被抽到的机会是均等的, 这样抽到的个体才具有代表性. 若 $X_1, X_2, \cdots, X_n$ 相互独立, 且每个 X_i 与 X 同分布, 则称 $X_1, X_2, \cdots, X_n$ 为简单随机样本 (simple random sample), 简称样本. 通常把 n 称为样本容量 (sample size).

值得注意的是, 样本具有两重性, 即当在一次具体的抽样后它是一组确定的数值, 但在一般叙述中样本也是一组随机变量, 因为抽样是随机的. 今后, 用 $X_1, X_2, \cdots, X_n$ 表示随机样本, 它们取到的值记为 $x_1, x_2, \cdots, x_n$, 称为样本观测值 (sample value).

样本作为随机变量, 有一定的概率分布, 这个概率分布称为样本分布. 显然, 样本分布取决于总体的性质和样本的性质.

总体 X 具有分布函数 $F(x)$, 则 $(X_1, X_2, \cdots, X_n)$ 的联合概率分布函数为

$$F(X_1, X_2, \cdots, X_n) = \prod_{i=1}^{n} F(x_i).$$

若 X 具有概率密度函数 $f(x)$, 则 $(X_1, X_2, \cdots, X_n)$ 的联合概率密度为

$$f(X_1, X_2, \cdots, X_n) = \prod_{i=1}^{n} f(x_i).$$

例 1.5 要估计一物体的质量 a, 用天平将物体重复测量 n 次, 结果记为 $X_1, X_2, \cdots, X_n$, 求样本 $(X_1, X_2, \cdots, X_n)$ 的分布.

解 假定各次测量相互独立, 即 $X_1, X_2, \cdots, X_n$ 为一简单随机样本. 再假定测量的随机误差服从正态分布, 天平没有系统误差, 因此随机误差的均值为 0, 于是总体的概率分布可假定为 $N(a, \sigma^2)$, 其中 a 为物体的质量, σ^2 反映天平的精度. 故 $(X_1, X_2, \cdots, X_n)$ 的概率密度为

$$f(x_1, x_2, \cdots, x_n; a, \sigma^2) = \prod_{i=1}^{n} \frac{1}{\sqrt{2\pi}\sigma} \exp\left\{-\frac{1}{2\sigma^2}(x_i - a)^2\right\}$$

$$= (\sqrt{2\pi}\sigma)^{-n} \exp\left\{-\frac{1}{2\sigma^2}\sum_{i=1}^{n}(x_i - a)^2\right\}.$$

例 1.6 设某电子元件的寿命 X 服从指数分布

$$f(x, \lambda) = \begin{cases} \lambda e^{-\lambda x}, & x \geqslant 0, \\ 0, & x < 0, \end{cases}$$

今从一批产品中独立地抽取 n 件进行寿命试验, 测得寿命数据为 $X_1, X_2, \cdots, X_n$, 求样本 $(X_1, X_2, \cdots, X_n)$ 的概率分布.

解 依题意有 $X_1, X_2, \cdots, X_n$ 是独立同分布的, 且 $X_i \sim f(x, \lambda)$, 故所求概率密度为

$$f(x_1, x_2, \cdots, x_n; \lambda) = \prod_{i=1}^{n} f(x_i, \lambda)$$

$$= \begin{cases} \lambda^n \exp\left\{ -\lambda \sum\limits_{i=1}^{n} x_i \right\}, & x_1, x_2, \cdots, x_n \geqslant 0, \\ 0, & \text{其他}. \end{cases}$$

1.5.2　参数空间与分布族

在例 1.5 中总体分布为 $N(a, \sigma^2)$, 其中 a 与 σ^2 是确定分布的常数. 例 1.6 中总体分布为指数分布 $f(x, \lambda)$, λ 也是确定分布的常数. 在数理统计中, 称出现在样本分布中的常数为参数 (parameter), 因此, a, σ^2 和 λ 都是参数. 这些参数是关于总体的重要数量指标, 然而, 这些参数往往是未知的, 称为未知参数. 在例 1.5 中, a 是未知参数, 而 σ^2 是否为未知参数要看人们对天平精度的了解程度. 若对天平精度足够了解可以给出 σ^2 的值, 则 σ^2 就是已知参数; 若对天平的精度不够了解, 无法给出 σ^2 的值, 甚至于抽样的目的就是要估计推断这个精度, 那么, σ^2 就是未知参数, 这时, 称 (a, σ^2) 为参数向量. 参数所有可能的取值构成的集合称为参数空间. 如例 1.5 中 (a, σ^2) 都是参数, 则参数空间为 $\Theta = \{(a, \sigma^2): a > 0, \sigma^2 > 0\}$. 例 1.6 的参数空间为 $\Theta = \{\lambda: \lambda > 0\}$.

当样本分布含有未知参数时, 不同的参数值对应于不同的分布. 因此, 可能的样本分布不止一个, 而是一族, 称为样本分布族. 同样, 存在未知参数时, 总体分布也是一族, 构成总体分布族. 例 1.5 中, 若 a 和 σ^2 都是未知参数, 则总体分布族为 $\{N(a, \sigma^2): a > 0, \sigma^2 > 0\}$, 样本分布族为 $\{f(x_1, x_2, \cdots, x_n; a, \sigma^2): a > 0, \sigma^2 > 0\}$. 在例 1.6 中, 若 λ 是未知的, 则总体分布族为 $\{f(x, \lambda): \lambda > 0\}$, 样本分布族为 $\{f(x_1, x_2, \cdots, x_n, \lambda): \lambda > 0\}$.

1.5.3　统计量和抽样分布

数理统计的任务是采集和处理带有随机影响的数据, 或者说收集样本并对之进行加工, 以此对所研究的问题作出一定的结论, 这一过程称为统计推断. 在统计推断中, 对样本进行加工整理, 实际上就是根据样本计算出一些量, 使得这些量能够将所研究问题的信息集中起来. 这种根据样本计算出的量就是下面将要定义的统计量, 因此, 统计量是样本的某种函数.

定义 1.19　设 $X_1, X_2, \cdots, X_n$ 是总体 X 的一个简单随机样本, $T(X_1, X_2, \cdots, X_n)$ 为一个 n 元连续函数, 且 T 中不含任何关于总体的未知参数, 则称 $T(X_1, X_2, \cdots, X_n)$ 为一个统计量 (statistic). 称统计量的分布为抽样分布 (sampling distribution).

1. 常用的统计量

(1) 样本均值

设 $X_1, X_2, \cdots, X_n$ 是总体 X 的一个简单随机样本, 称

$$\overline{X} = \frac{1}{n} \sum_{i=1}^{n} X_i \tag{1.83}$$

为样本均值 (sample mean). 通常用样本均值来估计总体分布的均值和对有关总体分布均值的假设作检验.

(2) 样本方差

设 $X_1, X_2, \cdots, X_n$ 是总体 X 的一个简单随机样本, $\overline{X}$ 为样本均值, 称

$$S^2 = \frac{1}{n-1} \sum_{i=1}^{n} \left(X_i - \overline{X} \right)^2 \tag{1.84}$$

为样本方差 (sample variance). 通常用样本方差来估计总体分布的方差和对有关总体分布均值或方差的假设作检验.

(3) k 阶样本原点矩

设 $X_1, X_2, \cdots, X_n$ 是总体 X 的一个简单随机样本, 称

$$A_k = \frac{1}{n} \sum_{i=1}^{n} X_i^k \tag{1.85}$$

为样本的 k 阶原点矩, 通常用样本的 k 阶原点矩来估计总体分布的 k 阶原点矩.

(4) k 阶样本中心矩

设 $X_1, X_2, \cdots, X_n$ 是总体 X 的一个简单随机样本, $\overline{X}$ 为样本均值, 称

$$M_k = \frac{1}{n} \sum_{i=1}^{n} \left(X_i - \overline{X} \right)^k \tag{1.86}$$

为样本的 k 阶中心矩, 通常用样本的 k 阶中心矩来估计总体分布的 k 阶中心矩.

(5) 顺序统计量

设 $X_1,\ X_2,\ \cdots,\ X_n$ 是抽自总体 X 的样本, $x_1,\ x_2,\ \cdots,\ x_n$ 为样本观测值, 将 $x_1,$ $x_2, \cdots, x_n$ 按照从小到大的顺序排列为

$$x_{(1)} \leqslant x_{(2)} \leqslant \cdots \leqslant x_{(n)},$$

当样本 $X_1,\ X_2,\ \cdots,\ X_n$ 取值为 $x_1,\ x_2,\ \cdots,\ x_n$ 时, 定义 $X_{(k)}$ 取值为 $x_{(k)}$ $(k = 1, 2, \cdots, n)$, 称 $X_{(1)},\ X_{(2)},\ \cdots,\ X_{(n)}$ 为 $X_1,\ X_2,\ \cdots,\ X_n$ 的顺序统计量 (order statistic).

显然, $X_{(1)} = \min\limits_{1 \leqslant i \leqslant n} \{X_i\}$ 是样本观测中取值最小的一个, 称为最小顺序统计量 (smallest order statistic). $X_{(n)} = \max\limits_{1 \leqslant i \leqslant n} \{X_i\}$ 是样本观测中取值最大的一个, 称为最大顺序统计量 (largest order statistic). 称 $X_{(r)}$ 为第 r 个顺序统计量.

(6) 经验分布函数

设 $X_1, X_2, \cdots, X_n$ 是抽自总体 X 的样本, $X \sim F(x)$, 则称

$$F_n(x) = \frac{1}{n}K(x), \quad -\infty < x < \infty \tag{1.87}$$

为经验分布函数 (empirical distribution), 其中 $K(x)$ 表示 $X_1, X_2, \cdots, X_n$ 中不大于 x 的个数.

经验分布函数也可以表示成

$$F_n(x) = \begin{cases} 0, & x < X_{(1)}, \\ \dfrac{k}{n}, & X_{(k)} \leqslant x < X_{(k+1)}, \\ 1, & x \geqslant X_{(n)}. \end{cases} \tag{1.88}$$

$F_n(x)$ 是一个跳跃函数, 其跳跃点是样本观测值. 在每个跳跃点处跳跃度均为 $1/n$.

图 1.7 所示的是 $n = 10$, 抽自总体 $N(0,1)$ 的经验分布函数和 $N(0,1)$ 的总体分布函数图.

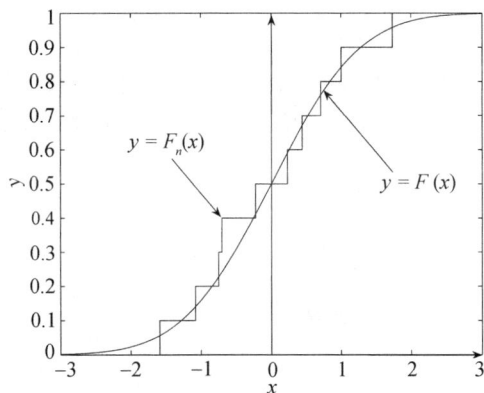

图 1.7　经验分布和总体分布

对于经验分布函数有以下结果 (Glivenko (格里文科) 1933 年证明):

$$P\left\{ \lim_{n \to \infty} \sup_{-\infty < x < \infty} |F_n(x) - F(x)| = 0 \right\} = 1. \tag{1.89}$$

这个结果表明对任意的实数 x, 当 n 充分大时, 经验分布函数与总体分布函数的差异很小, 因此 n 充分大时实际上可用 $F_n(x)$ 近似代替 $F(x)$.

2. 常用的分布和分位数

(1) χ^2 分布

设 $X_1, X_2, \cdots, X_n$ 是来自总体 $N(0,1)$ 的一个简单样本, 则称统计量

$$Y = X_1^2 + X_2^2 + \cdots + X_n^2 \tag{1.90}$$

为服从自由度为 n 的 χ^2 分布 (chi-square distribution), 记为 $Y \sim \chi^2(n)$. 图 1.8 给出了 $n = 1$, $n = 4$ 和 $n = 10$ 的 χ^2 分布密度函数曲线.

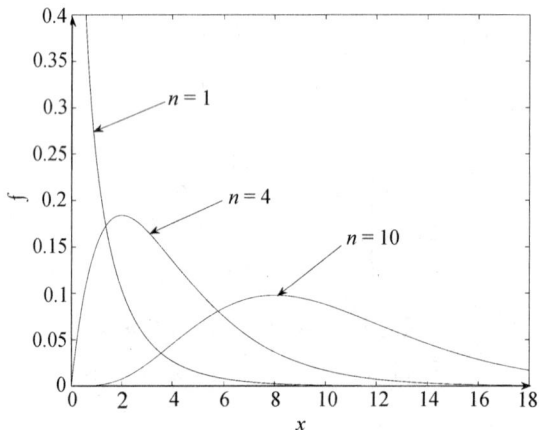

图 1.8 　χ^2 分布密度函数曲线

从图 1.8 可以看出, χ^2 分布密度函数曲线的峰值偏左, 其偏度系数 C_s 为正. 当 n 越小时, 密度曲线越陡峭, 其峰度系数 C_k 就越大; 当 n 越大时, 曲线越平坦, 其峰度系数 C_k 就越小.

若对于给定的 α, $0 < \alpha < 1$, 存在 $\chi_\alpha^2(n)$ 使

$$P\{\chi^2 > \chi_\alpha^2(n)\} = \alpha,$$

则称点 $\chi_\alpha^2(n)$ 为 χ^2 分布的上 α 分位点. 图 1.9 所示的是 $n = 5$, $\alpha = 0.1$ 的 χ^2 分布的上 α 分位点 $\chi_\alpha^2(n)$.

χ^2 分布具有如下性质:

① 可加性. 设 $Y_1 \sim \chi^2(m)$, $Y_2 \sim \chi^2(n)$, 且两者相互独立, 则 $Y_1 + Y_2 \sim \chi^2(m+n)$.

② 期望值与方差. 若 $Y \sim \chi^2(n)$, 则 $E(Y) = n$, $\mathrm{var}(Y) = 2n$.

(2) t 分布

设 $X \sim N(0,1)$, $Y \sim \chi^2(n)$, 且 X, Y 相互独立, 则称随机变量

$$T = \frac{X}{\sqrt{Y/n}} \tag{1.91}$$

为服从自由度为 n 的 t 分布 (t-distribution), 记为 $T \sim t(n)$.

图 1.10 给出了 $n = 1$, $n = 2$, $n = 5$ 和 $n = \infty$ 的 t 分布密度函数曲线. 从图 1.10 可以看出, t 分布是对称分布, 其偏度系数 C_s 为 0. n 越小, 其峰度系数 C_k 越大, n 越大, 其峰度系数 C_k 越小.

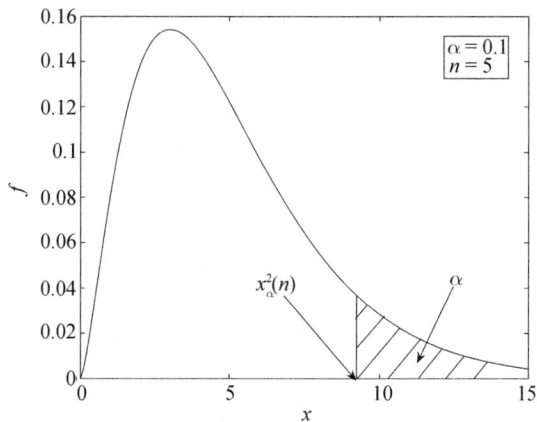

图 1.9 χ^2 分布的上 α 分位点

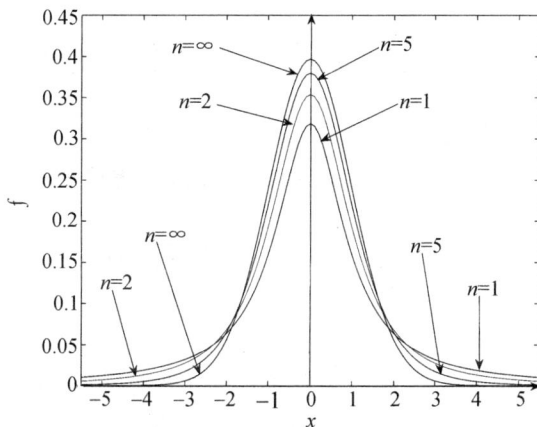

图 1.10 t 分布密度函数曲线

若对于给定的 $\alpha, 0 < \alpha < 1$, 称满足

$$P\{T > t_\alpha(n)\} = \alpha$$

的点 $t_\alpha(n)$ 为 t 分布的上 α 分位点. 图 1.11 所示的是 $n = 5, \alpha = 0.1$ 的 t 分布的上 α 分位点 $t_\alpha(n)$.

由于 t 分布的概率密度函数 $f(t)$ 是偶函数, 即 $f(t) = f(-t)$, 关于 $t = 0$ 对称, 因此对一切 n, 有 $E(T) = 0$. 并且

$$\int_{-t_n(\alpha)}^{\infty} f(t)\mathrm{d}t = 1 - \alpha,$$

所以 $t_{1-\alpha}(n) = -t_\alpha(n)$.

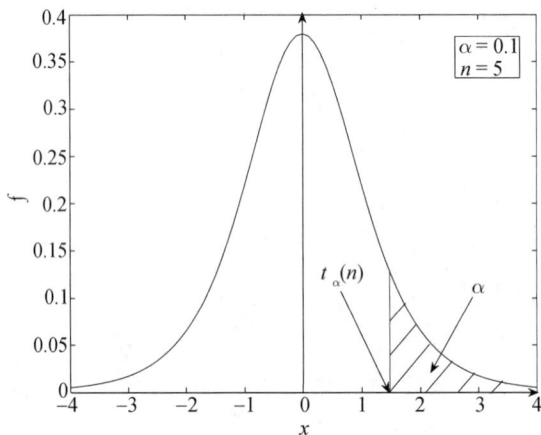

图 1.11 t 分布的上 α 分位点

(3) F 分布

设 $X \sim \chi^2(n)$, $Y \sim \chi^2(m)$, 且 X 和 Y 相互独立, 则称随机变量

$$F = \frac{X/n}{Y/m} \qquad (1.92)$$

为服从自由度为 (n,m) 的 F 分布 (F-distribution), 称 n 为第一自由度, m 为第二自由度, 记为 $F \sim F(n,m)$.

图 1.12 所示的是 $n = 3$, $m = 20$; $n = 7$, $m = 20$; $n = 20$, $m = 20$; $n = 20$, $m = 2$ 和 $n = 20$, $m = 7$ 的 F 分布密度函数曲线.

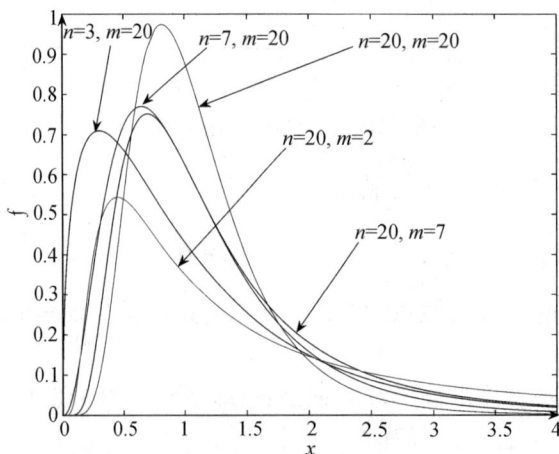

图 1.12 F 分布密度函数曲线

若对于给定的 α, $0 < \alpha < 1$, 称满足

$$P\{F > F_\alpha(n,m)\} = \alpha$$

的点 $F_\alpha(n,m)$ 为 F 分布的上 α 分位点.

图 1.13 所示的是 $n=5, m=8, \alpha=0.1F$ 分布的上 α 分位点 $F_\alpha(n,m)$.

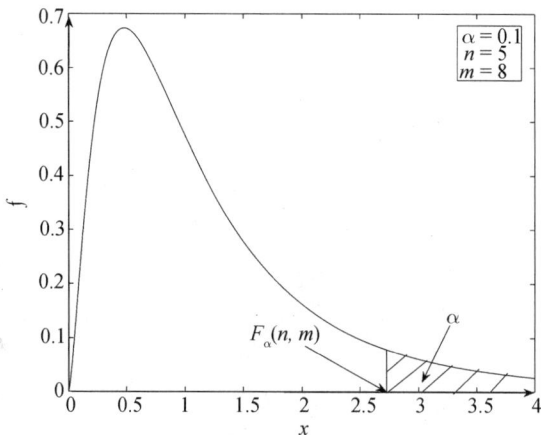

图 1.13 F 分布的上 α 分位点

F 分布具有如下性质:

① $X \sim F(n,m)$, 则 $1/X \sim F(m,n)$;

② $F_{1-\alpha}(n,m) = \dfrac{1}{F_\alpha(m,n)}$.

③ 设 $X \sim t(n)$, 则 $X^2 \sim F(1,n)$.

1.5.4   正态总体样本均值与样本方差的分布

设 $X_1, X_2, \cdots, X_n$ 是来自于正态总体 $N(\mu, \sigma^2)$ 的样本, $\overline{X}, S^2$ 分别为样本均值和样本方差, 则有

$$\frac{\overline{X} - \mu}{\sigma/\sqrt{n}} \sim N(0,1), \tag{1.93}$$

$$\frac{(n-1)S^2}{\sigma^2} \sim \chi^2(n-1), \tag{1.94}$$

$$\frac{\overline{X} - \mu}{S/\sqrt{n}} \sim t(n-1), \tag{1.95}$$

且 $\overline{X}$ 与 S^2 相互独立.

设 $X_1, X_2, \cdots, X_{n_1}$ 与 $Y_1, Y_2, \cdots, Y_{n_2}$ 分别是来自于正态总体 $N(\mu_1, \sigma_1^2)$, $N(\mu_2, \sigma_2^2)$ 的样本, 且这两样本相互独立, 则有

$$\overline{X} - \overline{Y} \sim N\left(\mu_1 - \mu_2, \frac{\sigma_1^2}{n_1} + \frac{\sigma_2^2}{n_2}\right) \tag{1.96}$$

或

$$\frac{(\overline{X} - \overline{Y}) - (\mu_1 - \mu_2)}{\sqrt{\dfrac{\sigma_1^2}{n_1} + \dfrac{\sigma_2^2}{n_2}}} \sim N(0, 1). \tag{1.97}$$

若 $\sigma_1^2 = \sigma_2^2 = \sigma^2$, 且 σ^2 未知, 则

$$\frac{(\overline{X} - \overline{Y}) - (\mu_1 - \mu_2)}{S_w \sqrt{\dfrac{1}{n_1} + \dfrac{1}{n_2}}} \sim t(n_1 + n_2 - 2), \tag{1.98}$$

其中

$$S_w^2 = \frac{(n_1 - 1)S_1^2 + (n_2 - 1)S_2^2}{n_1 + n_2 - 2}, \tag{1.99}$$

$\overline{X}, \overline{Y}$ 分别是两样本的均值, S_1^2, S_2^2 分别是两样本的方差.

习　　题

1.1　设有 m 个人, 每个人都以相同的概率 $\dfrac{1}{N}$ 被分入 N 个室 $(N \geqslant m)$ 中任意一个室中去住, 且每室中人数不限, 并允许有空室, 求:

(1) 某指定的 m 个室中每室各分入 1 人的概率;

(2) 恰有 m 个室, 其中每室各分入 1 人的概率;

(3) 若 $N = 10, m = 6$, 求恰有两人分入同一室 (即恰有一室, 其中恰分入了两个人) 的概率.

1.2　甲、乙两轮驶向一个不能同时停泊两轮的码头, 它们在一昼夜内到达的时刻是等可能的. 设甲轮的停泊时间是 1h, 乙轮的停泊时间是 2 h, 求二轮都不需等待码头空出的概率.

1.3　一批产品共有 20 件, 其中有 5 件次品, 其余为正品. 现依次进行不放回抽取 3 次, 求:

(1) 第 3 次才取到次品的概率;

(2) 在第 1、第 2 次取到正品的条件下, 第 3 次取到次品的概率;

(3) 第 3 次取到次品的概率.

1.4　有朋自远方来, 他乘火车、轮船、汽车、飞机来的概率分别为 0.3, 0.2, 0.1, 0.4. 如果他乘火车、轮船、汽车、飞机来的话, 迟到的概率分别为 1/4, 1/3, 1/12, 而乘飞机则不会迟到. 现朋友迟到了, 问他是乘火车来的概率是多少?

1.5　设每人血清中含有肝炎病毒的概率为 0.004, 随机混合 100 人的血清. 求此血清中含有肝炎病毒的概率.

1.6　甲、乙、丙三门高射炮彼此独立地向同一架飞机射击, 设甲、乙、丙炮射中飞机的概率分别为 0.7, 0.8, 0.9.

　　(1) 求飞机被射中的概率;

　　(2) 又设若只有一门炮射中飞机坠毁的概率为 0.7, 若有两门炮射中飞机坠毁的概率为 0.9, 若三门炮都射中, 飞机必坠毁, 求飞机坠毁的概率.

1.7　一个靶子是半径为 2 m 的圆盘, 设击中靶上任一同心圆盘上的点的概率与该圆盘的面积成正比, 并设射击都能中靶, 以 X 表示弹着点与圆心的距离, 试求随机变量 X 的分布函数.

1.8　某单位招聘 2500 人, 按考试成绩从高分到低分依次录用, 共有 10000 人报名, 假设报名者的成绩 $X \sim N(\mu, \sigma^2)$, 已知 90 分以上有 359 人, 60 分以下有 1151 人, 问被录用者中最低分为多少?

1.9　现有 90 台同类型的设备, 各台设备的工作是相互独立的, 发生故障的概率是 0.01, 且一台设备的故障能由一人处理. 配备维修工人的方法有两种, 一种是 3 人分开维护, 每人负责 30 台, 另一种是由 3 人共同维护 90 台. 试比较两种方法在设备发生故障时不能及时维修的概率的大小.

1.10　设二维随机向量 (X, Y) 的分布函数为

$$F(x, y) = \begin{cases} 1 - 2^{-x} - 2^{-y} + 2^{-x-y}, & x \geqslant 0, y \geqslant 0, \\ 0, & \text{其他}, \end{cases}$$

求 $P\{1 < X \leqslant 2, 3 < Y \leqslant 5\}$.

1.11　一个袋中装有 5 只球, 其中 4 只红球, 1 只白球. 每次从中随机地抽取一只, 取后不放回, 连续抽取两次, 令

$$X = \begin{cases} 1, & \text{若第 1 次抽到红球,} \\ 0, & \text{若第 1 次抽到白球,} \end{cases} \qquad Y = \begin{cases} 1, & \text{若第 2 次抽到红球,} \\ 0, & \text{若第 2 次抽到白球,} \end{cases}$$

试求:

　　(1) (X, Y) 的联合分布律;

　　(2) $P\{X \geqslant Y\}$.

1.12　设二维随机变量 (X, Y) 的联合概率密度函数为

$$f(x, y) = \begin{cases} A\mathrm{e}^{-(2x+y)}, & x > 0, y > 0, \\ 0, & \text{其他}. \end{cases}$$

求：

(1) 常数 A;

(2) $P\{-1 < X < 1, -1 < Y < 1\}$;

(3) $P\{X + Y \leqslant 1\}$;

(4) (X, Y) 的联合分布函数 $F(x, y)$.

1.13　飞机场送客汽车载有 20 位乘客, 离开机场后共有 10 个车站可以下车, 若某个车站无人下车该车站则不停车. 设乘客在每个车站下车的可能性相等且他们的行动相互独立, 以 X 表示停车的次数, 求 $E(X)$.

1.14　某保险公司制定赔偿方案: 如果在一年内一个顾客的投保事件 A 发生, 该公司就赔偿该顾客 a 元. 若已知一年内事件 A 发生的概率为 p, 为使公司收益的期望值等于 a 的 5%, 该公司应该要求顾客交纳多少元的保险费?

1.15　设在总体 $N(\mu, \sigma^2)$ 中抽取一容量为 n 的样本, 这里 μ, σ^2 均为未知. 当 $n = 16$ 时, 求 $P\left\{S^2/\sigma^2 \leqslant 2.04\right\}$.

1.16　设 $X_1, X_2, \cdots, X_n$ 和 $Y_1, Y_2, \cdots, Y_n$ 分别来自于正态总体 $X \sim N(\mu_1, \sigma^2)$ 和 $Y \sim N(\mu_2, \sigma^2)$, 且相互独立, 则以下统计量服从什么分布?

(1) $\dfrac{(n-1)(S_1^2 + S_2^2)}{\sigma^2}$;　　(2) $\dfrac{n\left[(\overline{X} - \overline{Y}) - (\mu_1 - \mu_2)\right]^2}{S_1^2 + S_2^2}$.

第2章 R 软件的使用

在第 1 章介绍了概率统计的基本概念, 从本章开始介绍如何用 R 软件求解统计问题. 在介绍各种方法之前, 先对 R 软件作一个基本的介绍.

2.1 R 软件简介

R 软件是一个开放的统计编程环境, 是一种语言, 是 S 语言的一种实现. S 语言是由 AT&T Bell 实验室的 Rick Becker, John Chambers 和 Allan Wilks 开发的一种用来进行数据探索、统计分析、作图的解释型语言. 最初 S 语言的实现版本主要是 S-PLUS. S-PLUS 是一个商业软件, 它基于 S 语言, 并由 MathSoft 公司的统计科学部进一步完善. R 软件是一套完整的数据处理、计算和制图软件系统. 其功能包括：数据存储和处理系统、数组运算工具、完整连贯的统计分析工具、优秀的统计制图功能. R 软件是一种简便而强大的编程语言, 可操纵数据的输入和输出, 可实现分支、循环, 用户可自定义功能.

Auckland (奥克兰) 大学的 Robert Gentleman 和 Ross Ihaka 及其他志愿人员开发了一个 R 系统, 目前由 R 核心开发小组维护, 他们将全球优秀的统计应用软件打包提供给用户. 用户可以通过 R 软件的网站 (http://www.r-project.org) 了解有关 R 软件的最新信息和使用说明, 得到最新版本的 R 软件和基于 R 的应用统计软件包.

R 软件是完全免费的, 尽管 S-PLUS 也是非常优秀的统计分析软件, 但是需要付费. R 软件可以在 UNIX, Windows 和 Macintosh 操作系统上运行, 它嵌入了一个非常实用的帮助系统, 并具有很强的作图能力. R 软件的使用与 S-PLUS 有很多类似之处, 两个软件有一定的兼容性. S-PLUS 的使用手册, 只要经过不多的修改就能成为 R 软件的使用手册.

与其说 R 软件是一种统计软件, 还不如说 R 软件是一种数学计算环境. 因为 R 软件提供了有弹性的、互动的环境来分析和处理数据; 它提供了若干统计程序包, 以及一些集成的统计工具和各种数学计算、统计计算的函数. 用户只需根据统计模型, 指定相应的数据库及相关的参数, 便可灵活机动地进行数据分析等工作, 甚至创造出符合需要的新的统计计算方法. 使用 R 软件可以简化数据分析过程, 从数据的存取, 到计算结果的分享, R 软件提供了更加方便的计算工具, 帮助用户更好地决策. 通过 R 软件的许多内嵌统计函数, 用户可以很容易地学习和掌握 R 软件的语法, 也可以编制自己的函数来扩展现有的 R 语言, 完成科研工作.

2.1.1 R 软件的下载与安装

R 软件是完全免费的, 在网站

http://cran.r-project.org/bin/windows/base/

上可下载到 R 软件的 Windows 版本, 当前的版本是 R-2.3.1 版 (2006 年 6 月 1 日发布), 大约是 27MB, 单击 R-2.3.1-win32 下载, 或者选择距离你最近的镜像 (mirror near you) 下载. 注意, 在 R-2.2.0 版本以前是单击 rwXXXX.exe 下载, 其中 XXXX 是版本序号. 如本书使用的版本是 R-2.1.1, 则单击 rw2011.exe 下载.

R 软件可以在 Windows 95, Windows 98, Windows ME, Windows NT4, Windows 2000, Windows XP 和 Windows 2003 上运行, 用户最好选择 Windows 98 以上的操作系统.

R 软件安装非常容易, 运行刚才下载的程序, 如 R-2.3.1-win32.exe (R for Windows Setup), 按照 Windows 的提示安装即可. 当开始安装后, 选择安装提示的语言 (中文或英文), 接受安装协议, 选择安装目录 (默认值 C:\Program Files \R\R-2.3.1), 并选择安装组件. 在安装组件中, 最好将 PDF Reference Manual 项也选上, 这样在 R 软件的帮助文件中有较为详细的 PDF 格式的软件说明.

注意, 若安装 R-2.2.0 以前的版本, 在安装组件中, 一定要选择东亚语言版 (Version for East Asian languages), 否则在中文 Windows 操作系统下的 R 窗口中会出现乱码.

按照 Windows 的各种提示操作, 就可以成功安装 R 软件了.

安装完成后, 程序会创建 R 程序组并在桌面上创建 R 主程序的快捷方式 (也可以在安装过程中选择不要创建). 通过快捷方式运行 R 软件, 便可调出 R 软件的主窗口, 如图 2.1 所示.

R 软件的界面与 Windows 的其他编程软件类似, 由一些菜单和快捷按钮组成. 快捷按钮下面的窗口便是命令输入窗口, 它也是部分运算结果的输出窗口, 有些运算结果 (如图形) 则会在新建的窗口中输出.

主窗口上方的一些文字 (如果是中文操作系统, 则显示中文) 是刚运行 R 软件时出现的一些说明和指引. 文字下的 "＞" 符号便是 R 软件的命令提示符 (矩形光标), 在其后可输出命令. R 软件一般采用交互式工作方式, 在命令提示符后输入命令, 回车后便会输出计算结果. 当然也可将所有的命令建立成一个文件, 运行这个文件的全部或部分来执行相应的命令, 从而得到相应的结果. 这种计算方式更加简便, 具体计算过程, 将在后面进行讨论.

2.1.2 初识 R 软件

用三个简单的例子, 认识一下 R 软件.

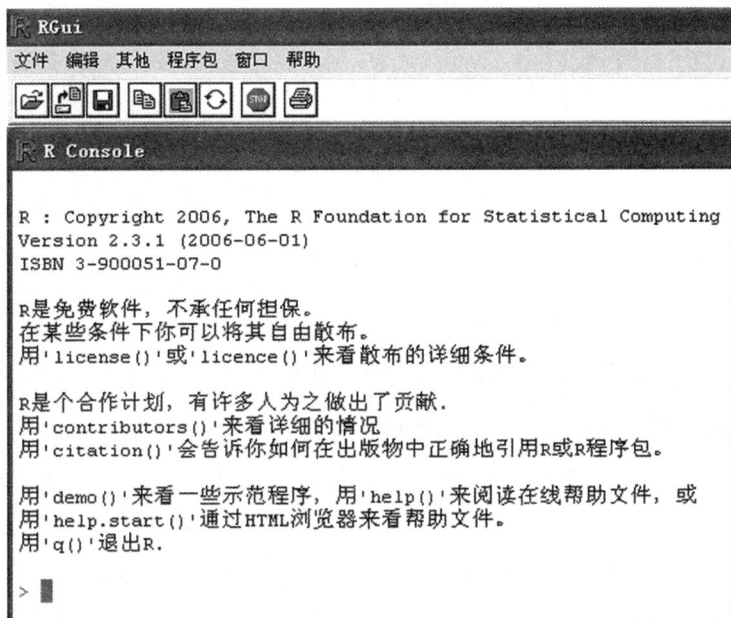

图 2.1 R 软件主窗口

例 2.1 某学校在体检时测得 12 名女中学生体重 X_1(kg) 和胸围 X_2(cm) 资料如表 2.1 所示. 试计算体重与胸围的均值与标准差.

表 2.1 学生体检资料

学生编号	体重 X_1	胸围 X_2	学生编号	体重 X_1	胸围 X_2
1	35	60	7	43	78
2	40	74	8	37	66
3	40	64	9	44	70
4	42	71	10	42	65
5	37	72	11	41	73
6	45	68	12	39	75

解 直接在主窗口输入以下命令:

```
> # 输入体重数据
> X1 <- c(35, 40, 40, 42, 37, 45, 43, 37, 44, 42, 41, 39)
> mean(X1)    # 计算体重的均值
[1] 40.41667
> sd(X1)      # 计算体重的标准差
[1] 3.028901
```

```
> # 输入胸围数据

> X2 <- c(60, 74, 64, 71, 72, 68, 78, 66, 70, 65, 73, 75)

> mean(X2)    # 计算胸围的均值

[1] 69.66667

> sd(X2)       # 计算胸围的标准差

[1] 5.210712
```

从上述计算过程来看, R 软件计算这些统计量非常简单. 我们来逐句作一下解释.

"#" 号是说明语句字符, "#" 后面的语句是说明语句, 大家学习运用说明语句, 来说明程序要做的工作, 增加程序的可读性.

"<−" 表示赋值, "c( )" 表示数组, "X1<−c( )" 表示将一组数据赋给变量 X1.

"mean( )" 是求均值函数, "mean(X1)" 表示计算数组 X1 的均值.

"[1]40.41667" 是计算结果, 这里的 "[1]" 表示第 1 行, "40.41667" 是计算出的均值, 即这 12 名女生的平均体重是 "40.42kg".

"sd( )" 是求标准差函数, "sd(X1)" 表示计算数组 X1 的标准差.

上述过程中的 ">" 号, 均是计算机提示符.

当退出 R 系统时, 计算机会询问是否保存工作空间映像, 可选择保存 (是 (Y)) 或不保存 (否 (N)).

如果想将上述命令保存在文件中, 希望以后调用, 可以先将所有的命令放在一个文件中. 用鼠标单击【文件】|【建立新的程序脚本】, 则屏幕会弹出一个 R 编辑 (R Editor) 窗口, 在窗口中输入相应的命令即可. 然后将文件保存起来, 如文件名: exam0201.R.

例 2.2   绘出例 2.1 中 12 名学生体重与胸围的散点图和体重的直方图.

解   在主窗口下输入

```
> X1<-c(35, 40, 40, 42, 37, 45, 43, 37, 44, 42, 41, 39)
> X2 <- c(60, 74, 64, 71, 72, 68, 78, 66, 70, 65, 73, 75)
> plot(X1, X2)
```

则 R 软件会打开一个新的窗口, 新窗口绘出体重与胸围的散点图, 如图 2.2 所示.

再输入

```
> hist(X1)
```

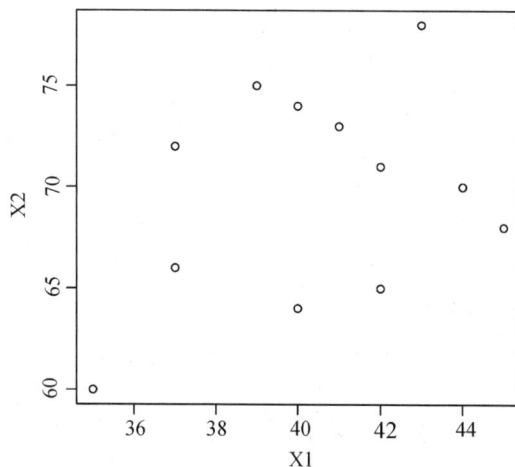

图 2.2 12 名学生体重与胸围的散点图

则屏幕会弹出另一个新窗口, 新窗口绘有体重的直方图, 如图 2.3 所示.

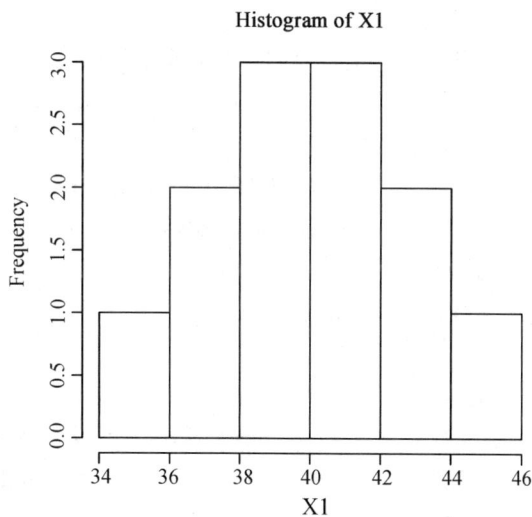

图 2.3 12 名学生体重的直方图

例 2.3 设有文本文件 exam0203.txt, 其内容与格式如下:

Name	Sex	Age	Height	Weight
Alice	F	13	56.5	84.0
Becka	F	13	65.3	98.0
Gail	F	14	64.3	90.0
Karen	F	12	56.3	77.0

Kathy	F	12	59.8	84.5
Mary	F	15	66.5	112.0
Sandy	F	11	51.3	50.5
Sharon	F	15	62.5	112.5
Tammy	F	14	62.8	102.5
Alfred	M	14	69.0	112.5
Duke	M	14	63.5	102.5
Guido	M	15	67.0	133.0
James	M	12	57.3	83.0
Jeffrey	M	13	62.5	84.0
John	M	12	59.0	99.5
Philip	M	16	72.0	150.0
Robert	M	12	64.8	128.0
Thomas	M	11	57.5	85.0
William	M	15	66.5	112.0

其中第一行相当于表头, 说明变量的属性, 即说明各列的内容, 如第一列是姓名, 第二列是性别, 第三列是年龄, 第四列是身高 (cm), 第五列是体重 (lb[①]). 从第二行至最后一行是变量的内容. 试从该文件中读出数据, 并对身高和体重作回归分析.

解　(1) 建立 R 文件 (文件名: exam0203.R). 单击【文件】|【建立新的程序脚本】, 会弹出 R 编辑窗口, 在窗口中输入需要编辑的程序 (命令).

```
rt<-read.table("exam0203.txt", head=TRUE); rt
lm.sol<-lm(Weight~Height, data=rt)
summary(lm.sol)
```

下面解释一下每一个命令的意义. 文件的第一行是读文件 exam0203.txt, 并认为文本文件 exam0203.txt 中的第一行是文件的头 (head=TRUE); 否则 (FALSE) 文件中的第一行作为数据处理, 并将读出的内容放在变量 rt 中. 第二个 rt 是显示变量的内容 (如果一行执行多个命令, 需用分号 (;) 隔开).

第二行是对数据 rt 中的重量 (Weight) 与高度 (Height) 作线性回归, 其计算结果放置在变量 lm.sol 中.

第三行是显示变量 lm.sol 中的详细内容, 它将给出回归的模型公式、残差的最小最大值、线性回归系数, 以及估计与检验等. 有关具体含义将在第 6 章作详细介绍.

(2) 执行文件 exam0203.R 的内容. 执行文件中的内容有几种方式, 第一种, 在 R 编辑窗口中用鼠标选中要执行的程序 (命令), 然后再单击【执行行或选择项】, 如图 2.4 所示.

---

① 1lb=0.45359237kg.

第二种方法是单击【编辑】|【执行一切】. 第三种方法是采取复制、粘贴的方法将命令粘贴到主窗口, 执行相应的命令.

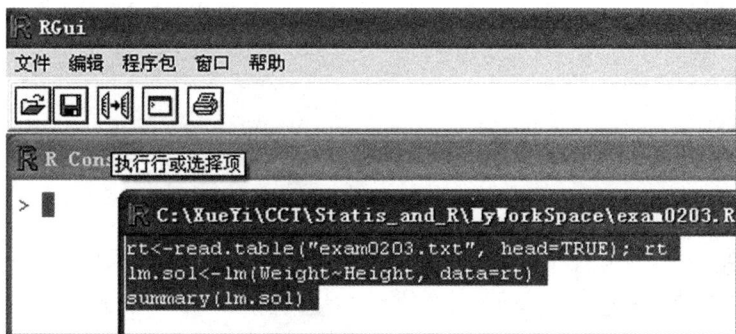

图 2.4 执行 R 编辑窗口中的命令

执行后得到

```
> rt<-read.table("exam0203.txt", head=TRUE); rt
     Name   Sex Age Height Weight
1    Alice   F  13   56.5   84.0
2    Becka   F  13   65.3   98.0
3    Gail    F  14   64.3   90.0
4    Karen   F  12   56.3   77.0
5    Kathy   F  12   59.8   84.5
6    Mary    F  15   66.5  112.0
7    Sandy   F  11   51.3   50.5
8    Sharon  F  15   62.5  112.5
9    Tammy   F  14   62.8  102.5
10   Alfred  M  14   69.0  112.5
11   Duke    M  14   63.5  102.5
12   Guido   M  15   67.0  133.0
13   James   M  12   57.3   83.0
14   Jeffrey M  13   62.5   84.0
15   John    M  12   59.0   99.5
16   Philip  M  16   72.0  150.0
17   Robert  M  12   64.8  128.0
18   Thomas  M  11   57.5   85.0
```

```
19 William   M   15    66.5   112.0
> lm.sol<-lm(Weight~Height, data=rt)
> summary(lm.sol)

Call:
lm(formula = Weight ~ Height, data = rt)

Residuals:
     Min       1Q   Median       3Q      Max
-17.6807  -6.0642   0.5115   9.2846  18.3698

Coefficients:
             Estimate Std. Error t value Pr(>|t|)
(Intercept) -143.0269    32.2746   -4.432 0.000366 ***
Height         3.8990     0.5161    7.555 7.89e-07 ***
---
Signif. codes:  0 '***' 0.001 '**' 0.01 '*' 0.05 '.' 0.1 ' ' 1

Residual standard error: 11.23 on 17 degrees of freedom
Multiple R-Squared: 0.7705,      Adjusted R-squared: 0.757
F-statistic: 57.08 on 1 and 17 DF,  p-value: 7.887e-07
```

在执行中, 主窗口会重复显示编辑窗口的命令, 如主窗口显示的第一行与编辑窗口的第一行完全相同. 第二行以下的内容显示变量 rt, 即文本文件 exam0203.txt 中的内容. 显示内容比原内容增加了一列, 即标号列.

在 summary(lm.sol) 后面显示的是线性回归模型具体计算的结果.

从上面三个例子可以看出, 利用 R 软件计算各种统计量十分方便, 既可以作图, 也可以从文件中读取数据等. 掌握这些基本知识, 就可以使用 R 软件了.

为今后使用方便, 先介绍 R 软件窗口中的菜单、快捷方式的意义.

2.1.3   R 软件主窗口命令与快捷方式

主窗口中的快捷方式如图 2.5 所示, 相关含义在主窗口命令中解释.

1. 文件

主窗口中的【文件】菜单如图 2.6 所示.

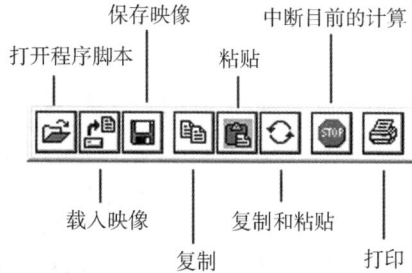

图 2.5 主窗口中的快捷方式及意义

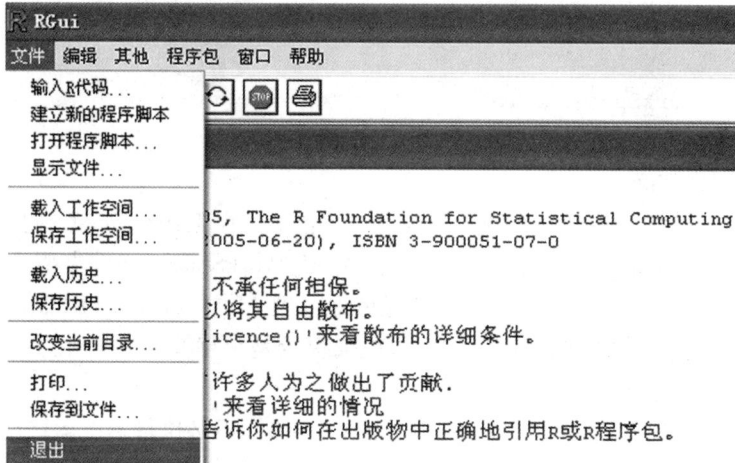

图 2.6 主窗口中的【文件】菜单

(1) 输入R代码...

执行要输入的程序. 单击【输入R代码...】, 打开【选择要输入的程序文件】窗口, 选择要输入的程序文件 (后缀为.R), 如 MyFile.R. 选择好要输入的文件, 单击【打开 (o)】按扭, R 软件会执行该文件 (MyFile.R), 但在主窗口并不显示所执行的内容 (如有绘图命令, 则在另一窗口显示出所绘图形), 而只在主窗口显示

```
> source("MyFile.R")
```

当然, 在主窗口执行 source("MyFile.R") 命令, 具有同样的功能.

(2) 建立新的程序脚本

建立一个新的程序脚本. 单击【建立新的程序脚本】, 打开一个新的 R 程序编辑窗口, 输入要编写的 R 程序. 输入完毕后, 选择保存, 并给一个文件名, 如 MyFile.R.

(3) 打开程序脚本...

打开已有的程序脚本. 单击【打开程序脚本...】, 打开 "open script" 窗口, 选择一个 R 程序, 如 MyFile.R, 屏幕弹出 MyFile.R 编辑窗口, 可以利用这个窗口对 R 程序 (MyFile.R) 进行编辑, 或执行该程序中的部分或全部命令.

(4) 显示文件...

显示已有的文件. 单击【显示文件...】, 打开 "select files" 窗口, 选择一个文件 (∗.R 或 ∗.q), 如 MyFile.R, 屏幕弹出 MyFile.R 窗口, 可利用该窗口执行该程序 (MyFile.R) 的部分或全部命令, 但无法用该窗口对该程序进行编辑.

(5) 载入工作空间...

调入已保存的工作空间映像文件. 单击【载入工作空间...】, 打开【选择要载入的映像】窗口, 在文件名窗口输入要载入的文件名, 如 MyWorkSpace, 文件类型是 ∗.RData. 当调用成功后, 保存在工作空间映像 MyWorkSpace.RData 中的全部命令就被调到内存中, 这样在本次运算时, 就不必再重复工作空间 MyWorkSpace.RData 中已有的命令.

执行命令

```
> load("MyWorkSpace.RData")
```

具有同样的功能.

(6) 保存工作空间...

将当前的工作空间映像保存成一个文件. 单击【保存工作空间...】, 打开【保存映像到】窗口, 在文件名窗口输入所需的文件名, 如 MyWorkSpace, 文件类型为 ∗.RData, 单击【保存 (S)】按钮, 则当前的工作空间映像就保存到 MyWorkSpace.RData 文件中. 如果保存的文件名与已有的文件名重名, 则计算机会提示是否替换已有文件, 这时可选择替换 (是 (Y)), 或不替换 (否 (N)).

保存工作空间映像的最大好处就是, 在下次调用时, 不必执行本次运算已执行的命令.

执行命令

```
> save.image("MyWorkSpace.RData")
```

具有同样的功能.

(7) 载入历史...

调入历史记录文件到内存中. 调入后, 主窗口并不显示调入的内容, 只有在按上下箭头, 或按 Ctrl+P, Ctrl+N 组合键, 才在命令行显示历史记录. 这样做可以减少键盘输入.

(8) 保存历史...

将在主窗口操作过的全部记录保存到一个文件中 (后缀为.Rhistory), 如 MyWork.Rhistory. 该文件是纯文本文件, 用任何编辑器均能打开.

(9) 改变当前目录...

改变当前的工作目录. 在默认状态下, R 软件的工作目录是软件安装时的目录, 如

```
C:\Program Files\R\rw2011
```

如图 2.7 所示. 在窗口输入所需的工作目录, 如 D:\XueYi\MyWorkSpace, 也可单击 Browse, 选择所需要的工作目录, 单击 OK 按钮确认.

(10) 打印...

打印文件.

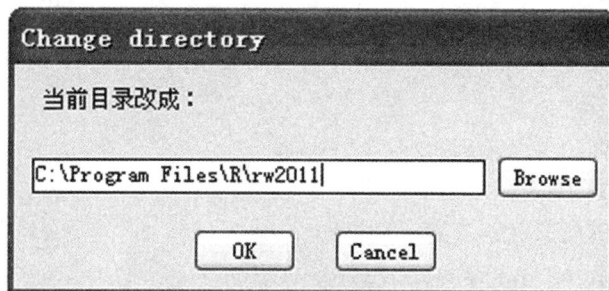

图 2.7 改变当前目录窗口

(11) 保存到文件...

将主窗口的记录保存到文本文件中 (lastsave.txt).

(12) 退出

退出 R 系统. 如果退出前没有保存工作空间映像, 则系统会提示是否保存工作空间映像, 这时可选择保存 (是 (Y)), 或不保存 (否 (N)).

在主窗口执行 q() 命令, 具有同样的功能.

2. 编辑

主窗口中的【编辑】菜单如图 2.8 所示.

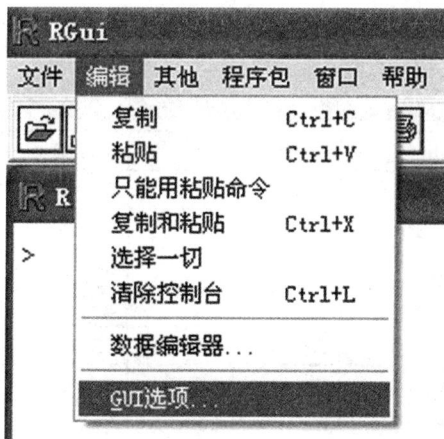

图 2.8 主窗口中的【编辑】菜单

(1) 复制

将当前选中的文本复制到剪贴板中.

(2) 粘贴

将剪贴板中的内容粘贴到命令行.

(3) 复制和粘贴

将当前选中的文本复制到剪贴板中, 并将剪贴板中的内容粘贴到命令行.

(4) 选择一切

选定主窗口中的所有文本内容.

(5) 清除控制台

清除主窗口中的所有文本内容.

(6) 数据编辑器...

编辑已有的数据变量, 并将新数据存入该变量中. 例如, 在例 2.3 中, 将读出的数据放在变量 rt 中, 现需要改动 rt 中的数据, 单击【数据编辑器】, 弹出 "Question" 窗口, 输入变量 rt, 如图 2.9 所示. 单击 OK 按扭, 弹出【数据编辑器】窗口, 如图 2.10 所示. 然后选择需要修改的数据进行修改, 修改后关闭该窗口, 此时变量 rt 中的数据已变成新数据.

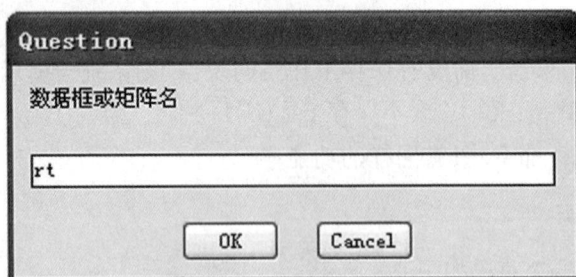

图 2.9　"Question" 窗口

图 2.10　【数据编辑器】窗口

在主窗口执行 fix(rt) 命令, 可以达到同样的目的.

(7) GUI 选项...

改变 R 软件的图形用户界面. 单击【GUI 选项...】, 弹出 Rgui 配置编辑器. 用户可根据需要更改配置编辑器中的内容. 建议初学者先不要忙于更改配置, 使用默认值.

3. 其他

主窗口中的【其他】菜单如图 2.11 所示.

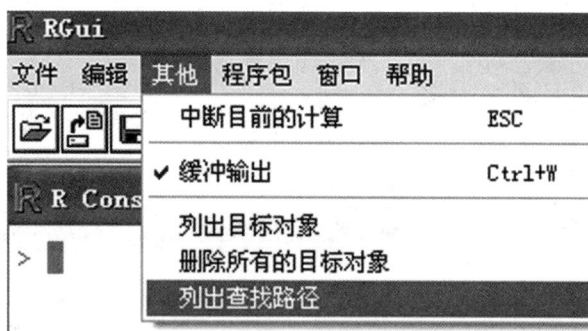

图 2.11 主窗口中的其他菜单

(1) 中断目前的计算

单击【中断目前的计算】可停止当前正在执行的程序.

(2) 缓冲输出

单击【缓冲输出】会在【缓冲输出】前出现或取消 √, 即执行或取消缓冲输出.

(3) 列出目标对象

单击【列出目标对象】, 列出全部变量名. 在主窗口执行 ls() 命令, 可以达到同样的目的.

(4) 删除所有的目标对象

单击【删除所有的目标对象】, 将全部变量从内存中清除. 在主窗口执行

```
rm(list=ls(all=TRUE))
```

命令, 可以达到同样的目的.

(5) 列出查找路径

单击【列出查找路径】, 列出查找文件 (或函数) 的路径或程序包. 以下为 R 软件列出的基本的路径和程序包.

```
[1] ".GlobalEnv"        "package:methods"   "package:stats"
[4] "package:graphics"  "package:grDevices" "package:utils"
[7] "package:datasets"  "Autoloads"         "package:base"
```

在主窗口执行 search() 命令, 可以达到同样的目的.

4. 程序包

主窗口中的【程序包】菜单如图 2.12 所示.

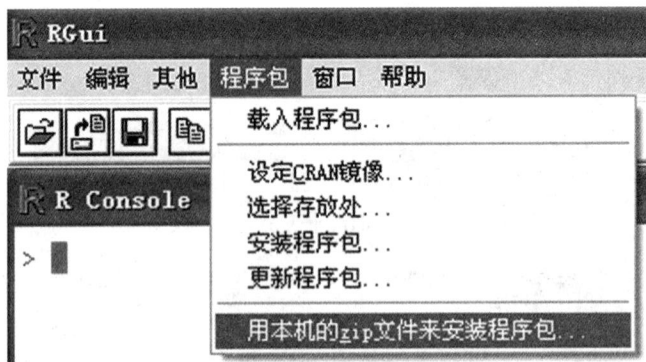

图 2.12 主窗口中的【程序包】菜单

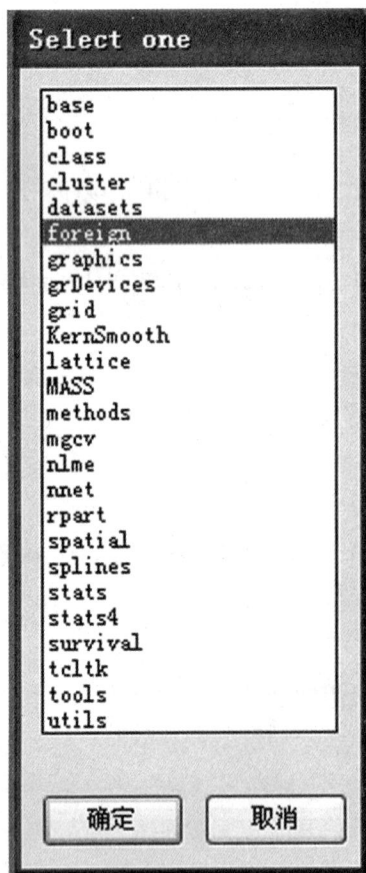

图 2.13 选择程序包对话框

(1) 载入程序包...

R 软件除上述基本程序包外, 还有许多程序包, 只是在使用前需要调入. 如需要读 SPSS 软件的数据文件, 则需要用函数 read.spss, 但在使用前需要调入 foreign 程序包.

单击【载入程序包...】, 弹出选择程序包对话框, 如图 2.13 所示. 选择 foreign, 单击【确定】按钮. 这样就可以使用 read.spss 函数.

(2) 设定CRAN 镜像...

单击【选择CRAN 镜像...】, 弹出 CRAN 镜像窗口, 选择一个镜像点, 单击【确定】按钮, 链接到指定的镜像点.

(3) 选择存放处...

单击【选择存放处】, 打开库窗口, 选择一个库, 单击【确定】按钮, 计算机将自动链接到所选的库.

(4) 安装程序包...

单击【安装程序包...】, 弹出 CRAN 镜像窗口, 选择合适的镜像点, 单击【确定】按钮. 此时, 计算机将自动链接到指定的镜像点, 下载程序包, 并自动安装.

(5) 更新程序包...

单击【更新程序包...】, 弹出 CRAN 镜像窗口, 选择合适的镜像点, 单击【确定】按钮. 此时, 计算机将自动链接到指定的镜像点, 下载程序包, 并自动更新.

(6) 用本机的zip 文件来安装程序包...

单击【用本机的 zip 文件来安装程序包】, 打开 Select files, 选择需要安装的 zip 文件.

5. 窗口

主窗口中的【窗口】菜单如图 2.14 所示.

(1) 层叠

将所有窗口层叠.

(2) 平铺

将所有窗口平铺.

(3) 安排按钮

图 2.14　主窗口中的【窗口】菜单

6. 帮助

主窗口中的【帮助】菜单如图 2.15 所示.

(1) 控制台

说明控制命令. 单击【控制台】, 弹出说明控制命令对话框, 如图 2.16 所示, 在对话框中说明全部的控制命令.

(2) 关于R的 FAQ

R 软件常见问答. FAQ 是 frequently asked questions 的缩写. 单击【关于R的 FAQ】, 弹出 R FAQ 网页式对话框. 该对话框解释 R 软件的基本问题, 如 R 软件的介绍、R 软件的基本知识、R 语言与 S 语言, 以及 R 程序等.

(3) 关于Windows 上 R 的 FAQ

关于 R 软件的进一步的常见问答. 单击【关于Windows 上 R 的 FAQ】, 弹出 R for Windows FAQ 网页式对话框, 其内容有安装与用户、程序包、Windows 的特点、工作空间和控制台与字体等. 该对话框的问题更加深入.

(4) 手册 (PDF 文件)

给出 R 软件的使用手册. 有《R 入门》、《R 参考手册》、《R 数据导入/导出》、《R 语言的定义》、《写 R 扩展程序》和《R 安装与管理》. 所有手册均是 PDF 格式的文件[①]. 这

---

① 需要在用户的计算机中安装 PDF 阅读软件 Adobe Acrobat Reader 才能阅读使用手册.

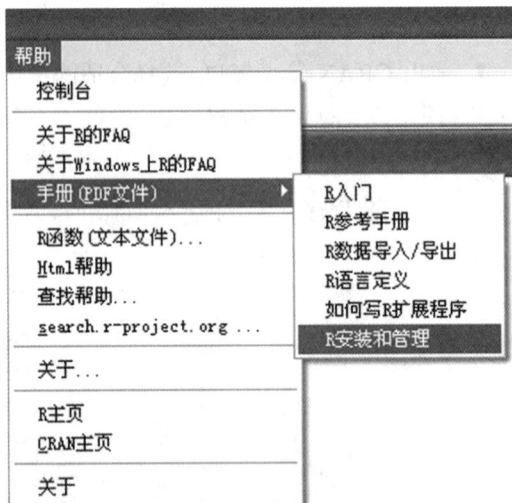

图 2.15 主窗口中的【帮助】菜单

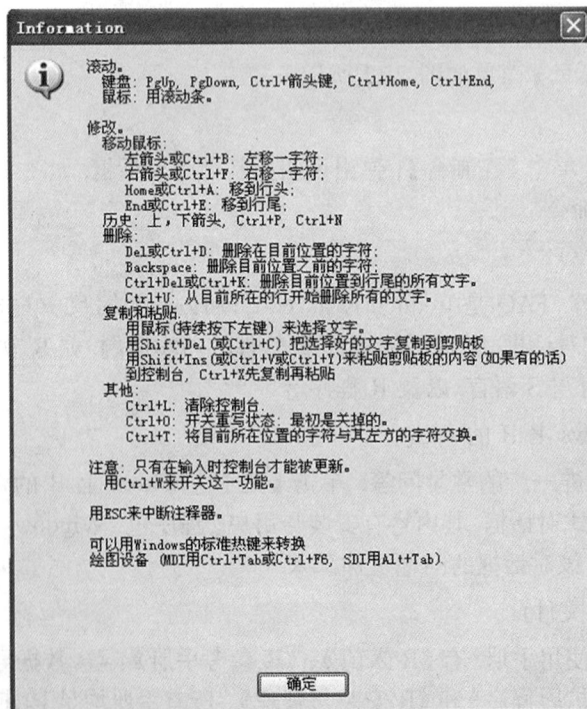

图 2.16 控制命令对话框

些手册为学习 R 软件提供了有利的帮助.

以上 3 条文本帮助文件是逐步深入的, 用它们可以帮助使用者快速掌握 R 软件的使用.

(5) R 函数 (文本文件)...

帮助命令. 相当于 help("Fun_Name"). 单击【R 函数 (文本文件)...】, 出现帮助对话框, 在对话框中输入需要帮助的函数名, 如 lm(线性模型) 函数, 单击 OK 按钮, 则屏幕上会出现新的对话框, 解释 lm 的意义与使用方法.

当帮助不成功时, 计算机会建议使用 help.search("read.spss")(查找帮助).

(6) Html 帮助

网页形式的帮助窗口. 单击【Html 帮助】, 弹出网页形式的窗口菜单, 使用者可以选择需要帮助的内容, 双击, 打开需要的内容.

(7) 查找帮助...

查找帮助. 相当于 help.search("Fun_Name"). 单击【查找帮助...】, 出现查找帮助对话框, 在对话框中输入需要帮助的函数名, 如 lm(线性模型) 函数, 单击 OK 按钮, 则屏幕上会出现新的对话框, 上面列出与 lm (线性模型) 有关的全部函数名 (包括广义线性模型函数名).

(8) search.r-project.org

在网站上查找. 单击 "search.r-project.org", 屏幕出现【搜索邮件列表档案和文档】对话框, 输入查找内容, 则计算机将自动链接网站 (http://search.r projcct.org), 查找用户需要的内容.

(9) 关于...

列出相关的函数与变量. 相当于 apropos("Fun_Name"). 单击【关于...】, 出现关于对话框, 在对话框中输入需要查找的函数名或变量名, 如 lm, 单击 OK 按钮, 则屏幕上会出现新的对话框, 上面列出含有字符串 lm 的全部函数名与变量名.

注意:【R 函数 (文本文件)...】和【关于...】是在当前已有的程序包中查找, 而【查找帮助...】是在整个程序包中查找. 例如, 在【帮助】和【关于】对话框中输入 "read.spss" (读 SPSS 数据文件函数), 则主窗口会出现 "character(0)", 即无法查到. 而利用【查找帮助】对话框, 则屏幕上会出现新的对话框, 告诉你 read.spss 属于 foreign 程序包.

(10) R 主页

链接到 R 主页, 即 http://www.r-project.org/.

(11) CRAN 主页

链接到 CRAN 主页, 即 http://cran.r-project.org/.

(12) 关于

介绍 R 软件的版本信息.

2.2　数字、字符与向量

本节介绍 R 软件最简单的运算：数字与向量的运算.

2.2.1　向量

1. 向量的赋值

R 软件中最简单的运算是向量赋值. 如果打算建立一个名为 x 的向量, 相应的分量是 10.4, 5.6, 3.1, 6.4 和 21.7, 用 R 命令是

```
> x <- c(10.4, 5.6, 3.1, 6.4, 21.7)
```

其中 x 是向量名, <− 为赋值符, c( ) 为向量建立函数. 上述命令就是将函数 c( ) 中数据赋给向量 x.

另一个赋值函数是 assign( ), 其命令形式为

```
> assign("x", c(10.4, 5.6, 3.1, 6.4, 21.7))
```

第三种赋值形式为

```
> c(10.4, 5.6, 3.1, 6.4, 21.7) -> x
```

进一步有

```
> y <- c(x, 0, x)
```

定义变量 y 有 11 个分量, 其中两边是变量 x, 中间是零.

2. 向量的运算

对于向量可以作加 (+)、减 (−)、乘 (∗)、除 (/) 和乘方 (∧) 运算, 其含意是对向量的每一个元素进行运算. 其中加、减和数乘运算与我们通常的向量运算基本相同, 如

```
> x <- c(-1, 0, 2);  y <- c(3, 8, 2)
> v <- 2*x + y + 1; v
[1] 2 9 7
```

第一行, 输入向量 x 和 y. 第二行, 将向量的计算结果赋给变量 v, 其中 2∗x+y 是作通常的向量运算, +1 表示向量的每个分量均加 1. 分号后的 v 是为了显示计算内容, 因为 R 软件完成计算后进行赋值, 并不显示相应的计算内容.

对于向量的乘法、除法、乘方运算, 其意义是对应向量的每个分量作乘法、除法和乘方运算, 如

```
> x * y
[1] -3  0  4
> x / y
[1] -0.3333333  0.0000000  1.0000000
```

```
> x^2
[1] 1 0 4
> y^x
[1] 0.3333333 1.0000000 4.0000000
```

由于没有作赋值运算, 所以, R 软件在运算后会直接显示计算结果.

另外, % / % 表示整数除法 (例如 5 % / % 3 为 1), % % 表示求余数 (例如 5 % % 3 为 2).

R 软件还可以作函数运算, 如基本初等函数 log, exp, cos, tan, sqrt 等. 当自变量为向量时, 函数的返回值也是向量, 即每个分量取相应的函数值. 如

```
> exp(x)
[1] 0.3678794 1.0000000 7.3890561
> sqrt(y)
[1] 1.732051 2.828427 1.414214
```

但 sqrt(−2) 会给出 NAN 和相应的警告信息, 因为负数不能开方. 但如果需要作复数运算, 则输入形式应改为 sqrt(−2+0i).

3. 与向量运算有关的函数

介绍一些与向量运算有关的函数.

(1) 求向量的最小值、最大值和范围的函数.

$\min(x), \max(x), \text{range}(x)$ 分别表示求向量 x 的最小分量、最大分量和向量 x 的范围, 即 $[\min(x), \max(x)]$. 如

```
> x <- c(10, 6, 4, 7, 8)
> min(x)
[1] 4
> max(x)
[1] 10
> range(x)
[1]  4 10
```

与 $\min()(\max())$ 有关的函数是 which.min()(which.max()), 表示在第几个分量求到最小 (最大) 值, 如

```
> which.min(x)
[1] 3
> which.max(x)
[1] 1
```

(2) 求和函数、求乘积函数.

sum(x) 表示求向量 x 分量之和, 即 $\sum_{i=1}^{n} x_i$. prod(x) 表示求向量 x 分量连乘积, 即 $\prod_{i=1}^{n} x_i$. 还有 length(x) 表示求向量 x 分量的个数, 即 n.

(3) 中位数、均值、方差、标准差和顺序统计量.

median(x) 表示求向量 x 的中位数. mean(x) 表示求向量 x 的均值, 即 sum(x)/length(x). var(x) 表示求向量 x 的方差, 即

$$\mathrm{var(x)} = \mathrm{sum}\left((\mathrm{x} - \mathrm{mean(x))^2}\right)/(\mathrm{length(x)} - 1).$$

sd(x) 表示求向量 x 的标准差, 即 $\mathrm{sd(x)} = \sqrt{\mathrm{var(x)}}$.

sort(x) 表示求与向量 x 大小相同, 按递增顺序排列的向量, 即顺序统计量. 相应的下标由 order(x) 或 sort.list(x) 列出. 例如, 当 x<−c(10, 6, 4, 7, 8) 时, sum(x), prod(x), length(x), median(x), mean(x), var(x) 和 sort(x) 的计算结果分别是 35、13440、5、7、7、5 和 4 6 7 8 10.

有关均值、方差等统计量的性质和函数的使用方法, 在第 3 章中还会介绍.

2.2.2　产生有规律的序列

1. 等差数列

a:b 表示从 a 开始, 逐项加 1(或减 1), 直到 b 为止. 如 x< −1:30 表示向量 $x = (1, 2, \cdots, 30)$, x< −30:1 表示向量 $x = (30, 29, \cdots, 1)$. 当 a 为实数, b 为整数时, 向量 a:b 是实数, 其间隔差 1. 而当 a 为整数, b 为实数时, a:b 表示其间隔差 1 的整数向量. 如

```
> 2.312:6
[1] 2.312 3.312 4.312 5.312
> 4:7.6
[1] 4 5 6 7
```

注意: x< −2∗1:15 并不是表示 2 到 15, 而是表示向量 $x = (2, 4, \cdots, 30)$, 即 x< −2*(1:15), 也就是等差运算优于乘法运算. 同理, 1:n−1 并不是表示 1 到 n−1, 而是表示向量 1:n 减去 1. 若需要表示 1 到 n−1, 则需要对 n−1 加括号. 比较下面两种表示的差别.

```
> n<-5
> 1:n-1
[1] 0 1 2 3 4
> 1:(n-1)
[1] 1 2 3 4
```

注意: 这一点对于初学者非常容易引起混淆.

2. 等间隔函数

seq() 函数是更一般的函数, 它产生等距间隔的数列, 其基本形式为

$$seq(from=value1, to= value2, by=value3)$$

即从 value1 开始, 到 value2 结束, 中间的间隔为 value3. 如

```
> seq(-5, 5, by=.2) -> s1
```

表示向量 $s1 = (-5.0, -4.8, -4.6, \cdots, 4.6, 4.8, 5.0)$. 从上述定义来看, seq(2,10) 等价于 2:10. 在不作特别声明的情况下, 其间隔为 1.

对于 seq 函数还有另一种使用方式, 如下所示:

$$seq(length=value2, from=value1, by=value3)$$

即从 value1 开始, 间隔为 value3, 其向量的长度为 value2. 如

```
> s2 <- seq(length=51, from=-5, by=.2)
```

产生的 $s2$ 与向量 $s1$ 相同.

3. 重复函数

rep() 是重复函数, 它可以将某一向量重复若干次再放入新的变量中, 如

```
> s <- rep(x, times=3)
```

即将变量 x 重复 3 倍, 放在变量 s 中. 如

```
> x <- c(1, 4, 6.25); x
[1] 1.00 4.00 6.25
> s <- rep(x, times=3); s
[1] 1.00 4.00 6.25 1.00 4.00 6.25 1.00 4.00 6.25
```

2.2.3 逻辑向量

与其他语言一样, R 软件允许使用逻辑操作. 当逻辑运算为真时, 返回值为 TRUE; 当逻辑运算为假时, 返回值为 FALSE. 例如

```
> x <- 1:7
> l <- x > 3
```

其结果为

```
> l
[1] FALSE FALSE FALSE TRUE TRUE TRUE TRUE
```

逻辑运算符有 $<, <=, >, >=, ==$ (表示等于) 和 $!=$ (表示不等于). 如果 c1 和 c2 是两个逻辑表达式, 则 c1 & c2 表示 c1 "与" c2, c1 | c2 表示 c1 "或" c2, !c1 表示 "非 c1".

逻辑变量也可以赋值, 如

```
> z <- c(TRUE, FALSE, F, T)
```

其中 T 是 TRUE 的简写, F 是 FALSE 的简写.

判断一个逻辑向量是否都为真值的函数是 all, 如

```
> all(c(1, 2, 3, 4, 5, 6, 7) > 3)
```

```
[1] FALSE
```

判断是否其中有真值的函数是 any, 如

```
> any(c(1, 2, 3, 4, 5, 6, 7) > 3)
```

```
[1] TURE
```

2.2.4　缺失数据

用 NA 表示某处的数据缺失. 如

```
> z <- c(1:3, NA); z
```

```
[1]  1  2  3  NA
```

函数 is.na() 是检测缺失数据的函数, 如果返回值为真 (TRUE), 则说明此数据是缺失数据; 如果返回值为假 (FALSE), 则此数据不是缺失数据. 如

```
> ind <- is.na(z); ind
```

```
[1] FALSE FALSE FALSE  TRUE
```

如果需要将缺失数据改为 0, 则用如下命令:

```
> z[is.na(z)] <- 0; z
```

```
[1] 1 2 3 0
```

类似的函数还有 is.nan()(检测数据是否不确定, TRUE 为不确定, FALSE 为确定), is.finite() (检测数据是否有限, TRUE 为有限, FALSE 为无穷), is.infinite() (检测数据是否为无穷, TRUE 为无穷, FALSE 为有限). 例如,

```
> x<-c(0/1, 0/0, 1/0, NA); x
```

```
[1]   0 NaN Inf  NA
```

```
> is.nan(x)
```

```
[1] FALSE  TRUE FALSE FALSE
```

```
> is.finite(x)
```

```
[1]  TRUE FALSE FALSE FALSE
```

```
> is.infinite(x)
```

```
[1] FALSE FALSE  TRUE FALSE
```

```
> is.na(x)
```

```
[1] FALSE  TRUE FALSE  TRUE
```

在 x 的四个分量中, 0/1 为 0, 只有在 is.finite 的检测下是真, 其余均为假. 0/0 为不确定, 但对函数 is.nan 和 is.na 的检测下均为真, 这是因为不确定数据也认为是缺失数据. 1/0 为无穷, 因此只在 is.infinite 检测下为真. NA 为缺失数据, 只有在 is.na 检测下为真, 因为缺失数据并不是不确定数据, 所以在 is.nan 检测下仍为假.

如果对不确定数据、缺失数据赋值, 可以采用对缺失数据赋值的方法为它们赋值.

2.2.5 字符型向量

向量元素可以取字符串值. 例如,

```
> y <-c ("er", "sdf", "eir", "jk", "dim")
```

或

```
> c("er", "sdf", "eir", "jk", "dim") -> y
```

则得到

```
> y
[1] "er"  "sdf" "eir" "jk"  "dim"
```

可用 paste 函数把它的自变量连成一个字符串, 中间用空格分开, 例如,

```
> paste("My","Job")
[1] "My Job"
```

连接的自变量可以是向量, 这时各对应元素连接起来, 长度不相同时较短的向量被重复使用. 自变量可以是数值向量, 连接时自动转换成适当的字符串表示, 例如,

```
> labs<-paste("X", 1:6, sep = ""); labs
[1] "X1" "X2" "X3" "X4" "X5" "X6"
```

分隔用的字符可以用 sep 参数指定, 例如下例产生若干个文件名:

```
> paste("result.", 1:4, sep="")
[1] "result.1" "result.2" "result.3" "result.4"
```

关于 paste 函数, 还有以下几种用法:

```
> paste(1:10) # same as as.character(1:10)
[1] "1"  "2"  "3"  "4"  "5"  "6"  "7"  "8"  "9"  "10"
> paste("Today is", date())
[1] "Today is Tue Sep 13 16:16:29 2005"
> paste(c('a','b'), collapse='.')
[1] "a.b"
```

2.2.6 复数向量

R 软件支持复数运算. 复数常量只要用通常的格式, 如 3.5+2.1i. complex 模式的向量为复数元素的向量, 可以用 complex() 函数生成复数向量. 如

```
> x <- seq(-pi, pi, by=pi/10)
> y <- sin(x)
> z <- complex(re=x, im=y)
> plot(z)
```

```
> lines(z)
```

其中第 1 行是给出向量 x 的值; 第 2 行是计算向量 y 的值; 第 3 行是构造复数向量, 其中 x 为实部, y 为虚部; 第 4 行是绘出复数向量 z 的散点图; 第 5 行是用实线连接这些散点. 图 2.17 给出了相应的图形.

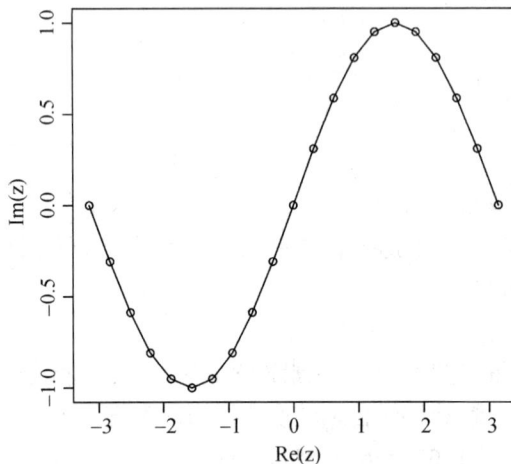

图 2.17　复数 $z = x + \mathrm{i}\sin x$ 的散点图和折线图

对于复数运算, Re() 计算复数的实部, Im() 计算复数的虚部, Mod() 计算复数的模, Arg() 计算复数的幅角.

2.2.7　向量下标运算

R 软件提供了十分灵活的访问向量元素和向量子集的功能. 向量中的某一个元素可用 x[i] 的格式访问, 其中 x 是一个向量名, 或一个取向量值的表达式, 如

```
> x <- c(1,4,7)
> x[2]
[1] 4
> (c(1, 3, 5) + 5)[2]
[1] 8
```

可以单独改变一个或多个元素的值, 如

```
> x[2] <- 125
> x
[1]    1  125    7
> x[c(1,3)] <- c(144, 169)
> x
```

```
[1] 144 125 169
```

1. 逻辑向量

v 为和 x 等长的逻辑向量, x[v] 表示取出所有 v 为真值的元素, 如

```
> x <- c(1,4,7)
> x < 5
[1]  TRUE  TRUE  FALSE
> x[x<5]
[1] 1 4
```

可以将向量中缺失数据赋为 0, 如

```
> z <- c(-1, 1:3, NA)
> z[is.na(z)] <- 0
> z
[1] -1  1  2  3  0
```

也可以将向量中非缺失数据赋给另一个向量, 如

```
> z <- c(-1, 1:3, NA)
> y <- z[!is.na(z)]
> y
[1] -1  1  2  3
```

或作相应的运算,

```
> (z+1)[(!is.na(z)) & z>0] -> x
> x
[1] 2 3 4
```

改变部分元素值的技术与逻辑值下标方法结合可以定义向量的分段函数, 例如, 要定义

$$y = \begin{cases} 1-x, & x < 0, \\ 1+x, & x \geqslant 0, \end{cases}$$

可以用

```
> y <- numeric(length(x))
> y[x<0] <- 1 - x[x<0]
> y[x>=0] <- 1 + x[x>=0]
```

来表示, 其中 numeric 函数的功能是产生数值型向量.

2. 下标的正整数运算

v 为一个向量, 下标取值在 1 到 length(v) 之间, 取值允许重复, 例如,

```
> v <- 10:20
> v[c(1,3,5,9)]
[1] 10 12 14 18
> v[1:5]
[1] 10 11 12 13 14
> v[c(1,2,3,2,1)]
[1] 10 11 12 11 10
> c("a","b","c")[rep(c(2,1,3), times=3)]
[1] "b" "a" "c" "b" "a" "c" "b" "a" "c"
```

3. 下标的负整数运算

v 为一个向量, 下标取值在 −length(v) 到 −1 之间, 如

```
> v[-(1:5)]
[1] 15 16 17 18 19 20
```

表示扣除相应的元素.

4. 取字符型值的下标向量

在定义向量时可以给元素加上名字, 如

```
> ages <- c(Li=33, Zhang=29, Liu=18)
> ages
   Li Zhang   Liu
   33    29    18
```

这样定义的向量可以用通常的办法访问, 另外, 还可以用元素名字来访问元素或元素子集, 例如,

```
> ages["Zhang"]
Zhang
   29
```

向量元素名可以后加, 如

```
> fruit <- c(5, 10, 1, 20)
> names(fruit) <- c("orange", "banana", "apple", "peach")
> fruit
orange banana  apple  peach
     5     10      1     20
```

2.3 对象和它的模式与属性

R 是一种基于对象的语言. R 的对象包含了若干个元素作为其数据, 另外, 还可以有一些特殊数据称为属性 (attribute), 并规定了一些特定的操作 (如打印、绘图). 比如, 一个向量是一个对象, 一个图形也是一个对象. R 对象分为单纯 (atomic) 对象和复合 (recursive) 对象两种, 单纯对象的所有元素都是同一种基本类型 (如数值、字符串), 元素不再是对象; 复合对象的元素可以是不同类型的对象, 每一个元素是一个对象.

2.3.1 固有属性：mode 和 length

R 对象都有两个基本的属性：mode(类型) 属性和 length(长度) 属性. 比如向量的类型为 logical(逻辑型)、numeric(数值型)、complex(复数型)、character(字符型), 比如,

```
> mode(c(1,3,5)>5)
[1] "logical"
```

R 对象有一种特别的 null(空值型) 型, 只有一个特殊的 NULL 值为这种类型, 表示没有值 (不同于 NA, NA 是一种特殊值, 而 NULL 根本没有对象值).

要判断某对象是否是某类型, 有许多类似于 is.numeric() 的函数可以实现此功能. is.numeric(x) 用来检验对象 x 是否为数值型, 它返回一个逻辑型结果. is.character() 可以检验对象是否为字符型, 等等. 如

```
> z <- 0:9
> is.numeric(z)
[1] TRUE
> is.character(z)
[1] FALSE
```

长度属性表示 R 对象元素的个数, 比如,

```
> length(2:4)
[1] 3
> length(z)
[1] 9
```

注意向量允许长度为 0, 如数值型向量长度为零表示为 numeric() 或 numeric(0), 字符型向量长度为零表示为 character() 或 character(0).

R 可以强制进行类型转换, 例如,

```
> digits <- as.character(z); digits
[1] "0" "1" "2" "3" "4" "5" "6" "7" "8" "9"
> d <- as.numeric(digits); d
```

```
[1] 0 1 2 3 4 5 6 7 8 9
```

第一个赋值把数值型的 z 转换为字符型的 digits. 第二个赋值把 digits 又转换为了数值型的 d, 这时 d 和 z 是一样的. R 还有许多这样的以 as. 开头的类型转换函数.

2.3.2　修改对象的长度

对象可以取 0 长度或正整数为长度. R 允许对超出对象长度的下标赋值, 这时对象长度自动伸长以包括此下标, 未赋值的元素取缺失值 (NA), 例如,

```
> x <- numeric()
> x[3] <- 17
> x
[1] NA NA 17
```

要增加对象的长度只需作赋值运算就可以了, 如

```
> x <- 1:3
> x <- 1:4
[1] 1 2 3 4
```

要缩短对象的长度又怎么办呢? 只要给它赋一个长度短的子集就可以了, 如

```
> x <- x[1:2]
> x
[1] 1 2
> alpha <- 1:10
> alpha <- alpha[2 * 1:5]
> alpha
[1]  2  4  6  8 10
```

或给对象的长度赋值, 如

```
> length(alpha) <- 3
> alpha
[1] 2 4 6
```

2.3.3　attributes() 和 attr() 函数

attributes(object) 函数返回对象 object 的各特殊属性组成的列表, 不包括固有属性 mode 和 length. 例如,

```
> x <- c(apple=2.5,orange=2.1); x
 apple orange
   2.5    2.1
> attributes(x)
```

```
$names
[1] "apple"  "orange"
```

可以用 attr(object, name) 的形式存取对象 object 的名为 name 的属性. 例如,

```
> attr(x,"names")
[1] "apple"  "orange"
```

也可以把 attr() 函数写在赋值的左边以改变属性值或定义新的属性, 例如,

```
> attr(x,"names") <- c("apple","grapes"); x
 apple grapes
   2.5    2.1
> attr(x,"type") <- "fruit"; x
 apple grapes
   2.5    2.1
attr(,"type")
[1] "fruit"
> attributes(x)
$names
[1] "apple"  "grapes"

$type
[1] "fruit"
```

2.3.4 对象的 class 属性

在 R 软件中可以用特殊的 class 属性来支持面向对象的编程风格, 对象的 class 属性用来区分对象的类, 可以写出通用函数根据对象类的不同进行不同的操作, 比如, print() 函数对于向量和矩阵的显示方法就不同, plot() 函数对不同类的自变量作不同的图形.

为了暂时去掉一个有类的对象的 class 属性, 可以使用 unclass(object) 函数.

2.4 因　　子

统计中的变量有几种重要类别: 区间变量、名义变量和有序变量. 区间变量取连续的数值, 可以进行求和、平均值等运算. 名义变量和有序变量取离散值, 可以用数值代表, 也可以是字符型值, 其具体数值没有加减乘除的意义, 不能用来计算, 而只能用来分类或计数. 名义变量如性别、省份、职业. 有序变量如班级、名次.

2.4.1   factor() 函数

因为离散变量有各种不同的表示方法, 在 R 软件中, 为了统一起见, 使用因子 (factor) 来表示这种类型的变量. 例如, 知道 5 位学生的性别, 用因子变量表示为

```
> sex <- c("M","F","M","M", "F")
> sexf <- factor(sex); sexf
[1] M F M M F
Levels:  F M
```

函数 factor() 用来把一个向量编码成为一个因子. 其一般形式为

```
factor(x, levels = sort(unique(x), na.last = TRUE),
        labels, exclude = NA, ordered = FALSE)
```

其中 x 是向量; levels 是水平, 可以自行指定各离散取值, 不指定时由 x 的不同值来求得; labels 可以用来指定各水平的标签, 不指定时用各离散取值的对应字符串; exclude 参数用来指定要转换为缺失值 (NA) 的元素值集合, 如果指定了 levels, 则当因子的第 i 个元素等于水平中的第 j 个元素时, 元素值取 "j", 如果它的值没有出现在 levels 中, 则对应因子元素值取 NA; ordered 取值为真 (TRUE) 时, 表示因子水平是有次序的 (按编码次序), 否则 (默认值) 是无次序的.

可以用 is.factor() 检验对象是否是因子, 用 as.factor() 把一个向量转换成一个因子.

用函数 levels() 可以得到因子的水平, 如

```
> sex.level <- levels(sexf); sex.level
[1] "F" "M"
```

对于因子向量, 可用函数 table() 来统计各类数据的频数. 例如,

```
> sex.tab <- table(sexf); sex.tab
sexf
F  M
2  3
```

表示男性 3 人, 女性 2 人. table() 的结果是一个带元素名的向量, 元素名为因子水平, 元素值为该水平的出现频数. 关于 table 的使用方法, 在 5.3.1 节还会讲到.

2.4.2   tapply() 函数

我们除了知道 5 位学生的性别, 还知道 5 位学生的身高, 分组求身高的平均值可编写如下程序实现:

```
> height <- c(174, 165, 180, 171, 160)
> tapply(height, sex, mean)
    F     M
```

```
162.5 175.0
```

函数 tapply() 的一般使用格式为

```
tapply(X, INDEX, FUN = NULL,..., simplify = TRUE)
```

其中 X 是一对象, 通常是一向量; INDEX 是与 X 有同样长度的因子; FUN 是需要计算的函数; simplify 是逻辑变量, 取为 TRUE(默认) 或 FALSE.

2.4.3　gl() 函数

gl() 函数可以方便地产生因子, 其一般用法是

```
gl(n, k, length = n*k, labels = 1:n, ordered = FALSE)
```

其中 n 为水平数; k 为重复的次数; length 为结果的长度; labels 是一个 n 维向量, 表示因子水平; ordered 是逻辑变量, 表示是否为有序因子, 默认值为 FALSE. 如

```
> gl(3,5)
 [1] 1 1 1 1 1 2 2 2 2 2 3 3 3 3 3
Levels: 1 2 3
> gl(3,1,15)
 [1] 1 2 3 1 2 3 1 2 3 1 2 3 1 2 3
Levels: 1 2 3
```

2.5　多维数组和矩阵

2.5.1　生成数组或矩阵

数组 (array) 可以看成是带多个下标的类型相同的元素的集合, 常用的是数值型的数组如矩阵, 也可以有其他类型 (如字符型、逻辑型、复数型). R 软件可以很容易地生成和处理数组, 特别是矩阵 (二维数组).

数组有一个特征属性叫做维数向量 (dim 属性), 维数向量是一个元素取正整数值的向量, 其长度是数组的维数, 比如维数向量有两个元素时数组为二维数组 (矩阵). 维数向量的每一个元素指定了该下标的上界, 下标的下界总为 1.

1. 将向量定义成数组

向量只有定义了维数向量 (dim 属性) 后才能被看作是数组. 比如,

```
> z<-1:12
> dim(z)<-c(3,4)
> z
     [,1] [,2] [,3] [,4]
[1,]    1    4    7   10
```

```
[2,]    2    5    8   11
[3,]    3    6    9   12
```

注意: 矩阵的元素是按列存放的. 也可以把向量定义为一维数组, 例如,

```
> dim(z)<-12
> z
 [1]  1  2  3  4  5  6  7  8  9 10 11 12
```

2. 用 array() 函数构造多维数组

R 软件可以用 array() 函数直接构造数组, 其构造形式为

```
array(data = NA, dim = length(data), dimnames = NULL)
```

其中 data 是一个向量数据; dim 是数组各维的长度, 默认值为原向量的长度; dimnames 是数组维的名字, 默认值为空. 如

```
> X <- array(1:20,dim=c(4,5))
```

产生一个 4×5 的二维数组 (矩阵), 即

```
> X
     [,1] [,2] [,3] [,4] [,5]
[1,]    1    5    9   13   17
[2,]    2    6   10   14   18
[3,]    3    7   11   15   19
[4,]    4    8   12   16   20
```

另一种方式为

```
> Z <- array(0,dim=c(3, 4, 2))
```

它定义了一个 $3 \times 4 \times 2$ 的三维数组, 其元素均为 0. 这种方法常用来对数组作初始化.

3. 用 matrix() 函数构造矩阵

函数 matrix() 是构造矩阵 (二维数组) 的函数, 其构造形式为

```
matrix(data=NA, nrow=1, ncol=1, byrow=FALSE, dimnames=NULL)
```

其中 data 是一个向量数据; nrow 是矩阵的行数; ncol 是矩阵的列数; 当 byrow=TRUE 时, 生成矩阵的数据按行放置, 默认值 byrow=FALSE, 数据按列放置; dimnames 是数组维的名字, 默认值为空.

如构造一个 3×5 阶的矩阵

```
> A<-matrix(1:15, nrow=3,ncol=5,byrow=TRUE)
> A
     [,1] [,2] [,3] [,4] [,5]
[1,]    1    2    3    4    5
```

```
[2,]   6   7   8   9   10
[3,]  11  12  13  14   15
```

注意, 下面两种格式与前面的格式是等价的.

```
> A<-matrix(1:15, nrow=3,byrow=TRUE)
> A<-matrix(1:15, ncol=5,byrow=TRUE)
```

如果将语句中的 byrow=TRUE 去掉, 则数据按列放置.

2.5.2 数组下标

数组与向量一样, 可以对数组中的某些元素进行访问或进行运算.

1. 数组下标

要访问数组的某个元素, 只要写出数组名和方括号内的用逗号分开的下标即可, 如

```
> a <- 1:24
> dim(a) <- c(2,3,4)
> a[2, 1, 2]
[1] 8
```

更进一步还可以在每一个下标位置写一个下标向量, 表示这一维取出所有指定下标的元素, 如 a[1, 2:3, 2:3] 取出所有第一维的下标为 1、第二维的下标为 2 至 3、第三维的下标为 2 至 3 的元素. 如

```
> a[1, 2:3, 2:3]
     [,1] [,2]
[1,]   9   15
[2,]  11   17
```

注意, 因为第一维只有一个下标, 所以退化了, 得到的是一个维数向量为 2×2 的数组.

另外, 如果略写某一维的下标, 则表示该维全选. 例如,

```
> a[1, , ]
     [,1] [,2] [,3] [,4]
[1,]   1    7   13   19
[2,]   3    9   15   21
[3,]   5   11   17   23
```

取出所有第一维下标为 1 的元素, 得到一个形状为 3×4 的数组. 例如,

```
> a[ , 2, ]
     [,1] [,2] [,3] [,4]
[1,]   3    9   15   21
[2,]   4   10   16   22
```

取出所有第二维下标为 2 的元素得到一个 2×4 的数组. 例如,

```
> a[1,1, ]
```

```
[1]  1  7  13 19
```

则只能得到一个长度为 4 的向量, 不再是数组. a[, ,] 或 a[ ] 都表示整个数组. 比如

```
> a []<-0
```

可以在不改变数组维数的条件下把元素都赋成 0.

还有一种特殊下标办法是对于数组只用一个下标向量 (是向量, 不是数组), 比如

```
> a[3:10]
```

```
[1]  3  4  5  6  7  8  9 10
```

这时忽略数组的维数信息, 把表达式看作是对数组的数据向量取子集.

2. 不规则的数组下标

在 R 语言中, 甚至可以把数组中任意位置的元素作为数组访问, 其方法是用一个二维数组作为数组的下标, 二维数组的每一行是一个元素的下标, 列数为数组的维数. 例如, 要把上面的形状为 $2 \times 3 \times 4$ 的数组 a 的第 [1,1,1], [2,2,3], [1,3,4], [2,1,4] 号共四个元素作为一个整体访问, 先定义一个包含这些下标作为行的二维数组:

```
> b <- matrix(c(1,1,1,2,2,3,1,3,4,2,1,4), ncol=3, byrow=T)
> b
      [,1] [,2] [,3]
[1,]    1    1    1
[2,]    2    2    3
[3,]    1    3    4
[4,]    2    1    4
> a[b]
[1]  1 16 23 20
```

注意取出的是一个向量. 我们还可以对这几个元素赋值, 如

```
> a[b] <- c(101,102,103,104)
```

或

```
> a[b] <- 0
```

2.5.3 数组的四则运算

可以对数组之间进行四则运算 $(+,-,*,/)$, 这时进行的是数组对应元素的四则运算, 参加运算的数组一般应该是相同形状的 (即 dim 属性完全相同). 例如,

```
> A <- matrix(1:6, nrow=2, byrow=T); A
      [,1] [,2] [,3]
```

```
[1,]    1    2    3
[2,]    4    5    6
> B <- matrix(1:6, nrow=2); B
     [,1] [,2] [,3]
[1,]    1    3    5
[2,]    2    4    6
> C <- matrix(c(1,2,2,3,3,4), nrow=2); C
     [,1] [,2] [,3]
[1,]    1    2    3
[2,]    2    3    4
> D <- 2*C+A/B; D
     [,1]      [,2] [,3]
[1,]    3 4.666667  6.6
[2,]    6 7.250000  9.0
```

从这个例子可以看到, 数组的加、减法运算和数乘运算满足原矩阵运算的性质, 但数组的乘、除法运算实际上是数组中对应位置的元素作运算.

形状不一致的向量 (或数组) 也可以进行四则运算, 一般的规则是将向量 (或数组) 中的数据与对应向量 (或数组) 中的数据进行运算, 把短向量 (或数组) 的数据循环使用, 从而可以与长向量 (或数组) 数据进行匹配, 并尽可能保留共同的数组属性. 例如,

```
> x1 <- c(100,200)
> x2 <- 1:6
> x1+x2
[1] 101 202 103 204 105 206
> x3 <- matrix(1:6, nrow=3)
> x1+x3
     [,1] [,2]
[1,]  101  204
[2,]  202  105
[3,]  103  206
```

可以看到, 当向量与数组共同运算时, 向量按列匹配. 当两个数组不匹配时, R 会提出警告. 如

```
> x2 <- 1:5
> x1+x2
[1] 101 202 103 204 105
```
警告信息:

长的目标对象长度不是短的目标对象长度的整倍数 in: x1 + x2

2.5.4　矩阵的运算

这里简单地介绍 R 软件中矩阵的基本运算.

1. 转置运算

对于矩阵 A, 函数 t(A) 表示矩阵 A 的转置, 即 A^{T}. 如

```
> A<-matrix(1:6,nrow=2); A
     [,1] [,2] [,3]
[1,]    1    3    5
[2,]    2    4    6
> t(A)
     [,1] [,2]
[1,]    1    2
[2,]    3    4
[3,]    5    6
```

2. 求方阵的行列式

函数 det() 是求方阵行列式的值. 如

```
>  det(matrix(1:4, ncol=2))
[1] -2
```

3. 向量的内积

对于 n 维向量 x, 可以看成 $n \times 1$ 阶矩阵或 $1 \times n$ 阶矩阵. 若 x 与 y 是相同维数的向量, 则 x %*% y 表示 x 与 y 作内积. 例如,

```
> x <- 1:5; y <- 2*1:5
> x %*% y
     [,1]
[1,]  110
```

函数 crossprod() 是内积运算函数 (表示交叉乘积), crossprod(x,y) 计算向量 x 与 y 的内积, 即 "t(x) %*% y". crossprod(x) 表示 x 与 x 的内积, 即 $\|x\|_2^2$.

类似地, tcrossprod(x,y) 表示 "x %*% t(y)", 即 x 与 y 的外积, 也称为叉积. tcrossprod(x) 表示 x 与 x 作外积.

4. 向量的外积 (叉积)

设 x, y 是 n 维向量, 则 x %o% y 表示 x 与 y 作外积. 例如,

```
> x <- 1:5; y <- 2*1:5
> x %o% y
```

```
        [,1]  [,2]  [,3]  [,4]  [,5]
[1,]      2     4     6     8    10
[2,]      4     8    12    16    20
[3,]      6    12    18    24    30
[4,]      8    16    24    32    40
[5,]     10    20    30    40    50
```

函数 outer() 是外积运算函数, outer(x,y) 计算向量 x 与 y 的外积, 它等价于 x %o% y.

函数 outer() 的一般调用格式为

```
outer(X, Y, fun = "*", ...)
```

其中 X, Y 为矩阵 (或向量), fun 是作外积运算函数, 默认值为乘法运算. 函数 outer() 在绘制三维曲面时非常有用, 它可生成一个 X 和 Y 的网格. 关于它绘制三维曲面的用法将在 3.3.1 节中讲到.

5. 矩阵的乘法

如果矩阵 A 和 B 具有相同的维数, 则 A * B 表示矩阵中对应的元素的乘积, A % * % B 表示通常意义下的两个矩阵的乘积 (当然要求矩阵 A 的列数等于矩阵 B 的行数). 如

```
> A <- array(1:9,dim=(c(3,3)))
> B <- array(9:1,dim=(c(3,3)))
> C <- A * B; C
     [,1]  [,2]  [,3]
[1,]    9    24    21
[2,]   16    25    16
[3,]   21    24     9
> D <- A %*% B; D
     [,1]  [,2]  [,3]
[1,]   90    54    18
[2,]  114    69    24
[3,]  138    84    30
```

由乘法的运算规则可以看出, x % * % A % * % x 表示的是二次型.

函数 crossprod(A,B) 表示的是 t(A) % * % B, 函数 tcrossprod(A,B) 表示的是 A % * % t(B).

6. 生成对角阵和矩阵取对角运算

函数 diag() 依赖于它的变量, 当 v 是一个向量时, diag(v) 表示以 v 的元素为对角线元素的对角阵; 当 M 是一个矩阵时, 则 diag(M) 表示的是取 M 对角线上的元素的向

量. 如
```
> v<-c(1,4,5)
> diag(v)
     [,1] [,2] [,3]
[1,]    1    0    0
[2,]    0    4    0
[3,]    0    0    5
> M<-array(1:9,dim=c(3,3))
> diag(M)
[1] 1 5 9
```

7. 解线性方程组和求矩阵的逆矩阵

若求解线性方程组 $Ax = b$, 其命令形式为 solve(A,b), 求矩阵 A 的逆, 其命令形式为 solve(A). 设矩阵

$$A = \begin{bmatrix} 1 & 2 & 3 \\ 4 & 5 & 6 \\ 7 & 8 & 10 \end{bmatrix}, \quad b = \begin{bmatrix} 1 \\ 1 \\ 1 \end{bmatrix},$$

则解方程组 $Ax = b$ 的解 x 和求矩阵 A 的逆矩阵 B 的命令如下:
```
> A <- t(array(c(1:8, 10),dim=c(3,3)))
> b <- c(1,1,1)
> x <- solve(A,b); x
[1] -1.000000e+00  1.000000e+00 -4.728549e-16
> B <- solve(A); B
            [,1]        [,2] [,3]
[1,] -0.6666667 -1.333333    1
[2,] -0.6666667  3.666667   -2
[3,]  1.0000000 -2.000000    1
```

8. 求矩阵的特征值与特征向量

函数 eigen(Sm) 是求对称矩阵 Sm 的特征值与特征向量, 其命令形式为
```
> ev <- eigen(Sm)
```
则 ev 存放着对称矩阵 Sm 的特征值和特征向量, 由列表形式给出 (有关列表的概念见 2.6 节), 其中 ev$values 是 Sm 的特征值构成的向量, ev$vectors 是 Sm 的特征向量构成的矩阵. 如
```
> Sm<-crossprod(A,A)
```

```
> ev<-eigen(Sm); ev
$values
[1] 303.19533618    0.76590739    0.03875643
$vectors
              [,1]           [,2]          [,3]
[1,] -0.4646675  0.833286355  0.2995295
[2,] -0.5537546 -0.009499485 -0.8326258
[3,] -0.6909703 -0.552759994  0.4658502
```

9. 矩阵的奇异值分解

函数 svd(A) 是对矩阵 A 作奇异值分解, 即 $A = UDV^{\mathrm{T}}$, 其中 U, V 是正交阵, D 为对角阵, 也就是矩阵 A 的奇异值. svd(A) 的返回值也是列表, svd(A)\$d 表示矩阵 A 的奇异值, 即矩阵 D 的对角线上的元素. svd(A)\$u 对应的是正交阵 U, svd(A)\$v 对应的是正交阵 V. 例如,

```
> svdA<-svd(A); svdA
$d
[1] 17.4125052  0.8751614  0.1968665
$u
              [,1]          [,2]          [,3]
[1,] -0.2093373  0.96438514  0.1616762
[2,] -0.5038485  0.03532145 -0.8630696
[3,] -0.8380421 -0.26213299  0.4785099
$v
              [,1]          [,2]          [,3]
[1,] -0.4646675 -0.833286355  0.2995295
[2,] -0.5537546  0.009499485 -0.8326258
[3,] -0.6909703  0.552759994  0.4658502
> attach(svdA)
> u %*% diag(d) %*% t(v)
     [,1] [,2] [,3]
[1,]   1    2    3
[2,]   4    5    6
[3,]   7    8   10
```

在上面的语句中, attach(svdA) 是说明下面的变量 u, v, d 是附属于 svdA 的, 关于 attach() 函数的使用方法将在 2.6.2 节作详细介绍.

10. 求矩阵的行列式的值

函数 det(A) 是求矩阵 A 的行列式的值. 如

```
> det(A)
[1] -3
```

11. 最小拟合与 QR 分解

函数 lsfit() 的返回值是最小二乘拟合的结果, 命令

```
> lsfit.sol <- lsfit(X, y)
```

给出最小二乘拟合结果, 其中 y 是观测向量, X 是设计矩阵. 例如

x	0.0	0.2	0.4	0.6	0.8
y	0.9	1.9	2.8	3.3	4.2

作线性最小二乘拟合, 其命令如下:

```
> x<-c(0.0, 0.2, 0.4, 0.6, 0.8)
> y<-c(0.9, 1.9, 2.8, 3.3, 4.2)
> lsfit.sol <- lsfit(x, y)
```

得到的计算结果是列表形式 (关于列表的概念将在 2.6 节讨论)

```
> lsfit.sol
$coefficients
Intercept          X
     1.02       4.00
$residuals
[1] -0.12  0.08  0.18 -0.12 -0.02
$intercept
[1] TRUE
$qr
$qt
[1] -5.85849810  2.52982213  0.23749843 -0.02946714  0.10356728
$qr
        Intercept          X
[1,] -2.2360680 -0.8944272
[2,]  0.4472136  0.6324555
[3,]  0.4472136 -0.1954395
[4,]  0.4472136 -0.5116673
[5,]  0.4472136 -0.8278950
```

```
$qraux
[1] 1.447214 1.120788
$rank
[1] 2
$pivot
[1] 1 2
$tol
[1] 1e-07
attr(,"class")
[1] "qr"
```

其中 $coefficients 是拟合系数, $residuals 是拟合残差, 其他参数我们先不作解释, 大家可看在线帮助.

与 lsfit() 函数有密切关系的函数是 ls.diag(), 它给出拟合的进一步统计信息.

另一个与最小二乘拟合有密切关系的函数是 QR 分解函数 qr() 及其同类函数, 有函数 qr(), qr.coef(), qr.fitted() 和 qr.resid(). 为了进一步理解这些命令, 还看下面的例子.

```
> X<-matrix(c(rep(1,5), x), ncol=2)
> Xplus <- qr(X); Xplus
$qr
            [,1]        [,2]
[1,] -2.2360680 -0.8944272
[2,]  0.4472136  0.6324555
[3,]  0.4472136 -0.1954395
[4,]  0.4472136 -0.5116673
[5,]  0.4472136 -0.8278950
$rank
[1] 2
$qraux
[1] 1.447214 1.120788
$pivot
[1] 1 2
attr(,"class")
[1] "qr"
```

QR 分解函数 qr() 输入的设计矩阵需要加以 1 为元素的列, 其返回值是列表, 其中 $qr 矩阵的上三角阵是 QR 分解中得到的 R 矩阵, 下三角阵是 QR 分解得到的正交阵 Q 的部分信息, $qraux 是 Q 的附加信息. 注意, 这两个参数的结果与函数 lsfit() 得到的结果相同.

可用 QR 分解得到的结果计算最小二乘的系数, 如

```
> b <- qr.coef(Xplus, y); b
[1] 1.02 4.00
```

得到的系数与函数 lsfit() 也是相同的, 但为什么用这种方法计算呢? 这是因为用 QR 分解在计算最小二乘拟合时, 其计算误差比一般方法要小.

类似地, 可以通过 QR 分解得到最小二乘的拟合值和残差值.

```
> fit <- qr.fitted(Xplus, y); fit
[1] 1.02 1.82 2.62 3.42 4.22
> res <- qr.resid(Xplus, y); res
[1] -0.12  0.08  0.18 -0.12 -0.02
```

2.5.5   与矩阵 (数组) 运算有关的函数

1. 取矩阵的维数

函数 dim(A) 得到矩阵 A 的维数, 函数 nrow(A) 得到矩阵 A 的行数, 函数 ncol(A) 得到矩阵 A 的列数. 如

```
> A<-matrix(1:6,nrow=2); A
     [,1] [,2] [,3]
[1,]    1    3    5
[2,]    2    4    6
> dim(A)
[1] 2 3
> nrow(A)
[1] 2
> ncol(A)
[1] 3
```

2. 矩阵的合并

函数 cbind() 把其自变量横向拼成一个大矩阵, rbind() 把其自变量纵向拼成一个大矩阵. cbind() 的自变量是矩阵或看作列向量的向量时, 自变量的高度应该相等. rbind() 的自变量是矩阵或看作行向量的向量时, 自变量的宽度应该相等. 如果参与合并的自变量比其变量短, 则循环补足后合并. 如

```
> x1 <- rbind(c(1,2), c(3,4)); x1
     [,1] [,2]
[1,]    1    2
[2,]    3    4
```

```
> x2 <- 10+x1
> x3 <- cbind(x1, x2); x3
     [,1] [,2] [,3] [,4]
[1,]    1    2   11   12
[2,]    3    4   13   14
> x4 <- rbind(x1, x2); x4
     [,1] [,2]
[1,]    1    2
[2,]    3    4
[3,]   11   12
[4,]   13   14
> cbind(1, x1)
     [,1] [,2] [,3]
[1,]    1    1    2
[2,]    1    3    4
```

3. 矩阵的拉直

设 A 是一个矩阵, 则函数 as.vector(A) 可以将矩阵转化为向量. 如

```
> A<-matrix(1:6,nrow=2); A
     [,1] [,2] [,3]
[1,]    1    3    5
[2,]    2    4    6
> as.vector(A)
[1] 1 2 3 4 5 6
```

4. 数组的维名字

数组可以有一个属性 dimnames 保存各维的各个下标的名字, 默认值为 NULL. 如

```
> X <- matrix(1:6, ncol=2,
  dimnames=list(c("one","two","three"), c("First","Second")),
  byrow=T); X
      First Second
one       1      2
two       3      4
three     5      6
```

也可以先定义矩阵 X, 然后再为 dimnames(X) 赋值. 例如,

```
> X<-matrix(1:6, ncol=2, byrow=T)
> dimnames(X) <- list(
        c("one", "two", "three"), c("First", "Second"))
```

对于矩阵, 还可以使用属性 rownames 和 colnames 来访问行名与列名. 例如,

```
> X<-matrix(1:6, ncol=2, byrow=T)
> colnames(X) <- c("First", "Second")
> rownames(X) <- c("one", "two", "three")
```

5. 数组的广义转置

可以用 aperm(A, perm) 函数把数组 A 的各维按 perm 中指定的新次序重新排列. 例如,

```
> A<-array(1:24, dim = c(2,3,4))
> B<-aperm(A, c(2,3,1))
```

结果 B 把 A 的第二维移到了第一维, A 的第三维移到了第二维, A 的第一维移到了第三维. 这时有 B[i, j, k]=A[j, k, i].

对于矩阵 $\boldsymbol{A}$, aperm(A, c(2,1)) 恰好是矩阵转置, 即 t(A).

6. apply 函数

对于向量, 可以用 sum, mean 等函数对其进行计算. 对于数组 (矩阵), 如果想对其一维 (或若干维) 进行某种计算, 可用 apply 函数, 其一般形式为

```
apply(A, MARGIN, FUN, ...)
```

其中 A 为一个数组, MARGIN 是固定某些维不变, FUN 是用来计算的函数. 如

```
> A<-matrix(1:6,nrow=2); A
     [,1] [,2] [,3]
[1,]   1    3    5
[2,]   2    4    6
> apply(A,1,sum)
[1]  9 12
> apply(A,2,mean)
[1] 1.5 3.5 5.5
```

2.6　列表与数据框

2.6.1　列表

1. 列表的构造

列表 (list) 是一种特别的对象集合, 它的元素也由序号 (下标) 区分, 但是各元素的类

型可以是任意对象, 不同元素不必是同一类型. 元素本身允许是其他复杂数据类型, 比如, 列表的一个元素也允许是列表. 下面是一个构造列表的例子.

```
> Lst <- list(name="Fred", wife="Mary", no.children=3,
              child.ages=c(4,7,9))
> Lst
$name
[1] "Fred"
$wife
[1] "Mary"
$no.children
[1] 3
$child.ages
[1] 4 7 9
```

列表元素总可以用 "列表名 [[下标]]" 的格式引用. 例如,

```
> Lst[[2]]
[1] "Mary"
> Lst[[4]][2]
[1] 7
```

但是, 列表不同于向量, 我们每次只能引用一个元素, 如 Lst[[1:2]] 的用法是不允许的.

注意: "列表名 [下标]" 或 "列表名 [下标范围]" 的用法也是合法的, 但其意义与用两重括号的记法完全不同. 两重记号取出列表的一个元素, 结果与该元素类型相同. 如果使用一重括号, 则结果是列表的一个子列表 (结果类型仍为列表).

在定义列表时如果指定了元素的名字 (如 Lst 中的 name, wife, no.children, child.ages), 则引用列表元素还可以用它的名字作为下标, 格式为 "列表名 [[" 元素名 "]]", 如

```
> Lst[["name"]]
[1] "Fred"
> Lst[["child.age"]]
[1] 4 7 9
```

另一种格式是 "列表名 $ 元素名", 如

```
> Lst$name
[1] "Fred"
> Lst$wife
[1] "Mary"
> Lst$child.ages
[1] 4 7 9
```

构造列表的一般格式为

```
Lst <- list(name_1=object_1, ..., name_m=object_m)
```

其中 name 是列表元素的名称, object 是列表元素的对象.

2. 列表的修改

列表的元素可以修改, 只要把元素引用赋值即可, 如将 Fred 改成 John.

```
> Lst$name <- "John"
```

如果需要增加一项家庭收入, 夫妻的收入分别是 1980 和 1600, 则输入

```
> Lst$income <- c(1980, 1600)
```

如果要删除列表的某一项, 则将该项赋空值 (NULL).

几个列表可以用连接函数 c() 连接起来, 结果仍为一个列表, 其元素为各自变量的列表元素. 如

```
>list.ABC <- c(list.A, list.B, list.C)
```

3. 返回值为列表的函数

在 R 软件中, 有许多函数的返回值是列表, 如求特征值特征向量的函数 eigen(), 奇异值分解函数 svd() 和最小二乘函数 lsfit() 等, 这里就不再一一讨论, 在用到时再讨论相关函数的意义.

2.6.2　数据框

数据框 (data.frame) 是 R 软件的一种数据结构. 它通常是矩阵形式的数据, 但矩阵各列可以是不同类型的. 数据框每列是一个变量, 每行是一个观测.

但是, 数据框有更一般的定义. 它是一种特殊的列表对象, 有一个值为 "data .frame" 的 class 属性, 各列表成员必须是向量 (数值型、字符型、逻辑型)、因子、数值型矩阵、列表或其他数据框. 向量、因子成员为数据框提供一个变量, 如果向量非数值型会被强制转换为因子, 而矩阵、列表、数据框这样的成员为新数据框提供了和其列数、成员数、变量数相同个数的变量. 作为数据框变量的向量、因子或矩阵必须具有相同的长度 (行数).

尽管如此, 一般还是可以把数据框看作是一种推广了的矩阵, 它可以用矩阵的形式显示, 可以用对矩阵的下标引用方法来引用其元素或子集.

1. 数据框的生成

数据框可以用 data.frame() 函数生成, 其用法与 list() 函数相同, 各自变量变成数据框的成分, 自变量可以命名, 成为变量名. 例如,

```
> df<-data.frame(
    Name=c("Alice", "Becka", "James", "Jeffrey", "John"),
    Sex=c("F", "F", "M", "M", "M"),
```

```
    Age=c(13, 13, 12, 13, 12),
    Height=c(56.5, 65.3, 57.3, 62.5, 59.0),
    Weight=c(84.0, 98.0, 83.0, 84.0, 99.5)
  ); df
     Name Sex Age Height Weight
1   Alice   F  13   56.5   84.0
2   Becka   F  13   65.3   98.0
3   James   M  12   57.3   83.0
4 Jeffrey   M  13   62.5   84.0
5    John   M  12   59.0   99.5
```

如果一个列表的各个成分满足数据框成分的要求, 它可以用 as.data.frame() 函数强制转换为数据框. 例如,

```
> Lst<-list(
    Name=c("Alice", "Becka", "James", "Jeffrey", "John"),
    Sex=c("F", "F", "M", "M", "M"),
    Age=c(13, 13, 12, 13, 12),
    Height=c(56.5, 65.3, 57.3, 62.5, 59.0),
    Weight=c(84.0, 98.0, 83.0, 84.0, 99.5)
  ); Lst
$Name
[1] "Alice"   "Becka"   "James"   "Jeffrey"   "John"
$Sex
[1] "F" "F" "M" "M" "M"
$Age
[1] 13 13 12 13 12
$Height
[1] 56.5 65.3 57.3 62.5 59.0
$Weight
[1] 84.0 98.0 83.0 84.0 99.5
```

则 as.data.frame(Lst) 是与 df 相同的数据框.

一个矩阵可以用 data.frame() 转换为一个数据框, 如果它原来有列名, 则其列名被作为数据框的变量名; 否则系统自动为矩阵的各列起一个变量名. 如

```
> X <- array(1:6, c(2,3))
> data.frame(X)
  X1 X2 X3
```

```
1  1  3  5
2  2  4  6
```

2. 数据框的引用

引用数据框元素的方法与引用矩阵元素的方法相同, 可以使用下标或下标向量, 也可以使用名字或名字向量. 如

```
> df[1:2, 3:5]
  Age Height Weight
1  13   56.5     84
2  13   65.3     98
```

数据框的各变量也可以按列表引用 (即用双括号 [[ ]] 或 \$ 符号引用). 如

```
> df[["Height"]]
[1] 56.5 65.3 57.3 62.5 59.0
> df$Weight
[1] 84.0 98.0 83.0 84.0 99.5
```

数据框的变量名由属性 names 定义, 此属性一定是非空的. 数据框的各行也可以定义名字, 可以用 rownames 属性定义. 如

```
> names(df)
[1] "Name"   "Sex"    "Age"    "Height"    "Weight"
> rownames(df)<-c("one", "two", "three", "four", "five")
> df
          Name Sex Age Height Weight
one      Alice   F  13   56.5   84.0
two      Becka   F  13   65.3   98.0
three    James   M  12   57.3   83.0
four   Jeffrey   M  13   62.5   84.0
five      John   M  12   59.0   99.5
```

3. attach() 函数

数据框的主要用途是保存统计建模的数据. R 软件的统计建模功能都需要以数据框为输入数据. 我们也可以把数据框当成一种矩阵来处理. 在使用数据框的变量时可以用 "数据框名 \$ 变量名" 的记法. 但是, 这样使用较麻烦, R 软件提供了 attach() 函数可以把数据框中的变量 "链接" 到内存中, 这样便于数据框数据的调用. 例如,

```
> attach(df)
> r <- Height/Weight; r
```

```
[1] 0.6726190 0.6663265 0.6903614 0.7440476 0.5929648
```

后一语句将在当前工作空间建立一个新变量 r, 它不会自动进入数据框 df 中, 要把新变量赋值到数据框中, 可以用

```
> df$r <- Height/Weight
```

这样的格式.

为了取消链接, 只要调用 detach()(无参数即可).

注意: R 软件中名字空间的管理比较独特. 它在运行时保持一个变量搜索路径表, 在读取某个变量时到这个变量搜索路径表中由前向后查找, 找到最前面的一个; 在赋值时总是在位置 1 赋值 (除非特别指定在其他位置赋值). attach() 的默认位置是在变量搜索路径表的位置 2, detach() 默认也是去掉位置 2. 所以, R 编程的一个常见问题是当你误用了一个自己并没有赋值的变量时有可能不出错, 因为这个变量已在搜索路径中某个位置有定义, 这样不利于程序的调试, 需要留心这样的问题.

attach() 函数除了可以链接数据框, 也可以链接列表.

2.6.3 列表与数据框的编辑

如果需要对列表或数据框中的数据进行编辑, 也可以调用函数 edit() 进行编辑、修改, 其命令格式为

```
> xnew <- edit(xold)
```

其中 xold 是原列表或数据框, xnew 是修改后的列表或数据框. 注意: 原数据 xold 并没有改动, 改动的数据存放在 xnew 中.

函数 edit() 也可以对向量、数组或矩阵类型的数据进行修改或编辑.

2.7　读、写数据文件

在应用统计学中, 数据量一般比较大, 变量也很多, 如果用上述方法来建立数据集, 是不可取的. 上述方法适用于少量数据、少量变量的分析. 对于大量数据和变量, 一般应在其他软件中输入 (或数据来源是其他软件的输出结果), 再读到 R 软件中处理. R 软件有多种读数据文件的方法.

另外, 所有的计算结果也不应只在屏幕上输出, 应当保存在文件中, 以备使用.

这里介绍一些 R 软件读、写数据文件的方法.

2.7.1　读纯文本文件

读纯文本文件有两个函数, 一个是 read.table() 函数, 另一个是 scan() 函数.

1. read.table( ) 函数

read.table() 函数是读表格形式的文件. 若 "住宅" 数据已经输入到一个纯文本文件

"houses.data" 中, 其格式如下:

```
     Price    Floor   Area   Rooms    Age    Cent.heat
01   52.00   111.0    830      5     6.2        no
02   54.75   128.0    710      5     7.5        no
03   57.50   101.0   1000      5     4.2        no
04   57.50   131.0    690      6     8.8        no
05   59.75    93.0    900      5     1.9       yes
```

其中第一行为变量名, 第一列为记录序号.

利用 read.table() 函数可读入数据, 如

```
> rt <- read.table("houses.data")
```

此时变量 rt 是一个数据框, 其形式与纯文本文件 "houses.data" 格式相同. 我们对它进行测试, 得到

```
> is.data.frame(rt)
```

```
[1] TRUE
```

如果数据文件中没有第一列记录序号, 如

```
Price    Floor   Area   Rooms    Age    Cent.heat
52.00   111.0    830      5     6.2        no
54.75   128.0    710      5     7.5        no
57.50   101.0   1000      5     4.2        no
57.50   131.0    690      6     8.8        no
59.75    93.0    900      5     1.9       yes
```

则相应的命令改为

```
> rt <- read.table("houses.data", header=TRUE)
```

rt 会自动加上记录序号.

read.table() 的使用格式为

```
read.table(file, header = FALSE, sep = "", quote = "\"'",
           dec = ".", row.names, col.names, as.is = FALSE,
           na.strings = "NA", colClasses = NA, nrows = -1,
           skip = 0, check.names = TRUE,
           fill = !blank.lines.skip, strip.white = FALSE,
           blank.lines.skip = TRUE, comment.char = "#")
```

其中 file 是读入数据的文件名; header=TRUE 表示所读数据的第一行为变量名, 否则 (默认值) 第一行作为数据; sep 是数据分隔的字符, 通常用空格作为分隔符; skip 表示读数据时跳过的行数. 其他参数的用法请参见帮助.

2. scan( ) 函数

scan() 函数可以直接读纯文本文件数据. 例如, 有 15 名学生的体重数据已经输入到一个纯文本文件 "weight.data" 中, 其格式如下:

```
75.0  64.0  47.4  66.9  62.2  62.2  58.7  63.5
66.6  64.0  57.0  69.0  56.9  50.0  72.0
```

则以下命令

```
w <- scan("weight.data")
```

将文件中的 15 个数据读入, 并赋给向量 w.

假设数据中有不同的属性, 如下面

```
172.4  75.0  169.3  54.8  169.3  64.0  171.4  64.8  166.5  47.4
171.4  62.2  168.2  66.9  165.1  52.0  168.8  62.2  167.8  65.0
165.8  62.2  167.8  65.0  164.4  58.7  169.9  57.5  164.9  63.5
 ...    ...   ...    ...    ...    ...    ...    ...    ...    ...
```

是 100 名学生的身高和体重的数据, 放在纯文本数据文件 "h_w.data", 其中第 1、3、5、7、9 列是身高 (cm), 第 2、4、6、8、10 列是体重 (kg), 则命令

```
> inp <- scan("h_w.data", list(height=0, weight=0))
```

将数据读入, 并以列表的方式赋给变量 inp. 我们可以用 is.list() 函数测试读入结果.

```
> is.list(inp)
[1] TRUE
```

上述命令可以将由 scan() 读入的数据存放成矩阵形式. 如果将 "weight.data" 中的体重数据放在一个 3 行 5 列的矩阵中, 而且数据按行放置, 其命令格式为

```
> X <- matrix(scan("weight.data", 0),
              nrow=3, ncol=5, byrow=TRUE)
Read 15 items
> X
     [,1] [,2] [,3] [,4] [,5]
[1,] 75.0 64.0 47.4 66.9 62.2
[2,] 62.2 58.7 63.5 66.6 64.0
[3,] 57.0 69.0 56.9 50.0 72.0
```

由前面讲到的函数 matrix() 的用法, 下面两种写法是等价的:

```
> X <- matrix(scan("input.dat", 0), ncol=5, byrow=TRUE)
> X <- matrix(scan("input.dat", 0), nrow=3, byrow=TRUE)
```

也可以用 scan() 函数直接从屏幕上输数据. 如

```
> x<-scan()
```

```
  1: 1 3 5 7 9
  6:
  Read 5 items
> x
[1] 1 3 5 7 9
```

scan() 读文件的一般格式为

```
scan(file = "", what = double(0), nmax = -1,
     n = -1, sep = "",
     quote = if(identical(sep, "\n")) "" else "'\"",
     dec = ".", skip = 0, nlines = 0, na.strings = "NA",
     flush = FALSE, fill = FALSE, strip.white = FALSE,
     quiet = FALSE, blank.lines.skip = TRUE,
     multi.line = TRUE, comment.char = "",
     allowEscapes = TRUE)
```

其中 file 为文件名; what 为指定一个列表, 则列表每项的类型为需要读取的类型; skip 控制可以跳过文件的开始不读行数; sep 控制可以指定数据间的分隔符. 其他参数见帮助文件.

2.7.2　读其他格式的数据文件

R 软件除了可以读纯文本文件外, 还可以读其他统计软件格式的数据, 如 Minitab, S-PLUS, SAS, SPSS 等. 要读入其他格式数据库, 必须先调入 "foreign" 模块. 它不属于 R 的内在模块, 需要在使用前调入. 调入的方法很简便, 只需输入命令:

```
> library(foreign)
```

或用 2.1.3 节介绍的载入程序包调入.

1. 读 SPSS, SAS, S-PLUS, Stata 数据文件

已知数据由表 2.2 所示. 分别存成 SPSS 数据文件 ("educ_scores.sav")、SAS 数据文件 ("educ_scores. xpt")、S-PLUS 数据文件 ("educ_scores") 和 Stata 数据文件 ("educ_scores .dta").

读 SPSS 文件的格式为

```
> rs <- read.spss("educ_scores.sav")
```

其变量 rs 是一个列表, 如果打算形成数据框, 则命令格式为

```
> rs<-read.spss("educ_scores.sav", to.data.frame=TRUE)
```

读 SAS 文件的格式为

```
> rx <- read.xport("educ_scores.xpt")
```

其变量 rx 是一个数据框.

读 S-PLUS 文件的格式为

```
> rs <- read.S("educ_scores")
```

其变量 rs 是一个数据框.

读 Stata 文件的格式为

```
> rd <- read.dta("educ_scores.dta")
```

其变量 rd 是一个数据框.

表 2.2 某学院学生数据

学生	语言天赋 (x_1)	类比推理 (x_2)	几何推理 (x_3)	学生性别(男 = 1) (x_4)
A	2	3	15	1
B	6	8	9	1
C	5	2	7	0
D	9	4	3	1
E	11	10	2	0
F	12	15	1	0
G	1	4	12	1
H	7	3	4	0

2. 读 Excel 数据文件

将上述数据存为 Excel 表 ("educ_scores.xls"), 但 R 软件无法直接读 Excel 表, 需要将 Excel 表转化成其他格式, 然后才能被 R 软件读出.

第一种转化格式是将 Excel 表转化成 "文本文件 (制表符分隔)", 如图 2.18 所示.

图 2.18 将 Excel 表存为文本文件

用函数 read.delim() 读该文本文件, 即

```
> rd <- read.delim("educ_scores.txt")
```

得到的变量 rd 是一个数据框.

第二种转化格式是将 Excel 表转化成 "CSV(逗号分隔)" 文件, 如图 2.19 所示.

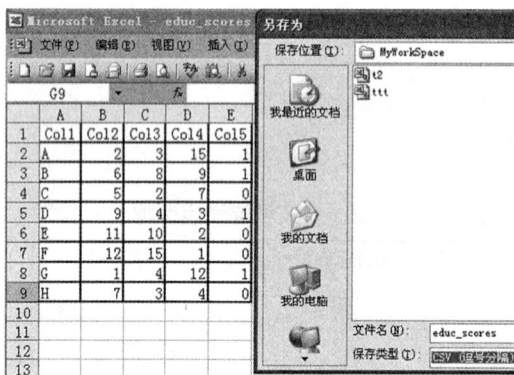

图 2.19　将 Excel 表存为 CSV 文件

用函数 read.csv() 读该文本文件, 即

```
> rc <- read.csv("educ_scores.csv")
```

得到的变量 rc 是一个数据框.

2.7.3　链接嵌入的数据库

R 软件中提供了 50 多个数据库和其他可利用的软件包, 可以用 data() 函数调用这些数据库与软件包. 用

```
> data()
```

命令, 列出在基本软件包 (base) 中所有可利用的数据集. 如果要装载某一个数据集, 只需在括号中加入相应的名字. 如

```
> data(infert)
```

如果需要从其他的软件包链接数据, 可以使用参数 package, 例如,

```
> data(package="nls")
> data(Puromycin,package="nls")
```

如果一个软件包已被 library 附加在库中, 则这个数据库将自动地被包含在其中, 如

```
> library(nls)
> data()
> data(Puromycin)
```

在 data() 中, 除包含基本软件包 (base), 还包含 nls 软件包.

2.7.4 写数据文件

1. write( ) 函数

write() 函数写数据文件的格式为

```
write(x, file = "data",
      ncolumns = if(is.character(x)) 1 else 5,
      append = FALSE)
```

其中 x 是数据, 通常是矩阵, 也可以是向量; file 是文件名 (默认时文件名为 "data"); append=TRUE 时, 在原文件上添加数据, 否则 (FALSE, 默认值) 写一个新文件. 其他参数参见帮助文件.

2. write.table( ) 函数和 write.csv( ) 函数

对于列表数据或数据框数据, 可以用 write.table() 函数或 write.csv() 函数写纯文本格式的数据文件, 或 CSV 格式的 Excel 数据文件, 例如,

```
> df <- data.frame(
    Name=c("Alice", "Becka", "James", "Jeffrey", "John"),
    Sex=c("F", "F", "M", "M", "M"),
    Age=c(13, 13, 12, 13, 12),
    Height=c(56.5, 65.3, 57.3, 62.5, 59.0),
    Weight=c(84.0, 98.0, 83.0, 84.0, 99.5)
  )
> write.table(df, file="foo.txt")
> write.csv(df, file="foo.csv")
```

write.table() 函数和 write.csv() 函数的使用格式为

```
write.table(x, file = "", append = FALSE, quote = TRUE,
            sep = " ", eol = "\n", na = "NA", dec = ".",
            row.names = TRUE, col.names = TRUE,
            qmethod = c("escape", "double"))

write.csv(..., col.names = NA, sep = ",",
          qmethod = "double")
```

其中 x 是对象; file 是文件名; append=TRUE 时, 在原文件上添加数据, 否则 (FALSE, 默认值) 写一个新文件; sep 是数据间隔字符. 其他参数参见帮助文件.

2.8 控 制 流

R 是一个表达式语言, 其任何一个语句都可以看成是一个表达式. 表达式之间以分号分隔或用换行分隔. 表达式可以续行, 只要前一行不是完整的表达式 (比如末尾是加减乘除等运算符, 或有未配对的括号) 则下一行为上一行的继续.

若干个表达式可以放在一起组成一个复合表达式, 作为一个表达式使用. 组合用花括号 "{ }" 表示.

R 语言也提供了其他高级程序语言共有的分支、循环等程序控制结构.

2.8.1 分支语句

分支语句有 if / else 语句、switch 语句.

1. if / else 语句

if / else 语句是分支语句中主要的语句, if / else 语句的格式为

```
if(cond) statement_1
if(cond) statement_1  else  statement_2
```

第一句的意义是: 如果条件 cond 成立, 则执行表达式 statement_1; 否则跳过. 第二句的意义是: 如果条件 cond 成立, 则执行表达式 statement_1; 否则执行表达式 statement_2.

例如,

```
if( any(x <= 0) ) y <- log(1+x) else y <- log(x)
```

注意: 此命令与下面的命令

```
y <- if( any(x <= 0) ) log(1+x) else log(x)
```

等价.

对于 if / else 语句, 还有下面的用法

```
if ( cond_1 )
    statement_1
else if ( cond_2 )
    statement_2
else if ( cond_3 )
    statement_3
else
    statement_4
```

2. switch 语句

switch 语句是多分支语句, 其使用方法为

```
switch (statement, list)
```

其中 statement 是表达式, list 是列表, 可以用有名定义. 如果表达式的返回值在 1 到 length(list), 则返回列表相应位置的值; 否则返回 NULL 值. 例如,

```
> x <- 3
> switch(x, 2+2, mean(1:10), rnorm(4))
[1]  0.8927328 -0.7827752  1.0772888  1.0632371
> switch(2, 2+2, mean(1:10), rnorm(4))
[1] 5.5
> switch(6, 2+2, mean(1:10), rnorm(4))
NULL
```

当 list 是有名定义时, statement 等于变量名时, 返回变量名对应的值; 否则, 返回 NULL 值. 例如,

```
> y <- "fruit"
> switch(y,fruit="banana",vegetable="broccoli",meat="beef")
[1] "banana"
```

2.8.2 中止语句与空语句

中止语句是 break 语句, break 语句的作用是中止循环, 使程序跳到循环以外. 空语句是 next 语句, next 语句是继续执行, 而不执行某个实质性的内容. 关于 break 语句和 next 语句的例子, 将结合循环语句来说明.

2.8.3 循环语句

循环语句有 for 循环、while 循环和 repeat 循环语句.

1. for 循环语句

for 循环的格式为

```
> for (name in expr_1) expr_2
```

其中 name 是循环变量, expr_1 是一个向量表达式 (通常是个序列, 如 1:20), expr_2 通常是一组表达式.

如构造一个 4 阶的 Hilbert 矩阵,

```
> n<-4; x<-array(0, dim=c(n,n))
> for (i in 1:n){
    for (j in 1:n){
        x[i,j]<-1/(i+j-1)
    }
```

```
    }
> x
             [,1]       [,2]       [,3]       [,4]
[1,]  1.0000000 0.5000000 0.3333333 0.2500000
[2,]  0.5000000 0.3333333 0.2500000 0.2000000
[3,]  0.3333333 0.2500000 0.2000000 0.1666667
[4,]  0.2500000 0.2000000 0.1666667 0.1428571
```

2. while 循环语句

while 循环语句的格式为

```
> while (condition) expr
```

若条件 condition 成立, 则执行表达式 expr. 例如, 编写一个计算 1000 以内的 Fibonacci 数.

```
> f<-1; f[2]<-1; i<-1
> while (f[i]+f[i+1]<1000) {
      f[i+2]<-f[i]+f[i+1]
      i<-i+1;
  }
> f
[1]    1   1   2   3   5   8  13  21  34  55  89 144
[13] 233 377 610 987
```

3. repeat 循环语句

repeat 语句的格式为

```
> repeat expr
```

repeat 循环依赖 break 语句跳出循环. 例如, 用 repeat 循环编写一个计算 1000 以内的 Fibonacci 数的程序.

```
> f<-1; f[2]<-1; i<-1
> repeat {
      f[i+2]<-f[i]+f[i+1]
      i<-i+1
      if (f[i]+f[i+1]>=1000) break
  }
```

或将条件语句改为 if (f[i]+f[i+1]<1000) next else break, 会得到同样的计算结果.

2.9 编写自己的函数

R 软件允许用户自己创建模型的目标函数. 有许多 R 函数存储为特殊的内部形式, 并可以被进一步地调用. 这样在使用时可以使语言更有力、更方便, 而且程序也更美观. 学习写自己的程序是用户学习使用 R 语言的主要方法之一.

事实上, R 软件提供的绝大多数函数, 如 mean(), var(), postscript() 等, 是系统编写人员写在 R 语言中的函数, 与用户自己写的函数本质上没有多大差别.

函数定义的格式如下:

```
> name <- function(arg_1, arg_2, ...) expression
```

expression 是 R 软件中的表达式 (通常是一组表达式), arg_1, arg_2, ... 表示函数的参数. 表达式中, 放在程序最后的信息是函数的返回值, 返回值可以是向量、数组 (矩阵)、列表或数据框.

调用函数的格式为 name(expr_1, expr_2, ...), 并且在任何时候调用都是合法的.

在调用自己编写的函数 (程序) 时, 需要将已写好的函数调到内存中, 即使用 2.1.3 节介绍的 "输入R代码..." 命令, 或执行 source() 函数. 关于函数的调用, 后面的各章还会有介绍.

2.9.1 简单的例子

与其他程序一样, 用户使用 R 软件可以很容易地编写自己需要的函数.

例 2.4 编写一个用二分法求非线性方程根的函数, 并求方程

$$x^3 - x - 1 = 0$$

在区间 $[1, 2]$ 内的根, 精度要求 $\varepsilon = 10^{-6}$.

解 取初始区间 $[a, b]$, 当 $f(a)$ 与 $f(b)$ 异号, 作二分法计算; 否则停止计算 (输出计算失败信息).

二分法计算过程如下: 取中点 $x = \dfrac{a+b}{2}$, 若 $f(a)$ 与 $f(x)$ 异号, 则置 $b = x$; 否则 $a = x$. 当区间长度小于指定要求时, 停止计算.

编写二分法程序, 程序名: bisect.R.

```
fzero <- function(f, a, b, eps=1e-5){
    if (f(a)*f(b)>0)
        list(fail="finding root is fail!")
    else{
        repeat {
            if (abs(b-a)<eps) break
```

```
        x <- (a+b)/2
        if (f(a)*f(x)<0) b<-x  else  a<-x
    }
    list(root=(a+b)/2, fun=f(x))
  }
}
```

在二分法求根的函数 (程序) 中, 输入值 f 是求根的函数; a, b 是二分法的左右端点; eps=1e-5 是精度要求, 为有名参数 (后面将介绍). 函数 (程序) 的返回值是列表, 当初始区间不满足要求时, 返回值为 "finding root is fail!" (求根失败); 当满足终止条件时, 返回值为方程根的近似值和在近似点处的函数值.

建立求根的非线性函数,

```
f<-function(x) x^3-x-1
```

求它在区间 $[1, 2]$ 内的根.

```
> fzero(f, 1, 2, 1e-6)
$root
[1] 1.324718
$fun
[1] -1.857576e-06
```

事实上, 大家不用编写求根函数, R 软件已经提供了求一元方程根的函数 uniroot(), 其使用格式为

```
uniroot(f, interval,
    lower = min(interval), upper = max(interval),
    tol = .Machine$double.eps^0.25, maxiter = 1000, ...)
```

例如, 要求例 2.4 的根, 只需输入命令

```
> uniroot(f, c(1,2))
```

就可得到

```
$root
[1] 1.324718
$f.root
[1] -5.634261e-07
$iter
[1] 7
$estim.prec
[1] 6.103516e-05
```

其计算结果与我们编写的程序的计算结果一致.

下面编写一个与统计有关的函数 —— 计算两样本的 T 统计量.

例 2.5 已知两样本

A : 79.98 80.04 80.02 80.04 80.03 80.03 80.04 79.97

  80.05 80.03 80.02 80.00 80.02

B : 80.02 79.94 79.98 79.97 79.97 80.03 79.95 79.97

计算两样本的 T 统计量.

解 当两样本的方差相同, 且未知, 则 T 统计量的计算公式为

$$T = \frac{(\overline{X} - \overline{Y})}{S\sqrt{\dfrac{1}{n_1} + \dfrac{1}{n_2}}}, \tag{2.1}$$

其中

$$S^2 = \frac{(n_1 - 1)S_1^2 + (n_2 - 1)S_2^2}{n_1 + n_2 - 2}, \tag{2.2}$$

$\overline{X}, \overline{Y}$ 分别是两组数据的样本均值, S_1^2, S_2^2 分别是两组数据的样本方差, n_1, n_2 分别为两组数据的个数.

按照式 (2.1) 和式 (2.2) 编写相应的程序.(程序名: twosam.R)

```
twosam <- function(y1, y2) {
    n1 <- length(y1); n2 <- length(y2)
    yb1 <- mean(y1); yb2 <- mean(y2)
    s1 <- var(y1); s2 <- var(y2)
    s <- ((n1-1)*s1 + (n2-1)*s2)/(n1+n2-2)
    (yb1 - yb2)/sqrt(s*(1/n1 + 1/n2))
}
```

在函数 (程序) 中, 输入值 y1, y2 是需要计算的 T 统计量的两组数据. 函数 (程序) 的返回值是数值型变量, 给出相应的 T 统计量.

输入数据 A, B, 并计算 T 统计量.

```
> A <- c(79.98, 80.04, 80.02, 80.04, 80.03, 80.03,
    80.04, 79.97, 80.05, 80.03, 80.02, 80.00, 80.02)
> B <- c(80.02, 79.94, 79.98, 79.97, 79.97, 80.03,
    79.95, 79.97)
> twosam(A,B)
[1] 3.472245
```

在 5.2.1 节我们还会讲到, 用 T 统计量来估计两样本均值是否相同.

2.9.2　定义新的二元运算

R 软件可以定义的二元运算, 其形式为 %anything%. 设 x, y 是两个向量, 定义 x 与 y 的内积

$$\langle x, y \rangle = \exp(-\|x - y\|^2/2),$$

其运算符号用 %!% 表示, 则二元运算的定义如下

```
"%!%" <- function(x, y) {exp(-0.5*(x-y) %*% (x-y))}
```

2.9.3　有名参数与默认参数

如果用这种形式 "name=object" 给出被调用函数中的参数, 则这些参数可以按照任何顺序给出. 如定义如下函数

```
> fun1 <- function(data, data.frame, graph, limit) {
    [function body omitted]
  }
```

则下面的三种调用方法

```
> ans <- fun1(d, df, TRUE, 20)
> ans <- fun1(d, df, graph=TRUE, limit=20)
> ans <- fun1(data=d, limit=20, graph=TRUE, data.frame=df)
```

都是等价的.

如果在例 2.4 中, 其精度要求取 1e−5(10^{-5}), 则不必输入精度要求, 直接输入区间端点即可.

```
> fzero(1,2)
$root
[1] 1.324718
$fun
[1] -1.405875e-05
```

下面利用有名参数的方法编写一个求非线性方程组根的 Newton 法的程序.

例 2.6　编写求非线性方程组解的 Newton 法的程序, 并用此程序求解非线性方程组

$$\begin{cases} x_1^2 + x_2^2 - 5 = 0 \\ (x_1 + 1)x_2 - (3x_1 + 1) = 0 \end{cases}$$

的解, 取初始点 $x^{(0)} = (0,1)^{\mathrm{T}}$, 精度要求 $\varepsilon = 10^{-5}$.

解　求解非线性方程组

$$f(x) = 0, \quad f : \mathbf{R}^n \to \mathbf{R}^n \in \mathbf{C}^1$$

的 Newton 法的迭代格式为

$$x^{(k+1)} = x^{(k)} - [J(x^{(k)})]^{-1} f(x^{(k)}), \quad k = 0, 1, \cdots,$$

其中 $J(x)$ 为函数 $f(x)$ 的 Jacobi 矩阵, 即

$$J(x) = \begin{bmatrix} \dfrac{\partial f_1}{\partial x_1} & \dfrac{\partial f_1}{\partial x_2} & \cdots & \dfrac{\partial f_1}{\partial x_n} \\ \dfrac{\partial f_2}{\partial x_1} & \dfrac{\partial f_2}{\partial x_2} & \cdots & \dfrac{\partial f_2}{\partial x_n} \\ \vdots & \vdots & & \vdots \\ \dfrac{\partial f_n}{\partial x_1} & \dfrac{\partial f_n}{\partial x_2} & \cdots & \dfrac{\partial f_n}{\partial x_n} \end{bmatrix}.$$

因此, 相应的程序 (程序名：Newtons.R) 为

```
Newtons<-function (fun, x, ep=1e-5, it_max=100){
    index<-0; k<-1
    while (k<=it_max){
        x1 <- x; obj <- fun(x);
        x   <- x - solve(obj$J, obj$f);
        norm <- sqrt((x-x1) %*% (x-x1))
        if (norm<ep){
            index<-1; break
        }
        k<-k+1
    }
    obj <- fun(x);
    list(root=x, it=k, index=index, FunVal= obj$f)
}
```

在此函数 (程序) 中, 输入变量有：fun 是由方程构成的函数, 具体形式在下面介绍; x 是初始变量; ep 是精度要求, 默认值为 10^{-5}; it_max 是最大迭代次数, 默认值为 100.

函数 (程序) 以列表的形式作为输出变量：root 是方程解的近似值; it 是迭代次数; index 是指标, index=1 表明计算成功, index=0 表明计算失败; FunVal 是方程在 root 处的函数值.

编写求方程的函数. (程序名：funs.R)

```
funs<-function(x){
    f<-c(x[1]^2+x[2]^2-5, (x[1]+1)*x[2]-(3*x[1]+1))
```

```
J<-matrix(c(2*x[1], 2*x[2], x[2]-3, x[1]+1),
          nrow=2, byrow=T)
list(f=f, J=J)
}
```

函数 (程序) 的输入变量是 x. 在函数 (程序) 中, f 是所求方程的函数, J 是相应的 Jacobi 矩阵. 函数的输出以列表形式给出, 输出函数值和相应的 Jacobi 矩阵.

下面求解该方程:

```
> Newtons(funs, c(0,1))
$root
[1] 1 2
$it
[1] 6
$index
[1] 1
$FunVal
[1] 1.598721e-14 6.217249e-15
```

即方程的解为 $x^* = (1, 2)^{\mathrm{T}}$, 总共迭代了 6 次.

2.9.4 递归函数

R 函数是可以递归的, 即可以在函数自身内定义函数本身. 下面的例子是用递归函数计算数值积分.

例 2.7 用递归函数计算数值积分 $\int_1^5 \dfrac{\mathrm{d}x}{x}$, 精度要求 $\varepsilon = 10^{-6}$.

解 采用自动选择步长的复化梯形公式, 其方法是: 每次将区间二等分, 在子区间上采用梯形求积公式, 如果计算满足精度要求或达到最大迭代次数, 则停止计算; 否则继续将区间对分. 编写相应的计算程序. (程序名: area.R)

```
area <- function(f, a, b, eps = 1.0e-06, lim = 10) {
    fun1 <- function(f, a, b, fa, fb, a0, eps, lim, fun) {
        d <- (a + b)/2; h <- (b - a)/4; fd <- f(d)
        a1 <- h * (fa + fd); a2 <- h * (fd + fb)
        if(abs(a0 - a1 - a2) < eps || lim == 0)
            return(a1 + a2)
        else {
            return(fun(f, a, d, fa, fd, a1, eps, lim - 1, fun)
                + fun(f, d, b, fd, fb, a2, eps, lim - 1, fun))
```

```
        }
    }
    fa <- f(a); fb <- f(b); a0 <- ((fa + fb) * (b - a))/2
    fun1(f, a, b, fa, fb, a0, eps, lim, fun1)
}
```

程序的输入变量: f 是被积函数; a,b 是积分的端点; eps 是积分精度要求, 默认值为 10^{-6}; lim 是对分区间的上限, 默认值为 10, 即被积区间最多被等分为 2^{10} 个子区间. 输出变量为积分值.

area 函数相当于主程序, 首先用梯形公式计算出积分的近似值, 然后调用函数 fun1.

fun1 函数相当于子程序, 该函数是采用递归的定义方式编写的函数, 其意义是将区间对分, 采用复化求积公式, 若本次的计算值与上一次的计算值相差小于精度要求 eps 或 lim = 0 时, 则停止计算; 否则分别调用自身函数.

下面计算积分. 先定义函数

```
> f <- function(x) 1/x
```

再计算其积分值

```
> quad<-area(f,1,5); quad
[1] 1.609452
```

该积分的精确值为 $\ln 5 = 1.609438$.

习　　题

2.1　建立一个 R 文件, 在文件中输入变量 $x = (1, 2, 3)^{\mathrm{T}}$, $y = (4, 5, 6)^{\mathrm{T}}$, 并作以下运算.

(1) 计算 $z = 2x + y + e$, 其中 $e = (1, 1, 1)^{\mathrm{T}}$;

(2) 计算 x 与 y 的内积;

(3) 计算 x 与 y 的外积.

2.2　将 $1, 2, \cdots, 20$ 构成两个 4×5 阶的矩阵, 其中矩阵 A 是按列输入, 矩阵 B 是按行输入, 并作如下运算.

(1) $C = A + B$;

(2) $D = AB$;

(3) $E = (e_{ij})_{n \times n}$, 其中 $e_{ij} = a_{ij} \cdot b_{ij}$;

(4) F 是由 A 的前 3 行和前 3 列构成的矩阵;

(5) G 是由矩阵 B 的各列构成的矩阵, 但不含 B 的第 3 列.

2.3　构造一个向量 x, 向量是由 5 个 1, 3 个 2, 4 个 3 和 2 个 4 构成, 注意用到 rep() 函数.

2.4　生成一个 5 阶的 Hilbert 矩阵,

$$\boldsymbol{H} = (h_{ij})_{n \times n}, \quad h_{ij} = \frac{1}{i+j-1}, \quad i,j = 1, 2, \cdots, n.$$

(1) 计算 Hilbert 矩阵 $\boldsymbol{H}$ 的行列式;

(2) 求 $\boldsymbol{H}$ 的逆矩阵;

(3) 求 $\boldsymbol{H}$ 的特征值和特征向量.

2.5　已知有 5 名学生的数据, 如表 2.3 所示. 用数据框的形式读入数据.

表 2.3　学生数据

序号	姓名	性别	年龄	身高/cm	体重/kg
1	张三	女	14	156	42.0
2	李四	男	15	165	49.0
3	王五	女	16	157	41.5
4	赵六	男	14	162	52.0
5	丁一	女	15	159	45.5

2.6　将题 2.5 中的数据表 2.3 的数据写成一个纯文本文件, 用函数 read.table() 读该文件, 然后再用函数 write.csv() 写成一个能用 Excel 表打开的文件, 并用 Excel 表打开.

2.7　编写一个 R 程序 (函数). 输入一个整数 n, 如果 $n \leqslant 0$, 则中止运算, 并输出一句话: "要求输入一个正整数"; 否则, 如果 n 是偶数, 则将 n 除 2, 并赋给 n; 否则, 将 $3n+1$ 赋给 n. 不断循环, 直到 $n = 1$, 才停止计算, 并输出一句话: "运算成功". 这个例子是为了检验数论中的一个简单的定理.

第 3 章 数据描述性分析

统计分析分为统计描述和统计推断两个部分. 统计描述是通过绘制统计图、编制统计表、计算统计量等方法来表述数据的分布特征. 它是数据分析的基本步骤, 也是进行统计推断的基础. 本章介绍统计描述, 也就是数据的描述性分析, 关于统计推断的内容, 将在后面各章陆续介绍.

用计算机软件作数据的描述性分析, 可以更加方便、直观, 有利于对统计描述的理解. 本章除介绍统计描述的基本概念外, 重点介绍如何运用 R 软件中的函数对数据进行描述性分析.

3.1 描述统计量

已知一组试验 (或观测) 数据为

$$x_1, x_2, \cdots, x_n,$$

它们是从所要研究的对象的全体 —— 总体 X 中取出的, 这 n 个观测值就构成一个样本. 在某些简单的实际问题中, 这 n 个观测值就是所要研究问题的全体. 数据分析的任务就是要对这全部 n 个数据进行分析, 提取数据中包含的有用信息.

数据作为信息的载体, 当然要分析数据中包含的主要信息, 即要分析数据的主要特征. 也就是说, 要研究数据的数字特征, 即分析数据的集中位置、分散程度和数据分布等.

3.1.1 位置的度量

用来描述定量资料的集中趋势的统计量常用的有均值、众数、中位数、百分位数等.

1. 均值

均值 (mean) 是数据的平均数, 均值 (记为 $\bar{x}$) 定义为

$$\bar{x} = \frac{1}{n} \sum_{i=1}^{n} x_i, \tag{3.1}$$

它描述数据取值的平均位置.

在 R 软件中, 可用 mean() 函数计算样本的均值, 其使用方法为

```
mean(x, trim = 0, na.rm = FALSE)
```

其中 x 是对象 (如向量、矩阵、数组或数据框), trim 是在计算均值前去掉 x 两端观察值的比例, 默认值为 0, 即包括全部数据. 当 na.rm = TRUE 时, 允许数据中有缺失数据. 函数的返回值是对象的均值.

有关它的使用, 将用例子来作进一步的介绍.

例 3.1 *已知 15 位学生的体重 (单位: kg) 如下:*

75.0 64.0 47.4 66.9 62.2 62.2 58.7 63.5
66.6 64.0 57.0 69.0 56.9 50.0 72.0

求学生体重的平均值.

解 利用 mean() 函数求解. 建立 R 文件. (文件名: exam0301.R)

```
w <- c(75.0, 64.0, 47.4, 66.9, 62.2, 62.2, 58.7, 63.5,
       66.6, 64.0, 57.0, 69.0, 56.9, 50.0, 72.0)
w.mean <- mean(w); w.mean
```

执行 exam0301.R 的全部程序得到学生体重的均值为 62.36.

注意, 当 x 是矩阵 (或数组) 时, 函数 mean() 的返回值并不是向量, 而是一个数, 即矩阵中全部数据的平均值. 例如,

```
> x <- 1:12; dim(x)<-c(3,4)
> mean(x)
[1] 6.5
```

与 mean(1:12) 的返回值相同, 而这里 x 是一个 3×4 的矩阵.

如果需要得到矩阵各行或各列的均值, 需要调用 apply() 函数 (见 2.5.5 节) 计算. 如计算矩阵各行的均值, 即

```
> apply(x,1,mean)
[1] 5.5 6.5 7.5
```

计算矩阵各列的均值, 即

```
> apply(x,2,mean)
[1]  2  5  8 11
```

如果 x 是数据框, 则 mean() 的返回值就是向量, 如

```
> mean(as.data.frame(x))
V1 V2 V3 V4
 2  5  8 11
```

可以看出它是按列求平均值的, 其中命令 as.data.frame(x)(见 2.6.2 节) 是将矩阵 x 强制转化成数据框.

因此, 今后在作多元数据分析时, 多元数据的输入最好采用数据框的形式, 这样便于后面的数据处理.

求和函数 sum() 是求与均值有关的函数, 其使用格式为

sum(..., na.rm = FALSE)

参数 na.rm 的意义与均值函数 mean() 中的参数意义相同.

如果 x 是向量, 则函数 length(x) 的返回值是向量 x 的长度 (维数). 因此, 由式 (3.1), 例 3.1 的均值可由下面的计算得到, 即

```
> mean <- sum(w)/length(w); mean
[1] 62.36
```

可以看出, 两者的计算相同.

如果在数据中, 某些数据是异常值, 再用式 (3.1) 就不合理了. 也就是说, 不能简单地用 mean(w) 计算样本均值. 例如, 如果第一个学生的体重少输入一个点, 变为 750 kg, 此时按照式 (3.1) 计算出的值会出现不合理的现象, 看一下计算结果

```
> w[1] <- 750
> w.mean <- mean(w); w.mean
[1] 107.36
```

学生的平均体重为 107.36 kg, 这显然是不合理的.

如果采用下述方法, 可以减少由于输入误差对计算的影响.

```
> w.mean <- mean(w, trim=0.1); w.mean
[1] 62.53846
```

其中 trim 的取值在 0~0.5 之间, 表示在计算均值前需要去掉异常值的比例. 利用这个参数可以有效地改善异常值对计算的影响.

na.rm 是控制缺失数据的参数. 例如, 如果共有 16 位学生, 但第 16 位学生的体重缺失, 如果按照通常的计算方法, 将得不到结果, 如下所示:

```
> w.na <- c(75.0, 64.0, 47.4, 66.9, 62.2, 62.2, 58.7, 63.5,
            66.6, 64.0, 57.0, 69.0, 56.9, 50.0, 72.0, NA)
> w.mean <- mean(w.na); w.mean
[1] NA
```

选用参数 na.rm = TRUE 可以很好地处理这个问题, 看一下计算结果.

```
> w.mean <- mean(w.na, na.rm = TRUE); w.mean
[1] 62.36
```

对于 sum() 函数, 此参数的意义是相同的, 即 na.rm = TRUE 表示可以求带有缺失数据的和.

与均值函数 mean() 相关的函数还有 weighted.mean(), 即计算数据的加权平均值, 具体的使用格式为

weighted.mean(x, w, na.rm = FALSE)

其中 x 是数值向量; w 是数据 x 的权, 与 x 的维数相同; 参数 na.rm 的意义与 mean()
函数相同. 该函数可以对矩阵和数组计算加权平均值, 但对数据框不适用 (对于数据框,
weighted.mean() 函数的计算结果与矩阵的计算结果相同, 而 mean() 函数对两者的计算结
果则不同).

2. 顺序统计量

设 n 个数据 (观测值) 按从小到大的顺序排列为

$$x_{(1)} \leqslant x_{(2)} \leqslant \cdots \leqslant x_{(n)},$$

则称其为顺序统计量 (order statistic). 显然, 最小顺序统计量为 $x_{(1)}$, 最大顺序统计量为
$x_{(n)}$.

在 R 软件中, sort() 函数可以给出观测量的顺序统计量. 如

```
> x <- c(75, 64, 47.4, 66.9, 62.2, 62.2, 58.7, 63.5)
> sort(x)
[1] 47.4 58.7 62.2 62.2 63.5 64.0 66.9 75.0
```

实际上, 函数 sort() 不只是给出了样本的顺序统计量, 还有更广泛的功能, 其使用格
式为

```
sort(x, partial = NULL, na.last = NA, decreasing = FALSE,
     method = c("shell", "quick"), index.return = FALSE)
```

其中 x 是数值、或字符、或逻辑型向量. partial 是部分排序的指标向量. na.last 是控制
缺失数据的参数, 当 na.last =NA(默认值) 时, 不处理缺失数据; 当 na.last = TRUE 时, 缺
失数据排在最后; 当 na.last = FALSE 时, 缺失数据排在最前面. decreasing 是逻辑变量,
控制数据排列的顺序, 当 decreasing = FALSE (默认值) 时给出的返回值是由小到大排序
的; 如果 decreasing = TRUE 时, 函数的返回值由大到小排列. method 是排序的方法, 如果
method = "shell" (默认值), 则选择 Shell 排序法排序, 其运算量为 $O(n^{4/3})$; 如果 method =
"quick", 则采用快速排序法排序, 对于数值型向量, 快速排序法的运算量一般要低于 Shell
排序法. index.return 是逻辑变量, 是控制排序下标的返回值, 当 index.return = TRUE 时
(默认值为 FALSE), 函数的返回值是一列表, 列表的第一个变量 $x 是排序的顺序, 第二个
变量 $ix 是排序顺序的下标对应的值.

下面用数值例子看一下函数 sort() 中各种参数的使用方法. 如需要将数据由大到小
排列, 则用参数 decreasing = TRUE. 如

```
> sort(x, decreasing = TRUE)
[1] 75.0 66.9 64.0 63.5 62.2 62.2 58.7 47.4
```

当数据中有缺失数据时, 并不希望处理缺失数据, 则不必调整任何参数. 如

```
> x.na <- c(75.0,64.0,47.4,NA,66.9,62.2,62.2,58.7,63.5)
> sort(x.na)
```

```
[1] 47.4 58.7 62.2 62.2 63.5 64.0 66.9 75.0
```

如果希望在排序后的数据中保留缺失数据, 并将缺失数据排在最后, 则用 na.last = TRUE; 如果要将缺失数据排在最前, 则用 na.last = FALSE. 如

```
> sort(x.na, na.last = TRUE)
```

```
[1] 47.4 58.7 62.2 62.2 63.5 64.0 66.9 75.0   NA
```

```
> sort(x.na, na.last = FALSE)
```

```
[1]   NA 47.4 58.7 62.2 62.2 63.5 64.0 66.9 75.0
```

与 sort() 函数相关的函数有: order() 给出排序后的下标; rank() 给出样本的秩统计量, 关于 rank() 函数在第 5 章中还会介绍.

3. 中位数

中位数 (median, 记为 m_e) 定义为数据排序位于中间位置的值, 即

$$m_e = \begin{cases} x_{(\frac{n+1}{2})}, & \text{当 } n \text{ 为奇数时,} \\ \frac{1}{2}\left(x_{(\frac{n}{2})} + x_{(\frac{n}{2}+1)}\right), & \text{当 } n \text{ 为偶数时.} \end{cases} \tag{3.2}$$

中位数描述数据中心位置的数字特征. 大体上比中位数大或小的数据个数为整个数据的一半. 对于对称分布的数据, 均值与中位数比较接近; 对于偏态分布的数据, 均值与中位数不同. 中位数的另一显著特点是不受异常值的影响, 具有稳健性, 因此它是数据分析中相当重要的统计量.

在 R 软件中, 函数 median() 给出观测量的中位数. 如

```
> x <- c(75, 64, 47.4, 66.9, 62.2, 62.2, 58.7, 63.5)
```

```
> median(x)
```

```
[1] 62.85
```

median() 函数的使用格式为

```
median(x, na.rm = FALSE)
```

其中 x 是数值型向量; na.rm 是逻辑变量, 当 na.rm =TRUE 时, 函数可以处理带有缺失数据的向量, 否则 (na.rm =FALSE, 默认值) 不能处理带有缺失数据的向量. 如

```
> x.na <- c(75.0,64.0,47.4,NA,66.9,62.2,62.2,58.7,63.5)
```

```
> median(x.na)
```

```
[1] NA
```

```
> median(x.na, na.rm = TRUE)
```

```
[1] 62.85
```

4. 百分位数

百分位数 (percentile) 是中位数的推广. 将数据按从小到大的顺序排列后, 对于 $0 \leqslant$

$p < 1$, 它的 p 分位点定义为

$$m_p = \begin{cases} x_{([np]+1)}, & \text{当 } np \text{ 不是整数时,} \\ \dfrac{1}{2}\left(x_{(np)} + x_{(np+1)}\right), & \text{当 } np \text{ 是整数时,} \end{cases} \tag{3.3}$$

其中 $[np]$ 表示 np 的整数部分.

p 分位数又称为第 $100p$ 百分位数. 大体上整个样本的 $100p$ 的观测值不超过 p 分位数. 如 0.5 分位数 $m_{0.5}$(第 50 百分位数) 就是中位数 m_e. 在实际计算中, 0.75 分位数与 0.25 分位数 (第 75 百分位数与第 25 百分位数) 比较重要, 它们分别称为上四分位数和下四分位数, 并分别记为 $Q_3 = m_{0.75}$, $Q_1 = m_{0.25}$.

在 R 软件中, 用 quantile() 函数计算观测量的百分位数. 如

```
> w <- c(75.0, 64.0, 47.4, 66.9, 62.2, 62.2, 58.7, 63.5,
         66.6, 64.0, 57.0, 69.0, 56.9, 50.0, 72.0)
> quantile(w)
   0%    25%    50%    75%   100%
47.40  57.85  63.50  66.75  75.00
```

quantile() 函数的一般使用格式为

```
quantile(x, probs = seq(0, 1, 0.25), na.rm = FALSE,
         names = TRUE, type = 7, ...)
```

其中 x 是由数值构成的向量; probs 给出相应的百分位数, 默认值是 0、1/4、1/2、3/4、1; na.rm 是逻辑变量, 当 na.rm = TRUE 时, 可处理缺失数据. 其余见帮助.

如果打算给出 0%, 20%, 40%, 60%, 80% 和 100% 的百分位数, 则选择

```
> quantile(w, probs = seq(0, 1, 0.2))
   0%    20%    40%    60%    80%   100%
47.40  56.98  62.20  64.00  67.32  75.00
```

3.1.2   分散程度的度量

表示数据分散 (或变异) 程度的特征量有方差、标准差、极差、四分位极差、变异系数和标准误等.

1. 方差、标准差与变异系数

方差 (variance) 是描述数据取值分散性的一个度量. 样本方差 (sample variance) 是样本相对于均值的偏差平方和的平均, 记为 s^2, 即

$$s^2 = \frac{1}{n-1} \sum_{i=1}^{n} (x_i - \overline{x})^2, \tag{3.4}$$

其中 $\overline{x}$ 是样本的均值.

样本方差的开方称为样本标准差 (standard deviation), 记为 s, 即

$$s = \sqrt{s^2} = \sqrt{\frac{1}{n-1} \sum_{i=1}^{n} (x_i - \overline{x})^2}. \tag{3.5}$$

变异系数是刻画数据相对分散性的一种度量, 记为 CV,

$$\mathrm{CV} = \frac{s}{\overline{x}} \times 100\%, \tag{3.6}$$

它是一个无量纲的量, 用百分数表示.

与分散程度有关的统计量还有下列数字特征:

样本校正平方和

$$\mathrm{CSS} = \sum_{i=1}^{n} (x_i - \overline{x})^2. \tag{3.7}$$

样本未校正平方和

$$\mathrm{USS} = \sum_{i=1}^{n} x_i^2. \tag{3.8}$$

在 R 软件中, 若 x 是由样本构成的向量, 则 var(x) 计算样本方差, sd(x) 计算样本标准差, 即 $\mathrm{sd(x)} = \sqrt{\mathrm{var(x)}}$. 例如, 对于 15 名学生的体重数据, 有

```
> var(w)
[1] 56.47257
> sd(w)
[1] 7.514823
```

方差函数 var() 和标准差函数 sd() 的使用格式为

```
var(x, y = NULL, na.rm = FALSE, use)
sd(x, na.rm = FALSE)
```

其中 x 是数值向量、矩阵或数据框; na.rm 是逻辑变量, 当 na.rm = TRUE 时, 可处理缺失数据. 其余见帮助.

与方差函数 var() 相关的函数还有: cov()——求协方差矩阵; cor() —— 求相关矩阵. 这两个函数将在 3.4.1 节介绍.

对于变异系数、校正平方和、未校正平方和等指标, 需要编写简单的程序. 例如, 对于 15 名学生的体重数据, 则

```
> cv <- 100*sd(w)/mean(w); cv
[1] 12.05071
> css <- sum((w-mean(w))^2); css
[1] 790.616
```

```
> uss <- sum(w^2); uss
[1] 59122.16
```

2. 极差与标准误

样本极差 (记为 R) 的计算公式为

$$R = x_{(n)} - x_{(1)} = \max(\boldsymbol{x}) - \min(\boldsymbol{x}), \tag{3.9}$$

其中 $\boldsymbol{x}$ 是由样本构成的向量. 样本极差是描述样本分散性的数字特征. 当数据越分散, 其极差越大.

样本上、下四分位数之差称为四分位差 (或半极差), 记为 R_1, 即

$$R_1 = Q_3 - Q_1, \tag{3.10}$$

它也是度量样本分散性的重要数字特征, 特别对于具有异常值的数据, 它作为分散性具有稳健性, 因此它在稳健性数据分析中具有重要作用.

样本标准误 (记为 s_m) 定义为

$$s_m = \sqrt{\frac{1}{n(n-1)} \sum_{i=1}^{n} (x_i - \overline{x})^2} = \frac{s}{\sqrt{n}}. \tag{3.11}$$

对于样本极差与样本标准误, 可以通过简单编程方法计算.

3.1.3　分布形状的度量

在 1.3.5 节介绍过总体的偏度 (skewness) 系数和峰度 (kurtosis) 系数, 这里介绍样本的偏度系数和峰度系数.

1. 偏度系数

样本的偏度系数 (记为 g_1) 的计算公式为

$$g_1 = \frac{n}{(n-1)(n-2)s^3} \sum_{i=1}^{n} (x_i - \overline{x})^3 = \frac{n^2 \mu_3}{(n-1)(n-2)s^3}, \tag{3.12}$$

其中 s 是样本标准差, μ_3 是样本 3 阶中心矩, 即 $\mu_3 = \frac{1}{n} \sum_{i=1}^{n} (x_i - \overline{x})^3$.

偏度系数是刻画数据的对称性指标. 关于均值对称的数据其偏度系数为 0, 右侧更分散的数据偏度系数为正, 左侧更分散的数据偏度系数为负.

2. 峰度系数

样本的峰度系数 (记为 g_2) 的计算公式为

$$g_2 = \frac{n(n+1)}{(n-1)(n-2)(n-3)s^4} \sum_{i=1}^{n} (x_i - \overline{x})^4 - 3\frac{(n-1)^2}{(n-2)(n-3)}$$

$$= \frac{n^2(n+1)\mu_4}{(n-1)(n-2)(n-3)s^4} - 3\frac{(n-1)^2}{(n-2)(n-3)}, \tag{3.13}$$

其中 s 是样本标准差, μ_4 是样本 4 阶中心矩, 即 $\mu_4 = \frac{1}{n}\sum\limits_{i=1}^{n}(x_i - \overline{x})^4$.

当数据的总体分布为正态分布时, 峰度系数近似为 0; 当分布较正态分布的尾部更分散时, 峰度系数为正; 否则为负. 当峰度系数为正时, 两侧极端数据较多; 当峰度系数为负时, 两侧极端数据较少.

最后编写一个统一的函数 (程序名: data_outline.R), 计算样本的各种描述性统计量.

```
data_outline <- function(x){
    n <- length(x)
    m <- mean(x)
    v <- var(x)
    s <- sd(x)
    me <- median(x)
    cv <- 100*s/m
    css <- sum((x-m)^2)
    uss <- sum(x^2)
    R <-  max(x)-min(x)
    R1 <- quantile(x,3/4)-quantile(x,1/4)
    sm <- s/sqrt(n)
    g1 <- n/((n-1)*(n-2))*sum((x-m)^3)/s^3
    g2 <- ((n*(n+1))/((n-1)*(n-2)*(n-3))*sum((x-m)^4)/s^4
        - (3*(n-1)^2)/((n-2)*(n-3)))
    data.frame(N=n, Mean=m, Var=v, std_dev=s,
        Median=me, std_mean=sm, CV=cv, CSS=css, USS=uss,
        R=R, R1=R1, Skewness=g1, Kurtosis=g2, row.names=1)
}
```

函数的输入变量 x 是数值型向量, 由样本构成. 函数的返回值是数据框, 包含以下指标: N 是样本的个数; Mean 是样本均值; Var 是样本方差; std_dev 是样本标准差; Median 是样本中位数; std_mean 是样本的标准误; CV 是样本的变异系数; CSS 是样本校正平方和; USS 是样本未校正平方和; R 是样本极差; R1 是样本半极差; Skewness 是样本峰度系数; Kurtosis 是样本偏度系数.

例 3.2 计算例 3.1 中 15 位学生的体重的各种统计量.

解 将编好的程序调入内存 (见第 2 章中输入 R 代码), 输入数据并计算得到相应的结果.

```
> source("data_outline.R")
> w <- c(75.0, 64.0, 47.4, 66.9, 62.2, 62.2, 58.7, 63.5,
         66.6, 64.0, 57.0, 69.0, 56.9, 50.0, 72.0)
> data_outline(w)
   N  Mean      Var  std_dev Median  std_mean       CV
1 15 62.36 56.47257 7.514823   63.5  1.940319 12.05071
      CSS      USS    R  R1   Skewness   Kurtosis
1 790.616 59122.16 27.6 8.9 -0.4299561 0.09653947
```

3.2 数据的分布

数据的数字特征刻画了数据的主要特征, 而要对数据的总体情况作全面的描述, 就要研究数据的分布. 对数据分布的主要描述方法有直方图、茎叶图和数据的理论分布即总体分布. 数据分析的一个重要问题是要研究数据是否来自正态总体, 这是分布的正态性检验问题.

3.2.1 分布函数

在第 1 章给出了分布函数 $F(x)$ 的定义 (定义 1.5)、分布律 (定义 1.7), 即

$$P\{X = x_k\} = p_k, \quad k = 1, 2, \cdots,$$

和概率密度函数 $f(x)$ 的定义 (定义 1.8), 以及概率密度函数 $f(x)$ 与分布函数 $F(x)$ 的关系

$$F(x) = P\{X \leqslant x\} = \int_{-\infty}^{x} f(t)\mathrm{d}t, \quad -\infty < x < \infty.$$

并给出了一些典型的分布, 如正态分布、Poisson 分布等.

在 R 软件中, 提供了计算这些典型分布的分布函数、分布律或概率密度函数, 以及分布函数的反函数的各种函数.

例如, 考虑正态分布, 设 μ 是均值, σ^2 是方差, 对于任意的变量 x, 其分布函数为

$$F(x) = \frac{1}{\sqrt{2\pi}\sigma} \int_{-\infty}^{x} \exp\left\{-\frac{(t-\mu)^2}{2\sigma^2}\right\} \mathrm{d}t = \mathrm{pnorm(x, mu, sigma)},$$

其中函数 pnorm 是 R 软件中计算分布函数 (正态分布) 的函数, mu 是均值 μ, sigma 是标准差 σ. 相应的概率密度函数为

$$f(x) = \frac{1}{\sqrt{2\pi}\sigma} \exp\left\{-\frac{(x-\mu)^2}{2\sigma^2}\right\} = \mathrm{dnorm(x, mu, sigma)},$$

其中函数 dnorm 是 R 软件中计算概率密度函数 (正态分布) 的函数.

计算标准正态分布的上 $\alpha/2$ $(\alpha = 0.05)$ 分位点, 其计算公式为

$$z_{\alpha/2} = \text{qnorm}(1 - 0.025, 0, 1) = 1.959964,$$

其中函数 qnorm 是 R 软件中计算下分位点的函数.

产生 100 个标准正态分布的随机数, 即

```
r <- rnorm(100, 0, 1)
```

其中函数 rnorm 是 R 软件中生成 (正态分布) 随机数的函数, 参数 0, 1 可以默认.

正态分布函数 dnorm()、pnorm()、qnorm() 和 rnorm() 的使用方法是

```
dnorm(x, mean=0, sd=1, log = FALSE)
pnorm(q, mean=0, sd=1, lower.tail = TRUE, log.p = FALSE)
qnorm(p, mean=0, sd=1, lower.tail = TRUE, log.p = FALSE)
rnorm(n, mean=0, sd=1)
```

其中 x, q 是由数值型变量构成的向量; p 是由概率构成的向量; n 是产生随机数的个数; mean 是要计算的正态分布的均值, 默认值为 0; sd 是要计算的正态分布的标准差, 默认值为 1; 函数 dnorm() 的返回值是正态分布的概率密度函数; 函数 pnorm() 的返回值是正态分布的分布函数; 函数 qnorm() 的返回值是给定概率 p 后的下分位点; 函数 rnorm() 的返回值是由 n 个正态分布随机数构成的向量.

log, log.p 是逻辑变量, 当它为真 (TRUE) 时, 函数的返回值不再是正态分布, 而是对数正态分布. lower.tail 是逻辑变量, 当它为真 (TRUE, 默认值) 时, 分布函数的计算公式为

$$F(x) = P\{X \leqslant x\},$$

当 lower.tail = FALSE 时, 分布函数的计算公式为

$$F(x) = P\{X > x\}.$$

再看一个离散随机变量计算函数的例子, 如 Poisson 分布. Poisson 分布的使用格式为

```
dpois(x, lambda, log = FALSE)
ppois(q, lambda, lower.tail = TRUE, log.p = FALSE)
qpois(p, lambda, lower.tail = TRUE, log.p = FALSE)
rpois(n, lambda)
```

其中 lambda 是 Poisson 分布的参数 λ. 其余参数的意义与上面介绍的函数 (正态分布) 中参数的意义相同.

注意, 由于 Poisson 分布是离散分布, 当 x 是整数 k 时, 其意义均为

$$P\{X = k\} = \frac{\lambda e^{-\lambda}}{k!} = \text{dpois(k, lambda)},$$

当 x 不是整数时, dpois(x, lambda)=0. 对于函数 ppois(), 无论 x 是否为整数, 其意义均为

$$F(x) = \sum_{k=0}^{\lfloor x \rfloor} \frac{\lambda e^{-\lambda}}{k!} = \text{ppois(x, lambda)}.$$

给定概率 p, qpois(p, lambda) 的返回值是 $P\{X=k\} \geqslant p$ 的最小的整数 k.

其他的分布函数也有类似的结果. 表 3.1 列出了各种常用的分布函数、概率密度函数或分布律, 以及 R 软件中的名称和调用函数用到的参数.

表 3.1 分布函数或分布律

分 布	R 软件中的名称	附加参数
beta	beta	shape1, shape2, ncp
binomial	binom	size, prob
Cauchy	cauchy	location, scale
chi-squared	chisq	df, ncp
exponential	exp	rate
F	f	df1, df2, ncp
gamma	gamma	shape, scale
geometric	geom	prob
hypergeometric	hyper	m, n, k
log-normal	lnorm	meanlog, sdlog
logistic	logis	location, scale
negative binomial	nbinom	size, prob
normal	norm	mean, sd
Poisson	pois	lambda
Student's t	t	df, ncp
uniform	unif	min, max
Weibull	weibull	shape, scale
Wilcoxon	wilcox	m, n

在表 3.1 所列的分布中, 加上不同的前缀表示不同的意义,

- d —— 概率密度函数 $f(x)$, 或分布律 p_k;
- p —— 分布函数 $F(x)$;
- q —— 分布函数的反函数 $F^{-1}(p)$, 即给定概率 p 后, 求其下分位点;
- r —— 仿真 (产生相同分布的随机数).

3.2.2 直方图、经验分布图与 QQ 图

1. 直方图

对于数据分布, 常用直方图 (histogram) 进行描述. 将数据取值的范围分成若干区间 (一般是等间隔的), 在等间隔的情况下, 每个区间长度称为组距. 考察数据落入每一区间

的频数与频率, 在每个区间上画一个矩形, 它的宽度是组距, 它的高度可以是频数、频率或频率/组距, 在高度是频率/组距的情况下, 每一矩形的面积恰是数据落入区间的频率, 这种直方图可以估计总体的概率密度. 组距对直方图的形态有很大影响, 组距太小, 每组的频数较少, 由于随机性的影响, 邻近区间上的频数可能很大; 组距太大, 直方图所反映的形态就不灵敏.

在 R 软件中, 用函数 hist() 画出样本的直方图, 其格式为

```
hist(x)
```

或

```
hist(x, breaks = "Sturges", freq = NULL, probability = !freq,
     include.lowest = TRUE, right = TRUE,
     density = NULL, angle = 45, col = NULL, border = NULL,
     main = paste("Histogram of", xname),
     xlim = range(breaks), ylim = NULL,
     xlab = xname, ylab,
     axes = TRUE, plot = TRUE, labels = FALSE,
     nclass = NULL, ...)
```

其中 x 是由样本构成的向量. breaks 规定直方图的组距, 由以下几种形式给出:

- 向量, 给出直方图的起点、终点与组距;
- 数, 定义直方图的组距;
- 字符串 (见默认状态);
- 函数, 计算组距的宽度.

freq 是逻辑变量:

- TRUE 绘出频率直方图;
- counts 绘出频率直方图;
- FALSE 绘出密度直方图.

probability 是逻辑变量, 与 freq 相反, 是与 S-PLUS 相兼容的参数,

- TRUE 绘出密度直方图;
- FALSE 绘出频率直方图.

col 表示直方图中填充的颜色. plot 是逻辑变量:

- TRUE 表示给出直方图;
- FALSE 表示列出绘出直方图的各种结果 (并不绘图).

其他参数参见帮助文件.

2. 核密度估计函数

与直方图相配套的是核密度估计 (kernal density estimate) 函数 density(), 其目的是

用已知样本估计其密度. 它的使用方法为

```
density(x, bw = "nrd0", adjust = 1,
        kernel = c("gaussian", "epanechnikov", "rectangular",
                   "triangular", "biweight", "cosine", "optcosine"),
        window = kernel, width,
        give.Rkern = FALSE,
        n = 512, from, to, cut = 3, na.rm = FALSE)
```

其中 x 是由样本构成的向量. bw 是带宽, 可选择, 当 bw 为默认值时, R 软件会画出光滑的曲线. 其他参数见帮助文件.

例 3.3 绘出例 3.1 中 15 位学生的体重的直方图和核密度估计图, 并与正态分布的概率密度函数作对照.

解 写出 R 程序. (程序名: exam0303.R)

```
w <- c(75.0, 64.0, 47.4, 66.9, 62.2, 62.2, 58.7, 63.5,
       66.6, 64.0, 57.0, 69.0, 56.9, 50.0, 72.0)
hist(w, freq = FALSE)
lines(density(w), col = "blue")
x <- 44:76
lines(x, dnorm(x, mean(w), sd(w)), col = "red")
```

执行后绘出直方图和密度估计曲线和正态分布的概率密度曲线, 如图 3.1 所示.

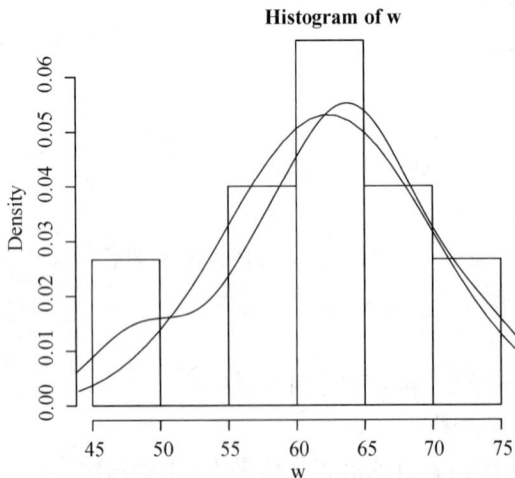

图 3.1 学生体重的直方图、密度估计曲线与正态分布密度曲线

注意到, 密度估计曲线与正态分布的概率密度曲线还是有一定差别的.

结合直方图和密度估计曲线来进一步分析例 3.2 中统计量的意义. 如偏度小于 0, 直方图偏右等.

3. 经验分布

直方图的制作适合于总体为连续型分布的场合. 对于一般的总体分布, 若要估计它的总体分布函数 $F(x)$, 可用经验分布函数 (empirical distribution function) 作估计. 在 1.5.3 节给出了经验分布的定义 (见式 (1.87)), 在 R 软件中, 用函数 ecdf() 绘出样本的经验分布函数, 其用法为

```
ecdf(x)
plot(x, ..., ylab="Fn(x)", verticals = FALSE,
        col.01line = "gray70")
```

其中, 在函数 ecdf() 中的 x 是由观察值得到的数值型向量, 而在函数 plot() 中的 x 是由函数 ecdf() 生成的向量. verticals 是逻辑变量, 当 verticals =TRUE 时表示画竖线; 否则 (FALSE, 默认值) 不画竖线.

例 3.4　绘出例 3.1 中 15 位学生的体重的经验分布图和相应的正态分布图.

解　写出 R 程序. (程序名: exam0304.R)

```
plot(ecdf(w),verticals = TRUE, do.p = FALSE)
x <- 44:78
lines(x, pnorm(x, mean(w), sd(w)))
```

其中 do.p 是逻辑变量, 当 do.p =FALSE 时表示不画点处的记号; 否则 (TRUE, 默认值) 画记号.

执行后绘出经验分布图和正态分布曲线, 如图 3.2 所示.

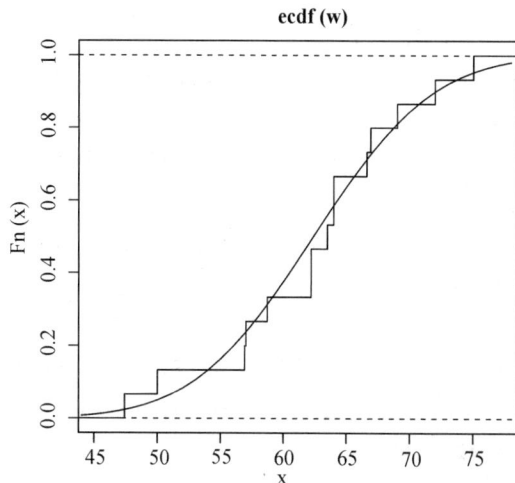

图 3.2　学生体重的经验分布图和正态分布曲线

4. QQ 图

不论是直方图还是经验分布图, 要从比较上鉴别样本是否近似于某种类型的分布较困难, 而 QQ 图可以帮助我们鉴别样本的分布是否近似于某种类型的分布.

现假定总体为正态分布 $N(\mu, \sigma^2)$, 对于样本 $x_1, x_2, \cdots, x_n$, 其顺序统计量是 $x_{(1)}$, $x_{(2)}, \cdots, x_{(n)}$. 设 $\Phi(x)$ 是标准正态分布 $N(0, 1)$ 的分布函数, $\Phi^{-1}(x)$ 是反函数, 对应正态分布的 QQ 图是由以下的点

$$\left(\Phi^{-1}\left(\frac{i - 0.375}{n + 0.25} \right), x_{(i)} \right), \quad i = 1, 2, \cdots, n \tag{3.14}$$

构成的散点图. 若样本数据近似于正态分布, 则在 QQ 图上这些点近似地在直线

$$y = \sigma x + \mu$$

附近. 此直线的斜率是标准差 σ, 截距是均值 μ. 所以利用正态 QQ 图可以作直观的正态性检验. 若正态 QQ 图上的点近似地在一条直线附近, 则可以认为样本数据来自正态分布总体.

在 R 软件中, 函数 qqnorm() 和 qqline() 提供了画正态 QQ 图和相应直线的方法. 其使用方法为

```
qqnorm(y, ...)
qqnorm(y, ylim, main = "Normal Q-Q Plot",
        xlab = "Theoretical Quantiles",
        ylab = "Sample Quantiles", plot.it = TRUE,
        datax = FALSE, ...)
qqline(y, datax = FALSE, ...)
qqplot(x, y, plot.it = TRUE, xlab = deparse(substitute(x)),
        ylab = deparse(substitute(y)), ...)
```

其中 x 是第一列样本. y 是第二列样本或只有此列样本. xlab, ylab, main 是图标. 其他参数参见帮助文件.

例 3.5　绘出例 3.1 中 15 位学生体重的正态 QQ 图, 并从直观上鉴别样本数据是否来自正态分布总体.

解　写出 R 程序. (程序名: exam0305.R)

```
w <- c(75.0, 64.0, 47.4, 66.9, 62.2, 62.2, 58.7, 63.5,
        66.6, 64.0, 57.0, 69.0, 56.9, 50.0, 72.0)
qqnorm(w); qqline(w)
```

执行后绘出正态 QQ 图, 如图 3.3 所示.

从正态 QQ 图 (图 3.3) 来看, 样本的数据基本上可以看成是来自正态总体.

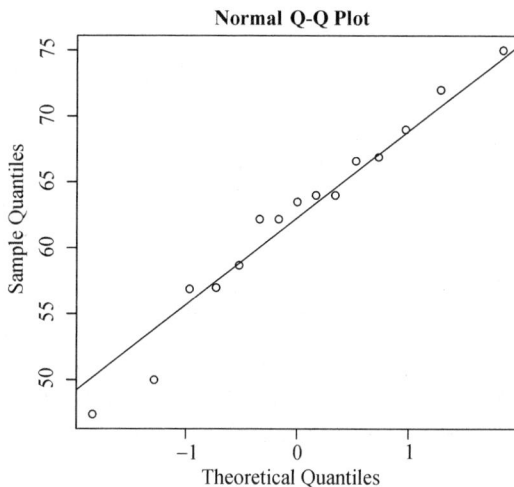

图 3.3 学生体重的正态 QQ 图

对于对数正态、指数等分布也可以作相应的 QQ 图, 用以鉴别样本数据是否来自某一类型的总体分布.

3.2.3 茎叶图、箱线图及五数总括

1. 茎叶图

与直方图比较, 茎叶图更能细致地看出数据分布的结构. 下面用具体的例子来说明茎叶图的意义.

例 3.6 某班有 31 名学生, 某门课的考试成绩如下:

25　45　50　54　55　61　64　68　72　75　75

78　79　81　83　84　84　84　85　86　86　86

87　89　89　89　90　91　91　92　100

作出其茎叶图.

解 在 R 软件中, 用 stem() 函数作茎叶图, 其命令 (程序名: exam0306.R) 如下:

```
> x<-c(25, 45, 50, 54, 55, 61, 64, 68, 72, 75, 75,
       78, 79, 81, 83, 84, 84, 84, 85, 86, 86, 86,
       87, 89, 89, 89, 90, 91, 91, 92, 100)
> stem(x)

  The decimal point is 1 digit(s) to the right of the |

  2 | 5

  3 |

  4 | 5
```

```
 5 | 045
 6 | 148
 7 | 25589
 8 | 1344456667999
 9 | 0112
10 | 0
```

下面对茎叶图给出相应的解释.

第一个数 25 的十位为 2, 个位为 5, 以个位为单位, 将 25 用 | 号分开:

$$25 \rightarrow 2 \mid 5$$

每一个数都可以这样处理. 因此, 茎叶图将十位数 2,3,4,5,6,7,8,9,10 按纵列从上到下排列, 在纵列右侧从上到下画一竖线, 再在竖线右侧写上原始数据相应的个位数. 例如, 在十位数 5 的竖线右侧依次应是 0,4,5, 即

$$5 \mid 045$$

它们分别对应着 50, 54, 55 这三个数. 又如在十位数 3 的竖线右侧, 因为从原始数据看, 没有对应的数据可填, 可以空着.

在茎叶图中, 纵轴为测定数据, 横轴为数据频数. 数据的十位数部分表示 "茎", 作为纵轴的刻度; 个位数部分作为 "叶", 显示频数的个数, 作用与直方图的直方类似.

stem() 函数的使用方法为

```
stem(x, scale = 1, width = 80, atom = 1e-08)
```

其中 x 是数据向量, scale 控制绘出茎叶图的长度, width 是绘图的宽度, atom 是容差.

如果选择 scale = 2, 即将 10 个个位数分成两段, $0 \sim 4$ 为一段, $5 \sim 9$ 为另一段, 看下面的计算结果:

```
> stem(x, scale = 2)

  The decimal point is 1 digit(s) to the right of the |

  2 | 5
  3 |
  3 |
  4 |
  4 | 5
  5 | 04
  5 | 5
  6 | 14
  6 | 8
  7 | 2
  7 | 5589
```

```
   8 | 13444
   8 | 56667999
   9 | 0112
   9 |
  10 | 0
```

如果选择 scale = 1/2, 即将 10 个个位数分成 1/2 段, 即 20 个数为一段, 如

```
> stem(x, scale = .5)

  The decimal point is 1 digit(s) to the right of the |

   2 | 5
   4 | 5045
   6 | 14825589
   8 | 13444566679990112
  10 | 0
```

例 3.7   绘出例 3.1 中 15 位学生的体重的茎叶图.

解

```
> stem(w)

  The decimal point is 1 digit(s) to the right of the |

   4 | 7
   5 | 0779
   6 | 22444779
   7 | 25
```

注意到: 为了使数据分析简化, 将原始数据小数点后数值四舍五入.

2. 箱线图

茎叶图是探索性数据分析所采用的重要方法, 而箱线图却能直观简洁地展现数据分布的主要特征. 在 R 软件中, 用 boxplot() 函数作箱线图.

例 3.8   绘出例 3.6 学生考试成绩的箱线图.

解   输入命令

```
> boxplot(x)
```

得到箱线图, 如图 3.4 所示.

在箱线图中, 上 (Q_3) 下 (Q_1) 四分位数分别确定出中间箱体的顶部和底部. 箱体中间的粗线是中位数 (m_e) 所在的位置. 由箱体向上下伸出的垂直部分称为 "触须", 表示数据的散布范围, 最远点为 1.5 倍四分位数间距. 超出此范围的点称为异常值点, 异常值点用 "○" 号表示.

boxplot() 函数的使用方法有三种形式, 第一种格式为

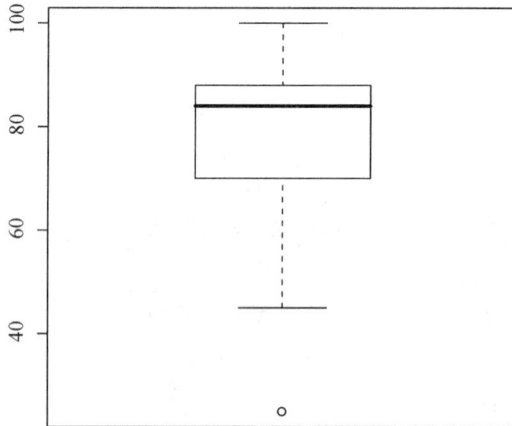

图 3.4　学生成绩的箱线图

```
boxplot(x, ...)
```

其中 x 是由数据构成的数值型向量, 或者是列表, 或者是数据框. 上面例子的使用方法就是这种形式. 第二种形式为

```
boxplot(formula, data = NULL, ..., subset, na.action = NULL)
```

其中 formula 是公式, 如 y ∼ grp, 这里 y 是由数据构成的数值型向量, grp 是数据的分组, 通常是因子. data 是数据框. 第三种形式为

```
boxplot(x, ..., range = 1.5, width = NULL, varwidth = FALSE,
        notch = FALSE, outline = TRUE, names, plot = TRUE,
        border = par("fg"), col = NULL, log = "",
        pars = list(boxwex = 0.8, staplewex = 0.5, outwex = 0.5),
        horizontal = FALSE, add = FALSE, at = NULL)
```

其中 x 的意义与第一种情况相同; range 是 "触须" 的范围 (默认值为 1.5); notch 是逻辑变量, 当 notch = TRUE(默认值为 FALSE) 时, 画出的箱线图带有切口; outline 是逻辑变量, 当 outline = FALSE(默认值为 TRUE) 时, 不标明异常值点; col 是颜色变量, 赋给不同的值, 将绘出不同颜色的箱线图; horizontal 是逻辑变量, 当 horizontal = TRUE(默认值为 FALSE) 时, 将把箱线图绘成水平状; add 是逻辑变量, 当 add = TRUE 时, 在原图上画图, 否则 (FALSE, 默认值) 替换上一张图. 其余参数的意义请参考在线帮助文件.

可以用 boxplot() 函数作两样本的均值检验, 考查两样本的均值是否相同.

例 3.9　已知由两种方法得到如下数据:

方法 A: 79.98　80.04　80.02　80.04　80.03　80.03　80.04　79.97
　　　　　80.05　80.03　80.02　80.00　80.02

方法 B: 80.02　79.94　79.98　79.97　79.97　80.03　79.95　79.97

问两组数据的均值是否相同?

解 输入数据, 调用 boxplot() 函数 (程序名: exam0309.R) 画出两组数据的箱线图.

```
A <- c(79.98, 80.04, 80.02, 80.04, 80.03, 80.03, 80.04,
        79.97, 80.05, 80.03, 80.02, 80.00, 80.02)
B <- c(80.02, 79.94, 79.98, 79.97, 79.97, 80.03, 79.95,
        79.97)
boxplot(A, B, notch=T, names=c('A', 'B'), vcol=c(2,3))
```

得到箱线图, 如图 3.5 所示.

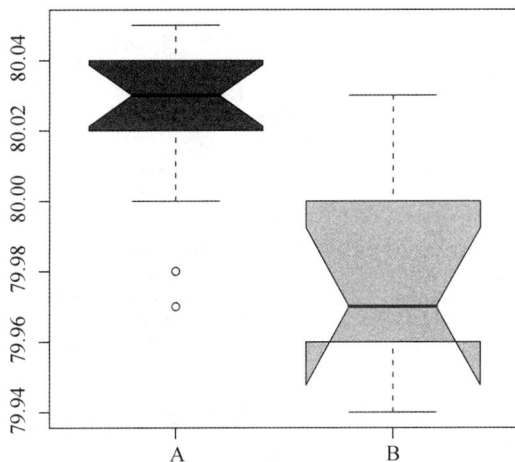

图 3.5 两组数据的箱线图

从图形可以看出, 两组数据的均值不相同, 第一组值高于第二组值. 我们将在第 5 章给出两样本均值检验的统计方法.

注意: 由于使用了参数 $notch = T$, 画出的箱线图带有切口. $col = c(2,3)$, 所以关于 A 的箱线图是红色 (2 表示红色), 关于 B 的箱线图是绿色 (3 表示绿色), 也可以将参数写成 $col = c('red', 'green')$.

在 R 软件中, InsectSprays 是 R 软件提供的数据框, 它由两列数据构成, 一列叫 count, 由数据构成, 另一列叫 spray, 由因子构成, 共有 A, B, C, D, E, F 6 个水平. 现画出数据 count 在这 6 个水平下的箱线图, 其命令 (程序名: figure0306.R) 如下:

```
boxplot(count ~ spray, data = InsectSprays,
        col = "lightgray")
boxplot(count ~ spray, data = InsectSprays,
        notch = TRUE, col = 2:7, add = TRUE)
```

第一个命令画出矩形的箱线图, 而且图中的颜色是青灰色 (col="lightgray"). 第二个命令表示画出的箱线图带有切口 (notch = TRUE), 而且每一个箱线图用一种颜色 (col = 2:7) 画出, 并将这次画的图叠加到上一张图上 (add = TRUE), 其图形如图 3.6 所示.

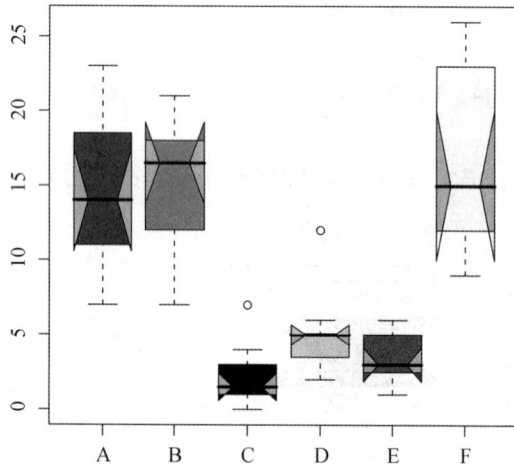

图 3.6 不同参数下箱线图的叠加

由上述例子可以看出, 各种画箱线图的方法可以混合使用.

3. 五数总括

在探索性数据分析中, 认为最有代表性、最能反映数据重要特征的 5 个数是中位数 m_e、下四分位数 Q_1、上四分位数 Q_3、最小值 min 和最大值 max. 这 5 个数称为样本数据的五数总括.

在 R 软件中, 函数 fivenum() 用来计算样本的五数总括. 使用格式为

```
fivenum(x, na.rm = TRUE)
```

其中 x 是样本数据; na.rm 是逻辑变量, 当 na.rm = TRUE(默认值) 时, 在计算五数总括之前, 所有的 NA 和 NAN 数据将被去掉.

例 3.10 求例 3.6 学生考试成绩的五数总括.

解 (程序名: exam0310.R)

```
> x<-c(25, 45, 50, 54, 55, 61, 64, 68, 72, 75, 75,
       78, 79, 81, 83, 84, 84, 84, 85, 86, 86, 86,
       87, 89, 89, 89, 90, 91, 91, 92, 100)
> fivenum(x)
[1]  25  70  84  88 100
```

3.2.4 正态性检验与分布拟合检验

上面介绍的茎叶图、箱线图等对随机性、确定性的数据都有用, 其特点是图像生动直

观. 在直方图、经验分布函数介绍中, 曾提到在总体满足某种类型的分布时, 配一条适合于总体的概率密度曲线或总体分布函数曲线. 然而, 所配曲线是否合适, 则需要进行统计检验. 有关的统计检验方法将在第 5 章中介绍, 这里只简单介绍两种检验方法, 一种方法是关于正态分布的检验, 另一种方法是关于分布函数的拟合检验.

1. 正态性 W 检验方法

利用 Shapiro-Wilk (夏皮罗 - 威尔克) W 统计量作正态性检验, 因此称这种检验方法为正态 W 检验方法.

在 R 软件中, 函数 shapiro.test() 提供 W 统计量和相应的 p 值, 当 p 值小于某个显著性水平 α(比如 0.05) 时, 则认为样本不是来自正态分布的总体; 否则认为样本是来自正态分布的总体.

函数 shapiro.test() 的使用格式为

```
shapiro.test(x)
```

其中 x 是由数据构成的向量, 并且向量的长度在 3~5000 之间.

对于例 3.1 中 15 位学生的体重数据, 下面的程序

```
> w <- c(75.0, 64.0, 47.4, 66.9, 62.2, 62.2, 58.7, 63.5,
         66.6, 64.0, 57.0, 69.0, 56.9, 50.0, 72.0)
> shapiro.test(w)

        Shapiro-Wilk normality test

data:  w
W = 0.9686, p-value = 0.8371
```

得出 p 值为 $0.8371 > 0.05$, 因此, 认为样本来自正态分布的总体, 与 QQ 图得到的结论相同. 又如

```
> shapiro.test(runif(100, min = 2, max = 4))

        Shapiro-Wilk normality test

data:  runif(100, min = 2, max = 4)
W = 0.9493, p-value = 0.0007515
```

p 值为 $0.0007515 < 0.05$, 认为样本不是来自正态分布的总体. 当然, 这是来自均匀分布的随机数.

2. 经验分布的 Kolmogorov-Smirnov 检验方法

经验分布函数 $F_n(x)$ 是总体分布函数 $F(x)$ 的估计. 经验分布拟合检验的方法是检验经验分布 $F_n(x)$ 与假设的总体分布函数 $F_0(x)$ 之间的差异. Kolmogorov-Smirnov (科尔莫戈罗夫 - 斯米尔诺夫) 统计量是计算 $F_n(x)$ 与 $F_0(x)$ 的距离 D, 即

$$D = \sup_{-\infty < x < \infty} |F_n(x) - F_0(x)|. \tag{3.15}$$

在 R 软件中, 函数 ks.test() 给出了 Kolmogorov-Smirnov 检验方法, 其使用方法为

```
ks.test(x, y, ...,
        alternative = c("two.sided", "less", "greater"),
        exact = NULL)
```

其中 x 是待检测的样本构成的向量, y 是原假设的数据向量或是描述原假设的字符串.

例如,

```
> x<-rt(100,5)
> ks.test(x, "pf",2,5)
        One-sample Kolmogorov-Smirnov test
data:   x
D = 0.5596, p-value < 2.2e-16
alternative hypothesis: two.sided
```

因为 x 是来自 $t(5)$ 的随机数, 对 x 作 $F(2,5)$ 检验 (即认为是来自总体是自由度为 $(2,5)$ 的 F 分布), 其结果是拒绝的, 即不认为 x 服从 $F(2,5)$ 的分布.

有关数据分布的检验, 将在第 5 章作详细的介绍.

3.3   R 软件中的绘图命令

在前面介绍的数据描述性分析中, 数据作图是数据分析的重要方法之一, 因此, 利用绘图的方法研究已知数据, 是一种直观、有效的方法. 这里将介绍 R 软件中一些数据作图的基本方法.

在作图函数中, 有两类作图函数, 一类是高水平作图函数, 另一类是低水平作图函数. 所谓高水平作图函数是与低水平作图函数相对应的, 即所有的绘图函数均可产生图形, 可以有坐标轴, 以及图和坐标轴的说明文字等. 所谓低水平作图函数是自身无法生成图形, 只能在高水平作图函数产生的图形基础上, 增加新的图形.

3.3.1   高水平作图函数

高水平作图函数有: plot(), pairs(), coplot(), qqnorm(), qqline(), hist() 和 contour() 等.

1. plot() 函数

函数 plot() 可绘出数据的散点图、曲线图等. plot() 函数有以下四种使用方法.

(1) plot(x, y)

其中 x 和 y 是向量, 生成 y 关于 x 的散点图. 例如, 例 2.2 就是使用这种方法.

(2) plot(x)

其中 x 是一时间序列, 生成时间序列图形. 如果 x 是向量, 则产生 x 关于下标的散点图. 如果 x 是复向量, 则绘出复数的实部与虚部的散点图. 2.2.6 节介绍了复数绘图的情况.

(3) plot(f)

plot(f, y)

其中 f 是因子, y 是数值向量. 第一种格式生成 f 的直方图; 第二种格式生成 y 关于 f 水平的箱线图.

例 3.11 利用四种不同配方的材料 A_1, A_2, A_3, A_4 生产出来的元件, 测得其使用寿命如表 3.2 所示. 绘出四种不同配方材料寿命的箱线图, 并判断在四种不同配方下元件的使用寿命有无显著的差异?

表 3.2　元件寿命数据

材料	使 用 寿 命							
A_1	1600	1610	1650	1680	1700	1700	1780	
A_2	1500	1640	1400	1700	1750			
A_3	1640	1550	1600	1620	1640	1600	1740	1800
A_4	1510	1520	1530	1570	1640	1600		

解　使用因子格式输入数据, 并绘出相应的箱线图. (程序名: exam0311.R)

```
y<-c(1600, 1610, 1650, 1680, 1700, 1700, 1780, 1500, 1640,
        1400, 1700, 1750, 1640, 1550, 1600, 1620, 1640, 1600,
        1740, 1800, 1510, 1520, 1530, 1570, 1640, 1600)
f<-factor(c(rep(1,7),rep(2,5), rep(3,8), rep(4,6)))
plot(f,y)
```

运行后得到相应寿命的箱线图, 如图 3.7 所示. 从图中可以看出四种不同配方材料寿命没有明显变化.

(4) plot(df)

plot(~ expr)

plot(y ~ expr)

其中 df 是数据框, y 是任意一个对象, expr 是对象名称的表达式如 (a+b+c).

例如输入学生的年龄、身高和体重构成数据框. (文件名: student_data.R)

```
df<-data.frame(
    Age=c(13, 13, 14, 12, 12, 15, 11, 15, 14, 14, 14,
            15, 12, 13, 12, 16, 12, 11, 15),
    Height=c(56.5, 65.3, 64.3, 56.3, 59.8, 66.5, 51.3,
            62.5, 62.8, 69.0, 63.5, 67.0, 57.3, 62.5,
```

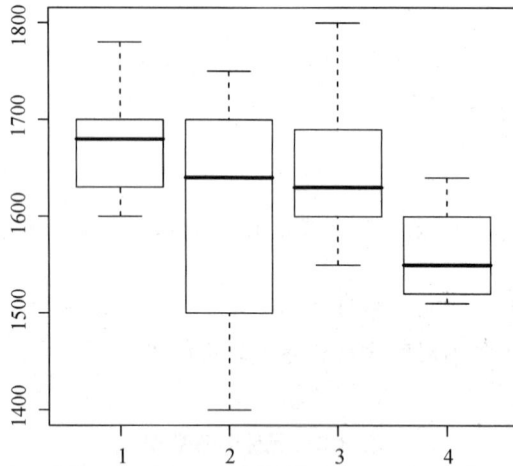

图 3.7　四种不同配方材料寿命的箱线图

```
        59.0, 72.0, 64.8, 57.5, 66.5),
    Weight=c(84.0,  98.0,  90.0,  77.0,  84.5, 112.0,
            50.5, 112.5, 102.5, 112.5, 102.5, 133.0,
            83.0,  84.0,  99.5, 150.0, 128.0,  85.0,
            112.0))
```

```
plot(df)
attach(df)
plot(~Age+Height)
plot(Weight~Age+Height)
```

plot(df) 绘出的图形如图 3.8 所示.

plot(~Age+Height) 绘出身高与年龄的散点图. plot(Weight~Age+Height) 绘出两张散点图, 第一张是体重与年龄, 第二张是体重与身高.

plot 还可以作回归诊断图等, 有些较深入的知识将随着后面统计知识的深入再介绍.

2. 显示多变量数据

R 软件为显示多变量数据提供了两个非常有用的函数. 一个是 pairs() 函数, 当 X 是矩阵或数据框时, 以下命令

```
> pairs(X)
```

绘出关于矩阵各列的散布图. 例如, 以学生的数据框为例, 命令

```
> pairs(df)
```

绘出的图形与前面的 plot(df) 相同.

另一个函数是 coplot(). 当有三、四个变量时, 函数 coplot() 可以将散点图画的更细.

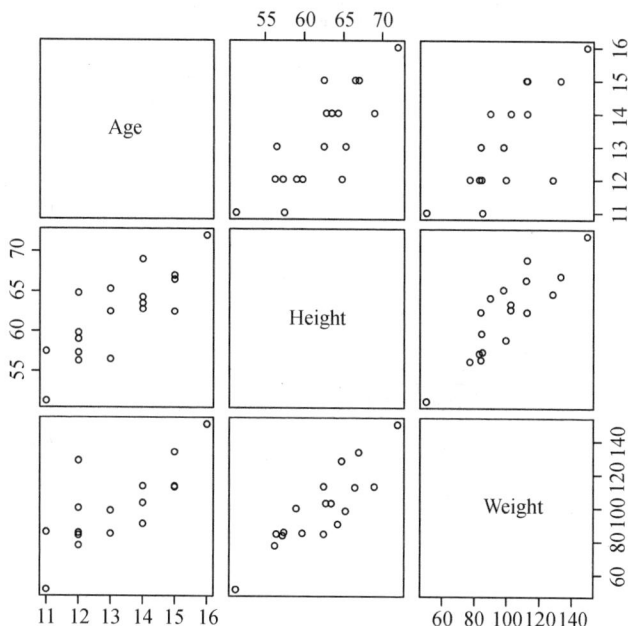

图 3.8 年龄、身高和体重三项指标构成的散布图

假设 a 和 b 是数值向量, 并且 c 是向量或因子 (所有变量具有相同的长度), 则命令

```
> coplot(a ~ b | c)
```

绘出在给定 c 值下, a 关于 b 的散点图. 仍然以学生的年龄、身高和体重的数据为例, 以下命令

```
> coplot(Weight ~ Height | Age)
```

绘出了按年龄段给出的体重与身高的散点图, 如图 3.9 所示.

对于四个变量 a, b, c, d, 还可以有如下命令

```
> coplot(a ~ b | c + d)
```

即按 c, d 划分下, a 关于 b 的散点图.

3. 显示图形

其他的高水平绘图函数有 qqnorm(), hist(), dotchart(), contour() 等.

(1) qqnorm(x)

    qqline(x)

    qqplot(x, y)

其中 x, y 为数值型向量, 绘出数据的 QQ 散点图 (已在 3.2.2 节介绍过).

(2) hist(x)

    hist(x, nclass=n)

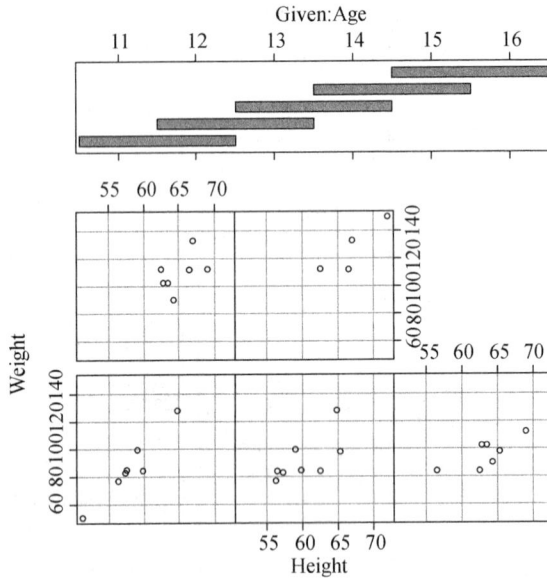

图 3.9   按年龄划分的体重与身高的散点图

```
hist(x, breaks=b, ...)
```
其中 x 为数值型向量, 绘出数据的直方图 (已在 3.2.2 节介绍过).

(3) dotchart(x, ...)

构造数据 x 的点图. 在点图中, y 轴是数据 x 标记, x 轴是数据 x 的数值.

例如, R 软件中, 数据 VADeaths 给出了 Virginia (弗吉尼亚) 州在 1940 年的人口死亡率,

	Rural Male	Rural Female	Urban Male	Urban Female
50-54	11.7	8.7	15.4	8.4
55-59	18.1	11.7	24.3	13.6
60-64	26.9	20.3	37.0	19.3
65-69	41.0	30.9	54.6	35.1
70-74	66.0	54.3	71.1	50.0

我们画出该数据的点图,

```
> dotchart(VADeaths, main = "Death Rates in Virginia - 1940")
> dotchart(t(VADeaths), main = "Death Rates in Virginia - 1940")
```
如图 3.10 所示, 其中 (a) 是第一个命令的结果, (b) 是第二个命令的结果.

(4) image(x, y, z, ...)

contour(x, y, z, ...)

persp(x, y, z, ...)

其中 x, y 是数值型向量, z 是与 x 和 y 对应的矩阵 (z 的行数是 x 的维数, z 的列数是 y 的维数), image() 绘出三维图形的映象, contour() 绘出三维图形的等值线, persp() 绘出三维图形的表面曲线.

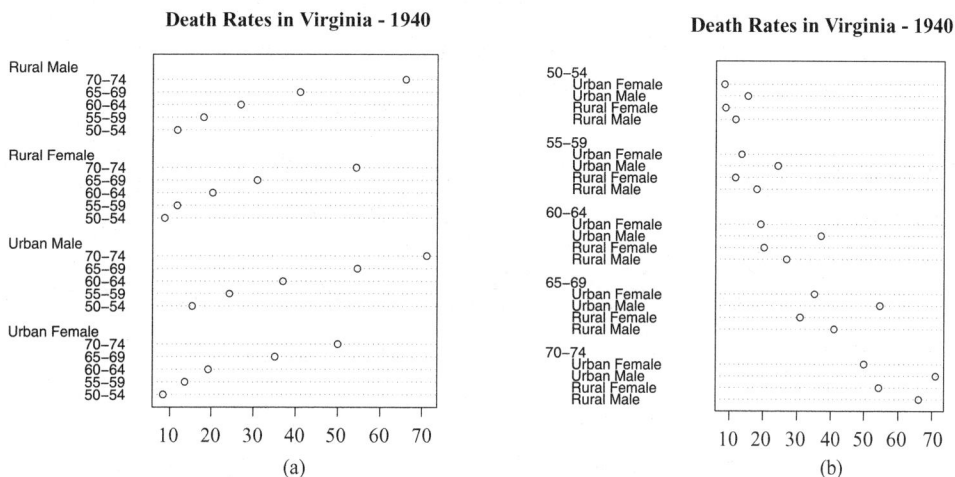

图 3.10　Virginia 州在 1940 年的人口死亡率的点图

例 3.12 (山区地貌图)　在某山区 (平面区域 $(0, 2800) \times (0, 2400)$ 内, 单位：m) 测得一些地点的高度 (单位：m) 如表 3.3 所示. 试作出该山区的地貌图和等值线图.

表 3.3　某山区地形高度数据

y \ x	0	400	800	1200	1600	2000	2400	2800
2400	1430	1450	1470	1320	1280	1200	1080	940
2000	1450	1480	1500	1550	1510	1430	1300	1200
1600	1460	1500	1550	1600	1550	1600	1600	1600
1200	1370	1500	1200	1100	1550	1600	1550	1380
800	1270	1500	1200	1100	1350	1450	1200	1150
400	1230	1390	1500	1500	1400	900	1100	1060
0	1180	1320	1450	1420	1400	1300	700	900

解　输入数据, 调用 contour() 函数画等值, 调用 persp() 函数画三维图形. (程序名：exam0312.R)

```
x<-seq(0,2800, 400); y<-seq(0,2400,400)
z<-scan()
1180 1320 1450 1420 1400 1300  700  900
```

```
1230 1390 1500 1500 1400  900 1100 1060
1270 1500 1200 1100 1350 1450 1200 1150
1370 1500 1200 1100 1550 1600 1550 1380
1460 1500 1550 1600 1550 1600 1600 1600
1450 1480 1500 1550 1510 1430 1300 1200
1430 1450 1470 1320 1280 1200 1080  940
```

```
Z<-matrix(z, nrow=8)
contour(x, y, Z, levels = seq(min(z), max(z), by = 80))
persp(x, y, Z)
```

将绘出两幅图形, 一幅是等值线图, 如图 3.11(a) 所示, 另一幅是三维曲面, 如图 3.11(b) 所示.

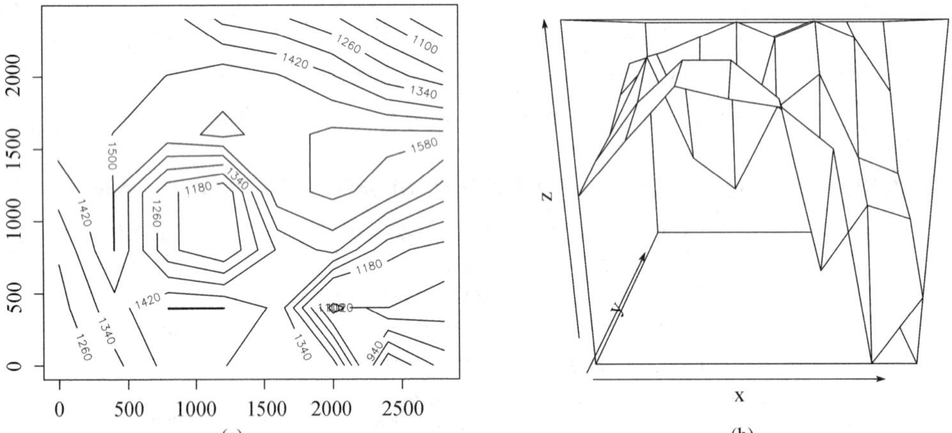

图 3.11 三维数据的等值线与网格曲面

(a) 等值线图; (b) 三维曲面图

可以看到, 图 3.11 有两个缺点, 一是过于粗糙, 这是由于数据量过少造成的, 如果数据量稍大一些, 图形质量将会有很大改善; 二是三维图的观察角度不理想, 这是由于只用到函数中各种参数的默认值, 如果改变某些参数的值, 图形的观察角度也会随之改变. 例如, 将命令改成

```
> persp(x, y, Z,  theta = 30, phi = 45, expand = 0.7)
```

其观察角度将好得多.

例 3.13 在 $[-2\pi, 2\pi] \times [-2\pi, 2\pi]$ 的正方形区域内绘函数 $z = \sin x \sin y$ 的等值线图和三维曲面图.

解 写出相应的 R 程序. (程序名: exam0313.R)

```
x<-y<-seq(-2*pi, 2*pi, pi/15)
f<-function(x,y) sin(x)*sin(y)
z<-outer(x, y, f)
contour(x,y,z,col="blue")
persp(x,y,z,theta=30, phi=30, expand=0.7,col="lightblue")
```

注意: 在绘三维图形时, z 并不是简单地关于 x 与 y 的某些运算, 而是需要在函数 f 关系下作外积运算 (outer(x, y, f)), 形成网格, 这样才能绘出三维图形, 请初学者特别注意这一点. 所绘出的图形如图 3.12 所示. 在绘图命令中增加了图形的颜色和观察图形的角度.

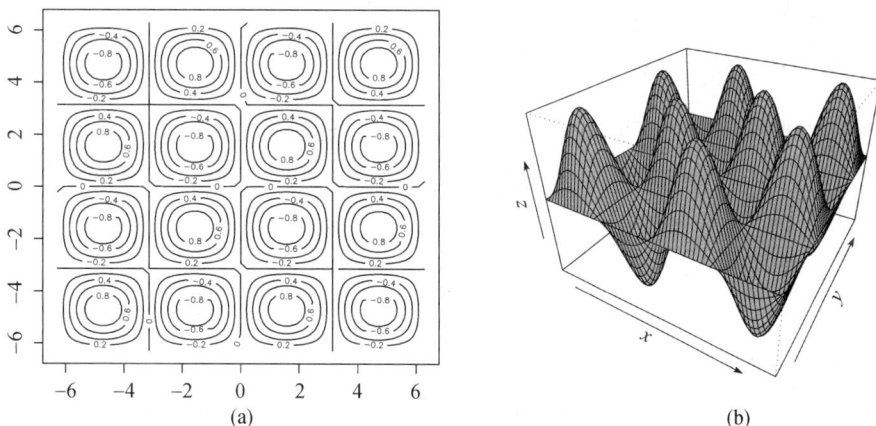

图 3.12 函数 $z = \sin x \sin y$ 的等值线与网格曲面

(a) 等值线图; (b) 三维曲面图

3.3.2 高水平绘图中的命令

在高水平绘图函数中, 可以加一些命令, 不断完善图的内容, 或增加一些有用的说明.

1. 图中的逻辑命令

add = TRUE 表示所绘图在原图上加图, 默认值为 add = FALSE, 即新的图替换原图. axes = FALSE 表示所绘图形没有坐标轴, 默认值为 axes = TRUE.

2. 数据取对数

log = "x" 表示 x 轴的数据取对数, log ="y" 表示 y 轴的数据取对数, log ="xy" 表示 x 轴与 y 轴的数据同时取对数.

3. type 命令

- type="p" 绘散点图 (默认值);

- type="l"　绘实线;
- type="b"　所有点被实线连接;
- type="o"　实线通过所有的点;
- type="h"　绘出点到 x 轴的竖线;
- type="s" or "S"　绘出阶梯形曲线;
- type="n"　不绘任何点或曲线.

4. 图中的字符串

xlab="字符串", 其字符串的内容是 x 轴的说明; ylab="字符串", 其字符串的内容是 y 轴的说明; main="字符串", 其字符串的内容是图的说明; sub="字符串", 其字符串的内容是子图的说明.

3.3.3　低水平作图函数

有时高水平作图函数不能完全达到作图的指标, 还需要低水平作图函数对图形予以补充. 所有的低水平作图函数所作的图形必须在高水平作图函数所绘图形的基础之上增加新的图形.

低水平作图函数有 points(), lines(), text(), abline(), polygon(), legend(), title() 和 axis() 等.

1. 加点与线的函数

加点函数是 points(), 其作用是在已有的图上加点, 命令 points(x, y) 的功能相当于命令 plot(x,y).

加线函数是 lines(), 其作用是在已有图上加线, 命令 lines(x,y) 的功能相当于命令 plot(x, y, type="l").

2. 在点处加标记

函数 text() 的作用是在图上加标记, 命令格式为

```
text(x, y, labels, ...)
```

其中x,y是数据向量, labels 可以是整数, 也可以是字符串, 在默认状态下, labels=1:length(x). 例如, 需要绘出 (x,y) 的散点图, 并将所有点用数字标记, 其命令为

```
> plot(x, y, type = "n"); text(x, y)
```

3. 在图上加直线

函数 abline() 可以在图上加直线, 其使用方法有四种格式.

```
(1) abline(a, b)
```

表示画一条 $y = a + bx$ 的直线.

(2) abline(h=y)

表示画出一条过所有点的水平直线.

(3) abline(v=x)

表示画出一条过所有点的竖直直线.

(4) abline(lm.obj)

表示绘出线性模型得到的线性方程. 下面以例 2.3为例, 说明该命令的用法. 输入命令 (程序名：add_line.R)

```
rt<-read.table("exam0203.txt", head=TRUE);
lm.sol<-lm(Weight~Height, data=rt)
attach(rt)
plot(Weight~Height); abline(lm.sol)
```

得到学生体重与身高的散点图和线性回归直线图, 如图 3.13 所示.

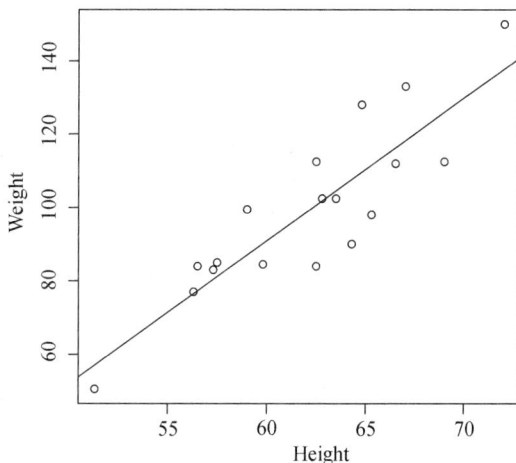

图 3.13　学生体重与身高的散点图和线性回归直线图

函数 polygon() 可以在图上加多边形, 其使用方法为

polygon(x, y, ...)

以数据的 (x, y) 为坐标, 依次连接所有的点, 绘出一多边形.

4. 在图上加标记、说明或其他内容

在图上加说明文字、标记或其他内容有两个函数. 一个是加图的题目, 用法是

title(main="Main Title", sub = "sub title",)

其中主题目加在图的顶部, 子题目加在图的底部.

另一个是在坐标轴上加标记、说明或其他内容, 用法是

axis(side, ...)

其中 side 是边, side=1 表示所加内容放在图的底部, side=2 表示所加内容放在图的左侧, side=3 表示所加内容放在图的顶部, side=4 表示所加内容放在图的右侧.

在 R 软件中, 还有一些其他的作图函数或作图命令, 需要大家在绘图实践中逐步掌握. 在后面的各章中, 结合相应的统计知识, 还会更加深入地介绍绘图方法.

3.4 多元数据的数据特征与相关分析

在上述各节的分析中, 其样本数据基本上是来自一元总体 X, 而在实际情况中, 许多数据来自多元数据的总体, 即来自总体 $(X_1, X_2, \cdots, X_p)^{\mathrm{T}}$. 对于来自多元总体的数据, 除了分析各个分量的取值特点外, 更重要的是分析各个分量之间的相关关系, 这就是多元数据的相关分析.

3.4.1 二元数据的数字特征及相关系数

设 $(X, Y)^{\mathrm{T}}$ 是二元总体, 从中取得观测样本 $(x_1, y_1)^{\mathrm{T}}, (x_2, y_2)^{\mathrm{T}}, \cdots, (x_n, y_n)^{\mathrm{T}}$. 其样本观测矩阵为

$$\begin{bmatrix} x_1 & x_2 & \cdots & x_n \\ y_1 & y_2 & \cdots & y_n \end{bmatrix},$$

记

$$\overline{x} = \frac{1}{n} \sum_{i=1}^{n} x_i, \quad \overline{y} = \frac{1}{n} \sum_{i=1}^{n} y_i,$$

则称 $(\overline{x}, \overline{y})^{\mathrm{T}}$ 为二元观测样本的均值向量. 记

$$s_{xx} = \frac{1}{n-1} \sum_{i=1}^{n} (x_i - \overline{x})^2,$$

$$s_{yy} = \frac{1}{n-1} \sum_{i=1}^{n} (y_i - \overline{y})^2,$$

$$s_{xy} = \frac{1}{n-1} \sum_{i=1}^{n} (x_i - \overline{x})(y_i - \overline{y}),$$

则称 s_{xx} 为变量 X 的观测样本的方差, 称 s_{yy} 为变量 Y 的观测样本的方差, 称 s_{xy} 为变量 X, Y 的观测样本的协方差. 称

$$S = \begin{bmatrix} s_{xx} & s_{xy} \\ s_{xy} & s_{yy} \end{bmatrix}$$

为观测样本的协方差矩阵. 称

$$r = \frac{s_{xy}}{\sqrt{s_{xx}} \sqrt{s_{yy}}}$$

为观测样本的相关系数.

在 R 软件中, 计算二元样本的均值与方差的命令基本上与一元变量的命令相同, 只是有些地方略有改动. 计算多元数据的均值与方差采用数据框的结构输入数据, 在计算中较为方便, 看下面的例子.

例 3.14 某种矿石有两种有用成分 A, B, 取 10 个样本, 每个样本中成分 A 的含量百分数 $x(\%)$ 及 B 的含量百分数 $y(\%)$ 的数据如表 3.4 所示. 计算样本的均值、方差、协方差和相关系数.

表 3.4 矿石中有用成分含量的百分数

$x/\%$	67	54	72	64	39	22	58	43	46	34
$y/\%$	24	15	23	19	16	11	20	16	17	13

解 采用数据框方式输入数据, 用 mean() 函数计算均值, 用 cov() 函数计算协方差阵, 用 cor() 函数计算相关矩阵 (相关系数). (程序名: exam0314.R)

```
ore<-data.frame(
    x=c(67, 54, 72, 64, 39, 22, 58, 43, 46, 34),
    y=c(24, 15, 23, 19, 16, 11, 20, 16, 17, 13)
)
ore.m<-mean(ore); ore.s<-cov(ore); ore.r<-cor(ore)
```

显示结果为

```
> ore.m
   x    y
49.9 17.4
> ore.s
         x        y
x 252.7667 60.60000
y  60.6000 17.15556
> ore.r
          x         y
x 1.0000000 0.9202595
y 0.9202595 1.0000000
```

在上述计算中, var(ore) 得到的计算结果与 cov(ore) 得到的结果相同.

函数 cov() 和 cor() 的使用格式为

```
cov(x, y = NULL, use = "all.obs",
    method = c("pearson", "kendall", "spearman"))
```

```
cor(x, y = NULL, use = "all.obs",
    method = c("pearson", "kendall", "spearman"))
```

其中 x 是数值型向量、矩阵或数据框; y 是空值 (NULL, 默认值)、向量、矩阵或数据框, 但需要与 x 的维数相一致; cov() 的返回值是协方差或协方差矩阵; cor() 的返回值是相关系数或相关矩阵.

　　与 cov 和 cor 有关的函数还有: cov.wt —— 计算加权协方差 (加权协方差矩阵); cor.test —— 计算相关性检验.

3.4.2　二元数据的相关性检验

　　对于一般的检验问题我们将在第 5 章讨论, 这里主要论述二元数据的相关性检验问题.

　　对于二元数据

$$(x_1, y_1)^{\mathrm{T}}, \ (x_2, y_2)^{\mathrm{T}}, \ \cdots, \ (x_n, y_n)^{\mathrm{T}},$$

可以计算出样本的相关系数 r_{xy}. 假设样本来自总体 (X, Y), 由第 1 章的知识可知, 总体的相关系数为

$$\rho(X, Y) = \frac{\mathrm{cov}(X, Y)}{\sqrt{\mathrm{var}(X)\mathrm{var}(Y)}}.$$

那么样本的相关系数与总体的相关系数有什么关系呢?

　　可以证明, 当样本个数 n 充分大时, r_{xy} 可以作为 $\rho(X, Y)$ 的估计, 也就是说, 当样本个数较大时, 样本相关, 总体也相关. 但当样本个数较小时, 无法得到相应的结论. 现在的问题是: 当样本个数 n 至少取到多少时, 样本相关才能保证总体也相关?

　　Ruben (鲁宾) 给出了总体相关系数的区间估计 (一般区间估计的知识将在第 4 章作详细的介绍) 的近似逼近公式. 设 n 是样本个数, r 是样本相关系数, u 是标准正态分布的上 $\alpha/2$ 分位点, 即 $u = z_{\alpha/2}$, 则计算

$$r^* = \frac{r}{\sqrt{1 - r^2}}, \tag{3.16}$$

$$a = 2n - 3 - u^2, \tag{3.17}$$

$$b = r^*\sqrt{(2n-3)(2n-5)}, \tag{3.18}$$

$$c = (2n - 5 - u^2)r^{*2} - 2u^2. \tag{3.19}$$

求方程 $ay^2 - 2by + c = 0$ 的根, 有

$$y_1 = \frac{b - \sqrt{b^2 - ac}}{a}, \quad y_2 = \frac{b + \sqrt{b^2 - ac}}{a}, \tag{3.20}$$

则 $1 - \alpha$ 的双侧置信区间为

$$L = \frac{y_1}{\sqrt{1 + y_1^2}}, \quad U = \frac{y_2}{\sqrt{1 + y_2^2}}. \tag{3.21}$$

按照式 (3.16)~(3.21) 编写出 R 程序 (程序名：ruben.R) 如下:

```
ruben.test <- function(n, r, alpha=0.05){
    u <- qnorm(1-alpha/2)
    r_star <- r/sqrt(1-r^2)
    a <- 2*n-3-u^2
    b <- r_star*sqrt((2*n-3)*(2*n-5))
    c <- (2*n-5-u^2)*r_star^2-2*u^2
    y1 <- (b-sqrt(b^2-a*c))/a
    y2 <- (b+sqrt(b^2-a*c))/a
    data.frame(n = n, r = r, conf = 1-alpha,
        L = y1/sqrt(1+y1^2), U = y2/sqrt(1+y2^2))
}
```

当 $n = 6, r = 0.8$ 时, 调入已编好的函数 ruben.test(), 计算得到

```
> source("ruben.test.R")
> ruben.test(6, 0.8)
    n   r conf          L          U
1   6 0.8 0.95 -0.09503772 0.9727884
```

置信区间为 $(-0.095, 0.97)$, 其置信下界是负数, 即使 $r = 0.8$, 也不能说明总体是相关的.

考虑 $n = 25, r = 0.7$, 计算得到

```
> ruben.test(25, 0.7)
    n   r conf         L         U
1  25 0.7 0.95 0.4108176 0.8535657
```

置信区间为 $(0.41, 0.85)$, 此时, 基本上能说总体是相关的.

关于置信区间的近似逼近方法还有 David (大卫, 1954) 提出的图表方法, Kendall (肯德尔) 和 Stuart (斯图亚特, 1961) 提出的 Fisher 逼近方法等.

确认总体是否相关最有效的方法是作总体 $(X, Y)^{\mathrm{T}}$ 的相关性检验.

可以证明, 若 $(X, Y)^{\mathrm{T}}$ 是二元正态总体, 且 $\rho(X, Y) = 0$, 则统计量

$$t = \frac{r_{xy}\sqrt{n-2}}{\sqrt{1-r_{xy}^2}} \tag{3.22}$$

服从自由度为 $n-2$ 的 t 分布.

利用统计量 t 服从自由度为 $n-2$ 的 t 分布的性质, 可以对数据 X 和 Y 的相关性进行检验. 由于相关系数 r_{xy} 被称为 Pearson (皮尔森) 相关系数, 因此, 此检验方法也称为 Pearson 相关性检验.

对于相关性检验, 还有 Spearman 秩检验和 Kendall 秩检验, 这里只介绍用 R 软件进行检验的方法, 有关检验原理请读者参看有关的数理统计教材.

在 R 软件中, cor.test() 提供了上述三种检验方法. 其使用方法为

```
cor.test(x, y,
    alternative = c("two.sided", "less", "greater"),
    method = c("pearson", "kendall", "spearman"),
    exact = NULL, conf.level = 0.95, ...)
```

其中 x, y 是数据长度相同的向量; alternative 是备择假设 (有关概念将在第 5 章中详细介绍), 默认值为 "two.sided"; method 是选择的检验方法, 默认值为 Pearson 检验; conf.level 是置信区间水平, 默认值为 0.95.

cor.test() 函数还有另一种使用格式为

```
cor.test(formula, data, subset, na.action, ...)
```

其中 formula 是公式, 形如 $'\sim u+v'$, $'u'$, $'v'$ 必须是具有相同长度的数值向量; data 是数据框; subset 是可选择向量, 表示观察值的子集.

例 3.15 对例 3.14 的两组数据进行相关性检验.

解

```
> attach(ore)
> cor.test(x,y)
         Pearson's product-moment correlation
data:  x and y
t = 6.6518, df = 8, p-value = 0.0001605
alternative hypothesis: true correlation is not equal to 0
95 percent confidence interval:
0.6910290 0.9813009
sample estimates:
      cor
0.9202595
```

其 p 值为 $0.0001605 < 0.05$, 拒绝原假设, 认为变量 X 与 Y 相关.

实际上, cor.test() 也提供了相关系数的区间估计, 这里计算的区间是 $(0.69, 0.98)$, 因此从这一点也可看出变量 X 与 Y 是相关的.

另外可用

```
cor.test(x,y, method="spearman")
cor.test(x,y, method="kendall")
```

命令作另外两种检验.

3.4.3 多元数据的数字特征及相关矩阵

对于 p 元总体 $(X_1, X_2, \cdots, X_p)$, 其样本为

$$(x_{11}, x_{12}, \cdots, x_{1p})^{\mathrm{T}}, \ (x_{21}, x_{22}, \cdots, x_{2p})^{\mathrm{T}}, \ \cdots, \ (x_{n1}, x_{n2}, \cdots, x_{np})^{\mathrm{T}},$$

其中第 i 个样本为

$$(x_{i1}, x_{i2}, \cdots, x_{ip})^{\mathrm{T}}, \quad i = 1, 2, \cdots, n.$$

样本的第 j 个分量的均值定义为

$$\overline{x}_j = \frac{1}{n} \sum_{i=1}^{n} x_{ij}, \quad j = 1, 2, \cdots, p. \tag{3.23}$$

样本的第 j 个分量的方差定义为

$$s_j^2 = \frac{1}{n-1} \sum_{i=1}^{n} (x_{ij} - \overline{x}_j)^2, \quad j = 1, 2, \cdots, p. \tag{3.24}$$

样本的第 j 个分量与第 k 个分量的协方差定义为

$$s_{jk} = \frac{1}{n-1} \sum_{i=1}^{n} (x_{ij} - \overline{x}_j)(x_{ik} - \overline{x}_k), \quad j, k = 1, 2, \cdots, p. \tag{3.25}$$

称 $\overline{\boldsymbol{x}} = (\overline{x}_1, \overline{x}_2, \cdots, \overline{x}_p)^{\mathrm{T}}$ 为 p 元样本的均值, 称

$$\boldsymbol{S} = \begin{bmatrix} s_{11} & s_{12} & \cdots & s_{1p} \\ s_{21} & s_{22} & \cdots & s_{2p} \\ \vdots & \vdots & & \vdots \\ s_{p1} & s_{p2} & \cdots & s_{pp} \end{bmatrix} \tag{3.26}$$

为样本的协方差矩阵.

样本的第 j 个分量与第 k 个分量的相关系数定义为

$$r_{jk} = \frac{s_{jk}}{\sqrt{s_{jj}} \sqrt{s_{kk}}}, \quad j, k = 1, 2, \cdots, p. \tag{3.27}$$

称

$$\boldsymbol{R} = \begin{bmatrix} r_{11} & r_{12} & \cdots & r_{1p} \\ r_{21} & r_{22} & \cdots & r_{2p} \\ \vdots & \vdots & & \vdots \\ r_{p1} & r_{p2} & \cdots & r_{pp} \end{bmatrix} \tag{3.28}$$

为样本的相关矩阵 (Pearson 相关矩阵).

对于多元数据, 与二元数据相同, 采用数据框的输入方式, 可以用 mean() 函数、cov() 函数和 cor() 函数计算样本的均值、协方差矩阵和相关矩阵.

关于相关性检验, R 软件没有为多元数据提供更多的函数, 仍是用函数 cor.test() 作两两分量的相关性检验.

例 3.16　为了解某种橡胶的性能, 今抽取 10 个样品, 每个测量 3 项指标: 硬度、变形和弹性, 其数据如表 3.5 所示. 试计算样本均值、样本协方差阵和样本相关矩阵. 并用 Pearson 相关性检验确认变量 X_1, X_2, X_3 是否相关?

表 3.5　橡胶的 3 项指标

序号	硬度 (X_1)	变形 (X_2)	弹性 (X_3)
1	65	45	27.6
2	70	45	30.7
3	70	48	31.8
4	69	46	32.6
5	66	50	31.0
6	67	46	31.3
7	68	47	37.0
8	72	43	33.6
9	66	47	33.1
10	68	48	34.2

解　建立数据文件 (文件名: rubber.data), 其格式为

```
    X1  X2   X3
1   65  45  27.6
2   70  45  30.7
3   70  48  31.8
4   69  46  32.6
5   66  50  31.0
6   67  46  31.3
7   68  47  37.0
8   72  43  33.6
9   66  47  33.1
10  68  48  34.2
```

读数据, 并计算均值、协方差矩阵和相关矩阵,

```
> rubber<-read.table("rubber.data")
```

```
> mean(rubber)
   X1    X2    X3
68.10 46.50 32.29
> cov(rubber)
           X1          X2         X3
X1   4.766667 -1.9444444 1.9344444
X2  -1.944444  3.8333333 0.6166667
X3   1.934444  0.6166667 6.1898889
> cor(rubber)
           X1          X2         X3
X1   1.0000000 -0.4548832 0.3561291
X2  -0.4548832  1.0000000 0.1265962
X3   0.3561291  0.1265962 1.0000000
```

作相关性检验

```
> cor.test(~X1+X2, data=rubber)
        Pearson's product-moment correlation
data:  X1 and X2
t = -1.4447, df = 8, p-value = 0.1865
alternative hypothesis: true correlation is not equal to 0
95 percent confidence interval:
 -0.8430535  0.2448777
sample estimates:
       cor
-0.4548832


> cor.test(~X1+X3, data=rubber)
        Pearson's product-moment correlation
data:  X1 and X3
t = 1.078, df = 8, p-value = 0.3125
alternative hypothesis: true correlation is not equal to 0
95 percent confidence interval:
 -0.3525486  0.8052056
sample estimates:
      cor
0.3561291
```

```
> cor.test(~X2+X3, data=rubber)
        Pearson's product-moment correlation
data:  X2 and X3
t = 0.361, df = 8, p-value = 0.7275
alternative hypothesis: true correlation is not equal to 0
95 percent confidence interval:
 -0.5465985  0.7003952
sample estimates:
      cor
0.1265962
```

从上述计算结果可得 X_1, X_2, X_3 两两均不相关.

3.4.4 基于相关系数的变量分类

本小节以一个例子说明相关系数的应用 —— 基于相关系数的变量分类.

例 3.17 现有 48 名应聘者应聘某公司的某职位, 公司为这些应聘者的 15 项指标打分, 这 15 项指标分别是：求职信的形式 (FL)、外貌 (APP)、专业能力 (AA)、讨人喜欢 (LA)、自信心 (SC)、洞察力 (LC)、诚实 (HON)、推销能力 (SMS)、经验 (EXP)、驾驶水平 (DRV)、事业心 (AMB)、理解能力 (GSP)、潜在能力 (POT)、交际能力 (KJ) 和适应性 (SUIT). 每项分数是从 0 分到 10 分, 0 分最低, 10 分最高. 每位求职者的 15 项指标列在表 3.6 中. 公司计划录用 6 名最优秀的申请者, 问公司将如何挑选这些应聘者?

表 3.6 48 名应聘者的得分情况

ID	FL	APP	AA	LA	SC	LC	HON	SMS	EXP	DRV	AMB	GSP	POT	KJ	SUIT
1	6	7	2	5	8	7	8	8	3	8	9	7	5	7	10
2	9	10	5	8	10	9	9	10	5	9	9	8	8	8	10
3	7	8	3	6	9	8	9	7	4	9	9	8	6	8	10
4	5	6	8	5	6	5	2	8	4	5	8	7	6	5
5	6	8	8	8	4	4	9	5	8	5	5	8	8	7	7
6	7	7	7	6	8	7	10	5	9	6	5	8	6	6	6
7	9	9	8	8	8	8	8	10	8	10	8	9	8	10
8	9	9	9	8	9	9	8	8	10	9	10	9	9	9	10
9	9	9	7	8	8	8	8	5	9	8	9	8	8	8	10
10	4	7	10	2	10	10	7	10	3	10	10	10	9	3	10
11	4	7	10	0	10	8	3	9	5	9	10	8	10	2	5
12	4	7	10	4	10	10	7	8	2	8	8	10	10	3	7
13	6	9	8	10	5	4	9	4	4	4	5	4	7	6	8

ID	FL	APP	AA	LA	SC	LC	HON	SMS	EXP	DRV	AMB	GSP	POT	KJ	SUIT
14	8	9	8	9	6	3	8	2	5	2	6	6	7	5	6
15	4	8	8	7	5	4	10	2	7	5	3	6	6	4	6
16	6	9	6	7	8	9	8	9	8	8	7	6	8	6	10
17	8	7	7	7	9	5	8	6	6	7	8	6	6	7	8
18	6	8	8	4	8	8	6	4	3	3	6	7	2	6	4
19	6	7	8	4	7	8	5	4	4	2	6	8	3	5	4
20	4	8	7	8	8	9	10	5	2	6	7	9	8	8	9
21	3	8	6	8	8	8	10	5	3	6	7	8	8	5	8
22	9	8	7	8	9	10	10	10	3	10	8	10	8	10	8
23	7	10	7	9	9	9	10	10	3	9	9	10	9	10	8
24	9	8	7	10	8	10	10	10	2	9	7	9	9	10	8
25	6	9	7	7	4	5	9	3	2	4	4	4	4	5	4
26	7	8	7	8	5	4	8	2	3	4	5	6	5	5	6
27	2	10	7	9	8	9	10	5	3	5	6	7	6	4	5
28	6	3	5	3	5	3	5	0	0	3	3	0	0	5	0
29	4	3	4	3	3	0	0	0	0	4	4	0	0	5	0
30	4	6	5	6	9	4	10	3	1	3	3	2	2	7	3
31	5	5	4	7	8	4	10	3	2	5	5	3	4	8	3
32	3	3	5	7	7	9	10	3	2	5	3	7	5	5	2
33	2	3	5	7	7	9	10	3	2	2	3	6	4	5	2
34	3	4	6	4	3	3	8	1	1	3	3	3	2	5	2
35	6	7	4	3	3	0	9	0	1	0	2	3	1	5	3
36	9	8	5	5	6	6	8	2	2	2	4	5	6	6	3
37	4	9	6	4	10	8	8	9	1	3	9	7	5	3	2
38	4	9	6	6	9	9	7	9	1	2	10	8	5	5	2
39	10	6	9	10	9	10	10	10	10	10	8	10	10	10	10
40	10	6	9	10	9	10	10	10	10	10	10	10	10	10	10
41	10	7	8	0	2	1	2	0	10	2	0	3	0	0	10
42	10	3	8	0	1	1	0	0	10	0	0	0	0	0	10
43	3	4	9	8	2	4	5	3	6	2	1	3	3	3	8
44	7	7	7	6	9	8	8	6	8	8	10	8	8	6	5
45	9	6	10	9	7	7	10	2	1	5	5	7	8	4	5
46	9	8	10	10	7	9	10	3	1	5	7	9	9	4	4
47	0	7	10	3	5	0	10	0	0	2	2	0	0	0	0
48	0	6	10	1	5	0	10	0	0	2	2	0	0	0	0

解　通常的作法是：作 15 项指标的平均值

$$AVG = (FL + APP + \cdots + SUIT)/15,$$

录用分数最高的 6 名应聘者.

录入数据 (文件名：applicant.data)

	FL	APP	AA	LA	SC	LC	HON	SMS	EXP	DRV	AMB	GSP	POT	KJ	SUIT
1	6	7	2	5	8	7	8	8	3	8	9	7	5	7	10
2	9	10	5	8	10	9	9	10	5	9	9	8	8	8	10
3	7	8	3	6	9	8	9	7	4	9	9	8	6	8	10
·															·
·															·
·															·

读数据, 计算各应聘者的平均得分, 再将平均得分排序 (由大到小), 即

```
> rt <- read.table("applicant.data")
> AVG <- apply(rt, 1, mean)
> sort(AVG, decreasing = TRUE)
        40        39         8         7        23        22         2
  9.600000  9.466667  9.000000  8.600000  8.600000  8.533333  8.466667
        24         9        10        16         3        44        12
  8.400000  8.133333  7.666667  7.666667  7.400000  7.400000  7.200000
```

·	·	·		·	·
·	·		·		·

这样得到前 6 名应聘者是：40, 39, 8, 7, 23 和 22 号.

将上述语句中的 mean 改为 sum, 即求应聘者的总得分, 其选择结果是相同的.

显然, 上述作法认为每项指标的权重是相同的. 当然, 也可以按加权平均值进行计算：

$$WTD\_AVG = w_1 FL + w_2 APP + \cdots + w_{15} SUIT,$$

其中 $w_1, w_2, \cdots, w_{15}$ 是权值, 满足 $w_1 + w_2 + \cdots + w_{15} = 1$, w_i $(i = 1, 2, \cdots, 15)$ 表示第 i 项指标的重要性. 这里需要确定每项指标的权重.

平均值方法或加权平均值方法有它的缺点. 因为有些指标是相关的, 而有些指标不相关. 只作简单的平均计算, 实际上, 相关类多的项占的权重大, 而相关类少的项占的权重小. 因此, 在作评分前, 应先作相关性分析.

作数据的相关性计算, 计算相关矩阵, 即

```
> cor(rt)
```

	FL	APP	AA	LA	SC
FL	1.00000000	0.2388057	0.044040889	0.306313037	0.092144656
APP	0.23880573	1.0000000	0.123419296	0.379614151	0.430769427
AA	0.04404089	0.1234193	1.000000000	0.001589766	0.001106763
LA	0.30631304	0.3796142	0.001589766	1.000000000	0.302439887
SC	0.09214466	0.4307694	0.001106763	0.302439887	1.000000000
LC	0.22843205	0.3712589	0.076824494	0.482774928	0.807545017
HON	-0.10674947	0.3536910	-0.030269601	0.645408595	0.410090809
SMS	0.27069919	0.4895490	0.054727421	0.361643880	0.799630538
EXP	0.54837963	0.1409249	0.265585352	0.140723415	0.015125832
DRV	0.34557633	0.3405493	0.093522030	0.393164148	0.704340067
AMB	0.28464484	0.5496359	0.044065981	0.346555034	0.842122228
GSP	0.33820196	0.5062987	0.197504552	0.502809305	0.721108973
POT	0.36745292	0.5073769	0.290032151	0.605507554	0.671821239
KJ	0.46720619	0.2840928	-0.323319352	0.685155768	0.482455962
SUIT	0.58591822	0.3842084	0.140017368	0.326957419	0.250283416

	LC	HON	SMS	EXP	DRV
FL	0.2284320	-0.106749472	0.27069919	0.54837963	0.34557633
APP	0.3712589	0.353690969	0.48954902	0.14092491	0.34054927
AA	0.0768245	-0.030269601	0.05472742	0.26558535	0.09352203
LA	0.4827749	0.645408595	0.36164388	0.14072342	0.39316415
SC	0.8075450	0.410090809	0.79963054	0.01512583	0.70434007
LC	1.0000000	0.355844464	0.81802080	0.14720197	0.69751518
HON	0.3558445	1.000000000	0.23990754	-0.15593849	0.28018499
SMS	0.8180208	0.239907539	1.00000000	0.25541758	0.81473421
EXP	0.1472020	-0.155938495	0.25541758	1.00000000	0.33722821
DRV	0.6975152	0.280184989	0.81473421	0.33722821	1.00000000
AMB	0.7575421	0.214606359	0.85952656	0.19548192	0.78032317
GSP	0.8828486	0.385821758	0.78212322	0.29926823	0.71407319
POT	0.7773162	0.415657447	0.75360983	0.34833878	0.78840024
KJ	0.5268356	0.448245522	0.56328419	0.21495316	0.61280767
SUIT	0.4161447	0.002755617	0.55803585	0.69263617	0.62255406

	AMB	GSP	POT	KJ	SUIT
FL	0.28464484	0.3382020	0.3674529	0.4672062	0.585918216
APP	0.54963595	0.5062987	0.5073769	0.2840928	0.384208365

AA	0.04406598	0.1975046	0.2900322	-0.3233194	0.140017368
LA	0.34655503	0.5028093	0.6055076	0.6851558	0.326957419
SC	0.84212223	0.7211090	0.6718212	0.4824560	0.250283416
LC	0.75754208	0.8828486	0.7773162	0.5268356	0.416144671
HON	0.21460636	0.3858218	0.4156574	0.4482455	0.002755617
SMS	0.85952656	0.7821232	0.7536098	0.5632842	0.558035847
EXP	0.19548192	0.2992682	0.3483388	0.2149532	0.692636173
DRV	0.78032317	0.7140732	0.7884002	0.6128077	0.622554062
AMB	1.00000000	0.7838707	0.7688695	0.5471256	0.434768242
GSP	0.78387073	1.0000000	0.8758309	0.5494076	0.527816315
POT	0.76886954	0.8758309	1.0000000	0.5393968	0.573873154
KJ	0.54712558	0.5494076	0.5393968	1.0000000	0.395798842
SUIT	0.43476824	0.5278163	0.5738732	0.3957988	1.000000000

　　为了便于选择哪些变量是相关的, 将上述相关矩阵中相关系数的绝对值 $\geqslant 0.5$ 的值画上下画线.

　　下面将变量分组, 分组的原则是: 同一组中变量之间的相关系数尽可能高, 而不同组间的相关系数尽可能低. 从相关系数最大的变量开始, LC(洞察力) 与 GSP(理解能力) 的相关系数是 0.882, GSP 与 POT(潜在能力) 的相关系数是 0.876, 而 LC 与 POT 之间的相关系数是 0.777, 因此, 这三个变量可以看成一组. SMS(推销能力) 也应该包含在这组中, 因为它与 LC, GSP 和 POT 的相关系数分别是: 0.818, 0.782 和 0.754. AMB(事业心) 也应在此组中, 其相关系数分别是: 0.758, 0.860, 0.784 和 0.769. 进一步研究, 发现变量 DRV(驾驶水平) 和 SC(自信心) 也就在此组中. 此组中各个变量的相关系数至少在 0.672 以上.

　　在选择第 2 组的变量时, 按照同样的原理选择 FL(求职信的形式), EXP(经验) 和 SUIT(适应性), 其相关系数分别是: 0.548, 0.586 和 0.693.

　　第 3 组先选择 KJ(交际能力), LA(讨人喜欢), 相关系数是 0.685, 现选择 HON(诚实), 它与 LA 的相关系数是 0.645, 但它与 KJ 的相关系数只有 0.448. 由于全部数据均来自 "人" 的打分, HON 变量分在此组也可以认为是合理的.

　　再看 AA(专业能力), APP(外貌) 两个变量. AA 变量与其他变量的相关系数没有超过 0.5, 而 APP 变量与其他变量的相关系数虽然刚刚超过 0.5, 但低于其他组内的相关系数.

　　最后得到五个组:

　　　　组 1:　　SC, LC, SMS, DRV, AMB, GSP 和 POT

　　　　组 2:　　FL, EXP 和 SUIT

　　　　组 3:　　LA, HON 和 KJ

组 4： AA

组 5： APP

由于每一组的指标基本上代表了同一组能力, 因此, 先得到各组的得分, 即

$$G_1 = (SC+LC+SMS+DRV+AMB+GSP+POT)/7$$

$$G_2 = (FL+EXP+SUIT)/3$$

$$G_3 = (LA+HON+KJ)/3$$

$$G_4 = AA$$

$$G_5 = APP$$

最后, 每位申请者的得分为

$$AVG = (G_1 + G_2 + G_3 + G_4 + G_5)/5.$$

编写相应的 R 程序 (程序名：group.R), 计算得到

```
> attach(rt)
> rt$G1<-(SC+LC+SMS+DRV+AMB+GSP+POT)/7
> rt$G2<-(FL+EXP+SUIT)/3
> rt$G3<-(LA+HON+KJ)/3
> rt$G4<-AA
> rt$G5<-APP
> AVG<-apply(rt[,16:20], 1, mean)
> sort(AVG, decreasing = TRUE)
        8        40        39         7        23         9         2
9.000000  8.971429  8.914286  8.619048  8.390476  8.209524  8.066667
       22        24        16        46         5        10        20
8.057143  8.038095  7.571429  7.533333  7.314286  7.304762  7.219048
          .         .         .         .         .         .         .
          .         .         .         .         .         .         .
          .         .         .         .         .         .         .
```

在分组情况下, 前 6 名应聘者是: 8, 40, 39, 7, 23 和 9 号.

或计算分组情况下的加权平均分

$$WTD\_AVG = w_1 G_1 + w_2 G_2 + \cdots + w_5 G_5,$$

其中 $w_1 + w_2 + \cdots + w_5 = 1$.

3.5 多元数据的图形表示方法

前面介绍了许多数据的图形表示方法, 但大多数是针对一、二元数据的, 三维图形虽然能画出来, 但并不方便. 对于三维以上数据如何来描述呢? 这是本节要讨论的问题. 许多统计学家给出了多种多元数据的图示方法, 但这方面的研究还处于不成熟的状态, 目前尚未有公认最好的方法. 这里结合 R 软件的特点, 介绍几种多元数据的图示方法.

设变量是 p 维数据, 有 n 个观测数据, 其中第 k 次的观测值为

$$\boldsymbol{X}_k = (x_{k1}, x_{k2}, \cdots, x_{kp}), \quad k = 1, 2, \cdots, n,$$

n 次观测数据组成矩阵 $\boldsymbol{X} = (x_{ij})_{n \times p}$.

3.5.1 轮廓图

轮廓图的作图步骤如下:

(1) 作直角坐标系, 横坐标取 p 个点, 以表示 p 个变量;

(2) 对给定的一次观测值, 在 p 个点上的纵坐标 (即高度) 与对应的变量取值成正比;

(3) 连结此 p 个点得一折线, 即为该次观测值的一条轮廓线;

(4) 对于 n 次观测值, 每次都重复上述步骤, 可画出 n 条折线, 构成 n 次观测值的轮廓图.

编写画轮廓图函数. (函数名: outline.R)

```
outline <- function(x, txt = TRUE){
    if (is.data.frame(x) == TRUE)
        x <- as.matrix(x)
    m <- nrow(x); n <- ncol(x)
    plot(c(1,n), c(min(x),max(x)), type = "n",
        main = "The outline graph of Data",
        xlab = "Number", ylab = "Value")
    for(i in 1:m){
        lines(x[i,], col=i)
        if (txt == TRUE){
            k <- dimnames(x)[[1]][i]
            text(1+(i-1)%%n, x[i,1+(i-1)%%n], k)
        }
    }
}
```

其中 x 是矩阵或数据框. txt 是逻辑变量, 当 txt = TRUE(默认值) 时, 绘图时给出观测值的标号; 否则 (FALSE) 不给出标号. 函数的运行结果是绘出 n 次观测值的轮廓图.

例 3.18 为考查学生的学习情况, 学校随机抽取 12 名学生的 5 门课期末考试成绩, 如表 3.7 所示. 画出 12 名学生学习成绩的轮廓图.

表 3.7 12 名学生 5 门课程的考试成绩

序号	政治 (X_1)	语文 (X_2)	外语 (X_3)	数学 (X_4)	物理 (X_5)
1	99	94	93	100	100
2	99	88	96	99	97
3	100	98	81	96	100
4	93	88	88	99	96
5	100	91	72	96	78
6	90	78	82	75	97
7	75	73	88	97	89
8	93	84	83	68	88
9	87	73	60	76	84
10	95	82	90	62	39
11	76	72	43	67	78
12	85	75	50	34	37

解 将数据输入到数据文件中 (文件名: course.data), 其格式为

```
   X1  X2  X3  X4   X5
1  99  94  93 100  100
2  99  88  96  99   97
3 100  98  81  96  100
·  ··  ··  ··  ··   ··
```

读数据, 利用编写的 outline() 函数

```
> X<-read.table("course.data")
> source("outline.R")
> outline(X)
```

绘出数据的轮廓图, 如图 3.14 所示.

由轮廓图 (图 3.14) 可以直观地看出, 哪些学生成绩相似、哪些属于优秀、哪些中等、哪些较差; 对各门课程而言, 也可直观地看出各课程成绩的好坏和分散情况等. 这种图形在聚类分析中颇有帮助.

3.5.2 星图

星图的作图步骤如下:

(1) 作一圆, 并将圆周 p 等分;

(2) 连结圆心和各分点, 把这 p 条半径依次定义为变量的坐标轴, 并标以适当的刻度;

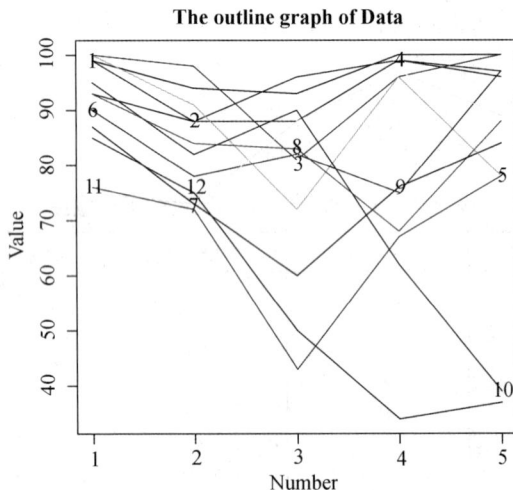

图 3.14 12 名学生 5 门课程考试成绩的轮廓图

(3) 对给定的一次观测值, 把 p 个变量值分别取在相应的坐标轴上, 然后将它们连结成一个 p 边形;

(4) n 次观测值可画出 n 个 p 边形.

R 软件包给出了作星图的函数 stars(), 例如, 画出例 3.18 中 12 名学生学习成绩的星图, 只需命令

> stars(X)

就可画出星图, 如图 3.15 所示.

星图中水平轴是变量 X_1, 沿逆时针方向, 依次是 X_2, X_3, $\cdots$. 由于星图既像雷达屏幕上看到的图像, 也像一个蜘蛛网, 因此, 星图也称为雷达图或蜘蛛图.

从图 3.15 中可以看出 1, 2 号学生学习成绩优秀, 11, 12 号学生学习成绩较差, 而 7, 10 号学生偏科.

函数 stars() 可以加各种参数, 画各种不同的星图, 其使用方法如下:

```
stars(x, full = TRUE, scale = TRUE, radius = TRUE,
    labels = dimnames(x)[[1]], locations = NULL,
    nrow = NULL, ncol = NULL, len = 1,
    key.loc = NULL, key.labels = dimnames(x)[[2]], key.xpd = TRUE,
    xlim = NULL, ylim = NULL, flip.labels = NULL,
    draw.segments = FALSE, col.segments = 1:n.seg, col.stars = NA,
    axes = FALSE, frame.plot = axes,
    main = NULL, sub = NULL, xlab = "", ylab = "",
    cex = 0.8, lwd = 0.25, lty = par("lty"), xpd = FALSE,
```

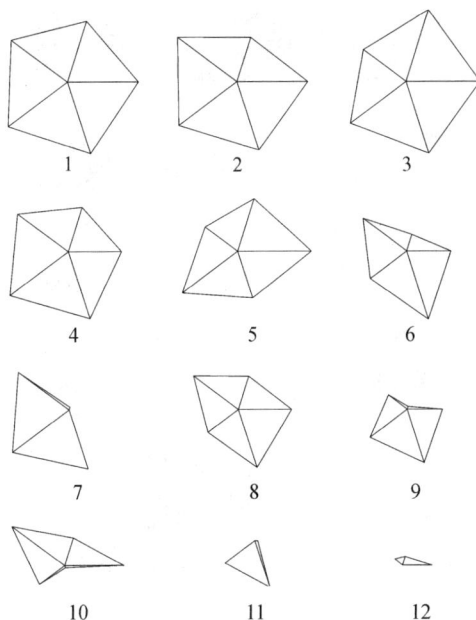

图 3.15 12 名学生 5 门课程的考试成绩的星图

```
mar = pmin(par("mar"),
          1.1+ c(2*axes+ (xlab != ""),
          2*axes+ (ylab != ""), 1,0)),
add = FALSE, plot = TRUE, ...)
```

其中 x 是矩阵或数据框. full 是逻辑变量, 如果 full = TRUE (默认值), 则星图画成圆的; 否则 (FALSE) 画成上半圆图形. scale 是逻辑变量, 当 scale = TRUE (默认值) 时, 数据矩阵的每一列是独立的, 并且每列的最大值为 1, 最小值为 0; 否则 (FALSE) 所有星图会叠在一起. radius 是逻辑变量, 当 radius = TRUE (默认值) 时, 绘出星图的半径构成的连线; 否则 (FALSE) 绘出的星图无半径构成的连线. len 是半径尺度因子 (默认值为 1), 表明星图的比例. key.loc 是一个由 x 与 y 坐标构成的向量 (默认值为 NULL), 它表明标准星图的位置. draw.segments 是逻辑变量, 当 draw.segments = TRUE (默认值是 FALSE) 时, 绘出的星图是一段一段的弧. 其他参数的使用方法请参见在线帮助.

调整函数 stars() 中的参数, 可将例 3.18 中 12 名学生学习成绩的星图画成另一种形式, 即

```
> stars(X, full=FALSE, draw.segments = TRUE,
        key.loc = c(5,0.5),  mar = c(2,0,0,0))
```

画出星图如图 3.16 所示.

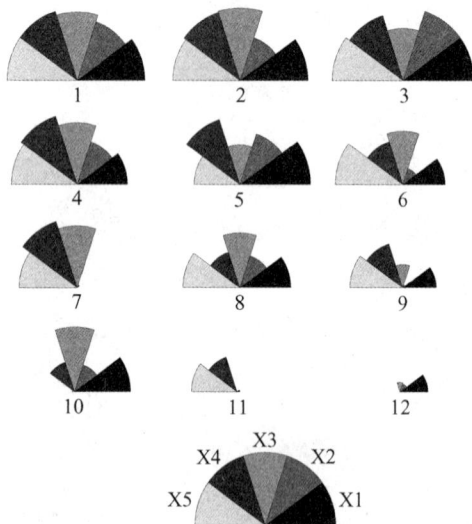

图 3.16　12 名学生 5 门课程的考试成绩的星图 (带参数)

3.5.3　调和曲线图

调和曲线图是 Andrews (安德鲁斯) 在 1972 年提出来的三角表示法, 其思想是将多维空间中的一个点对应于二维平面的一条曲线, 对于 p 维数据, 假设 $\boldsymbol{X}_r$ 是第 r 观测值, 即

$$\boldsymbol{X}_r^{\mathrm{T}} = (x_{r1}, x_{r2}, \cdots, x_{rp}),$$

则对应的调和曲线是

$$f_r(t) = \frac{x_{r1}}{\sqrt{2}} + x_{r2}\sin t + x_{r3}\cos t + x_{r4}\sin 2t + x_{r5}\cos 2t +$$
$$+ \cdots, \qquad -\pi \leqslant t \leqslant \pi. \tag{3.29}$$

n 次观测数据对应 n 条曲线, 在同一张平面上就是一张调和曲线图. 当各变量数据的数值相差太悬殊, 最好先标准化再作图.

按照式 (3.29) 编写画调和曲线图函数. (函数名: unison.R)

```
unison <- function(x){
    if (is.data.frame(x) == TRUE)
        x <- as.matrix(x)
    t <- seq(-pi, pi, pi/30)
    m <- nrow(x); n<-ncol(x)
    f <- array(0, c(m,length(t)))
    for(i in 1:m){
```

```
        f[i,] <- x[i,1]/sqrt(2)
        for(j in 2:n){
            if (j%%2 == 0)
                f[i,] <- f[i,]+x[i,j]*sin(j/2*t)
            else
                f[i,] <- f[i,]+x[i,j]*cos(j%/%2*t)
        }
    }
    plot(c(-pi,pi), c(min(f), max(f)), type = "n",
        main = "The Unison graph of Data",
        xlab = "t", ylab = "f(t)")
    for(i in 1:m) lines(t, f[i,] , col = i)
}
```

其中 x 是矩阵或数据框. 函数的输出结果是调和曲线.

例 3.19 画出例 3.18 中 12 名学生学习成绩的调和曲线图.

解 用编好的函数 unison() 作图, 其命令为

```
> source("unison.R")
> unison(X)
```

绘出调和曲线图, 如图 3.17 所示.

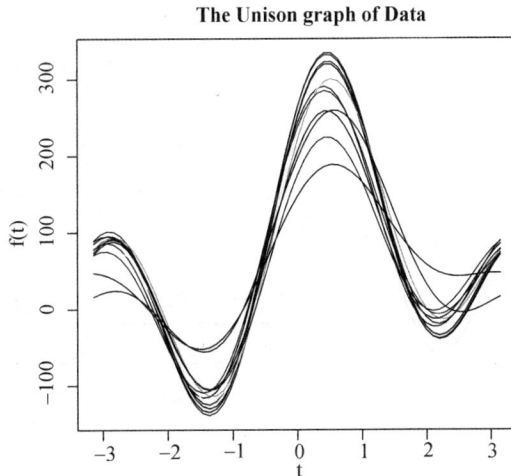

图 3.17 12 名学生 5 门课程的调和曲线图

Andrews 证明了三角多项式图有许多很好的性质, 这种图对聚类分析帮助很大. 如果选择聚类统计量为距离, 则同类的曲线拧在一起, 不同类的曲线拧成不同的束, 非常

直观.

习　题

3.1　某单位对 100 名女生测定血清总蛋白含量 (g/L), 数据如下:

74.3	78.8	68.8	78.0	70.4	80.5	80.5	69.7	71.2	73.5
79.5	75.6	75.0	78.8	72.0	72.0	72.0	74.3	71.2	72.0
75.0	73.5	78.8	74.3	75.8	65.0	74.3	71.2	69.7	68.0
73.5	75.0	72.0	64.3	75.8	80.3	69.7	74.3	73.5	73.5
75.8	75.8	68.8	76.5	70.4	71.2	81.2	75.0	70.4	68.0
70.4	72.0	76.5	74.3	76.5	77.6	67.3	72.0	75.0	74.3
73.5	79.5	73.5	74.7	65.0	76.5	81.6	75.4	72.7	72.7
67.2	76.5	72.7	70.4	77.7	68.8	67.3	67.3	67.3	72.7
75.8	73.5	75.0	73.5	73.5	73.5	72.7	81.6	70.3	74.3
73.5	79.5	70.4	76.5	72.7	77.2	84.3	75.0	76.5	70.4

计算均值、方差、标准差、极差、标准误、变异系数、偏度、峰度.

3.2　绘出习题 3.1 的直方图、密度估计曲线、经验分布图和 QQ 图, 并将密度估计曲线与正态密度曲线相比较, 将经验分布曲线与正态分布曲线相比较 (其中正态曲线的均值和标准差取习题 3.1 计算出的值).

3.3　绘出习题 3.1 的茎叶图、箱线图, 并计算五数总括.

3.4　分别用 W 检验方法和 Kolmogorov-Smirnov 检验方法检验习题 3.1 的数据是否服从正态分布.

3.5　小白鼠在接种了 3 种不同菌型的伤寒杆菌后的存活天数如表 3.8 所示, 试绘出数据的箱线图 (采用两种方法, 一种是 plot 语句, 另一种是 boxplot 语句) 来判断小白鼠被注射 3 种菌型后的平均存活天数有无显著差异?

表 3.8　白鼠试验数据

菌型	存活日数										
1	2	4	3	2	4	7	7	2	2	5	4
2	5	6	8	5	10	7	12	12	6	6	
3	7	11	6	6	7	9	5	5	10	6	3	10

3.6　绘出例 3.16 关于 3 项指标的离散图, 从图中分析例 3.16 的结论的合理性.

3.7　某校测得 19 名学生的四项指标, 性别、年龄、身高 (cm) 和体重 (lb), 具体数据如表 3.9 所示. (1) 试绘出体重对于身高的散点图; (2) 绘出不同性别情况下, 体重与身高的散点图; (3) 绘出不同年龄段的体重与身高的散点图; (4) 绘出不同性别和不同年龄段的体重与身高的散点图.

表 3.9　学生身高、体重的数据

学号	姓名	性别	年龄	身高	体重
01	Alice	F	13	56.5	84.0
02	Becka	F	13	65.3	98.0
03	Gail	F	14	64.3	90.0
04	Karen	F	12	56.3	77.0
05	Kathy	F	12	59.8	84.5
06	Mary	F	15	66.5	112.0
07	Sandy	F	11	51.3	50.5
08	Sharon	F	15	62.5	112.5
09	Tammy	F	14	62.8	102.5
10	Alfred	M	14	69.0	112.5
11	Duke	M	14	63.5	102.5
12	Guido	M	15	67.0	133.0
13	James	M	12	57.3	83.0
14	Jeffrey	M	13	62.5	84.0
15	John	M	12	59.0	99.5
16	Philip	M	16	72.0	150.0
17	Robert	M	12	64.8	128.0
18	Thomas	M	11	57.5	85.0
19	William	M	15	66.5	112.0

3.8　画出函数 $z = x^4 - 2x^2y + x^2 - 2xy + 2y^2 + \dfrac{9}{2}x - 4y + 4$ 在区域 $-2 \leqslant x \leqslant 3$, $-1 \leqslant y \leqslant 7$ 上的三维网格曲面和二维等值线, 其中 x 与 y 各点之间的间隔为 0.05, 等值线的值分别为 0, 1, 2, 3, 4, 5, 10, 15, 20, 30, 40, 50, 60, 80, 100, 共 15 条. (注: 在三维图形中选择合适的角度)

3.9　用 Pearson 相关检验法检验习题 3.7 中的身高与体重是否相关.

3.10　绘出例 3.17 中 48 名求职者数据的星图. (1) 以 15 项自变量 FL, APP, $\cdots$, SUIT 为星图的轴; (2) 以 $G_1, G_2, \cdots, G_5$ 为星图的轴. 通过这些星图, 能否说明应选哪 6 名应聘者. 为使星图能够充分反映应聘者的情况, 在作图中可适当调整各种参数.

3.11　绘出例 3.17 中 48 名求职者数据的调和曲线, 以 $G_1, G_2, \cdots, G_5$ 为自变量.

第4章 参数估计

总体是由总体分布来刻画的. 在实际问题中我们根据问题本身的专业知识或以往的经验或用适当的统计方法, 有时可以判断总体分布的类型, 但是总体分布的参数还是未知的, 需要通过样本来估计. 例如, 为了研究人们的市场消费行为, 要先搞清楚人们的收入状况. 若假设某城市人均年收入服从正态分布 $N(\mu, \sigma^2)$, 但参数 μ 和 σ^2 的具体取值并不知道, 需要通过样本来估计. 又如, 假定某城市在单位时间 (譬如一个月) 内交通事故发生次数服从 Poisson 分布 $P(\lambda)$, 其中的参数 λ 也是未知的, 同样需要用样本来估计. 根据样本来估计总体分布所包含的未知参数, 叫作参数估计 (parametric estimation). 它是统计推断的一种重要形式.

如何根据样本的取值来寻找这些参数的估计呢? 通常有两种形式: 一种称为点估计 (point estimation), 另一种称为区间估计 (interval estimation). 点估计就是用一个统计量来估计一个未知参数. 点估计的优点是: 能够明确地告诉人们 "未知参数大致是多少". 其缺点是: 不能反映出估计的可信程度. 区间估计是用两个统计量所构成的区间来估计一个未知的参数, 并同时指明此区间可以覆盖住这个参数的可靠程度 (置信度). 其缺点是: 不能直接地告诉人们 "未知参数具体是多少" 这一明确的概念.

4.1 点 估 计

设总体 X 分布由有限个未知参数 $\boldsymbol{\theta} = (\theta_1, \theta_2, \cdots, \theta_m)^{\mathrm{T}}$ 决定, 记为 $F_{\boldsymbol{\theta}}$, 称 $\boldsymbol{\theta}$ 可能取值的范围为参数空间 (parameter space), 记作 Θ.

记 $f(x; \boldsymbol{\theta})$ 为总体 X 的概率密度函数或分布律, 若总体 X 分布为连续型的, 则 $f(x; \boldsymbol{\theta})$ 是概率密度函数. 若总体 X 分布为离散型的, 则 $f(x; \boldsymbol{\theta})$ 是分布律. 例如, 对于 Poisson 分布 $P(\lambda)$, $\theta = \lambda$ 就是一维未知参数; 对于正态分布 $N(\mu, \sigma^2)$, $\boldsymbol{\theta} = (\mu, \sigma^2)$ 就是二维未知参数.

为了估计总体 X 的参数 $\boldsymbol{\theta}$, 就要从总体 X 中抽出一个样本 $X_1, X_2, \cdots, X_n$ (即 $X_1, X_2, \cdots, X_n$ 是独立同分布的), 它们的共同分布就是总体分布 $f(x; \boldsymbol{\theta})$. 为了估计 $\boldsymbol{\theta}$, 需要构造适当的统计量 $\hat{\boldsymbol{\theta}}(X_1, X_2, \cdots, X_n)$, 它只依赖于样本, 不依赖于未知参数. 也就是说, 一旦有了样本 $X_1, X_2, \cdots, X_n$, 就可以计算出 $\hat{\boldsymbol{\theta}}(X_1, X_2, \cdots, X_n)$ 的值, 作为 $\boldsymbol{\theta}$ 的估计值. 称统计量 $\hat{\boldsymbol{\theta}}(X_1, X_2, \cdots, X_n)$ 为 $\boldsymbol{\theta}$ 的估计, 简记为 $\hat{\boldsymbol{\theta}}$. 因为未知参数 $\boldsymbol{\theta}$ 和估计 $\hat{\boldsymbol{\theta}}$ 都是空间上的点, 因此称这样的估计为点估计. 寻找点估计的常用方法有: 矩法、极大似然法和最小二乘法等.

4.1.1 矩法

矩法 (method of moments) 是由英国统计学家 K.Pearson 在 20 世纪初提出来的, 它的中心思想就是用样本矩去估计总体矩.

设总体 X 的分布中的未知参数为 $\boldsymbol{\theta} = (\theta_1, \theta_2, \cdots, \theta_m)^{\mathrm{T}}$, 假定总体 X 的 k 阶原点矩

$$E(X^k) = \alpha_k(\theta_1, \theta_2, \cdots, \theta_m), \quad k = 1, 2, \cdots, m$$

存在, 我们令总体的 k 阶原点矩等于它样本的 k 阶原点矩

$$A_k = \frac{1}{n} \sum_{i=1}^{n} X_i^k, \quad k = 1, 2, \cdots, m,$$

即

$$\alpha_k(\theta_1, \theta_2, \cdots, \theta_m) = E(X^k) = \frac{1}{n} \sum_{i=1}^{n} X_i^k = A_k, \quad k = 1, 2, \cdots, m. \tag{4.1}$$

由式 (4.1) 可以得到关于未知量 θ 的解

$$\hat{\theta}_i = \hat{\theta}_i(X_1, X_2, \cdots, X_n), \quad i = 1, 2, \cdots, m. \tag{4.2}$$

取 $\hat{\boldsymbol{\theta}} = (\hat{\theta}_1, \hat{\theta}_2, \cdots, \hat{\theta}_m)^{\mathrm{T}}$ 作为 $\boldsymbol{\theta} = (\theta_1, \theta_2, \cdots, \theta_m)^{\mathrm{T}}$ 的估计, 则称 $\hat{\boldsymbol{\theta}}$ 为 $\boldsymbol{\theta}$ 的矩估计 (estimation by moments), 用矩估计参数的方法称为矩法.

例 4.1 设总体 X 的均值为 μ, 方差为 σ^2, $X_1, X_2, \cdots, X_n$ 是来自总体 X 的一个样本, 试用矩法估计均值 μ 和方差 σ^2.

解 计算总体 X 的一阶、二阶原点矩, 有

$$\alpha_1 = E(X) = \mu,$$
$$\alpha_2 = E(X^2) = \mathrm{var}(X) + [E(X)]^2 = \sigma^2 + \mu^2,$$

计算样本的一阶、二阶原点矩, 有

$$A_1 = \frac{1}{n} \sum_{i=1}^{n} X_i = \overline{X}, \quad A_2 = \frac{1}{n} \sum_{i=1}^{n} X_i^2.$$

由式 (4.1) 得到方程组

$$\begin{cases} \mu = \overline{X}, \\ \sigma^2 + \mu^2 = \dfrac{1}{n} \sum_{i=1}^{n} X_i^2. \end{cases}$$

解上述方程组得到均值 μ 和方差 σ^2 的矩估计如下:

$$\hat{\mu} = \overline{X}, \tag{4.3}$$

$$\hat{\sigma}^2 = \frac{1}{n} \sum_{i=1}^{n} X_i^2 - \overline{X}^2 = \frac{1}{n} \sum_{i=1}^{n} (X_i - \overline{X})^2. \tag{4.4}$$

需要特别注意的是: 方差的矩估计并不等于样本方差 S^2, 而是有如下关系式:

$$\hat{\sigma}^2 = \frac{n-1}{n}S^2. \tag{4.5}$$

对于正态分布 $N(\mu, \sigma^2)$, 因为 μ 和 σ^2 分别为总体的均值和方差, 由式 (4.3) 和式 (4.4) 得到参数 μ 和 σ^2 的矩估计为

$$\hat{\mu} = \overline{X}, \quad \hat{\sigma}^2 = \frac{1}{n}\sum_{i=1}^{n}(X_i - \overline{X})^2.$$

从上述过程可以看到, 利用矩法估计均值和方差, 就等价于用样本的一阶原点矩估计均值, 用样本的二阶中心矩估计方差.

例 4.2 设总体 X 服从指数分布, 密度函数是

$$f(x) = \begin{cases} \lambda e^{-\lambda x}, & x \geqslant 0, \\ 0 & x < 0, \end{cases}$$

其中 λ 是未知参数. 若 $X_1, X_2, \cdots, X_n$ 是来自总体 X 的一个样本, 试用矩法估计参数 λ.

解 指数分布的一阶矩 (均值) 是 $1/\lambda$, 因此, 它的估计是

$$\widehat{\lambda} = n \Big/ \sum_{i=1}^{n} X_i.$$

例 4.3 设总体 X 是区间 $[0, \theta]$ 上的均匀分布, 其中 θ 是未知参数, $X_1, X_2, \cdots, X_n$ 是总体 X 的一个样本, 试用矩法计参数 θ.

解 均匀分布的一阶矩 (均值) 是 $\theta/2$, 因此, 它的估计是

$$\theta = 2\overline{X} = \frac{2}{n}\sum_{i=1}^{n} X_i.$$

例 4.4 设总体 X 是区间 $[a, b]$ 上的均匀分布, 其中 a, b 是未知参数, $X_1, X_2, \cdots, X_n$ 是总体 X 的一个样本, 试用矩法估计参数 a 和 b.

解 由例 4.1 的计算过程 (式 (4.3)$\sim$ 式 (4.4)) 可知, 用一、二阶原点矩作估计, 本质上相当于用一阶原点估计均值, 二阶中心矩估计方差, 即

$$E(X) = A_1 = \frac{1}{n}\sum_{i=1}^{n} X_i, \quad \mathrm{var}(X) = M_2 = \frac{1}{n}\sum_{i=1}^{n}\left(X_i - \overline{X}\right)^2.$$

均匀分布的均值是 $(b+a)/2$, 方差是 $(b-a)^2/12$, 所以令

$$\begin{cases} \dfrac{b+a}{2} = \overline{X} \\ \dfrac{(b-a)^2}{12} = M_2, \end{cases}$$

解上述方程组得到 a 和 b 的估计分别为

$$\hat{a} = \overline{X} - \sqrt{3M_2}, \quad \hat{b} = \overline{X} + \sqrt{3M_2}. \tag{4.6}$$

如果不能得到式 (4.1) 解的解析表达式, 则可以通过数值的方法求解式 (4.1), 得到相应的矩估计.

例 4.5 设总体 X 服从二项分布 $B(k, p)$, 其中 k, p 为未知参数, $X_1, X_2, \cdots, X_n$ 是总体 X 的一个样本, 求参数 k, p 的矩估计 $\hat{k}, \hat{p}$.

解 尽管本例可以得到式 (4.1) 解的解析表达式, 但为了演示数值计算的过程和比较数值计算的精确程度, 这里还是采用数值计算的方法进行矩估计.

二项分布的均值 (总体一阶原点矩) 是 kp, 方差 (总体二阶中心矩) 是 $kp(1-p)$. 建立方程组

$$\begin{cases} kp - \overline{X} = 0 \\ kp(1-p) - M_2 = 0 \end{cases} \tag{4.7}$$

编写相应的 R 函数. (程序名: moment_fun.R)

```
moment_fun<-function(p){
    f<-c(p[1]*p[2]-A1, p[1]*p[2]-p[1]*p[2]^2-M2)
    J<-matrix(c(p[2], p[1],
                p[2]-p[2]^2, p[1]-2*p[1]*p[2]),
              nrow=2, byrow=T)
    list(f=f, J=J)
}
```

其中 p[1] 表示参数 k, p[2] 表示参数 p, f 是由式 (4.7) 左端构造的函数, J 为函数 f 的 Jacobi 矩阵.

考虑用 Newton 法 (见 2.9.3 节) 求解非线性方程组 (4.7), 其中样本取值由随机数产生. 建立矩估计的 R 函数. (程序名: moment_estimate.R)

```
x<-rbinom(100, 20, 0.7); n<-length(x)
A1<-mean(x); M2<-(n-1)/n*var(x)
source("moment_fun.R")
source(".../chapter02/Newtons.R")
p<-c(10,0.5); Newtons(moment_fun, p)
```

在程序中, 第一句是产生 100 个 $k = 20, p = 0.7$ 的二项分布的随机数; 第二句是计算样本均值 (样本一阶原点矩) 和样本二阶中心矩; 第三句是调入已编好的程序 moment_fun.R 和 Newtons.R, 其中 source() 语句是将已编好的程序调入内存, 其使用格式为

```
source("FileName")
```

文件名 ("FileName") 中可以包含文件的路径.

最后一句是给出初值, 调用 Newton 法计算方程的根. 其计算结果如下:

```
$root
[1] 19.4957061   0.7237491
$it
[1] 11
$index
[1] 1
$FunVal
[1]   0.000000e+00 -2.220446e-15
```

经过 11 次迭代, 得到计算结果.

下面给出方程 (4.7) 解析解的计算结果

$$\hat{k} = \frac{\overline{X}^2}{\overline{X} - M_2} = 19.49571, \quad \hat{p} = \frac{\overline{X} - M_2}{\overline{X}} = 0.7237491.$$

两者比较, 误差很小.

此例表明, 在无法得到式 (4.1) 解析解的情况下, 利用数值计算, 得到数值解也不失为一种较好的方法.

通过上述例子可以看出, 矩法的优点是: 在其能用的情况下, 计算往往很简单. 但矩法相对其他估计方法, 如极大似然法, 其效率往往较低.

4.1.2　极大似然法

极大似然法是 Fisher(费希尔) 在 1912 年提出的一种应用非常广泛的参数估计方法, 其思想始于 Gauss 的误差理论, 它具有很多优良的性质. 它充分利用总体分布函数的信息, 克服了矩法的某些不足.

设 Θ 是参数空间, 参数 θ 可取 Θ 的所有值, 在给定样本的观察值 $(x_1, x_2, \cdots, x_n)$ 后, 不同的 θ 对应于 $(X_1, X_2, \cdots, X_n)$ 落入 $(x_1, x_2, \cdots, x_n)$ 的邻域内的概率大小不同, 既然在一次试验中就观察到了 $(X_1, X_2, \cdots, X_n)$ 的取值为 $(x_1, x_2, \cdots, x_n)$, 因此, 可以认为 θ 是最有可能来源于使 $(X_1, X_2, \cdots, X_n)$ 落入 $(x_1, x_2, \cdots, x_n)$ 邻域内的概率达到最大者 $\hat{\theta}$, 即

$$\prod_{i=1}^{n} f(x_i; \hat{\theta}) = \sup_{\theta \in \Theta} \prod_{i=1}^{n} f(x_i; \theta). \tag{4.8}$$

取 $\hat{\theta}$ 作为 θ 的估计, 这就是极大似然原理.

注意到, 当 X 为连续型随机变量时, 式 (4.8) 中的 $f(x_i; \theta)$ 是参数的取值为 θ 时, X 的概率密度函数在 x_i 处的取值, 当 X 为离散型随机变量时, $f(x_i; \theta)$ 为参数的取值为 θ 时, X 取 x_i 的概率 (分布律).

定义 4.1 设总体 X 的概率密度函数或分布律为 $f(x;\theta)$, $\theta \in \Theta$ 是未知参数, X_1, $X_2, \cdots, X_n$ 为来自总体 X 的样本, 称

$$L(\theta;x) = L(\theta;x_1, x_2, \cdots, x_n) = \prod_{i=1}^{n} f(x_i;\theta)$$

为 θ 的似然函数 (likelihood function).

显然, 若样本取值 x 固定时, $L(\theta;x)$ 是 θ 的函数. 若参数 θ 固定, 当 X 为连续型随机变量时, 它就是样本 $(X_1, X_2, \cdots, X_n)$ 的联合概率密度函数; 当 X 为离散型随机变量时, 它就是样本 $(X_1, X_2, \cdots, X_n)$ 的联合分布律.

定义 4.2 设总体 X 的概率密度函数或分布律为 $f(x;\theta)$, $\theta \in \Theta$ 是未知参数, X_1, $X_2, \cdots, X_n$ 为来自总体 X 的样本, $L(\theta;x)$ 为 θ 的似然函数, 若 $\hat{\theta} = \hat{\theta}(X) = \hat{\theta}(X_1, X_2, \cdots, X_n)$ 是一个统计量且满足

$$L(\hat{\theta}(X);X) = \sup_{\theta \in \Theta} L(\theta;X),$$

则称 $\hat{\theta}(X)$ 为 θ 的极大似然估计 (maximum likelihood estimation), 简记为 MLE. 用极大似然估计来估计参数的方法称为极大似然法.

下面分不同情况介绍极大似然法的求解过程.

(1) 似然函数 $L(\boldsymbol{\theta};X)$ 为 $\boldsymbol{\theta}$ 的连续函数, 且关于 $\boldsymbol{\theta}$ 的各分量的偏导数存在

设 $\boldsymbol{\theta}$ 是 m 维变量, 且 $\Theta \subset \mathbf{R}^m$ 为开区域, 则由极值的一阶必要条件, 得到

$$\frac{\partial L(\boldsymbol{\theta};X)}{\partial \theta_i} = 0, \quad i = 1, 2, \cdots, m. \tag{4.9}$$

通常称式 (4.9) 为似然方程. 由于独立同分布的样本的似然函数 $L(\boldsymbol{\theta};X)$ 具有连乘积的形式, 故对 $L(\boldsymbol{\theta};X)$ 取对数后再求偏导数很方便, 因此实用上常采用与式 (4.9) 等价的形式

$$\frac{\partial \ln L(\boldsymbol{\theta};X)}{\partial \theta_i} = 0, \quad i = 1, 2, \cdots, m. \tag{4.10}$$

称式 (4.10) 为对数似然方程 (loglikelihood equation).

值得注意的是: 由极值的必要条件知, 极大似然估计一定是似然方程或对数似然方程的解, 但似然方程或对数似然方程的解未必都是极大似然估计. 严格地讲, 似然函数 $L(\boldsymbol{\theta};X)$ 或对数似然函数 $\ln L(\boldsymbol{\theta};X)$ 对于参数 $\boldsymbol{\theta}$ 的二阶 Hesse 矩阵 $\nabla_{\boldsymbol{\theta}}^2 L(\boldsymbol{\theta};X)$ 或 $\nabla_{\boldsymbol{\theta}}^2 \ln L(\boldsymbol{\theta};X)$ 负定 $\left(\text{若 } \theta \text{ 是一元变量}, \dfrac{\partial^2 L(\theta;X)}{\partial \theta^2} < 0 \text{ 或 } \dfrac{\partial^2 \ln L(\theta;X)}{\partial \theta^2} < 0\right)$, 则似然方程或对数似然方程的解才是极大似然估计.

例 4.6 设总体 X 服从正态分布 $N(\mu, \sigma^2)$, 其中 μ, σ^2 为未知参数, $X_1, X_2, \cdots, X_n$ 是来自总体 X 的一个样本, 试用极大似然法估计参数 (μ, σ^2).

解　正态分布的似然函数为

$$L(\mu, \sigma^2; x) = \prod_{i=1}^{n} f(x_i; \mu, \sigma^2) = (2\pi\sigma^2)^{-\frac{n}{2}} \exp\left[-\frac{1}{2\sigma^2}\sum_{i=1}^{n}(x_i - \mu)^2\right],$$

相应的对数似然函数为

$$\ln L(\mu, \sigma^2; x) = -\frac{n}{2}\ln(2\pi\sigma^2) - \frac{1}{2\sigma^2}\sum_{i=1}^{n}(x_i - \mu)^2.$$

令

$$\begin{cases} \dfrac{\partial \ln L(\mu, \sigma^2; x)}{\partial \mu} = \dfrac{1}{\sigma^2}\sum_{i=1}^{n}(x_i - \mu) = 0, \\[3mm] \dfrac{\partial \ln L(\mu, \sigma^2; x)}{\partial \sigma^2} = -\dfrac{n}{2\sigma^2} + \dfrac{1}{2\sigma^4}\sum_{i=1}^{n}(x_i - \mu)^2 = 0, \end{cases}$$

解此似然方程组得到

$$\mu = \frac{1}{n}\sum_{i=1}^{n}x_i = \overline{x}, \quad \sigma^2 = \frac{1}{n}\sum_{i=1}^{n}(x_i - \overline{x})^2.$$

进一步验证, 对数似然函数 $\ln L(\mu, \sigma^2; x)$ 的二阶 Hesse 矩阵

$$\begin{bmatrix} -\dfrac{n}{\sigma^2} & -\dfrac{1}{\sigma^4}\sum_{i=1}^{n}(x_i - \mu) \\[3mm] -\dfrac{1}{\sigma^4}\sum_{i=1}^{n}(x_i - \mu) & \dfrac{n}{2\sigma^4} - \dfrac{1}{\sigma^6}\sum_{i=1}^{n}(x_i - \mu)^2 \end{bmatrix} = \begin{bmatrix} -\dfrac{n}{\sigma^2} & 0 \\[3mm] 0 & -\dfrac{n}{2\sigma^4} \end{bmatrix}$$

是负定矩阵, 所以 $\left(\overline{x}, \dfrac{1}{n}\sum_{i=1}^{n}(x_i - \overline{x})^2\right)$ 是 $L(\mu, \sigma^2; x)$ 的极大值点. 故 (μ, σ^2) 的极大似然估计是

$$\hat{\mu} = \frac{1}{n}\sum_{i=1}^{n}X_i = \overline{X}, \quad \hat{\sigma}^2 = \frac{1}{n}\sum_{i=1}^{n}(X_i - \overline{X})^2.$$

与例 4.1 相比较, 两者的计算结果相同.

例 4.7　设总体 X 服从指数分布, 密度函数是

$$f(x) = \begin{cases} \lambda e^{-\lambda x}, & x \geqslant 0, \\ 0, & x < 0, \end{cases}$$

其中 λ 是未知参数. 若 $X_1, X_2, \cdots, X_n$ 是来自总体 X 的一个样本, 试用极大似然估计法估计参数 λ.

解 只考虑 $x_i \geqslant 0$ 部分, 指数分布的似然函数为

$$L(\lambda; x) = \prod_{i=1}^{n} f(x_i; \lambda) = \lambda^n \exp\left[-\lambda \sum_{i=1}^{n} x_i\right],$$

相应的对数似然函数为

$$\ln L(\lambda; x) = n \ln \lambda - \lambda \sum_{i=1}^{n} x_i.$$

令

$$\frac{\partial \ln L(\lambda; x)}{\partial \lambda} = \frac{n}{\lambda} - \sum_{i=1}^{n} x_i = 0,$$

解此似然方程组得到

$$\lambda = n \Big/ \sum_{i=1}^{n} x_i.$$

由于 $\dfrac{\partial^2 \ln L(\lambda; x)}{\partial \lambda^2} = -\dfrac{n}{\lambda^2} < 0$, 因此, $n \Big/ \sum\limits_{i=1}^{n} x_i$ 是 $L(\lambda; x)$ 的极大值点. 故 λ 的极大似然估计是 $n \Big/ \sum\limits_{i=1}^{n} X_i$.

与例 4.2 相比较, 两者的计算结果也是相同的.

(2) 似然函数 $L(\boldsymbol{\theta}; x)$ 关于 $\boldsymbol{\theta}$ 有间断点

Θ 为 $\mathbf{R}^m$ 中的开区域时, 此时求似然方程组解的方法不适用, 要具体问题具体分析.

例 4.8 设总体 X 是区间 $[a, b]$ 上的均匀分布, 其中 a, b 是未知参数, $X_1, X_2, \cdots, X_n$ 是总体 X 的一个样本, 试用极大似然法估计参数 a 和 b.

解 对于样本 $X_1, X_2, \cdots, X_n$, 其似然函数为

$$L(a, b; x) = \begin{cases} \dfrac{1}{(b-a)^n}, & \text{若} a \leqslant x_i \leqslant b, \ \ i = 1, 2, \cdots, n, \\ 0, & \text{其他}. \end{cases}$$

很显然, $L(a, b; x)$ 不是 (a, b) 的连续函数, 因此不能用似然方程组 (4.10) 求解, 而需从极大似然估计的定义出发来求 $L(a, b; x)$ 的最大值. 为了使 $L(a, b; x)$ 达到最大, 则 $b - a$ 应该尽可能得小, 但 b 不能小于 $\max\{x_1, x_2, \cdots, x_n\}$, 否则 $L(a, b; x) = 0$. 类似地, a 不能大于 $\min\{x_1, x_2, \cdots, x_n\}$. 因此, a 和 b 的极大似然估计为

$$\hat{a} = \min\{X_1, X_2, \cdots, X_n\} = X_{(1)}, \qquad \hat{b} = \max\{X_1, X_2, \cdots, X_n\} = X_{(n)}.$$

同样的理由, 若用极大似然法估计例 4.5 中的 θ, 得到的结果是

$$\widehat{\theta} = X_{(n)}.$$

对于这两个例子, 极大似然法与矩法估计出的值不相同.

(3) Θ 为离散参数空间.

在离散参数空间情况下, 为求极大似然估计, 经常考虑参数取相邻值时的似然函数的比值.

例 4.9 在鱼池中随机地捕捞 500 条鱼, 做上记号后再放入池中, 待充分混合后, 再捕捞 1000 条, 结果发现其中有 72 条鱼带有记号. 试问鱼池中可能有多少条鱼?

解 先将问题一般化. 设池中有 N 条鱼, 其中 r 条带有记号, 随机地捕捞到 s 条, 发现 x 条带有记号, 用上述信息来估计 N.

用 X 记捕捞到的 s 条鱼中带有记号的鱼数, 则有

$$P\{X = x\} = \frac{C_{N-r}^{s-x} C_r^x}{C_N^s}.$$

因此, 似然函数为

$$L(N; x) = P\{X = x\},$$

考虑似然函数的比

$$g(N) = \frac{L(N; x)}{L(N-1; x)} = \frac{(N-s)(N-r)}{N(N-r-s+x)} = \frac{N^2 - (r+s)N + rs}{N^2 - (r+s)N + xN},$$

当 $rs > xN$ 时, 有 $g(N) > 1$, 当 $rs < xN$ 时, 有 $g(N) < 1$. 即

$$\begin{cases} L(N; x) > L(N-1; x), & N < \dfrac{rs}{x}, \\ L(N; x) < L(N-1; x), & N > \dfrac{rs}{x}. \end{cases}$$

因此, 似然函数 $L(N; x)$ 在 $N = \dfrac{rs}{x}$ 附近达到极大, 注意到 N 只取正整数, 易得 N 的极大似然估计为

$$\hat{N} = \left\lfloor \frac{rs}{x} \right\rfloor,$$

其中 $\lfloor \cdot \rfloor$ 表示下取整, 即小于该值的最大整数.

将题目中的数字代入, 得到 $\hat{N} = \left\lfloor \dfrac{500 \times 1000}{72} \right\rfloor = 6944$. 即鱼池中鱼的总数估计为 6944 条.

(4) 如果在解 (对数) 似然方程时无法得到解析表达式, 只能采用数值方法.

例 4.10 设总体 X 服从 Cauchy 分布, 其概率密度函数为

$$f(x; \theta) = \frac{1}{\pi[1 + (x - \theta)^2]}, \quad -\infty < x < \infty,$$

其中 θ 为未知参数. $X_1, X_2, \cdots, X_n$ 是来自总体 X 的样本, 求 θ 的极大似然估计.

解　Cauchy 分布的似然函数为

$$L(\theta; x) = \prod_{i=1}^{n} f(x_i; \theta) = \frac{1}{\pi^n} \prod_{i=1}^{n} \frac{1}{1 + (x_i - \theta)^2},$$

相应的对数似然函数为

$$\ln L(\theta; x) = -n \ln(\pi) - \sum_{i=1}^{n} \ln \left(1 + (x_i - \theta)^2 \right), \tag{4.11}$$

得到对数似然方程

$$\sum_{i=1}^{n} \frac{x_i - \theta}{1 + (x_i - \theta)^2} = 0. \tag{4.12}$$

可以看到, 得到对数似然方程 (4.12) 的解析解比较困难, 下面考虑用 R 软件求数值解.

在 2.9.1 节介绍了方程求根函数 uniroot(), 这里用它求似然方程 (4.12) 的根. 关于样本 X 的取值用随机数产生.

```
> x <- rcauchy(1000,1)
> f <- function(p)  sum((x-p)/(1+(x-p)^2))
> out <- uniroot(f, c(0, 5))
```

在程序中, 第一句是产生 1000 个参数 $\theta = 1$ 的随机数; 第二句写出似然方程 (4.12) 对应的函数; 第三句是用求根函数 uniroot() 求似然方程在区间 $(0, 5)$ 内的根. 其计算结果为

```
> out
$root
[1] 1.049538
$f.root
[1] -0.006061751
$iter
[1] 5
$estim.prec
[1] 6.103516e-05
```

在计算结果中, \$root 是方程根的近似解, 即估计值为 $\widehat{\theta} = 1.049538$. \$f.root 是函数 f 在近似值处的函数值. \$iter 是迭代次数, 即用了 5 次迭代. \$estim.prec 是近似解与精确解的误差估计, 即近似解与精确解误差的绝对值不超过 6.104×10^{-5}.

函数 uniroot() 的一般使用格式为

```
uniroot(f, interval,
        lower = min(interval), upper = max(interval),
```

```
tol = .Machine$double.eps^0.25, maxiter = 1000, ...)
```

其中 f 是所求方程的函数, interval 是包含有方程根的初始区间, lower 是初始区间的左端点, upper 是初始区间的右端点, tol 是计算精度, maxiter 是最大迭代次数 (默认值为 1000).

前面讨论的是如何利用 R 软件中的函数求 (对数) 似然方程的根. 事实上, 也可以直接用 R 软件中的函数求 (对数) 似然函数的极值.

R 软件中函数 optimize()(或 optimise()) 可直接求一维变量函数的极小点, 这里用它求对数似然函数式 (4.11) 的极值点, 其程序如下:

```
> loglike <- function(p) sum(log(1+(x-p)^2))
> out <- optimize(loglike, c(0, 5))
```

在程序中, 第一句是对数似然函数式 (4.11)(略去常数项, 由于求极小, 加一个负号), 第二句是用函数 optimize() 求函数 loglike 在区间 $(0,5)$ 上的极小点. 其计算结果为

```
> out
$minimum
[1] 1.049513
$objective
[1] 1303.192
```

在计算结果中, $minimum 是极小点的近似解, 即估计值为 $\hat{\theta} = 1.049513$; $objective 是目标函数在近似解处的函数值.

与求似然方程根的方法比较, 两者的计算结果相差不大. 事实上, 求似然方程根的方法可能更准确一些, 但此方法需要先求导数, 这对于较为复杂的函数, 可能会带来一定的困难.

函数 optimize()(和 optimise()) 的一般用法为

```
optimize(f = , interval = , lower = min(interval),
         upper = max(interval), maximum = FALSE,
         tol = .Machine$double.eps^0.25, ...)
optimise(f = , interval = , lower = min(interval),
         upper = max(interval), maximum = FALSE,
         tol = .Machine$double.eps^0.25, ...)
```

其中 f 是求极小的目标函数. interval 是包含有极小的初始区间. lower 是初始区间的左端点, upper 是初始区间的右端点. maximum 是逻辑变量, 如果 maximum =FALSE(默认值) 表示求函数极小值点; 否则 (maximum = TRUE) 表示求函数的极大值点. tol 是计算精度.

当未知参数 θ 是多元变量时, 极大似然法求解的数值方法要适用于多变量函数. 例如, 可以用 Newton 法 (见 2.9.3 节) 求解对数似然方程式 (4.10), 也可以用 R 软件中的

nlm() 函数直接求解无约束问题

$$\min_{\theta} \ -L(\boldsymbol{\theta}; x) \quad \text{或} \quad \min_{\theta} \ -\ln L(\boldsymbol{\theta}; x),$$

这里 x 是随机变量 X 的取值.

为了了解 nlm 函数求多元函数极小的方法, 这里简单介绍如何用函数 nlm() 求多变量函数 $f(x)$ 的极小值点. 有关 nlm() 函数在统计中的使用, 将会在 6.7.2 节中有关非线性回归的计算中讲到.

用 nlm() 函数求无约束优化问题

$$\min \quad f(\boldsymbol{x}) = 100(x_2 - x_1^2)^2 + (1 - x_1)^2 \tag{4.13}$$

的极小点, 取初始点 $\boldsymbol{x}^{(0)} = (-1.2, 1)^{\mathrm{T}}$. 称函数 (4.13) 为 Rosenbrock 函数, 或橡胶函数.

写出目标函数 (程序名：Rosenbrock.R),

```
obj<-function(x){
    f<-c(10*(x[2]-x[1]^2), 1-x[1])
    sum(f^2)
}
```

将函数调入内存, 再调用 nlm() 函数求解,

```
> source("Rosenbrock.R")
> x0<-c(-1.2,1); nlm(obj,x0)
```

其中 x0 是初始值, 得到

```
$minimum
[1] 3.973766e-12
$estimate
[1] 0.999998 0.999996
$gradient
[1] -6.539275e-07  3.335996e-07
$code
[1] 1
$iterations
[1] 23
```

其中 \$minimum 是函数的最优目标值, 即 $f^* = 3.973766 \times 10^{-12}$; \$estimate 是最优点的估计值, 即 $\boldsymbol{x}^* = (0.999998, 0.999996)^{\mathrm{T}}$; \$gradient 是在最优点处 (估计值) 目标函数梯度值, 即 $\nabla \boldsymbol{f}^* = (-6.539275 \times 10^{-7}, 3.335996 \times 10^{-7})^{\mathrm{T}}$; \$code 是指标, 这里是 1, 表示迭代成功; \$iterations 是迭代次数, 这里是 23, 表示进行了 23 次迭代.

实际上, Rosenbrock 函数的最优点是 $x^* = (1,1)^\mathrm{T}$, 最优目标函数值为 $f(x^*) = 0$.

通过上述分析和相应的例子, 可知矩法的优点是简单, 只需知道总体的矩, 总体的分布形式不必知道. 而极大似然法则必须知道总体分布形式, 并且在一般情况下, 似然方程组的求解较为复杂, 往往需要在计算机上通过迭代运算才能计算出其近似解.

在上述例子中, 分别用矩法和极大似然法对正态分布和均匀分布的参数进行估计. 在所得到的估计中, 对于正态分布, 两种方法得到的参数估计值是一致的, 而对均匀分布, 两种方法得到的参数估计值不一样. 在对某种参数进行估计时, 究竟哪种好呢? 下面给出估计量的优良性的判别准则.

4.2　估计量的优良性准则

从前面两节的讨论中可以看到, 对总体中同一参数 θ, 采用不同的估计方法得到的估计量 $\hat{\theta}$ 可能是一样的, 但对于大多数情况是不一样的. 例如, 对于均匀分布 $U[a,b]$, 参数估计的矩法与极大似然法估计的结果不同. 究竟如何选择 "较好" 的估计量呢? 即如何评价估计量的优劣? 这里简单介绍评价估计量优劣的准则 —— 估计量的无偏性、有效性和相合性 (一致性).

4.2.1　无偏估计

估计量是随机变量, 对于不同的样本值就会得到不同的估计值. 这样, 要确定一个估计量的好坏, 就不能仅仅依据某次抽样的结果来衡量, 而必须由多次抽样的结果来衡量. 对此, 一个自然而基本的衡量标准是要求估计量无系统偏差, 也就是说, 尽管在一次抽样中得到的估计值不一定恰好等于待估参数的真值, 但在大量重复抽样 (样本容量相同) 时, 所得到的估计值平均起来应与待估参数的真值相同. 换句话说, 希望估计量的数学期望应等于未知参数的真值, 这就是所谓无偏性的要求. 这一直观要求用概率语言描述就是以下定义.

定义 4.3　设 X 是总体, $\theta \in \Theta$ 是包含在总体 X 的分布中的待估参数, $X_1, X_2, \cdots,$ X_n 是来自总体 X 的一个样本. 若估计量 $\hat{\theta} = \hat{\theta}(X_1, X_2, \cdots, X_n)$ 的数学期望 $E(\hat{\theta})$ 存在, 且对于任意 $\theta \in \Theta$ 有

$$E(\hat{\theta}) = \theta, \tag{4.14}$$

则称 $\hat{\theta}$ 是 θ 的无偏估计量或无偏估计 (unbiased estimate).

称 $E(\hat{\theta}) - \theta$ 为以 $\hat{\theta}$ 作为 θ 的估计的系统误差或偏差. 无偏估计的实际意义就是无系统误差.

若 $E(\hat{\theta}) - \theta \neq 0$, 但当样本容量 $n \to \infty$ 时, 有

$$\lim_{n \to \infty} \left[E(\hat{\theta}) - \theta \right] = 0, \tag{4.15}$$

则称 $\hat{\theta}$ 为 θ 的渐近无偏估计.

一个估计量如果不是无偏的, 则称它是有偏估计量.

例 4.11 设总体 X 的 k 阶原点矩 $\alpha_k = E(X^k)(k \geqslant 1)$ 存在, $X_1, X_2, \cdots, X_n$ 是 X 的一个样本, $A_k = \dfrac{1}{n} \sum\limits_{i=1}^{n} X_i^k$ 为样本的 k 阶原点矩, 证明: 无论总体 X 服从什么分布, 则 k 阶样本原点矩 A_k 是 k 阶总体原点矩 α_k 的无偏估计.

证明 设 $X_1, X_2, \cdots, X_n$ 与 X 同分布且相互独立, 故有

$$E(X_i^k) = E(X^k) = \alpha_k, \quad i = 1, 2, \cdots, n,$$

即有

$$E(A_k) = E\left(\frac{1}{n} \sum_{i=1}^{n} X_i^k \right) = \frac{1}{n} \sum_{i=1}^{n} E(X_i^k) = \alpha_k.$$

特别地, 不论总体 X 服从什么分布, 只要数学期望 μ 存在, 必有 $E(\overline{X}) = \mu$, 即 $\overline{X}$ 是 μ 的无偏估计.

例 4.12 设总体 X 的均值 μ、方差 σ^2 存在, μ, σ^2 为未知参数, 则 σ^2 的估计量

$$\widehat{\sigma}^2 = \frac{1}{n} \sum_{i=1}^{n} \left(X_i - \overline{X} \right)^2$$

是有偏估计量.

证明 由于

$$\widehat{\sigma}^2 = \frac{1}{n} \sum_{i=1}^{n} \left(X_i - \overline{X} \right)^2 = \frac{1}{n} \sum_{i=1}^{n} X_i^2 - \overline{X}^2,$$

$$E(\widehat{\sigma}^2) = E\left(\frac{1}{n} \sum_{i=1}^{n} X_i^2 \right) - E(\overline{X}^2) = \frac{1}{n} \sum_{i=1}^{n} E\left(X_i^2 \right) - E(\overline{X}^2),$$

和

$$E\left(X_i^2 \right) = \operatorname{var}(X_i) + [E(X_i)]^2 = \sigma^2 + \mu^2,$$

$$E(\overline{X}^2) = \operatorname{var}(\overline{X}) + \left[E(\overline{X}) \right]^2 = \frac{\sigma^2}{n} + \mu^2,$$

则得到

$$E\left(\widehat{\sigma}^2 \right) = \sigma^2 + \mu^2 - \left(\frac{\sigma^2}{n} + \mu^2 \right) = \frac{n-1}{n} \sigma^2 \neq \sigma^2.$$

所以 $\widehat{\sigma}^2$ 是有偏的, 若用 $\widehat{\sigma}^2$ 去估计 σ^2, 则估计值平均偏小, 但它是 σ^2 的渐近无偏估计.

对于样本方差, 有

$$S^2 = \frac{1}{n-1}\sum_{i=1}^{n}(X_i - \overline{X})^2 = \frac{n}{n-1}\widehat{\sigma}^2,$$

$$E(S^2) = \frac{n}{n-1}E(\widehat{\sigma}^2) = \frac{n}{n-1}\cdot\frac{n-1}{n}\sigma^2 = \sigma^2.$$

这就是说, 样本方差 S^2 是总体方差 σ^2 的无偏估计. 故一般采用 S^2 作为总体方差 σ^2 的估计量.

4.2.2 有效性

在许多情况下, 总体参数 θ 的无偏估计量不惟一. 那么, 如何衡量一个参数的两个无偏估计量哪个更好呢? 一个重要标准就是观察它们谁的取值更集中于待估计参数的真值附近, 即哪一个估计量的方差更小. 这就是下面的有效性概念.

定义 4.4 设 $\hat{\theta}_1 = \hat{\theta}_1(X_1, X_2, \cdots, X_n)$ 与 $\hat{\theta}_2 = \hat{\theta}_2(X_1, X_2, \cdots, X_n)$ 都是 θ 的无偏估计, 若

$$\mathrm{var}(\hat{\theta}_1) \leqslant \mathrm{var}(\hat{\theta}_2),$$

则称 $\hat{\theta}_1$ 比 $\hat{\theta}_2$ 有效.

考察 θ 的所有无偏估计量, 如果其中存在一个估计量 $\hat{\theta}_0$ 的方差最小, 则此估计量最好, 并称此估计量 $\hat{\theta}_0$ 为 θ 的最小方差无偏估计 (minimum variance unbiased estimate).

可以证明, 对于正态总体 $N(\mu, \sigma^2)$, $(\overline{X}, S^2)$ 是 (μ, σ^2) 的最小方差无偏估计.

有效性的意义是: 用 $\hat{\theta}$ 估计 θ 时, 除无系统偏差外, 还要求估计精度更高.

例 4.13 设总体 X 的均值 μ 和方差 σ^2 存在, $X_1, X_2, \cdots, X_n$ 是来自总体 X 的一个样本, 证明估计 μ 时, $\hat{\mu}_1 = \overline{X} = \dfrac{1}{n}\sum_{i=1}^{n}X_i$ 比 $\hat{\mu}_2 = \sum_{i=1}^{n}c_iX_i$ 有效, 其中 $\sum_{i=1}^{n}c_i = 1$, $c_i > 0$, $i = 1, 2, \cdots, n$.

解 容易验证, $E(\hat{\mu}_1) = E(\hat{\mu}_2) = \mu$, 故 $\hat{\mu}_1, \hat{\mu}_2$ 都是 μ 的无偏估计. 计算方差得到

$$\mathrm{var}(\hat{\mu}_1) = \mathrm{var}(\overline{X}) = \frac{\sigma^2}{n},$$

$$\mathrm{var}(\hat{\mu}_2) = \mathrm{var}\left(\sum_{i=1}^{n}c_iX_i\right) = \sum_{i=1}^{n}\left(c_i^2\mathrm{var}(X_i)\right) = \sigma^2\sum_{i=1}^{n}c_i^2.$$

由不等式 $\left(\sum_{i=1}^{n}c_i\right)^2 \leqslant n\sum_{i=1}^{n}c_i^2$, 得到

$$\mathrm{var}(\hat{\mu}_1) = \frac{\sigma^2}{n} = \frac{\sigma^2}{n}\left(\sum_{i=1}^{n}c_i\right)^2 \leqslant \sigma^2\sum_{i=1}^{n}c_i^2 = \mathrm{var}(\hat{\mu}_2),$$

故 $\hat{\mu}_1$ 比 $\hat{\mu}_2$ 有效.

4.2.3 相合性 (一致性)

估计量 $\hat{\theta}$ 的无偏性和有效性都是在样本容量 n 固定的情况下讨论的. 然而, 由于估计量 $\hat{\theta}(X_1, X_2, \cdots, X_n)$ 依赖于样本容量 n, 自然会想到, 一个好的估计量 $\hat{\theta}$, 当样本容量 n 越大时, 由于关于总体的信息也随之增加, 该估计理应越精确越可靠, 特别是当 $n \to \infty$ 时, 估计值将与参数真值几乎完全一致, 这就是估计量的相合性 (或称为一致性). 相合性的严格定义如下:

定义 4.5 设 $\hat{\theta}(X_1, X_2, \cdots, X_n)$ 为未知参数 θ 的估计量, 若对于任意 $\theta \in \Theta$, 当 $n \to \infty$ 时, $\hat{\theta}(X_1, X_2, \cdots, X_n)$ 依概率收敛于 θ, 即对任意 $\varepsilon > 0$, 有

$$\lim_{n \to \infty} P\{|\hat{\theta} - \theta| < \varepsilon\} = 1,$$

则称 $\hat{\theta}$ 为 θ 的相合估计 (consistent estimate) 量或一致估计量, 并记为 $\hat{\theta} \xrightarrow{P} \theta(n \to \infty)$.

若当 $n \to \infty$ 时, $\hat{\theta}$ 均方收敛于 θ, 即

$$\lim_{n \to \infty} E(\hat{\theta} - \theta)^2 = 0,$$

则称 $\hat{\theta}$ 为 θ 的均方相合估计量 (或一致估计量), 并记为 $\hat{\theta} \xrightarrow{L^2} \theta(n \to \infty)$.

4.3 区 间 估 计

前面介绍的点估计方法是针对总体的某一未知参数 θ, 构造 θ 的一个估计量 $\hat{\theta}(X_1, X_2, \cdots, X_n)$, 对于某次抽样的结果, 即一个样本观察值 $(x_1, x_2, \cdots, x_n)$, 可用估计 $\hat{\theta}(x_1, x_2, \cdots, x_n)$ 作为 θ 的一个近似值, 即认为 $\hat{\theta}(x_1, x_2, \cdots, x_n) \approx \theta$. 但是, 人们要问这种估计的精确性如何? 可信程度如何? 点估计无法回答这些问题. 为了解决这些问题, 需要讨论参数的区间估计.

定义 4.6 设总体 X 的分布函数 $F(x; \theta)$ 含未知参数 θ, 对于给定值 α $(0 < \alpha < 1)$, 若由样本 $X_1, X_2, \cdots, X_n$ 确定的两个统计量 $\hat{\theta}_1(X_1, X_2, \cdots, X_n)$ 和 $\hat{\theta}_2(X_1, X_2, \cdots, X_n)$ 满足

$$P\left\{\hat{\theta}_1(X_1, X_2, \cdots, X_n) < \theta < \hat{\theta}_2(X_1, X_2, \cdots, X_n)\right\} = 1 - \alpha, \tag{4.16}$$

则称随机区间 $(\hat{\theta}_1, \hat{\theta}_2)$ 是参数 θ 的置信度为 $1 - \alpha$ 的置信区间 (confidence interval), $\hat{\theta}_1$ 和 $\hat{\theta}_2$ 分别称为置信度为 $1 - \alpha$ 的双侧置信区间的置信下限与置信上限, 称 $1 - \alpha$ 为置信度或置信系数.

置信区间 $(\hat{\theta}_1, \hat{\theta}_2)$ 是一个随机区间, 对每次的抽样来说, 往往有所不同, 有时包含了参数 θ, 有时不包含 θ. 但是, 此区间包含 θ 的可能性 (置信度) 是 $1 - \alpha$. 显然, 在置信度一定的前提下置信区间的长度越短, 其精度越高, 估计也就越好. 在实用中, 通常给定一定的置信度, 求尽可能短的置信区间.

4.3.1 一个正态总体的情况

假设正态总体 $X \sim N(\mu, \sigma^2)$, $X_1, X_2, \cdots, X_n$ 为来自总体 X 的一个样本, $1-\alpha$ 为置信度, $\overline{X}$ 为样本均值, S^2 为样本方差.

1. 均值 μ 的区间估计

分别讨论总体 X 的方差 σ^2 已知和方差 σ^2 未知两种情形.

当 σ^2 已知时, 由于

$$\frac{\overline{X} - \mu}{\sigma / \sqrt{n}} \sim N(0, 1), \tag{4.17}$$

因此有

$$P \left\{ \left| \frac{\overline{X} - \mu}{\sigma / \sqrt{n}} \right| \leqslant Z_{\alpha/2} \right\} = 1 - \alpha, \tag{4.18}$$

其中 Z_α 为标准正态分布 $N(0,1)$ 的上 α 分位点, 即 $\Phi(Z_\alpha) = 1 - \alpha$. 由式 (4.18) 得到关于均值为 μ, 置信度为 $1-\alpha$ 的双侧置信区间

$$\left[\overline{X} - \frac{\sigma}{\sqrt{n}} Z_{\alpha/2}, \overline{X} + \frac{\sigma}{\sqrt{n}} Z_{\alpha/2} \right]. \tag{4.19}$$

当 σ^2 未知时, 由于

$$T = \frac{\dfrac{\overline{X} - \mu}{\sigma / \sqrt{n}}}{\sqrt{\dfrac{(n-1)S^2}{\sigma^2} \Big/ (n-1)}} = \frac{\overline{X} - \mu}{S / \sqrt{n}} \sim t(n-1), \tag{4.20}$$

有

$$P \left\{ \left| \frac{\overline{X} - \mu}{S / \sqrt{n}} \right| \leqslant t_{\alpha/2} \right\} = 1 - \alpha, \tag{4.21}$$

其中 $t_\alpha(n-1)$ 表示自由度为 $n-1$ 的 t 分布的上 α 分位点. 由式 (4.21) 得到关于均值为 μ, 置信度为 $1-\alpha$ 的双侧置信区间为

$$\left[\overline{X} - \frac{S}{\sqrt{n}} t_{\alpha/2}(n-1), \overline{X} + \frac{S}{\sqrt{n}} t_{\alpha/2}(n-1) \right]. \tag{4.22}$$

根据式 (4.19) 和式 (4.22) 写出总体方差已知和方差未知两种情况均值 μ 区间估计的 R 程序. (程序名: interval_estimate1.R)

```
interval_estimate1<-function(x, sigma=-1, alpha=0.05){
    n<-length(x); xb<-mean(x)
    if (sigma>=0){
        tmp<-sigma/sqrt(n)*qnorm(1-alpha/2); df<-n
```

```
}
else{
    tmp<-sd(x)/sqrt(n)*qt(1-alpha/2,n-1); df<-n-1
}
data.frame(mean=xb, df=df, a=xb-tmp, b=xb+tmp)
}
```

在程序中, x 是来自总体的数据 (样本) 构成的向量; sigma 是总体的标准差, 当标准差已知时, 输入相应的值, 程序采用正态分布计算区间端点, 当标准差未知时, 不输入此项的值, 程序采用 t 分布计算区间端点; alpha 是显著性水平, 默认值为 0.05. 函数以数据框的形式输出, 输出的内容有: 样本均值 mean、自由度 df 和均值区间估计的上下限 a, b.

注意: 在 R 软件中, 所有的分位点均按下分位点计算, 而本书中的数学表达式所使用的分位点均是上分位点, 因此数学表达式与 R 软件中的函数有如下关系:

$$Z_\alpha = \mathrm{qnorm}(1 - \mathrm{alpha}), \qquad t_\alpha(n-1) = \mathrm{qt}(1 - \mathrm{alpha}, \mathrm{n} - 1).$$

其他分布函数也相同. 请注意两者的差别, 在编程中不要混淆.

在得到观测数据后, 可以用此函数对参数 μ 作区间估计.

例 4.14 某工厂生产的零件长度 X 被认为服从 $N(\mu, 0.04)$, 现从该产品中随机抽取 6 个, 其长度的测量值如下 (单位: mm):

$$14.6, \quad 15.1, \quad 14.9, \quad 14.8, \quad 15.2, \quad 15.1,$$

试求该零件长度的置信系数为 0.95 的区间估计.

解 输入数据, 调用函数 interval_estimate1(). (程序名: exam0414.R)

```
source("interval_estimate1.R")
X<-c(14.6, 15.1,14.9, 14.8, 15.2,15.1)
interval_estimate1(X, sigma=0.2)
```

得到

```
    mean df        a        b
1 14.95   6 14.78997 15.11003
```

因此, 该零件长度的置信系数为 0.95 的置信区间为 $[14.79, 15.11]$.

例 4.15 为估计一件物体的重量 μ, 将其称了 10 次, 得到的重量 (单位: kg) 为

$$10.1, \quad 10, \quad 9.8, \quad 10.5, \quad 9.7, \quad 10.1, \quad 9.9, \quad 10.2, \quad 10.3, \quad 9.9,$$

假设所称出的物体重量服从 $N(\mu, \sigma^2)$, 求该物体重量 μ 的置信系数为 0.95 的置信区间.

解 输入数据, 调用函数 interval_estimate1(). (程序名: exam0415.R)

```
source("interval_estimate1.R")
X<-c(10.1, 10, 9.8, 10.5, 9.7, 10.1, 9.9, 10.2, 10.3, 9.9)
interval_estimate1(X)
```

得到

```
      mean df          a         b
1  10.05   9  9.877225  10.22278
```

因此, 该物体重量 μ 的置信系数为 0.95 的置信区间为 $[9.87, 10.22]$.

　　R 软件中的 t.test 检验函数可以完成相应的区间估计工作, 例如,

```
> t.test(X)
        One Sample t-test
data:  X
t = 131.5854, df = 9, p-value = 4.296e-16
alternative hypothesis: true mean is not equal to 0
95 percent confidence interval:
  9.877225 10.222775
sample estimates:
mean of x
    10.05
```

得到相应的区间估计 $[9.88, 10.22]$ 和其他的一些信息. 注意到: 由 t.test() 函数得到的区间估计与我们编写函数得到的区间估计相同, 从这里可以帮助大家了解 t.test() 的计算过程. 关于 t.test() 函数进一步的使用方法将在第 5 章介绍.

2. 方差 σ^2 的区间估计

分别讨论总体 X 的均值 μ 已知和均值 μ 未知两种情形.

当 μ 已知时, 用 σ^2 的极大似然估计

$$\widehat{\sigma}^2 = \frac{1}{n} \sum_{i=1}^{n} (X_i - \mu)^2 \tag{4.23}$$

来导出 σ^2 的置信区间. 由 χ^2 分布的定义容易推出

$$\frac{n\widehat{\sigma}^2}{\sigma^2} = \sum_{i=1}^{n} (X_i - \mu)^2 \Big/ \sigma^2 \sim \chi^2(n). \tag{4.24}$$

因此有

$$P\left\{ \chi_{1-\alpha/2}^2(n) \leqslant \frac{n\widehat{\sigma}^2}{\sigma^2} \leqslant \chi_{\alpha/2}^2(n) \right\} = 1 - \alpha, \tag{4.25}$$

其中 $\chi_{1-\alpha/2}^2(n)$ 和 $\chi_{\alpha/2}^2(n)$ 分别表示自由度为 n 的 χ^2 分布的上 $1 - \alpha/2$ 和 $\alpha/2$ 分位点. 由此得到 σ^2 的置信度为 $1 - \alpha$ 的双侧置信区间为

$$\left[\frac{n\widehat{\sigma}^2}{\chi_{\alpha/2}^2(n)}, \frac{n\widehat{\sigma}^2}{\chi_{1-\alpha/2}^2(n)} \right]. \tag{4.26}$$

当 μ 未知时, 取 σ^2 的估计量

$$S^2 = \frac{1}{n-1} \sum_{i=1}^{n} (X_i - \overline{X})^2,$$

且满足

$$\frac{(n-1)S^2}{\sigma^2} \sim \chi^2(n-1), \tag{4.27}$$

因此, 有

$$P\left\{ \chi^2_{1-\alpha/2}(n-1) \leqslant \frac{(n-1)S^2}{\sigma^2} \leqslant \chi^2_{\alpha/2}(n-1) \right\} = 1-\alpha,$$

其中 $\chi^2_{1-\alpha/2}(n-1)$ 和 $\chi^2_{\alpha/2}(n-1)$ 分别表示自由度为 $n-1$ 的 χ^2 分布的上 $1-\alpha/2$ 和上 $\alpha/2$ 分位点. 由此得到 σ^2 的置信度为 $1-\alpha$ 的双侧置信区间为

$$\left[\frac{(n-1)S^2}{\chi^2_{\alpha/2}(n-1)}, \ \frac{(n-1)S^2}{\chi^2_{1-\alpha/2}(n-1)} \right]. \tag{4.28}$$

根据式 (4.26) 和式 (4.28) 写出总体均值已知和均值未知两种情况方差 σ^2 的区间估计的 R 程序. (程序名: interval_var1.R)

```
interval_var1<-function(x, mu=Inf, alpha=0.05){
    n<-length(x)
    if (mu<Inf){
        S2 <- sum((x-mu)^2)/n; df <- n
    }
    else{
        S2 <- var(x); df <- n-1
    }
    a<-df*S2/qchisq(1-alpha/2,df)
    b<-df*S2/qchisq(alpha/2,df)
    data.frame(var=S2, df=df, a=a, b=b)
}
```

在程序中, x 是由来自总体的数据 (样本) 构成的向量. mu 是总体均值, 当均值已知时, 输入相应的值, 程序采用自由度为 n 的 χ^2 分布计算区间端点; 当均值未知时, 不输入此项值, 程序采用自由度为 $n-1$ 的 χ^2 分布计算区间端点. 数据输出采用数据框的形式, 输出值是样本方差 var、自由度 df 和方差的区间估计 a, b.

例 4.16 用区间估计方法估计例 4.15 的测量误差 (即方差 σ^2), 分别对均值 μ 已知 ($\mu=10$) 和均值 μ 未知两种情况进行讨论.

解 用上面编好的函数计算.

```
#### 输入数据, 调用编好的程序
> X<-c(10.1,10,9.8,10.5,9.7,10.1,9.9,10.2,10.3,9.9)
> source("interval_var1.R")
#### 作方差的区间估计, 认为均值已知
> interval_var1(X, mu=10)
     var df         a         b
1 0.055 10 0.02685130 0.1693885
#### 作方差的区间估计, 认为均值未知
> interval_var1(X)
        var df          a         b
1 0.05833333  9 0.02759851 0.1944164
```

当均值已知 ($\mu = 10$) 时, 其方差 σ^2 的区间估计为 $[0.0268, 0.169]$, 当均值未知时, 其方差 σ^2 的区间估计为 $[0.0276, 0.194]$. 从计算结果来看, 在均值已知的情况下, 计算结果更好一些.

4.3.2 两个正态总体的情况

假设有两个正态总体 $X \sim N(\mu_1, \sigma_1^2)$ 和 $Y \sim N(\mu_2, \sigma_2^2)$, $X_1, X_2, \cdots, X_{n_1}$ 为来自总体 X 的一个样本, $Y_1, Y_2, \cdots, Y_{n_2}$ 为来自总体 Y 的一个样本, $1 - \alpha$ 为置信度, $\overline{X}, \overline{Y}$ 分别为第一、第二样本均值, S_1^2, S_2^2 分别为第一、第二样本方差.

1. 均值差 $\mu_1 - \mu_2$ 的区间估计

分三种情况讨论.

(1) 当两总体的方差 σ_1^2, σ_2^2 已知时, 由正态分布的性质有

$$\overline{X} - \overline{Y} \sim N\left(\mu_1 - \mu_2, \frac{\sigma_1^2}{n_1} + \frac{\sigma_2^2}{n_2}\right), \tag{4.29}$$

类似于单个总体均值区间估计的推导, 得到 $\mu_1 - \mu_2$ 的置信度为 $1 - \alpha$ 的双侧置信区间为

$$\left[\overline{X} - \overline{Y} - Z_{\alpha/2}\sqrt{\frac{\sigma_1^2}{n_1} + \frac{\sigma_2^2}{n_2}}, \ \ \overline{X} - \overline{Y} + Z_{\alpha/2}\sqrt{\frac{\sigma_1^2}{n_1} + \frac{\sigma_2^2}{n_2}}\right]. \tag{4.30}$$

(2) 当两总体的方差相同, 即 $\sigma_1^2 = \sigma_2^2 = \sigma^2$, 且未知时, 可以得到

$$T = \frac{\overline{X} - \overline{Y} - (\mu_1 - \mu_2)}{S_w\sqrt{\dfrac{1}{n_1} + \dfrac{1}{n_2}}} \sim t(n_1 + n_2 - 2), \tag{4.31}$$

其中
$$S_w = \sqrt{\frac{(n_1-1)S_1^2 + (n_2-1)S_2^2}{n_1+n_2-2}}. \tag{4.32}$$

仿照式 (4.22) 的推导, 得到 $\mu_1 - \mu_2$ 的置信度为 $1 - \alpha$ 的双侧置信区间为

$$\left[\overline{X} - \overline{Y} - t_{\alpha/2}(n_1+n_2-2)S_w\sqrt{\frac{1}{n_1}+\frac{1}{n_2}}, \right.$$
$$\left. \overline{X} - \overline{Y} + t_{\alpha/2}(n_1+n_2-2)S_w\sqrt{\frac{1}{n_1}+\frac{1}{n_2}} \right]. \tag{4.33}$$

(3) 当两总体的方差 σ_1^2 和 σ_2^2 未知, 且 $\sigma_1^2 \neq \sigma_2^2$ 时, 可以证明

$$T = \frac{\overline{X} - \overline{Y} - (\mu_1 - \mu_2)}{\sqrt{\dfrac{S_1^2}{n_1}+\dfrac{S_2^2}{n_2}}} \sim t(\nu) \tag{4.34}$$

近似成立, 其中

$$\nu = \left(\frac{\sigma_1^2}{n_1}+\frac{\sigma_2^2}{n_2}\right)^2 \bigg/ \left(\frac{(\sigma_1^2)^2}{n_1^2(n_1-1)}+\frac{(\sigma_2^2)^2}{n_2^2(n_2-1)}\right). \tag{4.35}$$

但由于 σ_1^2, σ_2^2 未知, 用样本方差 S_1^2, S_2^2 来近似, 因此,

$$\widehat{\nu} = \left(\frac{S_1^2}{n_1}+\frac{S_2^2}{n_2}\right)^2 \bigg/ \left(\frac{(S_1^2)^2}{n_1^2(n_1-1)}+\frac{(S_2^2)^2}{n_2^2(n_2-1)}\right). \tag{4.36}$$

可以近似地认为

$$T \quad \sim \quad t(\widehat{\nu}).$$

由此得到 $\mu_1 - \mu_2$ 的置信度为 $1 - \alpha$ 的双侧置信区间为

$$\left[\overline{X} - \overline{Y} - t_{\alpha/2}(\widehat{\nu})\sqrt{\frac{S_1^2}{n_1}+\frac{S_2^2}{n_2}}, \ \ \overline{Y} - \overline{X} + t_{\alpha/2}(\widehat{\nu})\sqrt{\frac{S_1^2}{n_1}+\frac{S_2^2}{n_2}} \right]. \tag{4.37}$$

根据式 (4.30)、式 (4.33) 和式 (4.37) 写出三种情况下均值差 $\mu_1 - \mu_2$ 区间估计的 R 程序. (程序名: interval_estimate2.R)

```
interval_estimate2<-function(x, y,
    sigma=c(-1,-1), var.equal=FALSE, alpha=0.05){
    n1<-length(x); n2<-length(y)
    xb<-mean(x); yb<-mean(y)
    if (all(sigma>=0)){
        tmp<-qnorm(1-alpha/2)*sqrt(sigma[1]^2/n1+sigma[2]^2/n2)
        df<-n1+n2
```

```
    }
    else{
        if (var.equal ==  TRUE){
            Sw<-((n1-1)*var(x)+(n2-1)*var(y))/(n1+n2-2)
            tmp<-sqrt(Sw*(1/n1+1/n2))*qt(1-alpha/2,n1+n2-2)
            df<-n1+n2-2
        }
        else{
            S1<-var(x); S2<-var(y)
            nu<-(S1/n1+S2/n2)^2/(S1^2/n1^2/(n1-1)+S2^2/n2^2/(n2-1))
            tmp<-qt(1-alpha/2, nu)*sqrt(S1/n1+S2/n2)
            df<-nu
        }
    }
    data.frame(mean=xb-yb, df=df, a=xb-yb-tmp, b=xb-yb+tmp)
}
```

在程序中, x, y 是分别来自两总体的数据 (样本) 构成的向量. sigma 是由两总体标准差构成的向量, 当标准差已知时, 输入相应的值, 程序采用正态分布计算区间的端点; 当标准差未知时, 不输入此项值, 此时需要考虑两总体的方差是否相同. 若认为两总体方差相同, 输入 var.equal = TRUE, 程序采用自由度为 $n_1 + n_2 - 2$ 的 t 分布计算区间端点; 若认为两总体方差不同, 输入 var.equal = FALSE (或默认), 程序采用自由度为 ν 的 t 分布计算区间端点. 当 ν 不是整数时, 程序在计算 t 分布时, 其值采用插值方法得到.

程序输出采用数据框的形式, 输出两样本均值差 mean、自由度 df 和均值差的区间估计的端点 a, b.

例 4.17 欲比较甲、乙两种棉花品种的优劣. 现假设用它们纺出的棉纱强度分别服从 $N(\mu_1, 2.18^2)$ 和 $N(\mu_2, 1.76^2)$, 试验者从这两种棉纱中分别抽取样本 $X_1, X_2, \cdots, X_{100}$ 和 $Y_1, Y_2, \cdots, Y_{100}$ (其数据用计算机模拟产生, 其随机数的均值分别为 $\mu_1 = 5.32, \mu_2 = 5.76$). 试给出 $\mu_1 - \mu_2$ 的置信系数为 0.95 的区间估计.

解 首先用 R 软件产生 200 个随机数, 再调用函数 interval_estimate2() 进行计算. (程序名：exam_0417.R)

```
x<-rnorm(100, 5.32, 2.18)
y<-rnorm(100, 5.76, 1.76)
source("interval_estimate2.R")
interval_estimate2(x,y, sigma=c(2.18, 1.76))
```

得到计算结果

```
        mean df      a          b
1 -0.2549302 200 -0.80407 0.2942096
```

因此, $\mu_1 - \mu_2$ 的置信系数为 0.95 的区间估计为 $[-0.804, 0.294]$.

注意: 由于数据是由计算机随机产生的, 因此, 每一次的计算结果均不相同, 但总的趋势是相同的.

例 4.18　某公司利用两条自动化流水线灌装矿泉水. 现从生产线上随机抽取样本 $X_1, X_2, \cdots, X_{12}$ 和 $Y_1, Y_2, \cdots, Y_{17}$(数据由计算机模拟产生), 它们是每瓶矿泉水的体积 (mL). 假设这两条流水线所装的矿泉水的体积都服从正态分布, 分别为 $N(\mu_1, \sigma^2)$ 和 $N(\mu_2, \sigma^2)$. 给定置信系数 0.95, 试求 $\mu_1 - \mu_2$ 的区间估计. 讨论两种情况, (1) 两总体方差相同; (2) 两总体方差不同. (注: 计算机产生随机数的均值 $\mu_1 = 501.1$ 和 $\mu_2 = 499.7$, 标准差 $\sigma_1 = 2.4$, $\sigma_2 = 4.7$.)

解　首先用 R 软件产生相应的随机数, 再调用函数 interval_estimate2() 进行计算. (程序名: exam_0418.R)

```
x<-rnorm(12, 501.1, 2.4)
y<-rnorm(17, 499.7, 4.7)
source("interval_estimate2.R")
interval_estimate2(x, y, var.equal=TRUE)
interval_estimate2(x, y)
```

认为方差相同的计算结果是

```
> interval_estimate2(x, y, var.equal=TRUE)
        mean df      a          b
1 -0.7120126 27 -3.667566 2.243541
```

因此, 在认为方差相同的情况下, $\mu_1 - \mu_2$ 的置信系数为 0.95 的区间估计为 $[-3.67, 2.24]$.

认为方差不同的计算结果是

```
> interval_estimate2(x, y)
        mean df          a          b
1 -0.7120126 23.09151 -3.344401 1.920376
```

因此, 在认为方差不同的情况下, $\mu_1 - \mu_2$ 的置信系数为 0.95 的区间估计为 $[-3.34, 1.92]$.

比较两计算结果, 可认为在两总体方差不同的假设下, 计算结果更精确一些.

在这两个例子中, $\mu_1 - \mu_2$ 的区间估计包含了零, 也就是说, μ_1 可能大于 μ_2, 也可能小于 μ_2, 这时我们就认为 μ_1 与 μ_2 并没有显著差异.

R 软件中的 t.test() 函数可以给出双样本差的区间估计, 如

```
> t.test(x, y)

        Welch Two Sample t-test
data:  x and y
```

```
t = -0.5594, df = 23.092, p-value = 0.5813
alternative hypothesis: true difference in means is not equal to 0
95 percent confidence interval:
 -3.344401  1.920376
sample estimates:
mean of x mean of y
 500.0234   500.7354
```

由于没有声明, 在计算时总认为两样本方差不同. 如果认为方差相同, 需要声明, 即在变量中给出 var.equal=TRUE, 如

```
> t.test(x, y, var.equal=TRUE)
        Two Sample t-test
data:  x and y
t = -0.4943, df = 27, p-value = 0.6251
alternative hypothesis: true difference in means is not equal to 0
95 percent confidence interval:
 -3.667566  2.243541
sample estimates:
mean of x mean of y
 500.0234   500.7354
```

比较两程序的计算结果, 发现由 t.test() 函数得到的计算结果与我们编写函数的计算结果完全相同, 结合前面的例子, 帮助我们理解 t.test() 函数的计算过程. 有关 t.test() 函数的其他用法, 第 5 章还会讨论.

2. 配对数据情形下均值差 $\mu_1 - \mu_2$ 的区间估计

因为配对数据的每一对都可计算其差值 d, 所以, 虽然配对数据是两组数据间的比较, 但求出每一对差值后, 就变成了单个样本, 其置信区间可按单个总体均值 μ 的区间估计的方法求出. 这里也可以分成方差 σ_d^2 已知和方差 σ_d^2 未知两种情况来讨论. 由于前面对单个总体样本均值估计讨论的比较仔细, 这里只给出其应用方法.

例 4.19 为了调查应用克矽平治疗矽肺的效果, 今抽查应用克矽平治疗矽肺的患者 10 名, 记录下治疗前后血红蛋白的含量数据, 如表 4.1 所示. 试求治疗前后变化的区间估

表 4.1 治疗前后血红蛋白的含量数据

病人编号	1	2	3	4	5	6	7	8	9	10
治疗前 (X)	11.3	15.0	15.0	13.5	12.8	10.0	11.0	12.0	13.0	12.3
治疗后 (Y)	14.0	13.8	14.0	13.5	13.5	12.0	14.7	11.4	13.8	12.0

计 ($\alpha = 0.05$).

解　输入数据, 调入 t.test() 函数.

```
> X<-c(11.3, 15.0, 15.0, 13.5, 12.8, 10.0, 11.0, 12.0, 13.0, 12.3)
> Y<-c(14.0, 13.8, 14.0, 13.5, 13.5, 12.0, 14.7, 11.4, 13.8, 12.0)
> t.test(X-Y)

        One Sample t-test

data:  X - Y
t = -1.3066, df = 9, p-value = 0.2237
alternative hypothesis: true mean is not equal to 0
95 percent confidence interval:
 -1.8572881  0.4972881
sample estimates:
mean of x
    -0.68
```

所以, 治疗前后变化的区间估计为 $[-1.86, 0.497]$.

由于 0 包含在区间估计的区间内, 因此可以认为治疗前后病人血红蛋白的含量无显著差异. 关于假设检验部分我们在第 5 章再介绍.

3. 方差比 σ_1^2/σ_2^2 的区间估计

仍对总体均值 μ_1, μ_2 已知和总体均值 μ_1, μ_2 未知两种情况分别讨论.

(1) μ_1 与 μ_2 已知. 此时

$$\widehat{\sigma}_1^2 = \frac{1}{n_1}\sum_{i=1}^{n_1}(X_i - \mu_1)^2, \quad \widehat{\sigma}_2^2 = \frac{1}{n_2}\sum_{i=1}^{n_2}(Y_i - \mu_2)^2 \tag{4.38}$$

分别为 σ_1^2 和 σ_2^2 的无偏估计, 由于

$$F = \frac{\widehat{\sigma}_1^2/\sigma_1^2}{\widehat{\sigma}_2^2/\sigma_2^2} \sim F(n_1, n_2), \tag{4.39}$$

因此

$$P\left\{F_{1-\alpha/2}(n_1, n_2) \leqslant \frac{\widehat{\sigma}_1^2/\sigma_1^2}{\widehat{\sigma}_2^2/\sigma_2^2} \leqslant F_{\alpha/2}(n_1, n_2)\right\} = 1 - \alpha, \tag{4.40}$$

其中 $F_{1-\alpha/2}(n_1, n_2)$ 和 $F_{\alpha/2}(n_1, n_2)$ 分别表示自由度为 (n_1, n_2) 的 F 分布的上 $1 - \alpha/2$ 和上 $\alpha/2$ 分位点. 因此, σ_1^2/σ_2^2 的置信水平 $1 - \alpha$ 的置信区间为

$$\left[\frac{\widehat{\sigma}_1^2/\widehat{\sigma}_2^2}{F_{\alpha/2}(n_1, n_2)}, \frac{\widehat{\sigma}_1^2/\widehat{\sigma}_2^2}{F_{1-\alpha/2}(n_1, n_2)}\right]. \tag{4.41}$$

(2) μ_1 与 μ_2 未知. 此时 S_1^2 和 S_2^2 分别为 σ_1^2 和 σ_2^2 的无偏估计, 由于

$$F = \frac{S_1^2/\sigma_1^2}{S_2^2/\sigma_2^2} \sim F(n_1 - 1, n_2 - 1), \tag{4.42}$$

因此

$$P\left\{ F_{1-\alpha/2}(n_1 - 1, n_2 - 1) \leqslant \frac{S_1^2/\sigma_1^2}{S_2^2/\sigma_2^2} \leqslant F_{\alpha/2}(n_1 - 1, n_2 - 1) \right\} = 1 - \alpha, \tag{4.43}$$

则 σ_1^2/σ_2^2 的置信水平为 $1 - \alpha$ 的置信区间为

$$\left[\frac{S_1^2/S_2^2}{F_{\alpha/2}(n_1 - 1, n_2 - 1)}, \frac{S_1^2/S_2^2}{F_{1-\alpha/2}(n_1 - 1, n_2 - 2)} \right]. \tag{4.44}$$

根据式 (4.41) 和式 (4.44) 写出上述两种情况下方差比 σ_1^2/σ_2^2 区间估计的 R 程序. (程序名: interval_var2.R)

```
interval_var2<-function(x,y,
    mu=c(Inf, Inf), alpha=0.05){
    n1<-length(x); n2<-length(y)
    if (all(mu<Inf)){
        Sx2<-1/n1*sum((x-mu[1])^2); Sy2<-1/n2*sum((y-mu[2])^2)
        df1<-n1; df2<-n2
    }
    else{
        Sx2<-var(x); Sy2<-var(y); df1<-n1-1; df2<-n2-1
    }
    r<-Sx2/Sy2
    a<-r/qf(1-alpha/2,df1,df2)
    b<-r/qf(alpha/2,df1,df2)
    data.frame(rate=r, df1=df1, df2=df2, a=a, b=b)
}
```

在程序中, x, y 分别是来自两总体的数据 (样本) 构成的向量. mu 是由两总体均值构成的向量, 当均值已知时, 输入相应的值, 程序采用自由度为 (n_1, n_2) 的 F 分布计算区间估计的两个端点; 否则 (不输入此项值), 程序采用自由度为 $(n_1 - 1, n_2 - 1)$ 的 F 分布计算区间估计的两个端点. alpha 是显著性水平, 默认值为 0.05. 输出采用数据框形式, 输出的变量有: 样本方差比 rate、第一自由度 df1、第二自由度 df2 和方差比的区间估计的端点 a, b.

例 4.20 *已知两组数据*

A: 79.98 80.04 80.02 80.04 80.03 80.03 80.04 79.97

　　80.05 80.03 80.02 80.00 80.02

B: 80.02 79.94 79.98 79.97 79.97 80.03 79.95 79.97

试用两种方法作方差比的区间估计. (1) 均值已知, $\mu_1 = \mu_2 = 80$; (2) 均值未知.

解　输入数据, 调用函数 interval_var2() 进行计算. (程序名: exam0419.R)

```
#### 用 scan() 函数输入数据
> A<-scan()
1: 79.98 80.04 80.02 80.04 80.03 80.03 80.04 79.97
9: 80.05 80.03 80.02 80.00 80.02
14:
Read 13 items
> B<-scan()
1: 80.02 79.94 79.98 79.97 79.97 80.03 79.95 79.97
9:
Read 8 items
#### 调用编好的程序
> source("interval_var2.R")
#### 方差比的区间估计, 认为均值已知
> interval_var2(A, B, mu=c(80,80))
      rate df1 df2         a        b
1 0.7326007  13   8 0.1760141 2.482042
#### 方差比的区间估计, 认为均值未知
> interval_var2(A, B)
      rate df1 df2         a        b
1 0.5837405  12   7 0.1251097 2.105269
```

两种计算结果稍有差异.

　　从计算结果可以看到, 1 包含在区间估计的区间中, 也就是说, 有理由认为两总体的方差比为 1, 即可认为两总体的方差相同.

　　在 R 软件中, var.test() 函数能够提供双样本方差比的区间估计, 如

```
> var.test(A,B)
        F test to compare two variances
data:  A and B
F = 0.5837, num df = 12, denom df = 7, p-value = 0.3938
alternative hypothesis: true ratio of variances is not equal to 1
```

```
95 percent confidence interval:
 0.1251097 2.1052687
sample estimates:
ratio of variances
         0.5837405
```

与我们所编写函数的计算结果相同 (均值未知), 从这里也可以帮助我们理解函数 var.test() 的计算过程. 有关 var.test() 函数的其他用法, 第 5 章还会进行讨论.

4.3.3 非正态总体的区间估计

当数据不服从正态分布时, 估计均值的一种有效方法就是所谓的大样本方法, 即要求样本的量比较大, 利用中心极限定理进行分析.

设总体 X 的均值为 μ, 方差为 σ^2, $X_1, X_2, \cdots, X_n$ 为抽自总体 X 的一个样本. 因为这些样本是独立同分布的, 根据中心极限定理, 对于充分大的 n, 有

$$\frac{\sum\limits_{i=1}^{n} X_i - n\mu}{\sqrt{n}\sigma} \sim N(0,1)$$

近似成立, 这样就导出 μ 的置信度为 $1-\alpha$ 的双侧近似置信区间为

$$\left[\overline{X} - \frac{\sigma}{\sqrt{n}}Z_{\alpha/2}, \overline{X} + \frac{\sigma}{\sqrt{n}}Z_{\alpha/2}\right]. \tag{4.45}$$

在形式上, 该式与式 (4.19) 完全相同, 所不同的是这里的置信系数是近似的.

如果方差 σ^2 未知, 可以用它的估计 S^2 来代替 σ^2, 由此得到相应的近似置信区间为

$$\left[\overline{X} - \frac{S}{\sqrt{n}}Z_{\alpha/2}, \overline{X} + \frac{S}{\sqrt{n}}Z_{\alpha/2}\right]. \tag{4.46}$$

根据式 (4.45) 和式 (4.46) 写出非正态总体区间估计的 R 程序. (程序名：interval_estimate3.R)

```
interval_estimate3<-function(x,sigma=-1,alpha=0.05){
   n<-length(x); xb<-mean(x)
   if (sigma>=0)
      tmp<-sigma/sqrt(n)*qnorm(1-alpha/2)
   else
      tmp<-sd(x)/sqrt(n)*qnorm(1-alpha/2)
   data.frame(mean=xb, a=xb-tmp, b=xb+tmp)
}
```

在程序中, x 是来自非正态分布总体的数据 (样本) 向量. sigma 是总体标准差, 当标准差已知时, 输入相应的标准差; 当标准差未知时, 不输入此项值, 程序用样本的标准差代

替总体的标准差. 输出采用数据框形式, 输出样本均值 mean 和均值的区间估计的两个端点 a,b.

例 4.21 某公司欲估计自己生产的电池寿命. 现从其产品中随机抽取 50 只电池做寿命试验 (数据由计算机随机产生, 服从均值 $1/\lambda = 2.266$(单位: 100 h) 的指数分布). 求该公司生产的电池平均寿命的置信系数为 95% 的置信区间.

解 首先用 R 软件产生相应的随机数, 再调用函数 interval_estimate3() 进行计算.

```
> x<-rexp(50, 1/2.266)
> source("interval_estimate3.R")
> interval_estimate3(x)
      mean         a         b
1 2.293804 1.612363 2.975244
```

因此, 该公司电池的平均寿命的置信系数约为 95% 的置信区间为 $[1.612, 2.975]$.

4.3.4 单侧置信区间估计

对于某些问题, 人们只关心 θ 在某一方向上的界限. 例如, 对于设备、元件的寿命来说, 我们常常关心的是平均寿命 θ 的 "下限", 而当我们考虑产品的废品率 p 时, 关心的是参数 p 的 "上界". 称这类区间估计问题为单侧区间估计.

定义 4.7 设 $X_1, X_2, \cdots, X_n$ 是来自总体 X 的一个样本, θ 是包含在总体分布中的未知参数, 对于给定的 $\alpha(0 < \alpha < 1)$, 若统计量 $\underline{\theta} = \underline{\theta}(X_1, X_2, \cdots, X_n)$ 满足

$$P\{\underline{\theta}(X_1, X_2, \cdots, X_n) \leqslant \theta\} = 1 - \alpha,$$

则称随机区间 $[\underline{\theta}, +\infty)$ 是 θ 的置信度为 $1-\alpha$ 的单侧置信区间, 称 $\underline{\theta}$ 为 θ 的置信度为 $1-\alpha$ 的单侧置信下限. 若统计量 $\overline{\theta} = \overline{\theta}(X_1, X_2, \cdots, X_n)$ 满足

$$P\{\theta \leqslant \overline{\theta}(X_1, X_2, \cdots, X_n)\} = 1 - \alpha,$$

则称随机区间 $(-\infty, \overline{\theta}]$ 是 θ 的置信度为 $1-\alpha$ 的单侧置信区间, 称 $\overline{\theta}$ 为 θ 的置信度为 $1-\alpha$ 的单侧置信上限.

类似于双侧置信区间估计的研究, 对于给定的置信度 $1-\alpha$, 选择置信下限 $\underline{\theta}$ 时, $E(\underline{\theta})$ 越大越好, 而选择置信上限 $\overline{\theta}$ 时, $E(\overline{\theta})$ 越小越好.

1. 一个总体求均值

假设正态总体 $X \sim N(\mu, \sigma^2)$, $X_1, X_2, \cdots, X_n$ 为来自总体 X 的一个样本, $1-\alpha$ 为置信度, $\overline{X}$ 为样本均值, S^2 为样本方差.

分别讨论总体方差 σ^2 已知和未知情况下, 均值 μ 的单侧置信区间估计.

若 σ^2 已知, 由式 (4.17), 得到

$$P\left\{\frac{\overline{X} - \mu}{\sigma/\sqrt{n}} \leqslant Z_\alpha\right\} = 1 - \alpha, \quad P\left\{-Z_\alpha \leqslant \frac{\overline{X} - \mu}{\sigma/\sqrt{n}}\right\} = 1 - \alpha.$$

于是得到 μ 的置信度为 $1-\alpha$ 的单侧置信区间分别为

$$\left[\overline{X} - \frac{\sigma}{\sqrt{n}}Z_\alpha, \ +\infty\right), \quad \left(-\infty, \ \overline{X} + \frac{\sigma}{\sqrt{n}}Z_\alpha\right]. \tag{4.47}$$

因此, μ 的置信度为 $1-\alpha$ 的单侧置信下限、上限分别为

$$\underline{\mu} = \overline{X} - \frac{\sigma}{\sqrt{n}}Z_\alpha, \quad \overline{\mu} = \overline{X} + \frac{\sigma}{\sqrt{n}}Z_\alpha. \tag{4.48}$$

若 σ^2 未知, 由式 (4.20), 得到

$$P\left\{\frac{\overline{X}-\mu}{S/\sqrt{n}} \leqslant t_\alpha(n-1)\right\} = 1-\alpha, \quad P\left\{-t_\alpha(n-1) \leqslant \frac{\overline{X}-\mu}{S/\sqrt{n}}\right\} = 1-\alpha,$$

于是得到 μ 的置信度为 $1-\alpha$ 的单侧置信区间分别为

$$\left[\overline{X} - \frac{S}{\sqrt{n}}t_\alpha(n-1), \ +\infty\right), \quad \left(-\infty, \ \overline{X} + \frac{S}{\sqrt{n}}t_\alpha(n-1)\right]. \tag{4.49}$$

因此, μ 的置信度为 $1-\alpha$ 的单侧置信下限、上限分别为

$$\underline{\mu} = \overline{X} - \frac{S}{\sqrt{n}}t_\alpha(n-1), \quad \overline{\mu} = \overline{X} + \frac{S}{\sqrt{n}}t_\alpha(n-1). \tag{4.50}$$

根据式 (4.47) 和式 (4.49), 以及双侧置信区间的公式写出下面的 R 程序 (程序名: interval_estimate4.R), 并可控制求单侧置信区间或双侧置信区间.

```
interval_estimate4<-function(x, sigma=-1, side=0, alpha=0.05){
    n<-length(x); xb<-mean(x)
    if (sigma>=0){
        if (side<0){
            tmp<-sigma/sqrt(n)*qnorm(1-alpha)
            a <- -Inf; b <- xb+tmp
        }
        else if (side>0){
            tmp<-sigma/sqrt(n)*qnorm(1-alpha)
            a <- xb-tmp; b <- Inf
        }
        else{
            tmp <- sigma/sqrt(n)*qnorm(1-alpha/2)
            a <- xb-tmp; b <- xb+tmp
```

```
            }
            df<-n
        }
        else{
            if (side<0){
                tmp <- sd(x)/sqrt(n)*qt(1-alpha,n-1)
                a <- -Inf; b <- xb+tmp
            }
            else if (side>0){
                tmp <- sd(x)/sqrt(n)*qt(1-alpha,n-1)
                a <- xb-tmp; b <- Inf
            }
            else{
                tmp <- sd(x)/sqrt(n)*qt(1-alpha/2,n-1)
                a <- xb-tmp; b <- xb+tmp
            }
            df<-n-1
        }
        data.frame(mean=xb, df=df, a=a, b=b)
    }
```

在程序中, x 是由来自总体的数据 (样本) 构成的向量. sigma 是总体的标准差, 当标准差已知时, 输入相应的值, 程序采用正态分布估计区间端点; 否则 (不输入此项值), 程序采用 t 分布估计区间端点. side 控制求单、双侧置信区间, 若求单侧置信区间上限, 输入 side=−1; 若求单侧置信区间下限, 输入 side=1; 若求双侧置信区间, 输入 side=0 或默认. 输出采用数据框形式, 输出样本均值 mean、自由度 df 和均值的区间估计的两个端点 a,b.

上述程序实际上包含了求双侧置信区间的情况, 也就是说, 函数 interval_estimate4 包含了函数 interval_estimate1 的功能.

例 4.22 从一批灯泡中随机地取 5 只作寿命试验, 测得寿命 (以 h 计) 为

$$1050 \quad 1100 \quad 1120 \quad 1250 \quad 1280,$$

设灯泡寿命服从正态分布, 求灯泡寿命平均值的置信度为 0.95 的单侧置信下限.

解 输入数据, 调用函数 interval_estimate4().

```
> X<-c(1050, 1100, 1120, 1250, 1280)
> source("interval_estimate4.R")
> interval_estimate4(X, side=1)
```

```
    mean df        a    b
1 1160   4 1064.900 Inf
```

也就是说有 95% 的灯泡寿命在 1064.9h 以上.

R 软件中的 t.test() 函数也可以完成单侧区间估计, 如

```
> t.test(X, alternative = "greater")
        One Sample t-test

data: X
t = 26.0035, df = 4, p-value = 6.497e-06
alternative hypothesis: true mean is greater than 0
95 percent confidence interval:
1064.900        Inf
sample estimates:
mean of x
        1160
```

相应的区间估计为 $[1064.900, \infty]$, 与我们编写的函数具有相同的计算结果.

在程序中, alternative 是指备择假设, 这个概念将在第 5 章假设检验中作详细介绍.

2. 一个总体求方差

假设与前面相同, $\hat{\sigma}^2$ 由式 (4.23) 定义, 分别讨论总体均值 μ 已知、未知的情况, 方差 σ^2 的单侧置信区间估计.

当 μ 是已知时, 由式 (4.24), 有

$$P\left\{\frac{n\hat{\sigma}^2}{\sigma^2} \leqslant \chi_\alpha^2(n)\right\} = 1 - \alpha, \quad P\left\{\chi_{1-\alpha}^2(n) \leqslant \frac{n\hat{\sigma}^2}{\sigma^2}\right\} = 1 - \alpha,$$

于是得到 σ^2 的置信度为 $1 - \alpha$ 的单侧置信区间分别为

$$\left[\frac{n\hat{\sigma}^2}{\chi_\alpha^2(n)}, +\infty,\right), \quad \left[0, \frac{n\hat{\sigma}^2}{\chi_{1-\alpha}^2(n)}\right]. \tag{4.51}$$

σ^2 的置信度为 $1 - \alpha$ 的单侧置信下、上限分别为

$$\underline{\sigma^2} = \frac{n\hat{\sigma}^2}{\chi_\alpha^2(n)}, \quad \overline{\sigma^2} = \frac{n\hat{\sigma}^2}{\chi_{1-\alpha}^2(n)}. \tag{4.52}$$

当 μ 是未知时, 由式 (4.27), 有

$$P\left\{\frac{(n-1)S^2}{\sigma^2} \leqslant \chi_\alpha^2(n-1)\right\} = 1 - \alpha, \quad P\left\{\chi_{1-\alpha}^2(n-1) \leqslant \frac{(n-1)S^2}{\sigma^2}\right\} = 1 - \alpha,$$

于是得到 σ^2 的置信度为 $1-\alpha$ 的单侧置信区间分别为

$$\left[\frac{(n-1)S^2}{\chi_\alpha^2(n-1)}, +\infty\right), \quad \left[0, \frac{(n-1)S^2}{\chi_{1-\alpha}^2(n-1)}\right]. \quad (4.53)$$

σ^2 的置信度为 $1-\alpha$ 的单侧置信下、上限分别为

$$\underline{\sigma^2} = \frac{(n-1)S^2}{\chi_\alpha^2(n-1)}, \quad \overline{\sigma^2} = \frac{(n-1)S^2}{\chi_{1-\alpha}^2(n-1)}. \quad (4.54)$$

根据式 (4.51) 和式 (4.54), 以及双侧置信区间的公式写出下面的 R 程序 (程序名: interval_var3.R), 并可控制求单侧置信区间或双侧置信区间.

```
interval_var3<-function(x,mu=Inf,side=0,alpha=0.05){
    n<-length(x)
    if (mu<Inf){
        S2<-sum((x-mu)^2)/n; df<-n
    }
    else{
        S2<-var(x); df<-n-1
    }
    if (side<0){
        a <- 0
        b <- df*S2/qchisq(alpha,df)
    }
    else if (side>0){
        a <- df*S2/qchisq(1-alpha,df)
        b <- Inf
    }
    else{
        a<-df*S2/qchisq(1-alpha/2,df)
        b<-df*S2/qchisq(alpha/2,df)
    }
    data.frame(var=S2, df=df, a=a, b=b)
}
```

在程序中, x 是来自总体的数据 (样本) 构成的向量. mu 是总体均值, 当均值已知时, 输入相应的值, 程序采用自由度为 n 的 χ^2 分布计算区间端点; 当均值未知时, 不输入此项值, 程序采用自由度为 $n-1$ 的 χ^2 分布计算区间端点. side 控制求单、双侧置信区间, 若求单侧置信区间上限, 输入 side=-1; 若求单侧置信区间下限, 输入 side=1; 若求双侧置信

区间, 输入 side=0 或默认. 数据输出采用数据框的形式, 输出值是样本方差 var、自由度 df 和方差的区间估计的两个端点 a, b.

事实上, 此函数已包含了前面讲过的方差的区间估计函数 interval_var1 的功能.

例 4.23 求例 4.21 中 10 个数据的方差的单侧置信区间上限 ($\alpha = 0.05$).

解 输入数据, 调用函数 interval_var3().

```
> X<-c(10.1,10,9.8,10.5,9.7,10.1,9.9,10.2,10.3,9.9)
> source("interval_var3.R")
> interval_var3(X, side=-1)
          var df a           b
1 0.05833333  9 0 0.1578894
```

σ^2 的单侧置信上限为 0.1579.

关于单侧置信区间估计本质上与双侧置信区间估计相同, 不同的只是考虑区间的一侧, 因此, 前面介绍双侧估计的方法, 基本上可以平行地移到单侧区间估计中. 有关的 R 软件编程, 原则上也相同.

3. 两个总体求均值差

假设有两个正态总体 $X \sim N(\mu_1, \sigma_1^2)$ 和 $Y \sim N(\mu_2, \sigma_2^2)$, $X_1, X_2, \cdots, X_{n_1}$ 为来自总体 X 的一个样本, $Y_1, Y_2, \cdots, Y_{n_2}$ 为来自总体 Y 的一个样本, $1 - \alpha$ 为置信度, $\overline{X}, \overline{Y}$ 分别为第一、第二样本均值, S_1^2, S_2^2 分别为第一、第二样本方差.

分别讨论两总体的方差 σ_1^2, σ_2^2 已知、未知和是否相同情况下, 均值差 $\mu_1 - \mu_2$ 的单侧置信区间估计.

当 σ_1^2, σ_2^2 已知时, 由式 (4.29) 和类似于双侧置信区间的估计的推导, 得到 $\mu_1 - \mu_2$ 的置信度为 $1 - \alpha$ 的单侧置信区间分别为

$$\left[\overline{X} - \overline{Y} - Z_\alpha \sqrt{\frac{\sigma_1^2}{n_1} + \frac{\sigma_2^2}{n_2}}, \ +\infty \right), \quad \left(-\infty, \ \overline{X} - \overline{Y} + Z_\alpha \sqrt{\frac{\sigma_1^2}{n_1} + \frac{\sigma_2^2}{n_2}} \right]. \tag{4.55}$$

当 $\sigma_1^2 = \sigma_2^2 = \sigma^2$ 且未知时, 由式 (4.31) 和类似于双侧置信区间的估计的推导, 得到 $\mu_1 - \mu_2$ 的置信度为 $1 - \alpha$ 的单侧置信区间分别为

$$\left[\overline{X} - \overline{Y} - t_\alpha(n_1 + n_2 - 2) S_w \sqrt{\frac{1}{n_1} + \frac{1}{n_2}}, +\infty \right), \tag{4.56}$$

$$\left(-\infty, \ \overline{X} - \overline{Y} + t_\alpha(n_1 + n_2 - 2) S_w \sqrt{\frac{1}{n_1} + \frac{1}{n_2}} \right]. \tag{4.57}$$

当 σ_1^2 和 σ_2^2 未知且 $\sigma_1^2 \neq \sigma_2^2$ 时, $\mu_1 - \mu_2$ 的置信度为 $1 - \alpha$ 的单侧置信区间分别为

$$\left[\overline{X} - \overline{Y} - t_\alpha(\widehat{\nu}) \sqrt{\frac{S_1^2}{n_1} + \frac{S_2^2}{n_2}}, \ +\infty \right), \quad \left(-\infty, \ \overline{Y} - \overline{X} + t_\alpha(\widehat{\nu}) \sqrt{\frac{S_1^2}{n_1} + \frac{S_2^2}{n_2}} \right], \tag{4.58}$$

其中 $\hat{\nu}$ 由式 (4.36) 得到.

根据式 (4.55)~ 式 (4.58), 以及双侧置信区间的公式写出下面的 R 程序 (程序名: interval_estimate5.R), 并可控制求单侧置信区间或双侧置信区间.

```r
interval_estimate5<-function(x, y,
    sigma=c(-1,-1), var.equal=FALSE, side=0, alpha=0.05){
  n1<-length(x); n2<-length(y)
  xb<-mean(x); yb<-mean(y); zb<-xb-yb
  if (all(sigma>=0)){
    if (side<0){
      tmp<-qnorm(1-alpha)*sqrt(sigma[1]^2/n1+sigma[2]^2/n2)
      a <- -Inf; b <- zb+tmp
    }
    else if (side>0){
      tmp<-qnorm(1-alpha)*sqrt(sigma[1]^2/n1+sigma[2]^2/n2)
      a <- zb-tmp; b <- Inf
    }
    else{
      tmp<-qnorm(1-alpha/2)*sqrt(sigma[1]^2/n1+sigma[2]^2/n2)
      a <- zb-tmp; b <- zb+tmp
    }
    df<-n1+n2
  }
  else{
    if (var.equal ==  TRUE){
      Sw<-((n1-1)*var(x)+(n2-1)*var(y))/(n1+n2-2)
      if (side<0){
        tmp<-sqrt(Sw*(1/n1+1/n2))*qt(1-alpha,n1+n2-2)
        a <- -Inf; b <- zb+tmp
      }
      else if (side>0){
        tmp<-sqrt(Sw*(1/n1+1/n2))*qt(1-alpha,n1+n2-2)
        a <- zb-tmp; b <- Inf
      }
      else{
        tmp<-sqrt(Sw*(1/n1+1/n2))*qt(1-alpha/2,n1+n2-2)
```

```
            a <- zb-tmp; b <- zb+tmp
          }
          df<-n1+n2-2
        }
        else{
          S1<-var(x); S2<-var(y)
          nu<-(S1/n1+S2/n2)^2/(S1^2/n1^2/(n1-1)+S2^2/n2^2/(n2-1))
          if (side<0){
            tmp<-qt(1-alpha, nu)*sqrt(S1/n1+S2/n2)
            a <- -Inf; b <- zb+tmp
          }
          else if (side>0){
            tmp<-qt(1-alpha, nu)*sqrt(S1/n1+S2/n2)
            a <- zb-tmp; b <- Inf
          }
          else{
            tmp<-qt(1-alpha/2, nu)*sqrt(S1/n1+S2/n2)
            a <- zb-tmp; b <- zb+tmp
          }
          df<-nu
        }
      }
      data.frame(mean=zb, df=df, a=a, b=b)
  }
```

在程序中, x, y 是分别来自两总体的数据 (样本) 构成的向量. sigma 是由两总体标准差构成的向量, 当标准差已知时, 输入相应的值, 程序采用正态分布计算区间的端点; 当标准差未知时, 不输入此项值, 此时需要考虑两总体是否相同: 若认为两总体标准差相同, 输入 var.equal=TRUE, 程序采用自由度为 $n_1 + n_2 - 2$ 的 t 分布计算区间端点; 若认为两总体标准差不同, 输入 var.equal=FALSE 或默认, 程序采用自由度为 ν 的 t 分布计算区间端点. 当 ν 不是整数时, 程序在计算 t 分布时, 其值采用插值方法得到. side 控制求单、双侧置信区间, 若求单侧置信区间上限, 输入 side=−1; 若求单侧置信区间下限, 输入 side=1; 若求双侧置信区间, 输入 side=0 或默认. 输出采用数据框形式, 输出样本均值差 mean、自由度 df 和均值差的区间估计的两个端点 a,b.

上述程序实际上包含了求双侧置信区间的情况, 也就是说, 函数 interval_estimate5 包含了函数 interval_estimate2 的功能.

4. 求两个总体方差的情况

假设与前面相同, $\widehat{\sigma}_1^2$ 和 $\widehat{\sigma}_2^2$ 由式 (4.38) 定义, 分别讨论两总体均值 μ_1 与 μ_2 已知和 μ_1 与 μ_2 未知情况下, 方差比 σ_1^2/σ_2^2 的单侧区间估计.

当 μ_1 与 μ_2 已知时, 由式 (4.39), 有

$$P\left\{\frac{\widehat{\sigma}_1^2/\sigma_1^2}{\widehat{\sigma}_2^2/\sigma_2^2} \leqslant F_\alpha(n_1, n_2)\right\} = 1-\alpha, \quad P\left\{F_{1-\alpha}(n_1, n_2) \leqslant \frac{\widehat{\sigma}_1^2/\sigma_1^2}{\widehat{\sigma}_2^2/\sigma_2^2}\right\} = 1-\alpha,$$

因此, σ_1^2/σ_2^2 的置信水平为 $1-\alpha$ 的单侧置信区间分别为

$$\left[\frac{\widehat{\sigma}_1^2/\widehat{\sigma}_2^2}{F_\alpha(n_1, n_2)}, +\infty\right), \quad \left[0, \frac{\widehat{\sigma}_1^2/\widehat{\sigma}_2^2}{F_{1-\alpha}(n_1, n_2)}\right]. \tag{4.59}$$

当 μ_1 与 μ_2 未知时, 由式 (4.42) 和式 (4.43), 得到

$$P\left\{\frac{S_1^2/\sigma_1^2}{S_2^2/\sigma_2^2} \leqslant F_\alpha(n_1-1, n_2-1)\right\} = 1-\alpha,$$

$$P\left\{F_{1-\alpha}(n_1-1, n_2-1) \leqslant \frac{S_1^2/\sigma_1^2}{S_2^2/\sigma_2^2}\right\} = 1-\alpha,$$

则 σ_1^2/σ_2^2 的置信水平为 $1-\alpha$ 的单侧置信区间分别为

$$\left[\frac{S_1^2/S_2^2}{F_\alpha(n_1-1, n_2-1)}, +\infty\right), \quad \left[0, \frac{S_1^2/S_2^2}{F_{1-\alpha}(n_1-1, n_2-2)}\right]. \tag{4.60}$$

根据式 (4.59) 和式 (4.60), 以及双侧置信区间的公式写出下面的 R 程序 (程序名: interval_var4.R), 并可控制求单侧置信区间和双侧置信区间.

```
interval_var4<-function(x,y,
    mu=c(Inf, Inf), side=0, alpha=0.05){
    n1<-length(x); n2<-length(y)
    if (all(mu<Inf)) {
        Sx2<-1/n1*sum((x-mu[1])^2); df1<-n1
        Sy2<-1/n2*sum((y-mu[2])^2); df2<-n2
    }
    else{
        Sx2<-var(x); Sy2<-var(y); df1<-n1-1; df2<-n2-1
    }
    r<-Sx2/Sy2
    if (side<0) {
        a <- 0
```

```
      b <- r/qf(alpha,df1,df2)
   }
   else if (side>0) {
      a <- r/qf(1-alpha,df1,df2)
      b <- Inf
   }
   else{
      a<-r/qf(1-alpha/2,df1,df2)
      b<-r/qf(alpha/2,df1,df2)
   }
   data.frame(rate=r, df1=df1, df2=df2, a=a, b=b)
}
```

在程序中, x, y 是分别来自两总体的数据 (样本) 构成的向量. mu 是由两总体均值构成的向量, 当均值已知时, 输入相应的值, 程序采用自由度为 (n_1, n_2) 的 F 分布计算区间估计的两个端点; 否则 (不输入此项值), 程序采用自由度为 $(n_1 - 1, n_2 - 1)$ 的 F 分布计算区间估计的两个端点. side 控制求单、双侧置信区间, 若求单侧置信区间上限, 输入 side=−1; 若求单侧置信区间下限, 输入 side=1; 若求双侧置信区间, 输入 side=0 或默认. alpha 是显著性水平, 默认值为 0.05. 输出采用数据框形式, 输出的变量有样本方差比 rate、第一自由度 df1、第二自由度 df2 和方差比的区间估计的端点 a, b.

习　　题

4.1　设总体的分布密度为

$$f(x; \alpha) = \begin{cases} (\alpha + 1)x^\alpha, & 0 < x < 1, \\ 0, & \text{其他}, \end{cases}$$

$X_1, X_2, \cdots, X_n$ 为其样本, 求参数 α 的矩估计量 $\widehat{\alpha}_1$ 和极大似然估计量 $\widehat{\alpha}_2$. 现测得样本观测值为

$$0.1 \quad 0.2 \quad 0.9 \quad 0.8 \quad 0.7 \quad 0.7$$

求参数 α 的估计值.

4.2　设元件无故障工作时间 X 具有指数分布, 取 1000 个元件工作时间的记录数据, 经分组后得到它的频数分布为

组中值 x_i	5	15	25	35	45	55	65
频数 ν_i	365	245	150	100	70	45	25

如果各组中数据都取为组中值, 试用极大似然估计求 λ 的点估计.

4.3 为检验某自来水消毒设备的效果, 现从消毒后的水中随机抽取 50 L, 化验每升水中大肠杆菌的个数 (假设 1 L 水中大肠杆菌个数服从 Poisson 分布), 其化验结果如下:

大肠杆菌数/L	0	1	2	3	4	5	6
水的升数	17	20	10	2	1	0	0

试问平均每升水中大肠杆菌个数为多少时, 才能使上述情况的概率为最大?

4.4 利用 R 软件中的 nlm() 函数求解无约束优化问题

$$\min f(\boldsymbol{x}) = (-13 + x_1 + ((5 - x_2)x_2 - 2)x_2)^2$$
$$+ (-29 + x_1 + ((x_2 + 1)x_2 - 14)x_2)^2,$$

取初始点 $\boldsymbol{x}^{(0)} = (0.5, -2)^{\mathrm{T}}$.

4.5 正常人的脉搏平均每分钟 72 次, 某医生测得 10 例四乙基铅中毒患者的脉搏数 (次/min) 如下:

$$54 \quad 67 \quad 68 \quad 78 \quad 70 \quad 66 \quad 67 \quad 70 \quad 65 \quad 69$$

已知人的脉搏次数服从正态分布, 试计算这 10 名患者平均脉搏次数的点估计和 95% 的区间估计. 并作单侧区间估计, 试分析这 10 名患者的平均脉搏次数是否低于正常人的平均脉搏次数.

4.6 甲、乙两种稻种分别播种在 10 块试验田中, 每块试验田甲、乙稻种各种一半. 假设两稻种产量 X, Y 均服从正态分布, 且方差相等. 收获后 10 块试验田的产量如下所示 (单位: kg).

甲种	140	137	136	140	145	148	140	135	144	141
乙种	135	118	115	140	128	131	130	115	131	125

求出两稻种产量的期望差 $\mu_1 - \mu_2$ 的置信区间 ($\alpha = 0.05$).

4.7 甲、乙两组生产同种导线, 现从甲组生产的导线中随机抽取 4 根, 从乙组生产的导线中随机抽取 5 根, 它们的电阻值 (单位: Ω) 分别为

甲组	0.143	0.142	0.143	0.137	
乙组	0.140	0.142	0.136	0.138	0.140

假设两组电阻值分别服从正态分布 $N(\mu_1, \sigma^2)$ 和 $N(\mu_2, \sigma^2)$, σ^2 未知. 试求 $\mu_1 - \mu_2$ 的置信系数为 0.95 的区间估计.

4.8 对习题 4.6 中甲乙两种稻种的数据作方差比的区间估计, 并用其估计值来判定两总体是否等方差. 若两总体方差不相等, 试重新计算两稻种产量的期望差 $\mu_1 - \mu_2$ 的置信区

间 $(\alpha = 0.05)$.

4.9 设电话总机在某段时间内接到的呼唤次数服从参数未知的 Poisson 分布 $P(\lambda)$, 现收集了 42 个数据

接到呼唤次数	0	1	2	3	4	5	6
出现的频数	7	10	12	8	3	2	0

试求出平均呼唤次数 λ 的估计值和它的置信系数为 0.95 的置信区间.

4.10 已知某种灯泡寿命服从正态分布, 在某星期所生产的该灯泡中随机抽取 10 只, 测得其寿命 (单位: h) 为

　　　　1067　919　1196　785　1126　936　918　1156　920　948

求灯泡寿命平均值的置信度为 0.95 的单侧置信下限.

第5章 假设检验

假设检验 (test of hypothesis) 是统计推断中的一个重要内容, 它是利用样本数据对某个事先作出的统计假设按照某种设计好的方法进行检验, 判断此假设是否正确.

5.1 假设检验的基本概念

5.1.1 基本概念

在数理统计分析中, 由估计量估计总体的参数, 尽管能获得总体参数的无偏估计, 总体的参数始终是不可知的. 通过统计检验, 由统计量推断总体的参数. 在统计推断过程中, 需要对参数提出一定的假设, 然后对提出的假设进行假设检验. 用一个例子说明假设检验的基本概念.

例 5.1 设某工厂生产的一批产品, 其次品率 p 未知. 按规定, 若 $p \leqslant 0.01$, 则这批产品为可接受的; 否则为不可接受的. 这里 "$p \leqslant 0.01$" 便是一个需要的假设, 记为 H. 假定从这批数据很大的产品中随机地抽取 100 件样品, 发现其中有 3 件次品, 这一抽样结果便成为判断假设 H 是否成立的依据. 显然, 样品中次品个数愈多对假设 H 愈不利; 反之则对 H 有利. 记样品中次品个数为 X, 问题是: X 大到什么程度就应该拒绝 H?

分析 由于否定了 H 就等于否定了一大批产品, 这个问题应该慎重处理. 统计学上常用的做法是: 先假定 H 成立, 来计算 $X \geqslant 3$ 的概率有多大? 由于 X 分布为 $B(n, p)$, 其中 $n = 100$, 容易计算出 $P_{p=0.01}\{X \geqslant 3\} \approx 0.08$. 显然, 对 $p < 0.01$, 这概率值还要小, 也就是说, 当假设 $H(p \leqslant 0.01)$ 成立时, 100 个样品中有 3 个或 3 个以上次品的概率不超过 0.08. 这可以看作是一个 "小概率" 事件. 而在一次试验中就发生一个小概率事件是不大可能的. 因此, 事先作出的假设 "$p \leqslant 0.01$" 非常可疑. 在需要作出最终判决时, 就应该否定这个假设, 而认定这批产品不可接受 (即认为 $p > 0.01$).

上述例子中包含了假设检验的一些重要的基本概念. 一般, 设 θ 为用以确定总体分布的一个未知参数, 其一切可能值的集合记为 Θ, 则关于 θ 的任一假设可用 "$\theta \in \Theta'$" 来表示, 其中 Θ' 为 Θ 的一个真子集. 在统计假设检验中, 首先要有一个作为检验的对象的假设, 常称为原假设或零假设 (null hypothesis). 与之相应, 为使问题表述得更明确, 还常提出一个与之对应的假设, 称为备择假设 (alternative hypothesis). 原假设和备择假设常表示为

$$H_0: \theta \in \Theta_0, \quad H_1: \theta \in \Theta_1,$$

其中 Θ_0 和 Θ_1 为 Θ 的两个不相交的真子集, H_0 表示原假设, H_1 表示备择假设.

关于一维实参数的假设常有以下三种形式 (其中 θ_0 为给定值):

(1) 单边检验

$$H_0: \theta \leqslant \theta_0, \quad H_1: \theta > \theta_0.$$

(2) 单边检验

$$H_0: \theta \geqslant \theta_0, \quad H_1: \theta < \theta_0.$$

(3) 双边检验

$$H_0: \theta = \theta_0, \quad H_1: \theta \neq \theta_0.$$

通常也称双边检验为二尾检验, 称单边检验为一尾检验.

假设检验的依据是样本. 样本的某些取值可能对原假设 H_0 有利, 而另一些取值可能对 H_0 不利, 因此可以根据某种公认的合理准则将样本空间分成两部分. 一部分称为拒绝域 (critical region), 当样本落入拒绝域时, 便拒绝 H_0; 另一部分可称为接受域 (acceptance region), 当样本落入它时不拒绝 H_0.

构造拒绝域的常用方法是寻找一个统计量 g(如例 5.1 中的样品中次品的件数 X), g 的大小可以反映对原假设 H_0 有利或不利. 因此, 确定拒绝域 W 的问题转化为确定 g 的一个取值域 C 的问题.

定义 5.1 对假设检验问题, 设 $X_1, X_2, \cdots, X_n$ 为样本, W 为样本空间中的一个子集, 对于给定的 $\alpha \in (0,1)$, 若 W 满足

$$P_\theta \{(X_1, X_2, \cdots, X_n) \in W\} \leqslant \alpha, \quad \forall \, \theta \in \Theta_0, \tag{5.1}$$

则称由 W 构成拒绝域的检验方法为显著性水平(evidence level) α 的检验.

显著性水平 α 常用的取值为 0.1, 0.05 和 0.01 等. 对一个显著性水平 α 的检验, 假定原假设 H_0 成立, 而样本落入拒绝域 W 中, 就意味着一个小概率事件发生了. 而在一次试验中发生一个小概率事件是可疑的, 结果就导致了对原假设 H_0 的否定. 在例 5.1 中, 如果事先给定 $\alpha = 0.1$, 而 $P_{p=0.01}\{X \geqslant 3\} = 0.08$, 因此当 $p < 0.01$ 时, 这个概率还要小. 根据定义 5.1, $W = \{X \geqslant 3\}$ 便给出了假设检验 $H_0: p \leqslant p_0 = 0.01$ 的显著性水平 $\alpha = 0.1$ 的拒绝域, 由 $X = 3$ 便可拒绝 H_0. 但如果事先给定的显著性水平 $\alpha = 0.05$, 这时, 相应的显著性水平 α 的检验的拒绝域 $W = \{X \geqslant 4\}$, 这时 $X = 3$ 就不能拒绝 H_0. 由此可见, 显著性水平 α 愈小, 则拒绝原假设愈困难. 换言之, 显著性水平 α 愈小, 则当样本落入拒绝域因而拒绝 H_0 就愈加可信.

通常, 作假设者对原假设 H_0 往往事先有一定的信任度, 或者一旦否定了 H_0 就意味着作出一个重大的决策, 需谨慎从事, 因此把检验的显著性水平 α 取得比较小, 这其中体现了一种 "保护原假设" 的思想.

5.1.2 假设检验的基本思想与步骤

假设检验的基本思想:

(1) 用了反证法的思想. 为了检验一个 "假设" 是否成立, 就先假定这个 "假设" 是成立的, 而看由此会产生的后果. 如果导致一个不合理的现象出现, 那么就表明原先的假定不正确, 也就是说, "假设" 不成立. 因此, 我们就拒绝这个 "假设". 如果由此没有导出不合理的现象发生, 则不能拒绝原来这个 "假设", 称原假设是相容的.

(2) 它又区别于纯数学中的反证法. 因为这里所谓的 "不合理", 并不是形式逻辑中的绝对矛盾, 而是基于人们实践中广泛采用的一个原则: 小概率事件在一次观察中可以认为基本上不会发生.

假设检验的一般步骤为:

(1) 对待检验的未知参数 θ 根据问题的需要作出一个单边或双边的假设. 选择原假设的原则是: 事先有一定信任度或出于某种考虑是否要加以 "保护".

(2) 选定一个显著性水平 α, 最常用的是 $\alpha = 0.05$, 放松一点可取 $\alpha = 0.075$ 或 0.1, 严格一些可取 $\alpha = 0.025$ 或 0.01.

(3) 构造一个统计量 g, g 的大小反映对 H_0 有利或不利, 拒绝域有形式 $W = \{g \in C\}$.

(4) 根据定义 5.1 来确定 W.

5.1.3 假设检验的两类错误

在根据假设检验作出统计决断时, 可能犯两类错误. 第一类错误是否定了真实的原假设. 犯一型错误的概率定义为显著性水平 α, 即

$$\alpha = P\{否定 H_0 \mid H_0 是真实的\},$$

可以通过控制显著性水平 α 来控制犯第一类错误的概率.

第二类错误是接受了错误的原假设. 犯第二类错误的概率常用 β 表示, 即

$$\beta = P\{接受 H_0 \mid H_0 是错误的\}.$$

通常来讲, 在给定样本容量的情况下, 如果减少犯第一类错误的概率, 就会增加犯第二类错误的概率. 而减少犯第二类错误的概率, 也会增加犯第一类错误的概率. 如果希望同时减少犯第一类和第二类错误的概率, 就需要增加样本容量, 但样本容量的增加, 则需要增加抽样成本, 这有时是不可行的.

在统计检验中, 评价一个假设检验好坏的标准是统计检验功效, 所谓功效就是正确地否定了错误的原假设的概率, 常用 π 表示, 即

$$\pi = 1 - \beta = P\{否定 H_0 \mid H_0 是错误的\}.$$

如果统计检验接受了原假设 H_0: $\theta = \theta_0$, 则可以通过计算置信区间推断总体参数 θ 的取值范围. 置信区间是根据一定置信程度而估计的区间, 它给出了未知总体参数的上下限.

5.2　重要的参数检验

由于实际问题中大多数随机变量服从或近似服从正态分布, 因此, 这里重点介绍正态参数的假设检验. 按总体的个数, 又可分为单个正态总体和两个正态总体的参数检验.

5.2.1　正态总体均值的假设检验

1. 单个总体的情况

设总体 $X \sim N(\mu, \sigma^2)$, $X_1, X_2, \cdots, X_n$ 是来自总体 X 的一个样本, 均值 μ 的检验分为双边检验和单边检验. 在讨论中, 又分为总体方差 σ^2 已知和未知两种情况.

(1) 双边检验, 即

$$H_0: \mu = \mu_0, \qquad H_1: \mu \neq \mu_0.$$

当方差 σ^2 已知时, 由 1.5.4 节的统计知识 (式 (1.93)) 可知, 当 H_0 为真时,

$$Z = \frac{\overline{X} - \mu_0}{\sigma/\sqrt{n}} \sim N(0, 1), \tag{5.2}$$

因此用 Z 来确定拒绝域, 即当

$$|Z| \geqslant Z_{\alpha/2},$$

则认为 H_0 不成立, 其中 α 为显著性水平. 这种方法称为正态检验法.

当方差 σ^2 未知时, 由统计知识 (式 (1.95)) 可知, 当 H_0 为真时,

$$T = \frac{\overline{X} - \mu_0}{S/\sqrt{n}} \sim t(n-1), \tag{5.3}$$

因此当

$$|T| \geqslant t_{\alpha/2}(n-1),$$

则认为 H_0 不成立. 这种方法称为 t 检验法.

在实际问题中, 正态总体的方差通常是未知的, 所以常用 t 检验法来检验关于正态总体均值的检验问题.

(2) 单边检验, 即

$$H_0: \mu \leqslant \mu_0, \quad H_1: \mu > \mu_0 \ (\text{或} \ H_0: \mu \geqslant \mu_0, \quad H_1: \mu < \mu_0),$$

当方差 σ^2 已知时, 其拒绝域为

$$Z \geqslant Z_\alpha \quad (\text{或 } Z \leqslant -Z_\alpha).$$

当方差 σ^2 未知时, 其拒绝域为

$$T \geqslant t_\alpha(n-1) \quad (\text{或 } T \leqslant -t_\alpha(n-1)).$$

在传统方法中, 通常采用查表的方法来确定临界值, 而在计算机软件的计算中, 通常是计算 P 值, 当 P 值小于指定的显著性水平 α 时, 则拒绝原假设.

所谓 P 值就是随机变量 X 大于 (或小于) 某个指定值的概率.

对于单边检验比较简单, 以正态分布为例, 在给定 z 值后, 只需考虑 $X \geqslant z$ 的概率, 即

$$\begin{aligned} P \text{ 值} = P\{X \geqslant z\} = \int_z^\infty \phi(x)\mathrm{d}x &= 1 - \Phi(z) \\ &= 1 - \mathrm{pnorm}(z, 0, 1), \end{aligned} \tag{5.4}$$

或者考虑 $X \leqslant z$ 的概率, 即

$$P \text{ 值} = P\{X \leqslant z\} = \int_{-\infty}^z \phi(x)\mathrm{d}x = \mathrm{pnorm}(z, 0, 1). \tag{5.5}$$

对于双边检验, 还是以正态分布为例, 在给定 z 值后, 需要考虑 $X \geqslant |z|$ 和 $X \leqslant -|z|$ 的概率, 或者考虑 $X \geqslant |z|$ 概率的两倍. 因此, P 值的计算公式为

$$\begin{aligned} P \text{ 值} &= \begin{cases} 2P\{X \leqslant z\}, & \text{如果 } P\{X \leqslant z\} < P\{X \geqslant z\}, \\ 2P\{X \geqslant z\}, & \text{否则}, \end{cases} \\ &= \begin{cases} 2\int_{-\infty}^z \phi(x)\mathrm{d}x, & \text{如果 } \int_{-\infty}^z \phi(x)\mathrm{d}x < \int_z^\infty \phi(x)\mathrm{d}x, \\ 2\int_z^\infty \phi(x)\mathrm{d}x, & \text{否则}, \end{cases} \\ &= \begin{cases} 2\Phi(z), & \text{如果 } \Phi(z) < (1 - \Phi(z)), \\ 2(1 - \Phi(z)) & \text{否则}, \end{cases} \\ &= \begin{cases} 2\,\mathrm{pnorm}(z), & \text{如果 } \mathrm{pnorm}(z) < \dfrac{1}{2}, \\ 2(1 - \mathrm{pnorm}(z)) & \text{否则}. \end{cases} \end{aligned} \tag{5.6}$$

将式 (5.4)~ 式 (5.6) 编写成求 P 值的 R 程序 (程序名: P_value.R) 如下:

```
P_value<-function(cdf, x, paramet=numeric(0), side=0){
    n<-length(paramet)
```

```
P<-switch(n+1,
    cdf(x),
    cdf(x, paramet),
    cdf(x, paramet[1], paramet[2]),
    cdf(x, paramet[1], paramet[2], paramet[3])
)
if (side<0)        P
else if (side>0)  1-P
else
    if (P<1/2)     2*P
    else           2*(1-P)
}
```

其中输入值 cdf 是分布函数, 如正态分布就是 pnorm. x 是计算 P 值的给定值. paramet 是对应分布的参数, 如正态分布的参数为 paramet=c(mu, sigma). side 是计算单侧 P 值或双侧 P 值的指标参数, 输入 side=-1, 计算左侧的 P 值; 输入 side=1, 计算右侧的 P 值; 输入 side=0 或默认, 计算双侧 P 值. 函数的输出值是相应的 P 值.

在得到 P 值后, 其检验标准改为: 当 P 值小于指定的显著性水平 α 时, 则拒绝原假设; 否则不拒绝原假设.

将上述的正态检验方法 (式 (5.2)) 和 t 检验方法 (式 (5.3)) 与求 P 值的 R 程序相结合, 编写求一个正态总体均值检验的 R 程序 (程序名: mean.test1.R) 如下:

```
mean.test1<-function(x, mu=0, sigma=-1, side=0){
    source("P_value.R")
    n<-length(x); xb<-mean(x)
    if (sigma>0){
        z<-(xb-mu)/(sigma/sqrt(n))
        P<-P_value(pnorm, z, side=side)
        data.frame(mean=xb, df=n, Z=z, P_value=P)
    }
    else{
        t<-(xb-mu)/(sd(x)/sqrt(n))
        P<-P_value(pt, t, paramet=n-1, side=side)
        data.frame(mean=xb, df=n-1, T=t, P_value=P)
    }
}
```

在上述程序中, 输入值 x 是数据 (样本) 构成的向量. mu 是原假设 μ_0. sigma 是标准

差 σ, 当 σ 已知时, 输入相应的值, 程序采用正态检验法; 当 σ 未知时 (默认), 程序采用 t 检验法. side 是指双边检验还是单边检验, 输入 side $= 0$ (或默认), 程序作双边检验, 其备择假设为: $\mu \neq \mu_0$; 输入 side$=-1$ (或 < 0 的值), 程序作单边检验, 其备择假设为: $\mu < \mu_0$; 输入 side $= 1$ (或 > 0 的值), 程序作单边检验, 其备择假设为: $\mu > \mu_0$.

程序以数据框形式输出, 输出的内容有: 均值 (mean)、自由度 (df)、统计量 (T 值或 z 值) 和 P 值.

例 5.2 某种元件的寿命 X(以 h 计) 服从正态分布 $N(\mu, \sigma^2)$, 其中 μ, σ^2 均未知. 现测得 16 只元件的寿命如下:

$$159 \quad 280 \quad 101 \quad 212 \quad 224 \quad 379 \quad 179 \quad 264$$
$$222 \quad 362 \quad 168 \quad 250 \quad 149 \quad 260 \quad 485 \quad 170$$

问是否有理由认为元件的平均寿命大于 225h?

解 按题意 (注意前面提到的假设检验运用了反证法的思想), 需检验

$$H_0: \mu \leqslant \mu_0 = 225, \qquad H_1: \mu > \mu_0 = 225.$$

此问题是单边检验问题.

输入数据, 调用函数 mean.test1(), 得到

```
> X<-c(159, 280, 101, 212, 224, 379, 179, 264,
       222, 362, 168, 250, 149, 260, 485, 170)
> source("mean.test1.R")
> mean.test1(X, mu=225, side=1)
    mean df        T    P_value
1 241.5 15 0.6685177 0.2569801
```

计算出 P 值是 $0.2569801 (> 0.05)$, 不能拒绝原假设, 接受 H_0, 即认为平均寿命不大于 225 h.

实际上, 参数的区间估计也能作假设检验, 换句话说, 区间估计与假设检验本质上是相同的. 对例 5.2 中的数据作单侧区间估计 (估计下限),

```
> source("../chapter04/interval_estimate4.R")
> interval_estimate4(X, side=1)
    mean df        a   b
1 241.5 15 198.2321 Inf
```

置信下限为 $198.23 < 225$, 因此只能接受原假设, 认为平均寿命不大于 225 h.

在 R 软件中, 函数 t.test() 提供了 t 检验和相应的区间估计的功能, t.test() 的使用格式如下:

```
t.test(x, y = NULL,
```

```
alternative = c("two.sided", "less", "greater"),
mu = 0, paired = FALSE, var.equal = FALSE,
conf.level = 0.95, ...)
```

其中 x,y 是由数据构成的向量 (如果只提供 x, 则作单个正态总体的均值检验; 否则作两个总体的均值检验); alternative 表示备择假设; two.sided(默认) 表示双边检验 ($H_1: \mu \neq \mu_0$); less 表示单边检验 ($H_1: \mu < \mu_0$); greater 表示单边检验 ($H_1: \mu > \mu_0$); mu 表示原假设 μ_0; conf.level 是置信水平, 即 $1 - \alpha$, 通常是 0.95.

再用 t.test() 函数计算例 5.2.

```
> t.test(X, alternative = "greater", mu = 225)
        One Sample t-test
data:  X
t = 0.6685, df = 15, p-value = 0.257
alternative hypothesis: true mean is greater than 225
95 percent confidence interval:
 198.2321      Inf
sample estimates:
mean of x
    241.5
```

可以看到, 所计算的 T 值、P 值、均值, 以及区间估计值与我们所编程序的计算值完全相同, 因此, 可以利用函数 t.test() 对单个总体正态数据作均值检验和区间估计. 由这个例子和自编程序的计算结果, 可以使我们加深对 R 软件中的 t.test() 函数的认识. 当然, t.test() 函数还有更强大的功能, 这些功能我们将在后面予以介绍.

2. 两个总体的情况

假设 $X_1, X_2, \cdots, X_{n_1}$ 是来自总体 $X \sim N(\mu_1, \sigma_1^2)$ 的样本, $Y_1, Y_2, \cdots, Y_{n_2}$ 是来自总体 $Y \sim N(\mu_2, \sigma_2^2)$ 的样本, 且两样本独立. 其检验问题有

$$
\begin{aligned}
\text{双边检验:} \quad & H_0: \mu_1 = \mu_2, \quad && H_1: \mu_1 \neq \mu_2, \\
\text{单边检验 I:} \quad & H_0: \mu_1 \leqslant \mu_2, \quad && H_1: \mu_1 > \mu_2, \\
\text{单边检验 II:} \quad & H_0: \mu_1 \geqslant \mu_2, \quad && H_1: \mu_1 < \mu_2,
\end{aligned}
$$

分几种情况讨论.

(1) 方差 σ_1^2 和 σ_2^2 已知, 由统计知识 (式 (1.97)) 可知, 当 H_0 为真时,

$$
Z = \frac{\overline{X} - \overline{Y}}{\sqrt{\dfrac{\sigma_1^2}{n_1} + \dfrac{\sigma_2^2}{n_2}}} \sim N(0,1). \tag{5.7}
$$

因此, 当 Z 满足 (称为拒绝域)

$$双边检验: \quad |Z| \geqslant Z_{\alpha/2},$$
$$单边检验\ \mathrm{I}: \quad Z \geqslant Z_{\alpha},$$
$$单边检验\ \mathrm{II}: \quad Z \leqslant -Z_{\alpha},$$

则认为 H_0 不成立. 此方法仍称为正态检验法.

(2) 方差 $\sigma_1^2 = \sigma_2^2 = \sigma^2$ 未知, S_1^2 和 S_2^2 分别是 X 和 Y 的样本方差. 由统计知识 (式 (1.98)) 可知, 当 H_0 为真时,

$$T = \frac{\overline{X} - \overline{Y}}{S_w \sqrt{\dfrac{1}{n_1} + \dfrac{1}{n_2}}} \sim t(n_1 + n_2 - 2), \tag{5.8}$$

其中

$$S_w = \sqrt{\frac{(n_1 - 1)S_1^2 + (n_2 - 1)S_2^2}{n_1 + n_2 - 2}}. \tag{5.9}$$

因此, 当 T 满足 (称为拒绝域)

$$双边检验: \quad |T| \geqslant t_{\alpha/2}(n_1 + n_2 - 2),$$
$$单边检验\ \mathrm{I}: \quad T \geqslant t_{\alpha}(n_1 + n_2 - 2),$$
$$单边检验\ \mathrm{II}: \quad T \leqslant -t_{\alpha}(n_1 + n_2 - 2),$$

则认为 H_0 不成立. 此方法仍称为 t 检验法.

(3) 方差 $\sigma_1^2 \neq \sigma_2^2$ 未知, S_1^2 和 S_2^2 分别是 X 和 Y 的样本方差. 可以证明

$$T = \frac{\overline{X} - \overline{Y}}{\sqrt{\dfrac{S_1^2}{n_1} + \dfrac{S_2^2}{n_2}}} \sim t(\widehat{\nu}) \tag{5.10}$$

近似成立, 其中

$$\widehat{\nu} = \left(\frac{S_1^2}{n_1} + \frac{S_2^2}{n_2}\right)^2 \bigg/ \left(\frac{(S_1^2)^2}{n_1^2(n_1 - 1)} + \frac{(S_2^2)^2}{n_2^2(n_2 - 1)}\right). \tag{5.11}$$

因此, 当 T 满足 (称为拒绝域)

$$双边检验: \quad |T| \geqslant t_{\alpha/2}(\widehat{\nu}),$$
$$单边检验\ \mathrm{I}: \quad T \geqslant t_{\alpha}(\widehat{\nu}),$$
$$单边检验\ \mathrm{II}: \quad T \leqslant -t_{\alpha}(\widehat{\nu}),$$

则认为 H_0 不成立.

根据式 (5.7)、式 (5.8) 和式 (5.10) 写出三种情况下两总体均值检验的 R 程序. (程序名: mean.test2.R)

```
mean.test2<-function(x, y,
    sigma=c(-1, -1), var.equal=FALSE, side=0){
    source("P_value.R")
    n1<-length(x); n2<-length(y)
    xb<-mean(x); yb<-mean(y)
    if (all(sigma>0)){
        z<-(xb-yb)/sqrt(sigma[1]^2/n1+sigma[2]^2/n2)
        P<-P_value(pnorm, z, side=side)
        data.frame(mean=xb-yb, df=n1+n2, Z=z, P_value=P)
    }
    else{
        if (var.equal ==  TRUE){
            Sw<-sqrt(((n1-1)*var(x)+(n2-1)*var(y))/(n1+n2-2))
            t<-(xb-yb)/(Sw*sqrt(1/n1+1/n2))
            nu<-n1+n2-2
        }
        else{
            S1<-var(x); S2<-var(y)
            nu<-(S1/n1+S2/n2)^2/(S1^2/n1^2/(n1-1)+S2^2/n2^2/(n2-1))
            t<-(xb-yb)/sqrt(S1/n1+S2/n2)
        }
        P<-P_value(pt, t, paramet=nu, side=side)
        data.frame(mean=xb-yb, df=nu, T=t, P_value=P)
    }
}
```

在上述程序中, 输入值 x,y 是来自两个总体数据构成的向量. sigma 是由两总体标准差构成的向量, 当标准差已知时, 输入相应的值, 程序采用正态检验法; 当标准差未知时 (默认), 程序采用 t 检验法. var.equal 是逻辑变量, 输入 var.equal=TRUE, 表示认为两总体的方差相同; 输入 var.equal=FALSE (或默认), 表示认为两总体的方差不同. side 是指双边检验还是单边检验, 输入 side = 0(或默认), 程序作双边检验, 其备择假设为: $\mu_1 \neq \mu_2$; 输入 side = -1 (或 < 0 的值), 程序作单边检验, 其备择假设为: $\mu_1 < \mu_2$; 输入 side = 1 (或 > 0 的值), 程序作单边检验, 其备择假设为: $\mu_1 > \mu_2$.

程序以数据框形式输出, 输出的内容有均值的差 (mean)、自由度 (df)、统计量 (T 值或 z 值) 和 P 值.

例 5.3   在平炉上进行一项试验以确定改变操作方法的建议是否会增加钢的得率, 试验是在同一个平炉上进行的. 每炼一炉钢时除操作方法外, 其他条件都尽可能做到相同. 先用标准方法炼一炉, 然后用新方法炼一炉, 以后交替进行, 各炼了 10 炉, 其得率分别为

标准方法　78.1　72.4　76.2　74.3　77.4　78.4　76.0　75.5　76.7　77.3

新方法　79.1　81.0　77.3　79.1　80.0　79.1　79.1　77.3　80.2　82.1

设这两样本相互独立, 且分别来自正态总体 $N(\mu_1, \sigma^2)$ 和 $N(\mu_2, \sigma^2)$, 其中 μ_1, μ_2 和 σ^2 未知. 问新的操作能否提高得率? (取 $\alpha = 0.05$)

解　根据题意, 需要假设

$$H_0: \mu_1 \geqslant \mu_2, \qquad H_1: \mu_1 < \mu_2,$$

这里假定 $\sigma_1^2 = \sigma_2^2 = \sigma^2$, 因此选择 t 检验法, 方差相同的情况. (程序名: exam_0503.R)

```
X<-c(78.1,72.4,76.2,74.3,77.4,78.4,76.0,75.5,76.7,77.3)
Y<-c(79.1,81.0,77.3,79.1,80.0,79.1,79.1,77.3,80.2,82.1)
source("mean.test2.R")
mean.test2(X, Y, var.equal=TRUE, side=-1)
```

得到

```
  mean df      T      P_value
1 -3.2 18 -4.295743 0.0002175927
```

计算出 P 值是 $0.0002176 \ll 0.05$, 故拒绝原假设. 即认为新的操作方能够提高得率.

如果认为两总体方差不同, 则

```
> mean.test2(X, Y, side=-1)
  mean      df       T        P_value
1 -3.2 17.31943 -4.295743 0.0002354815
```

仍然是拒绝原假设.

实际上, 利用区间估计也可以作假设检验, 例如, 利用两个总体均值差的区间估计作假设检验,

```
#### 调用两个总体均值差的区间估计函数
> source("../chapter04/interval_estimate5.R")
#### 作单侧区间估计, 并认为两总体方差相同
> interval_estimate5(X, Y, var.equal=TRUE, side=-1)
  mean df  a      b
1 -3.2 18 -Inf -1.908255
#### 作单侧区间估计, 并认为两总体方差不同
> interval_estimate5(X,Y, side=-1)
  mean      df   a      b
1 -3.2 17.31943 -Inf -1.905500
```

无论是认为两总体方差相同, 还是认为两总体方差不同, 其均值差的上限估计均小于 0, 也就是说 $\mu_1 - \mu_2 < 0$, 即 $\mu_1 < \mu_2$.

在 R 软件中, 函数 t.test() 也可以作两总体均值检验, 其使用格式为

```
t.test(x, y = NULL,
          alternative = c("two.sided", "less", "greater"),
          mu = 0, paired = FALSE, var.equal = FALSE, conf.level = 0.95,...)
```

其中 x, y 是来自两总体数据构成的向量. alternative 是备择假设. two.sided (默认) 表示双边检验 $(H_1: \mu_1 \neq \mu_2)$. less 表示单边检验 $(H_1: \mu_1 < \mu_2)$. greater 表示单边检验 $(H_1: \mu_1 > \mu_2)$. var.equal 是逻辑变量, var.equal=TRUE 表示认为两总体方差相同; var.equal=FALSE(默认) 表示认为两总体方差不同.

用 t.test() 函数对上例进行计算.

```
> t.test(X, Y, var.equal=TRUE, alternative = "less")

        Two Sample t-test

data:  X and Y
t = -4.2957, df = 18, p-value = 0.0002176
alternative hypothesis: true difference in means is less than 0
95 percent confidence interval:
      -Inf -1.908255
sample estimates:
mean of x mean of y
     76.23     79.43
```

从计算结果可以看到, t.test() 不但可以作两个总体的均值检验, 还可以作两个总体均值差的区间估计, 其计算结果与我们编程的计算结果相同. 这一点可以很好地帮助我们理解 t.test() 函数的功能与计算过程.

结合单个总体的均值检验, 发现 t.test() 函数可作单个和两个总体的均值检验. 进一步, 由第 4 章介绍的知识 (见 4.3 节) 可知, t.test() 函数还提供了均值的区间估计. 从而, 我们可以用 t.test() 函数完成均值检验与估计的全部工作.

事实上, 均值的区间估计与均值的假设检验本质上是对一个问题从两个不同角度的讨论, 有着内在的联系, 这也就是为什么 t.test() 将区间估计与假设检验放在一起的原因, 可以使我们从多角度对问题进行判断, 提高判断的准确性.

3. 成对数据的 t 检验

如果数据是成对出现的, 即 (X_i, Y_i) $(i = 1, 2, \cdots, n)$, 则认为用成对 t 检验要优于两总体均值检验. 所谓成对 t 检验就是令 $Z_i = X_i - Y_i$ $(i = 1, 2, \cdots, n)$, 对 Z 作单个总体均值检验. 例如, 对于例 5.3 中的数据就应作成对 t 检验.

```
> X<-c(78.1,72.4,76.2,74.3,77.4,78.4,76.0,75.5,76.7,77.3)
> Y<-c(79.1,81.0,77.3,79.1,80.0,79.1,79.1,77.3,80.2,82.1)
> t.test(X-Y, alternative = "less")
        One Sample t-test
data:  X - Y
t = -4.2018, df = 9, p-value = 0.001150
alternative hypothesis: true mean is less than 0
95 percent confidence interval:
     -Inf -1.803943
sample estimates:
mean of x
    -3.2
```

同样说明, 新方法优于标准方法, 但它计算的 P 值更小, 说明判断更可靠.

t.test(X,Y, alternative="less", paired=TRUE)具有同样的计算结果.

5.2.2 正态总体方差的假设检验

1. 单个总体的情况

设 $X_1, X_2, \cdots, X_n$ 是来自总体 $X \sim N(\mu, \sigma^2)$ 的样本, 其检验问题为

$$
\begin{aligned}
&\text{双边检验:} \quad && H_0\colon \sigma^2 = \sigma_0^2, && H_1\colon \sigma^2 \neq \sigma_0^2, \\
&\text{单边检验 I:} \quad && H_0\colon \sigma^2 \leqslant \sigma_0^2, && H_1\colon \sigma^2 > \sigma_0^2, \\
&\text{单边检验 II:} \quad && H_0\colon \sigma^2 \geqslant \sigma_0^2, && H_1\colon \sigma^2 < \sigma_0^2.
\end{aligned}
$$

分均值 μ 已知和未知两种情形讨论.

当均值 μ 已知, 且当 H_0 为真时, 令 $\widehat{\sigma}^2 = \dfrac{1}{n} \sum\limits_{i=1}^{n} (X_i - \mu)^2$, 则有

$$
\chi^2 = \frac{n\widehat{\sigma}^2}{\sigma_0^2} \sim \chi^2(n), \tag{5.12}
$$

因此用 χ^2 来确定拒绝域, 即当

$$
\begin{aligned}
&\text{双边检验:} \quad && \chi^2 \geqslant \chi_{\alpha/2}^2(n) \quad \text{或} \quad \chi^2 \leqslant \chi_{1-\alpha/2}^2(n), \\
&\text{单边检验 I:} \quad && \chi^2 \geqslant \chi_{\alpha}^2(n), \\
&\text{单边检验 II:} \quad && \chi^2 \leqslant \chi_{1-\alpha}^2(n),
\end{aligned}
$$

则认为 H_0 不成立.

当均值 μ 未知, 且当 H_0 为真时, 有

$$\chi^2 = \frac{(n-1)S^2}{\sigma_0^2} \sim \chi^2(n-1), \tag{5.13}$$

因此用 χ^2 来确定拒绝域, 即当

双边检验: $\quad \chi^2 \geqslant \chi^2_{\alpha/2}(n-1) \quad$ 或 $\quad \chi^2 \leqslant \chi^2_{1-\alpha/2}(n-1),$

单边检验 I: $\quad \chi^2 \geqslant \chi^2_{\alpha}(n-1),$

单边检验 II: $\quad \chi^2 \leqslant \chi^2_{1-\alpha}(n-1),$

则认为 H_0 不成立.

与均值检验相同, 在计算中仍用 P 值的大小来判断是否拒绝 H_0. 当 P 值小于 α, 则拒绝 H_0; 否则不拒绝 H_0. 关于 P 值的计算方法与均值检验的方法相同.

根据式 (5.12) 和式 (5.13) 写出总体均值已知和均值未知两种情况方差检验的 R 程序 (程序名: var.test1.R), 在程序中调用 P 值计算程序.

```
var.test1<-function(x, sigma2=1, mu=Inf, side=0){
    source("P_value.R")
    n<-length(x)
    if (mu<Inf){
        S2<-sum((x-mu)^2)/n; df=n
    }
    else{
        S2<-var(x); df=n-1
    }
    chi2<-df*S2/sigma2;
    P<-P_value(pchisq, chi2, paramet=df, side=side)
    data.frame(var=S2, df=df, chisq2=chi2, P_value=P)
}
```

在上述程序中, 输入值 x 是数据构成的向量. sigma2 是原假设 σ_0^2. mu 是均值 μ, 当 μ 已知时, 输入相应的值, 程序采用自由度为 n 的 χ^2 检验; 否则 (默认), 程序采用自由度为 $n-1$ 的 χ^2 检验. side 是指双边检验还是单边检验, 输入 side $= 0$ 时 (或默认), 程序作双边检验, 其备择假设为: $\sigma^2 \neq \sigma_0^2$; 输入 side $= -1$ 时 (或 < 0 的值), 程序作单边检验, 其备择假设为: $\sigma^2 < \sigma_0^2$; 输入 side $= 1$ 时 (或 > 0 的值), 程序作单边检验, 其备择假设为: $\sigma^2 > \sigma_0^2$.

程序以数据框形式输出, 输出的内容有方差 (var)、自由度 (df)、统计量 (chisq2) 和 P 值.

例 5.4 从小学五年级男学生中抽取 20 名, 测量其身高 (单位: cm), 其数据如下:

$$136 \quad 144 \quad 143 \quad 157 \quad 137 \quad 159 \quad 135 \quad 158 \quad 147 \quad 165$$
$$158 \quad 142 \quad 159 \quad 150 \quad 156 \quad 152 \quad 140 \quad 149 \quad 148 \quad 155$$

以 $\alpha = 0.05$ 作假设检验:

$$(1) \qquad H_0 : \mu = 149, \qquad H_1 : \mu \neq 149;$$

$$(2) \qquad H_0 : \sigma^2 = 75, \qquad H_1 : \sigma^2 \neq 75.$$

解 输入数据, 用上面编写的程序, 就方差已知和方差未知情况作均值检验, 就均值已知和均值未知的情况作方差检验.

```
#### 用 scan() 函数读数据
> X<-scan()
1: 136   144   143   157   137   159   135   158   147   165
11: 158   142   159   150   156   152   140   149   148   155
21:
Read 20 items
#### 调用均值检验函数 mean.test1
> source("mean.test1.R")
#### 认为方差已知, 作均值检验
> mean.test1(X, mu=149, sigma=sqrt(75))
    mean df        Z  P_value
1 149.5 20 0.2581989 0.7962534
#### 认为方差未知, 作均值检验
> mean.test1(X, mu=149)
    mean df        T  P_value
1 149.5 19 0.2536130 0.8025186
#### 调用均值检验函数 var.test1
> source("var.test1.R")
#### 认为均值已知, 作方差检验
> var.test1(X, sigma2=75, mu=149)
    var df chisq2  P_value
1 74.1 20  19.76 0.9460601
#### 认为均值未知, 作方差检验
> var.test1(X, sigma2=75)
        var df    chisq2    P_value
```

1 77.73684 19 19.69333 0.8264785

无论是哪种方法, 其 P 值均大于 0.79, 因此接受原假设.

2. 两个总体的情况

设 $X_1, X_2, \cdots, X_{n_1}$ 是来自总体 $X \sim N(\mu_1, \sigma_1^2)$ 的样本, $Y_1, Y_2, \cdots, Y_{n_2}$ 是来自总体 $Y \sim N(\mu_2, \sigma_2^2)$ 的样本, 且两样本独立. 其检验问题为

$$双边检验: \quad H_0\colon \sigma_1^2 = \sigma_2^2, \quad H_1\colon \sigma_1^2 \neq \sigma_2^2,$$
$$单边检验\ \mathrm{I}\colon \quad H_0\colon \sigma_1^2 \leqslant \sigma_2^2, \quad H_1\colon \sigma_1^2 > \sigma_2^2,$$
$$单边检验\ \mathrm{II}\colon \quad H_0\colon \sigma_1^2 \geqslant \sigma_2^2, \quad H_1\colon \sigma_1^2 < \sigma_2^2.$$

分均值 μ_1, μ_2 已知和未知两种情况讨论.

当 μ_1 与 μ_2 已知时, 令 $\widehat{\sigma}_1^2 = \dfrac{1}{n_1}\sum\limits_{i=1}^{n_1}(X_i - \mu_1)^2$, $\widehat{\sigma}_2^2 = \dfrac{1}{n_2}\sum\limits_{i=1}^{n_2}(Y_i - \mu_2)^2$, 当 H_0 为真时,

$$F = \frac{\widehat{\sigma}_1^2}{\widehat{\sigma}_2^2} \sim F(n_1, n_2), \tag{5.14}$$

因此用 F 来确定拒绝域, 即当

$$双边检验: \quad F \geqslant F_{\alpha/2}(n_1, n_2) \quad 或 \quad F \leqslant F_{1-\alpha/2}(n_1, n_2),$$
$$单边检验\ \mathrm{I}\colon \quad F \geqslant F_\alpha(n_1, n_2),$$
$$单边检验\ \mathrm{II}\colon \quad F \leqslant F_{1-\alpha}(n_1, n_2),$$

则认为 H_0 不成立.

当 μ_1 与 μ_2 未知时, 当 H_0 为真, 有

$$F = \frac{S_1^2}{S_2^2} \sim F(n_1 - 1, n_2 - 1). \tag{5.15}$$

因此用 F 来确定拒绝域, 即当

$$双边检验: \quad F \geqslant F_{\alpha/2}(n_1 - 1, n_2 - 1) \quad 或 \quad F \leqslant F_{1-\alpha/2}(n_1 - 1, n_2 - 1),$$
$$单边检验\ \mathrm{I}\colon \quad F \geqslant F_\alpha(n_1 - 1, n_2 - 1),$$
$$单边检验\ \mathrm{II}\colon \quad F \leqslant F_{1-\alpha}(n_1 - 1, n_2 - 1),$$

则认为 H_0 不成立.

根据式 (5.14) 和式 (5.15) 写出均值已知和均值未知两种情况方差比检验的 R 程序.(程序名: var.test2.R)

```
var.test2<-function(x, y, mu=c(Inf, Inf), side=0){
    source("P_value.R")
```

```
n1<-length(x); n2<-length(y)
if (all(mu<Inf)){
    Sx2<-sum((x-mu[1])^2)/n1; Sy2<-sum((y-mu[2])^2)/n2
    df1=n1; df2=n2
}
else{
    Sx2<-var(x); Sy2<-var(y); df1=n1-1; df2=n2-1
}
r<-Sx2/Sy2
P<-P_value(pf, r, paramet=c(df1, df2), side=side)
data.frame(rate=r, df1=df1, df2=df2, F=r, P_value=P)
}
```

在程序中, x, y 是来自两总体的数据向量. mu 是均值, 当均值已知时, 采用自由度为 (n_1, n_2) 的 F 分布计算 F 值; 否则, 采用自由度为 $(n_1 - 1, n_2 - 1)$ 的 F 分布计算 F 值. side 是指双边检验还是单边检验, 当 side = 0 时作双边检验, 其备择假设为: $\sigma_1^2 \neq \sigma_2^2$; 当 side<0 时作单边检验, 其备择假设为: $\sigma_1^2 < \sigma_2^2$; 当 side>0 时作单边检验, 其备择假设为: $\sigma_1^2 > \sigma_2^2$.

输出采用数据框形式, 输出的变量有方差比 rate、第一自由度 df1、第二自由度 df2、F 值和 P 值.

例 5.5 试对例 5.3 中的数据假设检验

$$H_0: \sigma_1^2 = \sigma_2^2, \qquad H_1: \sigma_1^2 \neq \sigma_2^2.$$

解 输出数据, 调用 var.test2() 函数

```
> X<-c(78.1,72.4,76.2,74.3,77.4,78.4,76.0,75.5,76.7,77.3)
> Y<-c(79.1,81.0,77.3,79.1,80.0,79.1,79.1,77.3,80.2,82.1)
> source("var.test2.R")
> var.test2(X,Y)
      rate df1 df2        F   P_value
1 1.494481   9   9 1.494481 0.5590224
```

P 值为 $0.559 \gg 0.05$, 因此, 无法拒绝原假设, 认为两总体的方差相同. 这也说明在例 5.3 中, 假设两总体方差相同是合理的.

用两总体方差比的区间估计也能作样本的方差检验.

```
#### 调用方差的区间估计函数 interval_var4
> source("../chapter04/interval_var4.R")
#### 作方差比的区间估计, 考虑均值未知的情况
```

```
> interval_var4(X, Y)
      rate df1 df2           a          b
1 1.494481    9    9 0.3712079 6.016771
```

由于方差比 1 在所估计的区间内, 因此认为方差是相同的.

在 R 软件中, var.test() 函数提供作方差比的检验和相应的区间估计. 该函数的使用格式是

```
var.test(x, y, ratio = 1,
         alternative = c("two.sided", "less", "greater"),
         conf.level = 0.95, ...)
```

其中 x, y 是来自两样本数据构成的向量; ratio 是方差比的原假设, 默认值为 1; alternative 是备择假设; two.sided 表示双边检验 (H_1: $\sigma_1^2/\sigma_2^2 \neq$ ratio); less 表示单边检验 (H_1: $\sigma_1^2/\sigma_2^2 <$ ratio); greater 表示单边检验 (H_1: $\sigma_1^2/\sigma_2^2 >$ ratio).

下面用 var.test() 函数计算例 5.5.

```
> var.test(X,Y)

        F test to compare two variances

data:  X and Y
F = 1.4945, num df = 9, denom df = 9, p-value = 0.559
alternative hypothesis: true ratio of variances is not equal to 1
95 percent confidence interval:
 0.3712079 6.0167710
sample estimates:
ratio of variances
          1.494481
```

与我们前面的计算结果完全相同. 今后我们可直接用 var.test() 作双总体方差比的检验或方差比的区间估计. 这个例子也使我们可以更清楚地了解函数 var.test() 的计算过程.

5.2.3　二项分布总体的假设检验

前面介绍的是正态总体的假设检验问题, 这里介绍非正态总体的检验问题. 关于非正态总体的检验有很多, 这里只介绍二项分布的假设检验问题.

类似于正态分布, 我们也可以推导出二项分布的统计量和所服从的分布, 导出相应的估计值 (点估计和区间估计), 以及相应的假设检验方法. 这里我们仅给出 R 软件中关于二项分布检验和估计的函数 binom.test().

binom.test() 函数的使用方法为

```
binom.test(x, n, p = 0.5,
           alternative = c("two.sided", "less", "greater"),
```

conf.level = 0.95)

其中 x 是成功的次数, 或是一个由成功次数和失败次数构成的二维向量; n 是试验总数, 当 x 是二维向量时, 此值无效; p 是原假设的概率.

例 5.6 有一批蔬菜种子的平均发芽率 $p_0 = 0.85$, 现随机抽取 500 粒, 用种衣剂进行浸种处理, 结果有 445 粒发芽. 试检验种衣剂对种子发芽率有无效果.

解 根据题意, 所检验的问题为

$$H_0: p = p_0 = 0.85, \quad H_1: p \neq p_0.$$

调用 binom.test() 函数,

```
> binom.test(445,500,p=0.85)
        Exact binomial test
data:   445 and 500
number of successes = 445, number of trials = 500, p-value = 0.01207
alternative hypothesis: true probability of success is not equal to 0.85
95 percent confidence interval:
 0.8592342 0.9160509
sample estimates:
probability of success
              0.89
```

P 值 $= 0.01207 < 0.05$, 拒绝原假设, 认为种衣剂对种子发芽率有显著效果, 从区间估计值来看, 种衣剂可以提高种子的发芽率.

我们可作单侧检验来证实这一结论. 下面举一个单侧检验的例子.

例 5.7 据以往经验, 新生儿染色体异常率一般为 1%, 某医院观察了当地 400 名新生儿, 只有 1 例染色体异常, 问该地区新生儿染色体异常是否低于一般水平?

解 根据题意, 所检验的问题为

$$H_0: p \geqslant 0.01, \quad H_1: p < 0.01.$$

调用 binom.test() 函数,

```
> binom.test(1, 400, p = 0.01, alternative = "less")
        Exact binomial test
data:   1 and 400
number of successes = 1, number of trials = 400, p-value = 0.09048
alternative hypothesis: true probability of success is less than 0.01
95 percent confidence interval:
 0.00000000 0.01180430
```

```
sample estimates:
probability of success
              0.0025
```

P 值 $= 0.09048 > 0.05 = \alpha$, 并不能认为该地区新生儿染色体异常率低于一般水平. 另外, 从区间估计值也能说明这一点, 区间估计的上界为 $0.0118 > 0.01$.

另一种输入方法

```
> binom.test(c(1, 399), p = 0.01, alternative = "less")
```

具有同样的结果.

5.3 若干重要的非参数检验

在统计推断问题中, 若给定或假定了总体分布的具体形式 (如正态分布), 只是其中含有若干未知参数, 要基于来自总体的样本对参数作出估计或者进行某种形式的假设检验, 这类推断方法称为参数方法.

但在许多实际问题中, 人们往往对总体的分布知之甚少, 很难对总体的分布形式作出正确的假定, 最多只能对总体的分布作出诸如连续型分布、关于某点对称分布等一般性的假定. 这种不假定总体分布的具体形式, 尽量从数据 (或样本) 本身来获得所需要的信息的统计方法称为非参数方法.

对于非参数方法的检验问题称为非参数检验法, 它涉及的范围很广, 这里只介绍几种与 R 软件有关的、在应用上较为重要的检验法.

5.3.1 Pearson 拟合优度 χ^2 检验

前面几节介绍的假设检验问题称为参数检验问题, 即事先认为样本分布具有某种指定的形式, 而其中的一些参数未知, 检验的目标是关于某个参数落在特定的范围内的假设. 这里要介绍的是另一类假设, 其目标不是针对具体的参数, 而是针对分布的类型. 例如, 通常假定总体分布具有正态性, 则 "总体分布为正态" 这一断言本身在一定场合下就是可疑的, 有待于检验.

在第 3 章, 我们通过直方图、QQ 图和经验分布图大概描述观测数据是否服从某种分布, 这里介绍如何用统计方法检验观测数据是否服从某种分布. 在第 3 章介绍的 W 正态性检验和 Kolmogorov-Smirnov 检验都属于拟合优度检验.

1. 理论分布完全已知的情况

假设根据某理论、学说甚至假定, 某随机变量应当有分布 F, 现对 X 进行 n 次观察, 得到一个样本 $X_1, X_2, \cdots, X_n$, 要据此检验

$$H_0: X \text{ 具有分布 } F.$$

这里虽然没有明确指出对立假设, 但可以说, 对立假设是

$$H_1: X \text{ 不具有分布 } F.$$

本问题的真实含义是估计实测数据与该理论或学说符合得怎么样, 而不在于当认为不符合时, X 可能备择的分布如何. 故问题中不明确标出对立假设, 反而使人感到提法更为贴近现实.

上述问题的检验方法是将数轴 $(-\infty, \infty)$ 分成 m 个区间:

$$I_1 = (-\infty, a_1), \quad I_2 = [a_1, a_2), \quad \cdots, \quad I_m = [a_{m-1}, \infty).$$

记这些区间的理论概率分别为

$$p_1, p_2, \cdots, p_m, \quad p_i = P\{X \in I_i\}, \quad i = 1, 2, \cdots, m.$$

记 n_i 为 $X_1, X_2, \cdots, X_n$ 中落在区间 I_i 内的个数, 则在原假设成立下, n_i 的期望值为 np_i, n_i 与 np_i 的差距 $(i = 1, 2, \cdots, m)$ 可视为理论与观察之间偏离的衡量, 将它结合起来形成一个综合指标: $\sum\limits_{i=1}^{m} c_i(n_i - np_i)^2$, 其中 $c_i > 0$ 为适当的常数, 通常取 $c_i = 1/np_i$, 因此得到统计量

$$K = \sum_{i=1}^{m} \frac{(n_i - np_i)^2}{np_i}, \tag{5.16}$$

称 K 为 Pearson χ^2 统计量. Pearson 证明了, 在原假设成立的条件下, 当 $n \to \infty$ 时, K 依分布收敛于自由度为 $m-1$ 的 χ^2 分布. 在这个基础上, 引进一个大样本检验: 给定显著性水平 α, 当

$$K > \chi_\alpha^2(m-1), \tag{5.17}$$

则拒绝原假设. 这就是 Neyman-Pearson 拟合优度 χ^2 检验.

这个问题还可以讨论得更细一些, 按式 (5.17), 只要 $K > \chi_\alpha^2(m-1)$, 就否定原假设. 但是一个远远大于 $\chi_\alpha^2(m-1)$ 的 K 与一个只略大于 $\chi_\alpha^2(m-1)$ 的 K, 意义有所不同, 前者否定的理由更强一些. 为反映这一点, 在计算出 K 值后, 可计算出 P 值,

$$P \text{ 值} = P\{\chi^2(m-1) > K\}. \tag{5.18}$$

可将 P 值称为所得数据与原假设的拟合优度. P 值越大, 支持原假设的证据就越强. 给定一个显著性水平 α, 当 P 值 $< \alpha$, 就拒绝原假设.

例 5.8 某消费者协会为了确定市场上消费者对 5 种品牌啤酒的喜好情况, 随机抽取了 1000 名啤酒爱好者作为样本进行如下试验: 每个人得到 5 种品牌的啤酒各一瓶, 但未标明牌子. 这 5 种啤酒按分别写着 A, B, C, D, E 字母的 5 张纸片随机的顺序送给每一个人. 表 5.1 是根据样本资料整理得到的各种品牌啤酒爱好者的频数分布. 试根据这些数据判断消费者对这 5 种品牌啤酒的爱好有无明显差异?

表 5.1　　5 种品牌啤酒爱好者的频数

最喜欢的牌子	A	B	C	D	E
人数 X	210	312	170	85	223

解　　如果消费者对 5 种品牌啤酒喜好无显著差异, 那么, 就可以认为喜好这 5 种品牌啤酒的人呈均匀分布, 即 5 种品牌啤酒爱好者人数各占 20%. 据此假设:

$$H_0:\ 喜好\ 5\ 种啤酒的人数分布均匀.$$

按式 (5.16) 和式 (5.17) 编写计算公式, 用 R 软件计算.

```
> X<-c(210, 312, 170, 85, 223)
> n<-sum(X); m<-length(X)
> p<-rep(1/m, m)
> K<-sum((X-n*p)^2/(n*p));K
[1] 136.49
> Pr<-1-pchisq(K, m-1);Pr
[1] 0
```

P 值为 0, 因此, 拒绝原假设, 认为消费者对 5 种品牌啤酒的喜好有明显差异.

我们可以将上述过程编写成一个程序进行计算, 实际上, R 软件已完成了此项工作, 其提供的 chisq.test() 函数可以方便地完成此项工作. 我们只需输入

```
> chisq.test(X)
```

就可以得到

```
        Chi-squared test for given probabilities
data:  X
X-squared = 136.49, df = 4, p-value < 2.2e-16
```

chisq.test() 函数的使用格式为

```
 chisq.test(x, y = NULL, correct = TRUE,
     p = rep(1/length(x), length(x)), rescale.p = FALSE,
     simulate.p.value = FALSE, B = 2000)
```

其中 x 是由观测数据构成的向量或矩阵. y 是数据向量 (当 x 为矩阵时, y 无效). correct 是逻辑变量, 表明是否用于连续修正, TRUE(默认值) 表示修正, FALSE 表示不修正. p 是原假设落在小区间的理论概率, 默认值表示均匀分布. rescale.p 是逻辑变量, 选择 FALSE(默认值) 时, 要求输入的 P 满足 $\sum_{i=1}^{m} P_i = 1$; 选择 TRUE 时, 并不要求这一点, 程序将重新计算 P 值. simulate.p.value 是逻辑变量 (默认值为 FALSE), 当为 TRUE 时, 将用仿真的方法计算 P 值, 此时, B 表示仿真的次数.

例 5.9　　用 Pearson 拟合优度 χ^2 检验方法检验例 3.6 中学生成绩是否服从正态分布.

解 我们分几步进行, 然后将这些步骤编写成 R 程序进行计算.

第一步：先输入数据, 这里用 scan() 函数.

第二步：对 31 名学生成绩进行分组, 计算各组的频数, 其中 $A_1 = \{X < 70\}$, $A_2 = \{70 \leqslant X < 80\}$, $A_3 = \{80 \leqslant X < 90\}$, $A_4 = \{90 \leqslant X \leqslant 100\}$. 这里调用 cut() 函数和 table() 函数进行分组和记数.

第三步：计算原假设 (正态分布) 在各小区间的理论概率值. 先计算学生成绩的均值 (mean)、标准差 (sd), 再用 pnorm() 计算理论概率.

第四步：作 Pearson χ^2 检验. 调用 chisq.test() 函数.

下面写出相应的 R 程序. (程序名：exam0509.R)

```
#### 第一步, 输入数据
X<-scan()
25  45  50  54  55  61  64  68  72  75  75
78  79  81  83  84  84  84  85  86  86  86
87  89  89  89  90  91  91  92  100
#### 第二步, 分组和记数
A<-table(cut(X, br=c(0,69,79,89,100)))
#### 第三步, 构造理论分布
p<-pnorm(c(70,80,90,100), mean(X), sd(X))
p<-c(p[1], p[2]-p[1], p[3]-p[2], 1-p[3])
#### 第四步, 作检验
chisq.test(A,p=p)
```

计算结果如下：

```
        Chi-squared test for given probabilities
data:  A
X-squared = 8.334, df = 3, p-value = 0.03959
```

P 值 $= 0.03959 < 0.05$, 因此认为该门课程的成绩不服从正态分布.

在这个例子中用到了两个函数, 一个是 cut() 函数, 另一个是 table() 函数, 下面简单介绍这两个函数的用法.

cut() 函数是将变量的区域分成若干个区间, 其使用方法为

```
cut(x, breaks, labels = NULL,
    include.lowest = FALSE, right = TRUE, dig.lab = 3, ...)
```

其中 x 是由数据构成的向量, breaks(简写为 br) 是所分区间的端点构成的向量.

table() 函数是计算因子合并后的个数, 其使用方法为

```
table(..., exclude = c(NA, NaN), dnn = list.names(...),
    deparse.level = 1)
```

这里用这两个函数计算随机变量落在某个区间的频数.

例 5.10 大麦的杂交后代关于芒性的比例应是无芒：长芒：短芒 $= 9:3:4$. 实际观测值为 $335:125:160$. 试检验观测值是否符合理论假设？

解 根据题意,

$$H_0: p_1 = \frac{9}{16}, \quad p_2 = \frac{3}{16}, \quad p_3 = \frac{4}{16}.$$

调用 chisq.test() 函数

```
> chisq.test(c(335, 125, 160), p=c(9,3,4)/16)
        Chi-squared test for given probabilities
data:  c(335, 125, 160)
X-squared = 1.362, df = 2, p-value = 0.5061
```

P 值 $= 0.5061 > 0.05$, 接受原假设, 即大麦芒性的分离符合 $9:3:4$ 的比例.

例 5.11 为研究电话总机在某段时间内接到的呼叫次数是否服从 Poisson 分布, 现收集了 42 个数据, 如表 5.2 所示. 通过对数据的分析, 问能否确认在某段时间内接到的呼叫次数服从 Poisson 分布 $(\alpha = 0.1)$？

表 5.2 电话总机在某段时间内接到的呼叫次数的频数

接到的呼叫次数	0	1	2	3	4	5	6
出现的频数	7	10	12	8	3	2	0

解 编写相应的计算程序 (程序名: exam0511.R) 如下:

```
#### 输入数据
X<-0:6; Y<-c(7, 10, 12, 8, 3, 2, 0)
#### 计算理论分布, 其中 mean(rep(X,Y)) 为样本均值
q<-ppois(X, mean(rep(X,Y))); n<-length(Y)
p[1]<-q[1]; p[n]<-1-q[n-1]
for (i in 2:(n-1))
    p[i]<-q[i]-q[i-1]
#### 作检验
chisq.test(Y, p=p)
```

但计算结果会出现警告.

```
        Chi-squared test for given probabilities
data:  Y
X-squared = 1.5057, df = 6, p-value = 0.9591
Warning message:
Chi-squared 近似算法有可能不准 in: chisq.test(Y, p = p)
```

为什么会出现这种情况呢? 这是因为 Pearson χ^2 检验要求在分组后, 每组中的频数至少要大于等于 5, 而后三组中出现的频数分别为 3, 2, 0, 均小于 5. 解决问题的方法是将后三组合成一组, 此时的频数为 5, 满足要求. 下面给出相应的 R 程序.

重新分组

```
Z<-c(7, 10, 12, 8, 5)
```

重新计算理论分布

```
n<-length(Z); p<-p[1:n-1]; p[n]<-1-q[n-1]
```

作检验

```
chisq.test(Z, p=p)
```

计算得到

```
        Chi-squared test for given probabilities
data:  Z
X-squared = 0.5389, df = 4, p-value = 0.9696
```

P 值 $\gg 0.1$, 因此, 能确认在某段时间内接到的呼叫次数服从 Poisson 分布.

从例 5.11 的结果可以看出, 在习题 4.9 中, 认为在某段时间内接到的呼叫次数服从 Poisson 分布是合理的.

2. 理论分布依赖于若干个未知参数的情况

如果分布族 F 依赖于 r 个参数 $\theta_1, \theta_2, \cdots, \theta_r$, 要根据样本 $X_1, X_2, \cdots, X_n$ 去检验假设

$$H: X \text{ 的分布属于 } \{F(x, \theta_1, \theta_2, \cdots, \theta_r)\}.$$

解决这个问题的步骤是先通过样本作出 $(\theta_1, \theta_2, \cdots, \theta_r)$ 的极大似然估计 $(\widehat{\theta}_1, \widehat{\theta}_2, \cdots, \widehat{\theta}_r)$, 再检验假设

$$H: X \text{ 有分布 } F(x, \widehat{\theta}_1, \widehat{\theta}_2, \cdots, \widehat{\theta}_r).$$

然后再按理论分布已知的情况进行处理, 所不同的是由式 (5.16) 得到的统计量 K 服从自由度为 $m-1-r$ 的 χ^2 分布, 即自由度减少了 r.

5.3.2 Kolmogorov-Smirnov 检验

在第 3 章描述性统计中, 介绍了 Kolmogorov-Smirnov 检验, 该检验实际上是属于拟合优度检验. 这里再进一步介绍它的使用方法.

Kolmogorov-Smirnov 检验有单样本检验和双样本检验, 在第 3 章中我们介绍的就是单样本检验的使用方法.

1. 单个总体的检验

通过第 3 章的介绍, 我们知道 Kolmogorov-Smirnov 检验是通过经验分布与假设分布的上确界来构造统计量的, 因此理论上可以检验任何分布, 即原假设为

$$H_0: X \text{ 具有分布 } F.$$

R 软件提供了 Kolmogorov-Smirnov 检验的函数 ks.test(), 我们用例子进一步说明它的使用方法.

例 5.12　对一台设备进行寿命检验, 记录 10 次无故障工作时间, 并按从小到大的次序排列如下 (单位: h):

$$420 \quad 500 \quad 920 \quad 1380 \quad 1510 \quad 1650 \quad 1760 \quad 2100 \quad 2300 \quad 2350$$

试用 Kolmogorov-Smirnov 检验方法检验此设备无故障工作时间的分布是否服从 $\lambda = 1/1500$ 的指数分布?

解　输入数据, 调用 ks.test() 函数.

```
> X<-c(420, 500, 920, 1380, 1510, 1650, 1760, 2100, 2300, 2350)
> ks.test(X, "pexp", 1/1500)
        One-sample Kolmogorov-Smirnov test
data:  X
D = 0.3015, p-value = 0.3234
alternative hypothesis: two.sided
```

其 P 值大于 0.05, 无法拒绝原假设, 因此认为此设备无故障工作时间的分布服从 $\lambda = 1/1500$ 的指数分布.

2. 两个总体的检验

假设 $X_1, X_2, \cdots, X_{n_1}$ 为来自分布为 $F(x)$ 的总体的样本, 且 $F(x)$ 未知, $Y_1, Y_2, \cdots, Y_{n_2}$ 为来自分布为 $G(x)$ 的总体的样本, 且 $G(x)$ 未知. 假定 $F(x)$ 和 $G(x)$ 均为连续分布函数, 检验这两个分布是否相同, 即原假设为

$$H_0: F(x) = G(x).$$

例 5.13　假定从分布函数为未知的 $F(x)$ 和 $G(x)$ 的总体中分别抽出 25 个和 20 个观察值的随机样本, 其数据如表 5.3 所示. 现检验 $F(x)$ 和 $G(x)$ 是否相同.

解　编写相应的计算程序 (程序名: exam0513.R) 如下:

```
#### 输入数据
X<-scan()
0.61  0.29  0.06  0.59 -1.73 -0.74  0.51 -0.56  0.39
1.64  0.05 -0.06  0.64 -0.82  0.37  1.77  1.09 -1.28
2.36  1.31  1.05 -0.32 -0.40  1.06 -2.47

Y<-scan()
2.20  1.66  1.38  0.20  0.36  0.00  0.96  1.56  0.44
1.50 -0.30  0.66  2.31  3.29 -0.27 -0.37  0.38  0.70
```

```
0.52 -0.71
#### 作 K-S 检验
ks.test(X, Y)
```

表 5.3 抽自不同分布的数据

	0.61	0.29	0.06	0.59	-1.73	-0.74	0.51	-0.56	0.39
$F(x)$	1.64	0.05	-0.06	0.64	-0.82	0.37	1.77	1.09	-1.28
	2.36	1.31	1.05	-0.32	-0.40	1.06	-2.47		
	2.20	1.66	1.38	0.20	0.36	0.00	0.96	1.56	0.44
$G(x)$	1.50	-0.30	0.66	2.31	3.29	-0.27	-0.37	0.38	0.70
	0.52	-0.71							

运行后得到

```
        Two-sample Kolmogorov-Smirnov test
data:  X and Y
D = 0.23, p-value = 0.5286
alternative hypothesis: two.sided
```

P 值大于 0.05, 故接受原假设 H_0, 即认为 $F(x)$ 和 $G(x)$ 两个分布函数相同.

Kolmogorov-Smirnov 检验与 Pearson χ^2 检验相比, Kolmogorov 检验不需将样本分组, 少了一个任意性, 这是其优点. 其缺点是只有用在理论分布为一维连续分布且分布完全已知的情形, 适用面比 Pearson 检验小. 研究也显示在 Kolmogorov 检验可用的场合下, 其功效一般来说略优于 Pearson 检验.

5.3.3 列联表数据的独立性检验

设两个随机变量 X, Y 均为离散型的, X 取值于 $\{a_1, a_2, \cdots, a_I\}$, Y 取值于 $\{b_1, b_2, \cdots, b_J\}$. 设 $(X_1, Y_1), (X_2, Y_2), \cdots, (X_n, Y_n)$ 为简单样本, 记 n_{ij} 为 $(X_1, Y_1), (X_2, Y_2), \cdots, (X_n, Y_n)$ 中等于 (a_i, b_j) 的个数, 要据此检验假设

$$H_0: \ X \text{ 与 } Y \text{ 独立.}$$

1. Pearson χ^2 检验

在求解问题时, 常把数据列为表 5.4 的形式, 称为列联表 (contingency table). 记

$$p_{ij} = P\{X_i = a_i, Y_j = b_j\},$$

$$p_{i\cdot} = P\{X_i = a_i\} = \sum_{j=1}^{J} p_{ij}, \quad p_{\cdot j} = P\{Y_j = b_j\} = \sum_{i=1}^{I} p_{ij},$$

表 5.4　列联表

	b_1	b_2	$\cdots$	b_J	$\sum$
a_1	n_{11}	n_{12}	$\cdots$	n_{1J}	$n_{1\cdot}$
a_2	n_{21}	n_{22}	$\cdots$	n_{2J}	$n_{2\cdot}$
$\vdots$	$\vdots$	$\vdots$		$\vdots$	$\vdots$
a_I	n_{I1}	n_{I2}	$\cdots$	n_{IJ}	$n_{I\cdot}$
$\sum$	$n_{\cdot 1}$	$n_{\cdot 2}$	$\cdots$	$n_{\cdot J}$	

则假设 H 可表示为

$$H: \quad p_{ij} = p_{i\cdot} \cdot p_{\cdot j}, \quad i = 1, 2, \cdots, I; \quad j = 1, 2, \cdots, J. \tag{5.19}$$

这里只知道 $p_{i\cdot}, p_{\cdot j} \geqslant 0, \sum\limits_{i=1}^{I} p_{i\cdot} = 1, \sum\limits_{j=1}^{J} p_{\cdot j} = 1$, 而其他情况未知, 所以这是一个带参数 $p_{i\cdot}(i = 1, 2, \cdots, I)\, p_{\cdot j}(j = 1, 2, \cdots, J)$ 的拟合优度检验问题. 因此, 需要先用极大似然估计来估计 $p_{i\cdot}, p_{\cdot j}$, 得到

$$\hat{p}_{i\cdot} = \frac{n_{i\cdot}}{n}, \quad i = 1, 2, \cdots, I,$$

$$\hat{p}_{\cdot j} = \frac{n_{\cdot j}}{n}, \quad j = 1, 2, \cdots, J,$$

其中 $n_{i\cdot} = \sum\limits_{j=1}^{J} n_{ij}, n_{\cdot j} = \sum\limits_{i=1}^{I} n_{ij}$. 这样就可以计算 Pearson χ^2 统计量

$$K = \sum_{i=1}^{I} \sum_{j=1}^{J} \frac{\left[n_{ij} - n \left(\frac{n_{i\cdot}}{n} \right) \left(\frac{n_{\cdot j}}{n} \right) \right]^2}{n \left(\frac{n_{i\cdot}}{n} \right) \left(\frac{n_{\cdot j}}{n} \right)} = \sum_{i=1}^{I} \sum_{j=1}^{J} \frac{[n \cdot n_{ij} - n_{i\cdot} \cdot n_{\cdot j}]^2}{n \cdot n_{i\cdot} \cdot n_{\cdot j}}. \tag{5.20}$$

然后再计算自由度. (X, Y) 的值域一共划分成 IJ 个集合, 但估计了一些未知参数. 由于 $\sum\limits_{i=1}^{I} p_{i\cdot} = 1, p_{i\cdot}(i = 1, 2, \cdots, I)$ 中未知参数只有 $I - 1$ 个, 同理, $p_{\cdot j}(j = 1, 2, \cdots, J)$ 中未知参数只有 $J - 1$ 个, 故共有 $I + J - 2$ 个未知参数, 而 K 的自由度就为

$$IJ - 1 - (I + J - 2) = (I - 1)(J - 1).$$

这样在计算出 K 值后, 其拒绝域为

$$K > \chi_\alpha^2((I - 1)(J - 1)).$$

或计算其 P 值

$$P \text{ 值} = P\{\chi^2((I - 1)(J - 1)) > K\}.$$

当 $I = J = 2$ 时, 列联表中只有 4 个格子, 称为 "四格表", 这时式 (5.20) 简单化为

$$K = \frac{n(n_{11}n_{22} - n_{12}n_{21})^2}{n_{1.}n_{2.}n_{.1}n_{.2}},$$

自由度为 1.

chisq.test() 函数也可以作独立性检验, 只需将列联表数据写成矩阵形式即可.

例 5.14 为了研究吸烟是否与患肺癌有关, 对 63 位肺癌患者及 43 名非肺癌患者 (对照组) 调查了其中的吸烟人数, 得到 2×2 列联表, 如表 5.5 所示.

表 5.5 列联表数据

	患肺癌	未患肺癌	合计
吸烟	60	32	92
不吸烟	3	11	14
合计	63	43	106

解 输入数据, 用 chisq.test() 作检验.

```
> x<-c(60, 3, 32, 11)
> dim(x)<-c(2,2)
> chisq.test(x,correct = FALSE)
        Pearson's Chi-squared test
data:  x
X-squared = 9.6636, df = 1, p-value = 0.001880
```

或应用连续性校正.

```
> chisq.test(x)
        Pearson's Chi-squared test with
          Yates' continuity correction
data:  x
X-squared = 7.9327, df = 1, p-value = 0.004855
```

无论是哪种方法, 其 P 值均小于 0.05, 因此拒绝原假设, 也就是说吸烟与患肺癌有关.

例 5.15 在一次社会调查中, 以问卷方式调查了总共 901 人的年收入及对工作的满意程度, 其中年收入 A 分为小于 6000 元、6000~15000 元、15000~25000 元及超过 25000 元 4 挡. 对工作的满意程度 B 分为很不满意、较不满意、基本满意和很满意 4 挡. 调查结果用 4×4 列联表表示, 如表 5.6 所示.

解 输入数据, 用 chisq.test() 作检验.

```
x<-scan()
20 24  80  82  22 38 104 125
13 28  81 113   7 18  54  92
```

表 5.6　工作满意程度与年收入列联表

	很不满意	较不满意	基本满意	很满意	合计
< 6000	20	24	80	82	206
6000 ~ 15000	22	38	104	125	289
15000 ~ 25000	13	28	81	113	235
> 25000	7	18	54	92	171
合计	62	108	319	412	901

```
dim(x)<-c(4,4)
chisq.test(x)
        Pearson's Chi-squared test
data:  x
 X-squared = 11.9886, df = 9, p-value = 0.2140
```

其 P 值均大于 0.05, 接受原假设, 即工作的满意程度与年收入无关.

在用 chisq.test() 函数作计算时, 要注意单元的期望频数. 如果没有空单元 (所有单元频数都不为零), 并且所有单元的期望频数大于等于 5, 那么 Pearson χ^2 检验是合理的; 否则计算机会显示警告信息.

如果数据不满足 χ^2 检验的条件时, 应使用 Fisher 精确检验.

2. Fisher 精确的独立检验

在样本较小时 (单元的期望频数小于 4), 需要用 Fisher 精确检验来作独立性检验.

Fisher 精确检验最初是针对 2×2 这种特殊的列联表提出的. 当 χ^2 检验的条件不满足时, 这个精确检验非常有用. Fisher 检验建立在超几何分布的基础上, 对于单元频数小的表来说, 特别适合.

这里不再推导相关的统计量, 而是直接给出 R 软件关于 Fisher 精确检验的方法.

例 5.16　某医师为研究乙肝免疫球蛋白预防胎儿宫内感染 HBV 的效果, 将 33 例 HBsAg 阳性孕妇随机分为预防注射组和对照组, 结果如表 5.7 所示. 问两组新生儿的 HBV 总体感染率有无差别?

表 5.7　两组新生儿 HBV 感染率的比较

组别	阳性	阴性	合计	感染率/%
预防注射组	4	18	22	18.18
对照组	5	6	11	45.45
合计	9	24	33	27.27

解 有一个单元频数小于 5, 应该作 Fisher 精确概率检验.

在 R 软件中, 函数 fisher.test() 作精确概率检验. 其使用方法为

```
fisher.test(x, y = NULL, workspace = 200000, hybrid = FALSE,
    control = list(), or = 1, alternative = "two.sided",
    conf.int = TRUE, conf.level = 0.95)
```

其中 x 是具有二维列联表形式的矩阵或是由因子构成的对象. y 是由因子构成的对象, 当 x 是矩阵时, 此值无效. workspace 的输入值是一整数, 其整数表示用于网络算法工作空间的大小. hybrid 为逻辑变量, FALSE(默认值) 表示精确计算概率, TRUE 表示用混合算法计算概率. alternative 为备择, 有 "two.sided"(默认值) 双边, "less" 单边小于, "greater" 单边大于. conf.int 为逻辑变量, 当 conf.int=TRUE(默认值) 时, 给出区间估计. conf.level 为置信水平, 默认值为 0.95. 其余参数请参见在线说明.

对于 2×2 列联表, 原假设 "两变量无关" 等价于优势比 (odds rate) 等于 1.

输入数据, 并计算 Fisher 检验,

```
> x<-c(4,5,18,6); dim(x)<-c(2,2)
> fisher.test(x)
        Fisher's Exact Test for Count Data
data:  x
p-value = 0.1210
alternative hypothesis: true odds ratio is not equal to 1
95 percent confidence interval:
 0.03974151 1.76726409
sample estimates:
odds ratio
 0.2791061
```

因为 P 值 $= 0.1210 > 0.05$, 且区间估计得到的区间包含有 1, 因此说明两变量独立, 即认为两组新生儿的 HBV 总体感染率无差别.

如果用 Pearson χ^2 检验 (chisq.test() 函数) 对这组数据作检验时, 会发现计算机在得到结果的同时, 给出警告, 认为其计算值可能有误.

用 Fisher 精确检验 (fisher.test() 函数) 对例 5.14 的数据作检验, 得到

```
> x<-c(60, 3, 32, 11); dim(x)<-c(2,2)
> fisher.test(x)
        Fisher's Exact Test for Count Data
data:  x
p-value = 0.002820
alternative hypothesis: true odds ratio is not equal to 1
```

```
95 percent confidence interval:
   1.626301 40.358904
sample estimates:
odds ratio
   6.74691
```

其 P 值小于 0.05, 因此拒绝原假设, 即认为吸烟与患肺癌有关. 由于优势比大于 1, 因此还是正相关, 也就是说, 吸烟越多, 患肺癌的可能性也就越大.

3. McNemar 检验

McNemar 检验虽然不是独立性检验, 但它是关于列联表数据的检验, 所以放在这里来处理.

McNemar 检验是在相同个体上的两次检验, 检验二元数据的两个相关分布的频数比变化的显著性.

如果作为样本的一批个体分别在某一时间间隔或不同条件下作两次研究, 比如是关于二元特征的强度, 那么确定研究的不再是独立的样本, 而是相关样本. 每个试验单元可提供一对数据. 从第一次到第二次研究中, 两种选择的频数比率有或多或少的改变. McNemar 检验是检验这个变化强度, 它能较精确地得知在第一次和第二次研究之间有多少个体从这一类变成另一类. 我们可以得出具有第一次研究划分出的两类和第二次研究划分出的两类的列联表, 如表 5.8 所示.

表 5.8 不同方法的研究结果

研究 I	研究 II		合计
	$+$	$-$	
$+$	a	b	$a+b$
$-$	c	d	$c+d$
合计	$a+c$	$b+d$	$a+b+c+d$

问题的原假设为

$$H_0: \text{在这个总体中两次研究的频数没有区别.}$$

原假设表示频数 b 和 c 是否有显著差异.

在 R 软件中, mcnemar.test() 函数给出了 McNemar 检验, 其具体的使用方法是

```
mcnemar.test(x, y = NULL, correct = TRUE)
```

其中 x 是具有二维列联表形式的矩阵或是由因子构成的对象. y 是由因子构成的对象, 当 x 是矩阵时, 此值无效. correct 是逻辑变量, TRUE (默认值) 表示在计算检验统计量时用连续修正, FALSE 是不用修正.

例 5.17 某胸科医院同时用甲、乙两种方法测定 202 份痰标本中的抗酸杆菌, 结果

如表 5.9 所示. 问甲、乙两种方法的检出率有无差别?

表 5.9 甲、乙两种方法检测痰标本中的抗酸杆菌结果

甲法	乙 法		合计
	+	−	
+	49	25	74
−	21	107	128
合计	70	132	202

解 输入数据, 调用 mcnemar.test() 函数作 McNemar 检验.

```
> X<-c(49, 21, 25, 107); dim(X)<-c(2,2)
> mcnemar.test(X,correct=FALSE)
        McNemar's Chi-squared test
data:  X
McNemar's chi-squared = 0.3478, df = 1, p-value = 0.5553
```

其统计量为 0.3478, P 值为 $0.5553 > 0.05$, 因此, 不能认定两种检测方法的检出率有差异.

5.3.4 符号检验

1. 检验一个样本是否来自某个总体

假设某个总体的中位数为 M_0, 如果样本中位数 $M = M_0$, 我们就接受样本是来自某个总体的假设. 其具体的检验方法是这样的. 首先从每个样本观察值中减去总体中位数 M_0, 得出的正、负差额用正 (+)、负 (−) 号加以表示. 如果总体中位数等于样本中位数, 即 $M = M_0$, 那么, 样本观察值在中位数上、下的数目应各占一半, 因而出现正号或负号的概率应各占 $1/2$. 设样本容量为 n, 就可以用二项分布 $B(n, 1/2)$ 来计算出现负号 (或正号) 个数的概率, 从而根据一定的显著性水平 α, 作出是否接受原假设 H_0: $M = M_0$ 的判定.

例 5.18 联合国人员在世界上 66 个大城市的生活花费指数 (以纽约市 1996 年 12 月为 100) 按自小至大的次序排列如下 (这里北京的指数为 99):

```
 66   75   78   80   81   81   82   83   83   83   83
 84   85   85   86   86   86   86   87   87   88   88
 88   88   88   89   89   89   89   90   90   91   91
 91   91   92   93   93   96   96   96   97   99  100
101  102  103  103  104  104  104  105  106  109  109
110  110  110  111  113  115  116  117  118  155  192
```

假设这个样本是从世界许多大城市中随机抽样得到的. 试用符号检验分析北京市是在中

位数之上, 还是在中位数之下.

解 样本的中位数 (M) 作为城市生活水平的中间值, 因此需要检验:

$$H_0\colon M \geqslant 99, \quad H_1\colon M < 99.$$

输入数据, 作二项检验.

```
> X<-scan()
1:   66    75    78    80    81    81    82    83    83    83    83
12:  84    85    85    86    86    86    86    87    87    88    88
23:  88    88    88    89    89    89    89    90    90    91    91
34:  91    91    92    93    93    96    96    96    97    99   100
45: 101   102   103   103   104   104   104   105   106   109   109
56: 110   110   110   111   113   115   116   117   118   155   192
67:
Read 66 items
> binom.test(sum(X>99), length(X), al="l")
        Exact binomial test
data:   sum(X > 99) and length(X)
number of successes = 23, number of trials = 66, p-value = 0.009329
alternative hypothesis: true probability of success is less than 0.5
95 percent confidence interval:
 0.0000000 0.4563087
sample estimates:
probability of success
              0.3484848
```

在程序中, sum(X>99) 表示样本中大于 99 的个数. al 是 alternative 的缩写, "l" 是 "less" 的缩写. 计算出的 P 值小于 0.05, 拒绝原假设, 也就是说, 北京市的生活水平高于世界中间水平. 注意, 单侧区间估计的上界为 0.4563, 低于 0.5, 所得的结论还是拒绝原假设.

2. 用成对样本来检验两个总体间是否存在显著差异

符号检验法也可用于以成对随机样本观察值来检验两个总体之间是否存在显著差异. 如果两个总体无显著差异, 则两个成对随机样本观察值正、负差额的个数应大体相等. 假定 $x_i - y_i > 0$ 用正号表示, $x_i - y_i < 0$ 用负号表示, 则如果两个总体无显著差异, 那么出现正号和负号的概率各占 1/2. 与上面检验样本是否来自某个总体一样, 可用二项分布 $B(n, 1/2)$, 根据一定的显著性水平和正号 (或负号) 的个数, 作出接受或拒绝两个总体无显著差异的判断.

例 5.19 用 2 种不同的饲料养猪, 其增重情况如表 5.10 所示. 试分析 2 种饲料养猪有无显著差异.

表 5.10 不同饲料养猪的增重情况   kg

对编号	1	2	3	4	5	6	7	8	9	10	11	12	13	14
饲料 X	25	30	28	23	27	35	30	28	32	29	30	30	31	16
饲料 Y	19	32	21	19	25	31	31	26	30	25	28	31	25	25

解 采用成对符号检验. 输入数据, 调用 binom.test() 作检验.

```
> x<-scan()
1: 25 30 28 23 27 35 30 28 32 29 30 30 31 16
15:
Read 14 items
> y<-scan()
1: 19 32 21 19 25 31 31 26 30 25 28 31 25 25
15:
Read 14 items
> binom.test(sum(x<y), length(x))
        Exact binomial test
data:  sum(x < y) and length(x)
number of successes = 4, number of trials = 14, p-value = 0.1796
alternative hypothesis: true probability of success is not equal to 0.5
95 percent confidence interval:
 0.08388932 0.58103526
sample estimates:
probability of success
              0.2857143
```

sum(x<y) 表示样本 X 小于样本 Y 的个数. 计算出的 P 值大于 0.05, 无法拒绝原假设, 可以认为两种饲料养猪无显著差异. 计算出的区间估计包含 0.5, 也就是说, 可以认为 $X < Y$ 和 $X \geqslant Y$ 的概率各占 1/2, 得到的结论也无法拒绝原假设, 两种饲料养猪无显著差异.

在人们的日常生活中, 常常遇到很难用数值确切表示的问题, 而符号检验法可用于这类问题的研究. 例如我们要了解消费者是喜欢咖啡, 还是喜欢奶茶就属于这一类的问题, 消费者很难用 5 表示对咖啡的爱好, 或者用 8 表示对奶茶的爱好, 一般只能表示某消费者对咖啡的爱好超过奶茶, 或者对奶茶的爱好超过咖啡, 或者两者同样爱好. 因而我们可以用符号检验法来研究这一类的现象. 现举例说明这个检验方法的具体应用.

例 5.20　某饮料店为了解顾客对饮料的爱好情况, 以进一步改进他们的工作, 对顾客喜欢咖啡还是喜欢奶茶, 或者两者同样爱好进行了调查. 该店在某日随机地抽取了 13 名顾客进行了调查, 顾客喜欢咖啡超过奶茶用正号表示, 喜欢奶茶超过咖啡用负号表示, 两者同样爱好用 0 表示. 现将调查的结果列在表 5.11 中. 试分析顾客是喜欢咖啡还是喜欢奶茶.

表 5.11　不同顾客的爱好情况

顾客编号	1	2	3	4	5	6	7	8	9	10	11	12	13
喜欢咖啡	1		1	1	1	0	1			1	1	1	1
喜欢奶茶		1						1				1	

解　根据题意可检验如下假设:

H_0：顾客喜欢咖啡等于喜欢奶茶;　　　H_1：顾客喜欢咖啡超过奶茶.

以上资料中有 1 人 (即 6 号顾客) 表示对咖啡和奶茶有同样爱好, 用 0 表示, 因而在样本容量中不加计算, 所以实际上 $n = 12$. 如果 H_0 假设为真, 即顾客对咖啡和奶茶同样爱好, 那么会出现 $x - y < 0$, 即负号的概率为 1/2, 所以出现负号的个数服从二项分布, $B(12, 1/2)$. 负号个数愈少, 说明顾客喜欢咖啡超过奶茶的人数愈多, 负号个数少到一定程度就要推翻 H_0 假设, 而接受 H_1 假设, 即顾客喜欢咖啡超过喜欢奶茶. 所以本例属于单边备择假设检验.

用 R 软件进行计算, 显著性水平取 $\alpha = 0.10$.

```
> binom.test(3,12,p=1/2, al="l", conf.level = 0.90)

        Exact binomial test

data:  3 and 12
number of successes = 3, number of trials = 12, p-value = 0.073
alternative hypothesis: true probability of success is less than 0.5
90 percent confidence interval:
 0.0000000 0.4752663
sample estimates:
probability of success
                  0.25
```

P 值 $= 0.073 < 0.10$, 且区间估计为 $[0, 0.475]$, 因此拒绝原假设, 认为喜欢咖啡的人超过喜欢奶茶的人.

如果显著性水平定在 $\alpha = 0.05$ 时, 则不能拒绝原假设, 只能认为喜欢咖啡和奶茶的人一样多.

一般来说, 符号检验比参数统计 t 检验法的效能低, 特别是正、负号所代表的差额的绝对值比较大时, 表现的更为明显.

在符号检验法中, 只计算符号的个数, 而不考虑每个符号差中所包含的绝对值的大小. 为了弥补这一缺点, 在非参数统计中还要使用其他的检验方法.

5.3.5 秩统计量

前面介绍了符号检验, 下面介绍另一种检验方法 —— 秩检验. 在介绍秩检验之前, 先介绍与秩检验有关的概念 —— 秩统计量 (rank statistics).

秩统计量是在非参数检验中广泛应用的统计量, 它的一个重要特性是分布无关性 (distribution-freeness).

定义 5.2 设 $X_1, X_2, \cdots, X_n$ 为一组样本 (不必取自同一总体), 将 $X_1, X_2, \cdots, X_n$ 从小到大排成一列, 用 R_i 记为 X_i 在上述排列中的位置号, $i = 1, 2, \cdots, n$. 称 $R_1, R_2, \cdots, R_n$ 为样本 $X_1, X_2, \cdots, X_n$ 产生的秩统计量 (rank statistics).

例 5.21 有下列一组样本

x_1	x_2	x_3	x_4	x_5
1.2	0.8	−3.1	2.0	1.2

请计算它的秩统计量.

解 由此产生的秩统计量 R 为

R_1	R_2	R_3	R_4	R_5
3	2	1	5	4

注意: 在上述数据中 $x_1 = x_5$, 这时就按自然顺序将 x_1 排在 x_5 前面.

在 R 软件中, 函数 rank() 可以计算秩统计量. 如上面的例子,

```
> x<-c(1.2, 0.8, -3.1, 2.0, 1.2)
> rank(x)
[1] 3.5 2.0 1.0 5.0 3.5
```

这里并不像人为排序那样, 第一次出现的排在前面, 而是同等处理, 其顺序均为 3.5. 这种情况在计算统计量时, 有时程序会给出警告. 如果希望得到人为规定的排列次序, 将第二次出现的值 (x_5) 增加一个很小的值. 如

```
> x<-c(1.2, 0.8, -3.1, 2.0, 1.2+1e-5)
> rank(x)
[1] 3 2 1 5 4
```

这与人工计算的结果相同.

显然, 若样本 $X_1, X_2, \cdots, X_n$ 是取自连续分布总体的独立同分布样本, 则统计量 R_1, $R_2, \cdots, R_n$ 的分布是对称等概率的, 即对 $1, 2, \cdots, n$ 的任一排列 $i_1, i_2, \cdots, i_n$, 有

$$P\{R_1 = i_1, R_2 = i_2, \cdots, R_n = i_n\} = \frac{1}{n!}, \tag{5.21}$$

这时, $R_1, R_2, \cdots, R_n$ 的分布与总体分布无关.

5.3.6　秩相关检验

秩相关检验是秩检验的一个重要应用. 在第 3 章, 我们介绍了 Pearson 相关检验, 它实际上是应用于正态分布总体的数据, 这里介绍的秩相关检验并不要求所检验的数据来自正态分布的总体.

1. Spearman 秩相关检验

设 $(X_1, Y_1), (X_2, Y_2), \cdots, (X_n, Y_n)$ 为取自某个二元总体的独立样本, 要检验变量 X 与变量 Y 是否相关. 通常以 "X 与 Y 相互独立 (不相关)" 为原假设, "X 与 Y 相关" 为备择假设.

设 $r_1, r_2, \cdots, r_n$ 为由 $X_1, X_2, \cdots, X_n$ 产生的秩统计量, $R_1, R_2, \cdots, R_n$ 为由 $Y_1, Y_2, \cdots, Y_n$ 产生的秩统计量, 则有

$$\overline{r} = \frac{1}{n} \sum_{i=1}^{n} r_i = \frac{n+1}{2} = \overline{R} = \frac{1}{n} \sum_{i=1}^{n} R_i,$$

$$\frac{1}{n} \sum_{i=1}^{n} (r_i - \overline{r})^2 = \frac{n^2 - 1}{12} = \frac{1}{n} \sum_{i=1}^{n} (R_i - \overline{R})^2.$$

定义 5.3　称

$$r_s = \left[\frac{1}{n} \sum_{i=1}^{n} r_i R_i - \left(\frac{n+1}{2} \right)^2 \right] \Big/ \left(\frac{n^2 - 1}{12} \right)$$

为 Spearman(斯皮尔曼) 秩相关系数.

当 X 与 Y 相互独立时, $(r_1, r_2, \cdots, r_n)$ 与 $(R_1, R_2, \cdots, R_n)$ 相互独立时, $E(r_s) = 0$. 当 X 与 Y 正相关时, r_s 倾向于取正值; 当 X 与 Y 负相关时, r_s 倾向于取负值. 这样就可以用 r_s 的分布来检验 X 与 Y 是否独立.

可以证明: 当 n 较大时, $\sqrt{n-1}\, r_s$ 的近似分布为 $N(0, 1)$. 由此可以构造拒绝域和计算相应的 P 值, 当 P 值小于某一显著性水平 α 时, 则拒绝原假设. 我们可以根据问题构造单边检验或双边检验.

R 软件中的检验函数 cor.test() 可以进行 Spearman 秩相关检验, 其使用方法为

```
cor.test(x, y,
         alternative = c("two.sided", "less", "greater"),
         method = "spearman", conf.level = 0.95, ...)
```

例 5.22　一项有 6 个人参加表演的竞赛, 有两人进行评定, 评定结果如表 5.12 所示, 试用 Spearman 秩相关检验方法检验这两个评定员对等级评定有无相关关系.

表 5.12 两位评判者的评定成绩

参加者编号	1	2	3	4	5	6
甲的打分 (X)	1	2	3	4	5	6
乙的打分 (Y)	6	5	4	3	2	1

解 输入数据, 作检验

```
> x<-c(1,2,3,4,5,6); y<-c(6,5,4,3,2,1)
> cor.test(x, y, method = "spearman")
        Spearman's rank correlation rho
data:  x and y
S = 70, p-value = 0.002778
alternative hypothesis: true rho is not equal to 0
sample estimates:
rho
 -1
```

由于计算出的 P 值小于 0.05, 因此拒绝原假设, 认为变量 X 与 Y 相关. 事实上, 由于计算出的 $r_s = -1$, 表示这两个量完全负相关, 即两人的结论有关系, 但完全相反.

2. Kendall 相关检验

这里从另一个观点来看相关问题. 同样考虑原假设 H_0: 变量 X 与 Y 不相关, 和三个备择假设

$$H_1: \quad \text{正或负相关} \quad (\text{或者}) \quad \text{正相关} \quad (\text{或者}) \quad \text{负相关}$$

引进协同的概念. 如果乘积 $(X_j - X_i)(Y_j - Y_i) > 0$, 则称对子 (X_i, Y_i) 及 (X_j, Y_j) 是协同的 (concordant), 或者说它们有同样的倾向; 反之, 如果乘积 $(X_j - X_i)(Y_j - Y_i) < 0$, 则称该对子是不协同的 (disconcordant). 令

$$\Psi(X_i, X_j, Y_i, Y_j) = \begin{cases} 1, & \text{如果 } (X_j - X_i)(Y_j - Y_i) > 0, \\ 0, & \text{如果 } (X_j - X_i)(Y_j - Y_i) = 0, \\ -1, & \text{如果 } (X_j - X_i)(Y_j - Y_i) < 0. \end{cases} \tag{5.22}$$

定义 Kendall (肯达尔) τ 相关系数

$$\widehat{\tau} = \sum_{1 \leqslant i < j \leqslant n} \Psi(X_i, X_j, Y_i, Y_j) = \frac{K}{\mathrm{C}_n^2} = \frac{n_d - n_c}{\mathrm{C}_n^2}, \tag{5.23}$$

其中 n_c 是协同对子的数目, n_d 是不协同对子的数目. 显然,

$$K \equiv \sum \Psi = n_c - n_d = 2n_c - \mathrm{C}_n^2. \tag{5.24}$$

上面定义的 $\hat{\tau}$ 为概率差

$$\tau = P\{(X_j - X_i)(Y_j - Y_i) > 0\} - P\{(X_j - X_i)(Y_j - Y_i) < 0\}$$

的一个估计. 容易看出, $-1 \leqslant \hat{\tau} \leqslant 1$. 事实上, 当所有对子都是协同的, 则 $K = C_n^2$, 此时, $\hat{\tau} = 1$. 当所有对子都是不协同的, 则 $K = -C_n^2$, 此时, $\hat{\tau} = -1$.

设 $r_1, r_2, \cdots, r_n$ 为由 $X_1, X_2, \cdots, X_n$ 产生的秩统计量, $R_1, R_2, \cdots, R_n$ 为由 $Y_1, Y_2, \cdots,$ Y_n 产生的秩统计量, 可以证明

$$K = \sum_{1 \leqslant i < j \leqslant n} \text{sign}(r_i - r_j) \cdot \text{sign}(R_i - R_j). \tag{5.25}$$

结合式 (5.25) 和式 (5.23), 可以计算出估计值 $\hat{\tau}$, 这样就可以利用 $\hat{\tau}$ 值作检验. 当 $\hat{\tau}$ 接近于 0 时, 表示两变量独立; 当 $\hat{\tau}$ 大于某一值时, 表示两变量相关 (正数表示正相关, 负数表示负相关).

在 R 软件中, Kendall 相关检验用函数 cor.test() 计算, 其计算方法与 Spearman 秩相关检验相同, 只需将参数 method 改成 method = "kendall" 即可.

例 5.23　某幼儿园对 9 对双胞胎的智力进行检验, 并按百分制打分. 资料如表 5.13 所示. 试用 Kendall 相关检验方法检验双胞胎的智力是否相关.

表 5.13　9 对双胞胎的得分情况

双胞胎对的编号	1	2	3	4	5	6	7	8	9
先出生的儿童 (X)	86	77	68	91	70	71	85	87	63
后出生的儿童 (Y)	88	76	64	96	65	80	81	72	60

解　输入数据, 作检验

```
> X<-c(86, 77, 68, 91, 70, 71, 85, 87, 63)
> Y<-c(88, 76, 64, 96, 65, 80, 81, 72, 60)
> cor.test(X, Y, method = "kendall")

        Kendall's rank correlation tau

data:  X and Y
T = 31, p-value = 0.005886
alternative hypothesis: true tau is not equal to 0
sample estimates:
      tau
0.7222222
```

P 值小于 0.05, 拒绝原假设, 认为双胞胎的智力相关, 而且是正相关的.

5.3.7 Wilcoxon 秩检验

1. 对来自一个总体样本的检验

符号检验利用了观测值和原假设的中心位置之差的符号来进行检验, 但是它并没有利用这些差的大小 (体现于差的绝对值的大小) 所包含的信息. 不同的符号代表了中心位置的哪一边, 而差的绝对值的秩的大小代表距中心位置的远近, 如果将两者结合起来, 自然比仅仅利用符号更有效. 这也是下面要介绍的 Wilcoxon(威尔科克逊) 符号秩检验 (Wilcoxon signed-rank test) 的宗旨.

为了弥补符号检验法的不足, 在这里将介绍一种在一定程度上考虑到样本观察值与总体中位数之间的差额, 即 $|x_i - M_0|$(其中 $i = 1, 2, \cdots, n$) 的大小的检验方法. 在这里假定: (1) 总体分布是连续的; (2) 总体对其中位数是对称的. 这样, 将以上 $|x_i - M_0|$ 得到的差额, 按递增次序排列, 并根据差额的次序给出相应的秩次 R_i, 如差额绝对值最小者给以秩次 1, 次小者给以秩次 2, $\cdots$, 最大值给以秩次 n. 再按 $x_i - M_0 > 0$ 为正秩次, $x_i - M_0 < 0$ 为负秩次. 然后按照正秩次之和进行检验, 这就是秩序和检验. 这种方法首先由 Wilcoxon 提出, 所以称为 Wilcoxon 符号秩检验.

Wilcoxon 检验不仅考虑到每个观察值比总体中位数 M_0 大还是小, 而且在一定程度上也考虑了大多少, 小多少. 在进行检验时, 如果观察值与总体中位数的差额的绝对值相等时, 就要用平均秩次来代替. 例如, $|x_i - M_0| = |x_j - M_0| = |x_k - M_0|$, 首先, 给以相应的秩次为 4、5、6, 其平均值为 5 (R 软件以平均值定义相同值的秩次, 3 个数据的秩次均是 5). 此外, 如果 $x_i - M_0 = 0$, 就将 x_i 从观察数据中去掉.

如果原观察值的数目为 n', 减去差额为 0 的观察数据后, 其样本数为 n. 用 $R_i^{(+)}$ 表示正秩次, W 表示正秩次的和, 则 Wilcoxon 统计量为

$$W = \sum_{i=1}^{n} R_i^{(+)}. \tag{5.26}$$

因为 n 个整数 $1, 2, \cdots, n$ 的总和用 $\dfrac{n(n+1)}{2}$ 计算, 而正秩次总和可以在区间 $\left(0, \dfrac{n(n+1)}{2}\right)$ 内变动, 如果观察值来自中位数为 M_0 的某个总体的假设为真, 那么 Wilcoxon 检验统计量的取值将是秩次和的平均数, 即 $\mu_W = \dfrac{n(n+1)}{4}$ 的左右变动. 如果该假设不成立, 则 W 的取值将向秩次和两头的数值靠近. 这样, 在一定的显著性水平下便可进行秩次和检验.

R 软件中的 wilcox.tets() 函数可以作 Wilcoxon 符号秩检验, 其基本格式为

```
wilcox.test(x, y = NULL,
    alternative = c("two.sided", "less", "greater"),
```

```
              mu = 0, paired = FALSE, exact = NULL, correct = TRUE,
              conf.int = FALSE, conf.level = 0.95, ...)
```

其中 x,y 是观察数据构成的数据向量. alternative 是备择假设, 有单侧检验和双侧检验. mu 是待检参数, 如中位数 M_0. paired 是逻辑变量, 说明变量 x, y 是否为成对数据. exact 是逻辑变量, 说明是否精确计算 P 值, 当样本量较小时, 此参数起作用; 当样本量较大时, 软件采用正态分布近似计算 P 值. correct 是逻辑变量, 说明是否对 P 值的计算采用连续性修正. conf.int 是逻辑变量, 说明是否给出相应的置信区间.

　　例 5.24　假定某电池厂宣称该厂生产的某种型号电池寿命的中位数为 140 A·h. 为了检验该厂生产的电池是否符合其规定的标准, 现从新近生产的一批电池中抽取 20 个随机样本, 并对这 20 个电池的寿命进行了测试, 其结果如下 (单位: A·h):

137.0　140.0　138.3　139.0　144.3　139.1　141.7　137.3　133.5　138.2

141.1　139.2　136.5　136.5　135.6　138.0　140.9　140.6　136.3　134.1

试用 Wilcoxon 符号秩检验分析该厂生产的电池是否符合其标准.

　　解　根据题意作如下假设:

$$H_0: 电池中位数 M \geqslant 140 \text{ A·h},$$
$$H_1: 电池中位数 M < 140 \text{ A·h}.$$

输入数据, 调用 wilcox.test() 函数.

```
> X<-scan()
1:   137.0 140.0 138.3 139.0 144.3 139.1 141.7 137.3 133.5 138.2
11: 141.1 139.2 136.5 136.5 135.6 138.0 140.9 140.6 136.3 134.1
21:
Read 20 items
> wilcox.test(X, mu=140, alternative="less",
            exact=FALSE, correct=FALSE, conf.int=TRUE)

       Wilcoxon signed rank test

data:  X
V = 34, p-value = 0.007034
alternative hypothesis: true mu is less than 140
95 percent confidence interval:
     -Inf 139.2000
sample estimates:
(pseudo)median
      138.2000
```

这里 V = 34 是 Wilcoxon 统计量, P 值 0.007034 < 0.05, 拒绝原假设, 即中位数达不到

140 A·h. 从相应的区间估计也能得到相应的结论.

上面介绍了用 Wilcoxon 符号秩检验方法检验一个样本是否来自某个总体. 同样, 这个方法也可用于成对样本的检验, 从而说明两个总体是否存在显著差异.

例 5.25 为了检验一种新的复合肥和原来使用的肥料相比是否显著地提高了小麦的产量, 在一个农场中选择了 10 块田地, 每块等分为两部分, 其中任指定一部分使用新的复合肥料, 另一部分使用原肥料. 小麦成熟后称得各部分小麦产量如表 5.14 所示. 试用 Wilcoxon 符号检验法检验新复合肥是否会显著提高小麦的产量, 并与符号检验作比较 ($\alpha = 0.05$).

表 5.14 使用不同肥料情况下小麦的产量 kg

田 块	1	2	3	4	5	6	7	8	9	10
新复合肥	459	367	303	392	310	342	421	446	430	412
原肥料	414	306	321	443	281	301	353	391	405	390

解 根据题意作如下假设:

$$H_0: 新复合肥的产量与原肥料的产量相同,$$

$$H_1: 新复合肥的产量高于原肥料的产量.$$

输入数据, 调用 wilcox.test() 函数.

```
> x<-c(459, 367, 303, 392, 310, 342, 421, 446, 430, 412)
> y<-c(414, 306, 321, 443, 281, 301, 353, 391, 405, 390)
> wilcox.test(x, y, alternative = "greater", paired = TRUE)
        Wilcoxon signed rank test
data:  x and y
V = 47, p-value = 0.02441
alternative hypothesis: true mu is greater than 0
```

P 值 $= 0.02441 < 0.05$, 拒绝原假设, 即新复合肥能够显著提高小麦的产量.

用下述命令

```
> wilcox.test(x-y, alternative = "greater")
```

具有相同的效果.

如符号检验计算

```
> binom.test(sum(x>y), length(x), alternative = "greater")
        Exact binomial test
data:  sum(x > y) and length(x)
number of successes = 8, number of trials = 10, p-value = 0.05469
```

alternative hypothesis: true probability of success is greater than 0.5

95 percent confidence interval:

 0.4930987 1.0000000

sample estimates:

probability of success

0.8

P 值 $= 0.05469 > 0.05$, 无法拒绝原假设. 此结果表明, 在 $\alpha = 0.05$ 的水平下, 就所给数据而言, 符号检验还不足以区分两种肥料对提高小麦产量产生的差异.

比较两个计算结果, 可以发现 Wilcoxon 符号检验比符号检验在探测差异性方面更有效.

2. 非成对样本的秩次和检验

假定两个非成对样本的观察值为 $X_1, X_2, \cdots, X_{n_1}$ 和 $Y_1, Y_2, \cdots, Y_{n_2}$, 其样本容量分别为 n_1 和 n_2. 现要检验两个随机样本来自两个总体的中位数是否相等 (如果中位数相等, 则认为两个总体无差异).

将样本的观察值排在一起, 即 $X_1, X_2, \cdots, X_{n_1}, Y_1, Y_2, \cdots, Y_{n_2}$, 仍设 $r_1, r_2, \cdots, r_{n_1}$ 为由 $X_1, X_2, \cdots, X_{n_1}$ 产生的秩统计量, $R_1, R_2, \cdots, R_{n_2}$ 为由 $Y_1, Y_2, \cdots, Y_{n_2}$ 产生的秩统计量, 则 Wilcoxon-Mann-Whitney 统计量定义为

$$U = n_1 n_2 + \frac{n_2(n_2 + 1)}{2} - \sum_{i=1}^{n_2} R_i. \tag{5.27}$$

类似单一总体的 Wilcoxon 符号检验一样, 可以通过统计量 U 进行检验, 该检验称为 Wilcoxon 秩和检验.

R 软件中, 仍然是用 wilcox.test() 完成 Wilcoxon 秩和检验.

例 5.26 今测得 10 名非铅作业工人和 7 名铅作业工人的血铅值, 如表 5.15 所示. 试用 Wilcoxon 秩和检验分析两组工人血铅值有无差异.

表 5.15 两组工人的血铅值 10^{-6}mmol/L

非铅作业组	24	26	29	34	43	58	63	72	87	101
铅作业组	82	87	97	121	164	208	213			

解 根据题意作如下假设:

H_0: 两组工人血铅无差异, H_1: 铅作业组血铅高于非铅作业组.

输入数据, 调用 wilcox.test() 函数.

```
> x<-c(24, 26, 29, 34, 43, 58, 63, 72, 87, 101)
> y<-c(82, 87, 97, 121, 164, 208, 213)
#### 不采用连续修正
> wilcox.test(x,y,alternative="less",exact=FALSE,correct=FALSE)
        Wilcoxon rank sum test
data:  x and y
W = 4.5, p-value = 0.001449
alternative hypothesis: true mu is less than 0
#### 采用连续修正
> wilcox.test(x, y, alternative="less", exact=FALSE)
        Wilcoxon rank sum test with continuity correction
data:  x and y
W = 4.5, p-value = 0.001698
alternative hypothesis: true mu is less than 0
```

W = 4.5 是 Wilcoxon-Mann-Whitney 统计量. 在上述计算中, 无论是采用连续修正, 还是不采用连续修正, 其 P 值均小于 0.05, 因此拒绝原假设, 即铅作业组工人血铅值高于非铅作业组的工人.

例 5.27 为了了解新的数学教学方法的效果是否比原来方法的效果有所提高, 从水平相当的 10 名学生中随机地各选 5 名接受新方法和原方法的教学试验. 充分长一段时间后, 由专家通过各种方式 (如考试提问等) 对 10 名学生的数学能力予以综合评估 (为公证起见, 假定专家对各个学生属于哪一组并不知道), 并按其数学能力由弱到强排序, 结果如表 5.16 所示. 对 $\alpha = 0.05$, 检验新方法是否比原方法显著地提高了教学效果. 若排序结果如表 5.17 所示, 情况又如何?

表 5.16 学生数学能力排序结果 (1)

新方法			3		5		7		9	10
原方法	1	2		4		6		8		

表 5.17 学生数学能力排序结果 (2)

新方法				4		6	7		9	10
原方法	1	2	3		5			8		

解 因为 Wilcoxon 秩和检验本质只需排出样本的秩次, 而且题目中的数据本身就是一个排序, 因此可直接使用.

```
> x<-c(3, 5, 7, 9, 10); y<-c(1, 2, 4, 6, 8)
```

```
> wilcox.test(x, y, alternative="greater")
        Wilcoxon rank sum test
data:  x and y
W = 19, p-value = 0.1111
alternative hypothesis: true mu is greater than 0
```

P 值 $= 0.1111 > 0.05$, 无法拒绝原假设, 即认为新的教学效果并不显著优于原方法.

对于第二种情况,

```
> X<-c(4, 6, 7, 9, 10); Y<-c(1, 2, 3, 5, 8)
> wilcox.test(X, Y, alternative="greater")
        Wilcoxon rank sum test
data:  X and Y
W = 21, p-value = 0.04762
alternative hypothesis: true mu is greater than 0
```

P 值 $= 0.04762 < 0.05$, 拒绝原假设, 即认为新的教学效果显著优于原方法.

例 5.28 某医院用某种药物治疗两型慢性支气管炎患者共 216 例, 疗效如表 5.18 所示. 试分析该药物对两型慢性支气管炎的治疗是否相同.

表 5.18 某种药物治疗两型慢性支气管炎疗效结果

疗效	控制	显效	进步	无效
单纯型	62	41	14	11
喘息型	20	37	16	15

解 我们想像各病人的疗效用 4 个不同的值表示 (1 表示最好, 4 表示最差), 这样就可以为这 216 名病人排序, 因此, 可用 Wilcoxon 秩和检验来分析问题.

```
> x<-rep(1:4, c(62, 41, 14,11)); y<-rep(1:4, c(20, 37, 16, 15))
> wilcox.test(x, y, exact=FALSE)
        Wilcoxon rank sum test with continuity correction
data:  x and y
W = 3994, p-value = 0.0001242
alternative hypothesis: true mu is not equal to 0
```

P 值 $= 0.0001242 < 0.05$, 拒绝原假设, 即认为该药物对两型慢性支气管炎的治疗不相同. 因为数据有结点存在, 故无法精确计算 P 值, 其参数为 exact=FALSE.

本节介绍了一些重要的非参数检验方法, R 软件还提供了另外一些非参数检验方法, 这里就不一一列举了. 因为掌握了已有的方法, 再学习其他方法就不困难了, 使用时可通过在线帮助了解其基本的使用方法.

习　题

5.1　正常男子血小板计数均值为 $225 \times 10^9/\text{L}$, 今测得 20 名男性油漆作业工人的血小板计数值 (单位: $10^9/\text{L}$) 如下:

$$220 \quad 188 \quad 162 \quad 230 \quad 145 \quad 160 \quad 238 \quad 188 \quad 247 \quad 113$$
$$126 \quad 245 \quad 164 \quad 231 \quad 256 \quad 183 \quad 190 \quad 158 \quad 224 \quad 175$$

问油漆工人的血小板计数与正常成年男子有无差异?

5.2　已知某种灯泡寿命服从正态分布, 在某星期所生产的该灯泡中随机抽取 10 只, 测得其寿命 (单位: h) 为

$$1067 \quad 919 \quad 1196 \quad 785 \quad 1126 \quad 936 \quad 918 \quad 1156 \quad 920 \quad 948$$

求这个星期生产出的灯泡能使用 1000 h 以上的概率.

5.3　为研究某铁剂治疗和饮食治疗营养性缺铁性贫血的效果, 将 16 名患者按年龄、体重、病程和病情相近的原则配成 8 对, 分别使用饮食疗法和补充铁剂治疗的方法, 3 个月后测得两种患者血红蛋白如表 5.19 所示, 问两种方法治疗后的患者血红蛋白有无差异?

表 5.19　铁剂和饮食两种方法治疗后患者血红蛋白值　　　　g/L

铁剂治疗组	113	120	138	120	100	118	138	123
饮食治疗组	138	116	125	136	110	132	130	110

5.4　为研究国产四类新药阿卡波糖胶囊效果, 某医院用 40 名 II 型糖尿病病人进行同期随机对照实验. 试验者将这些病人随机等分到试验组 (阿卡波糖胶囊组) 和对照组 (拜唐苹胶囊组), 分别测得试验开始前和 8 周后空腹血糖, 算得空腹血糖下降值, 如表 5.20 所示. 能否认为国产四类新药阿卡波糖胶囊与拜唐苹胶囊对空腹血糖的降糖效果不同?

表 5.20　试验组与对照组空腹血糖下降值　　　　mmol/L

试验组	-0.70	-5.60	2.00	2.80	0.70	3.50	4.00	5.80	7.10	-0.50
($n_1 = 20$)	2.50	-1.60	1.70	3.00	0.40	4.50	4.60	2.50	6.00	-1.40
对照组	3.70	6.50	5.00	5.20	0.80	0.20	0.60	3.40	6.60	-1.10
($n_2 = 20$)	6.00	3.80	2.00	1.60	2.00	2.20	1.20	3.10	1.70	-2.00

(1) 检验试验组和对照组的数据是否来自正态分布, 采用正态性 W 检验方法 (见第 3 章)、Kolmogorov-Smirnov 检验方法和 Pearson 拟合优度 χ^2 检验;

(2) 用 t 检验两组数据均值是否有差异, 分别用方差相同模型、方差不同模型和成对 t 检验模型;

(3) 检验试验组与对照组的方差是否相同.

5.5 为研究某种新药对抗凝血酶活力的影响, 随机安排新药组病人 12 例, 对照组病人 10 例, 分别测定其抗凝血酶活力 (单位: mm^3), 其结果如下

新药组: 126　125　136　128　123　138　142　116　110　108　115　140

对照组: 162　172　177　170　175　152　157　159　160　162

试分析新药组和对照组病人的抗凝血酶活力有无差别 ($\alpha = 0.05$).

(1) 检验两组数据是否服从正态分布;

(2) 检验两组样本方差是否相同;

(3) 选择最合适的检验方法检验新药组和对照组病人的抗凝血酶活力有无差别.

5.6 一项调查显示某城市老年人口比重为 14.7%. 该市老年研究协会为了检验该项调查是否可靠, 随机抽选了 400 名居民, 发现其中有 57 人是老年人. 问调查结果是否支持该市老年人口比重为 14.7% 的看法 ($\alpha = 0.05$).

5.7 作性别控制试验, 经某种处理后, 共有雏鸡 328 只, 其中公雏 150 只, 母雏 178 只, 试问这种处理能否增加母雏的比例? (性别比应为 1 : 1)

5.8 Mendel 用豌豆的两对相对性状进行杂交实验, 黄色圆滑种子与绿色皱缩种子的豌豆杂交后, 第二代根据自由组合规律, 理论分离比为

$$黄圆 : 黄皱 : 绿圆 : 绿皱 = \frac{9}{16} : \frac{3}{16} : \frac{3}{16} : \frac{1}{16}$$

实际实验值为: 黄圆 315 粒、黄皱 101 粒、绿圆 108 粒、绿皱 32 粒, 共 556 粒, 问此结果是否符合自由组合规律?

5.9 观察每分钟进入某商店的人数 X, 任取 200 min, 所得数据如下:

顾客人数	0	1	2	3	4	5
频数	92	68	28	11	1	0

试分析, 能否认为每分钟顾客数 X 服从 Poisson 分布 ($\alpha = 0.1$).

5.10 观察得两样本值如下:

I	2.36	3.14	7.52	3.48	2.76	5.43	6.54	7.41
II	4.38	4.25	6.53	3.28	7.21	6.55		

试分析, 两样本是否来自同一总体 ($\alpha = 0.05$).

5.11 为研究分娩过程中使用胎儿电子监测仪对剖腹产率有无影响, 对 5824 例分娩的经产妇进行回顾性调查, 结果如表 5.21 所示, 试进行分析.

5.12 在高中一年级男生中抽取 300 名考察其两个属性: B 是 1500 m 长跑, C 是每天平均锻炼时间, 得到 4×3 列联表, 如表 5.22 所示. 试对 $\alpha = 0.05$, 检验 B 与 C 是否独立.

表 5.21　5824 例经产妇回顾性调查结果

剖腹产	胎儿电子监测仪		合计
	使用	未使用	
是	358	229	587
否	2492	2745	5237
合计	2850	2974	5824

表 5.22　300 名高中学生体育锻炼的考察结果

1500 m 长跑记录	锻炼时间			合计
	2 h 以上	1～2 h	1 h 以下	
$5''01'\sim5''30'$	45	12	10	67
$5''31'\sim6''00'$	46	20	28	94
$6''01'\sim6''30'$	28	23	30	81
$6''31'\sim7''00'$	11	12	35	58
合计	130	67	103	300

5.13　为比较两种工艺对产品的质量是否有影响, 对其产品进行抽样检查, 其结果如表 5.23 所示. 试进行分析.

表 5.23　两种工艺下产品质量的抽查结果

	合格	不合格	合计
工艺一	3	4	7
工艺二	6	4	10
合计	9	8	17

5.14　应用核素法和对比法检测 147 例冠心病患者心脏收缩运动的符合情况, 其结果如表 5.24 所示. 试分析这两种方法测定结果是否相同.

表 5.24　两法检查室壁收缩运动的符合情况

对比法	核素法			合计
	正常	减弱	异常	
正常	58	2	3	63
减弱	1	42	7	50
异常	8	9	17	34
合计	67	53	27	147

5.15　在某养鱼塘中, 根据过去经验, 鱼的长度的中位数为 14.6 cm, 现对鱼塘中鱼的长

度进行一次估测, 随机地从鱼塘中取出 10 条鱼长度如下:

　　　13.32　13.06　14.02　11.86　13.58　13.77　13.51　14.42　14.44　15.43

将它们作为一个样本进行检验. 试分析, 该鱼塘中鱼的长度是在中位数之上, 还是在中位数之下.

　　(1) 用符号检验分析;

　　(2) 用 Wilcoxon 符号秩检验.

　5.16　用两种不同的测定方法, 测定同一种中草药的有效成分, 共重复 20 次, 得到实验结果如表 5.25 所示.

表 5.25　　两种不同的测定方法得到的结果

方法 A	48.0	33.0	37.5	48.0	42.5	40.0	42.0	36.0	11.3	22.0
	36.0	27.3	14.2	32.1	52.0	38.0	17.3	20.0	21.0	46.1
方法 B	37.0	41.0	23.4	17.0	31.5	40.0	31.0	36.0	5.7	11.5
	21.0	6.1	26.5	21.3	44.5	28.0	22.6	20.0	11.0	22.3

　　(1) 试用符号检验法检验来测定有无显著差异;

　　(2) 试用 Wilcoxon 符号秩检验法检验来测定有无显著差异;

　　(3) 试用 Wilcoxon 秩和检验法检验来测定有无显著差异;

　　(4) 对数据作正态性和方差齐性检验, 该数据是否能作 t 检验, 如果能, 请作 t 检验;

　　(5) 分析各种的检验方法, 试说明哪种检验法效果最好.

　5.17　调查某大学学生每周学习时间与得分的平均等级之间的关系, 现抽查 10 个学生的资料如下表:

学习时间	24	17	20	41	52	23	46	18	15	29
学习等级	8	1	4	7	9	5	10	3	2	6

其中等级 10 表示最好, 1 表示最差. 试用秩相关检验 (Spearman 检验和 Kendall 检验) 分析学习等级与学习成绩有无关系.

　5.18　为比较一种新疗法对某种疾病的治疗效果, 将 40 名患者随机地分为两组, 每组 20人, 一组采用新疗法, 另一组用原标准疗法. 经过一段时间的治疗后, 对每个患者的疗效作仔细的评估, 并划分为差、较差、一般、较好和好 5 个等级. 两组中处于不同等级的患者人数如表 5.26 所示. 试分析, 由此结果能否认为新方法的疗效显著地优于原疗法 ($\alpha = 0.05$).

表 5.26　　不同方法治疗后的结果

等级	差	较差	一般	较好	好
新疗法组	0	1	9	7	3
原疗法组	2	2	11	4	1

第6章 回归分析

在许多实际问题中, 经常会遇到需要同时考虑几个变量的情况. 例如, 在电路中会遇到电压、电流和电阻之间的关系; 在炼钢过程中会遇到钢水中的碳含量和钢材的物理性能 (如强度、延伸率等) 之间的关系; 在医学上经常测量人的身高、体重, 研究人的血压与年龄的关系等. 这些变量之间是相互制约的.

通常, 变量间的关系有两大类:

一类是变量间有完全确定的关系, 可用函数关系式来表示. 如电路中的欧姆定律

$$I = U/R,$$

其中 I 表示电流, U 表示电压, R 表示电阻.

另一类是变量间有一定的关系, 但由于情况错综复杂无法精确确定, 或由于存在不可避免的误差等原因, 以致它们的关系无法用函数形式表示出来. 为研究这类变量之间的关系就需要通过大量试验或观测获得数据, 用统计方法去寻找它们之间的关系, 这种关系反映了变量间的统计规律. 研究这类统计规律的方法之一便是回归分析.

在回归分析中, 把变量分成两类. 一类是因变量, 它们通常是实际问题中所关心的一些指标, 通常用 Y 表示; 而影响因变量取值的另一变量称为自变量, 用 $X_1, X_2, \cdots, X_p$ 来表示.

回归分析研究的主要问题是:

(1) 确定 Y 与 $X_1, X_2, \cdots, X_p$ 间的定量关系表达式. 这种表达式称为回归方程;

(2) 对求得的回归方程的可信度进行检验;

(3) 判断自变量 $X_j(j = 1, 2, \cdots, p)$ 对 Y 有无影响;

(4) 利用所求得的回归方程进行预测和控制.

6.1 一元线性回归

先从最简单的情况开始讨论, 只考虑一个因变量 Y 与一个自变量 X 之间的关系.

6.1.1 数学模型

通过一个例子来说明如何寻找 Y 与 X 间的定量关系表达式.

例 6.1 由专业知识知道, 合金的强度 $Y(\text{N/mm}^2)$ 与合金中碳含量 $X(\%)$ 有关. 为了了解它们之间的关系, 从生产中收集了一批数据 $(x_i, y_i)(i = 1, 2, \cdots), n$, 具体数据见表 6.1.

表 6.1　合金的强度与合金中碳含量数据表

序号	碳含量 X	强度 Y	序号	碳含量 X	强度 Y
1	0.10	42.0	7	0.16	49.0
2	0.11	43.5	8	0.17	53.0
3	0.12	45.0	9	0.18	50.0
4	0.13	45.5	10	0.20	55.0
5	0.14	45.0	11	0.21	55.0
6	0.15	47.5	12	0.23	60.0

为了直观起见, 可画一张 "散点图", 以 X 为横坐标, Y 为纵坐标, 每一数据对 (x_i, y_i) 为 X-Y 坐标中的一个点, $i = 1, 2, \cdots, 12$, 如图 6.1 所示.

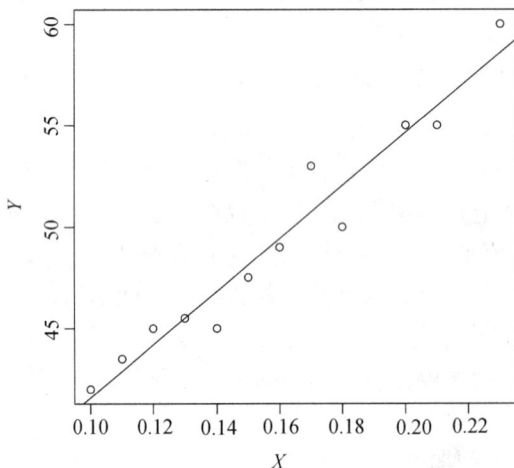

图 6.1　数据的散点图与拟合直线

在本例中, 从散点图上发现, 12 个点基本在一条直线附近, 从而可以认为 Y 与 X 的关系基本上是线性的, 而这些点与直线的偏离是由其他一切不确定因素造成的. 为此可以作如下假定:

$$Y = \beta_0 + \beta_1 X + \varepsilon, \tag{6.1}$$

其中, $\beta_0 + \beta_1 X$ 表示 Y 随 X 的变化而线性变化的部分; ε 是随机误差, 它是其他一切不确定因素影响的总和, 其值不可观测. 通常假定 $\varepsilon \sim N(0, \sigma^2)$. 称函数 $f(X) = \beta_0 + \beta_1 X$ 为一元线性回归函数, β_0 为回归常数, β_1 为回归系数, 统称回归参数. 称 X 为回归自变量 (或回归因子). 称 Y 为回归因变量 (或响应变量).

若 $(x_1, y_1), (x_2, y_2), \cdots, (x_n, y_n)$ 是 (X, Y) 的一组观测值, 则一元线性回归模型 (the simple linear regression) 可表示为

$$y_i = \beta_0 + \beta_1 x_i + \varepsilon_i, \quad i = 1, 2, \cdots, n, \tag{6.2}$$

其中 $E(\varepsilon_i) = 0, \mathrm{var}(\varepsilon_i) = \sigma^2, \ (i = 1, 2, \cdots, n)$.

6.1.2 回归参数的估计

求出未知参数 β_0, β_1 的估计 $\hat{\beta}_0, \hat{\beta}_1$ 的一种直观想法是要求图 6.1 中的点 (x_i, y_i) 与直线上的点 $(x_i, \hat{y}_i)$ 的偏离越小越好, 这里 $\hat{y}_i = \hat{\beta}_0 + \hat{\beta}_1 x_i$, 称为回归值或拟合值.

令

$$Q(\beta_0, \beta_1) = \sum_{i=1}^{n} (y_i - \beta_0 - \beta_1 x_i)^2, \tag{6.3}$$

则 β_0, β_1 的最小二乘估计是指使

$$Q(\hat{\beta}_0, \hat{\beta}_1) = \min_{\beta_0, \beta_1} Q(\beta_0, \beta_1)$$

成立的 $\hat{\beta}_0, \hat{\beta}_1$. 经计算可得

$$\hat{\beta}_1 = \frac{\sum\limits_{i=1}^{n} (x_i - \overline{x})(y_i - \overline{y})}{\sum\limits_{i=1}^{n} (x_i - \overline{x})^2} = \frac{S_{xy}}{S_{xx}}, \quad \hat{\beta}_0 = \overline{y} - \hat{\beta}_1 \overline{x}, \tag{6.4}$$

其中

$$\overline{x} = \frac{1}{n} \sum_{i=1}^{n} x_i, \quad S_{xx} = \sum_{i=1}^{n} (x_i - \overline{x})^2,$$

$$\overline{y} = \frac{1}{n} \sum_{i=1}^{n} y_i, \quad S_{xy} = \sum_{i=1}^{n} (x_i - \overline{x})(y_i - \overline{y}).$$

称 $\hat{\beta}_0, \hat{\beta}_1$ 分别为 β_0 与 β_1 的最小二乘估计, 称方程

$$\hat{Y} = \hat{\beta}_0 + \hat{\beta}_1 X$$

为一元回归方程 (或称经验回归方程).

通常取

$$\hat{\sigma}^2 = \frac{\sum\limits_{i=1}^{n} \left(y_i - \hat{\beta}_0 - \hat{\beta}_1 x_i\right)^2}{n - 2} \tag{6.5}$$

为参数 σ^2 的估计量 (也称为 σ^2 的最小二乘估计). 可以证明 $\hat{\sigma}^2$ 是 σ^2 的无偏估计, 即 $E\hat{\sigma}^2 = \sigma^2$.

关于 β_0 与 β_1 估计的方差为

$$\mathrm{var}(\beta_0) = \sigma^2 \left(\frac{1}{n} + \frac{\overline{x}^2}{S_{xx}}\right), \quad \mathrm{var}(\beta_1) = \frac{\sigma^2}{S_{xx}}. \tag{6.6}$$

如果 σ^2 未知, 则用 $\widehat{\sigma}$ 替换 σ, 得到

$$\mathrm{sd}(\widehat{\beta}_0) = \widehat{\sigma}\sqrt{\frac{1}{n} + \frac{\overline{x}^2}{S_{xx}}}, \quad \mathrm{sd}(\widehat{\beta}_1) = \frac{\widehat{\sigma}}{\sqrt{S_{xx}}}. \tag{6.7}$$

称 $\mathrm{sd}(\widehat{\beta}_0)$, $\mathrm{sd}(\widehat{\beta}_1)$ 分别为 β_0 与 β_1 的标准差.

6.1.3　回归方程的显著性检验

从回归参数的估计公式 (6.4) 可知, 在计算过程中并不一定要知道 Y 与 X 是否有线性相关的关系, 但如果不存在这种关系, 那么求得的回归方程毫无意义. 因此, 需要对回归方程进行检验. 从统计上讲, β_1 是 $E(Y)$ 随 X 线性变化的变化率, 若 $\beta_1 = 0$, 则 $E(Y)$ 实际上并不随 X 作线性变化, 仅当 $\beta_1 \neq 0$ 时, $E(Y)$ 才随 X 作线性变化, 也仅在这时一元线性回归方程才有意义. 因此假设检验为

$$H_0: \beta_1 = 0, \quad H_1: \beta_1 \neq 0.$$

通常采用三种方法.

(1) t 检验法. 当 H_0 成立时, 统计量

$$T = \frac{\hat{\beta}_1}{\mathrm{sd}(\hat{\beta}_1)} = \frac{\hat{\beta}_1\sqrt{S_{xx}}}{\hat{\sigma}} \quad \sim \quad t(n-2), \tag{6.8}$$

对于给定的显著性水平 α, 检验的拒绝域为

$$|T| \geqslant t_{\alpha/2}(n-2).$$

(2) F 检验法. 当 H_0 成立时, 统计量

$$F = \frac{\hat{\beta}_1^2 S_{xx}}{\hat{\sigma}^2} \quad \sim \quad F(1, n-2), \tag{6.9}$$

对于给定的显著性水平 α, 检验的拒绝域为

$$F \geqslant F_\alpha(1, n-2).$$

(3) 相关系数检验法. 记 $R = \dfrac{S_{xy}}{\sqrt{S_{xx}S_{yy}}}$, 称 R 为样本相关系数, 对于给定的显著性水平 α, 查相关系数临界值表可得 $r_\alpha(n-2)$, 则检验的拒绝域为

$$|R| > r_\alpha(n-2). \tag{6.10}$$

当拒绝 H_0 时, 认为线性回归方程是显著的.

在 R 软件中, 与线性模型有关的函数有: lm(), summary(), anova() 和 predict() 等. 我们先用例子简单介绍其使用方法, 然后再给出详细的介绍.

例 6.2 求例 6.1 的回归方程, 并对相应的方程作检验.

解 利用 R 软件中的 lm() 可以非常方便地求出回归参数 $\hat{\beta}_0, \hat{\beta}_1$, 并作相应的检验. 相应的 R 软件计算过程如下:

```
> x<-c(0.10, 0.11, 0.12, 0.13, 0.14, 0.15,
       0.16, 0.17, 0.18, 0.20, 0.21, 0.23)
> y<-c(42.0, 43.5, 45.0, 45.5, 45.0, 47.5,
       49.0, 53.0, 50.0, 55.0, 55.0, 60.0)
> lm.sol<-lm(y ~ 1+x)
> summary(lm.sol)
Call:
lm(formula = y ~ 1 + x)

Residuals:
    Min      1Q  Median      3Q     Max
-2.0431 -0.7056  0.1694  0.6633  2.2653

Coefficients:
            Estimate Std. Error t value Pr(>|t|)
(Intercept)   28.493      1.580   18.04 5.88e-09 ***
x            130.835      9.683   13.51 9.50e-08 ***
---
Signif. codes:  0 '***' 0.001 '**' 0.01 '*' 0.05 '.' 0.1 ' ' 1

Residual standard error: 1.319 on 10 degrees of freedom
Multiple R-Squared: 0.9481,    Adjusted R-squared: 0.9429
F-statistic: 182.6 on 1 and 10 DF,  p-value: 9.505e-08
```

在上述操作中, 第一行是输入自变量 x, 第二行是输入因变量 y, 第三行函数 lm() 表示作线性模型, 其模型公式 y~1+x 表示 $y = \beta_0 + \beta_1 x + \varepsilon$, 第四行函数 summary() 是提取模型的计算结果.

在计算结果的第一部分 (call) 列出了相应的回归模型公式. 第二部分 (Residuals:) 列出的是残差的最小值点、1/4 分位点、中位数点、3/4 分位点和最大值点.

在计算结果的第三部分 (Coefficients:) 中, Estimate 表示回归方程参数的估计, 即 $\hat{\beta}_0$, $\hat{\beta}_1$. Std. Error[①] 表示回归参数的标准差, 即 $\mathrm{sd}(\hat{\beta}_0)$, $\mathrm{sd}(\hat{\beta}_1)$. t value 为 t 值, 即

---

① 这里 Std. Error 表示的是标准差, 不是标准误, 下同.

$$T_0 = \frac{\hat{\beta}_0}{\mathrm{sd}(\hat{\beta}_0)} = \frac{\hat{\beta}_0}{\hat{\sigma}\sqrt{\dfrac{1}{n} + \dfrac{\overline{x}^2}{S_{xx}}}}, \quad T_1 = \frac{\hat{\beta}_1}{\mathrm{sd}(\hat{\beta}_1)} = \frac{\hat{\beta}_1\sqrt{S_{xx}}}{\hat{\sigma}}.$$

$\mathrm{Pr}(> |\mathrm{t}|)$ 表示 P 值, 即概率值 $P\{T > |T_{\text{值}}|\}$. 还有显著性标记, 其中 "$***$" 说明极为显著, "$**$" 说明高度显著 "$*$" 说明显著 "·" 说明不太显著, 没有记号为不显著.

在计算结果的第四部分中, Residual standard error 表示残差的标准差, 即式 (6.5) 中的 $\hat{\sigma}$, 其自由度为 $n - 2$. Multiple R-Squared 为相关系数的平方, 即

$$R^2 = \frac{S_{xy}^2}{S_{xx}S_{yy}}.$$

F-statistic 表示 F 统计量, 即

$$F = \frac{\hat{\beta}_1^2 S_{xx}}{\hat{\sigma}^2},$$

其自由度为 $(1, n - 2)$. p-value 为 P 值, 即概率值 $P\{F > |F_{\text{值}}|\}$.

从计算结果可以看出回归方程通过了回归参数的检验与回归方程的检验, 因此得到的回归方程为

$$\hat{Y} = 28.493 + 130.835X.$$

6.1.4　参数 β_0 与 β_1 的区间估计

在得到 β_0 与 β_1 的估计 $\hat{\beta}_0$ 与 $\hat{\beta}_1$ 后, 有时还需要对它们作区间估计, 由 β_0 与 β_1 的统计性质可知,

$$T_i = \frac{\hat{\beta}_i - \beta_i}{\mathrm{sd}(\hat{\beta}_i)} \sim t(n - 2), \quad i = 0, 1, \tag{6.11}$$

对给定的置信水平 $1 - \alpha$, 则有

$$P\left\{\left|\frac{\hat{\beta}_i - \beta_i}{\mathrm{sd}(\hat{\beta}_i)}\right| \leqslant t_{\alpha/2}(n - 2)\right\} = 1 - \alpha, \quad i = 0, 1. \tag{6.12}$$

因此, $\beta_i \ (i = 0, 1)$ 的区间估计为

$$\left[\hat{\beta}_i - \mathrm{sd}(\hat{\beta}_i)\, t_{\alpha/2}(n - 2),\ \hat{\beta}_i + \mathrm{sd}(\hat{\beta}_i)\, t_{\alpha/2}(n - 2)\right]. \tag{6.13}$$

注意到, 在 R 软件中, 线性回归模型函数 lm() 和 summary() 提供了所需要的值, 如参数的估计值和相应的标准差, 因此, 可以很容易地计算出式 (6.13) 给出的区间估计值.

编写相应的计算程序 (程序名: beta.int.R), 并假设变量 fm 是相应的拟合模型.

```
beta.int<-function(fm,alpha=0.05){
    A<-summary(fm)$coefficients
    df<-fm$df.residual
```

```
left<-A[,1]-A[,2]*qt(1-alpha/2, df)
right<-A[,1]+A[,2]*qt(1-alpha/2, df)
rowname<-dimnames(A)[[1]]
colname<-c("Estimate", "Left", "Right")
matrix(c(A[,1], left, right), ncol=3,
    dimnames = list(rowname, colname ))
}
```

在程序中, summary 是提取模型信息, 返回值为一列表, 其中 $coefficients 是由回归系数、标准差、$t$ 值和 P 值构成的矩阵. fm 是由函数 lm 生成的回归模型, 其中 $df.residual 为模型的自由度. left 和 right 是按式 (6.13) 计算区间的左右端点.

函数的返回值是一矩阵, 其元素有 β 的估计值和相应的区间估计. 下面看一个例子.

例 6.3 求例 6.2 中参数 β_0 和 β_1 的区间估计 ($\alpha = 0.05$).

解 在计算回归模型后 (lm.sol), 调用自编函数 beta.int.R, 就可以得到相应的区间估计.

```
> source("beta.int.R")
> beta.int(lm.sol)
            Estimate    Left      Right
(Intercept) 28.49282   24.97279  32.01285
x           130.83483 109.25892 152.41074
```

其中 Left 是估计的左区间端点, Right 是估计的右区间端点.

从这个例子可以看出, 不但可以利用 R 函数进行计算, 还可以通过 R 函数的返回值再计算, 得到所需的全部信息.

6.1.5 预测

当经过检验, 回归方程有意义时, 可用它作预测. 这里讲的预测有两方面的意义, 一是当给定 $X = x_0$ 时, 求相应平均值 $E(y_0)$ 的点估计与其置信水平为 $1 - \alpha$ 的区间估计; 二是对给定 $X = x_0$, 求 $y_0 = \hat{\beta}_0 + \hat{\beta}_1 x_0$ 的预测值及它的概率为 $1 - \alpha$ 的预测区间.

对于 $X = x_0, Y = y_0$ 的置信度为 $1 - \alpha$ 的预测区间为

$$[\hat{y}_0 - l, \hat{y}_0 + l], \tag{6.14}$$

其中

$$l = t_{\alpha/2}(n-2)\hat{\sigma}\sqrt{1 + \frac{1}{n} + \frac{(\overline{x} - x_0)^2}{S_{xx}}} . \tag{6.15}$$

即

$$P\{\hat{y}_0 - l < y_0 < \hat{y}_0 + l\} = 1 - \alpha.$$

在实际问题中, 当样本容量 n 很大时, 对于在 $\bar{x}$ 附近的 x_0, 可以得到简化的预测区间, 此时式 (6.15) 中的根式近似等于 1, 且 $t_{\alpha/2}(n-2) \approx Z_{\alpha/2}$, 于是 y_0 的置信度为 $1-\alpha$ 的预测区间近似地为

$$[\hat{y}_0 - \hat{\sigma}Z_{\alpha/2}, \ \hat{y}_0 + \hat{\sigma}Z_{\alpha/2}]. \tag{6.16}$$

例 6.4   求例 6.1 中 $X = x_0 = 0.16$ 时相应 Y 的概率为 0.95 的预测区间.

解   利用 R 软件中的 predict() 函数可以非常方便地求出预测值与预测区间. 下面是 R 软件的计算过程:

```
> new <- data.frame(x = 0.16)
> lm.pred<-predict(lm.sol, new, interval="prediction", level=0.95)
> lm.pred
         fit     lwr      upr
[1,] 49.42639 46.36621 52.48657
```

第一行表示输入新的点 $x_0 = 0.16$, 注意, 即使是一个点, 也要采用数据框的形式. 第二行的函数 predict() 给出相应的预测值, 参数 interval="prediction" 表示同时要给出相应的预测区间, 参数 level=0.95 表示相应的概率为 0.95. 这个参数也可以不写, 因为它的默认值就是 0.95.

由计算结果得到预测值与相应的预测区间为

$$\hat{Y}(0.16) = 49.43, \quad [46.37, 52.49].$$

6.1.6   控制

回归方程还可用于控制. 设某质量指标 Y 与某一自变量 X 间有线性相关关系, 且已求得了线性回归方程 $\hat{Y} = \hat{\beta}_0 + \hat{\beta}_1 X$. 此外, 当 $Y \in (y_l, y_u)$ 为质量合格, 那么 X 应控制在什么范围内才能以概率 $1-\alpha$ 保证质量合格? 这便是一个控制问题, 其中 y_l, y_u 是某种标准给出的定值.

控制可以看成是预测的反问题, 即要求观察值 Y 在某一区间 (y_l, y_u) 内取值时, 问应将 X 控制在什么范围内.

由式 (6.16), 构造不等式

$$\begin{cases} \hat{y} - \hat{\sigma}Z_{\alpha/2} = \hat{\beta}_0 + \hat{\beta}_1 x - \hat{\sigma}Z_{\alpha/2} \geqslant y_l, \\ \hat{y} + \hat{\sigma}Z_{\alpha/2} = \hat{\beta}_0 + \hat{\beta}_1 x + \hat{\sigma}Z_{\alpha/2} \leqslant y_u, \end{cases} \tag{6.17}$$

由不等式 (6.17) 得到 x 的取值范围作为控制 X 的上下限. 为了保证得到的控制范围有意义, y_u 和 y_l 应满足 $y_u - y_l \geqslant 2\hat{\sigma}Z_{\alpha/2}$.

6.1.7   计算实例

这里以 Forbes 数据为例, 全面展示一元回归模型的计算过程.

例 6.5　Forbes 数据

在 19 世纪四五十年代, 苏格兰物理学家 James D. Forbes 试图通过水的沸点来估计海拔高度. 他知道通过气压计测得的大气压可用于得到海拔高度, 海拔越高, 气压越低. 在这里讨论的实验中, 他研究了气压和沸点之间的关系. 由于在当时, 运输精密的气压计相当困难, 这引起了他研究此问题的兴趣. 测量沸点将给旅行者提供一个快速估计高度的方法.

Forbes 在阿尔卑斯山及苏格兰收集数据. 选定地点后, 他装起仪器, 测量气压及沸点. 气压单位采用水银柱高度, 并根据测量时周围气温与标准气温之间的差异校准气压. 沸点用华氏温度表示. 我们从他 1857 年的论文中选取了 $n = 17$ 个地方的数据, 如表 6.2 所示. 在研究这些数据时, 有若干可能引起兴趣的问题, 如: 气压及沸点是如何联系的? 这种关系是强是弱? 我们能否根据温度预测气压? 如果能, 有效性如何?

表 6.2　在阿尔卑斯山及苏格兰的 17 个地方沸点及大气压的 Forbes 数据

案例号	沸点/°F	气压/英寸汞柱[①]	log (气压/英寸汞柱)	$100 \times$ log(气压/英寸汞柱)
1	194.5	20.79	1.3179	131.79
2	194.3	20.79	1.3179	131.79
3	197.9	22.40	1.3502	135.02
4	198.4	22.67	1.3555	135.55
5	199.4	23.15	1.3646	136.46
6	199.9	23.35	1.3683	136.83
7	200.9	23.89	1.3782	137.82
8	201.1	23.99	1.3800	138.00
9	201.4	24.02	1.3806	138.06
10	201.3	24.01	1.3805	138.05
11	203.6	25.14	1.4004	140.04
12	204.6	26.57	1.4244	142.44
13	209.5	28.49	1.4547	145.47
14	208.6	27.76	1.4434	144.34
15	210.7	29.04	1.4630	146.30
16	211.9	29.88	1.4754	147.54
17	212.2	30.06	1.4780	147.80

分析过程

Forbes 的理论认为, 在观测值范围内, 沸点和气压值的对数成一直线. 由此, 取 10 作为对数的底数. 事实上, 统计分析与对数的底没有关系. 由于气压的对数值变化不大, 最小值为 1.318, 而最大值为 1.478, 因此将所有气压的对数值乘以 100, 如表 6.2 中第 5 列所

[①] 1 英寸汞柱 $=25.4$ mmHg$=3386.389$ Pa.

示. 这将在不改变分析主要性质的同时, 避免研究非常小的数字.

求解过程

着手进行回归分析的一个有效途径是, 画一个变量对另一变量的散点图, 它既能用于提示某种关系, 也能用于说明这种关系可能是不适当的. 在散点图中, X 轴为自变量, 这里是 Forbes 数据中的沸点, Y 轴为响应变量, 这里为 $100 \times \log$(气压/英寸汞柱).

输入数据, 画出散点图. (程序名: exam0605.R)

```
X <- matrix(c(
      194.5, 20.79, 1.3179, 131.79,
      194.3, 20.79, 1.3179, 131.79,
      197.9, 22.40, 1.3502, 135.02,
      198.4, 22.67, 1.3555, 135.55,
      199.4, 23.15, 1.3646, 136.46,
      199.9, 23.35, 1.3683, 136.83,
      200.9, 23.89, 1.3782, 137.82,
      201.1, 23.99, 1.3800, 138.00,
      201.4, 24.02, 1.3806, 138.06,
      201.3, 24.01, 1.3805, 138.05,
      203.6, 25.14, 1.4004, 140.04,
      204.6, 26.57, 1.4244, 142.44,
      209.5, 28.49, 1.4547, 145.47,
      208.6, 27.76, 1.4434, 144.34,
      210.7, 29.04, 1.4630, 146.30,
      211.9, 29.88, 1.4754, 147.54,
      212.2, 30.06, 1.4780, 147.80),
   ncol=4, byrow=T,
   dimnames = list(1:17, c("F", "h", "log", "log100")))

forbes<-as.data.frame(X)
plot(forbes$F, forbes$log100)
```

对 Forbes 数据散点图的总印象是, 这些点基本上 (但并不精确地) 落在一条直线上. 作回归分析,

```
> lm.sol <- lm(log100 ~ F, data=forbes)
> summary(lm.sol)
```

得到

```
Call:
lm(formula = log100 ~ F, data = forbes)

Residuals:
     Min      1Q   Median      3Q      Max
-0.32261 -0.14530 -0.06750  0.02111  1.35924

Coefficients:
             Estimate Std. Error t value Pr(>|t|)
(Intercept) -42.13087    3.33895  -12.62 2.17e-09 ***
F             0.89546    0.01645   54.45  < 2e-16 ***
---
Signif. codes:  0 '***' 0.001 '**' 0.01 '*' 0.05 '.' 0.1 ' ' 1

Residual standard error: 0.3789 on 15 degrees of freedom
Multiple R-Squared: 0.995,      Adjusted R-squared: 0.9946
F-statistic:  2965 on 1 and 15 DF,  p-value: < 2.2e-16
```
由计算结果得到

$$\hat{\beta}_0 = -42.13087, \quad \hat{\beta}_1 = 0.89546, \quad \mathrm{sd}(\hat{\beta}_0) = 3.33895, \quad \mathrm{sd}(\hat{\beta}_1) = 0.01645.$$

对应于两个系数的 P 值均小于 2.17×10^{-9}, 故是非常显著的.

关于方程的检验, 残差的标准差 $\hat{\sigma} = 0.3789$. 相关系数的平方 $R^2 = 0.995$. 关于 F 分布的 P 值小于 2.2×10^{-16}, 也是非常显著的.

该模型通过 t 检验和 F 检验. 因此, 回归方程为

$$\hat{y} = -42.13087 + 0.89546x.$$

我们将得到的直线方程画在散点图上, 命令如下:

```
> abline(lm.sol)
```
得到散点图和相应的回归直线, 如图 6.2 所示.

下面分析残差. 称

$$\hat{e}_i = y_i - \hat{y}_i = y_i - \hat{\beta}_0 - \hat{\beta}_1 x_i, \quad i = 1, 2, \cdots, n$$

为回归方程的残差.

在 R 软件中, 函数 residuals() 计算回归方程的残差. 计算残差, 并画出关于残差的散点图, 如图 6.3 所示.

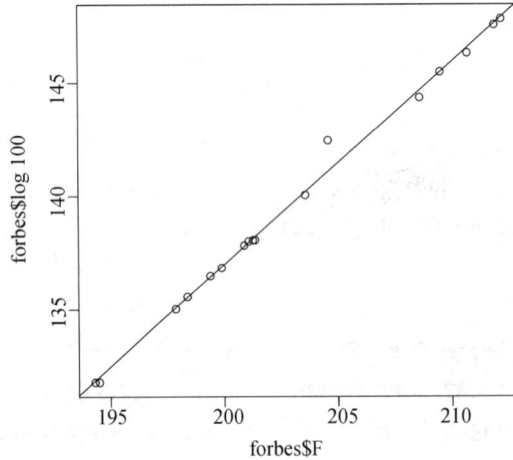

图 6.2   Forbes 数据的散点图与回归直线

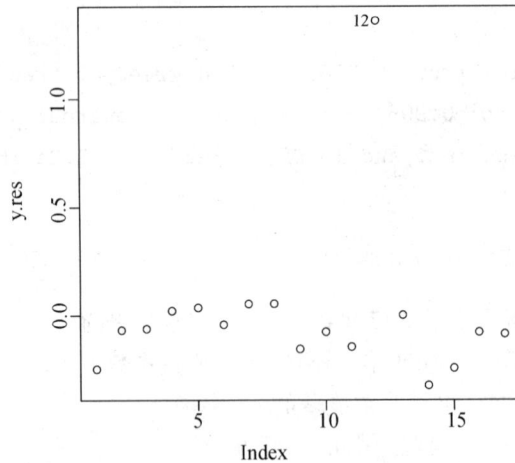

图 6.3   Forbes 数据残差的散点图

```
> y.res<-residuals(lm.sol);plot(y.res)
> text(12,y.res[12], labels=12,adj=1.2)
```

其中 text(12,y.res[12], labels=12,adj=1.2) 是将第 12 号残差点标出.

从图 6.3 可以看到, 第 12 个样本点可能会有问题, 它比其他样本点的残差大得多, 因为其他点的残差绝对值都小于 0.35, 而此点残差的绝对值约为 1.3, 因此, 这个点可能不正确, 或者模型的假设不正确, 或者是 σ^2 不是常数, 等等. 总之, 需要对这个问题进行分析 (在 6.5 节的回归诊断中会详细介绍分析的方法).

这里作简单的处理, 在数据中, 去掉第 12 号样本点.

```
> lm12<-lm(log100~F, data=forbes, subset=-12)
> summary(lm12)
Call:
lm(formula = log100 ~ F, data = forbes, subset=-12)

Residuals:
     Min       1Q    Median       3Q      Max
-0.21175 -0.06194   0.01590  0.09077  0.13042

Coefficients:
              Estimate Std. Error t value Pr(>|t|)
(Intercept) -41.30180    1.00038  -41.29 5.01e-16 ***
F             0.89096    0.00493  180.73 < 2e-16 ***
---
Signif. codes:  0 '***' 0.001 '**' 0.01 '*' 0.05 '.' 0.1 ' ' 1

Residual standard error: 0.1133 on 14 degrees of freedom
Multiple R-Squared: 0.9996,     Adjusted R-squared: 0.9995
F-statistic: 3.266e+04 on 1 and 14 DF,  p-value: < 2.2e-16
```

在去掉第 12 号样本后, 回归方程的系数没有太大变化, 但系数的标准差和残差的标准差有很大的变化, 减少了约 3 倍, 相关系数 R^2 也有提高.

6.2　R 软件中与线性模型有关的函数

上面讲了一元线性回归方程, 在介绍多元回归方程之前, 先简单介绍 R 软件中与线性模型有关的函数, 这些函数大部分在前面已经用过, 在后面的多元线性回归中, 也经常会遇到.

6.2.1　基本函数

适应于多元线性模型的基本函数是 lm(), 其调用形式是

```
fitted.model <- lm(formula, data = data.frame)
```

其中 formula 为模型公式, data.frame 为数据框. 返回值为线性模型结果的对象, 存放在 fitted.model 中. 例如,

```
fm2 <- lm(y ~ x1 + x2, data = production)
```

适应于 y 关于 x_1 和 x_2 的多元回归模型 (隐含着截距项).

更一般的形式为

```
lm(formula, data, subset, weights, na.action,
    method = "qr", model = TRUE, x = FALSE,
    y = FALSE, qr = TRUE, singular.ok = TRUE,
    contrasts = NULL, offset, ...)
```

其中 formula 为模型公式; data 为数据框; subset 为可选择向量, 表示观察值的子集; weights 为可选择向量, 表示用于数据拟合的权重. 其余请参见在线帮助.

6.2.2 提取模型信息的通用函数

lm() 函数的返回值称为拟合结果的对象, 本质上是一个具有类属性值 lm 的列表, 有 model, coeffcients, residuals 等成员. lm() 的结果非常简单, 为了获得更多的信息, 可以使用对 lm() 类对象有特殊操作的通用函数, 这些函数包括

```
add1    coef      effects  kappa   predict  residuals
alias   deviance  family   labels  print    step
anova   drop1     formula  plot    proj     summary
```

下面简单地介绍函数的使用方法.

(1) anova() 函数 —— 计算方差分析表. anova() 函数的使用格式为

```
anova(object,...)
```

其中 object 是由 lm 或 glm 得到的对象. 其返回值是模型的方差分析表.

(2) coefficients() 函数 —— 提取模型系数, 其简写形式为 coef(). coefficients() 函数 (或 coef() 函数) 的使用格式为

```
coefficients(object, ...)
coef(object, ...)
```

其中 object 是由模型构成的对象, 其返回值是模型的系数.

(3) deviance() 函数 —— 计算残差平方和. deviance() 函数的使用格式为

```
deviance(object, ...)
```

其中 object 是由模型构成的对象. 其返回值是模型的残差平方和.

(4) formula() 函数 —— 提取模型公式. formula() 函数的使用格式为

```
formula(object, ...)
```

其中 object 是由模型构成的对象. 其返回值是模型公式.

(5) plot() 函数 —— 绘制模型诊断图. plot() 函数的使用格式为

```
plot(object, ...)
```

其中 object 是由 lm 构成的对象. 绘制模型诊断的几种图形, 显示残差、拟合值和一些诊断情况.

(6) predict() 函数 —— 作预测. predict() 函数的使用格式为

```
predict(object, newdata=data.frame)
```

其中 object 是由 lm 构成的对象. newdata 是预测点的数据, 它由数据框形式输入. 其返回值是预测值和预测区间.

(7) print() 函数 —— 显示. print() 函数的使用格式为

```
print(object, ...)
```

其中 object 是由模型构成的对象. 其返回值是显示模型拟合的结果. 一般不用 print() 而直接用输入对象的名称来显示.

(8) residuals() 函数 —— 计算残差. residuals() 函数的使用格式为

```
residuals(object,
          type = c("working", "response", "deviance",
                   "pearson", "partial")),
```

其中 object 是由 lm 或 aov 构成的对象, type 是返回值的类型. 其返回值是模型的残差. 简单的命令形式为 resid(object).

(9) step() 函数 —— 作逐步回归分析. step() 函数的使用格式为

```
step(object, ...)
```

其中 object 是由 lm 或 glm 构成的对象. 其返回值是逐步回归, 根据 AIC (Akaike's An Information Criterion) 的最小值选择模型.

(10) summary() 函数 —— 提取模型资料. summary() 函数的使用格式为

```
summary(object, ...)
```

其中 object 是由 lm 构成的对象. 其返回值是显示较为详细的模型拟合结果.

6.3　多元线性回归分析

在许多实际问题中影响因变量 Y 的自变量往往不止一个, 通常设为 p 个. 由于此时无法借助于图形来确定模型, 所以仅讨论一种最简单但又普遍的模型, 即多元线性回归模型.

6.3.1　数学模型

设变量 Y 与变量 $X_1, X_2, \cdots, X_p$ 间有线性关系

$$Y = \beta_0 + \beta_1 X_1 + \cdots + \beta_p X_p + \varepsilon, \tag{6.18}$$

其中 $\varepsilon \sim N(0, \sigma^2)$, $\beta_0, \beta_1, \cdots, \beta_p$ 和 σ^2 是末知参数, $p \geqslant 2$, 称模型 (6.18) 为多元线性回归模型.

设 $(x_{i1}, x_{i2}, \cdots, x_{ip}, y_i)$, $i = 1, 2, \cdots, n$ 是 $(X_1, X_2, \cdots, X_p, Y)$ 的 n 次独立观测值, 则多元线性模型 (6.18) 可表示为

$$y_i = \beta_0 + \beta_1 x_{i1} + \cdots + \beta_p x_{ip} + \varepsilon_i, \quad i = 1, 2, \cdots, n, \tag{6.19}$$

其中 $\varepsilon_i \in N(0, \sigma^2)$, 且独立同分布.

为书写方便, 常采用矩阵形式, 令

$$\boldsymbol{Y} = \begin{bmatrix} y_1 \\ y_2 \\ \vdots \\ y_n \end{bmatrix}, \quad \boldsymbol{\beta} = \begin{bmatrix} \beta_0 \\ \beta_1 \\ \vdots \\ \beta_p \end{bmatrix}, \quad \boldsymbol{X} = \begin{bmatrix} 1 & x_{11} & x_{12} & \cdots & x_{1p} \\ 1 & x_{21} & x_{22} & \cdots & x_{2p} \\ \vdots & \vdots & \vdots & & \vdots \\ 1 & x_{n1} & x_{n2} & \cdots & x_{np} \end{bmatrix}, \quad \boldsymbol{\varepsilon} = \begin{bmatrix} \varepsilon_1 \\ \varepsilon_2 \\ \vdots \\ \varepsilon_n \end{bmatrix}.$$

则多元线性模型 (6.19) 可表示为

$$\boldsymbol{Y} = \boldsymbol{X}\boldsymbol{\beta} + \boldsymbol{\varepsilon}, \tag{6.20}$$

其中 $\boldsymbol{Y}$ 是由响应变量构成的 n 维向量, $\boldsymbol{X}$ 是 $n \times (p+1)$ 阶设计矩阵, $\boldsymbol{\beta}$ 是 $p+1$ 维向量, $\boldsymbol{\varepsilon}$ 是 n 维误差向量, 并且满足

$$E(\boldsymbol{\varepsilon}) = 0, \quad \text{var}(\boldsymbol{\varepsilon}) = \sigma^2 \boldsymbol{I}_n.$$

6.3.2   回归系数的估计

类似于一元线性回归, 求参数 $\boldsymbol{\beta}$ 的估计值 $\hat{\boldsymbol{\beta}}$, 就是求最小二乘函数

$$Q(\boldsymbol{\beta}) = (\boldsymbol{Y} - \boldsymbol{X}\boldsymbol{\beta})^{\text{T}}(\boldsymbol{Y} - \boldsymbol{X}\boldsymbol{\beta}) \tag{6.21}$$

达到最小的 $\boldsymbol{\beta}$ 值.

可以证明 $\boldsymbol{\beta}$ 的最小二乘估计

$$\hat{\boldsymbol{\beta}} = \left(\boldsymbol{X}^{\text{T}}\boldsymbol{X}\right)^{-1}\boldsymbol{X}^{\text{T}}\boldsymbol{Y}. \tag{6.22}$$

从而可得经验回归方程为

$$\hat{Y} = \hat{\beta}_0 + \hat{\beta}_1 X_1 + \cdots + \hat{\beta}_p X_p.$$

称 $\hat{\boldsymbol{\varepsilon}} = \boldsymbol{Y} - \boldsymbol{X}\hat{\boldsymbol{\beta}}$ 为残差向量. 通常取

$$\hat{\sigma}^2 = \hat{\boldsymbol{\varepsilon}}^{\text{T}}\hat{\boldsymbol{\varepsilon}}/(n - p - 1) \tag{6.23}$$

为 σ^2 的估计, 也称为 σ^2 的最小二乘估计. 可以证明

$$E\hat{\sigma}^2 = \sigma^2.$$

可以证明 $\boldsymbol{\beta}$ 的协方差矩阵为

$$\text{var}(\boldsymbol{\beta}) = \sigma^2 (\boldsymbol{X}^{\mathrm{T}} \boldsymbol{X})^{-1}.$$

相应地, $\hat{\boldsymbol{\beta}}$ 的标准差为

$$\text{sd}(\hat{\beta}_i) = \hat{\sigma} \sqrt{c_{ii}}, \quad i = 0, 1, \cdots, p, \tag{6.24}$$

其中 c_{ii} 是 $\boldsymbol{C} = (\boldsymbol{X}^{\mathrm{T}} \boldsymbol{X})^{-1}$ 对角线上第 i 个元素[①].

6.3.3 显著性检验

由于在多元线性回归中无法用图形帮助判断 $E(Y)$ 是否随 $X_1, X_2, \cdots, X_p$ 作线性变化, 因而显著性检验就显得尤其重要. 检验有两种, 一种是回归系数的显著性检验, 粗略地说, 就是检验某个变量 X_j 的系数是否为 0; 另一个检验是回归方程的显著性检验, 简单地说, 就是检验该组数据是否适用于线性方程作回归.

1. 回归系数的显著性检验

$$H_{j0}: \beta_j = 0, \quad H_{j1}: \beta_j \neq 0, \quad j = 0, 1, \cdots, p.[②]$$

当 H_{j0} 成立时, 统计量

$$T_j = \frac{\hat{\beta}_j}{\hat{\sigma} \sqrt{c_{jj}}} \quad \sim \quad t(n - p - 1), \quad j = 0, 1, \cdots, p.$$

其中 c_{jj} 是 $\boldsymbol{C} = (\boldsymbol{X}^{\mathrm{T}} \boldsymbol{X})^{-1}$ 的对角线上第 j 个元素. 对于给定的显著性水平 α, 检验的拒绝域为

$$|T_j| \geqslant t_{\alpha/2}(n - p - 1), \quad j = 0, 1, \cdots, p.$$

2. 回归方程的显著性检验

$$H_0: \beta_0 = \beta_1 = \cdots = \beta_p = 0, \quad H_1: \beta_0, \beta_1, \cdots, \beta_p \text{ 不全为 } 0.$$

当 H_0 成立时, 统计量

$$F = \frac{SS_R/p}{SS_E/(n - p - 1)} \quad \sim \quad F(p, n - p - 1),$$

其中

$$SS_R = \sum_{i=1}^{n} (\hat{y}_i - \overline{y})^2, \quad SS_E = \sum_{i=1}^{n} (y_i - \hat{y}_i)^2,$$

$$\overline{y} = \frac{1}{n} \sum_{i=1}^{n} y_i, \qquad \hat{y}_i = \hat{\beta}_0 + \hat{\beta}_1 x_{i1} + \cdots + \hat{\beta}_p x_{ip}.$$

---

① 为方便起见, 认为 β_0 是 $\boldsymbol{\beta}$ 的第 0 个元素, 下标从 0 开始, 下同.

② 通常的教科书不考虑 β_0 的检验, 但由于 R 软件可以提供 β_0 的检验情况, 所以这里 j 从 0 开始, 下同.

通常称 SS_R 为回归平方和, 称 SS_E 为残差平方和.

对于给定的显著性水平 α, 检验的拒绝域为

$$F > F_\alpha(p,\ n-p-1).$$

相关系数的平方定义为

$$R^2 = \frac{SS_R}{SS_T},$$

用它来衡量 Y 与 $X_1, X_2, \cdots, X_p$ 之间相关的密切程度, 其中 SS_T 为总体离差平方和, 即 $SS_T = \sum_{i=1}^{n} (y_i - \bar{y})^2$. 并且满足

$$SS_T = SS_E + SS_R.$$

例 6.6 根据经验, 在人的身高相等的情况下, 血压的收缩压 Y 与体重 X_1(kg)、年龄 X_2 (岁数) 有关. 现收集了 13 个男子的数据, 见表 6.3. 试建立 Y 关于 X_1, X_2 的线性回归方程.

表 6.3 数据表

序号	X_1	X_2	Y	序号	X_1	X_2	Y
1	76.0	50	120	8	79.0	50	125
2	91.5	20	141	9	85.0	40	132
3	85.5	20	124	10	76.5	55	123
4	82.5	30	126	11	82.0	40	132
5	79.0	30	117	12	95.0	40	155
6	80.5	50	125	13	92.5	20	147
7	74.5	60	123				

解 R 软件中的 lm() 同样可以求出回归系数, 并作相应的检验.

下面是 R 软件的计算过程:

```
> blood<-data.frame(
    X1=c(76.0, 91.5, 85.5, 82.5, 79.0, 80.5, 74.5,
        79.0, 85.0, 76.5, 82.0, 95.0, 92.5),
    X2=c(50, 20, 20, 30, 30, 50, 60, 50, 40, 55,
        40, 40, 20),
    Y= c(120, 141, 124, 126, 117, 125, 123, 125,
        132, 123, 132, 155, 147)
  )
> lm.sol<-lm(Y ~ X1+X2, data=blood)
> summary(lm.sol)
```

```
Call:
lm(formula = Y ~ X1 + X2, data = blood)

Residuals:
    Min      1Q  Median      3Q     Max
-4.0404 -1.0183  0.4640  0.6908  4.3274

Coefficients:
            Estimate Std. Error t value Pr(>|t|)
(Intercept) -62.96336   16.99976  -3.704 0.004083 **
X1            2.13656    0.17534  12.185 2.53e-07 ***
X2            0.40022    0.08321   4.810 0.000713 ***
---
Signif. codes:  0 '***' 0.001 '**' 0.01 '*' 0.05 '.' 0.1 ' ' 1

Residual standard error: 2.854 on 10 degrees of freedom
Multiple R-Squared: 0.9461,     Adjusted R-squared: 0.9354
F-statistic: 87.84 on 2 and 10 DF,  p-value: 4.531e-07
```

从计算结果可以得到, 回归系数与回归方程的检验都是显著的, 因此, 回归方程为

$$\hat{Y} = -62.96 + 2.136X_1 + 0.4002X_2.$$

6.3.4 参数 β 的区间估计

与一元回归模型一样, 这里讨论多元回归模型参数区间估计.

由 β 的统计性质可知,

$$T_i = \frac{\hat{\beta}_i - \beta_i}{\mathrm{sd}(\hat{\beta}_i)} \quad \sim \quad t(n-p-1), \quad i = 0, 1, \cdots, p, \tag{6.25}$$

因此, $\beta_i \ (i = 0, 1, \cdots, p)$ 的区间估计为

$$\left[\hat{\beta}_i - \mathrm{sd}(\hat{\beta}_i)\, t_{\alpha/2}(n-p-1),\ \hat{\beta}_i + \mathrm{sd}(\hat{\beta}_i)\, t_{\alpha/2}(n-p-1)\right]. \tag{6.26}$$

这里不必编写相应的求区间估计的程序, 因为 6.1.4 节编写的程序 beta.int.R 是一通用程序, 在这里仍然可以使用.

例 6.7 求例 6.6 中参数 β 的区间估计 ($\alpha = 0.05$).

解 调入程序 beta.int.R, 然后求解.

```
> source("beta.int.R")
> beta.int(lm.sol)
                 Estimate         Left         Right
(Intercept) -62.9633591 -100.8411862 -25.0855320
x1            2.1365581    1.7458709    2.5272454
x2            0.4002162    0.2148077    0.5856246
```

6.3.5 预测

当多元线性回归方程经过检验是显著的, 且其中每一个系数均显著时, 可用此方程作预测.

给定 $\boldsymbol{X} = \boldsymbol{x}_0 = (x_{01}, x_{02}, \cdots, x_{0p})^{\mathrm{T}}$, 将其代入回归方程, 得到

$$\hat{y}_0 = \hat{\beta}_0 + \hat{\beta}_1 x_{01} + \cdots + \hat{\beta}_p x_{0p}.$$

对于 $\boldsymbol{X} = \boldsymbol{x_0}$, $Y = \hat{y}_0$ 的置信度为 $1 - \alpha$ 的预测区间为

$$(\hat{y}_0 - l, \hat{y}_0 + l), \tag{6.27}$$

其中

$$l = t_{\alpha/2}(n - p - 1)\hat{\sigma}\sqrt{1 + \boldsymbol{x}_0^{\mathrm{T}} \left(\boldsymbol{X}^{\mathrm{T}}\boldsymbol{X}\right)^{-1} \boldsymbol{x}_0}\,. \tag{6.28}$$

例 6.8 求例 6.6 中 $\boldsymbol{X} = \boldsymbol{x}_0 = (80, 40)^{\mathrm{T}}$ 时相应 Y 的概率为 0.95 的预测区间.

解 与一元回归一样, R 软件中的 predict() 函数求多元回归预测也很方便. 下面是 R 软件的命令.

```
> new <- data.frame(x1 = 80, x2 = 40)
> lm.pred<-predict(lm.sol, new, interval="prediction", level=0.95)
> lm.pred
         fit      lwr      upr
[1,] 123.9699 117.2889 130.6509
```

由软件求得, $\hat{y}_0 = 123.97$, 相应的 Y 的概率为 0.95 的预测区间为 $[117.29, 130.65]$.

6.3.6 修正拟合模型

在完成模型的计算后, 有时还需要根据实际问题的背景, 对模型进行适当的修正, 如增加新的自变量, 或对响应变量 Y 取对数或开方运算等.

在 R 软件中, 函数 update() 是一个非常便于修正模型的函数, 该函数可以在原模型的基础上, 通过加入或去掉某些项来得到新模型. 它的形式为

```
new.model <- update(old.model, new.formula)
```

在 new.formula 中, 其相应的名字由点 "." 组成, 可以被用作表示 "旧模型公式中相应的部分". 例如,

```
fm5 <- lm(y ~ x1 + x2 + x3 + x4 + x5, data = production)
fm6 <- update(fm5, . ~ . + x6)
smf6 <- update(fm6, sqrt(.) ~ .)
```

表示五个变量的多元回归, 数据框是 production; 拟合一个附加的模型, 此模型中包含第六个变量; 拟合不同的模型, 在模型中响应变量使用了平方根变换.

特别注意, 如果 data= argument 是一种关于原调用模型的拟合函数, 这个信息是通过拟合模型对象到 update() 和它的同类传递的.

模型中的 "." 可能用在其他的函数中, 但它的意思稍微不同. 例如,

```
fmfull <- lm(y ~ . , data = production)
```

表示拟合一个模型, 其中响应变量是 y, 数据框是 production, 而回归因变量是 production 中的全部变量.

其他函数, 如探索逐渐增长序列模型是 add1(), drop1() 和 step(). 它们的名字已很好地表明了这些函数的目的, 有关更详细的资料可以参看在线帮助.

6.3.7 计算实例

例 6.9 某大型牙膏制造企业为了更好地拓展产品市场、有效地管理库存, 公司董事会要求销售部门根据市场调查, 找出公司生产的牙膏销售量与销售价格、广告投入等之间的关系, 从而预测出在不同价格和广告费用下的销售量. 为此, 销售部门的研究人员收集了过去 30 个销售周期 (每个销售周期为 4 周) 公司生产的牙膏的销售量、销售价格、投入的广告费用, 以及周期内其他厂家生产同类牙膏的市场平均销售价格, 如表 6.4 所示. 试根据这些数据建立一个数学模型, 分析牙膏销售量与其他因素的关系, 为制订价格策略和广告投入策略提供数量依据.

分析

由于牙膏是生活必需品, 对于大多数顾客来说, 在购买同类产品的牙膏时, 会更多地关心不同品牌之间的价格差, 而不是它们的价格本身. 因此, 在研究各个因素对销售量的影响时, 用价格差代替公司销售价格和其他厂家平均价格更为合适.

模型的建立与求解

记牙膏销售量为 Y, 价格差为 X_1, 公司的广告费为 X_2, 假设基本模型为线性模型

$$Y = \beta_0 + \beta_1 X_1 + \beta_2 X_2 + \varepsilon.$$

输入数据, 调用 R 软件中的 lm() 函数求解, 并用 summary() 显示计算结果. (程序名: exam0609.R)

表 6.4 牙膏销售量与销售价格、广告费用等数据

销售周期	公司销售价格/元	其他厂家平均价格/元	价格差/元	广告费/百万元	销售量/百万支
1	3.85	3.80	−0.05	5.50	7.38
2	3.75	4.00	0.25	6.75	8.51
3	3.70	4.30	0.60	7.25	9.52
4	3.70	3.70	0.00	5.50	7.50
5	3.60	3.85	0.25	7.00	9.33
6	3.60	3.80	0.20	6.50	8.28
7	3.60	3.75	0.15	6.75	8.75
8	3.80	3.85	0.05	5.25	7.87
9	3.80	3.65	−0.15	5.25	7.10
10	3.85	4.00	0.15	6.00	8.00
11	3.90	4.10	0.20	6.50	7.89
12	3.90	4.00	0.10	6.25	8.15
13	3.70	4.10	0.40	7.00	9.10
14	3.75	4.20	0.45	6.90	8.86
15	3.75	4.10	0.35	6.80	8.90
16	3.80	4.10	0.30	6.80	8.87
17	3.70	4.20	0.50	7.10	9.26
18	3.80	4.30	0.50	7.00	9.00
19	3.70	4.10	0.40	6.80	8.75
20	3.80	3.75	−0.05	6.50	7.95
21	3.80	3.75	−0.05	6.25	7.65
22	3.75	3.65	−0.10	6.00	7.27
23	3.70	3.90	0.20	6.50	8.00
24	3.55	3.65	0.10	7.00	8.50
25	3.60	4.10	0.50	6.80	8.75
26	3.65	4.25	0.60	6.80	9.21
27	3.70	3.65	−0.05	6.50	8.27
28	3.75	3.75	0.00	5.75	7.67
29	3.80	3.85	0.05	5.80	7.93
30	3.70	4.25	0.55	6.80	9.26

```
> toothpaste<-data.frame(
     X1=c(-0.05, 0.25,0.60,0,    0.25,0.20, 0.15,0.05,-0.15, 0.15,
          0.20, 0.10,0.40,0.45,0.35,0.30, 0.50,0.50, 0.40,-0.05,
          -0.05,-0.10,0.20,0.10,0.50,0.60,-0.05,0,    0.05, 0.55),
```

```
        X2=c( 5.50,6.75,7.25,5.50,7.00,6.50,6.75,5.25,5.25,6.00,
              6.50,6.25,7.00,6.90,6.80,6.80,7.10,7.00,6.80,6.50,
              6.25,6.00,6.50,7.00,6.80,6.80,6.50,5.75,5.80,6.80),
        Y =c( 7.38,8.51,9.52,7.50,9.33,8.28,8.75,7.87,7.10,8.00,
              7.89,8.15,9.10,8.86,8.90,8.87,9.26,9.00,8.75,7.95,
              7.65,7.27,8.00,8.50,8.75,9.21,8.27,7.67,7.93,9.26)
    )

> lm.sol<-lm(Y~X1+X2, data=toothpaste)
> summary(lm.sol)

Call:
lm(formula = Y ~ X1 + X2)

Residuals:
     Min        1Q     Median        3Q       Max
-0.497785 -0.120312 -0.008672  0.110844  0.581059

Coefficients:
            Estimate Std. Error t value Pr(>|t|)
(Intercept)   4.4075     0.7223   6.102 1.62e-06 ***
X1            1.5883     0.2994   5.304 1.35e-05 ***
X2            0.5635     0.1191   4.733 6.25e-05 ***
---
Signif. codes:  0 '***' 0.001 '**' 0.01 '*' 0.05 '.' 0.1 ' ' 1

Residual standard error: 0.2383 on 27 degrees of freedom
Multiple R-Squared: 0.886,     Adjusted R-squared: 0.8776
F-statistic:   105 on 2 and 27 DF,  p-value: 1.845e-13
```

计算结果通过回归系数检验和回归方程检验, 由此得到销售量与价格差和广告费之间的关系为

$$Y = 4.4075 + 1.5883X_1 + 0.5635X_2.$$

模型的进一步分析

为进一步分析回归模型, 画出 $x_1 \sim y$ 和 $x_2 \sim y$ 的散点图. 从散点图上可以看出, 对于 $x_1 \sim y$, 用直线拟合较好. 而对于 $x_2 \sim y$, 则用二次曲线拟合较好, 如图 6.4 所示.

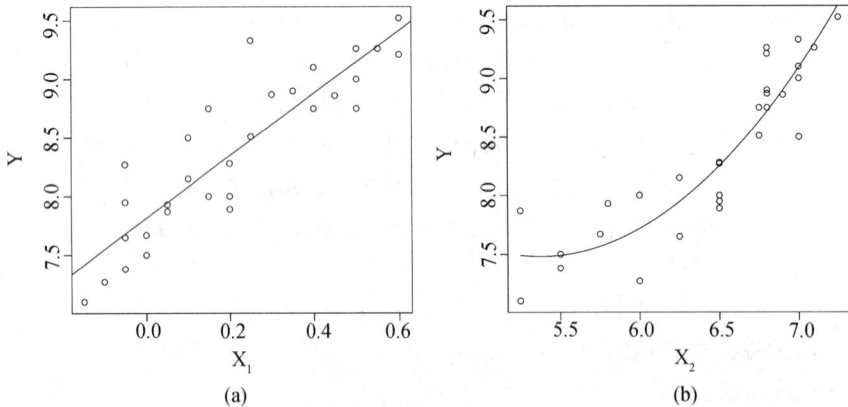

图 6.4 x_1, x_2 和 y 的散点图和拟合曲线

(a) $x_1 \sim y$; (b) $x_2 \sim y$

绘出图 6.4 的 R 命令如下:

####绘 x_1 与 y 的散点图和回归直线

```
> attach(toothpaste)
> plot(Y~X1); abline(lm(Y~X1))
```

####绘 x_2 与 y 的散点图和回归曲线

```
> lm2.sol<-lm(Y~X2+I(X2^2))
> x<-seq(min(X2), max(X2), len=200)
> y<-predict(lm2.sol, data.frame(X2=x))
> plot(Y~X2); lines(x,y)
```

其中 I(X2^2) 表示模型中 X_2 的平方项, 即 X_2^2.

从图 6.4 看出, 将销售量模型改为

$$y = \beta_0 + \beta_1 X_1 + \beta_2 X_2 + \beta_3 X_2^2 + \varepsilon$$

似乎更合理. 下面进行相应的回归分析.

```
> lm.new<-update(lm.sol, .~.+I(X2^2))
> summary(lm.new)
Call:
lm(formula = Y ~ X1 + X2 + I(X2^2), data = toothpaste)

Residuals:
     Min       1Q    Median       3Q      Max
-0.40330 -0.14509 -0.03035  0.15488  0.46602
```

```
Coefficients:
            Estimate Std. Error t value Pr(>|t|)
(Intercept)  17.3244     5.6415   3.071 0.004951 **
X1            1.3070     0.3036   4.305 0.000210 ***
X2           -3.6956     1.8503  -1.997 0.056355 .
I(X2^2)       0.3486     0.1512   2.306 0.029341 *
---
Signif. codes:  0 '***' 0.001 '**' 0.01 '*' 0.05 '.' 0.1 ' ' 1

Residual standard error: 0.2213 on 26 degrees of freedom
Multiple R-Squared: 0.9054,     Adjusted R-squared: 0.8945
F-statistic: 82.94 on 3 and 26 DF,  p-value: 1.944e-13
```

此时发现, 模型残差的标准差 $\hat{\sigma}$ 有所下降, 相关系数的平方 R^2 有所上升, 这说明模型修正是合理的. 同时也出现了一个问题, 即对应于 β_2 的 P 值 > 0.05. 为进一步分析, 作 β 的区间估计.

```
> source("beta.int.R")
> beta.int(lm.new)
              Estimate       Left       Right
(Intercept) 17.3243685  5.72818421 28.9205529
X1           1.3069887  0.68290927  1.9310682
X2          -3.6955867 -7.49886317  0.1076898
I(X2^2)      0.3486117  0.03786354  0.6593598
```

β_2 的区间估计是 $[-7.49886317, 0.1076898]$, 它包含了 0, 即 β_2 的值可能会为 0.

去掉 X_2 的一次项, 再进行分析.

```
> lm2.new<-update(lm.new, .~.-X2)
> summary(lm2.new)
Call:
lm(formula = Y ~ X1 + I(X2^2), data = toothpaste)

Residuals:
     Min        1Q    Median        3Q       Max
-0.485943 -0.114094 -0.004604  0.105342  0.559195

Coefficients:
```

```
                 Estimate Std. Error t value Pr(>|t|)
(Intercept)   6.07667      0.35531   17.102 5.17e-16 ***
X1            1.52498      0.29859    5.107 2.28e-05 ***
I(X2^2)       0.04720      0.00952    4.958 3.41e-05 ***
---
Signif. codes:  0 '***' 0.001 '**' 0.01 '*' 0.05 '.' 0.1 ' ' 1


Residual standard error: 0.2332 on 27 degrees of freedom
Multiple R-Squared: 0.8909,     Adjusted R-squared: 0.8828
F-statistic: 110.2 on 2 and 27 DF,  p-value: 1.028e-13
```

此模型虽然通过了 F 检验和 t 检验, 但与上一模型相比, $\hat{\sigma}$ 上升, R^2 下降. 这又是此模型的不足之处.

再作进一步的修正, 考虑 x_1 与 x_2 交互作用, 即模型为

$$Y = \beta_0 + \beta_1 X_1 + \beta_2 X_2 + \beta_3 X_2^2 + \beta_4 X_1 X_2 + \varepsilon.$$

```
> lm3.new<-update(lm.new, .~.+X1*X2)
> summary(lm3.new)
Call:
lm(formula = Y ~ X1 + X2 + I(X2^2) + X1:X2, data = toothpaste)


Residuals:
      Min        1Q    Median        3Q       Max
-0.437250 -0.117540  0.004895  0.122634  0.384097


Coefficients:
             Estimate Std. Error t value Pr(>|t|)
(Intercept)   29.1133     7.4832   3.890 0.000656 ***
X1            11.1342     4.4459   2.504 0.019153 *
X2            -7.6080     2.4691  -3.081 0.004963 **
I(X2^2)        0.6712     0.2027   3.312 0.002824 **
X1:X2         -1.4777     0.6672  -2.215 0.036105 *
---
Signif. codes:  0 '***' 0.001 '**' 0.01 '*' 0.05 '.' 0.1 ' ' 1


Residual standard error: 0.2063 on 25 degrees of freedom
Multiple R-Squared: 0.9209,     Adjusted R-squared: 0.9083
```

F-statistic: 72.78 on 4 and 25 DF, p-value: 2.107e-13

模型通过 t 检验和 F 检验, 并且 $\hat{\sigma}$ 减少, R^2 增加. 因此, 最终模型选为

$$Y = 29.1133 + 11.1342X_1 - 7.6080X_2 + 0.6712X_2^2 - 1.4777X_1X_2 + \varepsilon.$$

6.4　逐　步　回　归

6.4.1　"最优"回归方程的选择

在实际问题中, 影响因变量的因素有很多, 人们可以从中挑选出若干个变量建立回归方程, 这便涉及变量选择的问题.

一般来讲, 如果在一个回归方程中忽略了对 Y 有显著影响的自变量, 那么所建立的方程必与实际有较大的偏离, 但变量选得过多, 使用就不方便, 特别当方程中含有对 Y 影响不大的变量时, 可能因为 SS_E 的自由度减小而使 σ^2 的估计增大, 从而影响使用回归方程作预测的精度. 因此适当地选择变量以建立一个 "最优" 的回归方程十分重要.

"最优" 回归方程的建立有许多不同的准则, 在不同的准则下 "最优" 回归方程也可能不同. 这里讲的 "最优" 是指从可供选择的所有变量中选出对 Y 有显著影响的变量建立方程, 且在方程中不含对 Y 无显著影响的变量.

在上述意义下, 可以有多种方法来获得 "最优" 回归方程, 如: "一切子集回归法"、"前进法"、"后退法"、"逐步回归法" 等. 其中 "逐步回归法" 的计算机程序简便, 因而使用较为普遍.

6.4.2　逐步回归的计算

R 软件提供了较为方便的 "逐步回归" 计算函数 step(), 它是以 AIC 信息统计量为准则, 通过选择最小的 AIC 信息统计量, 来达到删除或增加变量的目的.

step() 函数的使用格式为

```
step(object, scope, scale = 0,
     direction = c("both", "backward", "forward"),
     trace = 1, keep = NULL, steps = 1000, k = 2, ...)
```

其中 object 是回归模型; scope 是确定逐步搜索的区域; scale 用于 AIC 统计量; direction 确定逐步搜索的方向, 其中 "both"(默认值) 是 "一切子集回归法", "backward" 是 "后退法", "forward" 是 "前进法". 其他参数参见在线帮助.

在这里不具体介绍通常概率统计教科书上的逐步回归计算公式, 而是通过一个简单的例子, 介绍如何使用 R 软件来完成逐步回归的过程, 从而达到选择 "最优" 方程的目的.

例 6.10　某种水泥在凝固时放出的热量 $Y(\mathrm{cal}^{①}/\mathrm{g})$ 与水泥中四种化学成分 $X_1, X_2,$

---

① 1cal=4.1855J.

X_3, X_4 有关, 现测得 13 组数据, 如表 6.5 所示. 希望从中选出主要的变量, 建立 Y 关于它们的线性回归方程.

表 6.5　数据表

序号	X_1	X_2	X_3	X_4	Y	序号	X_1	X_2	X_3	X_4	Y
1	7	26	6	60	78.5	8	1	31	22	44	72.5
2	1	29	15	52	74.3	9	2	54	18	22	93.1
3	11	56	8	20	104.3	10	21	47	4	26	115.9
4	11	31	8	47	87.6	11	1	40	23	34	83.8
5	7	52	6	33	95.9	12	11	66	9	12	113.3
6	11	55	9	22	109.2	13	10	68	8	12	109.4
7	3	71	17	6	102.7						

解　首先作多元线性回归方程.

```
> cement<-data.frame(
    X1=c( 7,   1, 11, 11,  7, 11,  3,  1,  2, 21,  1, 11, 10),
    X2=c(26, 29, 56, 31, 52, 55, 71, 31, 54, 47, 40, 66, 68),
    X3=c( 6, 15,  8,  8,  6,  9, 17, 22, 18,  4, 23,  9,  8),
    X4=c(60, 52, 20, 47, 33, 22,  6, 44, 22, 26, 34, 12, 12),
    Y =c(78.5, 74.3, 104.3,  87.6,  95.9, 109.2, 102.7, 72.5,
         93.1,115.9,  83.8, 113.3, 109.4)
   )
> lm.sol<-lm(Y ~ X1+X2+X3+X4, data=cement)
> summary(lm.sol)
Call:
lm(formula = Y ~ X1 + X2 + X3 + X4, data = cement)


Residuals:
    Min      1Q  Median      3Q     Max
-3.1750 -1.6709  0.2508  1.3783  3.9254


Coefficients:
            Estimate Std. Error t value Pr(>|t|)
(Intercept)  62.4054    70.0710   0.891   0.3991
X1            1.5511     0.7448   2.083   0.0708
X2            0.5102     0.7238   0.705   0.5009
```

```
X3              0.1019      0.7547    0.135    0.8959
X4             -0.1441      0.7091   -0.203    0.8441
---
Signif. codes:  0 '***' 0.001 '**' 0.01 '*' 0.05 '.' 0.1 ' ' 1

Residual standard error: 2.446 on 8 degrees of freedom
Multiple R-Squared: 0.9824,     Adjusted R-squared: 0.9736
F-statistic: 111.5 on 4 and 8 DF,  p-value: 4.756e-07
```

从上述计算中可以看到, 如果选择全部变量作回归方程, 效果不好, 因为回归方程的系数没有一项通过检验.

下面用函数 step() 作逐步回归.

```
> lm.step<-step(lm.sol)
Start:  AIC= 26.94
 Y ~ X1 + X2 + X3 + X4


        Df Sum of Sq    RSS     AIC
- X3     1     0.109  47.973  24.974
- X4     1     0.247  48.111  25.011
- X2     1     2.972  50.836  25.728
<none>                47.864  26.944
- X1     1    25.951  73.815  30.576


Step:  AIC= 24.97
 Y ~ X1 + X2 + X4


        Df Sum of Sq    RSS     AIC
<none>                 47.97  24.97
- X4     1      9.93   57.90  25.42
- X2     1     26.79   74.76  28.74
- X1     1    820.91  868.88  60.63
```

从程序运行结果可以看到, 用全部变量作回归方程时, AIC 的值为 26.94. 接下来显示的数据表表明, 如果去掉变量 X_3, 得到回归方程 AIC 的值为 24.974; 如果去掉变量 X_4, 得到回归方程 AIC 的值为 25.011. 后面的类推. 由于去掉变量 X_3 可以使 AIC 达到最小, 因此, R 软件自动去掉变量 X_3, 进行下一轮计算.

在下一轮计算中, 无论去掉哪一个变量, AIC 的值均会升高, 因此 R 软件终止计算, 得

到 "最优" 的回归方程.

下面分析一下计算结果. 用函数 summary() 提取相关信息.

```
> summary(lm.step)
Call:
lm(formula = Y ~ X1 + X2 + X4, data = cement)

Residuals:
    Min      1Q  Median      3Q     Max
-3.0919 -1.8016  0.2562  1.2818  3.8982

Coefficients:
            Estimate Std. Error t value Pr(>|t|)
(Intercept)  71.6483    14.1424   5.066 0.000675 ***
X1            1.4519     0.1170  12.410 5.78e-07 ***
X2            0.4161     0.1856   2.242 0.051687 .
X4           -0.2365     0.1733  -1.365 0.205395
---
Signif. codes:  0 '***' 0.001 '**' 0.01 '*' 0.05 '.' 0.1 ' ' 1

Residual standard error: 2.309 on 9 degrees of freedom
Multiple R-Squared: 0.9823,     Adjusted R-squared: 0.9764
F-statistic: 166.8 on 3 and 9 DF,  p-value: 3.323e-08
```

由显示结果看到: 回归系数检验的显著性水平有很大提高, 但变量 X_2, X_4 系数检验的显著性水平仍不理想. 下面如何处理呢?

在 R 软件中, 还有两个函数可以用来作逐步回归. 这两个函数是 add1() 和 drop1(). 它们的使用格式为

```
add1(object, scope, ...)
drop1(object, scope, ...)

add1(object, scope, scale=0, test=c("none", "Chisq"),
     k=2, trace=FALSE, ...)
drop1(object, scope, scale=0, test=c("none", "Chisq"),
      k=2, trace=FALSE, ...)

add1(object, scope, scale=0, test=c("none", "Chisq", "F"),
```

```
                    x=NULL, k=2, ...)
    drop1(object, scope, scale=0, all.cols=TRUE,
            test=c("none", "Chisq", "F"), k=2, ...)
```

其中 object 是由拟合模型构成的对象; scope 是模型考虑增加或删去项构成的公式; scale 是用于计算 C_p 残差的均方估计值, 默认值为 0 或 NULL. 其他参见在线帮助.

下面用 drop1() 计算.

```
> drop1(lm.step)
Single term deletions


Model:
Y ~ X1 + X2 + X4
        Df Sum of Sq     RSS     AIC
<none>                  47.97   24.97
X1       1   820.91  868.88   60.63
X2       1    26.79   74.76   28.74
X4       1     9.93   57.90   25.42
```

从运算结果来看, 如果删去变量 X_4, AIC 的值会从 24.97 增加到 25.42, 是增加的最少的. 另外, 除 AIC 准则外, 残差的平方和也是逐步回归的重要指标之一, 从直观来看, 拟合越好的方程, 残差的平方和应越小. 去掉变量 X_4, 残差的平方和上升 9.93, 也是最少的. 因此, 从这两项指标来看, 应该再去掉变量 X_4.

```
> lm.opt<-lm(Y ~ X1+X2, data=cement); summary(lm.opt)
Call:
lm(formula = Y ~ X1 + X2, data = cement)


Residuals:
   Min     1Q Median     3Q    Max
-2.893 -1.574 -1.302  1.362  4.048


Coefficients:
            Estimate Std. Error t value Pr(>|t|)
(Intercept) 52.57735    2.28617   23.00 5.46e-10 ***
X1           1.46831    0.12130   12.11 2.69e-07 ***
X2           0.66225    0.04585   14.44 5.03e-08 ***
---
Signif. codes:  0 '***' 0.001 '**' 0.01 '*' 0.05 '.' 0.1 ' ' 1
```

```
Residual standard error: 2.406 on 10 degrees of freedom
Multiple R-Squared: 0.9787,      Adjusted R-squared: 0.9744
F-statistic: 229.5 on 2 and 10 DF,  p-value: 4.407e-09
```

这个结果应该还是令人满意的, 因为所有的检验均是显著的. 最后得到 "最优" 的回归方程为

$$\hat{Y} = 52.58 + 1.468X_1 + 0.6622X_2.$$

6.5   回 归 诊 断

6.5.1   什么是回归诊断

前面给出了利用逐步回归来选择对因变量 Y 影响最显著的自变量进入回归方程的方法, 并且可以利用 AIC 准则或其他准则来选择最优回归模型. 但这些只是从选择自变量上来研究, 而没有对回归模型的一些特性作更进一步的研究, 并且没有研究引起异常样本的问题, 异常样本的存在往往会给回归模型带来不稳定. 为此, 人们提出所谓回归诊断的问题 (regression diagnostics), 其主要内容有:

(1) 误差项是否满足独立性、等方差性、正态性;

(2) 选择线性模型是否合适;

(3) 是否存在异常样本;

(4) 回归分析的结果是否对某些样本的依赖过重, 即回归模型是否具备稳定性;

(5) 自变量之间是否存在高度相关, 即是否有多重共线性问题存在.

下面的例子充分说明了回归诊断的重要性.

例 6.11   图的有用性 (Anscombe, 1973)

表 6.6 给出的四组人造数据, 每组数据集由 11 对点 (x_i, y_i) 组成, 拟合于简单线性模型

$$y_i = \beta_0 + \beta_1 x_i + \varepsilon_i.$$

试分析四组数据是否能通过回归方程的检验, 并用图形分析每组数据的基本情况.

解   输入数据, 作回归分析. (程序名: exam0611.R)

```
Anscombe<-data.frame(
   X=c(10.0, 8.0, 13.0, 9.0, 11.0, 14.0, 6.0, 4.0, 12.0, 7.0, 5.0),
   Y1=c(8.04,6.95, 7.58,8.81,8.33,9.96,7.24,4.26,10.84,4.82,5.68),
   Y2=c(9.14,8.14, 8.74,8.77,9.26,8.10,6.13,3.10, 9.13,7.26,4.74),
   Y3=c(7.46,6.77,12.74,7.11,7.81,8.84,6.08,5.39, 8.15,6.44,5.73),
   X4=c(rep(8,7), 19, rep(8,3)),
```

表 6.6 Anscombe 数据

数据号	数 据 组 号					
	1~3	1	2	3	4	4
	X	Y	Y	Y	X	Y
1	10.0	8.04	9.14	7.46	8.0	6.58
2	8.0	6.95	8.14	6.77	8.0	5.76
3	13.0	7.58	8.74	12.74	8.0	7.71
4	9.0	8.81	8.77	7.11	8.0	8.84
5	11.0	8.33	9.26	7.81	8.0	8.47
6	14.0	9.96	8.10	8.84	8.0	7.04
7	6.0	7.24	6.13	6.08	8.0	5.25
8	4.0	4.26	3.10	5.39	19.0	12.50
9	12.0	10.84	9.13	8.15	8.0	5.56
10	7.0	4.82	7.26	6.44	8.0	7.91
11	5.0	5.68	4.74	5.73	8.0	6.89

```
Y4=c(6.58,5.76,7.71,8.84,8.47,7.04,5.25,12.50, 5.56,7.91,6.89)
)
summary(lm(Y1~X, data=Anscombe))
summary(lm(Y2~X, data=Anscombe))
summary(lm(Y3~X, data=Anscombe))
summary(lm(Y4~X4,data=Anscombe))
```

这四组数据的计算结果如表 6.7 所示 (最多有 0.01 的误差). 从表 6.7 所列结果可以说明, 这四组数据全部能通过模型检验和方程的系数检验. 由于每个数据集得到的各种统计量的值相同, 因此, 可能会认为每个数据集合对于线性模型会同等的适用, 但事实并非如此.

表 6.7 四组数据的计算结果

系数	估计值	标准差	t 值	P 值
β_0	3.0	1.125	2.67	0.026
β_1	0.5	0.118	4.24	0.0022
方程	$\hat{\sigma} = 1.24,$	$R^2 = 0.667,$	$F = 17.99,$	$P = 0.002$

画出四组数据的散点图和相应的回归直线, 如图 6.5 所示. 从图形来看, 这四组数据完全不同.

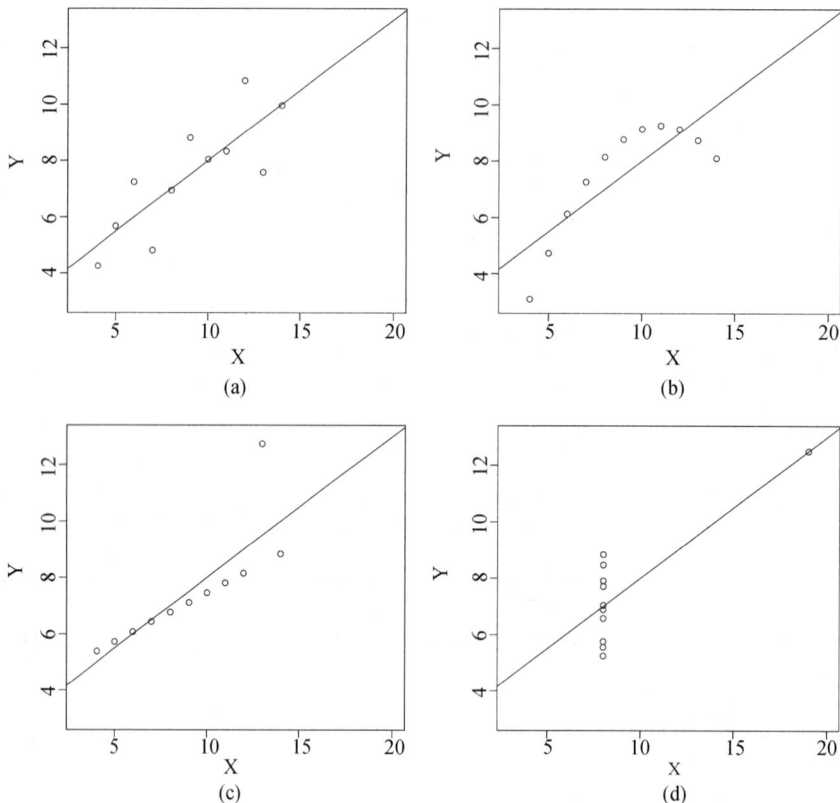

图 6.5 Anscombe 数据的散点图

(a) 数据 1; (b) 数据 2; (c) 数据 3; (d) 数据 4

第一组数据集合, 见图 6.5(a). 如果简单线性回归模型合适的话, 这就是期望看到的数据集合. 图 6.5(b) 给出第二组数据集合, 它给出一个不同的结论, 即基于简单线性回归分析是不正确的, 而一条光滑曲线, 可能是二次多项式, 可以以较小的剩余变异拟合数据. 即

```
> lm2.sol<-lm(Y2~X+I(X^2), data=Anscombe); summary(lm2.sol)
Call:
lm(formula = Y2 ~ X + I(X^2), data = Anscombe)

Residuals:
      Min        1Q    Median        3Q       Max
-0.0013287 -0.0011888 -0.0006294  0.0008741  0.0023776
```

```
Coefficients:
            Estimate Std. Error t value Pr(>|t|)
(Intercept) -5.9957343  0.0043299   -1385   <2e-16 ***
X            2.7808392  0.0010401    2674   <2e-16 ***
I(X^2)      -0.1267133  0.0000571   -2219   <2e-16 ***
---
Signif. codes:  0 '***' 0.001 '**' 0.01 '*' 0.05 '.' 0.1 ' ' 1

Residual standard error: 0.001672 on 8 degrees of freedom
Multiple R-Squared:     1,      Adjusted R-squared:     1
F-statistic: 7.378e+06 on 2 and 8 DF,  p-value: < 2.2e-16
```

因此, 回归方程为

$$y = -5.9957343 + 2.7808392x - 0.1267133x^2$$

更合理 (见图 6.6(a)).

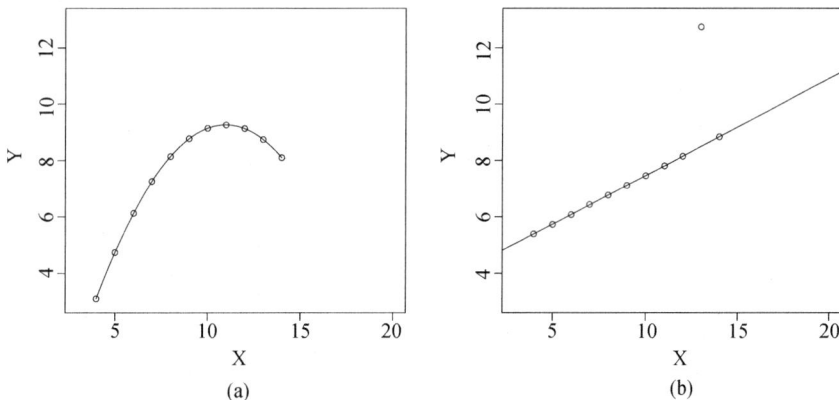

图 6.6 Anscombe 数据修正后的回归曲线

(a) 数据 2, 采用二次拟合; (b) 数据 3, 去掉一个样本

图 6.5(c) 表示, 简单回归的描述对于大部分数据正确, 但一个样本距离拟合回归直线太远, 这称为异常值问题. 很可能需要从数据集合中删除这个与其他数据不匹配的数据样本. 回归需要根据剩下的 10 个样本重新拟合, 即

```
> lm3.sol<-lm(Y3~X, data=Anscombe, subset=-3)
summary(lm3.sol)
Call:
lm(formula = Y3 ~ X, data=Anscombe, subset=-3)
```

```
Residuals:
       Min         1Q      Median          3Q         Max
-0.0060173 -0.0012121 -0.0010173 -0.0008225   0.0140693

Coefficients:
             Estimate Std. Error t value Pr(>|t|)
(Intercept) 4.0106277  0.0057115   702.2  <2e-16 ***
X           0.3450433  0.0006262   551.0  <2e-16 ***
---
Signif. codes:  0 '***' 0.001 '**' 0.01 '*' 0.05 '.' 0.1 ' ' 1

Residual standard error: 0.006019 on 8 degrees of freedom
Multiple R-Squared:     1,        Adjusted R-squared:      1
F-statistic: 3.036e+05 on 1 and 8 DF,  p-value: < 2.2e-16
```

得到的线性回归方程为

$$y = 4.0106277 + 0.3450433x.$$

图 6.6(b) 绘出修正后的直线方程.

最后一组数据集合 (见图 6.5(d)), 它与上述三个不同, 没有足够的信息来对拟合模型作出判断. 斜率参数的估计值 $\hat{\beta}_1$ 很大程度上由 y_8 的值决定. 如果第 8 号样本被删除, 则不能估计 β_1. 由于它对单个样本如此依赖, 我们无法相信这是一个综合分析.

在 R 软件中, 下列函数

```
influence.measures   rstandard    rstudent    dffits
cooks.distance       dfbeta       dfbetas     covratio
hatvalues            hat
```

与回归诊断有关. 关于函数的使用方法, 在讲到相关内容时, 再具体介绍.

6.5.2 残差

在利用最小二乘原理求回归模型时, 对残差实际上是作了独立性、等方差性和正态性的假设. 但对实际上的 $p+1$ 个变量的 n 组样本数据所求得的回归模型的残差, 是否满足这三个性质还应该进行讨论. 在讨论残差的检验问题之前, 首先讨论残差.

1. 普通残差

设线性回归模型为

$$\boldsymbol{Y} = \boldsymbol{X}\boldsymbol{\beta} + \boldsymbol{\varepsilon}, \tag{6.29}$$

其中 $\boldsymbol{Y}$ 是由响应变量构成的 n 维向量, $\boldsymbol{X}$ 是 $n \times (p+1)$ 阶设计矩阵, $\boldsymbol{\beta}$ 是 $p+1$ 维向量, $\boldsymbol{\varepsilon}$ 是 n 维误差向量.

回归系数的估计值

$$\hat{\boldsymbol{\beta}} = \left(\boldsymbol{X}^{\mathrm{T}}\boldsymbol{X}\right)^{-1}\boldsymbol{X}^{\mathrm{T}}\boldsymbol{Y}, \tag{6.30}$$

拟合值 $\widehat{\boldsymbol{Y}}$ 为

$$\widehat{\boldsymbol{Y}} = \boldsymbol{X}\hat{\boldsymbol{\beta}} = \boldsymbol{X}\left(\boldsymbol{X}^{\mathrm{T}}\boldsymbol{X}\right)^{-1}\boldsymbol{X}^{\mathrm{T}}\boldsymbol{Y} = \boldsymbol{H}\boldsymbol{Y}, \tag{6.31}$$

其中

$$\boldsymbol{H} = \boldsymbol{X}\left(\boldsymbol{X}^{\mathrm{T}}\boldsymbol{X}\right)^{-1}\boldsymbol{X}^{\mathrm{T}}. \tag{6.32}$$

称 $\boldsymbol{H}$ 为帽子矩阵[①]. 残差为

$$\hat{\boldsymbol{\varepsilon}} = \boldsymbol{Y} - \widehat{\boldsymbol{Y}} = (\boldsymbol{I} - \boldsymbol{H})\boldsymbol{Y}. \tag{6.33}$$

R 软件中的 residuals() 函数 (或 resid() 函数) 提供了模型残差的计算, 其使用方式为

```
residuals(object, ...)
    resid(object, ...)
```

其中 object 为回归模型.

在得到残差后, 可以对残差进行检验, 如进行正态性检验等.

例 6.12 对例 6.5(Forbes 数据) 所得回归模型的残差作 W 正态性检验.

解 在计算完例 6.5 的回归模型后, 计算其残差, 并用 shapiro.test() 函数 (见 3.2.4 节) 作残差的正态性检验. 即

```
> y.res<-residuals(lm.sol)
> shapiro.test(y.res)
        Shapiro-Wilk normality test
data:  y.res
W = 0.5465, p-value = 3.302e-06
```

因此, 残差不满足正态性假设.

在去掉第 12 号样本后, 再对所得回归模型的残差进行正态性检验, 即

```
> y12.res<-residuals(lm12)
> shapiro.test(y12.res)
        Shapiro-Wilk normality test
data:  y12.res
W = 0.9222, p-value = 0.1827
```

能通过正态性检验, 因此, 去掉第 12 号样本点是合理的.

2. 标准化 (内学生化) 残差

由误差向量 ε 的性质, 得到

---

① 因为向量 $\boldsymbol{Y}$ 被 $\boldsymbol{H}$ 左乘后, 变成 $\widehat{\boldsymbol{Y}}$, 由此得名.

$$E(\hat{\varepsilon}) = 0, \quad \text{var}(\hat{\varepsilon}) = \sigma^2 (\boldsymbol{I} - \boldsymbol{H}). \tag{6.34}$$

因此, 对每个 $\hat{\varepsilon}_i$, 有

$$\frac{\hat{\varepsilon}_i}{\sigma\sqrt{1 - h_{ii}}} \sim N(0, 1), \tag{6.35}$$

其中 h_{ii} 是矩阵 $\boldsymbol{H}$ 对角线上的元素.

用 $\hat{\sigma}^2$(见式 (6.23)) 作为 σ^2 的估计值, 称

$$r_i = \frac{\hat{\varepsilon}_i}{\hat{\sigma}\sqrt{1 - h_{ii}}} \tag{6.36}$$

为标准化残差 (standardized residual), 或者称为内学生化残差 (internally studentized residual). 因为 σ^2 的估计中用了包括第 i 个样本在内的全部数据, 由式 (6.35) 可知, 标准化残差 r_i 近似服从标准正态分布.

R 软件中, 函数 rstandard() 用来计算回归模型的标准化 (内学生化) 残差, 其使用格式为

```
rstandard(model, infl = lm.influence(model, do.coef = FALSE),
          sd = sqrt(deviance(model)/df.residual(model)), ...)
```

其中 model 是由 lm 或 glm 生成的对象, infl 是由 lm.influence 返回值得到的影响结构, sd 是模型的标准差.

3. 外学生化残差

若记删除第 i 个样本数据后, 由余下的 $n - 1$ 个样本数据求得的回归系数为 $\hat{\boldsymbol{\beta}}_{(i)}$, 做 σ^2 的估计值, 有

$$\hat{\sigma}_{(i)}^2 = \frac{1}{n - p - 2} \sum_{j \neq i} \left(Y_i - \widetilde{\boldsymbol{X}}_j \hat{\boldsymbol{\beta}}_{(i)} \right)^2, \tag{6.37}$$

其中 $\widetilde{\boldsymbol{X}}_j$ 为设计矩阵 $\boldsymbol{X}$ 的第 j 行. 称

$$\hat{\varepsilon}_i(\hat{\sigma}_{(i)}) = \frac{\hat{\varepsilon}_i}{\hat{\sigma}_{(i)}\sqrt{1 - h_{ii}}} \tag{6.38}$$

为学生化残差 (studentized residual), 或者称为外学生化残差 (externally studentized residual).

R 软件中, 函数 rstudent() 用来计算回归模型的 (外) 学生化残差, 其使用格式为

```
rstudent(model, infl = lm.influence(model, do.coef = FALSE),
         res = infl$wt.res, ...)
```

其中 model 是由 lm 或 glm 生成的对象, infl 是由 lm.influence 返回值得到的影响结构, res 是模型残差.

下面介绍用残差图检验残差的方法.

6.5.3 残差图

以残差 $\hat{\varepsilon}_i$ 为纵坐标, 以拟合值 $\hat{y}_i$, 或对应的数据观测序号 i, 或数据观测时间为横坐标的散点图统称为残差图. 残差图是进行模型诊断的重要工具.

1. 回归值 $\hat{Y}$ 与残差的残差图

为检验建立的多元线性回归模型是否合适, 可以通过回归值 $\hat{Y}$ 与残差的散点图来检验. 其方法是画出回归值 $\hat{Y}$ 与普通残差的散点图 $((\hat{Y}_i, \hat{\varepsilon}_i),\ i = 1, 2, \cdots, n)$, 或者画出回归值 $\hat{Y}$ 与标准残差的散点图 $((\hat{Y}_i, r_i),\ i = 1, 2, \cdots, n)$, 其图形可能会出现下面三种情况 (如图 6.7 所示).

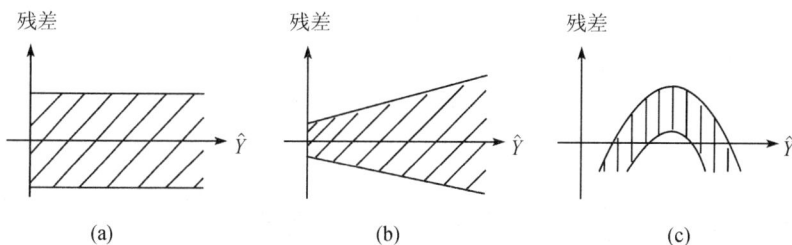

图 6.7 回归值 $\hat{Y}$ 与残差的散点图

(a) 正常情况; (b) 异方差情况; (c) 非线性情况

对于图 6.7(a) 的情况, 不论回归值 $\hat{Y}$ 的大小, 残差 $\hat{\varepsilon}_i$ (或 r_i) 具有相同的分布, 并满足模型的各假设条件; 对于图 6.7(b) 的情况, 表示回归值 $\hat{Y}$ 的大小与残差的波动大小有关系, 即等方差性的假设有问题; 对于图 6.7(c) 情况, 表示线性模型不合适, 应考虑非线性模型.

对于图 6.7(a), 如果大部分点都落在中间部分, 而只有少数几个点落在外边, 则这些点对应的样本, 可能有异常值存在.

例 6.13 画例 6.6 普通残差的散点图和标准化残差的散点图.

解 在计算出例 6.6 的回归模型后, 计算普通残差和标准化残差, 并画出相应的散点图. R 软件中的命令如下:

```
####画残差图
> y.res<-resid(lm.sol); y.fit<-predict(lm.sol)
> plot(y.res~y.fit)
####画标准化残差图
> y.rst<-rstandard(lm.sol)
> plot(y.rst~y.fit)
```

绘出的图形如图 6.8 所示.

从图 6.8 可以看出, 残差具有相同的分布且满足模型的各假设条件.

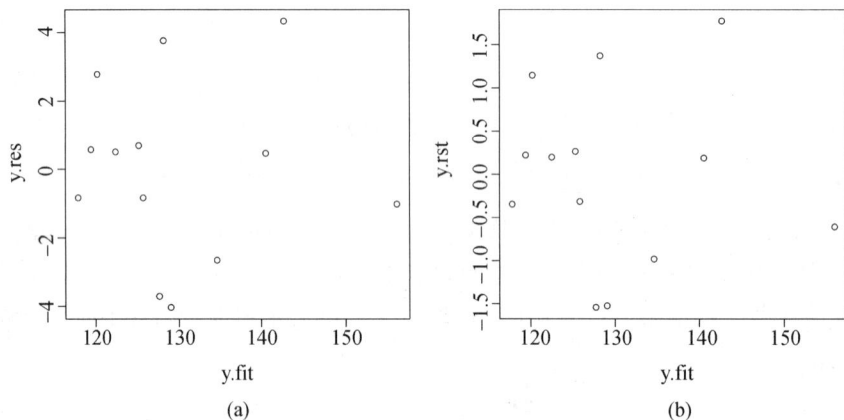

图 6.8　例 6.6 的残差图

(a) 残差图; (b) 标准化残差图

再仔细分析, 当残差服从正态分布的假设成立时, 标准化残差应近似服从标准正态分布. 根据正态分布的性质, 若随机变量 $X \sim N(\mu, \sigma^2)$, 则有

$$P\{\mu - 2\sigma < X < \mu + 2\sigma\} = 0.954.$$

也就是说, 对于标准化残差, 应该有 95% 的样本点落在区间 $[-2, 2]$ 中. 另外, 可以证明, 拟合值 $\hat{Y}$ 与残差 $\hat{\varepsilon}$ 相互独立, 因而与标准化残差 $r_1, r_2, \cdots, r_n$ 也独立. 所以, 如果以拟合值 $\hat{Y}_i$ 为横坐标, r_i 为纵坐标, 那么平面上的点 $(\hat{Y}_i, r_i)$ $(i = 1, 2, \cdots, n)$ 大致应落在宽度为 4 的水平带 $|r_i| \leqslant 2$ 的区域内, 且不呈现任何趋势. 从这种角度看, 通过标准化残差图, 更容易诊断出回归模型是否出现问题.

回过来, 再看图 6.8(b), 所有点均在宽度为 4 的水平带 $|r_i| \leqslant 2$ 中, 且不呈现任何趋势, 因此, 例 6.6 的模型应该是合适的.

例 6.14　某公司为了研究产品的营销策略, 对产品的销售情况进行了调查. 设 Y 为某地区该产品的家庭人均购买量 (单位: 元), X 为家庭人均收入 (单位: 元). 表 6.8 给出了 53 个家庭的数据. 试通过这些数据建立 Y 与 X 的关系式.

解　输入数据, 作线性回归模型. (程序名: exam0614.R)

```
X<-scan()
 679   292  1012   493   582  1156   997  2189  1097  2078
1818  1700   747  2030  1643   414   354  1276   745   435
 540   874  1543  1029   710  1434   837  1748  1381  1428
1255  1777   370  2316  1130   463   770   724   808   790
 783   406  1242   658  1746   468  1114   413  1787  3560
1495  2221  1526
```

表 6.8 某地区家庭人均收入与人均购买量数据

序号	X/元	Y/元	序号	X/元	Y/元	序号	X/元	Y/元
1	679	0.79	19	745	0.77	37	770	1.74
2	292	0.44	20	435	1.39	38	724	4.10
3	1012	0.56	21	540	0.56	39	808	3.94
4	493	0.79	22	874	1.56	40	790	0.96
5	582	2.70	23	1543	5.28	41	783	3.29
6	1156	3.64	24	1029	0.64	42	406	0.44
7	997	4.73	25	710	4.00	43	1242	3.24
8	2189	9.50	26	1434	0.31	44	658	2.14
9	1097	5.34	27	837	4.20	45	1746	5.71
10	2078	6.85	28	1748	4.88	46	468	0.64
11	1818	5.84	29	1381	3.48	47	1114	1.90
12	1700	5.21	30	1428	7.58	48	413	0.51
13	747	3.25	31	1255	2.63	49	1787	8.33
14	2030	4.43	32	1777	4.99	50	3560	14.94
15	1643	3.16	33	370	0.59	51	1495	5.11
16	414	0.50	34	2316	8.19	52	2221	3.85
17	354	0.17	35	1130	4.79	53	1526	3.93
18	1276	1.88	36	463	0.51			

```
Y<-scan()
0.79 0.44 0.56 0.79 2.70 3.64 4.73 9.50 5.34 6.85
5.84 5.21 3.25 4.43 3.16 0.50 0.17 1.88 0.77 1.39
0.56 1.56 5.28 0.64 4.00 0.31 4.20 4.88 3.48 7.58
2.63 4.99 0.59 8.19 4.79 0.51 1.74 4.10 3.94 0.96
3.29 0.44 3.24 2.14 5.71 0.64 1.90 0.51 8.33 14.94
5.11 3.85 3.93

lm.sol<-lm(Y~X); summary(lm.sol)
```

得到

```
Call:
lm(formula = Y ~ X)
Residuals:
    Min      1Q  Median      3Q     Max
-4.1399 -0.8275 -0.1934  1.2376  3.1522
Coefficients:
```

```
                     Estimate Std. Error t value Pr(>|t|)
 (Intercept) -0.8313037  0.4416121  -1.882   0.0655 .
 X            0.0036828  0.0003339  11.030 4.11e-15 ***
 ---
 Signif. codes:  0 '***' 0.001 '**' 0.01 '*' 0.05 '.' 0.1 ' ' 1


 Residual standard error: 1.577 on 51 degrees of freedom
 Multiple R-Squared: 0.7046,      Adjusted R-squared: 0.6988
 F-statistic: 121.7 on 1 and 51 DF,  p-value: 4.106e-15
```

回归方程通过 t 检验和 F 检验, 所以 Y 对 X 的一元经验回归方程为

$$\widehat{Y} = -0.8313 + 0.003683X.$$

再作回归诊断, 画出标准化残差散点图, 即

```
y.rst<-rstandard(lm.sol); y.fit<-predict(lm.sol)
plot(y.rst~y.fit)
abline(0.1,0.5);abline(-0.1,-0.5)
```

其图形如图 6.9(a) 所示.

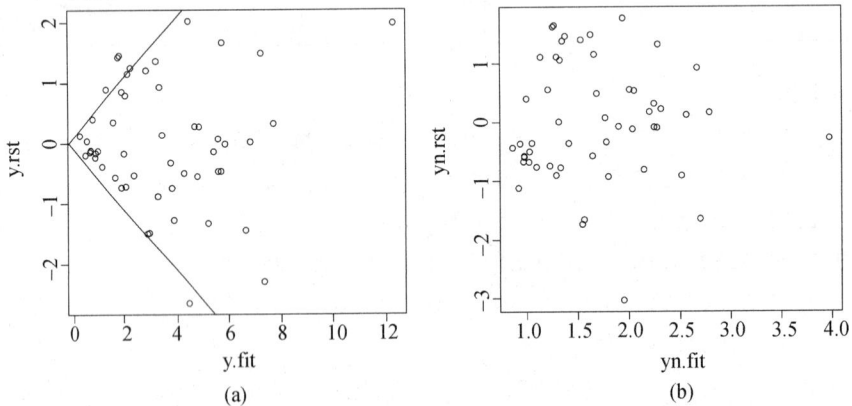

图 6.9   例 6.6 的标准化残差图

(a) 异方差情况; (b) 变换后的情况

直观上容易看出, 残差图从左向右逐渐散开呈漏斗状, 这是残差的方差不相等的一个征兆. 考虑对响应变量 Y 作变换, 作开方运算. 相应的 R 程序为

```
lm.new<-update(lm.sol, sqrt(.)~.); coef(lm.new)
```

其中 update 是模型修正函数. coef 是提取回归系数. 计算结果为

```
 (Intercept)            X
 0.582225917 0.000952859
```

由此得到经验方程

$$\sqrt{\hat{Y}} = 0.582225917 + 0.000952859X,$$

即

$$\hat{Y} = (0.582225917 + 0.000952859X)^2$$
$$= 0.338987 + 0.001109558X + 9.079403 \times 10^{-7}X^2.$$

再画出变换后的标准化残差散点图, 即

```
yn.rst<-rstandard(lm.new); yn.fit<-predict(lm.new)
plot(yn.rst~yn.fit)
```

其图形如图 6.9(b) 所示. 散点图的趋势有较大改善.

2. 残差的 QQ 图

在第 3 章介绍了检验正态分布的方法 ——QQ 图. 这里可以用 QQ 图的方法检验残差的正态性.

设 $\hat{\varepsilon}_{(i)}$ 是残差 $\hat{\varepsilon}_i$ 的次序统计量, $i = 1, 2, \cdots, n$, 令

$$q_{(i)} = \Phi^{-1}\left(\frac{i - 0.375}{n + 0.25}\right), \quad i = 1, 2, \cdots, n,$$

其中 $\Phi(x)$ 为标准正态分布 $N(0,1)$ 的分布函数, $\Phi^{-1}(x)$ 为其反函数. 称 $q_{(i)}$ 为 $\hat{\varepsilon}_{(i)}$ 的期望值.

可以证明, 若 $\hat{\varepsilon}_i(i = 1, 2, \cdots, n)$ 是来自正态分布总体的样本, 则点 $(q_{(i)}, \hat{\varepsilon}_{(i)})$ $(i = 1, 2, \cdots, n)$ 应在一条直线上. 因此, 若残差正 QQ 图中点的大致趋势明显地不在一条直线上, 则有理由怀疑对误差的正态性假设的合理性; 否则可认为误差的正态性假设是合理的.

用 R 软件画正态 QQ 残差图非常简单, 只需一个命令

```
plot(model, 2)
```

其中 model 是由 lm 生成的对象.

3. 以自变量为横坐标的残差图

以每个 $X_j(1 \leqslant j \leqslant p)$ 的各个观测值 $x_{ij}(1 \leqslant i \leqslant n)$ 为点的横坐标, 即以自变量为横坐标的残差图, 与拟合值 $\hat{Y}$ 为横坐标的残差图一样, 满意的残差图呈现图 6.7(a) 的水平带状. 如果图形呈现图 6.7(b) 的形状, 则说明误差等方差的假设不合适. 若呈现图 6.7(c) 的形状, 则需要在模型中添加 X_j 的高次项, 或者对 Y 做变换.

例 6.15　画出例 6.6 以自变量为横坐标的残差图.

解　在完成回归模型后, 计算残差, 并画出图形.

```
> y.res<-resid(lm.sol)
> plot(y.res~x1); plot(y.res~x2)
```

图形如图 6.10 所示.

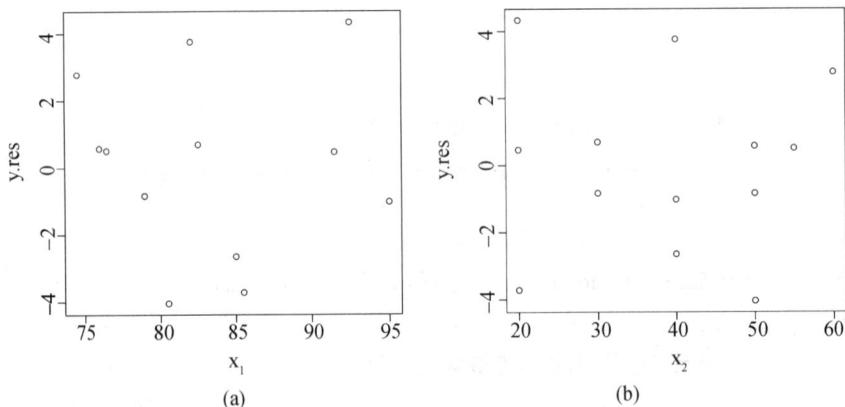

图 6.10　例 6.6 的以 x_1, x_2 为横坐标的残差图

(a) 以 x_1 为横坐标; (b) 以 x_2 为横坐标

从图 6.10 可以看出, 回归模型效果是好的.

在 R 软件中, plot() 函数可以画出回归模型的残差图, 其使用格式为

```
plot(x, which = 1:4,
     caption = c("Residuals vs Fitted", "Normal Q-Q plot",
                 "Scale-Location plot", "Cook's distance plot"),
     panel = points,
     sub.caption = deparse(x$call), main = "",
     ask = prod(par("mfcol"))<length(which)&&dev.interactive(),
     ...,
     id.n = 3, labels.id = names(residuals(x)), cex.id = 0.75)
```

其中 x 是线性回归模型. which 是 1～4 的全部或某个子集, 1 表示画普通残差与拟合值的残差图; 2 表示画正态 QQ 的残差图; 3 表示画标准化残差的开方与拟合值的残差图; 4 表示画 Cook 统计量 (在后面介绍) 的残差图. caption 是图题的内容. 其余请参见在线帮助.

6.5.4　影响分析

所谓影响分析就是探查对估计有异常大影响的数据. 在回归分析中的一个重要假设是, 使用的模型对所有数据是适当的. 在应用中, 有一个或多个样本其观测值似乎与模型不相符, 但模型拟合于大多数数据, 这种情况并不罕见, 例如例 6.11 第三组数据的情况.

如果一个样本不遵从某个模型, 但其余数据遵从这个模型, 则称该样本点为强影响点 (也称为异常值点). 影响分析的一个重要功能是区分这样的样本数据.

1. 帽子矩阵 H 的对角元素

由式 (6.31) 得到, $\hat{Y} = HY$. 从几何上讲, $\hat{Y}$ 是 Y 在 X 的列向量张成子空间内的投影[①], 并且满足

$$\frac{\partial \hat{Y}_i}{\partial Y_i} = h_{ii},$$

因此, h_{ii} 的大小可以表示第 i 个样本值对 $\hat{Y}_i$ 影响的大小. 再考虑 $\hat{Y}_i$ 的方差

$$\mathrm{var}(\hat{Y}_i) = h_{ii}\sigma^2,$$

因此, h_{ii} 反映了回归值 $\hat{Y}_i$ 的波动情况.

由投影矩阵 H 的性质得到

$$0 \leqslant h_{ii} \leqslant 1, \quad i = 1, 2, \cdots, n, \quad \sum_{i=1}^{n} h_{ii} = p + 1.$$

所以, Hoaglin 和 Welsch(1978) 给出一种判断异常值点的方法: 如果当

$$h_{i_0 i_0} \geqslant \frac{2(p+1)}{n}, \tag{6.39}$$

则可认为第 i_0 组的样本影响较大, 可以结合其他准则, 考虑是否将其剔除.

由于帽子矩阵 (投影矩阵)H 对角线上的元素 h_{ii} $(i = 1, 2, \cdots, n)$ 是很重要的统计信息量, 因此 R 软件也给出计算函数 hatvalues() 和 hat(), 其使用格式为

```
hatvalues(model,infl=lm.influence(model,do.coef=FALSE),...)
    hat(x,intercept=TRUE)
```
其中 model 是回归模型, x 是设计矩阵 X.

2. DFFITS 准则

Belsley, Kuh 和 Welsch (1980) 给出另一种准则, 计算统计量

$$D_i(\sigma) = \sqrt{\frac{h_{ii}}{1 - h_{ii}}} \frac{\hat{\varepsilon}_i}{\sigma\sqrt{1 - h_{ii}}}, \tag{6.40}$$

其中 σ 的估计量用 $\hat{\sigma}_{(i)}$ 来代替. 对于第 i 个样本, 如果有

$$|D_i(\sigma)| > 2\sqrt{\frac{p+1}{n}}, \tag{6.41}$$

则认为第 i 个样本的影响比较大, 应引起注意.

R 软件给出了 DFFITS 准则的计算函数 dffits(), 其使用格式为

[①] 由于 $H^{\mathrm{T}} = H$, $H^2 = H$, 所以称 H 为投影矩阵.

```
dffits(model, infl = , res = )
```

其中 model 是回归模型.

例 6.16   用 DFFITS 准则判断例 6.2 中的异常值样本点.

解   在计算出回归模型后, 利用 dffits() 函数作判断.

```
> p<-1; n<-nrow(forbes); d<-dffits(lm.sol)
> cf<-1:n; cf[d>2*sqrt((p+1)/n)]
[1] 12
```

因此, 第 12 号样本点可能是异常值点.

3. Cook 统计量

Cook 在 1977 年提出了 Cook 统计量, Cook 统计量定义为

$$D_i = \frac{(\hat{\boldsymbol{\beta}} - \hat{\boldsymbol{\beta}}_{(i)})^{\mathrm{T}} \boldsymbol{X}^{\mathrm{T}} \boldsymbol{X} (\hat{\boldsymbol{\beta}} - \hat{\boldsymbol{\beta}}_{(i)})}{(p+1)\hat{\sigma}^2}, \quad i = 1, 2, \cdots, n, \tag{6.42}$$

其中 $\hat{\boldsymbol{\beta}}_{(i)}$ 为删除第 i 个样本 (数据) 后, 由余下的 $n-1$ 个样本 (数据) 求得回归系数的估计值. 经过推导, Cook 统计量可以改写为

$$D_i = \frac{1}{p+1} \left(\frac{h_{ii}}{1 - h_{ii}} \right) r_i^2, \quad i = 1, 2, \cdots, n, \tag{6.43}$$

其中 r_i 是标准化残差.

R 软件给出了计算 Cook 统计量的计算函数 cooks.distance(), 其使用格式为

```
cooks.distance(model,infl=lm.influence(model,do.coef=FALSE),
               res=weighted.residuals(model),
               sd=sqrt(deviance(model)/df.residual(model)),
               hat=infl$hat, ...)
```

其中 model 是回归模型.

直观上讲, Cook 统计量 D_i 越大的点, 越可能是异常值点, 但要给 Cook 统计量一个用以判定异常值点的临界值很困难, 在应用上要视具体问题的实际情况而定.

4. COVRATIO 准则

利用全部样本回归系数估计值的协方差阵和去掉第 i 个样本回归系数估计值的协方差阵分别为

$$\mathrm{var}(\hat{\boldsymbol{\beta}}) = \sigma^2 \left(\boldsymbol{X}^{\mathrm{T}} \boldsymbol{X} \right)^{-1}, \quad \mathrm{var}(\hat{\boldsymbol{\beta}}_{(i)}) = \sigma^2 \left(\boldsymbol{X}_{(i)}^{\mathrm{T}} \boldsymbol{X}_{(i)} \right)^{-1},$$

其中 $\boldsymbol{X}_{(i)}$ 是 $\boldsymbol{X}$ 剔除第 i 行得到的矩阵. 分别用 $\hat{\sigma}$ 和 $\hat{\sigma}_{(i)}$ 替代上式中的 σ. 为了比较其对

应的回归系数的精度, 考虑其协方差的比

$$\text{COVRATIO} = \frac{\det\left(\hat{\sigma}_{(i)}^2 (\boldsymbol{X}_{(i)}^{\mathrm{T}} \boldsymbol{X}_{(i)})^{-1}\right)}{\det\left(\hat{\sigma}^2 (\boldsymbol{X}^{\mathrm{T}} \boldsymbol{X})^{-1}\right)} = \frac{(\hat{\sigma}_{(i)}^2)^{p+1}}{(\hat{\sigma}^2)^{p+1}} \frac{1}{1-h_{ii}}, \quad i = 1, 2, \cdots, n. \tag{6.44}$$

如果有一个样本所对应的 COVRATIO 值离 1 越远, 则认为该样本影响越大.

R 软件给出了计算 COVRATIO 值的计算函数 covratio(), 其使用格式为

```
covratio(model, infl = lm.influence(model, do.coef = FALSE),
         res = weighted.residuals(model))
```

其中 model 是回归模型.

5. 小结

上面介绍了四种分析强影响点 (异常值点) 的方法, 每种方法找到的点是否是强影响点还需要根据具体情况进行分析. 这里为了方便计算, 将各种方法编写成一个函数.

编写回归诊断函数 ——Reg_Diag(). 在给定回归模型后, 计算回归模型的普通残差、标准化 (内学生化) 残差、外学生化残差、帽子矩阵对角线上的元素、DFFITS 统计量、Cook 距离和 COVRATIO 统计量, 并根据各种指标的特征, 对可能是强影响点的样本给予标记, 便于对这些点进行分析研究.

下面是相应的 R 程序. (程序名: Reg_Diag.R)

```
Reg_Diag<-function(fm){
    n<-nrow(fm$model); df<-fm$df.residual
    p<-n-df-1; s<-rep(" ", n);
    res<-residuals(fm); s1<-s; s1[abs(res)==max(abs(res))]<-"*"
    sta<-rstandard(fm); s2<-s; s2[abs(sta)>2]<-"*"
    stu<-rstudent(fm); s3<-s; s3[abs(sta)>2]<-"*"
    h<-hatvalues(fm); s4<-s; s4[h>2*(p+1)/n]<-"*"
    d<-dffits(fm); s5<-s; s5[abs(d)>2*sqrt((p+1)/n)]<-"*"
    c<-cooks.distance(fm); s6<-s; s6[c==max(c)]<-"*"
    co<-covratio(fm);    abs_co<-abs(co-1)
    s7<-s; s7[abs_co==max(abs_co)]<-"*"
    data.frame(residual=res, s1, standard=sta, s2,
               student=stu, s3,  hat_matrix=h, s4,
               DFFITS=d, s5,cooks_distance=c, s6,
               COVRATIO=co, s7)
}
```

程序的输入值 fm 是由 lm() 函数得到的对象, 程序的输出值是数据框, 列出残差、标准差、学生化残差、帽子矩阵对角元素、DFFITS 值、Cook 距离和 COVRATIO 值, 并对有可能是异常值的样本作标记.

在程序中, 对最大残差绝对值的样本作标记; 对标准化残差和外学生化残差绝对值大于 2 的样本作标记; 对于 $h_{ii} > 2(p+1)/n$ 的样本作标记; 对 $|\text{DFFITS}|_i > 2\sqrt{(p+1)/n}$ 的样本作标记; 对最大的 Cook 距离的样本作标记; 对距 1 最远的 COVRATIO 统计量的样本作标记.

例 6.17 *智力测试数据*

表 6.9 是教育学家测试的 21 个儿童的记录, 其中 X 是儿童的年龄 (以月为单位), Y 表示某种智力指标, 通过这些数据, 建立智力随年龄变化的关系.

表 6.9 儿童智力测试数据

序号	X	Y	序号	X	Y	序号	X	Y
1	15	95	8	11	100	15	11	102
2	26	71	9	8	104	16	10	100
3	10	83	10	20	94	17	12	105
4	9	91	11	7	113	18	42	57
5	15	102	12	9	96	19	17	121
6	20	87	13	10	83	20	11	86
7	18	93	14	11	84	21	10	100

解 输入数据 (数据框), 调用函数 lm() 进行求解. (程序名: exam0617.R)

```
intellect<-data.frame(
    x=c(15, 26, 10,  9, 15, 20, 18, 11,  8, 20, 7,
        9, 10, 11, 11, 10, 12, 42, 17, 11, 10),
    y=c(95, 71, 83,  91, 102,  87, 93, 100, 104, 94, 113,
        96, 83, 84, 102, 100, 105, 57, 121,  86, 100)
)
lm.sol<-lm(y~x, data=intellect)
summary(lm.sol)
```

其计算结果如下:

```
Call:
lm(formula = y ~ x, data = intellect)

Residuals:
    Min     1Q  Median     3Q     Max
-15.604  -8.731   1.396   4.523   30.285
```

```
Coefficients:
            Estimate Std. Error t value Pr(>|t|)
(Intercept) 109.8738     5.0678  21.681 7.31e-15 ***
x            -1.1270     0.3102  -3.633  0.00177 **
---
Signif. codes:  0 '***' 0.001 '**' 0.01 '*' 0.05 '.' 0.1 ' ' 1

Residual standard error: 11.02 on 19 degrees of freedom
Multiple R-Squared:  0.41,      Adjusted R-squared: 0.3789
F-statistic:  13.2 on 1 and 19 DF,  p-value: 0.001769
```

模型通过 t 检验和 F 检验, 因此, 回归方程为

$$\hat{Y} = 109.8738 - 1.1270X.$$

下面作回归诊断. 调用回归诊断函数 Reg_Diag(), 即

```
> source("Reg_Diag.R"); Reg_Diag(lm.sol)
      residual s1      standard s2      student s3 hat_matrix s4
1     2.0309931      0.18883222       0.18396849   0.04792248
2    -9.5721288     -0.94440639      -0.94158335   0.15451323
3   -15.6039514     -1.46226437      -1.51081192   0.06281578
4    -8.7309404     -0.82158155      -0.81426336   0.07054521
5     9.0309931      0.83965939       0.83286292   0.04792248
6    -0.3340623     -0.03147039      -0.03063183   0.07261896
7     3.4119599      0.31891861       0.31124676   0.05798959
8     2.5230375      0.23566531       0.22971575   0.05666993
9     3.1420707      0.29716139       0.28991014   0.07985823
10    6.6659377      0.62796572       0.61766026   0.07261896
11   11.0150818      1.04797524       1.05084716   0.09075485
12   -3.7309404     -0.35108151      -0.34283148   0.07054521
13  -15.6039514     -1.46226437      -1.51081192   0.06281578
14  -13.4769625     -1.25882099      -1.27977575   0.05666993
15    4.5230375      0.42247610       0.41315320   0.05666993
16    1.3960486      0.13082533       0.12739342   0.06281578
17    8.6500264      0.80601240       0.79828114   0.05210768
18   -5.5403062     -0.85153932      -0.84511086   0.65160998 *
19   30.2849710   * 2.82336807     * 3.60697972   * 0.05305030
```

20	-11.4769625	-1.07201020	-1.07648108	0.05666993
21	1.3960486	0.13082533	0.12739342	0.06281578

```
        DFFITS s5 cooks_distance s6  COVRATIO s7
```

	DFFITS s5		cooks_distance s6		COVRATIO s7	
1	0.041274036		8.974064e-04		1.1658918	
2	-0.402520687		8.149796e-02		1.1969990	
3	-0.391140045		7.165814e-02		0.9363474	
4	-0.224328534		2.561596e-02		1.1151027	
5	0.186855984		1.774366e-02		1.0850411	
6	-0.008571736		3.877627e-05		1.2013200	
7	0.077223953		3.130575e-03		1.1701576	
8	0.056303487		1.668209e-03		1.1742373	
9	0.085407473		3.831949e-03		1.1996682	
10	0.172840518		1.543952e-02		1.1520913	
11	0.331996854		5.481014e-02		1.0878396	
12	-0.094449643		4.677623e-03		1.1832616	
13	-0.391140045		7.165814e-02		0.9363474	
14	-0.313673908		4.759781e-02		0.9923313	
15	0.101264129		5.361216e-03		1.1590453	
16	0.032981383		5.735845e-04		1.1867369	
17	0.187166128		1.785650e-02		1.0964388	
18	-1.155778731	*	6.781120e-01	*	2.9586827	*
19	0.853737107	*	2.232883e-01		0.3964316	
20	-0.263846244		3.451889e-02		1.0425728	
21	0.032981383		5.735845e-04		1.1867369	

从上述结果来看, 第 19 号样本点残差达到最大, 且标准化残差和外学生化残差的绝对值超过 2, DFFITS 统计量超过规定指标; 第 18 号样本点的 $h_{18,18}$, DFFITS 统计量和 COVRATIO 统计量超过规定指标, 并且对应的 Cook 统计量达到最大. 因此, 由这些结果可以分析出, 第 19 号样本点对响应变量的影响较大, 第 18 号样本点对自变量的影响较大.

为了能够说明问题, 画出残差图和回归散点, 并将四幅画在一张图上. 画出图形的 R 命令如下, 得到的图形如图 6.11 所示.

```
opar <- par(mfrow = c(2, 2), oma = c(0, 0, 1.1, 0),
            mar = c(4.1, 4.1, 2.1, 1.1))
plot(lm.sol, 1); plot(lm.sol, 3); plot(lm.sol, 4)
attach(intellect)
```

lm(formula = y~x, data = intellect)

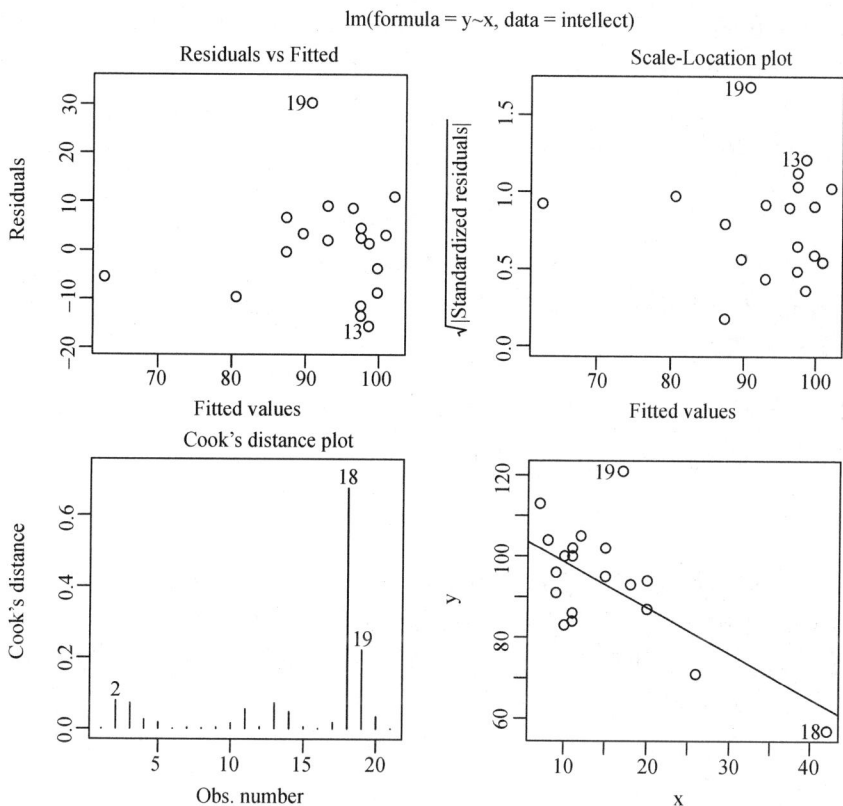

图 6.11　智力测试数据的残差图和回归图

```
plot(x, y); X<-x[18:19]; Y<-y[18:19]
text(X, Y, labels=18:19, adj=1.2); abline(lm.sol)
par(opar)
```

在上述程序中, 使用了 par() 函数, 该函数为图形参数设置函数, 其具体的使用方法请参见在线帮助.

图 6.11 的第 1 张图是残差散点图, 从图形看出, 第 19 号样本点明显远离其他的样本点. 图 6.11 的第 2 张图是标准化残差绝对值的开方的残差图, 第 19 号样本点标准化残差的开方大于 1.5, 说明第 19 号样本点在 95% 的范围以外. 图 6.11 的第 3 张图表示的是 Cook 距离, 这里是第 18 号样本点的值最大, 因此, 第 18 号样本点可能是强影响点 (异常值点). 为了显示分析的结果, 图 6.11 的第 4 张图给出了回归直线和样本点的散点图, 第 18 号样本点明显偏右, 第 19 号样本点明显偏上.

对于多元回归模型, 虽然无法画出回归方程与数据的图形, 但通过回归诊断, 还是能够分析出数据的问题所在, 例如, 对于智力测试数据, 第 18 号样本的年龄是否有问题, 而第 19 号样本的测试结果是否有问题, 这些需要作进一步的研究.

在 R 软件中, 函数 influence.measures() 可以作回归诊断的总括, 它的使用格式为

```
influence.measures(model)
```

其中 model 是由 lm 或 glm 构成的对象. 其返回值是一个列表, 列表中包括 DFFITS 统计量、COVRATIO 统计量、Cooks 距离等.

6.5.5　多重共线性

当自变量彼此相关时, 回归模型可能令人非常费解. 估计的效应会由于模型中的其他自变量而改变数值, 甚至符号. 故在分析时, 了解自变量间的关系影响很重要. 这一复杂问题常称为共线性或多重共线性.

1. 什么是多重共线性

如果存在某些常数 c_0, c_1 和 c_2, 使得线性等式

$$c_1 X_1 + c_2 X_2 = c_0 \tag{6.45}$$

对于数据中所有数据的样本都成立, 则两个自变量 X_1 和 X_2 存在精确共线性.

在实际中, 精确共线性是偶然发生的, 因此, 如果等式 (6.45) 近似地对测量数据成立, 则有近似共线性. 一个常用但不是完全合适的 X_1 与 X_2 间的共线性程度的度量, 是它们样本相关系数的平方 r_{12}^2. 精确共线性对应于 $r_{12}^2 = 1$; 非共线性对应于 $r_{12}^2 = 0$. 当 r_{12}^2 越接近于 1, 近似共线性越强. 通常, 去掉 "近似" 一词, 当 r_{12}^2 较大时, 就说 X_1 和 X_2 是共线性的.

对于 $p(> 2)$ 个自变量, 如果存在常数 $c_0, c_1, \cdots, c_p$, 使得

$$c_1 X_1 + c_2 X_2 + \cdots + c_p X_p = c_0 \tag{6.46}$$

近似成立, 则表示这 p 个变量存在多重共线性.

2. 多重共线性的发现

设 $\boldsymbol{x}_{(1)}, \boldsymbol{x}_{(2)}, \cdots, \boldsymbol{x}_{(p)}$ 是自变量 $X_1, X_2, \cdots, X_p$ 经过中心化和标准化得到的向量[①], 记 $\boldsymbol{X} = (\boldsymbol{x}_{(1)}, \boldsymbol{x}_{(2)}, \cdots, \boldsymbol{x}_{(p)})$, 设 λ 为 $\boldsymbol{X}^{\mathrm{T}} \boldsymbol{X}$ 的一个特征值, $\boldsymbol{\varphi}$ 为对应的特征向量, 其长度为 1, 即 $\boldsymbol{\varphi}^{\mathrm{T}} \boldsymbol{\varphi} = 1$. 若 $\lambda \approx 0$, 则

$$\boldsymbol{X}^{\mathrm{T}} \boldsymbol{X} \boldsymbol{\varphi} = \lambda \boldsymbol{\varphi} \approx \boldsymbol{0}.$$

用 $\boldsymbol{\varphi}^{\mathrm{T}}$ 左乘上式, 得到

$$\boldsymbol{\varphi}^{\mathrm{T}} \boldsymbol{X}^{\mathrm{T}} \boldsymbol{X} \boldsymbol{\varphi} = \lambda \boldsymbol{\varphi}^{\mathrm{T}} \boldsymbol{\varphi} = \lambda \approx 0,$$

所以有

$$\boldsymbol{X} \boldsymbol{\varphi} \approx \boldsymbol{0},$$

---

① 关于数据中心化与标准化的方法将在 8.2.1 节作详细介绍.

即

$$\varphi_1 \boldsymbol{x}_{(1)} + \varphi_2 \boldsymbol{x}_{(2)} + \cdots + \varphi_p \boldsymbol{x}_{(p)} \approx \boldsymbol{0}, \tag{6.47}$$

其中 $\boldsymbol{\varphi} = (\varphi_1, \varphi_2, \cdots, \varphi_p)^{\mathrm{T}}$. 式 (6.47) 表明, 向量 $\boldsymbol{x}_{(1)}, \boldsymbol{x}_{(2)}, \cdots, \boldsymbol{x}_{(p)}$ 之间有近似的线性关系, 也就是说, 对于自变量 $X_1, X_2, \cdots, X_p$, 存在 $c_0, c_1, \cdots, c_p$, 使得式 (6.46) 近似成立, 即自变量之间存在多重共线性.

度量多重共线性严重程度的一个重要指标是矩阵 $\boldsymbol{X}^{\mathrm{T}}\boldsymbol{X}$ 的条件数, 即

$$\kappa(\boldsymbol{X}^{\mathrm{T}}\boldsymbol{X}) = \|\boldsymbol{X}^{\mathrm{T}}\boldsymbol{X}\| \cdot \|(\boldsymbol{X}^{\mathrm{T}}\boldsymbol{X})^{-1}\| = \frac{\lambda_{\max}(\boldsymbol{X}^{\mathrm{T}}\boldsymbol{X})}{\lambda_{\min}(\boldsymbol{X}^{\mathrm{T}}\boldsymbol{X})},$$

其中 $\lambda_{\max}(\boldsymbol{X}^{\mathrm{T}}\boldsymbol{X})$, $\lambda_{\min}(\boldsymbol{X}^{\mathrm{T}}\boldsymbol{X})$ 分别表示矩阵 $\boldsymbol{X}^{\mathrm{T}}\boldsymbol{X}$ 的最大、最小特征值.

直观上, 条件数刻画了 $\boldsymbol{X}^{\mathrm{T}}\boldsymbol{X}$ 的特征值差异的大小. 从实际应用的经验角度, 一般若 $\kappa < 100$, 则认为多重共线性的程度很小; 若 $100 \leqslant \kappa \leqslant 1000$, 则认为存在中等程度或较强的多重共线性; 若 $\kappa > 1000$, 则认为存在严重的多重共线性.

在 R 软件中, 函数 kappa() 计算矩阵的条件数, 其使用方法为

```
kappa(z, exact = FALSE, ...)
```

其中 z 是矩阵. exact 是逻辑变量, 当 exact=TRUE 时, 精确计算条件数; 否则近似计算条件数.

例 6.18　考虑一个有 6 个回归自变量的线性回归问题, 原始数据列在表 6.10 中. 这里共有 12 组数据, 除第一组外, 自变量 $X_1, X_2, \cdots, X_6$ 的其余 11 组数据满足线性关系

$$X_1 + X_2 + X_3 + X_4 = 10,$$

试用求矩阵条件数的方法, 分析出自变量间存在多重共线性.

解　用数据框的方法输入数据, 由自变量 $X_1, X_2, \cdots, X_6$ 中心化和标准化得到的矩阵 $\boldsymbol{X}^{\mathrm{T}}\boldsymbol{X}$ 本质上就是由这些自变量生成的相关矩阵, 再用 kappa() 函数求出矩阵 $\boldsymbol{X}^{\mathrm{T}}\boldsymbol{X}$ 的条件数, 用 eigen() 函数求出矩阵 $\boldsymbol{X}^{\mathrm{T}}\boldsymbol{X}$ 的最小特征值和相应的特征向量. 求解问题的 R 程序如下. (程序名: exam0618.R)

```
collinear<-data.frame(
    Y=c(10.006, 9.737, 15.087, 8.422, 8.625, 16.289,
        5.958, 9.313, 12.960, 5.541, 8.756, 10.937),
    X1=rep(c(8, 0, 2, 0), c(3, 3, 3, 3)),
    X2=rep(c(1, 0, 7, 0), c(3, 3, 3, 3)),
    X3=rep(c(1, 9, 0), c(3, 3, 6)),
    X4=rep(c(1, 0, 1, 10), c(1, 2, 6, 3)),
```

表 6.10 原始数据

序号	Y	X_1	X_2	X_3	X_4	X_5	X_6
1	10.006	8.000	1.000	1.000	1.000	0.541	-0.099
2	9.737	8.000	1.000	1.000	0.000	0.130	0.070
3	15.087	8.000	1.000	1.000	0.000	2.116	0.115
4	8.422	0.000	0.000	9.000	1.000	-2.397	0.252
5	8.625	0.000	0.000	9.000	1.000	-0.046	0.017
6	16.289	0.000	0.000	9.000	1.000	0.365	1.504
7	5.958	2.000	7.000	0.000	1.000	1.996	-0.865
8	9.313	2.000	7.000	0.000	1.000	0.228	-0.055
9	12.960	2.000	7.000	0.000	1.000	1.380	0.502
10	5.541	0.000	0.000	0.000	10.000	-0.798	-0.399
11	8.756	0.000	0.000	0.000	10.000	0.257	0.101
12	10.937	0.000	0.000	0.000	10.000	0.440	0.432

```
    X5=c(0.541, 0.130, 2.116, -2.397, -0.046, 0.365,
        1.996, 0.228, 1.38, -0.798, 0.257, 0.440),
    X6=c(-0.099, 0.070, 0.115, 0.252, 0.017, 1.504,
        -0.865, -0.055, 0.502, -0.399, 0.101, 0.432)
)
XX<-cor(collinear[2:7])
kappa(XX,exact=TRUE)
```

得到条件数是 $\kappa = 2195.908 > 1000$, 认为有严重的多重共线性.

进一步, 找出哪些变量是多重共线性的. 计算矩阵的特征值和相应的特征向量

```
> eigen(XX)
```

得到

$$\lambda_{\min} = 0.001106, \quad \varphi = (0.4476, 0.4211, 0.5417, 0.5734, 0.006052, 0.002167)^{\mathrm{T}}.$$

即

$$0.4476x_{(1)} + 0.4211x_{(2)} + 0.5417x_{(3)} + 0.5734x_{(4)}$$
$$+ 0.006052x_{(5)} + 0.002167x_{(6)} \approx 0.$$

由于 $x_{(5)}, x_{(6)}$ 的系数近似为 0, 因此有

$$0.4476x_{(1)} + 0.4211x_{(2)} + 0.5417x_{(3)} + 0.5734x_{(4)} \approx 0, \tag{6.48}$$

所以存在着 c_0, c_1, c_2, c_3, c_4 使得

$$c_1 X_1 + c_2 X_2 + c_3 X_3 + c_4 X_4 \approx c_0.$$

这说明变量 X_1, X_2, X_3, X_4 存在着多重共线性, 与题目中给的变量是相同的.

注意: kappa() 函数也可以求线性模型的条件数, 但实际上是计算由自变量 $X_1, X_2, \cdots,$ X_p, Y 构成矩阵的条件数, 即

$$\text{kappa(lm.model)} = \kappa([X_1 X_2 \cdots X_p Y]).$$

6.6 广义线性回归模型

广义线性模型 (GLM) 是常见正态线性模型的直接推广, 它可以适用于连续数据和离散数据, 特别是后者, 如属性数据、计数数据. 这在应用上, 尤其是生物、医学、经济和社会数据的统计分析上, 有着重要意义.

广义线性模型首先由 Nelder 和 Wedderburn (1972) 提出. 这些模型要求响应变量只能通过线性形式依赖于自变量, 从而保持了线性自变量的思想. 它们对线性模型进行了两个方面的推广: 一是通过设定一个连接函数, 将响应变量的期望与线性自变量相联系, 二是对误差的分布给出一个误差函数. 这些推广使许多线性模型的方法能用于一般的问题. 在线性回归中, 我们的目标是将响应变量 y_i 作为 p 个自变量 $x_{1i}, x_{2i}, \cdots, x_{pi}, i = 1, 2, \cdots, n$ 的函数建立模型.

对于广义线性模型应有以下三个概念: 第一是线性自变量, 它表明第 i 个响应变量的期望值 $E(y_i)$ 只能通过线性自变量 $\boldsymbol{\beta}^{\mathrm{T}} \boldsymbol{x}_i$ 而依赖于 $\boldsymbol{x}_i$, 其中 $\boldsymbol{\beta}$ 如通常一样, 是未知参数的 $(p+1)$ 维向量, 可能包含截距; 第二是连接函数, 它说明线性自变量和 $E(y_i)$ 的关系, 给出了线性模型的推广; 第三是误差函数, 它说明广义线性模型的最后一部分随机成分. 我们保留样本为相互独立的假设, 但去掉可加和正态误差的假设. 可以从指数型分布族中选一个作为误差函数.

表 6.11 给出了广义线性模型中常见的连接函数和误差函数. 例如, 对于正态线性模型, 假设 y_i 是正态分布, 均值为 $\boldsymbol{x}_i^{\mathrm{T}} \boldsymbol{\beta}$, 未知方差 σ^2; 如果假设 y_i 是 Poisson 随机变量, 均值为 $\exp(\boldsymbol{x}_i^{\mathrm{T}} \boldsymbol{\beta})$, 则得到 Poisson 回归模型.

6.6.1 与广义线性模型有关的 R 函数

R 软件提供了拟合计算广义线性模型的函数 glm(), 其命令格式如下:

```
fitted.model <- glm(formula, family=family.generator,
                    data=data.frame)
```

表 6.11　常见的连接函数和误差函数

	连接函数	逆连接函数 (回归模型)	典型误差函数
恒等	$\boldsymbol{x}^{\mathrm{T}}\boldsymbol{\beta} = E(\boldsymbol{y})$	$E(\boldsymbol{y}) = \boldsymbol{x}^{\mathrm{T}}\boldsymbol{\beta}$	正态分布
对数	$\boldsymbol{x}^{\mathrm{T}}\boldsymbol{\beta} = \ln E(\boldsymbol{y})$	$E(\boldsymbol{y}) = \exp(\boldsymbol{x}^{\mathrm{T}}\boldsymbol{\beta})$	Poisson 分布
Logit	$\boldsymbol{x}^{\mathrm{T}}\boldsymbol{\beta} = \mathrm{Logit}\, E(\boldsymbol{y})$	$E(\boldsymbol{y}) = \dfrac{\exp(\boldsymbol{x}^{\mathrm{T}}\boldsymbol{\beta})}{1 + \exp(\boldsymbol{x}^{\mathrm{T}}\boldsymbol{\beta})}$	二项分布
逆	$\boldsymbol{x}^{\mathrm{T}}\boldsymbol{\beta} = \dfrac{1}{E(\boldsymbol{y})}$	$E(\boldsymbol{y}) = \dfrac{1}{\boldsymbol{x}^{\mathrm{T}}\boldsymbol{\beta}}$	Gamma 分布

其中 formula 是拟合公式, 这里的意义与线性模型相同; family 是分布族, 即前面讲到的广义线性模型的种类, 如正态分布、Poisson 分布、二项分布等; data 是数据框, 这里的意义与线性模型相同.

对于每个分布族 (family), 提供了相应的连接函数, 如表 6.12 所示.

有了这些分布族和连接函数, 就可完成相应的广义线性模型的拟合问题. 下面就各种不同的分布族进行分析.

表 6.12　族与相关的连接函数

分布族 (family)	连 接 函 数
binomial	logit, probit, cloglog
gaussian	identity
Gamma	identity, inverse, log
inverse.gaussian	1/mu^2
poisson	identity, log, sqrt
quasi	logit, probit, cloglog, identity, inverse, log, 1/mu^2, sqrt

6.6.2　正态分布族

正态分布族的使用方法是

```
fm <- glm(formula, family = gaussian(link = identity),
          data = data.frame)
```

式中 link = identity 可以不写, 因为正态分布族的连接函数默认值是恒等 (identity). 事实上, 整个参数 family = gaussian 也可以不写, 因为分布族的默认值是正态分布.

从表 6.11 可以看出, 正态分布族的广义线性模型实际上与线性模型相同. 即

```
fm <- glm(formula, family = gaussian, data = data.frame)
```

与线性模型

```
fm <- lm(formula, data = data.frame)
```

有完全相同的计算结果, 但效率却低得多.

6.6.3 二项分布族

在二项分布族中, logistic 回归模型是最重要的模型. 在某些回归问题中, 响应变量是分类的, 经常是成功, 或者失败. 对于这些问题, 正态线性模型显然不合适, 因为正态误差不对应一个 0-1 响应. 在这种情况下, 可用一种重要的方法称为 logistic 回归.

对于响应变量 Y 有 p 个自变量 (或称为解释变量), 记为 $X_1, X_2, \cdots, X_p$, 在 p 个自变量的作用下出现成功的条件概率记为 $P = P\{Y = 1 | X_1, X_2, \cdots, X_p\}$, 那么 logistic 回归模型为

$$P = \frac{\exp(\beta_0 + \beta_1 X_1 + \beta_2 + \cdots + \beta_p X_p)}{1 + \exp(\beta_0 + \beta_1 X_1 + \beta_2 + \cdots + \beta_p X_p)}, \tag{6.49}$$

其中称 β_0 为常数项或截距, 称 $\beta_1, \beta_2, \cdots, \beta_p$ 为 logistic 模型回归系数.

从式 (6.49) 可以看出, logistic 回归模型是一个非线性回归模型, 自变量 $X_j (j = 1, 2, \cdots, p)$ 可以是连续变量, 也可以是分类变量或哑变量 (dummy variable). 对自变量 X_j 任意取值, $\beta_0 + \beta_1 X_1 + \beta_2 X_2 + \cdots + \beta_p X_p$ 在 $-\infty$ 到 $+\infty$ 变化时, 式 (6.49) 的比值总在 0 到 1 之间变化, 这正是概率 P 的取值区间.

对式 (6.49) 作 logit 变换, logistic 回归模型可以变成下列线性形式:

$$\text{logit}(P) = \ln\left(\frac{P}{1-P}\right) = \beta_0 + \beta_1 X_1 + \beta_2 X_2 + \cdots + \beta_p X_p. \tag{6.50}$$

从式 (6.50) 可以看出, 我们能够使用线性回归模型对参数进行估计. 这就是 logistic 回归模型属于广义线性模型的原因.

用 R 软件计算 logistic 回归模型的语句为

```
fm <- glm(formula, family = binomial(link = logit),
          data=data.frame)
```

式中 link = logit 可以不写, 因为 logit 是二项分布族连接函数, 是默认状态.

在用 glm() 函数作 logistic 回归模型时, 对于公式 formula 有两种输入方法, 一种方法是输入成功和失败的次数, 另一种像线性模型通常数据的输入方法. 这里用两个例子说明其数据的输入和 glm() 函数的使用方法.

例 6.19 R. Norell 实验

为研究高压电线对牲畜的影响, R. Norell 研究小的电流对农场动物的影响. 他在实验中, 选择了 7 头, 6 种电击强度, (0、1、2、3、4、5mA). 每头牛被电击 30 下, 每种强度 5 下, 按随机的次序进行. 然后重复整个实验, 每头牛总共被电击 60 下. 对每次电击, 响应变量 —— 嘴巴运动, 或者出现, 或者未出现. 表 6.13 中的数据给出每种电击强度 70 次试验中响应的总次数. 试分析电击对牛的影响.

解 用数据框形式输入数据, 再构造矩阵, 一列是成功 (响应) 的次数, 另一列是失败 (不响应) 的次数, 然后再作 logistic 回归. 其程序如下 (程序名: exam0619.R):

表 6.13 7 头牛对 6 种不同强度的非常小的电击的响应

电流/mA	试验次数	响应次数	响应的比例
0	70	0	0.000
1	70	9	0.129
2	70	21	0.300
3	70	47	0.671
4	70	60	0.857
5	70	63	0.900

```
norell<-data.frame(
    x=0:5, n=rep(70,6), success=c(0,9,21,47,60,63)
)
norell$Ymat<-cbind(norell$success, norell$n-norell$success)
glm.sol<-glm(Ymat~x, family=binomial, data=norell)
summary(glm.sol)
```

其计算结果为

```
Call:
glm(formula = Ymat ~ x, family = binomial, data = norell)

Deviance Residuals:
       1        2        3        4        5        6
 -2.2507   0.3892  -0.1466   1.1080   0.3234  -1.6679

Coefficients:
            Estimate Std. Error z value Pr(>|z|)
(Intercept)  -3.3010     0.3238  -10.20   <2e-16 ***
x             1.2459     0.1119   11.13   <2e-16 ***
---
Signif. codes:  0 '***' 0.001 '**' 0.01 '*' 0.05 '.' 0.1 ' ' 1

(Dispersion parameter for binomial family taken to be 1)

    Null deviance: 250.4866  on 5  degrees of freedom
Residual deviance:   9.3526  on 4  degrees of freedom
AIC: 34.093
```

```
Number of Fisher Scoring iterations: 4
```

即 $\beta_0 = -3.3010$, $\beta_1 = 1.2459$, 并且回归方程通过了检验, 因此, 回归模型为

$$P = \frac{\exp(-3.3010 + 1.2459X)}{1 + \exp(-3.3010 + 1.2459X)},$$

其中 X 是电流强度 (单位: mA).

与线性回归模型相同, 在得到回归模型后, 可以作预测, 例如, 当电流强度为 3.5mA 时, 有响应的牛的概率为多少?

```
> pre<-predict(glm.sol, data.frame(x=3.5))
> p<-exp(pre)/(1+exp(pre)); p
[1] 0.742642
```

即 74.26%.

可以作控制, 如有 50% 的牛有响应, 其电流强度为多少? 当 $P = 0.5$ 时, $\ln \dfrac{P}{1-P} = 0$, 所以, $X = -\beta_0/\beta_1$.

```
> X<- - glm.sol$coefficients[[1]]/glm.sol$coefficients[[2]]
> X
   2.649439
```

即 2.65mA 的电流强度, 可以使 50% 的牛有响应.

最后画出响应的比例与 logistic 回归曲线图. R 软件的绘图命令如下, 得到的图形如图 6.12 所示.

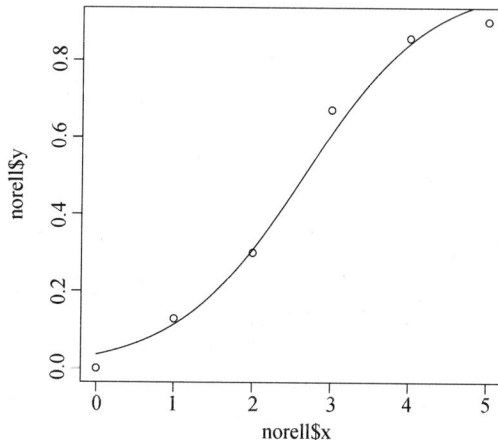

图 6.12   响应比例与电流强度拟合的 logistic 回归曲线

```
d<-seq(0, 5, len=100)
pre<-predict(glm.sol, data.frame(x = d))
p<-exp(pre)/(1+exp(pre))
```

```
norell$y<-norell$success/norell$n
plot(norell$x, norell$y); lines(d, p)
```

在程序中, d 给出曲线横坐标的点, pre 计算预测值, p 是相应的预测概率, 用 plot 函数和 lines 给出散点图和对应的预测曲线.

例 6.20　50 位急性淋巴细胞性白血病病人, 在入院治疗时取得了外辕血中的细胞数 (X_1, 千个/mm^3)、淋巴结浸润等级 (X_2, 分为 0, 1, 2, 3 级) 以及出院后有无巩固治疗 (X_3, "1" 表示有巩固治疗, "0" 表示无巩固治疗). 通过随访取得病人的生存时间, 并以变量 $Y = 0$ 表示生存时间在 1 年以内, $Y = 1$ 表示生存时间在 1 年或 1 年以上. 关于 X_1, X_2, X_3 和 Y 的观测数据, 如表 6.14 所示. 试用 Logistic 回归模型分析病人生存时间长短的概率与 X_1, X_2, X_3 的关系.

表 6.14　50 位急性淋巴细胞性白血病病人生存数据

序号	X_1	X_2	X_3	Y	序号	X_1	X_2	X_3	Y
1	2.5	0	0	0	26	1.2	2	0	0
2	173.0	2	0	0	27	3.5	0	0	0
3	119.0	2	0	0	28	39.7	0	0	0
4	10.0	2	0	0	29	62.4	0	0	0
5	502.0	2	0	0	30	2.4	0	0	0
6	4.0	0	0	0	31	34.7	0	0	0
7	14.4	0	1	0	32	28.4	2	0	0
8	2.0	2	0	0	33	0.9	0	1	0
9	40.0	2	0	0	34	30.6	2	0	0
10	6.6	0	0	0	35	5.8	0	1	0
11	21.4	2	1	0	36	6.1	0	1	0
12	2.8	0	0	0	37	2.7	2	1	0
13	2.5	0	0	0	38	4.7	0	0	0
14	6.0	0	0	0	39	128.0	2	1	0
15	3.5	0	1	0	40	35.0	0	0	0
16	62.2	0	0	1	41	2.0	0	0	1
17	10.8	0	1	1	42	8.5	0	1	1
18	21.6	0	1	1	43	2.0	2	1	1
19	2.0	0	1	1	44	2.0	0	1	1
20	3.4	2	1	1	45	4.3	0	1	1
21	5.1	0	1	1	46	244.8	2	1	1
22	2.4	0	0	1	47	4.0	0	1	1
23	1.7	0	1	1	48	5.1	0	1	1
24	1.1	0	1	1	49	32.0	0	1	1
25	12.8	0	1	1	50	1.4	0	1	1

解 输入数据, 用 glm() 函数计算. (程序名: exam0620.R)

```
life<-data.frame(
    X1=c(2.5, 173, 119, 10, 502, 4, 14.4, 2, 40, 6.6,
        21.4, 2.8, 2.5, 6, 3.5, 62.2, 10.8, 21.6, 2, 3.4,
        5.1, 2.4, 1.7, 1.1, 12.8, 1.2, 3.5, 39.7, 62.4, 2.4,
        34.7, 28.4, 0.9, 30.6, 5.8, 6.1, 2.7, 4.7, 128, 35,
        2, 8.5, 2, 2, 4.3, 244.8, 4, 5.1, 32, 1.4),
    X2=rep(c(0, 2, 0, 2, 0, 2, 0, 2, 0, 2, 0, 2, 0, 2, 0, 2,
            0, 2, 0, 2, 0, 2, 0),
          c(1, 4, 2, 2, 1, 1, 8, 1, 5, 1, 5, 1, 1, 1, 2, 1,
            1, 1, 3, 1, 2, 1, 4)),
    X3=rep(c(0, 1, 0, 1, 0, 1, 0, 1, 0, 1, 0, 1, 0, 1, 0, 1, 0, 1),
          c(6, 1, 3, 1, 3, 1, 1, 5, 1, 3, 7, 1, 1, 3, 1, 1, 2, 9)),
    Y=rep(c(0,   1,    0,   1), c(15, 10, 15, 10))
)
glm.sol<-glm(Y~X1+X2+X3, family=binomial, data=life)
summary(glm.sol)
```

计算结果如下:

```
Call:
glm(formula = Y ~ X1 + X2 + X3, family = binomial, data = life)

Deviance Residuals:
    Min      1Q   Median      3Q      Max
-1.6960  -0.5842  -0.2829   0.7436   1.9292

Coefficients:
            Estimate Std. Error z value Pr(>|z|)
(Intercept) -1.696538   0.658635  -2.576 0.010000 **
X1           0.002326   0.005683   0.409 0.682308
X2          -0.792177   0.487262  -1.626 0.103998
X3           2.830373   0.793406   3.567 0.000361 ***
---
Signif. codes:  0 '***' 0.001 '**' 0.01 '*' 0.05 '.' 0.1 ' ' 1

(Dispersion parameter for binomial family taken to be 1)
```

```
     Null deviance: 67.301   on 49   degrees of freedom
 Residual deviance: 46.567   on 46   degrees of freedom
 AIC: 54.567

 Number of Fisher Scoring iterations: 5
```

即回归模型为

$$P = \frac{\exp(-1.696538 + 0.002326X_1 - 0.792177X_2 + 2.830373X_3)}{1 + \exp(1.696538 + 0.002326X_1 - 0.792177X_2 + 2.830373X_3)}.$$

用上述回归模型作观测, 若一个病人的前两项的指标观测值为 $x_1 = 5$, $x_2 = 2$, 若无巩固治疗 ($x_3 = 0$), 则 1 年以上的存活概率可如下计算:

```
> pre<-predict(glm.sol, data.frame(X1=5,X2=2,X3=0))
> p<-exp(pre)/(1+exp(pre)); p
[1] 0.03664087
```

为 3.66%. 若进行了巩固性治疗 ($x_3 = 1$), 则 1 年以上的存活概率可如下计算:

```
> pre<-predict(glm.sol, data.frame(X1=5,X2=2,X3=1))
> p<-exp(pre)/(1+exp(pre)); p
[1] 0.3920057
```

为 39.20%. 比没有巩固治疗提高了 10.699 倍.

实际上, 用上述回归方程作预测还存在一些问题, 这是因为在得到 logistic 回归模型时, 参数 β_1 没有通过检验, 其 P 值为 0.6823. 可以类似于线性模型, 用 step() 作变量筛选.

```
> glm.new<-step(glm.sol)
Start:  AIC= 54.57
 Y ~ X1 + X2 + X3

        Df Deviance    AIC
- X1     1   46.718 52.718
<none>       46.567 54.567
- X2     1   49.502 55.502
- X3     1   63.475 69.475

Step:  AIC= 52.72
 Y ~ X2 + X3
```

```
        Df Deviance    AIC
<none>        46.718 52.718
- X2     1    49.690 53.690
- X3     1    63.504 67.504


Call: glm(formula = Y ~ X2 + X3, family = binomial, data = life)


Coefficients:
(Intercept)          X2          X3
     -1.642      -0.707       2.784


Degrees of Freedom: 49 Total (i.e. Null);  47 Residual
Null Deviance:      67.3
Residual Deviance: 46.72        AIC: 52.72
```

再用 summary() 函数显示模型的细节.

```
> summary(glm.new)
Call:
glm(formula = Y ~ X2 + X3, family = binomial, data = life)


Deviance Residuals:
    Min      1Q  Median      3Q     Max
-1.6849 -0.5950 -0.3033  0.7442  1.9073


Coefficients:
            Estimate Std. Error z value Pr(>|z|)
(Intercept)  -1.6419     0.6381  -2.573 0.010082 *
X2           -0.7070     0.4282  -1.651 0.098750 .
X3            2.7844     0.7797   3.571 0.000355 ***
---
Signif. codes:  0 '***' 0.001 '**' 0.01 '*' 0.05 '.' 0.1 ' ' 1


(Dispersion parameter for binomial family taken to be 1)


    Null deviance: 67.301  on 49  degrees of freedom
Residual deviance: 46.718  on 47  degrees of freedom
```

```
AIC: 52.718
```

从计算结果可以看出, 所有参数均通过了检验 ($\alpha = 0.1$). 此时的回归模型为

$$P = \frac{\exp(-1.6419 - 0.7070X_2 + 2.7844X_3)}{1 + \exp(-1.6419 - 0.7070X_2 + 2.7844X_3)}.$$

再作预测分析

```
> pre<-predict(glm.new, data.frame(X2=2,X3=0))
> p<-exp(pre)/(1+exp(pre)); p
[1] 0.04496518
> pre<-predict(glm.new, data.frame(X2=2,X3=1))
> p<-exp(pre)/(1+exp(pre)); p
[1] 0.4325522
```

因此巩固治疗比没有巩固治疗提高了 9.619 倍.

从上述例子可以看出, 对于广义线性模型 GLM, 同样可以做变量筛选、模型修正等工作. 当然, 我们同样可作回归诊断.

```
> source("Reg_Diag.R"); Reg_Diag(glm.sol)
```

诊断的结果 (详细结果略) 还需要对第 5 号、11 号、20 号、43 号、46 号样本作进一步的研究.

大家还可以用 influence.measures() 作回归诊断, 其格式如下:

```
> influence.measures(glm.sol)
```

其诊断的结果是: 5 号、46 号样本可能有问题.

6.6.4 其他分布族

对于广义线性模型, 除了上面讲到的 logistic 回归模型外, 还有其他的模型, 如 Poisson 模型等, 这里就不详细介绍了, 只简单介绍 R 软件中 glm() 关于这些模型的使用方法.

1. Poisson 分布族和拟 Poisson 分布族

Poisson 分布族模型和拟 Poisson 分布族模型的使用方法为

```
fm <- glm(formula, family = poisson(link = log),
          data = data.frame)
fm <- glm(formula, family = quasipoisson(link = log),
          data = data.frame)
```

其直观概念是

$$\ln(E(Y)) = \beta_0 + \beta_1 X_1 + \cdots + \beta_p X_p,$$

即

$$E(Y) = \exp\left(\beta_0 + \beta_1 X_1 + \cdots + \beta_p X_p\right).$$

Poisson 分布族模型和拟 Poisson 分布族模型惟一的差别就是, Poisson 分布族模型要求响应变量 Y 是整数, 而拟 Poisson 分布族模型则没有这一要求.

看一个简单的例子.

```
> x <- rnorm(100)
> y <- rpois(100, exp(1+x))
> glm(y ~x, family=poisson)

Call:  glm(formula = y ~ x, family = poisson)

Coefficients:
(Intercept)              x
      0.997          1.010

Degrees of Freedom: 99 Total (i.e. Null);   98 Residual
Null Deviance:        535.7
Residual Deviance: 106.2         AIC: 366.2
```

第一句是生成 100 个标准正态分布的随机数, 并赋值给变量 x; 第二句是生成 100 个 Poisson 的随机数, 其中参数 $\lambda = \exp(1 + x)$; 第四句是作广义线性回归模型, 其分布族是 Poisson, 连接函数为 link=log, 因为它是默认值, 并不需要写在公式中.

关于 Poisson 分布族模型和拟 Poisson 分布族模型的连接函数还有 identity, sqrt.

2. Gamma 分布族

Gamma 分布族模型的使用方法为

```
fm <- glm(formula, family = Gamma(link = inverse),
          data = data.frame)
```

其直观概念是

$$\frac{1}{E(Y)} = \beta_0 + \beta_1 X_1 + \cdots + \beta_p X_p,$$

即

$$E(Y) = \frac{1}{\beta_0 + \beta_1 X_1 + \cdots + \beta_p X_p}.$$

例如, 考虑拟合非线性回归

$$y = \frac{\theta_1 z_1}{z_2 - \theta_2} + \varepsilon,$$

将它写成另一种形式

$$y = \frac{1}{\beta_1 x_1 + \beta_2 x_2} + \varepsilon,$$

其中 $x_1 = z_2/z_1$, $x_2 = -1/x_1$, $\beta_1 = 1/\theta_1$ 和 $\beta_2 = \theta_2/\theta_1$. 假设已有适当的数据结构, 则可以用如下的方法作非线性回归:

```
nlfit<-glm(y ~ x1 + x2 - 1,
        family = quasi(link=Gamma, data = data.frame)
```

3. quasi 分布族

quasi 分布族模型的使用方法为

```
fm <- glm(formula,
        family = quasi(link = link.fun, variance=var.val),
        data = data.frame)
```

其中 link.fun 表示连接函数, 有如下函数：logit, probit, cloglog, identity, inverse, log, 1/mu^2, sqrt, 而 var.val 表示方差值, 有 constant, mu, mu^2, mu^3 等.

下面是 quasi 分布族模型的简单例子, 有些方法的计算结果与前面介绍分布族的计算结果相同. 例如,

```
nlfit <- glm(y ~ x1 + x2 - 1,
        family = quasi(link=inverse, variance=constant),
            data = data.frame)
```

与 Gamma 分布族中介绍的例子相同.

```
x <- rnorm(100)
y <- rpois(100, exp(1+x))
glm(y ~x, family=quasi(var="mu", link="log"))
```

与 Poisson 分布族中介绍的例子相同. 当然, quasi 分布族模型还有其他的方式, 如下所示:

```
glm(y ~x, family=quasi(var="mu^2", link="log"))
y <- rbinom(100, 1, plogis(x))
glm(y ~x, family=quasi(var="mu(1-mu)", link="logit"),
        start=c(0,1))
```

除上述分布族外, 还有 quasibinomial 分布族、inverse.gaussian 族等. 这些分布族需要用户在使用中加深对它们的了解, 这里就不一一介绍了.

6.7   非线性回归模型

前面各节讲到的模型主要是线性模型, 它具有如下的形式:

$$Y = \beta_0 + \beta_1 Z_1 + \beta_2 Z_2 + \cdots + \beta_k Z_k + \varepsilon, \tag{6.51}$$

其中 Z_i 可以表示基本变量 $X_1, X_2, \cdots, X_p$ 的任意函数. 虽然式 (6.51) 可以表示变量之间

很广泛的关系 (如广义线性模型), 但在许多实际情况下, 这种形式的模型是不合适的. 例如, 当获得了关于响应和自变量之间的有用信息, 而这种信息提供了真实模型的形式或提供了模型必须满足某种方程时, 套用式 (6.51) 就不合适了. 一般地, 当实际情况要求用非线性模型时, 就应该尽可能地拟合这样的模型, 而不拟合可能脱离实际的线性模型.

下面列举两个非线性模型的例子:

$$Y = \exp(\theta_1 + \theta_2 t^2 + \varepsilon), \tag{6.52}$$

$$Y = \frac{\theta_1}{\theta_1 - \theta_2} \left(e^{-\theta_2 t} - e^{-\theta_1 t} \right) + \varepsilon. \tag{6.53}$$

模型 (6.52) 和模型 (6.53) 都是以非线性的形式包含参数 θ_1 和 θ_2, 在这种意义下, 它们都是非线性模型, 但它们有本质上的区别. 一个可以转化成线性模型, 如对于模型 (6.52) 两边取对数, 则可得到

$$\ln Y = \theta_1 + \theta_2 t^2 + \varepsilon, \tag{6.54}$$

它具有模型 (6.51) 的形式, 即关于参数是线性的. 类似于模型 (6.52) 那样, 可以通过适当的变换转化为线性模型的非线性模型称为内在线性的. 然而, 要想将模型 (6.53) 转化成关于参数是线性形式则是不可能的. 这样的模型称为内在非线性的. 虽然很多时候可以变换这种模型使它容易拟合, 但无论如何变换, 它仍然是非线性的.

对内在线性模型, 本节主要介绍多项式回归模型, 而对于其他的内在线性模型就不作介绍了. 本节的重点还是放在内在非线性模型上, 尽管有些例子可能还是内在线性的, 但下面还是用这些例子说明如何求解内在非线性的模型.

6.7.1 多项式回归模型

1. 多项式回归

这里只介绍一元多项回归模型. 设已收集到 n 组样本 $(x_i, y_i)(i = 1, 2, \cdots, n)$, 假定响应变量是自变量的 k 次多项式, 即

$$y_i = \beta_0 + \beta_1 x_i + \beta_2 x_i^2 + \cdots + \beta_k x_i^k + \varepsilon_i, \quad i = 1, 2, \cdots, n, \tag{6.55}$$

其中 $\varepsilon_i \sim N(0, \sigma^2)$, 令

$$z_{i1} = x_i, \quad z_{i2} = x_i^2, \quad \cdots, \quad z_{ik} = x_i^k,$$

则多项式回归模型 (6.55) 就可转化成 k 元线性回归模型

$$y_i = \beta_0 + \beta_1 z_{i1} + \beta_2 z_{i2} + \cdots + \beta_k z_{ik} + \varepsilon_i, \quad i = 1, 2, \cdots, n, \tag{6.56}$$

其中 $\varepsilon_i \sim N(0, \sigma^2)$.

对于回归模型 (6.56), 可用前面讲过的线性回归模型进行计算.

例 6.21　某种合金钢中的主要成分是金属 A 与 B, 经过试验和分析, 发现这两种金属成分之和 x 与膨胀系数 y 之间有一定的数量关系, 表 6.15 记录了一组试验数据, 试用多项式回归来分析 x 与 y 之间的关系.

表 6.15　　金属之和与膨胀系数的关系数据

i	x_i	y_i	i	x_i	y_i	i	x_i	y_i
1	37.0	3.40	6	39.5	1.83	11	42.0	2.35
2	37.5	3.00	7	40.0	1.53	12	42.5	2.54
3	38.0	3.00	8	40.5	1.70	13	43.0	2.90
4	38.5	3.27	9	41.0	1.80			
5	39.0	2.10	10	41.5	1.90			

解　先画出数据的散点图, 如图 6.13 所示. 由图可见, y 开始时随着 x 的增加而降低, 而当 x 超过一定值后, y 又随 x 的增加而上升, 因而可以假定 y 与 x 之间是二次多项式回归模型, 并假设各次试验误差是独立同分布的, 并服从正态分布 $N(0, \sigma^2)$.

$$y_i = \beta_0 + \beta_1 x_i + \beta_2 x_i^2 + \varepsilon_i, \quad i = 1, 2, \cdots, n.$$

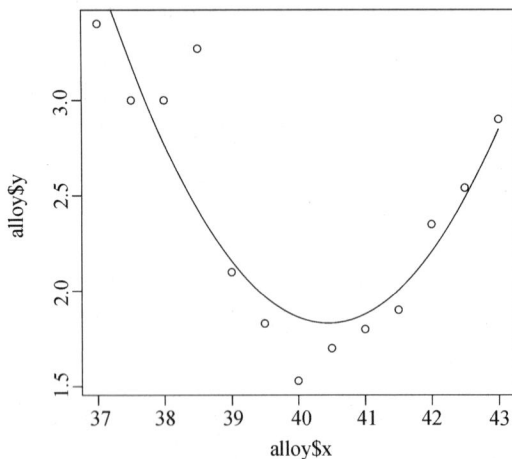

图 6.13　金属之和与膨胀系数的散点图与拟合曲线

用 R 软件求解多项式回归. (程序名: exam0621.R)

```
> alloy<-data.frame(
    x=c(37.0, 37.5, 38.0, 38.5, 39.0, 39.5, 40.0,
        40.5, 41.0, 41.5, 42.0, 42.5, 43.0),
    y=c(3.40, 3.00, 3.00, 3.27, 2.10, 1.83, 1.53,
        1.70, 1.80, 1.90, 2.35, 2.54, 2.90)
```

```
)
> lm.sol<-lm(y~1+x+I(x^2),data=alloy)
> summary(lm.sol)
Call:
lm(formula = y ~ 1 + x + I(x^2), data = alloy)

Residuals:
     Min      1Q   Median      3Q      Max
-0.33322 -0.14222 -0.07922  0.05275  0.84577

Coefficients:
            Estimate Std. Error t value Pr(>|t|)
(Intercept) 257.06961   47.00295   5.469 0.000273 ***
x           -12.62032    2.35377  -5.362 0.000318 ***
I(x^2)        0.15600    0.02942   5.303 0.000346 ***
---
Signif. codes:  0 '***' 0.001 '**' 0.01 '*' 0.05 '.' 0.1 ' ' 1

Residual standard error: 0.329 on 10 degrees of freedom
Multiple R-Squared: 0.7843,     Adjusted R-squared: 0.7412
F-statistic: 18.18 on 2 and 10 DF,  p-value: 0.0004668
```

因此, 得到 y 关于 x 的二次回归方程为

$$\hat{y} = 257.06961 - 12.62032x + 0.15600x^2.$$

并且方程通过 t 检验和 F 检验, 其拟合曲线如图 6.13 所示. 相应的绘图命令如下:

```
> xfit<-seq(37,43,len=200)
> yfit<-predict(lm.sol, data.frame(x=xfit))
> plot(alloy$x,alloy$y)
> lines(xfit, yfit)
```

2. 正交多项式回归

从前面的讨论可知, 多项式回归本质上并不存在困难, 但它存在的缺点是: 当多项式的次数 k 较大时, $1, x, x^2, \cdots, x^k$ 接近线性相关. 从计算角度讲, 这样会给正则方程的求解带来困难, 产生较大的计算误差. 从统计角度讲, 由 $1, x, x^2, \cdots, x^k$ 构成的设计矩阵 $\boldsymbol{X}$ 的各列接近相关, 矩阵 $(\boldsymbol{X}^{\mathrm{T}}\boldsymbol{X})^{-1}$ 的值会变得很大, 使得系数 β 的估计值的方差会变得很

大. 因此, 为克服这些缺点, 应采用正交多项式回归.

考虑正交多项式模型

$$y_i = \beta_0 + \beta_1\varphi_1(x_i) + \beta_2\varphi_2(x_i) + \cdots + \beta_k\varphi_k(x_i) + \varepsilon_i, \quad i = 1, 2, \cdots, n, \tag{6.57}$$

其中 $1, \varphi_1(x), \varphi_2(x), \cdots, \varphi_k(x)$ 分别是 x 的零次, 一次, $\cdots$, k 次正交多项式, 即满足

$$\begin{cases} \sum_{i=1}^{n} \varphi_j(x_i) = 0, & j = 1, 2, \cdots, k, \\ \sum_{i=1}^{n} \varphi_j(x_i)\varphi_q(x_i) = 0, & j \neq q = 1, 2, \cdots, k. \end{cases} \tag{6.58}$$

关于正交多项式的计算公式这里就不推导了, 这里只给出 R 软件的计算正交多项函数 poly() 的使用方法, 其使用格式为

```
poly(x, ..., degree = 1, coefs = NULL)
```

其中 x 是数值向量, degree 是正交多项式的阶数, 并且要求 degree<length(x). 该函数的返回值是一矩阵, 矩阵的各列是满足式 (6.58) 的正交向量.

对于例 6.21 的数据作二次正交式

```
> poly(alloy$x, degree = 2)
                    1              2
 [1,] -4.447496e-01   0.49168917
 [2,] -3.706247e-01   0.24584459
 [3,] -2.964997e-01   0.04469902
 [4,] -2.223748e-01  -0.11174754
 [5,] -1.482499e-01  -0.22349508
 [6,] -7.412493e-02  -0.29054360
 [7,] -1.645904e-17  -0.31289311
 [8,]  7.412493e-02  -0.29054360
 [9,]  1.482499e-01  -0.22349508
[10,]  2.223748e-01  -0.11174754
[11,]  2.964997e-01   0.04469902
[12,]  3.706247e-01   0.24584459
[13,]  4.447496e-01   0.49168917
```

其中第一列是 φ_1, 第二列是 φ_2, 且满足式 (6.58). 并且它们还是单位向量.

例 6.22   用正交多项式回归计算例 6.21 中的数据.

解

```
> lm.pol<-lm(y~1+poly(x,2),data=alloy)
> summary(lm.pol)
```

```
Call:
lm(formula = y ~ 1 + poly(x, 2), data = alloy)

Residuals:
     Min       1Q   Median       3Q      Max
-0.33322 -0.14222 -0.07922  0.05275  0.84577

Coefficients:
             Estimate Std. Error t value Pr(>|t|)
(Intercept)   2.40923    0.09126  26.400 1.40e-10 ***
poly(x, 2)1  -0.94435    0.32904  -2.870 0.016669 *
poly(x, 2)2   1.74505    0.32904   5.303 0.000346 ***
---
Signif. codes:  0 '***' 0.001 '**' 0.01 '*' 0.05 '.' 0.1 ' ' 1

Residual standard error: 0.329 on 10 degrees of freedom
Multiple R-Squared: 0.7843,     Adjusted R-squared: 0.7412
F-statistic: 18.18 on 2 and 10 DF,  p-value: 0.0004668
```

因此, 得到 y 关于 x 的二次回归方程为

$$\hat{y} = 2.40923 - 0.94435\varphi_1 + 1.74505\varphi_2. \tag{6.59}$$

R 软件没有提供将 $\{1, \varphi_1, \varphi_2\}$ 转化成 $\{1, x, x^2\}$ 的函数, 但并不影响在正交多项式下作预测分析, 其函数仍是 predict(), 使用格式为

```
predict(object, newdata, ...)
```

其中 object 是由 poly 作正交多项式回归得到的对象, newdata 是新的要预测的数据, 采用数据框形式. 例如, 要预测模型 (6.59) 中变量 x 在区间 $[37, 43]$ 上 200 个点的值, 其计算过程如下:

```
> xfit<-seq(37,43,len=200)
> yfit<-predict(lm.pol, data.frame(x=xfit))
```

6.7.2 (内在) 非线性回归模型

1. 非线性最小二乘与极大似然模型

设非线性回归模型具有如下形式:

$$Y = f(X_1, X_2, \cdots, X_p, \theta_1, \theta_2, \cdots, \theta_k) + \varepsilon, \tag{6.60}$$

其中 $\varepsilon \sim N(0,\sigma^2)$.

设 $(x_{i1},x_{i2},\cdots,x_{ip},y_i)(i=1,2,\cdots,n)$ 是 $(X_1,X_2,\cdots,X_p,Y)$ 的 n 次独立观测值, 则多元线性模型 (6.60) 可表示为

$$y_i = f(x_{i1},x_{i2},\cdots,x_{ip},\theta_1,\theta_2,\cdots,\theta_k) + \varepsilon_i, \quad i=1,2,\cdots,n, \tag{6.61}$$

其中 $\varepsilon_i \in N(0,\sigma^2)$, 且独立同分布.

为方便起见, 将式 (6.61) 简写为

$$y_i = f(\boldsymbol{X}^{(i)},\boldsymbol{\theta}) + \varepsilon_i, \tag{6.62}$$

其中 $\boldsymbol{X}^{(i)} = (x_{i1},x_{i2},\cdots,x_{ip})^{\mathrm{T}}$, $\boldsymbol{\theta} = (\theta_1,\theta_2,\cdots,\theta_k)^{\mathrm{T}}$.

为求参数 $\boldsymbol{\theta}$ 的估计值, 求解最小二乘问题

$$\min \quad Q(\boldsymbol{\theta}) = \sum_{i=1}^{n}\left(y_i - f(\boldsymbol{X}^{(i)},\boldsymbol{\theta})\right)^2. \tag{6.63}$$

其解 $\widehat{\boldsymbol{\theta}}$ 作为参数 $\boldsymbol{\theta}$ 的估计值.

可以证明, 如果 $\varepsilon_i \sim N(0,\sigma^2)$, 则 $\boldsymbol{\theta}$ 的最小二乘估计也是 $\boldsymbol{\theta}$ 的极大似然估计. 这是由于该问题的似然函数可写成

$$L(\boldsymbol{\theta},\sigma^2) = \frac{1}{(2\pi)^{n/2}\,\sigma^n} \exp\left(-Q(\boldsymbol{\theta})/2\sigma^2\right).$$

因而, 如果 σ^2 已知, 关于 $\boldsymbol{\theta}$ 极大似然估计等价于求解问题 (6.63).

2. 非线性模型的参数估计 ——nls() 函数的使用

关于参数 $\boldsymbol{\theta}$ 的估计值 $\widehat{\boldsymbol{\theta}}$ 的计算, 实质上涉及无约束问题的求解, 此类问题这里就不作介绍了, 其原因有二: 其一, 求解问题 (6.63) 属于最优化方法, 与统计问题相差较远; 其二, R 软件提供了非常方便的求解优化问题的函数, 可以方便地得到其估计值.

R 软件中的 nls() 函数可以求解非线性最小二乘问题 (6.63), 其使用格式为

```
nls(formula, data = parent.frame(), start,
    control = nls.control(),
    algorithm = "default", trace = FALSE, subset,
    weights, na.action, model = FALSE)
```

其中 formula 是包括变量和参数的非线性拟合公式; data 是可选择的数据框; start 是初始点, 用列表 (list) 形式给出. 其他参数请参见在线帮助.

例 6.23　在化学工业的可靠性研究中, 对象是某种产品 A. 在制造时单位产品中必须含有 0.50 的有效氯气. 已知产品中的氯气随着时间增加而减少, 在产品到达用户之前

的最初 8 周内, 氯气含量衰减到 0.49. 但由于随后出现了许多无法控制的因素 (如库房环境、处理设备等), 因而在后 8 周理论的计算对有效氯气的进一步预报是不可靠的. 为有利于管理, 需要决定产品所含的有效氯气随时间的变化规律. 在一段时间中观测若干盒产品得到的数据如表 6.16 所示. 假定非线性模型

$$Y = \alpha + (0.49 - \alpha) \exp(-\beta(X - 8)) + \varepsilon \tag{6.64}$$

能解释当 $X \geqslant 8$ 时数据中出现的变差. 试用非线性最小二乘法分析.

表 6.16　单位产品中有效氯气的百分数

序号	生产后的时间	有效氯气	序号	生产后的时间	有效氯气
1	8	0.49	23	22	0.41
2	8	0.49	24	22	0.40
3	10	0.48	25	24	0.42
4	10	0.47	26	24	0.40
5	10	0.48	27	24	0.40
6	10	0.47	28	26	0.41
7	12	0.46	29	26	0.40
8	12	0.46	30	26	0.41
9	12	0.45	31	28	0.41
10	12	0.43	32	28	0.40
11	14	0.45	33	30	0.40
12	14	0.43	34	30	0.40
13	14	0.43	35	30	0.38
14	16	0.44	36	32	0.41
15	16	0.43	37	32	0.40
16	16	0.43	38	34	0.40
17	18	0.46	39	36	0.41
18	18	0.45	40	36	0.38
19	20	0.42	41	38	0.40
20	20	0.42	42	38	0.40
21	20	0.43	43	40	0.39
22	22	0.41	44	42	0.39

解　输入数据, 用 nls() 求解. (程序名: exam0623.R)

```
> cl<-data.frame(
    X=c(rep(2*4:21, c(2, 4, 4, 3, 3, 2, 3, 3, 3, 3, 2,
        3, 2, 1, 2, 2, 1, 1))),
```

```
    Y=c(0.49, 0.49, 0.48, 0.47, 0.48, 0.47, 0.46, 0.46,
         0.45, 0.43, 0.45, 0.43, 0.43, 0.44, 0.43, 0.43,
         0.46, 0.45, 0.42, 0.42, 0.43, 0.41, 0.41, 0.40,
         0.42, 0.40, 0.40, 0.41, 0.40, 0.41, 0.41, 0.40,
         0.40, 0.40, 0.38, 0.41, 0.40, 0.40, 0.41, 0.38,
         0.40, 0.40, 0.39, 0.39)
    )
> nls.sol<-nls(Y~a+(0.49-a)*exp(-b*(X-8)), data=cl,
               start = list( a= 0.1, b = 0.01 ))
> nls.sum<-summary(nls.sol); nls.sum
Formula: Y ~ a + (0.49 - a) * exp(-b * (X - 8))
Parameters:
   Estimate Std. Error t value Pr(>|t|)
a 0.390140   0.005045   77.333  < 2e-16 ***
b 0.101633   0.013360    7.607 1.99e-09 ***

---

Signif. codes:  0 '***' 0.001 '**' 0.01 '*' 0.05 '.' 0.1 ' ' 1


Residual standard error: 0.01091 on 42 degrees of freedom


Correlation of Parameter Estimates:
        a
b 0.8879
```

因此, 模型为

$$\hat{Y} = 0.39 + (0.49 - 0.39)\exp(-0.10(X - 8)).$$

下面画出数据的散点图和相应的拟合曲线, R 软件命令如下,

```
> xfit<-seq(8,44,len=200)
> yfit<-predict(nls.sol, data.frame(X=xfit))
> plot(cl$X, cl$Y); lines(xfit,yfit)
```

其图形如图 6.14 所示.

下面讨论对于非线性回归模型其他参数估计的计算.

非线性回归参数的推断要求对误差项方差 σ^2 作出估计, 这个估计值与线性回归是一样的, 即

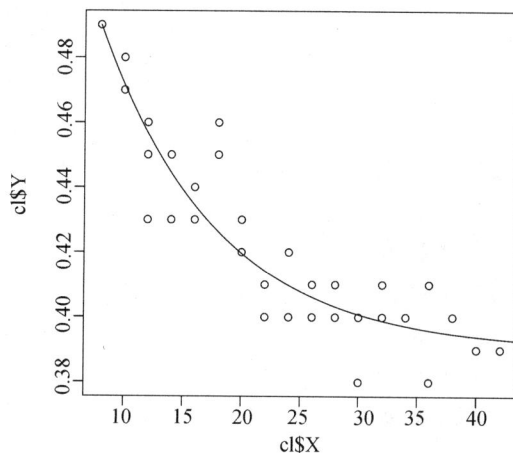

图 6.14 氯气数据的拟合曲线与观测点

$$\hat{\sigma}^2 = \frac{\sum\limits_{i=1}^{n} (y_i - \hat{y}_i)^2}{n-k} = \frac{\sum\limits_{i=1}^{n} \left(y_i - f(\boldsymbol{X}^{(i)}, \hat{\boldsymbol{\theta}})\right)^2}{n-k} = \frac{Q(\hat{\boldsymbol{\theta}})}{n-k}, \tag{6.65}$$

其中 $\hat{\boldsymbol{\theta}}$ 是参数 $\boldsymbol{\theta}$ 的估计值. 对非线性回归来说, $\hat{\sigma}^2$ 不是 σ^2 的无偏估计量, 但是当样本量很大时, 它的偏差很小.

在 R 软件中, 不必用式 (6.65) 计算 σ 的估计值 $\hat{\sigma}$, 因为 R 已经提供了它的值 (sum-mary()\$sigma), 例如, 对于例 6.23,

```
> nls.sum$sigma
[1] 0.01091273
```

给出了 $\hat{\sigma} = 0.01091273$.

当模型的误差项满足 $\varepsilon_i \sim N(0, \sigma^2)$, 而样本数 n 也充分大时, $\hat{\boldsymbol{\theta}}$ 的样本分布近似正态, 且

$$E(\hat{\boldsymbol{\theta}}) \approx \boldsymbol{\theta}. \tag{6.66}$$

这样, 当样本量充分大时, 非线性回归的最小二乘估计量 $\hat{\boldsymbol{\theta}}$ 是近似正态分布的, 而且是无偏的. 回归系数近似协方差矩阵的估计值为

$$\text{var}(\hat{\boldsymbol{\theta}}) = \hat{\sigma}^2 (\boldsymbol{D}^{\mathrm{T}} \boldsymbol{D})^{-1}, \tag{6.67}$$

其中 $\boldsymbol{D}$ 是根据最后最小二乘估计值 $\hat{\boldsymbol{\theta}}$ 计算得到的 Jacobi 矩阵, 与线性回归的估计协方差矩阵具有完全相同的形式, $\boldsymbol{D}$ 充当了 $\boldsymbol{X}$ 矩阵的角色.

例如, 对于例 6.23 有

$$f(X, \alpha, \beta) = \alpha + (0.49 - \alpha) \exp(-\beta(X - 8)),$$

求偏导数得到

$$\frac{\partial f}{\partial \alpha} = 1 - \exp(-\beta(X-8)), \tag{6.68}$$

$$\frac{\partial f}{\partial \beta} = -(0.49 - \alpha)(X-8)\exp(-\beta(X-8)). \tag{6.69}$$

下面是计算回归系数近似协方差矩阵的过程.

(1) 按照式 (6.68)~ 式 (6.69), 编写计算偏导数函数

```
> fn<-function(a, b, X){
    f1 <- 1-exp(-b*(X-8))
    f2 <- -(0.49-a)*(X-8)*exp(-b*(X-8))
    cbind(f1,f2)
  }
```

函数的返回值是矩阵.

(2) 代入参数和变量数据 X, 计算偏导数在 X 处的值

```
> D<-fn(nls.sum$parameters[1,1],
        nls.sum$parameters[2,1], cl$X)
```

得到的数据是由偏导数构成的矩阵.

(3) 按照式 (6.67) 计算出 $\mathrm{var}(\hat{\theta})$

```
> theta.var<-nls.sum$sigma^2*solve(t(D)%*%D)
```

(4) 得到相应的计算结果

```
> theta.var
             f1            f2
f1 2.545130e-05 5.984318e-05
f2 5.984318e-05 1.784969e-04
```

有了回归系数的协方差矩阵, 就可以计算参数 α, β 的估计值 $\hat{\alpha}, \hat{\beta}$ 的标准差

$$\mathrm{sd}(\hat{\alpha}) = \mathrm{sqrt(theta.var[1,1])} = 0.005044928,$$

$$\mathrm{sd}(\hat{\beta}) = \mathrm{sqrt(theta.var[2,2])} = 0.01336027.$$

事实上, 不必计算参数的标准差, 在计算非线性回归时, 此参数已计算出来, 它们放在 nls.sum$parameters[,2] 中,

```
> nls.sum$parameters[,2]
          a            b
0.005044928 0.013360272
```

当非线性回归模型 (6.62) 的误差项是独立正态分布时, 如果样本量充分大, 则下述近似结果成立:

$$\frac{\hat{\theta}_j - \theta_j}{\text{sd}(\hat{\theta}_j)} \quad \sim \quad t(n-k), \quad j = 1, 2, \cdots, k, \tag{6.70}$$

其中 $\text{sd}(\hat{\theta}_j)$ 表示 $\hat{\theta}_j$ 的标准差. 因此, 对任意单个的 θ_j, 近似 $1-\alpha$ 置信区间与通常形式是一样的, 即

$$[\theta_j - t_{\alpha/2}(n-k)\text{sd}(\hat{\theta}_j), \ \theta_j + t_{\alpha/2}(n-k)\text{sd}(\hat{\theta}_j)]. \tag{6.71}$$

下面给出计算参数区间估计的程序. (程序名：paramet.int.R).

```
paramet.int<-function(fm, alpha=0.05){
    paramet <- fm$parameters[,1]
    df <- nls.sum$df[2]
    left <- paramet-nls.sum$parameters[,2]
    right <- paramet+nls.sum$parameters[,2]
    rowname <- dimnames(nls.sum$parameters)[[1]]
    colname <- c("Estimate", "Left", "Right")
    matrix(c(paramet,left, right), ncol=3,
            dimnames = list(rowname, colname ))
}
```

其中 fm 是由 nls() 函数得到的计算结果, alpha 是显著性水平. 函数的返回值是一矩阵, 其值有参数的估计值和相应的区间估计.

用函数 paramet.int() 计算例 6.23 中参数的区间估计.

```
> source("paramet.int.R"); paramet.int(nls.sol)
    Estimate      Left      Right
a 0.3901401 0.38509514 0.3951850
b 0.1016328 0.08827257 0.1149931
```

3. 非线性模型的参数估计 ——nlm() 函数的使用

在 R 软件中, 也可用函数 nlm() 求解非线性最小二乘问题 (6.63). nlm() 使用格式为

```
nlm(f, p, hessian = FALSE,
    typsize=rep(1, length(p)), fscale=1,
    print.level = 0, ndigit=12, gradtol = 1e-6,
    stepmax = max(1000 * sqrt(sum((p/typsize)^2)), 1000),
    steptol = 1e-6, iterlim = 100,
    check.analyticals = TRUE, ...)
```

其中 f 是求极小的目标函数, 如果 f 的属性包含梯度 ("gradient") 或梯度和 Hesse 矩阵 ("hessian"), 则在算法求极小时会直接用到梯度或 Hesse 矩阵; 否则用数值的方法求导数. p 是参数 (即模型 (6.62) 中的 θ) 的初值. hessian 是逻辑变量, 当 hessian=TRUE 时, 其结果给出相应的 Hesse 矩阵; 否则 (FALSE 默认值), 将不计算 Hesse 矩阵. 其余参数的意义请参见在线帮助.

这个函数采用 Newton 型算法求极小, 函数的返回值是一个列表, 包含极小值、极小点的估计值、极小点处的梯度、Hesse 矩阵以及求解所需的迭代次数等.

在 4.1.2 节介绍过 nlm() 函数的使用方法, 下面再进一步介绍 nlm() 的使用方法, 在程序中给出目标函数的梯度.

例 6.24   用函数 nlm() 作例 6.23 的非线性最小二乘估计.

解   写出非线性最小二乘问题的目标函数, 其中函数包含梯度属性. (函数名: fn.R)

```
fn<-function(p, X, Y){
    f <- Y-p[1]-(0.49-p[1])*exp(-p[2]*(X-8))
    res<-sum(f^2)
    f1<- -1+exp(-p[2]*(X-8))
    f2<- (0.49-p[1])*exp(-p[2]*(X-8))*(X-8)
    J<-cbind(f1,f2)
    attr(res, "gradient") <- 2*t(J)%*%f
    res
}
```

在函数中, f 是残差向量, res 是残差平方和, f1 是 f 对 p_1 求导数得到的向量, f2 是 f 对 p_2 求导数得到的向量, J 是 Jacobi 矩阵.

再用 nlm() 函数求解.

```
> out<-nlm(fn, p=c(0.1, 0.01), X=cl$X, Y=cl$Y, hessian=TRUE); out
$minimum
[1] 0.00500168
$estimate
[1] 0.3901400 0.1016327
$gradient
[1]  7.954390e-07 -3.261297e-07
$hessian
           [,1]       [,2]
[1,]   44.20335 -14.799291
[2,]  -14.79929   6.248565
$code
```

[1] 1

$iterations

[1] 33

在上述计算结果中, minimum 是目标函数在最优点处的最小值, 也就是残差的平方和; estimate 是参数的估计值, 即 $\hat{\alpha}, \hat{\beta}$; gradient 是目标函数在最优点处的梯度值; hessian 是目标函数在最优点处的 Hesse 矩阵, 它可以作为 $\boldsymbol{D}^{\mathrm{T}}\boldsymbol{D}$ 的近似值; iterations 是迭代次数.

由上述结果可以很容易地计算 $\hat{\sigma}^2$ 和 $\hat{\alpha}, \hat{\beta}$ 方差阵.

```
> n<-length(X); k<-2
> sigma2<-out$minimum/(n-k); sigma2
[1] 0.0001190876
> theta.var<-sigma2*solve(out$hessian); theta.var
            [,1]          [,2]
[1,] 1.301183e-05 3.081760e-05
[2,] 3.081760e-05 9.204775e-05
```

习　题

6.1　为估计山上积雪融化后对下游灌溉的影响, 在山上建立一个观测站, 测量最大积雪深度 X 与当年灌溉面积 Y, 测得连续 10 年的数据如表 6.17 所示.

表 **6.17**　10 年中最大积雪深度与当年灌溉面积的数据

序号	X/m	Y/hm^2	序号	X/m	Y/hm^2
1	5.1	1907	6	7.8	3000
2	3.5	1287	7	4.5	1947
3	7.1	2700	8	5.6	2273
4	6.2	2373	9	8.0	3113
5	8.8	3260	10	6.4	2493

(1) 试画相应的散点图, 判断 Y 与 X 是否有线性关系;

(2) 求出 Y 关于 X 的一元线性回归方程;

(3) 对方程作显著性检验;

(4) 现测得今年的数据是 $X = 7\mathrm{m}$, 给出今年灌溉面积的预测值和相应的区间估计 ($\alpha = 0.05$).

6.2　研究同一地区土壤所含可给态磷的情况 (Y), 得到 18 组数据如表 6.18 所示. 表中 X_1 为土壤内所含无机磷浓度, X_2 为土壤内溶于 K_2CO_3 溶液并受溴化物水解的有机磷, X_3 为土壤内溶于 K_2CO_3 溶液但不溶于溴化物水解的有机磷.

表 6.18　某地区土壤所含可给态磷的情况

序号	X_1	X_2	X_3	Y	序号	X_1	X_2	X_3	Y
1	0.4	52	158	64	10	12.6	58	112	51
2	0.4	23	163	60	11	10.9	37	111	76
3	3.1	19	37	71	12	23.1	46	114	96
4	0.6	34	157	61	13	23.1	50	134	77
5	4.7	24	59	54	14	21.6	44	73	93
6	1.7	65	123	77	15	23.1	56	168	95
7	9.4	44	46	81	16	1.9	36	143	54
8	10.1	31	117	93	17	26.8	58	202	168
9	11.6	29	173	93	18	29.9	51	124	99

(1) 求出 Y 关于 X 的多元线性回归方程;

(2) 对方程作显著性检验;

(3) 对变量作逐步回归分析.

6.3　已知如下数据, 如表 6.19 所示.

表 6.19　数据表

序号	X	Y	序号	X	Y	序号	X	Y
1	1	0.6	11	4	3.5	21	8	17.5
2	1	1.6	12	4	4.1	22	8	13.4
3	1	0.5	13	4	5.1	23	8	4.5
4	1	1.2	14	5	5.7	24	9	30.4
5	2	2.0	15	6	3.4	25	11	12.4
6	2	1.3	16	6	9.7	26	12	13.4
7	2	2.5	17	6	8.6	27	12	26.2
8	3	2.2	18	7	4.0	28	12	7.4
9	3	2.4	19	7	5.5			
10	3	1.2	20	7	10.5			

(1) 画出数据的散点图, 求回归直线 $y = \hat{\beta}_0 + \hat{\beta}_1 x$, 同时将回归直线也画在散点图上;

(2) 分析 t 检验和 F 检验是否通过;

(3) 画出残差 (普通残差和标准化残差) 与预测值的残差图, 分析误差是否是等方差的;

(4) 修正模型. 对响应变量 Y 作开方, 再完成 (1)~(3) 的工作.

6.4　对牙膏销售数据 (数据表见例 6.9) 得到的线性模型作回归诊断, 分析哪些样本点需要作进一步的研究? 哪些样本点需要在回归计算中删去, 如果有, 将其删去, 再作线性回归模型的计算.

6.5 诊断水泥数据 (数据见例 6.10) 是否存在多重共线性, 分析例 6.10 中 step() 函数去掉的变量是否合理.

6.6 为研究一些因素 (如用抗生素、有无危险因子和事先是否有计划) 对 "剖腹产后是否有感染" 的影响, 表 6.20 给出的是某医院剖腹产后的数据, 试用 logistic 回归模型对这些数据进行研究, 分析感染与这些因素的关系.

表 6.20 某医院进行剖腹产后的数据

		事先有计划		临时决定	
		有感染	无感染	有感染	无感染
用抗	有危险因子	1	17	11	87
生素	没 有	0	2	0	0
不	有危险因子	28	30	23	3
用	没 有	8	32	0	9

6.7 一位饮食公司的分析人员想调查自助餐馆中的自动咖啡售货机数量与咖啡销售量之间的关系, 她选择了 14 家餐馆来进行实验. 这 14 家餐馆在营业额、顾客类型和地理位置方面都是相近的. 放在试验餐馆的自动售货机数量从 0(这里咖啡由服务员端来) 到 6 不等, 并且是随机分配到每个餐馆的. 表 6.21 所示的是关于试验结果的数据.

表 6.21 自动咖啡售货机数量与咖啡销售量数据

餐馆	售货机数量	咖啡销售量/杯	餐馆	售货机数量	咖啡销售量/杯
1	0	508.1	8	3	697.5
2	0	498.4	9	4	755.3
3	1	568.2	10	4	758.9
4	1	577.3	11	5	787.6
5	2	651.7	12	5	792.1
6	2	657.0	13	6	841.4
7	3	713.4	14	6	831.8

(1) 作线性回归模型;

(2) 作多项式回归模型;

(3) 画出数据的散点图和拟合曲线.

6.8 表 6.22 是 40 名肺癌病人的生存资料, 其中 X_1 表示生活行动能力评分 $(1 \sim 100)$; X_2 表示病人的年龄; X_3 表示由诊断到进入研究时间 (月); X_4 表示肿瘤类型 ("0" 是鳞癌, "1" 是小型细胞癌, "2" 是腺癌, "3" 是大型细胞癌); X_5 表示两种化疗方法 ("1" 是常规, "0" 是试验新法); Y 表示病人的生存时间 ("0" 是生存时间短, 即生存时间小于 200 天; "1"

表示生存时间长, 即生存时间大于或等于 200 天).

表 6.22 40 名肺癌病人的生存资料

序号	X_1	X_2	X_3	X_4	X_5	Y	序号	X_1	X_2	X_3	X_4	X_5	Y
1	70	64	5	1	1	1	21	60	37	13	1	1	0
2	60	63	9	1	1	0	22	90	54	12	1	0	1
3	70	65	11	1	1	0	23	50	52	8	1	0	1
4	40	69	10	1	1	0	24	70	50	7	1	0	1
5	40	63	58	1	1	0	25	20	65	21	1	0	0
6	70	48	9	1	1	0	26	80	52	28	1	0	1
7	70	48	11	1	1	0	27	60	70	13	1	0	0
8	80	63	4	2	1	0	28	50	40	13	1	0	0
9	60	63	14	2	1	0	29	70	36	22	2	0	0
10	30	53	4	2	1	0	30	40	44	36	2	0	0
11	80	43	12	2	1	0	31	30	54	9	2	0	0
12	40	55	2	2	1	0	32	30	59	87	2	0	0
13	60	66	25	2	1	1	33	40	69	5	3	0	0
14	40	67	23	2	1	0	34	60	50	22	3	0	0
15	20	61	19	3	1	0	35	80	62	4	3	0	0
16	50	63	4	3	1	0	36	70	68	15	0	0	0
17	50	66	16	0	1	0	37	30	39	4	0	0	0
18	40	68	12	0	1	0	38	60	49	11	0	0	0
19	80	41	12	0	1	1	39	80	64	10	0	0	1
20	70	53	8	0	1	1	40	70	67	18	0	0	1

(1) 建立 $P(Y=1)$ 对 $X_1 \sim X_5$ 的 logistic 回归模型, $X_1 \sim X_5$ 对 $P(Y=1)$ 的综合影响是否显著? 哪些变量是主要的影响因素, 显著水平如何? 计算各病人生存时间大于等于 200 天的概率估计值.

(2) 用逐步回归法选取自变量, 结果如何? 在所选模型下, 计算病人生存时间大于等于 200 天的概率估计值, 并将计算结果与 (1) 中模型作比较, 差异如何? 哪一个模型更合理?

6.9 一位医院管理人员想建立一个回归模型, 对重伤病人出院后的长期恢复情况进行预测. 自变量是病人住院的天数 (X), 因变量是病人出院后长期恢复的预后指数 (Y), 指数的数值越大表示预后结果越好. 为此, 研究了 15 个病人的数据, 这些数据列在表 6.23 中. 根据经验表明, 病人住院的天数 (X) 和预后指数 (Y) 服从非线性模型

$$Y_i = \theta_0 \exp(\theta_1 X_i) + \varepsilon_i, \quad i = 1, 2, \cdots, 15.$$

(1) 用内在线性模型方法计算其各种参数的估计值;

(2) 用非线性方法 (nls() 函数和 nlm() 函数) 计算其各种参数的估计值.

表 6.23 关于重伤病人的数据

病号	住院天数 (X)	预后指数 (Y)	病号	住院天数 (X)	预后指数 (Y)
1	2	54	9	34	18
2	5	50	10	38	13
3	7	45	11	45	8
4	10	37	12	52	11
5	14	35	13	53	8
6	19	25	14	60	4
7	26	20	15	65	6
8	31	16			

第7章 方差分析

在实际工作中,影响一件事的因素有很多,人们总是希望通过各种试验来观察各种因素对试验结果的影响. 例如:不同的生产厂家、不同的原材料、不同的操作规程及不同的技术指标等对产品的质量、性能都会有影响, 然而不同因素的影响大小不等. 方差分析是研究一种或多种因素的变化对试验结果的观测值是否有显著影响, 从而找出较优的试验条件或生产条件的一种常用数理统计方法.

人们在试验中所考察到的数量指标如产量、性能等称为观测值. 影响观测值的条件称为因素. 因素的不同状态称为水平, 一个因素可以采用多个水平. 在一项试验中, 可以得出一系列不同的观测值. 引起观测值不同的原因是多方面的, 有的是处理方式不同或条件不同引起的, 称作因素效应 (或处理效应、条件变异); 有的是试验过程中偶然性因素的干扰或观测误差所导致的, 称作试验误差. 方差分析的主要工作是将测量数据的总变异按照变异原因的不同分解为因素效应和试验误差, 并对其作出数量分析, 比较各种原因在总变异中所占的重要程度, 作为统计推断的依据, 由此确定进一步的工作方向.

7.1 单因素方差分析

下面从一个实例出发说明单因素方差分析的基本思想.

例 7.1 利用 4 种不同配方的材料 A_1, A_2, A_3, A_4 生产出来的元件, 测得其使用寿命如表 7.1 所示. 问: 4 种不同配方下元件的使用寿命有无显著的差异?

表 7.1 元件寿命数据

材料	使 用 寿 命							
A_1	1600	1610	1650	1680	1700	1700	1780	
A_2	1500	1640	1400	1700	1750			
A_3	1640	1550	1600	1620	1640	1600	1740	1800
A_4	1510	1520	1530	1570	1640	1600		

在此例中材料的配方是影响元件使用寿命的因素, 4 种不同的配方表明因素处于 4 种状态, 称为 4 种水平, 这样的试验称为单因素 4 水平试验. 由表 4.1 的数据可知, 不仅不同配方的材料生产出的元件使用寿命不同, 而且同一配方下元件的使用寿命也不一样. 分析数据波动的原因主要来自两方面.

其一, 在同样的配方下做若干次寿命试验, 试验条件大体相同, 因此, 数据的波动是由于其他随机因素的干扰引起的. 设想在同一配方下元件的使用寿命应该有一个理论上的均值, 而实测寿命数据与均值的偏离即为随机误差, 此误差服从正态分布.

其二, 在不同的配方下, 使用寿命有不同的均值, 它导致不同组的元件间寿命数据不同.

对于一般情况, 设试验只有一个因素 A 在变化, 其他因素都不变. A 有 r 个水平 A_1, $A_2, \cdots, A_r$, 在水平 A_i 下进行 n_i 次独立观测, 得到试验指标如表 7.2 所示.

表 7.2　单因素方差分析数据

水　平	观　测　值				总　体
A_1	x_{11}	x_{12}	$\cdots$	x_{1n_1}	$N(\mu_1, \sigma^2)$
A_2	x_{21}	x_{22}	$\cdots$	x_{2n_2}	$N(\mu_2, \sigma^2)$
$\vdots$	$\vdots$	$\vdots$		$\vdots$	$\vdots$
A_r	x_{r1}	x_{r2}	$\cdots$	x_{rn_r}	$N(\mu_r, \sigma^2)$

其中 x_{ij} 表示在因素 A 的第 i 个水平下的第 j 次试验的试验结果.

7.1.1　数学模型

将水平 A_i 下的试验结果 $x_{i1}, x_{i2}, \cdots, x_{in_i}$ 看作来自第 i 个正态总体 $X_i \sim N(\mu_i, \sigma^2)$ 的样本观测值, 其中 μ_i, σ^2 均未知, 且每个总体 X_i 相互独立, 考虑线性统计模型

$$\begin{cases} x_{ij} = \mu_i + \varepsilon_{ij}, & i = 1, 2, \cdots, r, \quad j = 1, 2, \cdots, n_i, \\ \varepsilon_{ij} \sim N(0, \sigma^2) \quad \text{且相互独立}, \end{cases} \tag{7.1}$$

其中 μ_i 是第 i 个总体的均值, ε_{ij} 是相应的试验误差.

比较因素 A 的 r 个水平的差异归结为比较这 r 个总体的均值. 即检验假设

$$H_0: \mu_1 = \mu_2 = \cdots = \mu_r, \qquad H_1: \mu_1, \mu_2, \cdots, \mu_r \text{ 不全相等.} \tag{7.2}$$

记

$$\mu = \frac{1}{n} \sum_{i=1}^{r} n_i \mu_i, \quad n = \sum_{i=1}^{r} n_i, \quad \alpha_i = \mu_i - \mu,$$

这里 μ 表示总和的均值, α_i 为水平 A_i 对指标的效应, 不难验证 $\sum\limits_{i=1}^{r} n_i \alpha_i = 0$.

模型式 (7.1) 又可以等价写成

$$\begin{cases} x_{ij} = \mu + \alpha_i + \varepsilon_{ij}, & i = 1, 2, \ldots, r, \quad j = 1, 2, \ldots, n_i, \\ \varepsilon_{ij} \sim N(0, \sigma^2) \quad \text{且相互独立}, \\ \sum\limits_{i=1}^{r} n_i \alpha_i = 0. \end{cases} \tag{7.3}$$

称模型式 (7.3) 为单因素方差分析的**数学模型**, 它是一种线性模型.

7.1.2 方差分析

因此假设式 (7.2) 等价于

$$H_0: \alpha_1 = \alpha_2 = \cdots = \alpha_r = 0, \qquad H_1: \alpha_1, \alpha_2, \cdots, \alpha_r \text{ 不全为零}. \qquad (7.4)$$

如果 H_0 被拒绝, 则说明因素 A 的各水平的效应之间有显著的差异; 否则, 差异不明显.

为了导出 H_0 的检验统计量, 方差分析法建立在平方和分解和自由度分解的基础上, 考虑统计量

$$S_T = \sum_{i=1}^{r} \sum_{j=1}^{n_i} (x_{ij} - \overline{x})^2, \quad \overline{x} = \frac{1}{n} \sum_{i=1}^{r} \sum_{j=1}^{n_i} x_{ij},$$

称 S_T 为总离差平方和 (或称为总变差), 它是所有数据 x_{ij} 与总平均值 $\overline{x}$ 差的平方和, 描绘了所有观测数据的离散程度. 经计算可以证明如下的平方和分解公式:

$$S_T = S_E + S_A, \qquad (7.5)$$

其中

$$S_E = \sum_{i=1}^{r} \sum_{j=1}^{n_i} (x_{ij} - \overline{x}_{i\cdot})^2, \quad \overline{x}_{i\cdot} = \frac{1}{n_i} \sum_{j=1}^{n_i} x_{ij},$$

$$S_A = \sum_{i=1}^{r} \sum_{j=1}^{n_i} (\overline{x}_{i\cdot} - \overline{x})^2 = \sum_{i=1}^{r} n_i (\overline{x}_{i\cdot} - \overline{x})^2.$$

这里 S_E 表示了随机误差的影响. 这是因为对于固定的 i 来讲, 观测值 $x_{i1}, x_{i2}, \cdots, x_{in_i}$ 是来自同一个正态总体 $N(\mu_i, \sigma^2)$ 的样本. 因此, 它们之间的差异是由随机误差所致. 而 $\sum_{j=1}^{n_i} (x_{ij} - \overline{x}_{i\cdot})^2$ 是这 n_i 个数据的变动平方和, 正是它们差异大小的度量. 将 r 组这样的变动平方和相加, 就得到了 S_E, 通常称 S_E 为误差平方和或组内平方和.

S_A 表示在 A_i 水平下的样本均值与总平均值之间的差异之和, 它反映了 r 个总体均值之间的差异, 因为 $\overline{x}_{i\cdot}$ 是第 i 个总体的样本均值, 是 μ_i 的估计, 因此 r 个总体均值 $\mu_1, \mu_2, \cdots, \mu_r$ 之间的差异越大, 这些样本均值 $\overline{x}_{1\cdot}, \overline{x}_{2\cdot}, \cdots, \overline{x}_{r\cdot}$ 之间的差异也就越大. 平方和 $\sum_{i=1}^{r} n_i (\overline{x}_{i\cdot} - \overline{x})^2$ 正是这种差异大小的度量, 这里 n_i 反映了第 i 个总体样本大小在平方和 S_A 中的作用. 称 S_A 为因素 A 的效应平方或组间平方和.

式 (7.5) 表明, 总平方和 S_T 可按其来源分解成两部分, 一部分是误差平方和 S_E, 是由随机误差引起的; 另一部分是因素 A 的平方和 S_A, 是由因素 A 的各水平的差异引起的.

由模型假设式 (7.2) 经过统计分析可以得到 $E(S_E) = (n-r)\sigma^2$, 即 $S_E/(n-r)$ 是 σ^2 的一个无偏估计, 且

$$\frac{S_E}{\sigma^2} \sim \chi^2(n-r).$$

如果原假设 H_0 成立, 则有 $E(S_A) = (r-1)\sigma^2$, 即此时 $S_A/(r-1)$ 也是 σ^2 的无偏估计, 且

$$\frac{S_A}{\sigma^2} \sim \chi^2(r-1),$$

并且 S_A 与 S_E 相互独立, 因此当 H_0 成立时有

$$F = \frac{S_A/(r-1)}{S_E/(n-r)} \sim F(r-1, n-r). \tag{7.6}$$

于是 F (也称 F 比) 可以作为 H_0 的检验统计量. 对给定的显著性水平 α, 用 $F_\alpha(r-1, n-r)$ 表示 F 分布的上 α 分位点. 若 $F > F_\alpha(r-1, n-r)$, 则拒绝原假设, 认为因素 A 的 r 个水平有显著差异. 也可以通过计算 p 值的方法来决定是接受还是拒绝原假设 H_0. p 值为 $p = P\{F(r-1, n-r) > F\}$, 它表示的是服从自由度为 $(r-1, n-r)$ 的 F 分布的随机变量取值大于 F 的概率. 显然, p 值小于 α 等价于 $F > F_\alpha(r-1, n-r)$, 表示在显著性水平 α 下的小概率事件发生了, 这意味着应该拒绝原假设 H_0. 当 p 值大于 α 时, 则无法拒绝原假设, 所以应接受原假设 H_0.

通常将计算结果列成表 7.3 的形式, 称为方差分析表.

表 7.3 单因素方差分析表

方差来源	自由度	平方和	均方	F 比	p 值
因素 A	$r-1$	S_A	$MS_A = \dfrac{S_A}{r-1}$	$F = \dfrac{MS_A}{MS_E}$	p
误 差	$n-r$	S_E	$MS_E = \dfrac{S_E}{n-r}$		
总 和	$n-1$	S_T			

7.1.3 方差分析表的计算

R 软件中的 aov() 函数提供了方差分析表的计算. aov() 函数的使用方法为

```
aov(formula, data = NULL, projections = FALSE, qr = TRUE,
    contrasts = NULL, ...)
```

其中 formula 是方差分析的公式, data 是数据框. 其他请参见在线帮助.

另外, 可用 summary() 列出方差分析表的详细信息.

例 7.2 (续例 7.1) 用 R 软件计算例 7.1.

解 用数据框的格式输入数据, 调用 aov() 函数计算方差分析, 用 summary() 提取方差分析的信息. (程序名：exam0702.R)

```
> lamp<-data.frame(
      X=c(1600, 1610, 1650, 1680, 1700, 1700, 1780, 1500, 1640,
          1400, 1700, 1750, 1640, 1550, 1600, 1620, 1640, 1600,
          1740, 1800, 1510, 1520, 1530, 1570, 1640, 1600),
```

```
    A=factor(rep(1:4, c(7, 5, 8, 6)))
  )
> lamp.aov<-aov(X ~ A, data=lamp)
> summary(lamp.aov)
          Df Sum Sq Mean Sq F value Pr(>F)
A          3  49212   16404  2.1659 0.1208
Residuals 22 166622    7574
```

上述数据与方差分析表 7.3 中的内容相对应, 其中 Df 表示自由度; Sum Sq 表示平方和; Mean Sq 表示均方; F value 表示 F 值, 即 F 比; Pr(>F) 表示 P 值; A 就是因素 A; Residuals 是残差, 即误差.

从上述计算结果可以看出, 如果直接用 summary(lamp.aov) 的话, 它没有列出方差分析表 7.3 的最后一行 (总和行), 这里编个小程序 (程序名: anova.tab.R), 作一点改进, 其目的是将 summary 函数所得表的第一行与第二行求和, 得到总和行.

```
anova.tab<-function(fm){
    tab<-summary(fm)
    k<-length(tab[[1]])-2
    temp<-c(sum(tab[[1]][,1]), sum(tab[[1]][,2]), rep(NA,k))
    tab[[1]]["Total",]<-temp
    tab
}
```

这个小程序的另一个目的是学会如何利用 R 软件的计算结果来得到我们需要的结果. 用上述函数, 就可以得到完整的方差分析表.

```
> source("anova.tab.R"); anova.tab(lamp.aov)
          Df Sum Sq Mean Sq F value Pr(>F)
A          3  49212   16404  2.1659 0.1208
Residuals 22 166622    7574
Total     25 215835
```

并将结果填在方差分析表中, 如表 7.4 所示.

表 7.4 元件寿命试验的方差分析表

方差来源	自由度	平方和	均方	F 比	p 值
因素 A	3	49212	16404	2.1658	0.1208
误 差	22	166622	7573		
总 和	25	215835			

从 p 值 $(0.1208 > 0.05)$ 可以看出, 没有充分理由说明 H_0 不正确, 也就是说, 接受 H_0. 说明四种材料生产出的元件的平均寿命无显著的差异.

通过 plot() 函数绘图来描述各因素的差异, 其命令如下, 所绘图形如图 7.1 所示.

```
> plot(lamp$X~lamp$A)
```

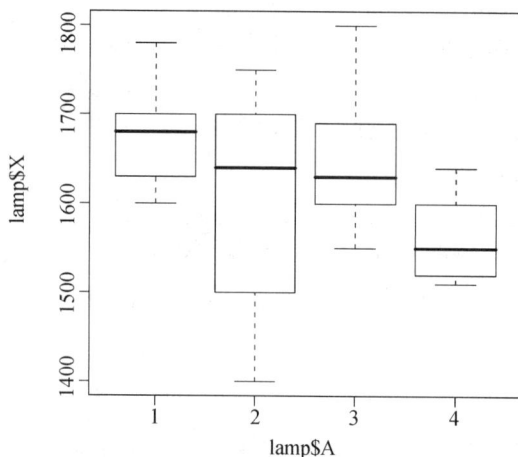

图 7.1 元件寿命试验的箱线图

从图形上也可看出, 4 种材料生产出的元件的平均寿命无显著差异.

例 7.3 *小白鼠在接种了 3 种不同菌型的伤寒杆菌后的存活天数如表 7.5 所示. 判断小白鼠被注射 3 种菌型后的平均存活天数有无显著差异?*

表 7.5 白鼠试验数据

菌型	存活日数										
1	2	4	3	2	4	7	7	2	2	5	4
2	5	6	8	5	10	7	12	12	6	6	
3	7	11	6	6	7	9	5	5	10	6	3	10

解 设小白鼠被注射的伤寒杆菌为因素, 3 种不同的菌型为 3 个水平, 接种后的存活天数视作来自 3 个正态分布总体 $N(\mu_i, \sigma^2)(i = 1, 2, 3)$ 的样本观测值.

问题归结为检验:

$$H_0: \mu_1 = \mu_2 = \mu_3; \quad H_1: \mu_1, \mu_2, \mu_3 \text{ 不全相等.}$$

R 软件计算过程与计算结果. (exam0703.R)

```
> mouse<-data.frame(
    X=c(2, 4, 3, 2, 4, 7, 7, 2, 2, 5, 4, 5, 6, 8, 5, 10, 7,
```

```
       12, 12, 6, 6, 7, 11, 6, 6, 7, 9, 5, 5, 10, 6, 3, 10),
     A=factor(rep(1:3, c(11, 10, 12)))
   )
> mouse.aov<-aov(X ~ A, data=mouse)
> source("anova.tab.R"); anova.tab(mouse.aov)
            Df  Sum Sq Mean Sq F value   Pr(>F)
A            2  94.256  47.128  8.4837 0.001202 **
Residuals   30 166.653   5.555
Total       32 260.909
---
Signif. codes:  0 '***' 0.001 '**' 0.01 '*' 0.05 '.' 0.1 ' ' 1
```

p 值远小于 0.01 应拒绝原假设, 即认为小白鼠在接种 3 种不同菌型的伤寒杆菌后的存活天数有显著的差异.

7.1.4 均值的多重比较

如果 F 检验的结论是拒绝 H_0, 则说明因素 A 的 r 个水平效应有显著的差异, 也就是说 r 个均值之间有显著差异. 但是这并不意味着所有均值间都存在差异, 这时我们还需要对每一对 μ_i 和 μ_j 作一对一的比较, 即多重比较.

多重比较的方法很多, 这里介绍几种常用的方法.

1. 多重 t 检验方法

这种方法本质上就是针对每组数据进行 t 检验, 只不过估计方差时利用的是全体数据, 因而自由度变大. 具体地说, 要比较第 i 组与第 j 组平均数, 即检验

$$H_0: \mu_i = \mu_j, \quad i \neq j, \ i, j = 1, 2, \cdots, r,$$

方法是采用两正态总体均值的 t 检验, 取检验统计量

$$t_{ij} = \frac{\overline{x}_{i\cdot} - \overline{x}_{j\cdot}}{\sqrt{MS_E\left(\dfrac{1}{n_i} + \dfrac{1}{n_j}\right)}}, \quad i \neq j, \ i, j = 1, 2, \cdots, r. \tag{7.7}$$

当 H_0 成立时, $t_{ij} \sim t(n-r)$. 所以当

$$|t_{ij}| > t_{\frac{\alpha}{2}}(n-r) \tag{7.8}$$

时, 说明 μ_i 与 μ_j 差异显著. 定义相应的 P 值

$$p_{ij} = P\{ t(n-r) > |t_{ij}| \}, \tag{7.9}$$

即服从自由度为 $n-r$ 的 t 分布的随机变量大于 $|t_{ij}|$ 的概率. 上述方法等价于当 $p_{ij} < \alpha$ 时, μ_i 与 μ_j 差异显著.

多重 t 检验方法的优点是使用方便. 但在均值的多重检验中, 如果因素的水平较多, 而检验又是同时进行的, 多次重复使用 t 检验会增大犯第一类错误的概率, 所得到的 "有显著差异" 的结论不一定可靠.

2. P 值的修正

为了克服多重 t 检验方法的缺点, 统计学家们提出了许多更有效的方法来调整 P 值, 由于这些方法涉及较深的统计知识, 这里只作简单的说明. 具体调整方法的名称和参数见表 7.6.

表 7.6　P 值的调整方法

调整方法	R 软件中的参数
Bonferroni	"bonferroni"
Holm (1979)	"holm"
Hochberg (1988)	"hochberg"
Hommel (1988)	"hommel"
Benjamini & Hochberg (1995)	"BH"
Benjamini & Yekutieli (2001)	"BY"

R 软件 P 值调整函数是 p.adjust(), 其使用方法如下:

```
p.adjust(p, method = p.adjust.methods, n = length(p))
p.adjust.methods
# c("holm", "hochberg", "hommel", "bonferroni",
    "BH", "BY", "fdr", "none")
```

其中 p 是由 P 值构成的向量; method 是修正方法, 默认值是 Holm 方法, 即参数 "holm". 关于其他方法的进一步解释, 请见 p.adjust() 函数的在线帮助.

3. 均值的多重比较的计算

R 软件中的 pairwise.t.test() 函数可以得到多重比较的 P 值, 其使用方法如下:

```
pairwise.t.test(x, g, p.adjust.method = p.adjust.methods,
                pool.sd = TRUE, ...)
```

其中 x 是响应向量. g 是因子向量. p.adjust.method 是 P 值的调整方法, 其方法由函数 p.adjust() 给出, 参数值由表 7.6 所示. 如果 p.adjust.method="none" 表示 P 值是由式 (7.7) 和式 (7.9) 计算出的, 不作任何调整, 默认值按 Holm 方法 ("holm") 作调整.

例 7.4 (续例 7.3)　由于在例 7.3 中 F 检验的结论是拒绝 H_0, 应进一步检验

$$H_0: \mu_i = \mu_j, \quad i, j = 1, 2, 3.$$

解 首先计算各个因子间的均值, 再用多重 t 检验方法作检验, 也就是说, P 值不作任何调整. (程序名: exam0704.R)

####求数据在各水平下的均值 另, 命令 "mu<-tapply(X,A,mean); mu" 得同样结果

```
> attach(mouse)
> mu<-c(mean(X[A==1]), mean(X[A==2]), mean(X[A==3])); mu
[1] 3.818182 7.700000 7.083333
```

####作多重 t 检验

```
> pairwise.t.test(X, A, p.adjust.method = "none")
        Pairwise comparisons using t tests with pooled SD
data:  X and A
  1       2
2 0.00072 -
3 0.00238 0.54576
P value adjustment method: none
```

将计算结果列入表中, 如表 7.7 所示.

表 7.7 均值多重检验 P 值表

水平	均值	p_{ij}		
1	3.818	1.00000	0.00072	0.00238
2	7.700	0.00072	1.00000	0.54576
3	7.083	0.00238	0.54576	1.00000

由于在计算时选取的参数是 p.adjust.method = "none", 所以计算出的 P 值没有作任何调整, 即表 7.7 表中的数值是由式 (7.7) 和式 (7.9) 计算出来的.

观察两个作调整后 P 值的情况.

(1) Holm 调整方法

```
> pairwise.t.test(X, A, p.adjust.method = "holm")
        Pairwise comparisons using t tests with pooled SD
data:  X and A
  1      2
2 0.0021 -
3 0.0048 0.5458
P value adjustment method: holm
```

(2) Bonferroni 调整方法

```
> pairwise.t.test(X, A, p.adjust.method = "bonferroni")
        Pairwise comparisons using t tests with pooled SD
```

```
data:  X and A
   1      2
2 0.0021 -
3 0.0071 1.0000

P value adjustment method: bonferroni
```

从这两种方法得到的计算结果可以看出, 作调整后, P 值会增大, 在一定程度上会克服多重 t 检验方法的缺点.

从上述计算结果 (无论是调整后的 P 值还是未调整的 P 值) 可见, μ_1 与 μ_2, μ_1 与 μ_3 均有显著差异, 而 μ_2 与 μ_3 没有显著差异, 即小白鼠所接种的三种不同菌型的伤寒杆菌中第一种与后两种使得小白鼠的平均存活天数有显著差异. 而后两种差异不显著.

从箱线图也能看出这种情况, 如图 7.2 所示.

```
> plot(mouse$X~mouse$A)
```

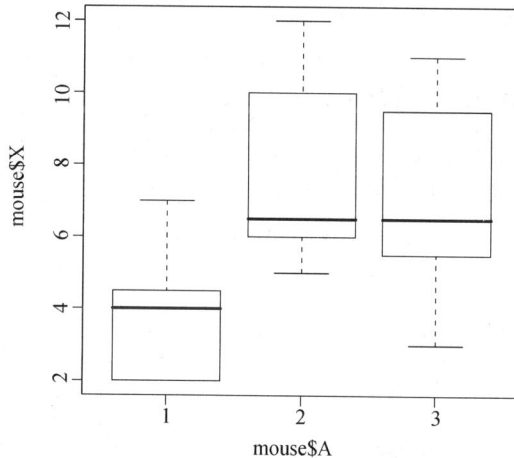

图 7.2 小白鼠平均存活天数的箱线图

7.1.5 方差的齐次性检验

要进行方差分析, 应当具备以下三个条件:

(1) 可加性. 假设模型是线性可加模型, 每个处理效应与随机误差是可以叠加的, 即

$$x_{ij} = \mu + \alpha_i + \varepsilon_{ij}.$$

(2) 独立正态性. 试验误差应当服从正态分布, 而且相互独立.

(3) 方差齐性. 不同处理间的方差是一致的, 即满足假设

$$H_0: \sigma_1^2 = \sigma_2^2 = \cdots = \sigma_r^2. \tag{7.10}$$

对于常用的试验来说, 大都能满足以上三个条件. 对于有些不满足条件的试验, 可以先进行数据变换再进行方差分析.

面对试验结果, 如果对误差的正态性和方差齐性没有把握, 则应进行检验.

1. 误差的正态性检验

误差的正态性检验本质上就是数据的正态性检验. 可以用 3.2.4 节介绍的 W 检验 (shapiro.test() 函数) 方法对数据作正态性检验.

例 7.5 对例 7.1 的数据作正态性检验.

解 调用 shapiro.test() 函数对因素 A 的不同水平作 W 正态性检验.

```
> attach(lamp)
####水平 1
> shapiro.test(X[A==1])
        Shapiro-Wilk normality test
data:  X[A == 1]
W = 0.9423, p-value = 0.6599
####水平 2
> shapiro.test(X[A==2])
        Shapiro-Wilk normality test
data:  X[A == 2]
W = 0.9384, p-value = 0.6548
####水平 3
> shapiro.test(X[A==3])
        Shapiro-Wilk normality test
data:  X[A == 3]
W = 0.8886, p-value = 0.2271
####水平 4
> shapiro.test(X[A==4])
        Shapiro-Wilk normality test
data:  X[A == 4]
W = 0.9177, p-value = 0.4888
```

计算结果表明, 例 7.1 中数据在 4 种水平下均是正态的.

2. 方差齐性检验

方差齐性检验就是检验数据在不同水平下方差是否相同. 方差齐性检验最常用的方

法是 Bartlett 检验. 当各处理组的数据较多时, 令

$$S_i^2 = \frac{1}{n_i - 1} \sum_{j=1}^{n_i} (x_{ij} - \overline{x}_{i.})^2,$$

$$S^2 = \frac{1}{n - r} \sum_{i=1}^{r} (n_i - 1) S_i^2,$$

$$c = 1 + \frac{1}{3(r-1)} \left[\sum_{i=1}^{r} (n_i - 1)^{-1} - (n - r)^{-1} \right],$$

$$n = n_1 + n_2 + \cdots + n_r.$$

在假设式 (7.10) 成立时, 统计量

$$K^2 = \frac{2.3026}{c} \left[(n - r) \ln S^2 - \sum_{i=1}^{r} (n_i - 1) \ln S_i^2 \right] \tag{7.11}$$

近似服从自由度为 $r - 1$ 的 χ^2 分布. 当

$$K^2 > \chi_\alpha^2(r - 1) \quad \text{或} \quad P\{\chi^2 > K^2\} < \alpha$$

时, 拒绝 H_0, 即认为至少有两个处理组数据的方差不相等; 否则, 认为数据满足方差齐性的要求.

R 软件中, bartlett.test() 函数提供的是 Bartlett 检验, 其使用格式为

```
bartlett.test(x, g, ...)
```
```
bartlett.test(formula, data, subset, na.action, ...)
```

其中 x 是由数据构成的向量或列表; g 是由因子构成的向量, 当 x 是列表时, 此项无效; formula 是方差分析的公式; data 是数据框. 其余请参见在线帮助.

例 7.6 对例 7.1 的数据作 Bartlett 方差齐性检验.

解

```
> bartlett.test(X~A, data=lamp)

        Bartlett test of homogeneity of variances

data:  X by A

Bartlett's K-squared = 5.8056, df = 3, p-value = 0.1215
```

P 值 $(0.1215) > 0.05$, 接受原假设 H_0, 认为各处理组的数据是等方差的.

另外, 命令

```
bartlett.test(lamp$X, lamp$A)
```

具有相同的效果.

7.1.6   Kruskal-Wallis 秩和检验

方差分析过程需要若干条件 F 检验才能奏效. 可惜有时候所采集的数据常常不能满足这些条件. 事实上, 即使有一个条件不满足都会令我们陷入尴尬之中. 像两样本比较时一样, 不妨尝试将数据转化为秩统计量, 因为秩统计量的分布与总体分布无关, 可以摆脱总体分布的束缚. 在比较两个以上的总体时, 广泛使用的 Kruskal-Wallis 秩和检验, 它是对两个以上样本进行比较的非参数检验方法. 实质上, 它是两样本的 Wilcoxon 方法在多于两个样本时的推广.

给定 n 个个体, 用 $s(s \geqslant 3)$ 种处理方法的效果比较. 将这 n 个个体随机地分为 s 组, 使第 i 组有 n_i 个, 并指定这 n_i 个个体接受第 i 种处理方法的试验 $(i = 1, 2, \cdots, s)$, 此时, $\sum\limits_{i=1}^{s} n_i = n$. 当试验结束后, 将这 n 个个体放在一起根据处理效果的优劣排序得到各自的秩. 记第 i 组的 n_i 个个体的秩为

$$R_{i1}, R_{i2}, \cdots, R_{in_i}, \quad i = 1, 2, \cdots, s,$$

并设观测值中无结点, 即 $R_{i1} < R_{i2} < \cdots < R_{in_i}(i = 1, 2, \cdots, s)$. 检验的目的是根据这些秩统计量检验假设

$$H_0: \text{各处理方法的效果无显著差异}$$

能否接受.

为了构造合适的检验统计量, 只有原假设是不够的, 还应对相应的备择假设有足够的了解. Kruskal-Wallis 秩和检验考虑的是最常见的一种备择假设, 即各方法的处理效果若有差异, 其差异主要反映在各组个体处理效果的度量值的分离上. 换句话说, 若各方法的处理效果有显著差异, 则接受各方法试验的个体的秩之间有一个排序, 其中某些方法中个体的秩趋于取较小值, 另一些方法中个体的秩趋于取较大的值. 下面针对此类备择假设构造检验统计量. 令

$$R_{i\cdot} = \frac{R_{i1} + R_{i2} + \cdots + R_{in_i}}{n_i}, \quad i = 1, 2, \cdots, s, \tag{7.12}$$

$$R_{\cdot\cdot} = \frac{1}{n} \sum_{i=1}^{s} \sum_{j=1}^{n_i} R_{ij} = \frac{n+1}{2}, \tag{7.13}$$

其中 $R_{i\cdot}$ 是第 i 组个体的秩的平均值 $(i = 1, 2, \cdots, s)$, $R_{\cdot\cdot}$ 是总的平均值. 若各方法处理效果之间有显著差异, 按上述备择假设, 则 $R_{i\cdot}(i = 1, 2, \cdots, s)$ 相互差异较大. 反之, 若 H_0 为真, 由于分组是随机的, 则各 $R_{i\cdot}(i = 1, 2, \cdots, s)$ 差异应较小, 且均分散在 $R_{\cdot\cdot}$ 附近. 因此, 可以用 $(R_{i\cdot} - R_{\cdot\cdot})^2$ 的加权和来度量各 $R_{i\cdot}$ 与 $R_{\cdot\cdot}$ 的接近程度. 令

$$K = \frac{12}{n(n+1)} \sum_{i=1}^{s} n_i \left(R_{i\cdot} - \frac{n+1}{2} \right)^2, \tag{7.14}$$

称 K 为 Kruskal-Wallis 统计量. 若 H_0 不真, 则 K 有偏大的趋势, 因此, 其拒绝域形式为

$$K \geqslant c.$$

或者计算出相应的 P 值, 当 P 值小于相应的显著性水平, 则拒绝原假设. 上述检验方法称为 Kruskal-Wallis 秩和检验.

R 软件提供了 Kruskal-Wallis 秩和检验, 其函数为 kruskal.test(), 使用方法如下

```
kruskal.test(x, g, ...)
kruskal.test(formula, data, subset, na.action, ...)
```

其中 x 是由数据构成的向量或列表; g 是由因子构成的向量, 当 x 是列表时, 此项无效; formula 是方差分析的公式; data 是数据框. 其余请参见在线帮助.

例 7.7 为了比较属同一类的 4 种不同食谱的营养效果, 将 25 只老鼠随机地分为 4 组, 每组分别是 8 只、4 只、7 只和 6 只, 各采用食谱甲、乙、丙、丁喂养. 假设其他条件均保持相同, 12 周后测得体重增加量如表 7.8 所示. 对于 $\alpha = 0.05$, 检验各食谱的营养效果是否有显著差异.

表 7.8 12 周后 25 只老鼠的体重增加量　　　　　　　　　　　　　　　　g

食谱	体 重 增 加 值							
甲	164	190	203	205	206	214	228	257
乙	185	197	201	231				
丙	187	212	215	220	248	265	281	
丁	202	204	207	227	230	276		

解 根据题意, 原假设为

H_0: 各食谱的营养效果无显著差异, H_1: 各食谱的营养效果有显著差异.

输入数据, 调用 kruskal.test() 函数作检验. (程序名: exam0707.R)

```
> food<-data.frame(
    x=c(164, 190, 203, 205, 206, 214, 228, 257,
        185, 197, 201, 231,
        187, 212, 215, 220, 248, 265, 281,
        202, 204, 207, 227, 230, 276),
    g=factor(rep(1:4, c(8,4,7,6)))
  )
> kruskal.test(x~g, data=food)
        Kruskal-Wallis rank sum test
data:  x by g
Kruskal-Wallis chi-squared = 4.213, df = 3, p-value = 0.2394
```

P 值 $= 0.2394 > 0.05$, 无法拒绝原假设, 认为各食谱的营养效果无显著差异.

另两种写法为

```
kruskal.test(food$x, food$g)
```

和

```
A<-c(164, 190, 203, 205, 206, 214, 228, 257)
B<-c(185, 197, 201, 231)
C<-c(187, 212, 215, 220, 248, 265, 281)
D<-c(202, 204, 207, 227, 230, 276)
kruskal.test(list(A,B,C,D))
```

可以达到同样的效果.

对上述数据作正态检验和方差齐性检验.

```
> attach(food)
####水平 1 的正态性检验
> shapiro.test(x[g==1])
        Shapiro-Wilk normality test
data:  x[g==1]
W = 0.9619, p-value = 0.828
####水平 2 的正态性检验
> shapiro.test(x[g==2])
        Shapiro-Wilk normality test
data:  x[g==2]
W = 0.9084, p-value = 0.4741
####水平 3 的正态性检验
> shapiro.test(x[g==3])
        Shapiro-Wilk normality test
data:  x[g==3]
W = 0.9523, p-value = 0.7506
####水平 4 的正态性检验
 > shapiro.test(x[g==4])
        Shapiro-Wilk normality test
 data:  x[g==4]
 W = 0.8182, p-value = 0.08516
####Bartlett 方差齐性检验
> bartlett.test(x~g, data=food)
        Bartlett test of homogeneity of variances
```

```
data:  x by g
Bartlett's K-squared = 0.9328, df = 3, p-value = 0.8175
```

全部通过检验, 因此, 上述数据也可以作方差分析.

```
> source("anova.tab.R")
> anova.tab(aov(x~g, data=food))
          Df  Sum Sq Mean Sq F value Pr(>F)
g          3  3308.1  1102.7   1.378 0.2769
Residuals 21 16803.9   800.2
Total     24 20112.0
```

其结论相同, 即认为各种食谱的营养效果无显著差异.

7.1.7 Friedman 秩和检验

在配伍组设计中, 多个样本的比较, 如果它们的总体不能满足正态性和方差齐性的要求, 可采用 Friedman 秩和检验.

Friedman 秩和检验的基本思想与前面介绍的方法类似. 但是配伍组设计的随机化是在配伍组内进行的, 而配伍组间没有进行随机化. 因此在进行 Friedman 秩和检验时, 是分别在每个配伍组内将数据从小到大编秩. 如果有相同数据, 则取平均秩次. 设有 N 个配伍组, s 个处理水平, 则不同配伍组的秩和相等, 均为 $\dfrac{s(s+1)}{2}$, 且平均秩次与总平均秩次相等, 都等于 $\dfrac{s(s+1)}{2}$, 这正好对应于随机区组设计的方差分析. 由于配伍组间没有进行随机化, 因此无需对配伍组因素进行检验.

Friedman 检验统计量 Q 的计算为

$$Q = \frac{12N}{s(s+1)} \sum_{i=1}^{s} \left(R_{i\cdot} - \frac{1}{2}(s+1) \right)^2, \tag{7.15}$$

其中

$$R_{i\cdot} = \frac{1}{N} \left(R_{i1} + R_{i2} + \cdots + R_{iN} \right), \quad i = 1, 2, \cdots, s,$$

R_{ij} 表示第 i 个处理组第 j 个数据的秩次.

Friedman 秩和检验的原假设为

$$H_0: 各方法的处理效果无显著差异.$$

其备择假设主要考虑各方法的处理效果使各个体的效果度量趋于增加或减少. 若 H_0 不真时, 则 Q 有偏大的趋势, 因此拒绝域的形式为

$$Q \geqslant c.$$

或用相应的 P 值进行检验. 上述检验方法称为 Friedman 秩和检验.

令 T_i 为第 i 个处理组的秩和, 即

$$T_i = NR_{i\cdot} = R_{i1} + R_{i2} + \cdots + R_{iN}, \quad i = 1, 2, \cdots, s,$$

则 Q 又可以表示为

$$Q = \frac{12}{Ns(s+1)} \sum_{i=1}^{s} T_i^2 - 3N(s+1). \tag{7.16}$$

式 (7.16) 更便于实际计算.

R 软件中, 函数 friedman.test() 提供了 Friedman 秩和检验, 其使用方法是

```
friedman.test(y, ...)
friedman.test(y, groups, blocks, ...)
friedman.test(formula, data, subset, na.action, ...)
```

其中 y 是数据构成的向量或矩阵; groups 是与 y 有同样长度的向量, 其内容表示 y 的分组情况; blocks 是与 y 有同样长度的向量, 其内容表示 y 的水平. 当 y 是矩阵时, groups 和 blocks 无效. 其他使用方法请参见在线帮助.

例 7.8   24 只小鼠按不同窝别分为 8 个区组, 再把每个区组中的观察单位随机分配到 3 种不同的饲料组, 喂养一定时间后, 测得小鼠肝中铁含量, 结果如表 7.9 所示. 试分析不同饲料的小鼠肝中的铁含量是否不同.

表 7.9   不同饲料组小鼠肝脏中铁含量 $\mu g/g$

窝别 (配伍组)	1	2	3	4	5	6	7	8
饲料 A	1.00	1.01	1.13	1.14	1.70	2.01	2.23	2.63
饲料 B	0.96	1.23	1.54	1.96	2.94	3.68	5.59	6.96
饲料 C	2.07	3.72	4.50	4.90	6.00	6.84	8.23	10.33

解   输入数据, 调用 friedman.test() 函数. (程序名: exam0708.R)

```
> X<-matrix(
    c(1.00, 1.01, 1.13, 1.14, 1.70, 2.01, 2.23, 2.63,
      0.96, 1.23, 1.54, 1.96, 2.94, 3.68, 5.59, 6.96,
      2.07, 3.72, 4.50, 4.90, 6.00, 6.84, 8.23, 10.33),
    ncol=3, dimnames=list(1:8, c("A", "B", "C"))
)

> friedman.test(X)

        Friedman rank sum test

data:  X
Friedman chi-squared = 14.25, df = 2, p-value = 0.0008047
```

P 值 $= 0.0008047 < 0.05$, 拒绝原假设, 认为不同饲料的小鼠肝中的铁含量有显著差异.

另两种写法,

```
x<-c(1.00, 1.01, 1.13, 1.14, 1.70, 2.01, 2.23, 2.63,
     0.96, 1.23, 1.54, 1.96, 2.94, 3.68, 5.59, 6.96,
     2.07, 3.72, 4.50, 4.90, 6.00, 6.84, 8.23, 10.33)
g<-gl(3,8)
b<-gl(8,1,24)
friedman.test(x,g,b)
```

和

```
mouse<-data.frame(
    x=c(1.00, 1.01, 1.13, 1.14, 1.70, 2.01, 2.23, 2.63,
        0.96, 1.23, 1.54, 1.96, 2.94, 3.68, 5.59, 6.96,
        2.07, 3.72, 4.50, 4.90, 6.00, 6.84, 8.23, 10.33),
    g=gl(3,8),
    b=gl(8,1,24)
)
friedman.test(x~g|b, data=mouse)
```

可以达到同样的效果.

7.2 双因素方差分析

在大量的实际问题中, 需要考虑影响试验数据的因素多于一个的情形. 例如在化学试验中, 几种原料的用量、反应时间、温度的控制等都可能影响试验结果, 这就构成多因素试验问题. 本节讨论双因素试验的方差分析.

例 7.9 在一个农业试验中, 考虑 4 种不同的种子品种 A_1, A_2, A_3, A_4 和 3 种不同的施肥方法 B_1, B_2, B_3, 得到产量数据如表 7.10 所示. 试分析种子与施肥对产量有无显著影响?

这是一个双因素试验, 因素 A(种子) 有 4 个水平, 因素 B(施肥) 有 3 个水平. 我们通过下面的双因素方差分析法来回答以上问题.

设有 A, B 两个因素, 因素 A 有 r 个水平 $A_1, A_2, \cdots, A_r$; 因素 B 有 s 个水平 $B_1, B_2, \cdots, B_s$.

7.2.1 不考虑交互作用

1. 数学模型

在因素 A, B 的每一种水平组合 (A_i, B_j) 下进行一次独立试验得到观测值 $x_{ij}, i =$

$1, 2, \cdots, r;\ j = 1, 2, \cdots, s.$ 将观测数据列表, 如表 7.11 所示.

表 7.10　农业试验数据　　　　　　　　　　　　　　kg

	B_1	B_2	B_3
A_1	325	292	316
A_2	317	310	318
A_3	310	320	318
A_4	330	370	365

表 7.11　无重复试验的双因素方差分析数据

	B_1	B_2	$\cdots$	B_s
A_1	x_{11}	x_{12}	$\cdots$	x_{1s}
A_2	x_{21}	x_{22}	$\cdots$	x_{2s}
$\vdots$	$\vdots$	$\vdots$		$\vdots$
A_r	x_{r1}	x_{r2}	$\cdots$	x_{rs}

假定 $x_{ij} \sim N(\mu_{ij}, \sigma^2)$, $i = 1, 2, \cdots, r$, $j = 1, 2, \cdots s$, 且各 x_{ij} 相互独立. 不考虑两因素间的交互作用, 因此数据可以分解为

$$\begin{cases} x_{ij} = \mu + \alpha_i + \beta_j + \varepsilon_{ij}, & i = 1, 2, \cdots, r, \quad j = 1, 2, \cdots, s, \\ \varepsilon_{ij} \sim N(0, \sigma^2), & \text{且各 } \varepsilon_{ij} \text{ 相互独立}, \\ \displaystyle\sum_{i=1}^{r} \alpha_i = 0, \quad \sum_{j=1}^{s} \beta_j = 0, \end{cases} \tag{7.17}$$

其中 $\mu = \dfrac{1}{rs} \displaystyle\sum_{i=1}^{r} \sum_{j=1}^{s} \mu_{ij}$ 为总平均, α_i 为因素 A 的第 i 个水平的效应, β_j 为因素 B 的第 j 个水平的效应.

2. 方差分析

在线性模型式 (7.17) 下, 方差分析的主要任务是系统分析因素 A 和因素 B 对试验指标影响的大小, 因此, 在给定显著性水平 α 下, 提出如下统计假设:

对于因素 A, "因素 A 对试验指标影响不显著" 等价于

$$H_{01}: \alpha_1 = \alpha_2 = \cdots = \alpha_r = 0.$$

对于因素 B, "因素 B 对试验指标影响不显著" 等价于

$$H_{02}: \beta_1 = \beta_2 = \cdots = \beta_s = 0.$$

双因素方差分析与单因素方差分析的统计原理基本相同, 也是基于平方和分解公式

$$S_T = S_E + S_A + S_B,$$

其中

$$S_T = \sum_{i=1}^{r} \sum_{j=1}^{s} (x_{ij} - \overline{x})^2, \quad \overline{x} = \frac{1}{rs} \sum_{i=1}^{r} \sum_{j=1}^{s} x_{ij},$$

$$S_A = s \sum_{i=1}^{r} (\overline{x}_{i\cdot} - \overline{x})^2, \quad \overline{x}_{i\cdot} = \frac{1}{s} \sum_{j=1}^{s} x_{ij}, \quad i = 1, 2, \cdots, r,$$

$$S_B = r \sum_{j=1}^{s} (\overline{x}_{\cdot j} - \overline{x})^2, \quad \overline{x}_{\cdot j} = \frac{1}{r} \sum_{i=1}^{r} x_{ij}, \quad j = 1, 2, \cdots, s,$$

$$S_E = \sum_{i=1}^{r} \sum_{j=1}^{s} (x_{ij} - \overline{x}_{i\cdot} - \overline{x}_{\cdot j} + \overline{x})^2,$$

这里 S_T 为总离差平方和, S_E 为误差平方和, S_A 是由因素 A 的不同水平所引起的离差平方和 (称为因素 A 的平方和). 类似地, S_B 称为因素 B 的平方和. 可以证明当 H_{01} 成立时,

$$S_A/\sigma^2 \sim \chi^2(r-1),$$

且与 S_E 相互独立, 而

$$S_E/\sigma^2 \sim \chi^2((r-1)(s-1)),$$

于是当 H_{01} 成立时,

$$F_A = \frac{S_A/(r-1)}{S_E/[(r-1)(s-1)]} \sim F\left(r-1, (r-1)(s-1)\right).$$

类似地, 当 H_{02} 成立时,

$$F_B = \frac{S_B/(s-1)}{S_E/[(r-1)(s-1)]} \sim F\left(s-1, (r-1)(s-1)\right).$$

分别以 F_A, F_B 作为 H_{01}, H_{02} 的检验统计量, 将计算结果列成方差分析表, 如表 7.12 所示.

表 7.12 双因素方差分析表

方差来源	自由度	平方和	均方	F 比	P 值
因素 A	$r-1$	S_A	$MS_A = \dfrac{S_A}{r-1}$	$F_A = \dfrac{MS_A}{MS_E}$	P_A
因素 B	$s-1$	S_B	$MS_B = \dfrac{S_B}{s-1}$	$F_B = \dfrac{MS_B}{MS_E}$	P_B
误 差	$(r-1)(s-1)$	S_E	$MS_E = \dfrac{S_E}{(r-1)(s-1)}$		
总 和	$rs-1$	S_T			

3. 方差分析表的计算

仍然用 aov() 函数计算双因素方差分析表 7.12 中的各种统计量.

例 7.10 (续例 7.9)　对例 7.9 的数据作双因素方差分析, 试确定种子与施肥对产量有无显著影响?

解　输入数据, 用 aov() 函数求解. 与单因素方差分析相同, summary() 无法给出总和行, 这里用自编的函数 anova.tab() 得到方差分析表. (程序名: exam0710.R)

```
####用数据框的形式输入数据
> agriculture<-data.frame(
    Y=c(325, 292, 316, 317, 310, 318,
        310, 320, 318, 330, 370, 365),
    A=gl(4,3),
    B=gl(3,1,12)
)
####作双因素方差分析
> agriculture.aov <- aov(Y ~ A+B, data=agriculture)
####调用自编函数 anova.tab(), 显示计算结果
> source("anova.tab.R"); anova.tab(agriculture.aov)
            Df  Sum Sq  Mean Sq  F value   Pr(>F)
A            3  3824.2   1274.7   5.2262  0.04126 *
B            2   162.5     81.2   0.3331  0.72915
Residuals    6  1463.5    243.9
Total       11  5450.3
---
Signif. codes:  0 '***' 0.001 '**' 0.01 '*' 0.05 '.' 0.1 ' ' 1
```

根据 P 值说明不同品种 (因素 A) 对产量有显著影响, 而没有充分理由说明施肥方法 (因素 B) 对产量有显著的影响.

事实上在应用模型式 (7.17) 时, 遵循着一种假定, 即因素 A, B 对指标的效应是可以叠加的. 而且认为因素 A 的各水平效应的比较, 与因素 B 在什么水平无关. 这里并没有考虑因素 A, B 的各种水平组合 (A_i, B_j) 的不同给产量带来的影响. 而这种影响在许多实际工作中应该给予足够的重视, 这种影响被称为交互效应. 这就导出下面所要讨论的问题.

7.2.2　考虑交互作用

1. 数学模型

设有两个因素 A 和 B, 因素 A 有 r 个水平 $A_1, A_2, \cdots, A_r$; 因素 B 有 s 个水平

$B_1, B_2, \cdots, B_s$, 每种水平组合 (A_i, B_j) 下重复试验 t 次. 记第 k 次的观测值为 x_{ijk}, 将观测数据列表, 如表 7.13 所示.

表 7.13 双因素重复试验数据

	B_1	B_2	$\cdots$	B_s
A_1	$x_{111}x_{112}\cdots x_{11t}$	$x_{121}x_{122}\cdots x_{12t}$	$\cdots$	$x_{1s1}x_{1s2}\cdots x_{1st}$
A_2	$x_{211}x_{212}\cdots x_{21t}$	$x_{221}x_{222}\cdots x_{22t}$	$\cdots$	$x_{2s1}x_{2s2}\cdots x_{2st}$
$\vdots$	$\vdots$	$\vdots$		$\vdots$
A_r	$x_{r11}x_{r12}\cdots x_{r1t}$	$x_{r21}x_{r22}\cdots x_{r2t}$	$\cdots$	$x_{rs1}x_{rs2}\cdots x_{rst}$

假定

$$x_{ijk} \sim N(\mu_{ij}, \sigma^2), \quad i = 1, 2, \cdots, r; \ j = 1, 2, \cdots, s; \ k = 1, 2, \cdots, t,$$

各 x_{ijk} 相互独立. 所以, 数据可以分解为

$$\begin{cases} x_{ijk} = \mu + \alpha_i + \beta_j + \delta_{ij} + \varepsilon_{ijk}, \\ \varepsilon_{ijk} \sim N(0, \sigma^2), \quad \text{且各 } \varepsilon_{ijk} \text{ 相互独立}, \\ i = 1, 2, \cdots, r; \quad j = 1, 2, \cdots, s; \quad k = 1, 2, \cdots, t, \end{cases} \tag{7.18}$$

其中 α_i 为因素 A 的第 i 个水平的效应, β_j 为因素 B 的第 j 个水平的效应, δ_{ij} 表示 A_i 和 B_j 的交互效应, 因此有

$$\mu = \frac{1}{rs} \sum_{i=1}^{r} \sum_{j=1}^{s} \mu_{ij}, \quad \sum_{i=1}^{r} \alpha_i = 0, \quad \sum_{j=1}^{s} \beta_j = 0, \quad \sum_{i=1}^{r} \delta_{ij} = \sum_{j=1}^{s} \delta_{ij} = 0.$$

2. 方差分析

此时判断因素 A, B 及交互效应的影响是否显著等价于检验下列假设:

$$H_{01}: \alpha_1 = \alpha_2 = \cdots = \alpha_r = 0,$$

$$H_{02}: \beta_1 = \beta_2 = \cdots = \beta_r = 0,$$

$$H_{03}: \delta_{ij} = 0, \quad i = 1, 2, \cdots, r; \quad j = 1, 2, \cdots s.$$

在这种情况下, 方差分析法与前两节的方法类似, 有下列计算公式:

$$S_T = S_E + S_A + S_B + S_{A \times B},$$

其中

$$S_T = \sum_{i=1}^{r} \sum_{j=1}^{s} \sum_{k=1}^{t} (x_{ijk} - \overline{x})^2, \quad \overline{x} = \frac{1}{rst} \sum_{i=1}^{r} \sum_{j=1}^{s} \sum_{k=1}^{t} x_{ijk},$$

$$S_E = \sum_{i=1}^{r} \sum_{j=1}^{s} \sum_{k=1}^{t} (x_{ijk} - \overline{x}_{ij.})^2,$$

$$\overline{x}_{ij\cdot} = \frac{1}{t}\sum_{k=1}^{t} x_{ijk}, \quad i=1,2,\cdots,r;\ j=1,2,\cdots,s,$$

$$S_A = st\sum_{i=1}^{r}(\overline{x}_{i\cdot\cdot} - \overline{x})^2, \quad \overline{x}_{i\cdot\cdot} = \frac{1}{st}\sum_{j=1}^{s}\sum_{k=1}^{t} x_{ijk}, \quad i=1,2,\cdots,r,$$

$$S_B = rt\sum_{j=1}^{s}(\overline{x}_{\cdot j\cdot} - \overline{x})^2, \quad \overline{x}_{\cdot j\cdot} = \frac{1}{rt}\sum_{i=1}^{r}\sum_{k=1}^{t} x_{ijk}, \quad j=1,2,\cdots,s,$$

$$S_{A\times B} = t\sum_{i=1}^{r}\sum_{j=1}^{s}(\overline{x}_{ij\cdot} - \overline{x}_{i\cdot\cdot} - \overline{x}_{\cdot j\cdot} + \overline{x})^2,$$

这里 S_T 为总离差平方和, S_E 为误差平方和, S_A 为因素 A 的平方和, S_B 为因素 B 的平方和, $S_{A\times B}$ 为交互效应平方和. 可以证明: 当 H_{01} 成立时,

$$F_A = \frac{S_A/(r-1)}{S_E/[rs(t-1)]} \sim F(r-1, rs(t-1)).$$

当 H_{02} 成立时,

$$F_B = \frac{S_B/(s-1)}{S_E/[rs(t-1)]} \sim F(s-1, rs(t-1)).$$

当 H_{03} 成立时,

$$F_{A\times B} = \frac{S_{A\times B}/[(r-1)(s-1)]}{S_E/[rs(t-1)]} \sim F((r-1)(s-1), rs(t-1)).$$

分别以 $F_A, F_B, F_{A\times B}$ 作为 H_{01}, H_{02}, H_{03} 的检验统计量, 将检验结果列成方差分析表, 如表 7.14 所示.

表 7.14　有交互效应的双因素方差分析表

方差来源	自由度	平方和	均方	F 比	P 值
因素 A	$r-1$	S_A	$MS_A = \dfrac{S_A}{r-1}$	$F_A = \dfrac{MS_A}{MS_E}$	P_A
因素 B	$s-1$	S_B	$MS_B = \dfrac{S_B}{s-1}$	$F_B = \dfrac{MS_B}{MS_E}$	P_B
交互效应 $A\times B$	$(r-1)(s-1)$	$S_{A\times B}$	$MS_{A\times B} = \dfrac{S_{A\times B}}{(r-1)(s-1)}$	$F_{A\times B} = \dfrac{MS_{A\times B}}{MS_E}$	$P_{A\times B}$
误　差	$rs(t-1)$	S_E	$MS_E = \dfrac{S_E}{rs(t-1)}$		
总　和	$rst-1$	S_T			

例 7.11　研究树种与地理位置对松树生长的影响, 对 4 个地区的 3 种同龄松树的直径进行测量得到数据如表 7.15 所示. A_1, A_2, A_3 表示 3 个不同树种, B_1, B_2, B_3, B_4 表示 4 个不同地区. 对每一种水平组合, 进行了 5 次测量, 对此试验结果进行方差分析.

表 7.15 3 种同龄松树的直径测量数据   cm

	B_1			B_2			B_3			B_4		
A_1	23	25	21	20	17	11	16	19	13	20	21	18
	14	15		26	21		16	24		27	24	
A_2	28	30	19	26	24	21	19	18	19	26	26	28
	17	22		25	26		20	25		29	23	
A_3	18	15	23	21	25	12	19	23	22	22	13	12
	18	10		12	22		14	13		22	19	

解 用数据框的形式输入数据, 调用 aov() 函数计算, 再调用 anova.tab() 函数显示方差分析表. (程序名: exam0711.R)

```
> tree<-data.frame(
    Y=c(23, 25, 21, 14, 15, 20, 17, 11, 26, 21,
        16, 19, 13, 16, 24, 20, 21, 18, 27, 24,
        28, 30, 19, 17, 22, 26, 24, 21, 25, 26,
        19, 18, 19, 20, 25, 26, 26, 28, 29, 23,
        18, 15, 23, 18, 10, 21, 25, 12, 12, 22,
        19, 23, 22, 14, 13, 22, 13, 12, 22, 19),
    A=gl(3,20,60),
    B=gl(4,5,60)
  )
> tree.aov <- aov(Y ~ A+B+A:B, data=tree)
> source("anova.tab.R"); anova.tab(tree.aov)
          Df  Sum Sq Mean Sq F value   Pr(>F)
A          2  352.53  176.27  8.9589 0.000494 ***
B          3   87.52   29.17  1.4827 0.231077
A:B        6   71.73   11.96  0.6077 0.722890
Residuals 48  944.40   19.67
Total     59 1456.18
---
Signif. codes:  0 '***' 0.001 '**' 0.01 '*' 0.05 '.' 0.1 ' ' 1
```

可见在显著性水平 $\alpha = 0.05$ 下, 树种 (因素 A) 效应是高度显著的, 而位置 (因素 B) 效应及交互效应并不显著.

7.2.3 方差齐性检验

与单因素方差分析相同, 对于双因素方差分析, 数据也应满足正态性和方差齐性的要求.

例 7.12　检验例 7.11 中的数据对于因素 A 和因素 B 是否是正态的? 是否满足方差齐性的要求?

解　仍然采用 W 正态检验检验数据的正态性, 用 Bartlett 检验检验方差齐性. (程序名: exam0712.R)

```
> attach(tree)
####因素 A 水平 1 的正态性检验
> shapiro.test(Y[A==1])
        Shapiro-Wilk normality test
data:  Y[A==1]
W = 0.9759, p-value = 0.8703
####因素 A 水平 2 的正态性检验
> shapiro.test(Y[A==2])
        Shapiro-Wilk normality test
data:   Y[A==2]
W = 0.9439, p-value = 0.2837
####因素 A 水平 3 的正态性检验
> shapiro.test(Y[A==3])
        Shapiro-Wilk normality test
data:   Y[A==3]
W = 0.9106, p-value = 0.06552
####因素 B 水平 1 的正态性检验
> shapiro.test(Y[B==1])
        Shapiro-Wilk normality test
data:   Y[B==1]
W = 0.9835, p-value = 0.988
####因素 B 水平 2 的正态性检验
> shapiro.test(Y[B==2])
        Shapiro-Wilk normality test
data:   Y[B==2]
W = 0.8537, p-value = 0.01963
####因素 B 水平 3 的正态性检验
> shapiro.test(Y[B==3])
        Shapiro-Wilk normality test
data:   Y[B==3]
```

```
W = 0.9483, p-value = 0.4986
```
####因素 B 水平 4 的正态性检验
```
> shapiro.test(Y[B==4])

        Shapiro-Wilk normality test

data:  Y[B==4]

W = 0.9452, p-value = 0.4521
```
####关于因素 A 的 Bartlett 方差齐性检验
```
> bartlett.test(Y~A, data=tree)

        Bartlett test of homogeneity of variances

data:  Y by A

Bartlett's K-squared = 0.59, df = 2, p-value = 0.7445
```
####关于因素 B 的 Bartlett 方差齐性检验
```
> bartlett.test(Y~B, data=tree)

        Bartlett test of homogeneity of variances

data:  Y by B

Bartlett's K-squared = 2.0436, df = 3, p-value = 0.5634
```

数据只对因素 B 的第二个水平不满足正态性要求, 其余均满足; 对于因素 A 和因素 B 均满足方差齐性要求.

7.3　正交试验设计与方差分析

前面介绍的是一个因素或两个因素的试验, 由于因素较少, 可以对不同因素的所有可能的水平组合做试验, 这种称为全面试验. 当因素较多时, 虽然理论上仍可采用前面的方法进行全面试验后再作相应的方差分析, 但是在实际中有时会遇到试验次数太多的问题. 如三因素四水平的问题, 所有不同水平的组合有 $4^3 = 64$ 种, 在每一种组合只进行一次试验, 也需要做 64 次. 如果考虑更多的因素及水平, 则全面试验的次数可能大得惊人. 因此在实际应用中, 对于多因素做全面试验是不现实的. 于是可以考虑是否选择其中一部分组合进行试验, 这就要用到试验设计方法选择合理的试验方案, 使得试验次数不多, 但也能得到比较满意的结果.

7.3.1　用正交表安排试验

正交表是一系列规格化的表格, 每个表格都有一个记号, 如 $L_8(2^7)$, $L_9(3^4)$ 等. 表 7.16 表示的是正交表 $L_8(2^7)$ 和正交表 $L_9(3^4)$. 以 $L_9(3^4)$ 为例, L 表示正交表, 9 表示正交表的行数, 表示需要试验次数; 4 是正交表的列数, 表示最多可以安排的因素的个数; 3 是因素水平数, 表示此表可以安排三水平的试验.

表 7.16　正交表

$L_8(2^7)$ 表

试验号	列　号						
	1	2	3	4	5	6	7
1	1	1	1	1	1	1	1
2	1	1	1	2	2	2	2
3	1	2	2	1	1	2	2
4	1	2	2	2	2	1	1
5	2	1	2	1	2	1	2
6	2	1	2	2	1	2	1
7	2	2	1	1	2	2	1
8	2	2	1	2	1	1	2

$L_9(3^4)$ 表

试验号	列　号			
	1	2	3	4
1	1	1	1	1
2	1	2	2	2
3	1	3	3	3
4	2	1	2	3
5	2	2	3	1
6	2	3	1	2
7	3	1	3	2
8	3	2	1	3
9	3	3	2	1

从表 7.16 可见, $L_9(3^4)$ 有 9 行, 4 列, 表中由数字 1, 2, 3 组成; $L_8(2^7)$ 有 8 行, 7 列, 表中数字由 1, 2 组成.

用正交表安排试验时, 根据因素和水平个数的多少以及试验工作量的大小来考虑用哪张正交表, 下面举例说明.

例 7.13　为提高某种化学产品的转化率 (%), 考虑三个有关因素: 反应温度 $A(^\circ\mathrm{C})$, 反应时间 $B(\min)$ 和用碱量 $C(\%)$. 各因素选取三个水平, 如表 7.17 所示. 如何用正交表安排试验得到较好的生产方案?

表 7.17　转化率试验因素水平表

因　素	水　平		
	1	2	3
反应温度 $A/^\circ\mathrm{C}$	80	85	90
反应时间 $B/\min$	90	120	150
用碱量 $C/\%$	5	6	7

解　如果做全面试验, 则需要 $3^3 = 27$ 次试验. 若用正交表 $L_9(3^4)$, 仅做 9 次试验. 将三个因素 A, B, C 分别放在 $L_9(3^4)$ 表的任意三列上, 如将 A, B, C 分别放在第 1, 2, 3 列上. 将表中 A, B, C 所在的三列的数字 1, 2, 3 分别用相应的因素水平去代替, 得 9 次试验方案. 以上工作称为表头设计. 再将 9 次试验结果转化率数据列于表上 (见表 7.18).

计算各种因素和水平下转化率的平均值 (尽管计算非常简单, 但为了便于推广起见, 还是用 R 软件进行计算).

用数据框形式输入转化率试验的正交表数据, 并计算各个因素水平下的平均值. (程序名: exam0713.R)

表 7.18　转化率试验的正交表

试验号	反应温度 A/°C	反应时间 B/min	催化剂含量 C/%	转化率/%
1	80 (1)	90 (1)	5 (1)	31
2	80 (1)	120 (2)	6 (2)	54
3	80 (1)	150 (3)	7 (3)	38
4	85 (2)	90 (1)	6 (2)	53
5	85 (2)	120 (2)	7 (3)	49
6	85 (2)	150 (3)	5 (1)	42
7	90 (3)	90 (1)	7 (3)	57
8	90 (3)	120 (2)	5 (1)	62
9	90 (3)	150 (3)	6 (2)	64

####输入数据

```
> rate<-data.frame(
      A=gl(3,3),
      B=gl(3,1,9),
      C=factor(c(1,2,3,2,3,1,3,1,2)),
      Y=c(31, 54, 38, 53, 49, 42, 57, 62, 64)
  )
```

####计算各因素的均值

```
> K<-matrix(0, nrow=3, ncol=3, dimnames=list(1:3, c("A","B","C")))
> for (j in 1:3)
      for (i in 1:3)
          K[i,j]<-mean(rate$Y[rate[j]==i])
```

####显示计算结果

```
> K
   A  B  C
1 41 47 45
2 48 55 57
3 61 48 48
```

用 A, B, C 三列的值 K_1, K_2, K_3 作图, 其命令如下:

```
> plot(as.vector(K), axes=F, xlab="Level", ylab="Rate")
> xmark<-c(NA,"A1","A2","A3","B1","B2","B3","C1","C2","C3",NA)
> axis(1,0:10,labels=xmark)
> axis(2,4*10:16)
```

```
> axis(3,0:10,labels=xmark)
> axis(4,4*10:16)
> lines(K[,"A"]); lines(4:6, K[,"B"]); lines(7:9,K[,"C"])
```
图形如图 7.3 所示.

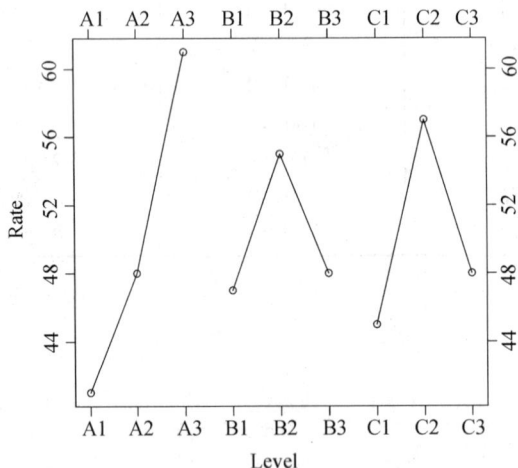

图 7.3 三因素与指标关系数

从图 7.3 可以看出:

(1) 温度越高其转化率越高, 以 $90°C(A_3)$ 最好, 还应探索更高温度的情况;

(2) 反应时间以 $120\text{min}(B_2)$ 转化率最高;

(3) 用碱量以 $6\%(C_2)$ 转化率最高.

综合起来, $A_3B_2C_2$ 可能是较好的工艺条件. 但是, 我们发现这个工艺条件并不在 9 次试验中, 它是否好还要通过实践来检验. 因此需要对于 $A_3B_2C_2$ 再做一次试验, 得到相应的转化率 (74%), 并与最好的试验 (第 9 号试验, $A_3B_3C_2$) 进行比较, 它的转化率为 64%, 所以可以说明选出的工艺是比较好的. 可以证明, 当因素之间没有相互作用时, 用这种方法选出的工艺条件就是全面试验中最好的.

7.3.2 正交试验的方差分析

对于例 7.13 的试验, 如果用交叉分组全面试验需 27 次, 而正交试验只用了 9 次, 自然要问, 这 9 次试验是否能大体上反映 27 次试验的结果? 如果能反映, 又是为什么?

首先假定三个因素之间没有交互作用, 9 次试验的结果以 $y_1, y_2, \cdots, y_9$ 表示, 根据一般线性模型的假定, 数据可分解为

$$y_1 = \mu + a_1 + b_1 + c_1 + \varepsilon_1,$$
$$y_2 = \mu + a_1 + b_2 + c_2 + \varepsilon_2,$$

$$y_3 = \mu + a_1 + b_3 + c_3 + \varepsilon_3,$$
$$y_4 = \mu + a_2 + b_1 + c_2 + \varepsilon_4,$$
$$y_5 = \mu + a_2 + b_2 + c_3 + \varepsilon_5,$$
$$y_6 = \mu + a_2 + b_3 + c_1 + \varepsilon_6,$$
$$y_7 = \mu + a_3 + b_1 + c_3 + \varepsilon_7,$$
$$y_8 = \mu + a_3 + b_2 + c_1 + \varepsilon_8,$$
$$y_9 = \mu + a_3 + b_3 + c_2 + \varepsilon_9,$$

其中 $\sum_{i=1}^{3} a_i = \sum_{j=1}^{3} b_j = \sum_{k=1}^{3} c_k = 0$, $\varepsilon_i \sim N(0, \sigma^2)$ $(i = 1, 2, \cdots, 9)$, 且相互独立.

对此模型考虑如下三种假设的检验问题:

$$H_{01}: a_1 = a_2 = a_3 = 0,$$
$$H_{02}: b_1 = b_2 = b_3 = 0,$$
$$H_{03}: c_1 = c_2 = c_3 = 0.$$

若 H_{01} 成立, 则说明因素 A 的三个水平对指标 y 的影响无显著差异. 类似地, 若 H_{02}(或 H_{03}) 成立, 则表示因素 B(或因素 C) 的三个水平对指标 y 的影响无显著差异.

类似于单因素和双因素方法, 对于正交试验也可以导出相应的方差分析表 (具体过程可见其他的统计书籍), 其表格形式如表 7.19 所示.

在表 7.19 中, n 为试验总次数, m 为因素个数, a 为每个因素的试验水平, r 为每个水平的试验次数, 即 $n = ra$. P 值与前面方差分析表中的意义是相同的, 即当 $p_i < \alpha$, 则认为因素 i 有显著差异.

表 7.19 正交试验设计的方差分析表

方差来源	自由度	平方和	均方	F 比	P 值
因素 1	$a - 1$	S_1	$MS_1 = \dfrac{S_1}{a-1}$	$F_1 = \dfrac{MS_1}{MS_E}$	P_1
因素 2	$a - 1$	S_2	$MS_2 = \dfrac{S_2}{a-1}$	$F_2 = \dfrac{MS_2}{MS_E}$	P_2
$\vdots$	$\vdots$	$\vdots$	$\vdots$	$\vdots$	$\vdots$
因素 m	$a - 1$	S_m	$MS_m = \dfrac{S_m}{a-1}$	$F_m = \dfrac{MS_m}{MS_E}$	P_m
误差	$n - m(a-1) - 1$	S_E	$MS_E = \dfrac{S_E}{n - m(a-1) - 1}$		
总和	$n - 1$	S_T			

例 7.14 (续例 7.13)　对正交试验进行方差分析.

解　直接用 R 软件求解.

```
> rate.aov<-aov(Y~A+B+C, data=rate)
> source("anova.tab.R"); anova.tab(rate.aov)
          Df Sum Sq Mean Sq F value  Pr(>F)
A          2    618     309 34.3333 0.02830 *
B          2    114      57  6.3333 0.13636
C          2    234     117 13.0000 0.07143 .
Residuals  2     18       9
Total      8    984
---
Signif. codes:  0 '***' 0.001 '**' 0.01 '*' 0.05 '.' 0.1 ' ' 1
```

从计算结果可以看到, 转化率对于因素 A 很显著, 所以因素 A 水平的选取很重要; 转化率对因素 C 显著, 因此, 因素 C 水平的选取也重要; 转化率对因素 B 不显著, 所以为了节约能源, 可以选择最短的反映时间. 因此, 工艺条件可以选择 $A_3B_1C_2$.

7.3.3　有交互作用的试验

在作双因素方差分析时, 讲到因素之间有搭配作用, 这个搭配作用称为交互作用. 实际上, 在正交试验设计中, 也可以分析因素之间交互作用的影响.

还是用例子说明问题.

例 7.15　在梳棉机上纺粘锦混纺纱, 为了提高质量, 选了三个因素, 每个因素两个水平. 如表 7.20 所示. 三个因素间可能有交互作用. 要设计一个试验方案.

表 7.20　纺粘锦混纺纱的试验因素水平表

因　素	水　　平	
	1	2
金属针布 (A)	进口的	国产的
产量水平 (B)	6kg	10kg
锡林速度 (C)	238r/min	320r/min

解　首先设计表头. 这是一个三因素两水平的试验, 用正交表 $L_8(2^7)$ 比较合适 (见表 7.16). 对于 $L_8(2^7)$ 还有一个各列间的交互作用表, 如表 7.21 所示.

如果将 A 放在第 1 列, B 放在第 2 列, 查表 7.21 的第 "1" 行, 第 "2" 列, 对应的数是 3, 即第 3 列反映了 $A \times B$. 如果把 A 放在第 3 列, B 放在第 5 列, 查表 7.21 "3" 行 "5" 列, 对应的数是 6, 即 $A \times B$ 在第 6 列. 这样一个表对于如何安排试验很重要.

通过分析, 我们将 A 放在第 1 列, B 放在第 2 列, 则第 3 列表示 $A \times B$, C 放在第 4

表 7.21 $L_8(2^7)$ 二列间的交互作用表

列号	列 号					
	2	3	4	5	6	7
1	3	2	5	4	7	6
2		1	6	7	4	5
3			7	6	5	4
4				1	2	3
5					2	3
6						1

列, 则第 5 列表示 $A \times C$, 第 6 列表示 $B \times C$, 第 7 列是空列. 然后再将 8 次试验结果棉结粒数放在第 8 列上 (见表 7.22).

表 7.22 纺粘锦混纺纱试验的正交表

列 号	1	2	3	4	5	6	7	棉结
试验号	A	B	$A \times B$	C	$A \times C$	$B \times C$	(空)	粒数
1	1	1	1	1	1	1	1	0.30
2	1	1	1	2	2	2	2	0.35
3	1	2	2	1	1	2	2	0.20
4	1	2	2	2	2	1	1	0.30
5	2	1	2	1	2	1	2	0.15
6	2	1	2	2	1	2	1	0.50
7	2	2	1	1	2	2	1	0.15
8	2	2	1	2	1	1	2	0.40

作方差分析. 用数据框输入数据, 用 aov() 函数作方差分析, 用自编的函数 anova.tab() 列出方差分析表. (程序名: exam0715.R)

```
> cotton<-data.frame(
    Y=c(0.30, 0.35, 0.20, 0.30, 0.15, 0.50, 0.15, 0.40),
    A=gl(2,4), B=gl(2,2,8), C=gl(2,1,8)
  )
> cotton.aov<-aov(Y~A+B+C+A:B+A:C+B:C, data=cotton)
> source("anova.tab.R"); anova.tab(cotton.aov)
        Df   Sum Sq  Mean Sq  F value  Pr(>F)
A        1 0.000313 0.000313   0.1111  0.7952
B        1 0.007812 0.007812   2.7778  0.3440
```

```
C              1 0.070313 0.070313 25.0000 0.1257
A:B            1 0.000312 0.000312  0.1111 0.7952
A:C            1 0.025313 0.025313  9.0000 0.2048
B:C            1 0.000313 0.000313  0.1111 0.7952
Residuals      1 0.002812 0.002812
Total          7 0.107188
```

从计算结果可以看出, 棉结粒数关于任何因素都不显著.

再作进一步的分析. 对于因素 A, 因素 $A:B$ 和因素 $B:C$, 它们的 F 值很小, P 值很大, 因此, 它们影响棉结粒数更不显著 (也就是说, 是次要因素). 所以在分析模型中, 将这 3 个因素去掉.

```
> cotton.new<-aov(Y~B+C+A:C, data=cotton)
> anova.tab(cotton.new)
            Df    Sum Sq  Mean Sq F value   Pr(>F)
B            1 0.007812 0.007812  6.8182 0.079605 .
C            1 0.070313 0.070313 61.3636 0.004332 **
C:A          2 0.025625 0.012812 11.1818 0.040678 *
Residuals    3 0.003437 0.001146
Total        7 0.107187
---
Signif. codes:  0 '***' 0.001 '**' 0.01 '*' 0.05 '.' 0.1 ' ' 1
```

从结果可以看出, 最显著的是因素 C, 其次是交互效应 $A \times C$, 最后是因素 B. 那么我们选择哪些因素作为最后的结果呢? 还需要计算各个因素下的均值. 为方便起见, 先编写一个函数, 将各因素的交互情况计算出来.

```
> ab<-function(x,y){
      n<-length(x); z<-rep(0,n)
      for (i in 1:n)
         if (x[i]==y[i]){z[i]<-1} else{z[i]<-2}
      factor(z)
    }
> cotton$AC<-ab(cotton$A, cotton$C)
```

再计算各因素的均值.

```
> K<-matrix(0, nrow=2, ncol=4,
      dimnames=list(1:2, c("A", "B", "C", "AC")))
> for (j in 2:5)
    for (i in 1:2)
```

```
        K[i,j-1]<-mean(cotton$Y[cotton[j]==i])
> K
      A      B      C      AC
1 0.2875 0.3250 0.2000 0.3500
2 0.3000 0.2625 0.3875 0.2375
```

因为因素 C 最显著, 所以先选择因素 C, 选因素 C 用第 1 个水平 (因为棉结粒数越少越好), 因素 $A\times C$ 次显著, 所以再选择因素 AC, 应该是第 2 个水平. 由于因素 C 已选择第 1 个水平, 所以因素 A 只能选择第 2 个水平 (注意, 这与直接选择因素 A 是矛盾的, 这是因为棉结粒数关于因素 AC 是显著的, 而关于因素 A 是不显著的, 所以要从因素 AC 来考虑问题). 最后, 选择因素 B, 应是第 2 个水平. 最后结果为 $A_2 B_2 C_1$. 即较好的生产方案选择为: 金属针布是国产的; 产量是 10kg; 锡林速度为 238r/min.

7.3.4　有重复试验的方差分析

类似前面的分析, 对于正交试验设计也可以考虑带有重复试验的数据. 这里仅用一个例子说明.

例 7.16　在研究四种药物对淡色库蚊的杀灭作用的试验中, 每种药物取三水平, 试验安排如表 7.23 所示. 试采取 $L_9(3^4)$ 正交表, 在不考虑交互作用, 相同试验条件下均做 4 次重复试验下, 检验 4 种药物对淡色库蚊杀灭作用有无差别, 试选择较好灭蚊方案.

表 7.23　对淡色库蚊杀灭作用试验的试验因素水平表

因素	水　　　平		
	1	2	3
A	2%	4%	5%
B	0%	1%	2%
C	0%	1%	3%
D	0%	1%	3%

解　用 $L_9(3^4)$ 正交表列出表头, 并将试验结果填在表 7.24 后的各列.

用数据框输入数据, 再作方差分析. 然后计算各因素情况下对淡色库蚊的 50% 击倒时间的平均值.

```
> mosquito<-data.frame(
    A=gl(3, 12), B=gl(3,4,36),
    C=factor(rep(c(1,2,3,2,3,1,3,1,2),rep(4,9))),
    D=factor(rep(c(1,2,3,3,1,2,2,3,1),rep(4,9))),
    Y=c( 9.41,  7.19, 10.73,  3.73, 11.91, 11.85, 11.00, 11.72,
       10.67, 10.70, 10.91, 10.18,  3.87,  3.18,  3.80,  4.85,
```

表 7.24 4 种对淡色库蚊的 50% 击倒时间的正交试验表

试验号	A	B	C	D	50% 击倒时间/s			
1	1	1	1	1	9.41	7.19	10.73	3.73
2	1	2	2	2	11.91	11.85	11.00	11.72
3	1	3	3	3	10.67	10.70	10.91	10.18
4	2	1	2	3	3.87	3.18	3.80	4.85
5	2	2	3	1	4.20	5.72	4.58	3.71
6	2	3	1	2	4.29	3.89	3.88	4.71
7	3	1	3	2	7.62	7.01	6.83	7.41
8	3	2	1	3	7.79	7.38	7.56	6.28
9	3	3	2	1	8.09	8.17	8.14	7.49

```
    4.20,  5.72,  4.58,  3.71,  4.29,  3.89,  3.88,  4.71,
    7.62,  7.01,  6.83,  7.41,  7.79,  7.38,  7.56,  6.28,
    8.09,  8.17,  8.14,  7.49)
  )
> mosquito.aov<-aov(Y~A+B+C+D, data=mosquito)
> source("anova.tab.R"); anova.tab(mosquito.aov)
          Df  Sum Sq Mean Sq F value     Pr(>F)
A          2 201.310 100.655 77.4884  6.504e-12 ***
B          2  15.920   7.960  6.1280   0.006393 **
C          2  13.297   6.648  5.1182   0.013042 *
D          2   5.021   2.510  1.9326   0.164282
Residuals 27  35.072   1.299
Total     35 270.619
---
Signif. codes:  0 '***' 0.001 '**' 0.01 '*' 0.05 '.' 0.1 ' ' 1
> K<-matrix(0, nrow=3, ncol=4,
      dimnames=list(1:3, c("A", "B", "C", "D")))
> for (j in 1:4)
    for (i in 1:3)
      K[i,j]<-mean(mosquito$Y[mosquito[j]==i])
> K
          A         B         C         D
1 10.000000 6.302500 6.403333 6.763333
2  4.223333 7.808333 7.839167 7.676667
```

3　7.480833　7.593333　7.461667　7.264167

灭蚊效果对因素的显著性依次是因素 A、因素 B、因素 C 和因素 D(因素 D 不显著). 从计算出的平均时间 (时间越短越好) 可以看出, 选择较好的方案为

$$A_2B_1C_1D_1.$$

习　　题

7.1　3 个工厂生产同一种零件. 现从各厂产品中分别抽取 4 件产品做检测, 其检测强度如表 7.25 所示.

表 7.25　产品检测数据

工厂	零　件　强　度			
甲	115	116	98	83
乙	103	107	118	116
丙	73	89	85	97

(1) 对数据作方差分析, 判断 3 个厂生产的产品的零件强度是否有显著差异;

(2) 求每个工厂生产的产品零件强度的均值, 作出相应的区间估计 ($\alpha = 0.05$);

(3) 对数据作多重检验.

7.2　有 4 种产品. $A_i, i = 1, 2, 3$ 分别为国内甲、乙、丙三个工厂生产的产品, A_4 为国外同类产品. 现从各厂分别取 $10, 6, 6$ 和 2 个产品做 300h 连续磨损老化试验, 得变化率如表 7.26 所示. 假定各厂产品试验变化率服从等方差的正态分布.

表 7.26　磨损老化试验数据

产品	变　化　率									
A_1	20	18	19	17	15	16	13	18	22	17
A_2	26	19	26	28	23	25				
A_3	24	25	18	22	27	24				
A_4	12	14								

(1) 试问 4 个厂生产的产品的变化率是否有显著差异?

(2) 若有差异, 请作进一步的检验. ① 国内产品与国外产品有无显著差异? ② 国内各厂家的产品有无显著差异?

7.3　某单位在大白鼠营养试验中, 随机将大白鼠分为 3 组, 测得每组 12 只大白鼠尿中氨氮的排出量 X(mg/6 d), 数据如表 7.27 所示. 试对该资料作正态性检验和方差齐性检验.

表 7.27　白鼠尿中氨氮检测数据

白鼠	大白鼠营养试验中各组大鼠尿中氨氮排出量/(mg/6 d)											
第 1 组	30	27	35	35	29	33	32	36	26	41	33	31
第 2 组	43	45	53	44	51	53	54	37	47	57	48	42
第 3 组	82	66	66	86	56	52	76	83	72	73	59	53

7.4　以小白鼠为对象研究正常肝核糖核酸 (RNA) 对癌细胞的生物作用, 试验分别为对照组 (生理盐水)、水层 RNA 组和酚层 RNA 组, 分别用此 3 种不同处理方法诱导肝癌细胞的果糖二磷酸酯酶 (FDP 酶) 活力, 数据如表 7.28 所示. 问 3 种不同处理的诱导作用是否相同?

表 7.28　3 种不同处理的诱导结果

处理方法	诱 导 结 果							
对照组	2.79	2.69	3.11	3.47	1.77	2.44	2.83	2.52
水层 RNA 组	3.83	3.15	4.70	3.97	2.03	2.87	3.65	5.09
酚层 RNA 组	5.41	3.47	4.92	4.07	2.18	3.13	3.77	4.26

7.5　为研究人们在催眠状态下对各种情绪的反应是否有差异, 选取了 8 个受试者. 在催眠状态下, 要求每人按任意次序做出恐惧、愉快、忧虑和平静 4 种反应. 表 7.29 给出了各受试者在处于这 4 种情绪状态下皮肤的电位变化值. 试在 $\alpha = 0.05$ 下, 检验受试者在催眠状态下对这 4 种情绪的反应力是否有显著差异.

表 7.29　4 种情绪状态下皮肤的电位变化值　　　　　　　　　mV

情绪状态	受 试 者							
	1	2	3	4	5	6	7	8
恐惧	23.1	57.6	10.5	23.6	11.9	54.6	21.0	20.3
愉快	22.7	53.2	9.7	19.6	13.8	47.1	13.6	23.6
忧虑	22.5	53.7	10.8	21.1	13.7	39.2	13.7	16.3
平静	22.6	53.1	8.3	21.6	13.3	37.0	14.8	14.8

7.6　为了提高化工厂的产品质量, 需要寻求最优反应温度与反应压力的配合, 为此选择如下水平:

　　　A: 反应温度 (°C)　　60　　70　　80

　　　B: 反应压力 (kg)　　2　　2.5　　3

在每个 $A_i B_j$ 条件下做 2 次试验, 其产量如表 7.30 所示.

　　(1) 对数据作方差分析 (应考虑交互作用);

　　(2) 求最优条件下平均产量的点估计和区间估计;

表 7.30 试验数据 kg/100m²

	A_1		A_2		A_3	
B_1	4.6	4.3	6.1	6.5	6.8	6.4
B_2	6.3	6.7	3.4	3.8	4.0	3.8
B_3	4.7	4.3	3.9	3.5	6.5	7.0

(3) 对 A_iB_j 条件下平均产量作多重比较.

7.7 某良种繁殖场为了提高水稻产量, 制定试验的因素如表 7.31 所示. 试选择 $L_9(3^4)$ 正交表安排试验, 假定相应的产量为 (单位: kg/100m²)

62.925 57.075 51.6 55.05 58.05 56.55 63.225 50.7 54.45

试对试验结果进行方差分析, 并给出一组较好的种植条件.

表 7.31 水稻的试验因素水平表

因 素	水 平		
	1	2	3
品种	窄叶青 8 号	南二矮 5 号	珍珠矮 11 号
密度	4.50 棵/100m²	3.75 棵/100m²	3.00 棵/100m²
施肥量	0.75 kg/100m²	0.375 kg/100m²	1.125 kg/100m²

7.8 某单位研究 4 种因素对钉螺产卵数 (Y) 的影响, 制定试验的因素如表 7.32 所示. 试选择 $L_8(2^7)$ 正交表安排试验, 假定相应的钉螺产卵数为 (单位: 个)

86 95 91 94 91 96 83 88

试对试验结果进行方差分析, 并给出一组较好灭螺方案 (考虑有交互作用).

表 7.32 钉螺产卵影响试验因素的水平表

因 素	水 平	
	1	2
温度 (A)	5°C	10°C
含氧量 (B)	0.5	5.0
含水量 (C)	10%	30%
pH 值 (D)	6.0	8.0

7.9 某工厂为了提高零件内孔研磨工序质量进行工艺的参数选优试验, 考察孔的锥度值, 希望其值越小越好. 在试验中考察因子的水平表如表 7.33 所示. 试选择 $L_8(2^7)$ 正交表安排试验, 其表头设计如表 7.34 所示. 在每一条件下加工了 4 个零件, 测量其锥度, 试验结果如表 7.35 所示. 试对试验结果进行方差分析, 并给出一组较好工艺参数指标.

表 7.33　因子水平表

因　素	水　　平	
	1	2
研孔工艺设备 (A)	通用夹具	专用夹具
生铁研圈材质 (B)	特殊铸铁	一般灰铸铁
留研量 (C)/mm	0.01	0.015

表 7.34　试验结果

表头设计	A	B		C			
列号	1	2	3	4	5	6	7

表 7.35　试验结果

试验号	试　验　值			
1	1.5	1.7	1.3	1.5
2	1.0	1.2	1.0	1.0
3	2.5	2.2	3.2	2.0
4	2.5	2.5	1.5	2.8
5	1.5	1.8	1.7	1.5
6	1.0	2.5	1.3	1.5
7	1.8	1.5	1.8	2.2
8	1.9	2.6	2.3	2.0

第 8 章　应用多元分析 (I)

多元分析 (multivariate analysis) 是多变量的统计分析方法, 是数理统计中应用广泛的一个重要分支, 包含了丰富的理论成果与众多的应用方法, 它主要包括回归分析、方差分析、判别分析、聚类分析、主成分分析、因子分析和典型相关分析等.

有关回归分析和方差分析的内容已在第 6 章、第 7 章作了介绍, 本章介绍判别分析与聚类分析的内容. 这两部分内容有一个共同点, 就是对样本进行分类. 但两者也有所不同, 判别分析是在已知有多少类, 并且在有训练样本的前提下, 利用训练样本得到判别函数, 对待测样本进行分类; 而聚类分析是在预先不知道有多少类的情况下, 根据某种规则将样本 (或指标) 进行分类.

本章简单介绍判别分析和聚类分析的基本原理与方法, 着重介绍如何应用 R 软件对数据作判别分析和聚类分析.

第 9 章将介绍多元分析的另一部分内容 —— 主成分分析、因子分析和典型相关分析.

8.1　判　别　分　析

判别分析是用以判别个体所属群体的一种统计方法, 它产生于 20 世纪 30 年代, 近年来, 在许多现代自然科学的各个分支和技术部门中, 得到了广泛的应用.

例如, 利用计算机对一个人是否有心脏病进行诊断时, 可以取一批没有心脏病的人, 测其 p 个指标的数据, 然后再取一批已知患有心脏病的人, 同样也测得 p 个相同指标的数据, 利用这些数据建立一个判别函数, 并求出相应的临界值, 这时对于需要进行诊断的人, 也同样测其 p 个指标的数据, 将其代入判别函数, 求得判别得分, 再依判别临界值, 就可以判断此人是属于有心脏病的那一群体, 还是属于没有心脏病的那一群体. 又如在考古学中, 对化石及文物年代的判断; 在地质学中, 判断是有矿还是无矿; 在质量管理中, 判断某种产品是合格品, 还是不合格品; 在植物学中, 对于新发现的一种植物, 判断其属于哪一科. 总之判别分析方法在很多学科中有着广泛的应用.

判别分析方法有多种, 这里主要介绍的是最常用的判别分析方法, 重点是两类群体的判别分析方法.

8.1.1　距离判别

所谓判别问题, 就是将 p 维 Euclid 空间 $\mathbf{R}^p$ 划分成 k 个互不相交的区域 R_1,

$R_2, \cdots, R_k$, 即 $R_i \bigcap R_j = \varnothing, i \neq j, i, j = 1, 2 \cdots k, \bigcup\limits_{j=1}^{k} R_j = \mathbf{R}^p.$ 当 $\boldsymbol{x} \in R_i, i = 1, 2, \cdots, k,$ 就判定 $\boldsymbol{x}$ 属于总体 $X_i, i = 1, 2, \cdots, k.$ 特别, 当 $k = 2$ 时, 就是两个总体的判别问题.

距离判别是最简单、最直观的一种判别方法, 该方法适用于连续型随机变量的判别类, 对变量的概率分布没有限制.

1. Mahalanobis 距离的概念

通常我们定义的距离是 Euclid 距离 (简称欧氏距离). 若 $\boldsymbol{x}, \boldsymbol{y}$ 是 $\mathbf{R}^p$ 中的两个点, 则 $\boldsymbol{x}$ 与 $\boldsymbol{y}$ 的距离为

$$d(\boldsymbol{x}, \boldsymbol{y}) = \|\boldsymbol{x} - \boldsymbol{y}\|_2 = \sqrt{(\boldsymbol{x} - \boldsymbol{y})^{\mathrm{T}}(\boldsymbol{x} - \boldsymbol{y})}.$$

但在统计分析与计算中, Euclid 距离就不适用了, 看一下下面的例子 (见图 8.1).

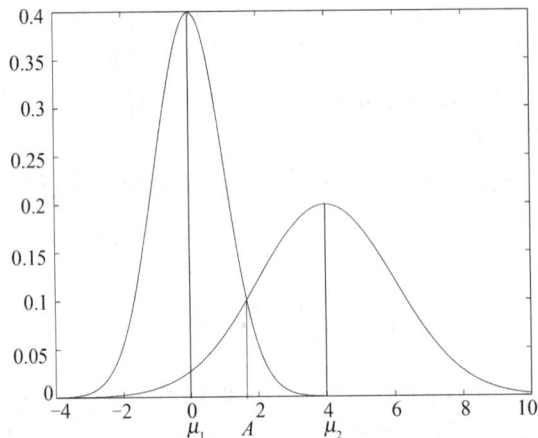

图 8.1　不同方差的正态分布函数

为简单起见, 考虑 $p = 1$ 的情况. 设 $X \sim N(0, 1), Y \sim N(4, 2^2)$, 绘出相应的概率密度曲线, 如图 8.1 所示. 考虑图中的 A 点, A 点距 X 的均值 $\mu_1 = 0$ 较近, 距 Y 的均值 $\mu_2 = 4$ 较远. 但从概率角度来分析问题, 情况并非如此. 经计算, A 点的 x 值为 1.66, 也就是说, A 点距 $\mu_1 = 0$ 是 $1.66\sigma_1$, 而 A 点距 $\mu_2 = 4$ 却只有 $1.17\sigma_2$, 因此, 从概率分布的角度来讲, 应该认为 A 点距 μ_2 更近一点. 所以, 在定义距离时, 要考虑随机变量方差的信息.

定义 8.1　设 $\boldsymbol{x}, \boldsymbol{y}$ 是从均值为 $\boldsymbol{\mu}$, 协方差阵为 $\boldsymbol{\Sigma}$ 的总体 X 中抽取的两个样本, 则总体 X 内两点 $\boldsymbol{x}$ 与 $\boldsymbol{y}$ 的 Mahalanobis 距离 (简称马氏距离) 定义为

$$d(\boldsymbol{x}, \boldsymbol{y}) = \sqrt{(\boldsymbol{x} - \boldsymbol{y})^{\mathrm{T}} \boldsymbol{\Sigma}^{-1} (\boldsymbol{x} - \boldsymbol{y})}. \tag{8.1}$$

定义样本 $\boldsymbol{x}$ 与总体 X 的 Mahalanobis 距离为

$$d(\boldsymbol{x}, X) = \sqrt{(\boldsymbol{x} - \boldsymbol{\mu})^{\mathrm{T}} \boldsymbol{\Sigma}^{-1} (\boldsymbol{x} - \boldsymbol{\mu})}. \tag{8.2}$$

2. 判别准则与判别函数

在这里, 讨论两个总体的距离判别, 分别讨论两总体协方差阵相同和协方差阵不同的情况.

设总体 X_1 和 X_2 的均值向量分别为 $\boldsymbol{\mu}_1$ 和 $\boldsymbol{\mu}_2$, 协方差阵分别为 $\boldsymbol{\Sigma}_1$ 和 $\boldsymbol{\Sigma}_2$, 今给一个样本 $\boldsymbol{x}$, 要判断 $\boldsymbol{x}$ 来自哪一个总体.

首先考虑两个总体 X_1 和 X_2 的协方差矩阵相同的情况, 即

$$\boldsymbol{\mu}_1 \neq \boldsymbol{\mu}_2, \quad \boldsymbol{\Sigma}_1 = \boldsymbol{\Sigma}_2 = \boldsymbol{\Sigma}.$$

要判断 $\boldsymbol{x}$ 是属于哪一个总体, 需要计算 $\boldsymbol{x}$ 到总体 X_1 和 X_2 的 Mahalanobis 距离的平方 $d^2(\boldsymbol{x}, X_1)$ 和 $d^2(\boldsymbol{x}, X_2)$, 然后进行比较, 若 $d^2(\boldsymbol{x}, X_1) \leqslant d^2(\boldsymbol{x}, X_2)$, 则判定 $\boldsymbol{x}$ 属于 X_1; 否则判定 $\boldsymbol{x}$ 来自 X_2. 由此得到如下判别准则:

$$R_1 = \{\boldsymbol{x} \mid d^2(\boldsymbol{x}, X_1) \leqslant d^2(\boldsymbol{x}, X_2)\}, \quad R_2 = \{\boldsymbol{x} \mid d^2(\boldsymbol{x}, X_1) > d^2(\boldsymbol{x}, X_2)\}. \tag{8.3}$$

现在引进判别函数的表达式, 考虑 $d^2(\boldsymbol{x}, X_1)$ 与 $d^2(\boldsymbol{x}, X_2)$ 之间的关系, 有

$$\begin{aligned}
d^2(\boldsymbol{x}, X_2) - d^2(\boldsymbol{x}, X_1) &= (\boldsymbol{x} - \boldsymbol{\mu}_2)^{\mathrm{T}} \boldsymbol{\Sigma}^{-1} (\boldsymbol{x} - \boldsymbol{\mu}_2) - (\boldsymbol{x} - \boldsymbol{\mu}_1)^{\mathrm{T}} \boldsymbol{\Sigma}^{-1} (\boldsymbol{x} - \boldsymbol{\mu}_1) \\
&= \left(\boldsymbol{x}^{\mathrm{T}} \boldsymbol{\Sigma}^{-1} \boldsymbol{x} - 2\boldsymbol{x}^{\mathrm{T}} \boldsymbol{\Sigma}^{-1} \boldsymbol{\mu}_2 + \boldsymbol{\mu}_2^{\mathrm{T}} \boldsymbol{\Sigma}^{-1} \boldsymbol{\mu}_2\right) \\
&\quad - \left(\boldsymbol{x}^{\mathrm{T}} \boldsymbol{\Sigma}^{-1} \boldsymbol{x} - 2\boldsymbol{x}^{\mathrm{T}} \boldsymbol{\Sigma}^{-1} \boldsymbol{\mu}_1 + \boldsymbol{\mu}_1^{\mathrm{T}} \boldsymbol{\Sigma}^{-1} \boldsymbol{\mu}_1\right) \\
&= 2\boldsymbol{x}^{\mathrm{T}} \boldsymbol{\Sigma}^{-1} (\boldsymbol{\mu}_1 - \boldsymbol{\mu}_2) + (\boldsymbol{\mu}_1 + \boldsymbol{\mu}_2)^{\mathrm{T}} \boldsymbol{\Sigma}^{-1} (\boldsymbol{\mu}_2 - \boldsymbol{\mu}_1) \\
&= 2\left(\boldsymbol{x} - \frac{\boldsymbol{\mu}_1 + \boldsymbol{\mu}_2}{2}\right)^{\mathrm{T}} \boldsymbol{\Sigma}^{-1} (\boldsymbol{\mu}_1 - \boldsymbol{\mu}_2) \\
&= 2(\boldsymbol{x} - \overline{\boldsymbol{\mu}})^{\mathrm{T}} \boldsymbol{\Sigma}^{-1} (\boldsymbol{\mu}_1 - \boldsymbol{\mu}_2),
\end{aligned} \tag{8.4}$$

其中 $\overline{\boldsymbol{\mu}} = \dfrac{\boldsymbol{\mu}_1 + \boldsymbol{\mu}_2}{2}$ 是两个总体均值的平均.

令

$$w(\boldsymbol{x}) = (\boldsymbol{x} - \overline{\boldsymbol{\mu}})^{\mathrm{T}} \boldsymbol{\Sigma}^{-1} (\boldsymbol{\mu}_1 - \boldsymbol{\mu}_2), \tag{8.5}$$

称 $w(\boldsymbol{x})$ 为两总体的距离判别函数, 因此判别准则 (8.3) 变为

$$R_1 = \{\boldsymbol{x} \mid w(\boldsymbol{x}) \geqslant 0\}, \quad R_2 = \{\boldsymbol{x} \mid w(\boldsymbol{x}) < 0\}. \tag{8.6}$$

在实际计算中, 总体的均值与协方差阵未知, 因此总体的均值与协方差阵需要用样本均值与协方差阵来代替. 设 $\boldsymbol{x}_1^{(1)}, \boldsymbol{x}_2^{(1)}, \cdots, \boldsymbol{x}_{n_1}^{(1)}$ 是来自总体 X_1 的 n_1 个样本, $\boldsymbol{x}_1^{(2)}, \boldsymbol{x}_2^{(2)}, \cdots, \boldsymbol{x}_{n_2}^{(2)}$ 是来自总体 X_2 的 n_2 个样本, 则样本的均值与协方差阵为

$$\hat{\boldsymbol{\mu}}_i = \overline{\boldsymbol{x}^{(i)}} = \frac{1}{n_i} \sum_{j=1}^{n_i} \boldsymbol{x}_j^{(i)}, \quad i = 1, 2, \tag{8.7}$$

$$\widehat{\boldsymbol{\Sigma}} = \frac{1}{n_1 + n_2 - 2} \sum_{i=1}^{2} \sum_{j=1}^{n_i} \left(\boldsymbol{x}_j^{(i)} - \overline{\boldsymbol{x}^{(i)}} \right) \left(\boldsymbol{x}_j^{(i)} - \overline{\boldsymbol{x}^{(i)}} \right)^{\mathrm{T}}$$

$$= \frac{1}{n_1 + n_2 - 2} (\boldsymbol{S}_1 + \boldsymbol{S}_2), \tag{8.8}$$

其中

$$\boldsymbol{S}_i = \sum_{j=1}^{n_i} \left(\boldsymbol{x}_j^{(i)} - \overline{\boldsymbol{x}^{(i)}} \right) \left(\boldsymbol{x}_j^{(i)} - \overline{\boldsymbol{x}^{(i)}} \right)^{\mathrm{T}}, \quad i = 1, 2. \tag{8.9}$$

对于待测样本 $\boldsymbol{x}$, 其判别函数定义为

$$\hat{w}(\boldsymbol{x}) = (\boldsymbol{x} - \overline{\boldsymbol{x}})^{\mathrm{T}} \widehat{\boldsymbol{\Sigma}}^{-1} (\overline{\boldsymbol{x}^{(1)}} - \overline{\boldsymbol{x}^{(2)}}), \tag{8.10}$$

其中

$$\overline{\boldsymbol{x}} = \frac{\overline{\boldsymbol{x}^{(1)}} + \overline{\boldsymbol{x}^{(2)}}}{2}.$$

其判别准则为

$$R_1 = \{ \boldsymbol{x} \mid \hat{w}(\boldsymbol{x}) \geqslant 0 \}, \quad R_2 = \{ \boldsymbol{x} \mid \hat{w}(\boldsymbol{x}) < 0 \}. \tag{8.11}$$

再考虑两个总体 X_1 和 X_2 协方差阵不同的情况, 即

$$\boldsymbol{\mu}_1 \neq \boldsymbol{\mu}_2, \quad \boldsymbol{\Sigma}_1 \neq \boldsymbol{\Sigma}_2.$$

对于样本 $\boldsymbol{x}$, 在协方差阵不同的情况下, 判别函数为

$$w(\boldsymbol{x}) = (\boldsymbol{x} - \boldsymbol{\mu}_2)^{\mathrm{T}} \boldsymbol{\Sigma}_2^{-1} (\boldsymbol{x} - \boldsymbol{\mu}_2) - (\boldsymbol{x} - \boldsymbol{\mu}_1)^{\mathrm{T}} \boldsymbol{\Sigma}_1^{-1} (\boldsymbol{x} - \boldsymbol{\mu}_1). \tag{8.12}$$

与前面讨论的情况相同, 在实际计算中总体的均值与协方差阵未知, 同样需要用样本的均值与样本协方差阵来代替. 因此, 对于待测样本 $\boldsymbol{x}$, 判别函数定义为

$$\hat{w}(\boldsymbol{x}) = (\boldsymbol{x} - \overline{\boldsymbol{x}^{(2)}})^{\mathrm{T}} \widehat{\boldsymbol{\Sigma}}_2^{-1} (\boldsymbol{x} - \overline{\boldsymbol{x}^{(2)}}) - (\boldsymbol{x} - \overline{\boldsymbol{x}^{(1)}})^{\mathrm{T}} \widehat{\boldsymbol{\Sigma}}_1^{-1} (\boldsymbol{x} - \overline{\boldsymbol{x}^{(1)}}), \tag{8.13}$$

其中

$$\widehat{\boldsymbol{\Sigma}}_i = \frac{1}{n_i - 1} \sum_{j=1}^{n_i} \left(\boldsymbol{x}_j^{(i)} - \overline{\boldsymbol{x}^{(i)}} \right) \left(\boldsymbol{x}_j^{(i)} - \overline{\boldsymbol{x}^{(i)}} \right)^{\mathrm{T}}$$

$$= \frac{1}{n_i - 1} \boldsymbol{S}_i, \quad i = 1, 2. \tag{8.14}$$

其判别准则与式 (8.11) 的形式相同.

3. R 程序

将前面介绍的算法编写成 R 程序. (程序名: discriminiant.distance.R)

```
discriminiant.distance <- function
    (TrnX1, TrnX2, TstX = NULL, var.equal = FALSE){
    if (is.null(TstX) == TRUE) TstX <- rbind(TrnX1,TrnX2)
    if (is.vector(TstX) == TRUE)  TstX <- t(as.matrix(TstX))
    else if (is.matrix(TstX) != TRUE)
        TstX <- as.matrix(TstX)
    if (is.matrix(TrnX1) != TRUE) TrnX1 <- as.matrix(TrnX1)
    if (is.matrix(TrnX2) != TRUE) TrnX2 <- as.matrix(TrnX2)

    nx <- nrow(TstX)
    blong <- matrix(rep(0, nx), nrow=1, byrow=TRUE,
            dimnames=list("blong", 1:nx))
    mu1 <- colMeans(TrnX1); mu2 <- colMeans(TrnX2)
    if (var.equal == TRUE  || var.equal == T){
        S <- var(rbind(TrnX1,TrnX2))
        w <- mahalanobis(TstX, mu2, S)
            - mahalanobis(TstX, mu1, S)
    }
    else{
        S1 < -var(TrnX1); S2 <- var(TrnX2)
        w <- mahalanobis(TstX, mu2, S2)
            - mahalanobis(TstX, mu1, S1)
    }
    for (i in 1:nx){
        if (w[i] > 0)
            blong[i] <- 1
        else
            blong[i] <- 2
    }
    blong
}
```

在程序中, 输入变量 TrnX1、TrnX2 分别表示 X_1 类、X_2 类的训练样本, 其输入格式是数据框或矩阵 (样本按行输入), 输入变量 TstX 是待测样本, 其输入格式是数据框、矩阵 (样本按行输入), 或向量 (一个待测样本). 如果不输入 TstX(默认值), 则待测样本为两个训练样本之和, 即计算训练样本的回代情况. 输入变量 var.equal 是逻辑变量, var.equal=TRUE

表示两个总体的协方差阵相同; 否则 (默认值) 为不同. 函数的输出是由 "1" 和 "2" 构成的一维矩阵, "1" 表示待测样本属于 X_1 类, "2" 表示待测样本属于 X_2 类.

在上述程序中, 用到 Mahalanobis 距离函数 mahalanobis(), 该函数的使用格式为

```
mahalanobis(x, center, cov, inverted=FALSE, ...)
```

其中 x 是由样本数据构成的向量或矩阵 (p 维), center 为样本中心, cov 为样本的协方差阵. 其公式为

$$D^2 = (\boldsymbol{x} - \boldsymbol{\mu})^{\mathrm{T}} \boldsymbol{\Sigma}^{-1} (\boldsymbol{x} - \boldsymbol{\mu}).$$

4. 判别实例

例 8.1　在研究砂基液化问题中, 选了 7 个因子. 今从已液化和未液化的地层中分别抽了 12 个和 23 个样本, 数据列在表 8.1 中, 其中 I 类表示已液化类, II 类表示未液化类. 试建立距离判别的判别准则, 并按判别准则对原 35 个样本进行回代 (即按判别准则进行分类), 分析误判情况.

表 8.1　原始分类数据

编号	类别	x_1	x_2	x_3	x_4	x_5	x_6	x_7
1	I	6.6	39	1.0	6.0	6	0.12	20
2	I	6.6	39	1.0	6.0	12	0.12	20
3	I	6.1	47	1.0	6.0	6	0.08	12
4	I	6.1	47	1.0	6.0	12	0.08	12
5	I	8.4	32	2.0	7.5	19	0.35	75
6	I	7.2	6	1.0	7.0	28	0.30	30
7	I	8.4	113	3.5	6.0	18	0.15	75
8	I	7.5	52	1.0	6.0	12	0.16	40
9	I	7.5	52	3.5	7.5	6	0.16	40
10	I	8.3	113	0.0	7.5	35	0.12	180
11	I	7.8	172	1.0	3.5	14	0.21	45
12	I	7.8	172	1.5	3.0	15	0.21	45
13	II	8.4	32	1.0	5.0	4	0.35	75
14	II	8.4	32	2.0	9.0	10	0.35	75
15	II	8.4	32	2.5	4.0	10	0.35	75
16	II	6.3	11	4.5	7.5	3	0.20	15
17	II	7.0	8	4.5	4.5	9	0.25	30
18	II	7.0	8	6.0	7.5	4	0.25	30
19	II	7.0	8	1.5	6.0	1	0.25	30
20	II	8.3	161	1.5	4.0	4	0.08	70
21	II	8.3	161	0.5	2.5	1	0.08	70
22	II	7.2	6	3.5	4.0	12	0.30	30

编号	类别	x_1	x_2	x_3	x_4	x_5	x_6	x_7
23	II	7.2	6	1.0	3.0	3	0.30	30
24	II	7.2	6	1.0	6.0	5	0.30	30
25	II	5.5	6	2.5	3.0	7	0.18	18
26	II	8.4	113	3.5	4.5	6	0.15	75
27	II	8.4	113	3.5	4.5	8	0.15	75
28	II	7.5	52	1.0	6.0	6	0.16	40
29	II	7.5	52	1.0	7.5	8	0.16	40
30	II	8.3	97	0.0	6.0	5	0.15	180
31	II	8.3	97	2.5	6.0	5	0.15	180
32	II	8.3	89	0.0	6.0	10	0.16	180
33	II	8.3	56	1.5	6.0	13	0.25	180
34	II	7.8	172	1.0	3.5	6	0.21	45
35	II	7.8	283	1.0	4.5	6	0.18	45

解 输入数据, 调用函数 discriminiant.distance() 进行判别, 分别考虑两总体协方差阵相同和协方差阵不同的情况.

```
> classX1<-data.frame(
      x1=c(6.60,  6.60,  6.10,  6.10,  8.40,  7.2,   8.40,  7.50,
           7.50,  8.30,  7.80,  7.80),
      x2=c(39.00,39.00, 47.00, 47.00, 32.00,  6.0, 113.00, 52.00,
           52.00,113.00,172.00,172.00),
      x3=c(1.00,  1.00,  1.00,  1.00,  2.00,  1.0,   3.50,  1.00,
           3.50,  0.00,  1.00,  1.50),
      x4=c(6.00,  6.00,  6.00,  6.00,  7.50,  7.0,   6.00,  6.00,
           7.50,  7.50,  3.50,  3.00),
      x5=c(6.00, 12.00,  6.00, 12.00, 19.00, 28.0,  18.00, 12.00,
           6.00, 35.00, 14.00, 15.00),
      x6=c(0.12,  0.12,  0.08,  0.08,  0.35,  0.3,   0.15,  0.16,
           0.16,  0.12,  0.21,  0.21),
      x7=c(20.00,20.00, 12.00, 12.00, 75.00, 30.0,  75.00, 40.00,
           40.00,180.00, 45.00, 45.00)
   )
> classX2<-data.frame(
      x1=c(8.40,  8.40,  8.40,  6.3, 7.00,  7.00,  7.00,  8.30,
```

```
             8.30,    7.2,    7.2,  7.2, 5.50,   8.40,   8.40,   7.50,
             7.50,   8.30,   8.30, 8.30, 8.30,   7.80,   7.80),
       x2=c(32.0,  32.00,  32.00, 11.0, 8.00,   8.00,   8.00,161.00,
            161.0,   6.0,    6.0,  6.0, 6.00,113.00,113.00, 52.00,
            52.00,  97.00,  97.00,89.00,56.00,172.00,283.00),
       x3=c(1.00,   2.00,   2.50,  4.5, 4.50,   6.00,   1.50,   1.50,
             0.50,   3.5,    1.0,  1.0, 2.50,   3.50,   3.50,   1.00,
             1.00,   0.00,   2.50, 0.00, 1.50,   1.00,   1.00),
       x4=c(5.00,   9.00,   4.00,  7.5, 4.50,   7.50,   6.00,   4.00,
             2.50,   4.0,    3.0,  6.0, 3.00,   4.50,   4.50,   6.00,
             7.50,   6.00,   6.00, 6.00, 6.00,   3.50,   4.50),
       x5=c(4.00,  10.00,  10.00,  3.0, 9.00,   4.00,   1.00,   4.00,
             1.00,  12.0,    3.0,  5.0, 7.00,   6.00,   8.00,   6.00,
             8.00,   5.00,   5.00,10.00,13.00,   6.00,   6.00),
       x6=c(0.35,   0.35,   0.35,  0.2, 0.25,   0.25,   0.25,   0.08,
             0.08,   0.30,   0.3,  0.3, 0.18,   0.15,   0.15,   0.16,
             0.16,   0.15,   0.15, 0.16, 0.25,   0.21,   0.18),
       x7=c(75.00, 75.00,  75.00, 15.0,30.00,  30.00,  30.00,  70.00,
            70.00,  30.0,   30.0, 30.0,18.00,  75.00,  75.00,  40.00,
            40.00,180.00, 180.00,180.00,180.00,45.00,45.00)
   )
> source("discriminiant.distance.R")
> discriminiant.distance(classX1, classX2, var.equal=TRUE)
       1 2 3 4 5 6 7 8 9 10 11 12 13 14 15 16 17 18 19 20 21 22 23
blong  1 1 1 1 1 1 1 1 2  1  1  1  2  2  2  2  2  2  2  2  2  2  2
       24 25 26 27 28 29 30 31 32 33 34 35
blong   2  2  2  2  1  1  2  2  2  2  2  2
> discriminiant.distance(classX1, classX2)
       1 2 3 4 5 6 7 8 9 10 11 12 13 14 15 16 17 18 19 20 21 22 23
blong  1 1 1 1 1 1 1 1 2  1  1  1  2  2  2  2  2  2  2  2  2  2  2
       24 25 26 27 28 29 30 31 32 33 34 35
blong   2  2  2  2  2  2  2  2  2  2  2  2
```

在认为两总体协方差阵相同的情况下, 将训练样本回代进行判别, 有三个点判错, 分别是第 9 号样本、第 28 号样本和第 29 号样本.

在认为两总体协方差阵不同的情况下, 将训练样本回代进行判别, 只有一个点判错,是第 9 号样本.

5. 多分类问题的距离判别

对于距离判别, 很容易将两分类判别方法推广到多分类问题. 事实上, 距离判别的本质就是计算 Mahalanobis 距离, 待测样本距哪个总体的距离近, 就认为它属于哪一类.

假设样本共有 k 类, 分别是 $X_1, X_2, \cdots, X_k$. 若认为这 k 类总体的协方差阵相同, 即

$$\Sigma_1 = \Sigma_2 = \cdots = \Sigma_k = \Sigma,$$

则用全部样本计算的样本协方差阵 $\widehat{\Sigma}$ 作为总体协方差阵 Σ 的估计值. 若认为 k 类总体的协方差阵不相同, 则用各自的样本计算的样本方差 $\widehat{\Sigma}_j$ 作为总体方差 Σ_j 的估计值.

相应的判别准则为

$$R_i = \{\boldsymbol{x} \mid d(\boldsymbol{x}, X_i) = \min_{1 \leqslant j \leqslant k} d(\boldsymbol{x}, X_j)\}, \quad i = 1, 2, \cdots, k,$$

其中 $d(\boldsymbol{x}, X_j)$ 是由式 (8.2) 定义样本 $\boldsymbol{x}$ 与总体 X_j 的 Mahalanobis 距离. 若认为协方差阵相同时, 式 (8.2) 中的 Σ 由估计值 $\widehat{\Sigma}$ 代替, 若认为协方差阵不同时, 式 (8.2) 中的 Σ 由估计值 $\widehat{\Sigma}_j$ 代替.

用上述方法编写成 R 程序. (程序名: distinguish.distance.R)

```
distinguish.distance <- function
    (TrnX, TrnG, TstX = NULL, var.equal = FALSE){
    if ( is.factor(TrnG) == FALSE){
        mx <- nrow(TrnX); mg <- nrow(TrnG)
        TrnX <- rbind(TrnX, TrnG)
        TrnG <- factor(rep(1:2, c(mx, mg)))
    }
    if (is.null(TstX) == TRUE) TstX <- TrnX
    if (is.vector(TstX) == TRUE)  TstX <- t(as.matrix(TstX))
    else if (is.matrix(TstX) != TRUE)
        TstX <- as.matrix(TstX)
    if (is.matrix(TrnX) != TRUE) TrnX <- as.matrix(TrnX)

    nx <- nrow(TstX)
    blong <- matrix(rep(0, nx), nrow=1,
            dimnames=list("blong", 1:nx))
    g <- length(levels(TrnG))
    mu <- matrix(0, nrow=g, ncol=ncol(TrnX))
```

```
for (i in 1:g)
    mu[i,] <- colMeans(TrnX[TrnG==i,])
D < -matrix(0, nrow=g, ncol=nx)
if (var.equal == TRUE  || var.equal == T){
    for (i in 1:g)
        D[i,] <- mahalanobis(TstX, mu[i,], var(TrnX))
}
else{
    for (i in 1:g)
        D[i,] <- mahalanobis(TstX, mu[i,], var(TrnX[TrnG==i,]))
}
for (j in 1:nx){
    dmin <- Inf
    for (i in 1:g)
        if (D[i,j] < dmin){
            dmin <- D[i,j]; blong[j] <- i
        }
    }
    blong
}
```

程序分别考虑了总体协方差阵相同和总体协方差阵不同的两种情况. 输入变量 TrnX 表示训练样本, 其输入格式是矩阵 (样本按行输入) 或数据框. TrnG 是因子变量, 表示输入训练样本的分类情况. 输入变量 TstX 是待测样本, 其输入格式是矩阵 (样本按行输入)、数据框或向量 (一个待测样本). 如果不输入 TstX(默认值), 则待测样本为训练样本. 输入变量 var.equal 是逻辑变量, var.equal=TRUE 表示计算时认为总体协方差阵相同; 否则 (默认值) 是不同的. 函数的输出是由数字构成的的一维矩阵, 数字表示相应的类. 为了与前一个程序兼容, 对于二分类问题, 也可以按照 discriminiant.distance 函数的输入格式输入.

例 8.2 Fisher Iris 数据. Iris 数据有 4 个属性, 萼片的长度、萼片的宽度、花瓣长度和花瓣的宽度. 数据共 150 个样本, 分为 3 类, 前 50 个数据是第一类 —— Setosa, 中间的 50 个数据是第二类 —— Versicolor, 最后 50 个数据是第三类 —— Virginica. 试用距离判别对 Iris 数据进行判别分析.

解　R 软件中提供了 Iris 数据, 数据的前 4 列是数据的 4 个属性, 第 5 列标明数据属于哪一类.

```
> X<-iris[,1:4]
```

```
> G<-gl(3,50)
> source("distinguish.distance.R")
> distinguish.distance(X,G)
```

	1	2	3	4	5	6	7	8	9	10	11	12	13	14	15	16	17	18	19	20	21	22	23
blong	1	1	1	1	1	1	1	1	1	1	1	1	1	1	1	1	1	1	1	1	1	1	1

	24	25	26	27	28	29	30	31	32	33	34	35	36	37	38	39	40	41	42	43
blong	1	1	1	1	1	1	1	1	1	1	1	1	1	1	1	1	1	1	1	1

	44	45	46	47	48	49	50	51	52	53	54	55	56	57	58	59	60	61	62	63
blong	1	1	1	1	1	1	1	2	2	2	2	2	2	2	2	2	2	2	2	2

	64	65	66	67	68	69	70	71	72	73	74	75	76	77	78	79	80	81	82	83
blong	2	2	2	2	2	2	2	3	2	3	2	2	2	2	2	2	2	2	2	2

	84	85	86	87	88	89	90	91	92	93	94	95	96	97	98	99	100	101	102
blong	3	2	2	2	2	2	2	2	2	2	2	2	2	2	2	2	2	3	3

	103	104	105	106	107	108	109	110	111	112	113	114	115	116	117
blong	3	3	3	3	3	3	3	3	3	3	3	3	3	3	3

	118	119	120	121	122	123	124	125	126	127	128	129	130	131	132
blong	3	3	3	3	3	3	3	3	3	3	3	3	3	3	3

	133	134	135	136	137	138	139	140	141	142	143	144	145	146	147
blong	3	3	3	3	3	3	3	3	3	3	3	3	3	3	3

	148	149	150
blong	3	3	3

从计算结果可以看出, 只有第 71 号样本、第 73 号样本和第 84 号样本错判, 回代的判别正确率为 $147/150 = 98\%$.

8.1.2 Bayes 判别

Bayes 判别是假定对研究对象已有一定的认识, 这种认识常用先验概率来描述, 当取得样本后, 就可以用样本来修正已有的先验概率分布, 得出后验概率分布. 现通过后验概率分布进行各种统计推断.

1. 误判概率与误判损失

考虑两个总体的判别情况. 设 X_1 与 X_2 分别具有概率密度函数 $f_1(\boldsymbol{x})$ 与 $f_2(\boldsymbol{x})$, 其中 $\boldsymbol{x}$ 是 p 维向量. 记 Ω 为 $\boldsymbol{x}$ 的所有可能观测值的全体, 称为样本空间. R_1 为根据某种规则要判为 X_1 的那些 $\boldsymbol{x}$ 的全体, 而 $R_2 = \Omega - R_1$ 是要判为 X_2 的那些 $\boldsymbol{x}$ 的全体. 某样本实际来自 X_1, 但被判为 X_2 的概率为

$$P(2|1) = P\{\boldsymbol{x} \in R_2|X_1\} = \int_{R_2} f_1(\boldsymbol{x})\mathrm{d}\boldsymbol{x}, \tag{8.15}$$

来自 X_2, 但被判为 X_1 的概率为

$$P(1|2) = P\{\boldsymbol{x} \in R_1|X_2\} = \int_{R_1} f_2(\boldsymbol{x})\mathrm{d}\boldsymbol{x}. \tag{8.16}$$

类似地, 来自 X_1 也被判为 X_1, 来自 X_2 也被判为 X_2 的概率为

$$P(1|1) = P\{\boldsymbol{x} \in R_1|X_1\} = \int_{R_1} f_1(\boldsymbol{x})\mathrm{d}\boldsymbol{x}, \tag{8.17}$$

$$P(2|2) = P\{\boldsymbol{x} \in R_2|X_2\} = \int_{R_2} f_2(\boldsymbol{x})\mathrm{d}\boldsymbol{x}. \tag{8.18}$$

又设 p_1, p_2 分别表示总体 X_1 和 X_2 的先验概率, 且 $p_1 + p_2 = 1$, 于是

$$\begin{aligned} P\{\text{正确地判为}X_1\} &= P\{\text{来自 } X_1, \text{被判为 } X_1\} \\ &= P\{\boldsymbol{x} \in R_1|X_1\} \cdot P(X_1) = P(1|1) \cdot p_1, \end{aligned} \tag{8.19}$$

$$\begin{aligned} P\{\text{误判到}X_1\} &= P\{\text{来自 } X_2, \text{被判为 } X_1\} \\ &= P\{\boldsymbol{x} \in R_1|X_2\} \cdot P(X_2) = P(1|2) \cdot p_2. \end{aligned} \tag{8.20}$$

类似地有

$$P\{\text{正确地判为}X_2\} = P(2|2) \cdot p_2, \tag{8.21}$$

$$P\{\text{误判到}X_2\} = P(2|1) \cdot p_1. \tag{8.22}$$

设 $L(1|2)$ 表示来自 X_2 被误判为 X_1 引起的损失, $L(2|1)$ 表示来自 X_1 被误判为 X_2 引起的损失, 并规定 $L(1|1) = L(2|2) = 0$.

将上述误判概率与误判损失结合起来, 定义平均误判损失 (expected cost of misclassification, 简记为 ECM) 如下:

$$\mathrm{ECM}(R_1, R_2) = L(2|1)P(2|1)p_1 + L(1|2)P(1|2)p_2. \tag{8.23}$$

一个合理的选择是使 ECM 达到极小.

2. 两个总体的 Bayes 判别

可以证明, 极小化平均误判损失函数 (8.23) 的划分区域 R_1 和 R_2 为

$$R_1 = \left\{ \boldsymbol{x} \,\Big|\, \frac{f_1(\boldsymbol{x})}{f_2(\boldsymbol{x})} \geqslant \frac{L(1|2)}{L(2|1)} \cdot \frac{p_2}{p_1} \right\}, \quad R_2 = \left\{ x \,\Big|\, \frac{f_1(\boldsymbol{x})}{f_2(\boldsymbol{x})} < \frac{L(1|2)}{L(2|1)} \cdot \frac{p_2}{p_1} \right\}. \tag{8.24}$$

因此, 可以将式 (8.24) 作为 Bayes 判别的判别准则. 在这个准则中只需要计算:

(1) 样本点 $\boldsymbol{x}$ 的概率密度函数比 $f_1(\boldsymbol{x})/f_2(\boldsymbol{x})$;

(2) 损失比 $L(1|2)/L(2|1)$;

(3) 先验概率比 p_2/p_1.

下面讨论正态分布情况下, 样本点 x 的概率密度函数比的计算. 设 $X_i \sim N(\boldsymbol{\mu}_i, \boldsymbol{\Sigma}_i)$ ($i = 1, 2$), 分别考虑总体协方差阵相同和协方差阵不同的情况.

首先考虑总体协方差阵相同的情况, 即 $\boldsymbol{\Sigma}_1 = \boldsymbol{\Sigma}_2 = \boldsymbol{\Sigma}$. 此时 X_i 的密度为

$$f_i(\boldsymbol{x}) = (2\pi)^{-\pi/2} |\boldsymbol{\Sigma}|^{-1/2} \exp\left\{ -\frac{1}{2}(\boldsymbol{x} - \boldsymbol{\mu}_i)^{\mathrm{T}} \boldsymbol{\Sigma}^{-1}(\boldsymbol{x} - \boldsymbol{\mu}_i) \right\}, \quad i = 1, 2, \tag{8.25}$$

因此, R_1 和 R_2 划分区域 (8.24) 等价于

$$R_1 = \left\{ \boldsymbol{x} \;\middle|\; W(\boldsymbol{x}) \geqslant \beta \right\}, \quad R_2 = \left\{ \boldsymbol{x} \;\middle|\; W(\boldsymbol{x}) < \beta \right\}, \tag{8.26}$$

其中

$$\begin{aligned}
W(\boldsymbol{x}) &= \frac{1}{2}(\boldsymbol{x} - \boldsymbol{\mu}_2)^{\mathrm{T}} \boldsymbol{\Sigma}^{-1}(\boldsymbol{x} - \boldsymbol{\mu}_2) - \frac{1}{2}(\boldsymbol{x} - \boldsymbol{\mu}_1)^{\mathrm{T}} \boldsymbol{\Sigma}^{-1}(\boldsymbol{x} - \boldsymbol{\mu}_1) \\
&= \left[\boldsymbol{x} - \frac{1}{2}(\boldsymbol{\mu}_1 + \boldsymbol{\mu}_2) \right]^{\mathrm{T}} \boldsymbol{\Sigma}^{-1}(\boldsymbol{\mu}_1 - \boldsymbol{\mu}_2),
\end{aligned} \tag{8.27}$$

$$\beta = \ln \frac{L(1|2) \cdot p_2}{L(2|1) \cdot p_1}. \tag{8.28}$$

不难发现, 对于正态分布总体的 Bayes 判别, 其判别规则式 (8.26)～ 式 (8.28) 可以看成距离判别的推广, 当 $p_1 = p_2$, $L(1|2) = L(2|1)$ 时, $\beta = 0$, 就是距离判别.

再考虑总体协方差阵不同的情况, 即 $\boldsymbol{\Sigma}_1 \neq \boldsymbol{\Sigma}_2$. 此时 R_1 和 R_2 划分区域 (8.24) 等价于

$$R_1 = \left\{ \boldsymbol{x} \;\middle|\; W(\boldsymbol{x}) \geqslant \beta \right\}, \quad R_2 = \left\{ \boldsymbol{x} \;\middle|\; W(\boldsymbol{x}) < \beta \right\}, \tag{8.29}$$

其中

$$W(\boldsymbol{x}) = \frac{1}{2}(\boldsymbol{x} - \boldsymbol{\mu}_2)^{\mathrm{T}} \boldsymbol{\Sigma}_2^{-1}(\boldsymbol{x} - \boldsymbol{\mu}_2) - \frac{1}{2}(\boldsymbol{x} - \boldsymbol{\mu}_1)^{\mathrm{T}} \boldsymbol{\Sigma}_1^{-1}(\boldsymbol{x} - \boldsymbol{\mu}_1), \tag{8.30}$$

$$\beta = \ln \frac{L(1|2) \cdot p_2}{L(2|1) \cdot p_1} + \frac{1}{2} \ln\left(\frac{|\boldsymbol{\Sigma}_1|}{|\boldsymbol{\Sigma}_2|} \right). \tag{8.31}$$

3. R 程序与例子

按照上述方法写出两总体判别的 Bayes 判别程序. (程序名: discriminiant .bayes.R)

```
discriminiant.bayes <- function
    (TrnX1, TrnX2, rate = 1, TstX = NULL, var.equal = FALSE){
    if (is.null(TstX) == TRUE) TstX<-rbind(TrnX1,TrnX2)
    if (is.vector(TstX) == TRUE)  TstX <- t(as.matrix(TstX))
```

```
    else if (is.matrix(TstX) != TRUE)
        TstX <- as.matrix(TstX)
    if (is.matrix(TrnX1) != TRUE) TrnX1 <- as.matrix(TrnX1)
    if (is.matrix(TrnX2) != TRUE) TrnX2 <- as.matrix(TrnX2)

    nx <- nrow(TstX)
    blong <- matrix(rep(0, nx), nrow=1, byrow=TRUE,
            dimnames=list("blong", 1:nx))
    mu1 <- colMeans(TrnX1); mu2 <- colMeans(TrnX2)
    if (var.equal == TRUE  || var.equal == T){
        S <- var(rbind(TrnX1,TrnX2)); beta <- 2*log(rate)
        w <- mahalanobis(TstX, mu2, S)
            - mahalanobis(TstX, mu1, S)
    }
    else{
        S1 <- var(TrnX1); S2 <- var(TrnX2)
        beta <- 2*log(rate) + log(det(S1)/det(S2))
        w <- mahalanobis(TstX, mu2, S2)
            - mahalanobis(TstX, mu1, S1)
    }

    for (i in 1:nx){
        if (w[i] > beta)
            blong[i] <- 1
        else
            blong[i] <- 2
    }
    blong
}
```

在程序中, 输入变量 TrnX1、TrnX2 分别表示 X_1 类、X_2 类的训练样本, 其输入格式是数据框或矩阵 (样本按行输入). rate=$\dfrac{L(1|2)}{L(2|1)} \cdot \dfrac{p_2}{p_1}$, 默认值为 1. TstX 是待测样本, 其输入格式是数据框、矩阵 (样本按行输入) 或向量 (一个待测样本). 如果不输入 TstX(默认值), 则待测样本为两个训练样本之和, 即计算训练样本的回代情况. 输入变量 var.equal 是逻辑变量, var.equal=TRUE 表示认为两总体的协方差阵是相同的; 否则 (默认值) 是不同的.

函数的输出是由 "1" 和 "2" 构成的一维矩阵, "1" 表示待测样本属于 X_1 类, "2" 表示待测样本属于 X_2 类.

例 8.3   表 8.2 是某气象站预报有无春旱的实际资料, x_1 与 x_2 是综合预报因子 (气象含义略), 有春旱的是 6 个年份的资料, 无春旱的是 8 个年份的资料, 它们的先验概率分别用 6/14 和 8/14 来估计, 并假设误判损失相等. 试用 Bayes 估计对数据进行分析.

表 8.2   某气象站有无春旱的资料

序号	春 旱		无 春 旱	
1	24.8	−2.0	22.1	−0.7
2	24.1	−2.4	21.6	−1.4
3	26.6	−3.0	22.0	−0.8
4	23.5	−1.9	22.8	−1.6
5	25.5	−2.1	22.7	−1.5
6	27.4	−3.1	21.5	−1.0
7			22.1	−1.2
8			21.4	−1.3

解   输入数据 (按矩阵形式), 再调用 discriminiant.bayes() 函数进行判别. (程序名: exam0803.R)

```
> TrnX1<-matrix(
      c(24.8, 24.1, 26.6, 23.5, 25.5, 27.4,
        -2.0, -2.4, -3.0, -1.9, -2.1, -3.1),
      ncol=2)
> TrnX2<-matrix(
      c(22.1, 21.6, 22.0, 22.8, 22.7, 21.5, 22.1, 21.4,
        -0.7, -1.4, -0.8, -1.6, -1.5, -1.0, -1.2, -1.3),
      ncol=2)
####调用已编好的程序
> source("discriminiant.bayes.R")
####认为总体协方差相同
> discriminiant.bayes(X1, X2, rate=8/6, var.equal=TRUE)
        1 2 3 4 5 6 7 8 9 10 11 12 13 14
blong 1 1 1 2 1 1 2 2 2  2  2  2  2  2
```

第 4 号样本被错判.

```
####认为总体协方差不同
> discriminiant.bayes(TrnX1, TrnX2, rate=8/6)
        1 2 3 4 5 6 7 8 9 10 11 12 13 14
```

```
blong 1 1 1 1 1 1 2 2 2  2  2  2  2
```

所有样本回代全部正确.

4. 多分类问题的 Bayes 判别

从上面的计算过程可知, Bayes 判别的本质就是找到一种判别准则, 使得平均误判损失达到最小, 也就是相应的概率达到最大.

假设样本共有 k 类, 分别是 $X_1, X_2, \cdots, X_k$, 相应的先验概率为 $p_1, p_2, \cdots, p_k$, 并假设所有错判损失相同, 因此相应的判别准则为

$$R_i = \{\boldsymbol{x} \mid p_i f_i(\boldsymbol{x}) = \max_{1 \leqslant j \leqslant k} p_j f_j(\boldsymbol{x})\}, \quad i = 1, 2, \cdots, k. \tag{8.32}$$

以下只在 k 类总体分布为正态分布的情况下讨论, 当 k 类总体的协方差阵相同, 即 $\boldsymbol{\Sigma}_1 = \boldsymbol{\Sigma}_2 = \cdots = \boldsymbol{\Sigma}_k = \boldsymbol{\Sigma}$, 此时概率密度函数为

$$f_j(\boldsymbol{x}) = (2\pi)^{-\pi/2} |\boldsymbol{\Sigma}|^{-1/2} \exp\left\{-\frac{1}{2}(\boldsymbol{x} - \boldsymbol{\mu}_j)^{\mathrm{T}} \boldsymbol{\Sigma}^{-1}(\boldsymbol{x} - \boldsymbol{\mu}_j)\right\}, \quad j = 1, 2, \cdots, k, \tag{8.33}$$

则计算函数

$$d_j(\boldsymbol{x}) = \frac{1}{2}(\boldsymbol{x} - \boldsymbol{\mu}_j)^{\mathrm{T}} \boldsymbol{\Sigma}^{-1}(\boldsymbol{x} - \boldsymbol{\mu}_j) - \ln p_j, \tag{8.34}$$

在计算中, 式 (8.34) 中协方差阵 $\boldsymbol{\Sigma}$ 用其估计值 $\widehat{\boldsymbol{\Sigma}}$ 代替.

当 k 类总体的协方差阵不同, 此时概率密度函数为

$$f_j(\boldsymbol{x}) = (2\pi)^{-\pi/2} |\boldsymbol{\Sigma}_j|^{-1/2} \exp\left\{-\frac{1}{2}(\boldsymbol{x} - \boldsymbol{\mu}_j)^{\mathrm{T}} \boldsymbol{\Sigma}_j^{-1}(\boldsymbol{x} - \boldsymbol{\mu}_j)\right\}, \quad j = 1, 2, \cdots, k, \tag{8.35}$$

则计算函数

$$d_j(\boldsymbol{x}) = \frac{1}{2}(\boldsymbol{x} - \boldsymbol{\mu}_j)^{\mathrm{T}} \boldsymbol{\Sigma}_j^{-1}(\boldsymbol{x} - \boldsymbol{\mu}_j) - \ln p_j - \frac{1}{2}\ln(|\boldsymbol{\Sigma}_j|), \tag{8.36}$$

在计算中, 式 (8.36) 中协方差阵 $\boldsymbol{\Sigma}_j$ 用其估计值 $\widehat{\boldsymbol{\Sigma}}_j$ 代替.

判别准则 (8.32) 等价为

$$R_i = \{\boldsymbol{x} \mid d_i(\boldsymbol{x}) = \min_{1 \leqslant j \leqslant k} d_j(\boldsymbol{x})\}, \quad i = 1, 2, \cdots, k. \tag{8.37}$$

用上述方法编写成 R 程序. (程序名: distinguish.bayes.R)

```
distinguish.bayes <- function
    (TrnX, TrnG, p = rep(1, length(levels(TrnG))),
    TstX = NULL, var.equal = FALSE){
  if ( is.factor(TrnG) == FALSE){
      mx <- nrow(TrnX); mg <- nrow(TrnG)
      TrnX <- rbind(TrnX, TrnG)
```

```
      TrnG <- factor(rep(1:2, c(mx, mg)))
}
if (is.null(TstX) == TRUE) TstX <- TrnX
if (is.vector(TstX) == TRUE)  TstX <- t(as.matrix(TstX))
else if (is.matrix(TstX) != TRUE)
    TstX <- as.matrix(TstX)
if (is.matrix(TrnX) != TRUE) TrnX <- as.matrix(TrnX)


nx <- nrow(TstX)
blong <- matrix(rep(0, nx), nrow=1,
                dimnames=list("blong", 1:nx))
g <- length(levels(TrnG))
mu <- matrix(0, nrow=g, ncol=ncol(TrnX))
for (i in 1:g)
    mu[i,] <- colMeans(TrnX[TrnG==i,])
D <- matrix(0, nrow=g, ncol=nx)
if (var.equal == TRUE  || var.equal == T){
    for (i in 1:g){
        d2 <- mahalanobis(TstX, mu[i,], var(TrnX))
        D[i,] <- d2 - 2*log(p[i])
    }
}
else{
    for (i in 1:g){
        S <- var(TrnX[TrnG==i,])
        d2 <- mahalanobis(TstX, mu[i,], S)
        D[i,] <- d2 - 2*log(p[i])-log(det(S))
    }
}
for (j in 1:nx){
    dmin <- Inf
    for (i in 1:g)
        if (D[i,j] < dmin){
            dmin <- D[i,j]; blong[j] <- i
    }
```

```
    }
    blong
  }
```

程序分别考虑了总体协方差阵相同和协方差阵不同的情况. 输入变量 TrnX 表示训练样本, 其输入格式是矩阵 (样本按行输入) 或数据框. TrnG 是因子变量, 表示训练样本的分类情况. 输入变量 p 是先验概率, 默认值均为 1. 输入变量 TstX 是待测样本, 其输入格式是矩阵 (样本按行输入)、数据框或向量 (一个待测样本). 如果不输入 TstX(默认值), 则待测样本为训练样本. 输入变量 var.equal 是逻辑变量, var.equal=TRUE 表示认为总体协方差阵相同; 否则 (默认值) 是不同的. 函数的输出是由数字构成的一维矩阵, 数字表示相应的类. 为了与前面两总体的判别程序兼容, 对于二分类问题, 也可以按照 discriminiant.bayes 函数的输入格式输入.

例 8.4　用 Bayes 判别对 Fisher Iris 数据进行分析. 假设先验概率相同, 均为 1. 考虑总体协方差差阵不同的情况.

解

```
> X<-iris[,1:4]
> G<-gl(3,50)
> distinguish.bayes(X,G)
> distinguish.bayes(X,G)
        1 2 3 4 5 6 7 8 9 10 11 12 13 14 15 16 17 18 19 20 21 22
blong 1 1 1 1 1 1 1 1 1  1  1  1  1  1  1  1  1  1  1  1  1  1
        23 24 25 26 27 28 29 30 31 32 33 34 35 36 37 38 39 40 41
blong 1  1  1  1  1  1  1  1  1  1  1  1  1  1  1  1  1  1  1
        42 43 44 45 46 47 48 49 50 51 52 53 54 55 56 57 58 59 60
blong 1  1  1  1  1  1  1  1  1  2  2  2  2  2  2  2  2  2  2
        61 62 63 64 65 66 67 68 69 70 71 72 73 74 75 76 77 78 79
blong 2  2  2  2  2  2  2  2  2  3  2  3  2  3  2  2  2  2  2
        80 81 82 83 84 85 86 87 88 89 90 91 92 93 94 95 96 97 98
blong 2  2  2  2  3  2  2  2  2  2  2  2  2  2  2  2  2  2  2
        99 100 101 102 103 104 105 106 107 108 109 110 111 112
blong 2  2   3   3   3   3   3   3   3   3   3   3   3   3
        113 114 115 116 117 118 119 120 121 122 123 124 125 126
blong 3   3   3   3   3   3   3   3   3   3   3   3   3   3
        127 128 129 130 131 132 133 134 135 136 137 138 139 140
blong 3   3   3   3   3   3   3   3   3   3   3   3   3   3
```

```
        141 142 143 144 145 146 147 148 149 150
 blong   3   3   3   3   3   3   3   3   3   3
```

从计算结果可以看出, 只有第 69、71、73、78、84 号样本错判, 回代的判别正确率为 $145/150 = 96.67\%$.

8.1.3 Fisher 判别

Fisher(费歇) 判别是按类内方差尽量小、类间方差尽量大的准则来求判别函数的. 在这里仅讨论两个总体的判别方法.

1. 判别准则

设两个总体 X_1 和 X_2 的均值与协方差阵分别为 μ_1, μ_2 和 Σ_1, Σ_2, 对于任给一个样本 x, 考虑它的判别函数

$$u = u(x),\tag{8.38}$$

并假设

$$u_1 = E(u(x) \mid x \in X_1), \qquad u_2 = E(u(x) \mid x \in X_2),\tag{8.39}$$

$$\sigma_1^2 = \text{var}(u(x) \mid x \in X_1), \quad \sigma_2^2 = \text{var}(u(x) \mid x \in X_2).\tag{8.40}$$

Fisher 判别准则就是要寻找判别函数 $u(x)$, 使类内偏差平方和

$$W_0 = \sigma_1^2 + \sigma_2^2$$

最小, 而类间偏差平方和

$$B_0 = (u_1 - u)^2 + (u_2 - u)^2$$

最大, 其中 $u = \dfrac{1}{2}(u_1 + u_2)$.

将上面两个要求结合在一起, Fisher 判别准则就是要求函数 $u(x)$ 使得

$$I = \frac{B_0}{W_0}\tag{8.41}$$

达到最大. 因此, 判别准则为

$$R_1 = \{x \mid |u(x) - u_1| \leqslant |u(x) - u_2|\},\tag{8.42}$$

$$R_2 = \{x \mid |u(x) - u_1| > |u(x) - u_2|\}.\tag{8.43}$$

2. 线性判别函数中系数的确定

从理论上讲, $u(x)$ 可以是任意函数, 但对于任意函数 $u(x)$, 使式 (8.41) 中的 I 达到最大很困难, 因此, 通常取 $u(x)$ 为线性函数, 即令

$$u(x) = a^{\mathrm{T}} x = a_1 x_1 + a_2 x_2 + \cdots + a_p x_p.\tag{8.44}$$

因此, 问题就转化为求 $u(\boldsymbol{x})$ 的系数 $\boldsymbol{a}$, 使得目标函数 I 达到最大.

与距离判别一样, 在实际计算中, 总体的均值与协方差阵未知, 因此需要用样本均值与协方差阵来代替. 设 $\boldsymbol{x}_1^{(1)}, \boldsymbol{x}_2^{(1)}, \cdots, \boldsymbol{x}_{n_1}^{(1)}$ 是来自总体 X_1 的 n_1 个样本, $\boldsymbol{x}_1^{(2)}, \boldsymbol{x}_2^{(2)}, \cdots, \boldsymbol{x}_{n_2}^{(2)}$ 是来自总体 X_1 的 n_2 个样本, 用这些样本得到 u_1, u_2, u, σ_1 和 σ_2 的估计,

$$\hat{u}_i = \overline{u_i} = \frac{1}{n_i} \sum_{j=1}^{n_i} u(\boldsymbol{x}_j^{(i)}) = \frac{1}{n_i} \sum_{j=1}^{n_i} \boldsymbol{a}^{\mathrm{T}} \boldsymbol{x}_j^{(i)}$$
$$= \boldsymbol{a}^{\mathrm{T}} \overline{\boldsymbol{x}^{(i)}}, \quad i = 1, 2, \tag{8.45}$$

$$\hat{u} = \overline{u} = \frac{1}{n} \sum_{i=1}^{2} \sum_{j=1}^{n_i} u(\boldsymbol{x}_j^{(i)}) = \frac{1}{n} \sum_{i=1}^{2} \sum_{j=1}^{n_i} \boldsymbol{a}^{\mathrm{T}} \boldsymbol{x}_j^{(i)}$$
$$= \boldsymbol{a}^{\mathrm{T}} \overline{\boldsymbol{x}}, \tag{8.46}$$

$$\hat{\sigma}_i^2 = \frac{1}{n_i - 1} \sum_{j=1}^{n_i} \left[u(\boldsymbol{x}_j^{(i)}) - \overline{u_i} \right]^2 = \frac{1}{n_i - 1} \sum_{j=1}^{n_i} \left[\boldsymbol{a}^{\mathrm{T}} \left(\boldsymbol{x}_j^{(i)} - \overline{\boldsymbol{x}^{(i)}} \right) \right]^2$$
$$= \frac{1}{n_i - 1} \boldsymbol{a}^{\mathrm{T}} \left[\sum_{j=1}^{n_i} \left(\boldsymbol{x}_j^{(i)} - \overline{\boldsymbol{x}^{(i)}} \right) \left(\boldsymbol{x}_j^{(i)} - \overline{\boldsymbol{x}^{(i)}} \right)^{\mathrm{T}} \right] \boldsymbol{a}$$
$$= \frac{1}{n_i - 1} \boldsymbol{a}^{\mathrm{T}} S_i \boldsymbol{a}, \quad i = 1, 2, \tag{8.47}$$

其中

$$n = n_1 + n_2,$$
$$S_i = \sum_{j=1}^{n_i} \left(\boldsymbol{x}_j^{(i)} - \overline{\boldsymbol{x}^{(i)}} \right) \left(\boldsymbol{x}_j^{(i)} - \overline{\boldsymbol{x}^{(i)}} \right)^{\mathrm{T}}, \quad i = 1, 2. \tag{8.48}$$

因此, 将类内偏差的平方 W_0 与类间偏差平方和 B_0 改为组内离差平方和 $\hat{W}_0$ 与组间离偏差的平方和 $\hat{B}_0$, 即

$$\hat{W}_0 = \sum_{i=1}^{2} (n_i - 1) \hat{\sigma}_i^2 = \boldsymbol{a}^{\mathrm{T}} (S_1 + S_2) \boldsymbol{a} = \boldsymbol{a}^{\mathrm{T}} S \boldsymbol{a}, \tag{8.49}$$

$$\hat{B}_0 = \sum_{i=1}^{2} n_i (\hat{u}_i - \hat{u})^2 = \boldsymbol{a}^{\mathrm{T}} \left(\sum_{i=1}^{2} n_i \left(\overline{\boldsymbol{x}^{(i)}} - \overline{\boldsymbol{x}} \right) \left(\overline{\boldsymbol{x}^{(i)}} - \overline{\boldsymbol{x}} \right)^{\mathrm{T}} \right) \boldsymbol{a}$$
$$= \frac{n_1 n_2}{n} \boldsymbol{a}^{\mathrm{T}} \left(\boldsymbol{d} \boldsymbol{d}^{\mathrm{T}} \right) \boldsymbol{a}, \tag{8.50}$$

其中 $S = S_1 + S_2$, $n = n_1 + n_2$, $\boldsymbol{d} = \left(\overline{\boldsymbol{x}^{(2)}} - \overline{\boldsymbol{x}^{(1)}} \right)$. 因此, 求 $I = \dfrac{\hat{B}_0}{\hat{W}_0}$ 最大, 等价于求

$$\frac{\boldsymbol{a}^{\mathrm{T}} (\boldsymbol{d} \boldsymbol{d}^{\mathrm{T}}) \boldsymbol{a}}{\boldsymbol{a}^{\mathrm{T}} S \boldsymbol{a}}$$

最大. 这个解是不惟一的, 因为对任意的 $a \neq 0$, 它的任意非零倍均保持其值不变. 不失一般性, 将求最大问题转化为约束优化问题

$$\max_a \quad a^{\mathrm{T}}(dd^{\mathrm{T}})a, \tag{8.51}$$

$$\text{s.t.} \quad a^{\mathrm{T}}Sa = 1. \tag{8.52}$$

由约束问题的一阶必要条件得到

$$a = S^{-1}d. \tag{8.53}$$

3. 确定判别函数

对于一个新样本 x, 现要确定 x 属于哪一类. 为方便起见, 不妨设 $\overline{u_1} < \overline{u_2}$. 因此由判别准则 (8.42), 当 $u(x) < \overline{u_1}$ 时, 则判 $x \in X_1$; 当 $u(x) > \overline{u_2}$ 时, 则判 $x \in X_2$. 那么, 当 $\overline{u_1} < u(x) < \overline{u_2}$ 时, x 属于哪一总体呢? 应当找 $\overline{u_1}$, $\overline{u_2}$ 的均值

$$\overline{u} = \frac{n_1}{n}\overline{u_1} + \frac{n_2}{n}\overline{u_2},$$

当 $u(x) < \overline{u}$ 时, 则判 $x \in X_1$; 否则判 $x \in X_2$. 由于

$$\begin{aligned} u(x) - \overline{u} &= u(x) - \left(\frac{n_1}{n}\overline{u_1} + \frac{n_2}{n}\overline{u_2}\right) = a^{\mathrm{T}}\left(x - \frac{n_1}{n}\overline{x^{(1)}} - \frac{n_2}{n}\overline{x^{(2)}}\right) \\ &= a^{\mathrm{T}}(x - \overline{x}) = d^{\mathrm{T}}S^{-1}(x - \overline{x}), \end{aligned} \tag{8.54}$$

其中

$$\overline{x^{(i)}} = \frac{1}{n_i}\sum_{j=1}^{n_i} x_j^{(i)}, \quad i = 1, 2,$$

$$\overline{x} = \frac{n_1}{n}\overline{x^{(1)}} + \frac{n_2}{n}\overline{x^{(2)}} = \frac{1}{n}\sum_{i=1}^{2}\sum_{j=1}^{n_i} x_j^{(i)},$$

由上式可知, $\overline{x}$ 就是样本均值. 因此, 构造判别函数

$$w(x) = d^{\mathrm{T}}S^{-1}(x - \overline{x}), \tag{8.55}$$

此时, 判别准则 (8.42)~(8.43) 等价为

$$R_1 = \{x \mid w(x) \leqslant 0\}, \quad R_2 = \{x \mid w(x) > 0\}. \tag{8.56}$$

4. R 程序与例子

根据前面所述方法, 编写相应的 R 程序. (程序名: discriminiant.fisher.R)

```
discriminiant.fisher <- function(TrnX1, TrnX2, TstX = NULL){
    if (is.null(TstX) == TRUE)     TstX <- rbind(TrnX1,TrnX2)
    if (is.vector(TstX) == TRUE)   TstX <- t(as.matrix(TstX))
    else if (is.matrix(TstX) != TRUE)
        TstX <- as.matrix(TstX)
    if (is.matrix(TrnX1) != TRUE)  TrnX1 <- as.matrix(TrnX1)
    if (is.matrix(TrnX2) != TRUE)  TrnX2 <- as.matrix(TrnX2)

    nx <- nrow(TstX)
    blong <- matrix(rep(0, nx), nrow=1, byrow=TRUE,
            dimnames=list("blong", 1:nx))
    n1 <- nrow(TrnX1); n2 <- nrow(TrnX2)
    mu1 <- colMeans(TrnX1); mu2 <- colMeans(TrnX2)
    S <- (n1-1)*var(TrnX1) + (n2-1)*var(TrnX2)
    mu <- n1/(n1+n2)*mu1 + n2/(n1+n2)*mu2
    w <- (TstX-rep(1,nx) %o% mu) %*% solve(S, mu2-mu1);
    for (i in 1:nx){
        if (w[i] <= 0)
            blong[i] <- 1
        else
            blong[i] <- 2
    }
    blong
}
```

在程序中, 输入变量 TrnX1、TrnX2 分别表示 X_1 类、X_2 类的训练样本, 其输入格式是数据框或矩阵 (样本按行输入). TstX 是待测样本, 其输入格式是数据框、矩阵 (样本按行输入) 或向量 (一个待测样本). 如果不输入 TstX(默认值), 则待测样本为两个训练样本之和, 即计算训练样本的回代情况. 函数的输出是由 "1" 和 "2" 构成的一维矩阵, "1" 表示待测样本属于 X_1 类, "2" 表示待测样本属于 X_2 类.

例 8.5　用 Fisher 判别解例 8.1.

解　输入数据 (见程序 exam0801.R), 调用函数 discriminiant.fisher().

```
> source("discriminiant.fisher.R")
> discriminiant.fisher(classX1, classX2)
        1 2 3 4 5 6 7 8 9 10 11 12 13 14 15 16 17 18 19 20 21 22
blong 1 1 1 1 1 1 1 1 1  1  1  1  1  2  2  2  2  2  2  2  2  2
```

	23	24	25	26	27	28	29	30	31	32	33	34	35
blong	2	2	2	2	2	1	1	2	2	2	2	2	2

将训练样本回代进行判别, 有两个点判错, 分别是第 28, 29 号样本.

对于多类的 Fisher 判别, 其基本原理相同, 这里就不介绍了.

8.2 聚 类 分 析

聚类分析 (cluster analysis) 是一类将数据所对应的研究对象进行分类的统计方法. 这一类方法的共同特点是：事先不知道类别的个数与结构；据以进行分析的数据是对象之间的相似性 (similarity) 或相异性 (dissimilarity) 的数据. 将这些相似 (相异) 性数据看成是对象之间的 "距离" 远近的一种度量, 将距离近的对象归入一类, 不同类之间的对象距离较远. 这就是聚类分析方法的共同思路.

聚类分析根据分类对象不同分为 Q 型聚类分析和 R 型聚类分析. Q 型聚类分析是指对样本进行聚类, R 型聚类分析是指对变量进行聚类分析.

8.2.1 距离和相似系数

聚类分析是研究对样本或变量的聚类, 在进行聚类时, 可使用的方法有很多, 而这些方法的选择往往与变量的类型有关系, 由于数据的来源及测量方法的不同, 变量大致可以分为两类.

(1) 定量变量. 也就是通常所说的连续量, 如长度、重量、产量、人口、速度和温度等, 它们是由测量或计数、统计所得到的量, 这些变量具有数值特征, 称为定量变量.

(2) 定性变量. 这些量并非真有数量上的变化, 而只有性质上的差异. 这些量还可以分为两种, 一种是有序变量, 它没有数量关系, 只有次序关系, 如某种产品分为一等品、二等品、三等品等, 矿石的质量分为贫矿和富矿；另一种是名义变量, 这种变量既无等级关系, 也无数量关系, 如天气 (阴、晴)、性别 (男、女)、职业 (工人、农民、教师、干部) 和产品的型号等.

1. 距离

设 x_{ik} 为第 i 个样本的第 k 个指标, 数据观测值如表 8.3 所示. 在表 8.3 中, 每个样本有 p 个变量, 故每个样本可以看成是 $\mathbf{R}^p$ 中的一个点, n 个样本就是 $\mathbf{R}^p$ 中的 n 个点. 在 $\mathbf{R}^p$ 中需要定义某种距离, 第 i 个样本与第 j 个样本之间的距离记为 d_{ij}, 在聚类过程中, 距离较近的点倾向于归为一类, 距离较远的点应归属不同类. 所定义的距离一般满足如下 4 个条件:

(1) $d_{ij} \geqslant 0$, 对一切 i, j;

(2) $d_{ij} = 0$, 当且仅当第 i 个样本与第 j 个样本的各变量值相同;

表 8.3　数据观测值

样本	变	量		
	x_1	x_2	$\cdots$	x_p
1	x_{11}	x_{12}	$\cdots$	x_{1p}
2	x_{21}	x_{22}	$\cdots$	x_{2p}
$\vdots$	$\vdots$	$\vdots$		$\vdots$
n	x_{n1}	x_{n2}	$\cdots$	x_{np}

(3) $d_{ij} = d_{ji}$, 对一切 i, j;

(4) $d_{ij} \leqslant d_{ik} + d_{kj}$, 对一切 i, j, k.

对于距离, 最常用的有以下几种:

(1) 绝对值距离

$$d_{ij}(1) = \sum_{k=1}^{p} |x_{ik} - x_{jk}|. \tag{8.57}$$

绝对值距离也称为 "棋盘距离" 或 "城市街区" 距离.

(2) Euclid(欧几里得) 距离

$$d_{ij}(2) = \sqrt{\sum_{k=1}^{p} (x_{ik} - x_{jk})^2}. \tag{8.58}$$

这就是通常意义下的距离.

(3) Minkowski(闵可夫斯基) 距离

$$d_{ij}(q) = \left[\sum_{k=1}^{p} (x_{ik} - x_{jk})^q \right]^{1/q}, \quad q > 0. \tag{8.59}$$

不难看出绝对值距离和 Euclid 距离是 Minkowski 距离的特例.

当各变量的单位不同或测量值的范围相差很大时, 不应直接采用 Minkowski 距离, 而应先对各变量的数据作标准化处理, 然后再用标准化后的数据进行计算.

(4) Chebyshev (切比雪夫) 距离

$$d_{ij}(\infty) = \max_{1 \leqslant k \leqslant p} |x_{ik} - x_{jk}|, \tag{8.60}$$

它是 Minkowski 距离中 $q \to \infty$ 的情况.

(5) Mahalanobis(马哈拉诺比斯) 距离

$$d_{ij}(M) = \sqrt{(\boldsymbol{x}_{(i)} - \boldsymbol{x}_{(j)})^{\mathrm{T}} \boldsymbol{S}^{-1} (\boldsymbol{x}_{(i)} - \boldsymbol{x}_{(j)})}, \tag{8.61}$$

其中 $\boldsymbol{x}_{(i)} = (x_{i1}, x_{i2}, \cdots, x_{ip})^{\mathrm{T}}$, $\boldsymbol{x}_{(j)} = (x_{j1}, x_{j2}, \cdots, x_{jp})^{\mathrm{T}}$, $\boldsymbol{S}$ 为样本方差矩阵.

用 Mahalanobis 距离的好处是考虑到各变量之间的相关性, 并且与变量的单位无关. 但 Mahalanobis 距离有一个很大的缺陷, 就是 Mahalanobis 距离公式中的 $\boldsymbol{S}$ 难以确定.

(6) Lance 和 Williams 距离

$$d_{ij}(L) = \sum_{k=1}^{p} \frac{|x_{ik} - x_{jk}|}{x_{ik} + x_{jk}}, \tag{8.62}$$

其中 $x_{ij} > 0$, $i = 1, 2, \cdots, n$; $j = 1, 2, \cdots, p$.

以上几种距离的定义均要求变量是定量变量, 下面介绍一种定性变量距离的定义方法.

(7) 定性变量样本间的距离

在数量化的理论中, 常将定性变量称为项目, 而将定性变量的各种不同的取 "值" 称为类目. 例如, 性别是项目, 而男或女是这个项目的类目; 体形也是一个项目, 而适中、胖、瘦、壮等是这个项目的类目. 设样本

$$\begin{aligned} \boldsymbol{x}_{(i)} = (&\delta_i(1,1), \delta_i(1,2), \cdots, \delta_i(2, r_1), \delta_i(2,1), \delta_i(2,2), \cdots, \delta_i(2, r_2), \\ &\cdots, \delta_i(m,1), \delta_i(m,2), \cdots, \delta_i(m, r_m))^{\mathrm{T}}, \quad i = 1, 2, \cdots, n, \end{aligned}$$

其中 n 为样本的个数, m 为项目的个数, r_k 为第 k 个项目的类目数, $r_1 + r_2 + \cdots + r_m = p$,

$$\delta_i(k,l) = \begin{cases} 1, & \text{第 } i \text{ 个样本中第 } k \text{ 个项目的数据为第 } l \text{ 个类目时}, \\ 0, & \text{否则}. \end{cases}$$

称 $\delta_i(k,l)$ 为第 k 个项目之 l 类在第 i 个样本中的反应.

例如, 考虑项目 1 为性别, 其目类为男、女; 项目 2 为外语种类, 其目类为英、日、德、俄; 项目 3 为专业, 其目类为统计、会计、金融; 项目 4 为职业, 其目类为教师、工程师. 现有 2 个样本, 第 1 个人是男性, 所学外语是英语, 所学专业是金融, 其职业是工程师; 第 2 个人是女性, 所学外语是英语, 所学专业是统计, 其职业是教师. 表 8.4 给出相应的项目、类目和样本的取值情况. 这里 $n = 2$, $m = 4$, $r_1 = 2$, $r_2 = 4$, $r_3 = 3$, $r_4 = 2$, $p = 11$.

表 8.4 项目、类目和样本的取值情况

样本	性 别		外 语				专 业			职 业	
	男	女	英	日	德	俄	统计	会计	金融	教师	工程师
$\boldsymbol{x}_{(1)}$	1	0	1	0	0	0	0	0	1	0	1
$\boldsymbol{x}_{(2)}$	0	1	1	0	0	0	1	0	0	1	0

设有两个样本 $\boldsymbol{x}_{(i)}, \boldsymbol{x}_{(j)}$, 若 $\delta_i(k,l) = \delta_j(k,l) = 1$, 则称这两个样本在第 k 个项目的第 l 类目上 $1-1$ 配对; 若 $\delta_i(k,l) = \delta_j(k,l) = 0$, 则称这两个样本在第 k 个项目的第 l 类目上 $0-0$ 配对; 若 $\delta_i(k,l) \neq \delta_j(k,l)$, 则称这两个样本在第 k 个项目的第 l 类目上不配对.

记 m_1 为 $\boldsymbol{x}_{(i)}$ 和 $\boldsymbol{x}_{(j)}$ 在 m 个项目所有类目中 $1-1$ 配对的总数, m_0 为 $0-0$ 配对的总数, m_2 为不配对的总数. 显然有

$$m_0 + m_1 + m_2 = p.$$

样本 $\boldsymbol{x}_{(i)}$ 和 $\boldsymbol{x}_{(j)}$ 之间的距离可以定义为

$$d_{ij} = \frac{m_2}{m_1 + m_2}. \tag{8.63}$$

对于表 8.4 中的数据, $m_0 = 4$, $m_1 = 1$, $m_2 = 6$. 因此, 距离为 $d_{12} = 6/7 = 0.8571429$. 在 R 软件中, dist() 函数给出了各种距离的计算结果, 其使用格式为

```
dist(x, method = "euclidean",
        diag = FALSE, upper = FALSE, p = 2)
```

其中 x 是样本构成的数据矩阵 (样本按行输入) 或数据框. method 表示计算距离的方法, 默认值为 Euclid 距离, 所定义的距离有

- "euclidean" —— Euclid 距离, 即按式 (8.58) 计算.
- "maximum" —— Chebyshev 距离, 即按式 (8.60) 计算.
- "manhattan" —— 绝对值距离, 即按式 (8.57) 计算.
- "canberra" —— Lance 距离. 事实上, 它是 Lance 距离的扩充, 并不要求 $x_{ij} > 0$, 计算公式为

$$d_{ij} = \sum_{k=1}^{p} \frac{|x_{ik} - x_{jk}|}{|x_{ik} + x_{jk}|}. \tag{8.64}$$

- "minkowski" —— Minkowski 距离, 其中参数 p 是 Minkowski 距离的阶数, 即式 (8.59) 中的 q.
- "binary" —— 定性变量的距离, 按式 (8.63) 计算.

diag 是逻辑变量, 当 diag = TRUE 时, 输出对角线上的距离. upper 是逻辑变量, 当 upper = TRUE 时, 输出上三角矩阵的值 (默认值仅输出下三角矩阵的值).

2. 数据中心化与标准化变换

在作聚类分析过程中, 大多数数据往往是不能直接参与运算的, 需要先将数据作中心化或标准化处理.

(1) 中心化变换. 称

$$x_{ij}^* = x_{ij} - \overline{x}_j, \quad i = 1, 2, \cdots, n; \ j = 1, 2, \cdots, p \tag{8.65}$$

为中心化变换, 其中 $\overline{x}_j = \dfrac{1}{n} \sum_{k=1}^{n} x_{kj}$. 变换后数据的均值为 0, 方差阵不变.

(2) 标准化变换. 称

$$x_{ij}^* = \frac{x_{ij} - \overline{x}_j}{s_j}, \quad i = 1, 2, \cdots, n; \ j = 1, 2, \cdots, p \tag{8.66}$$

为标准化变换, 其中 $\overline{x}_j = \frac{1}{n} \sum\limits_{k=1}^{n} x_{kj}$, $s_j = \frac{1}{n-1} \sum\limits_{k=1}^{n} (x_{kj} - \overline{x}_j)^2$. 变换后数据均值为 0, 标准差为 1, 而且标准化后的数据与变量的量纲无关.

在 R 软件中, 可用 scale() 函数作数据的中心化或标准化, 其使用格式为

```
scale(x, center = TRUE, scale = TRUE)
```

其中 x 是样本构成的数据矩阵; center 是逻辑变量, TRUE(默认值) 表示对数据作中心化变换, FALSE 表示不作变换; scale 是逻辑变量, TRUE(默认值) 表示对数据作标准化变换, FALSE 表示不作变换. 对应于式 (8.65) 的计算函数为 $x^* = \mathrm{scale}(\mathrm{x}, \mathrm{scale} = \mathrm{FALSE})$, 对应于式 (8.66) 的计算函数为 $x^* = \mathrm{scale}(\mathrm{x})$.

(3) 极差标准化变换. 称

$$x_{ij}^* = \frac{x_{ij} - \overline{x}_j}{R_j}, \quad i = 1, 2, \cdots, n; \ j = 1, 2, \cdots, p \tag{8.67}$$

为极差标准化变换, 其中 $R_j = \max\limits_{1 \leqslant k \leqslant n} x_{kj} - \min\limits_{1 \leqslant k \leqslant n} x_{kj}$. 变换后数据均值为 0, 极差为 1, 且 $|x_{ij}^*| < 1$, 在以后的分析计算中可以减少误差的产生, 同时变换后的数据也是无量纲的量.

在 R 软件中, 可用 sweep() 函数作极差标准化变换, 其变换过程如下:

```
center <- sweep(x, 2, apply(x, 2, mean))
R <- apply(x, 2, max) - apply(x,2,min)
x_star <- sweep(center, 2, R, "/")
```

其中 x 是样本构成的数据矩阵; 第一行是将数据中心化, 即式 (8.65); 第二行是计算极差 $R_j, j = 1, 2, \cdots, p$; 第三行是将中心化后的数据除以极差, 得到数据的极差标准化数据.

在上述命令中用到 sweep() 函数, sweep() 函数对数组或矩阵进行运算, 其运算格式为

```
sweep(x, MARGIN, STATS, FUN="-", ...)
```

其中 x 是数组或矩阵; MARGIN 是运算的区域, 对于矩阵来讲, 1 表示行, 2 表示列; STATS 是统计量, 如 apply(x, 2, mean) 表示各列的均值; FUN 表示函数的运算, 默认值为减法运算.

从 sweep() 函数的规则可知, 如果将命令中的第三行改为

```
x_star <- sweep(center, 2, sd(x), "/")
```

得到的就是 (普通) 标准化变换后的数据.

(4) 极差正规化变换. 称

$$x_{ij}^* = \frac{x_{ij} - \min\limits_{1 \leqslant k \leqslant n} x_{kj}}{R_j}, \quad i = 1, 2, \cdots, n; \ j = 1, 2, \cdots, p \tag{8.68}$$

为极差正规化变换, 其中 $R_j = \max\limits_{1 \leqslant k \leqslant n} x_{kj} - \min\limits_{1 \leqslant k \leqslant n} x_{kj}$. 变换后数据 $0 \leqslant x_{ij}^* \leqslant 1$, 极差为 1, 也是无量纲的量.

利用 sweep() 函数, 可以很容易得到数据的极差正规化变换, 其变换过程如下:

```
center <- sweep(x, 2, apply(x, 2, min))
R <- apply(x, 2, max) - apply(x,2,min)
x_star <- sweep(center, 2, R, "/")
```

其中 x 是样本构成的数据矩阵.

3. 相似系数

聚类分析方法不仅可以用来对样本进行分类, 而且可用来对变量进行分类, 在对变量进行分类时, 常用相似系数来度量变量之间的相似程度.

设 c_{ij} 表示变量 X_i 和 X_j 间的相似系数, 一般要求:

(1) $c_{ij} = \pm 1$ 当且仅当 $X_i = aX_j$ $(a \neq 0)$;

(2) $|c_{ij}| \leqslant 1$, 对一切 i, j 成立;

(3) $c_{ij} = c_{ji}$, 对一切 i, j 成立.

$|c_{ij}|$ 越接近 1, 则表示 X_i 和 X_j 的关系越密切, c_{ij} 越接近 0, 则两者关系越疏远.

(1) 夹角余弦. 变量 X_i 的 n 次观测值为 $(x_{1i}, x_{2i}, \cdots, x_{ni})$, 则 X_i 与 X_j 的夹角余弦称为两向量的相似系数, 记为 $c_{ij}(1)$, 即

$$c_{ij}(1) = \frac{\sum\limits_{k=1}^{n} x_{ki} x_{kj}}{\sqrt{\sum\limits_{k=1}^{n} x_{ki}^2} \sqrt{\sum\limits_{k=1}^{n} x_{kj}^2}}, \quad i, j = 1, 2, \cdots, p. \tag{8.69}$$

当 X_i 和 X_j 平行时, $c_{ij}(1) = \pm 1$, 说明这两向量完全相似; 当 X_i 和 X_j 正交时, $c_{ij}(1) = 0$, 说明这两个向量不相关.

在 R 软件中, 可用 scale() 函数完成两向量夹角余弦的计算, 其计算公式如下:

```
y <- scale(x, center = F, scale = T)/sqrt(nrow(x)-1)
C <- t(y) %*% y
```

其中 x 是样本构成的数据矩阵; C 是由式 (8.69) 计算出的相似系数构成的矩阵. 注意: 由于函数 scale 除的是 $\sqrt{\dfrac{1}{n-1} \sum\limits_{k=1}^{n} x_{ki}^2}$, 而式 (8.69) 需要除 $\sqrt{\sum\limits_{k=1}^{n} x_{ki}^2}$, 相差 $\sqrt{n-1}$ 倍, 故计算公式中还需再除以 $\sqrt{n-1}$.

(2) 相关系数. 相关系数就是对数据作标准化处理后的夹角余弦. 也就是变量 X_i 和

变量 X_j 的相关系数 r_{ij}, 这里记为 $c_{ij}(2)$, 即

$$c_{ij}(2) = \frac{\sum\limits_{k=1}^{n}(x_{ki} - \overline{x}_i)(x_{kj} - \overline{x}_j)}{\sqrt{\sum\limits_{k=1}^{n}(x_{ki} - \overline{x}_i)^2}\sqrt{\sum\limits_{k=1}^{n}(x_{kj} - \overline{x}_j)^2}}, \quad i,j = 1, 2, \cdots, p, \tag{8.70}$$

其中 $\overline{x}_i = \dfrac{1}{n}\sum\limits_{k=1}^{n} x_{ki}$, $\overline{x}_j = \dfrac{1}{n}\sum\limits_{k=1}^{n} x_{kj}$. 当 $c_{ij}(2) = \pm 1$ 时表示两变量线性相关.

在 R 软件中, $c_{ij}(2)$ 的计算更加方便, 即样本的相关矩阵,

```
C <- cor(x)
```

其中 x 是样本构成的数据矩阵.

变量之间常借助于相似系数来定义距离, 如令

$$d_{ij}^2 = 1 - c_{ij}^2. \tag{8.71}$$

有时也用相似系数来度量样本间的相似程度.

8.2.2 系统聚类法

系统聚类法 (hierarchical clustering method) 是聚类分析诸方法中用得最多的一种, 其基本思想是: 开始将 n 个样本各自作为一类, 并规定样本之间的距离和类与类之间的距离, 然后将距离最近的两类合并成一个新类, 计算新类与其他类的距离; 重复进行两个最近类的合并, 每次减少一类, 直至所有的样本合并为一类.

以下用 d_{ij} 表示第 i 个样本与第 j 个样本的距离, $G_1, G_2, \cdots$ 表示类, D_{KL} 表示 G_K 与 G_L 的距离. 在下面所介绍的系统聚类法中, 所有的方法一开始每个样本自成一类, 类与类之间的距离与样本之间的距离相同, 即 $D_{KL} = d_{KL}$, 所以最初的距离矩阵全部相同, 记为 $\boldsymbol{D}_{(0)} = (d_{ij})$.

1. 最短距离法

定义类与类之间的距离为两类最近样本间的距离, 即

$$D_{KL} = \min_{i \in G_K, j \in G_L} d_{ij}. \tag{8.72}$$

称这种系统聚类法为最短距离法 (single linkage method).

当某步骤类 G_K 和 G_L 合并为 G_M 后, 按最短距离法计算新类 G_M 与其他类 G_J 的类间距离, 其递推公式为

$$\begin{aligned}
D_{MJ} &= \min_{i \in G_M, j \in G_J} d_{ij} = \min\left\{\min_{i \in G_K, j \in G_J} d_{ij}, \min_{i \in G_L, j \in G_J} d_{ij}\right\} \\
&= \min\{D_{KL}, D_{LJ}\}.
\end{aligned} \tag{8.73}$$

2. 最长距离法

定义类与类之间的距离为两类最远样本间的距离, 即

$$D_{KL} = \max_{i \in G_K, j \in G_L} d_{ij}. \tag{8.74}$$

称这种系统聚类法为最长距离法 (complete linkage method).

当某步骤类 G_K 和 G_L 合并为 G_M 后, 则 G_M 与任一类 G_J 距离为

$$D_{MJ} = \max\{D_{KL}, D_{LJ}\}. \tag{8.75}$$

3. 中间距离法

类与类之间的距离既不取两类最近样本的距离, 也不取两类最远样本的距离, 而是取介于两者中间的距离, 称为中间距离法 (median method).

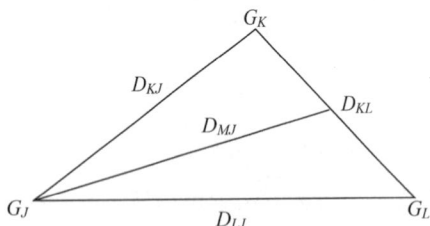

图 8.2　中间距离法的几何表示

设某一步将 G_K 和 G_L 合并为 G_M, 对于任一类 G_J, 考虑由 D_{KL}, D_{LJ} 和 D_{KJ} 为边长组成的三角形 (如图 8.2 所示), 取 D_{KL} 边的中线作为 D_{MJ}. 由初等平面几何可知, D_{MJ} 的计算公式为

$$D_{MJ}^2 = \frac{1}{2}D_{KJ}^2 + \frac{1}{2}D_{LJ}^2 - \frac{1}{4}D_{KL}^2. \tag{8.76}$$

这就是中间距离法的递推公式.

中间法可推广为更一般的情形, 将式 (8.76) 中三个系数改为带有参数 β, 即

$$D_{MJ}^2 = \frac{1-\beta}{2}\left(D_{KJ}^2 + D_{LJ}^2\right) + \beta D_{KL}^2, \tag{8.77}$$

其中 $\beta < 1$, 这种方法称为可变法. 当 $\beta = 0$ 时, 递推公式变为

$$D_{MJ}^2 = \frac{1}{2}\left(D_{KJ}^2 + D_{LJ}^2\right). \tag{8.78}$$

称此方法为 Mcquitty 相似分析法.

4. 类平均法

类平均法 (average linkage method) 有两种定义, 一种定义方法是把类与类之间的距离定义为所有样本对之间的平均距离, 即定义 G_K 和 G_L 之间的距离为

$$D_{KL} = \frac{1}{n_K n_L} \sum_{i \in G_K, j \in G_L} d_{ij}, \tag{8.79}$$

其中 n_K 和 n_L 分别为类 G_K 和 G_L 的样本个数, d_{ij} 为 G_K 中样本 i 与 G_L 中的样本 j 之间的距离. 容易得到它的一个递推公式为

$$D_{MJ} = \frac{1}{n_M n_J} \sum_{i \in G_M, j \in G_J} d_{ij}$$

$$= \frac{1}{n_M n_J} \left(\sum_{i \in G_K, j \in G_J} d_{ij} + \sum_{i \in G_L, j \in G_J} d_{ij} \right)$$

$$= \frac{n_K}{n_M} D_{KJ} + \frac{n_L}{n_M} D_{LJ}. \tag{8.80}$$

另一种定义方法是定义类与类之间的平方距离为样本对之间平方距离的平均值, 即

$$D_{KL}^2 = \frac{1}{n_K n_L} \sum_{i \in G_K, j \in G_L} d_{ij}^2. \tag{8.81}$$

它的递推公式为

$$D_{MJ}^2 = \frac{n_K}{n_M} D_{KJ}^2 + \frac{n_L}{n_M} D_{LJ}^2. \tag{8.82}$$

类平均法较充分地利用了所有样本之间的信息, 在很多情况下, 它被认为是一种较好的系统聚类法.

在递推公式 (8.82) 中, D_{KL} 的影响没有被反映出来, 为此可将该递推公式进一步推广为

$$D_{MJ}^2 = (1 - \beta) \left(\frac{n_K}{n_M} D_{KJ}^2 + \frac{n_L}{n_M} D_{LJ}^2 \right) + \beta D_{KL}^2, \tag{8.83}$$

其中 $\beta < 1$, 称这种系统聚类法为可变类平均法.

5. 重心法

类与类之间的距离定义为它们的重心 (均值) 之间的 Euclid 距离. 设 G_K 和 G_L 的重心分别为 $\overline{x}_K$ 和 $\overline{x}_L$, 则 G_K 与 G_L 之间的平方距离为

$$D_{KL}^2 = d_{\overline{x}_K \overline{x}_L}^2 = (\overline{x}_K - \overline{x}_L)^{\mathrm{T}} (\overline{x}_K - \overline{x}_L). \tag{8.84}$$

这种系统聚类方法称为重心法 (centroid hierarchical method). 它的递推公式为

$$D_{MJ}^2 = \frac{n_K}{n_M} D_{KJ}^2 + \frac{n_L}{n_M} D_{LJ}^2 - \frac{n_K n_L}{n_M^2} D_{KL}^2. \tag{8.85}$$

重心法在处理异常值方面比其他系统类法更稳健, 但是在别的方面一般不如类平均法或离差平方和法的效果好.

6. 离差平方和法 (Ward 方法)

离差平方和法是 Ward(1936) 提出的, 也称为 Ward 法. 它基于方差分析思想, 如果类分得正确, 则同类样本之间的离差平方和应当较小, 不同类样本之间的离差平方和应当较大.

设类 G_K 和 G_L 合并成新的类 G_M, 则 G_K, G_L, G_M 的离差平方和分别是

$$W_K = \sum_{i \in G_K} (\boldsymbol{x}_{(i)} - \overline{\boldsymbol{x}}_K)^{\mathrm{T}} (\boldsymbol{x}_{(i)} - \overline{\boldsymbol{x}}_K),$$

$$W_L = \sum_{i \in G_L} (\boldsymbol{x}_{(i)} - \overline{\boldsymbol{x}}_L)^{\mathrm{T}} (\boldsymbol{x}_{(i)} - \overline{\boldsymbol{x}}_L),$$

$$W_M = \sum_{i \in G_M} (\boldsymbol{x}_{(i)} - \overline{\boldsymbol{x}}_M)^{\mathrm{T}} (\boldsymbol{x}_{(i)} - \overline{\boldsymbol{x}}_M),$$

其中 $\overline{\boldsymbol{x}}_K$, $\overline{\boldsymbol{x}}_L$ 和 $\overline{\boldsymbol{x}}_M$ 分别是 G_K, G_L 和 G_M 的重心. 所以 W_K, W_L 和 W_M 反映了各自类内样本的分散程度. 如 G_K 和 G_L 这两类相距较近, 则合并后所增加的离差平方和 $W_M - W_K - W_L$ 应较小; 否则, 应较大. 于是定义 G_K 和 G_L 之间的平方距离为

$$D_{KL}^2 = W_M - W_K - W_L. \tag{8.86}$$

这种系统聚类法称为离差平方和法或 Ward 方法 (Ward's minimum variance method). 它的递推公式为

$$D_{MJ}^2 = \frac{n_J + n_K}{n_J + n_M} D_{KJ}^2 + \frac{n_J + n_L}{n_J + n_M} D_{LJ}^2 - \frac{n_J}{n_J + n_M} D_{KL}^2. \tag{8.87}$$

G_K 和 G_L 之间的平方距离也可以写成

$$D_{KL}^2 = \frac{n_K n_L}{n_M} (\overline{\boldsymbol{x}}_K - \overline{\boldsymbol{x}}_L)^{\mathrm{T}} (\overline{\boldsymbol{x}}_K - \overline{\boldsymbol{x}}_L). \tag{8.88}$$

可见, 这个距离与由式 (8.84) 给出的重心法的距离只相差一个常数倍. 重心法的类间距与两类的样本数无关, 而离差平方和法的类间距与两类的样本数有较大的关系, 两个大类倾向于有较大的距离, 因而不易合并, 这更符合对聚类的实际要求. 离差平方和法在许多场合下优于重心法, 是一种比较好的系统聚类法, 但它对异常值很敏感.

7. 系统聚类的 R 软件计算

在 R 软件中, hclust() 函数提供了系统聚类的计算, plot() 函数可画出系统聚类的树形图 (或称为谱系图, dendrogram).

hclust() 函数的使用格式为

hclust(d, method = "complete", members=NULL)

其中 d 是由 "dist" 构成的距离结构. method 是系统聚类的方法 (默认是最长距离法), 其参数有

- "single" —— 最短距离法, 即式 (8.72)~ 式 (8.73).
- "complete" —— 最长距离法, 即式 (8.74)~ 式 (8.75).
- "median" —— 中间距离法, 即式 (8.76).

- "mcquitty" —— Mcquitty 相似法, 即式 (8.78).
- "average" —— 类平均法, 这里采用的是式 (8.79)~ 式 (8.80).
- "centroid" —— 重心法, 即式 (8.84)~ 式 (8.85).
- "ward" —— 离差平方和法, 即式 (8.86)~ 式 (8.87).

members 默认值为 NULL, 或与 d 有相同变量长度的向量, 具体使用方法请参见在线帮助.

plot() 函数画出谱系图的格式为

```
plot(x, labels = NULL, hang = 0.1,
    axes = TRUE, frame.plot = FALSE, ann = TRUE,
    main = "Cluster Dendrogram",
    sub = NULL, xlab = NULL, ylab = "Height", ...)
```

其中 x 是由 hclust() 函数生成的对象. hang 表明谱系图中各类所在的位置, 当 hang 取负值时, 谱系图中的类从底部画起. 其他参数的意义请参见在线帮助.

下面通过一些简单的例子来说明系统聚类方法以及 R 函数的使用方法.

例 8.6 设有 5 个样本, 每个样本只有一个指标, 分别是 1,2,6,8,11, 样本间的距离选用 Euclid 距离, 试用最短距离法、最长距离法等方法进行聚类分析, 并画出相应的谱系图.

解 用 Euclid 距离计算各样本点间的距离, 用最短距离法、最长距离法、中间距离法和 Mcquitty 相似法进行聚类分析, 画出四种方法的谱系图, 并且将四个谱系图画在一个图上.

以下是 R 语句. (程序名: exam0806.R)

####输入数据, 生成距离结构

```
x<-c(1,2,6,8,11); dim(x)<-c(5,1); d<-dist(x)
```

####生成系统聚类

```
hc1<-hclust(d, "single"); hc2<-hclust(d, "complete")
hc3<-hclust(d, "median"); hc4<-hclust(d, "mcquitty")
```

####绘出所有树形结构图, 并以 2 × 2 的形式绘在一张图上

```
opar <- par(mfrow = c(2, 2))
plot(hc1,hang=-1); plot(hc2,hang=-1)
plot(hc3,hang=-1); plot(hc4,hang=-1)
par(opar)
```

画出的图形如图 8.3 所示.

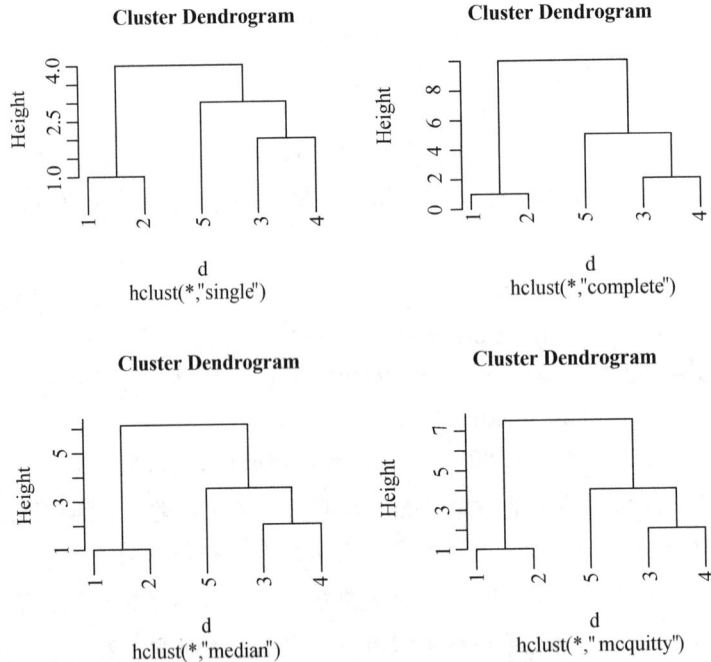

图 8.3   四种不同距离的谱系图

与绘谱系图有关的函数还有 as.dendrogram(), 其意思是将系统聚类得到的对象强制为谱系图, 它的使用格式为

```
as.dendrogram(object, hang = -1, ...)
```

其中 object 是由 hclust 得到的对象. 在此时, plot() 函数的用法为

```
plot(x, type = c("rectangle", "triangle"),
     center = FALSE,
     edge.root = is.leaf(x) || !is.null(attr(x,"edgetext")),
     nodePar = NULL, edgePar = list(),
     leaflab = c("perpendicular", "textlike", "none"),
     dLeaf = NULL, xlab = "", ylab = "", xaxt = "n", yaxt = "s",
     horiz = FALSE, frame.plot = FALSE, ...)
```

其中 x 是由 dendrogram 得到的对象; type 表示画谱系图的类型, "rectangle" 是矩形 (默认值), "triangle" 为三角形; horiz 是逻辑变量, 当 horiz=TRUE 时, 表示谱系图水平放置. 其他参数请参见在线帮助.

以下命令可以帮助我们理解有关参数的意义, 所绘图形如图 8.4 所示.

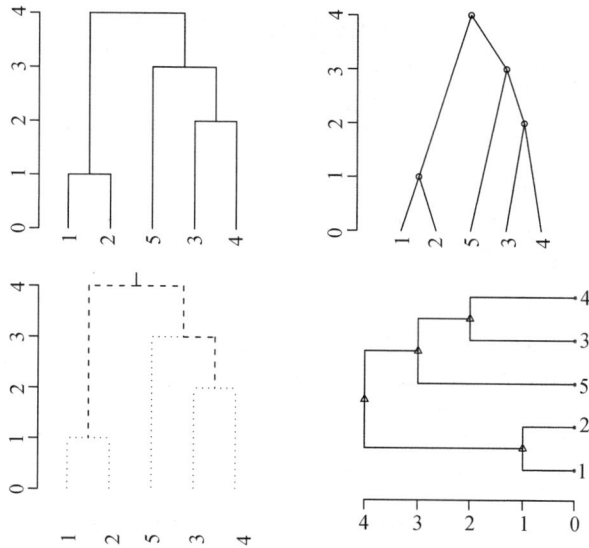

图 8.4 不同参数下的谱系图

```
dend1<-as.dendrogram(hc1)
opar <- par(mfrow = c(2, 2),mar = c(4,3,1,2))
plot(dend1)
plot(dend1, nodePar=list(pch = c(1,NA), cex=0.8, lab.cex=0.8),
     type = "t", center=TRUE)
plot(dend1, edgePar=list(col = 1:2, lty = 2:3),
     dLeaf=1, edge.root = TRUE)
plot(dend1, nodePar=list(pch = 2:1, cex=.4*2:1, col=2:3),
     horiz=TRUE)
par(opar)
```

例 8.7 对 305 名女中学生测量 8 个体型指标, 相应的相关矩阵如表 8.5 所示. 将相关系数看成相似系数, 定义距离为

$$d_{ij} = 1 - r_{ij}.$$

用最长距离法作系统分析.

解 输入相关系数矩阵. 在作谱系图中, 用到前面讲过的函数 hclust(), as.dendrogram() 和 plot(). 为了使谱系图画得更好看, 还增加了一个自编的函数. 下面是相应的 R 程序. (程序名：exam0807.R)

```
#### 输入相关矩阵
x<-c(1.000, 0.846, 0.805, 0.859, 0.473, 0.398, 0.301, 0.382,
```

表 8.5   各对变量之间的相关系数

	身高	手臂长	上肢长	下肢长	体重	颈围	胸围	胸宽
	x_1	x_2	x_3	x_4	x_5	x_6	x_7	x_8
身高	1.000							
手臂长	0.846	1.000						
上肢长	0.805	0.881	1.000					
下肢长	0.859	0.826	0.801	1.000				
体重	0.473	0.376	0.380	0.436	1.000			
颈围	0.398	0.326	0.319	0.329	0.762	1.000		
胸围	0.301	0.277	0.237	0.327	0.730	0.583	1.000	
胸宽	0.382	0.277	0.345	0.365	0.629	0.577	0.539	1.000

```
        0.846, 1.000, 0.881, 0.826, 0.376, 0.326, 0.277, 0.277,
        0.805, 0.881, 1.000, 0.801, 0.380, 0.319, 0.237, 0.345,
        0.859, 0.826, 0.801, 1.000, 0.436, 0.329, 0.327, 0.365,
        0.473, 0.376, 0.380, 0.436, 1.000, 0.762, 0.730, 0.629,
        0.398, 0.326, 0.319, 0.329, 0.762, 1.000, 0.583, 0.577,
        0.301, 0.277, 0.237, 0.327, 0.730, 0.583, 1.000, 0.539,
        0.382, 0.415, 0.345, 0.365, 0.629, 0.577, 0.539, 1.000)
names<-c(" 身高 "," 手臂长 "," 上肢长 "," 下肢长 "," 体重 "," 颈围 ",
        " 胸围 "," 胸宽 ")
r<-matrix(x, nrow=8, dimnames=list(names, names))
#### 作系统聚类分析,
#### 函数 as.dist() 的作用是将普通矩阵转化为聚类分析用的距离结构.
d<-as.dist(1-r); hc<-hclust(d); dend<-as.dendrogram(hc)
#### 写一段小程序, 其目的是在绘图命令中调用它, 使谱系图更好看.
nP<-list(col=3:2, cex=c(2.0, 0.75), pch= 21:22,
        bg= c("light blue", "pink"),
        lab.cex = 1.0, lab.col = "tomato")
addE <- function(n){
   if(!is.leaf(n)){
      attr(n,"edgePar")<-list(p.col="plum")
      attr(n,"edgetext")<-paste(attr(n,"members"),"members")
   }
   n
}
```

画出谱系图.

```
de <- dendrapply(dend, addE); plot(de, nodePar= nP)
```

所绘图形如图 8.5 所示.

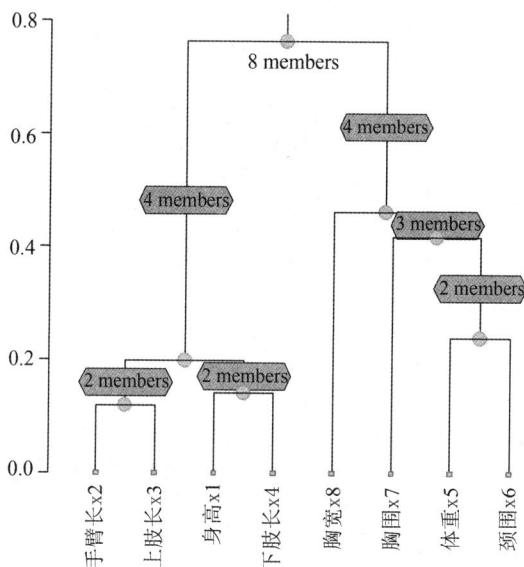

图 8.5　8 个体型指标的谱系图

从上面的谱系图 (图 8.5) 容易看出, 变量 x_2(手臂长) 与 x_3(上肢长) 最先合并成一类. 接下来是变量 x_1(身高) 与 x_4(下肢长) 合并成一类. 再合并就是将新得到的两类合并成一类 (可以称为 "长" 类). 后面要合并的是 x_5(体重) 与 x_3(颈围). 再合并就是将 x_7(胸围) 加到新类中, 再加就是 x_8(胸宽). 最后合并为一类.

8. 类个数的确定

在聚类过程中类的个数如何确定才是适宜的呢? 这是一个十分困难的问题, 至今仍未找到令人满意的方法, 但这又是一个不可回避的问题. 目前基本的方法有三种.

(1) 给定一个阈值. 通过观察谱系图, 给出一个你认为的阈值 T, 要求类与类之间的距离要大于 T.

(2) 观测样本的散点图. 对于二维或三维变量的样本, 可以通过观测数据的散点图来确定类的个数.

(3) 使用统计量. 通过一些统计量来确定类的个数.

(4) 根据谱系图确定分类个数的准则.

Bemirmen (1972) 提出了根据研究目的来确定适当的分类方法, 并提出一些根据谱系图来分析的准则:

准则 A 各类重心的距离必须很大;

准则 B 确定的类中, 各类所包含的元素都不要太多;

准则 C 类的个数必须符合实用目的;

准则 D 若采用几种不同的聚类方法处理, 则在各自的聚类图中应发现相同的类.

在 R 软件中, 与确定类的个数有关的函数是 rect.hclust() 函数, 它的本质是由给定类的个数或给定阈值来确定聚类的情况, 其使用格式为

```
rect.hclust(tree, k = NULL, which = NULL, x = NULL, h = NULL,
            border = 2, cluster = NULL)
```

其中 tree 是由 hclust 生成的对象; k 是类的个数; h 是谱系图中的阈值, 要求分成的各类的距离大于 h; border 是数或向量, 标明矩形框的颜色.

在对 8 个体型指标的聚类分析中 (见例 8.7), 将变量分为三类, 即 $k = 3$, 其程序和计算结果如下:

```
plclust(hc, hang=-1); re<-rect.hclust(hc, k=3)
```

得到身高 (x_1)、手臂长 (x_2)、上肢长 (x_3) 和下肢长 (x_4) 分为第一类, 胸宽 (x_8) 为第二类, 体重 (x_5)、颈围 (x_6) 和胸围 (x_7) 分为第三类. 其图形如图 8.6 所示.

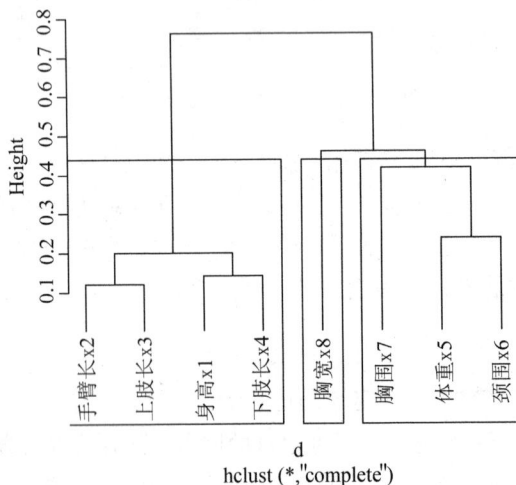

图 8.6　8 个体型指标的谱系图和聚类情况

在上述程序中, plclust() 函数是另一种绘谱系图的函数, 与 plot() 函数所画图形略有差别, 其具体使用格式如下:

```
plclust(tree, hang=0.1, unit=FALSE, level=FALSE, hmin=0,
        square=TRUE, labels=NULL, plot. = TRUE,
        axes = TRUE, frame.plot = FALSE, ann = TRUE,
        main = "", sub = NULL, xlab=NULL, ylab="Height")
```

其中 tree 是由 hclust() 函数生成的对象. 其他参数与 plot() 函数中的参数相同.

9. 实例

下面用一个具体的实例来总结前面介绍的聚类分析的方法.

例 8.8 表 8.6 列出了 1999 年全国 31 个省、市、自治区的城镇居民家庭平均每人全年消费性支出的 8 个主要指标 (变量) 数据. 这 8 个变量是

x_1 —— 食品	x_2 —— 衣着	x_3 —— 家庭设备用品及服务
x_4 —— 医疗保健	x_5 —— 交通与通信	x_6 —— 娱乐教育文化服务
x_7 —— 居住	x_8 —— 杂项商品和服务	

分别用最长距离法、类平均法、重心法和 Ward 方法对各地区作聚类分析.

表 8.6　31 个省、市、自治区消费性支出数据　　　　　　　　　　　　　　元

	x_1	x_2	x_3	x_4	x_5	x_6	x_7	x_8
北京	2959.19	730.79	749.41	513.34	467.87	1141.82	478.42	457.64
天津	2459.77	495.47	697.33	302.87	284.19	735.97	570.84	305.08
河北	1495.63	515.90	362.37	285.32	272.95	540.58	364.91	188.63
山西	1046.33	477.77	290.15	208.57	201.50	414.72	281.84	212.10
内蒙古	1303.97	524.29	254.83	192.17	249.81	463.09	287.87	192.96
辽宁	1730.84	553.90	246.91	279.81	239.18	445.20	330.24	163.86
吉林	1561.86	492.42	200.49	218.36	220.69	459.62	360.48	147.76
黑龙江	1410.11	510.71	211.88	277.11	224.65	376.82	317.61	152.85
上海	3712.31	550.74	893.37	346.93	527.00	1034.98	720.33	462.03
浙江	2629.16	557.32	689.73	435.69	514.66	795.87	575.76	323.36
安徽	1844.78	430.29	271.28	126.33	250.56	513.18	314.00	151.39
福建	2709.46	428.11	334.12	160.77	405.14	461.67	535.13	232.29
江西	1563.78	303.65	233.81	107.90	209.70	393.99	509.39	160.12
山东	1675.75	613.32	550.71	219.79	272.59	599.43	371.62	211.84
河南	1427.65	431.79	288.55	208.14	217.00	337.76	421.31	165.32
湖北	1783.43	511.88	282.84	201.01	237.60	617.74	523.52	182.52
湖南	1942.23	512.27	401.39	206.06	321.29	697.22	492.60	226.45
广东	3055.17	353.23	564.56	356.27	811.88	873.06	1082.82	420.81
广西	2033.87	300.82	338.65	157.78	329.06	621.74	587.02	218.27
海南	2057.86	186.44	202.72	171.79	329.65	477.17	312.93	279.19
重庆	2303.29	589.99	516.21	236.55	403.92	730.05	438.41	225.80
四川	1974.28	507.76	344.79	203.21	240.24	575.10	430.36	223.46
贵州	1673.82	437.75	461.61	153.32	254.66	445.59	346.11	191.48
云南	2194.25	537.01	369.07	249.54	290.84	561.91	407.70	330.95

	x_1	x_2	x_3	x_4	x_5	x_6	x_7	x_8
西藏	2646.61	839.70	204.44	209.11	379.30	371.04	269.59	389.33
陕西	1472.95	390.89	447.95	259.51	230.61	490.90	469.10	191.34
甘肃	1525.57	472.98	328.90	219.86	206.65	449.69	249.66	228.19
青海	1654.69	437.77	258.78	303.00	244.93	479.53	288.56	236.51
宁夏	1375.46	480.99	273.84	317.32	251.08	424.75	228.73	195.93
新疆	1608.82	536.05	432.46	235.82	250.28	541.30	344.85	214.40

解　先输入数据, 在作聚类分析之前, 为同等地对待每个变量, 消除数据在数量级的影响, 对数据作标准化. 然后, 用 hclust() 作聚类分析, 用 plot() 函数画出谱系图. 最后用 rect.hclust() 将地区分成 5 类.

下面是相应的 R 程序. (程序名: exam0808.R)

```
####用数据框形式输入数据
X<-data.frame(
    x1=c(2959.19, 2459.77, 1495.63, 1046.33, 1303.97, 1730.84,
         1561.86, 1410.11, 3712.31, 2207.58, 2629.16, 1844.78,
         2709.46, 1563.78, 1675.75, 1427.65, 1783.43, 1942.23,
         3055.17, 2033.87, 2057.86, 2303.29, 1974.28, 1673.82,
         2194.25, 2646.61, 1472.95, 1525.57, 1654.69, 1375.46,
         1608.82),
    x2=c(730.79, 495.47, 515.90, 477.77, 524.29, 553.90, 492.42,
         510.71, 550.74, 449.37, 557.32, 430.29, 428.11, 303.65,
         613.32, 431.79, 511.88, 512.27, 353.23, 300.82, 186.44,
         589.99, 507.76, 437.75, 537.01, 839.70, 390.89, 472.98,
         437.77, 480.99, 536.05),
    x3=c(749.41, 697.33, 362.37, 290.15, 254.83, 246.91, 200.49,
         211.88, 893.37, 572.40, 689.73, 271.28, 334.12, 233.81,
         550.71, 288.55, 282.84, 401.39, 564.56, 338.65, 202.72,
         516.21, 344.79, 461.61, 369.07, 204.44, 447.95, 328.90,
         258.78, 273.84, 432.46),
    x4=c(513.34, 302.87, 285.32, 208.57, 192.17, 279.81, 218.36,
         277.11, 346.93, 211.92, 435.69, 126.33, 160.77, 107.90,
         219.79, 208.14, 201.01, 206.06, 356.27, 157.78, 171.79,
         236.55, 203.21, 153.32, 249.54, 209.11, 259.51, 219.86,
```

```
                303.00, 317.32, 235.82),
    x5=c(467.87, 284.19, 272.95, 201.50, 249.81, 239.18, 220.69,
                224.65, 527.00, 302.09, 514.66, 250.56, 405.14, 209.70,
                272.59, 217.00, 237.60, 321.29, 811.88, 329.06, 329.65,
                403.92, 240.24, 254.66, 290.84, 379.30, 230.61, 206.65,
                244.93, 251.08, 250.28),
    x6=c(1141.82, 735.97, 540.58, 414.72, 463.09, 445.20, 459.62,
                376.82, 1034.98, 585.23, 795.87, 513.18, 461.67, 393.99,
                599.43, 337.76, 617.74, 697.22, 873.06, 621.74, 477.17,
                730.05, 575.10, 445.59, 561.91, 371.04, 490.90, 449.69,
                479.53, 424.75, 541.30),
    x7=c(478.42, 570.84, 364.91, 281.84, 287.87, 330.24, 360.48,
                317.61, 720.33, 429.77, 575.76, 314.00, 535.13, 509.39,
                371.62, 421.31, 523.52, 492.60, 1082.82, 587.02, 312.93,
                438.41, 430.36, 346.11, 407.70, 269.59, 469.10, 249.66,
                288.56, 228.73, 344.85),
    x8=c(457.64, 305.08, 188.63, 212.10, 192.96, 163.86, 147.76,
                152.85, 462.03, 252.54, 323.36, 151.39, 232.29, 160.12,
                211.84, 165.32, 182.52, 226.45, 420.81, 218.27, 279.19,
                225.80, 223.46, 191.48, 330.95, 389.33, 191.34, 228.19,
                236.51, 195.93, 214.40),
    row.names=c(" 北京 "," 天津 "," 河北 "," 山西 "," 内蒙古 ",
                " 辽宁 "," 吉林 "," 黑龙江 "," 上海 "," 江苏 "," 浙江 ",
                " 安徽 "," 福建 "," 江西 "," 山东 "," 河南 "," 湖北 ",
                " 湖南 "," 广东 "," 广西 "," 海南 "," 重庆 "," 四川 ",
                " 贵州 "," 云南 "," 西藏 "," 陕西 "," 甘肃 "," 青海 ",
                " 宁夏 "," 新疆 ")
)
####生成距离结构, 作系统聚类
d <- dist(scale(X))
hc1 <- hclust(d);          hc2 <- hclust(d, "average")
hc3 <- hclust(d, "centroid"); hc4 <- hclust(d, "ward")
####绘出谱系图和聚类情况 (最长距离法和类平均法)
opar<-par(mfrow=c(2,1), mar=c(5.2,4,0,0))
plclust(hc1, hang=-1); re1<-rect.hclust(hc1, k=5, border="red")
```

```
plclust(hc2, hang=-1); re2<-rect.hclust(hc2, k=5, border="red")
par(opar)
```

其结果如图 8.7 所示.

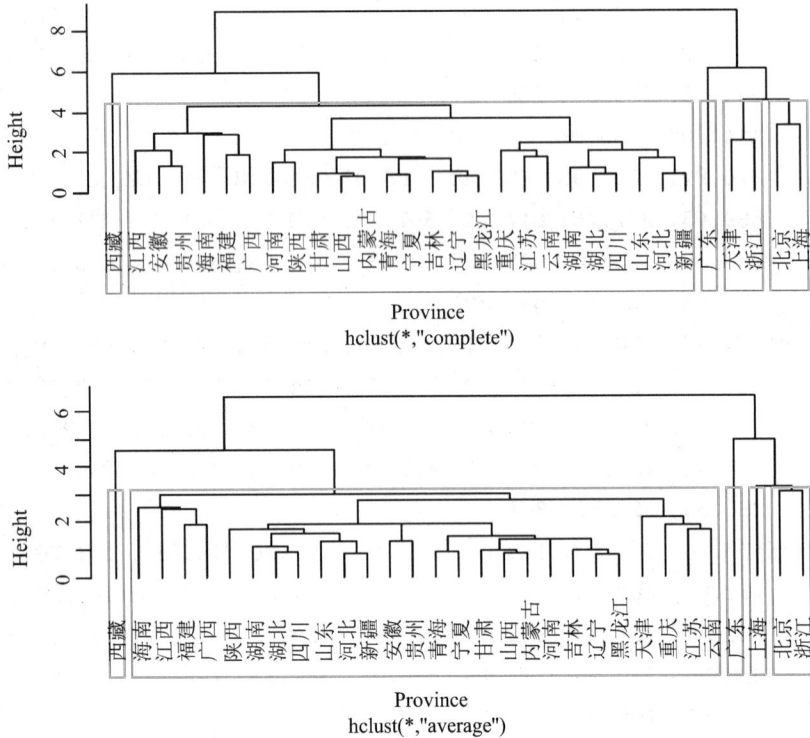

图 8.7   消费性支出数据的谱系图和聚类结果 (1)

按照最长距离法得到的 5 类分别为

第 1 类：西藏

第 2 类：河北、山西、内蒙古、辽宁、吉林、黑龙江、江苏、安徽、福建、江西、山东、河南、湖北、湖南、广西、海南、重庆、四川、贵州、云南、陕西、甘肃、青海、宁夏、新疆

第 3 类：广东

第 4 类：天津、浙江

第 5 类：北京、上海

按照类平均法得到的 5 类分别为

第 1 类：西藏

第 2 类：天津、河北、山西、内蒙古、辽宁、吉林、黑龙江、江苏、安徽、福建、江

西、山东、河南、湖北、湖南、广西、海南、重庆、四川、贵州、云南、陕西、甘肃、青海、宁夏、新疆

第 3 类：广东

第 4 类：上海

第 5 类：北京、浙江

\#\#\#\#绘出谱系图和聚类情况 (重心法和 Ward 法)

```
opar<-par(mfrow=c(2,1), mar=c(5.2,4,0,0))
plclust(hc3,hang=-1); re3<-rect.hclust(hc3,k=5,border="red")
plclust(hc4,hang=-1); re4<-rect.hclust(hc4,k=5,border="red")
par(opar)
```

其结果如图 8.8 所示.

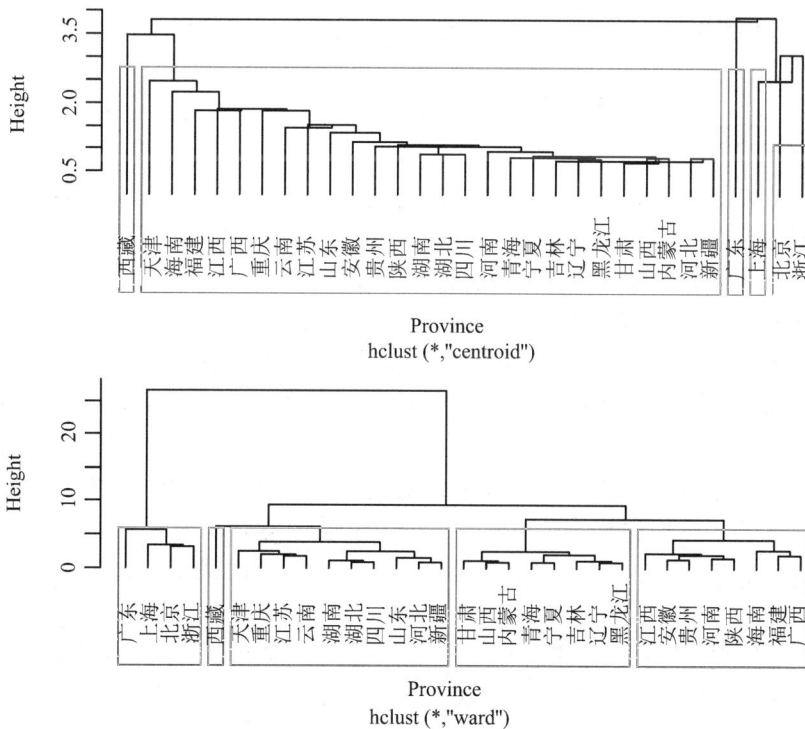

图 8.8　消费性支出数据的谱系图和聚类结果 (2)

按照重心法得到的 5 类分别为

第 1 类：西藏

第 2 类：天津、河北、山西、内蒙古、辽宁、吉林、黑龙江、江苏、安徽、福建、江西、

山东、河南、湖北、湖南、广西、海南、重庆、四川、贵州、云南、陕西、甘肃、青海、宁夏、新疆

第 3 类：广东

第 4 类：上海

第 5 类：北京、浙江

按照离差平方和法 (Ward 法) 得到的 5 类分别为

第 1 类：北京、上海、浙江、广东

第 2 类：西藏

第 3 类：天津、河北、江苏、山东、湖北、湖南、重庆、四川、云南、新疆

第 4 类：山西、内蒙古、辽宁、吉林、黑龙江、甘肃、青海、宁夏

第 5 类：安徽、福建、江西、河南、广西、海南、贵州、陕西

4 种方法得到的类有的相同, 有的不同, 可以根据具体的数据与背景再进一步确定认同哪种聚类是较为合理的.

8.2.3 动态聚类法

系统聚类法一次形成类以后就不能改变, 这就要求一次分类分得比较准确, 对分类方法提出较高的要求, 相应的计算量自然也较大. 如 Q 型系统聚类法, 聚类的过程是在样本间距离矩阵的基础上进行, 当样本容量很大时, 需要占据足够大的计算机内存, 而且在并类过程中, 需要将每类样本和其他样本间的距离逐一加以比较, 以决定应合并的类别, 需要较长的计算时间. 所以对于大样本问题, Q 型系统聚类法可能会因计算机内存或计算时间的限制而无法进行计算, 这给应用带来一定的不便. 基于这种情况, 产生了动态聚类, 即动态聚类法.

动态聚类又称为逐步聚类法, 其基本思想是, 开始先粗略地分一下类, 然后按照某种最优原则修改不合理的分类, 直至类分得比较合理为止, 这样就形成一个最终的分类结果. 这种方法具有计算量较小、占计算机内存较少和方法简单的优点, 适用于大样本的 Q 型聚类分析.

关于动态聚类法的算法这里就不作介绍了, 任何一本《多元分析》的教科书均有此方面的内容, 如果需要的话, 读者可以看这方面的参考书. 这里介绍用于动态聚类的 R 函数 —— kmeans() 函数.

kmeans() 函数采用的是 K 均值方法, 采用逐个修改方法, 最早由 MacQueen 在 1967 年提出来, 随后许多人对此作了许多改进. kmeans() 函数的使用格式为

```
kmeans(x, centers, iter.max = 10, nstart = 1,
       algorithm = c("Hartigan-Wong", "Lloyd",
                     "Forgy", "MacQueen"))
```

其中 x 是由数据构成的矩阵或数据框, centers 是聚类的个数或者是初始类的中心, iter.max
为最大迭代次数 (默认值为 10), nstart 是随机集合的个数 (当 centers 为聚类的个数时),
algorithm 为动态聚类的算法 (默认值为 Hartigan-Wong 方法).

例 8.9 K 均值方法 (kmeans() 函数) 对例 8.8 给出的 31 个省、市、自治区的消费水
平进行聚类分析.

解   与例 8.8 一样, 为消除数据数量级的影响, 先对数据作标准化处理, 然后再用
kmeans() 函数作动态聚类, 为与前面的方法作比较, 类的个数选择为 5. 算法选择 "Hartigan-
Wong", 即默认状态.

```
km <- kmeans(scale(X), 5, nstart = 20); km
```
得到

```
K-means clustering with 5 clusters of sizes 1, 1, 16, 10, 3
Cluster means:
          x1           x2          x3          x4          x5
1  1.8042004 -1.12776493  0.9368961  1.2959544  3.90904835
2  1.1255255  2.91079330 -1.0645632 -0.4082114  0.53291392
3 -0.7008593 -0.33291790 -0.5450901 -0.2500165 -0.54749319
4  0.2646918  0.04585518  0.2487958 -0.3405821 -0.01812541
5  1.8790347  1.02836873  2.1203833  2.1727806  1.49972764
          x6           x7          x8
1  1.6014419  3.8803141  2.01876530
2 -1.0476079 -0.9562089  1.66126641
3 -0.6131804 -0.5420723 -0.57966702
4  0.2587437  0.2874133 -0.02413414
5  2.2232050  0.9583064  1.94532737
Clustering vector:
  北京    天津    河北    山西  内蒙古    辽宁    吉林  黑龙江    上海    江苏    浙江
   5       4       3       3       3       3       3       3       5       4       5
  安徽    福建    江西    山东    河南    湖北    湖南    广东    广西    海南    重庆
   3       4       3       4       3       4       4       1       4       3       4
  四川    贵州    云南    西藏    陕西    甘肃    青海    宁夏    新疆
   4       3       4       2       3       3       3       3       3
Within cluster sum of squares by cluster:
[1]   0.00000   0.00000 30.14432 22.12662 10.19134
Available components:
[1] "cluster"  "centers"  "withinss"  "size"
```

这里 size 表示各类的个数, means 表示各类的均值, Clustering 表示聚类后的分类情况.

为便于看出聚类后的分类情况, 用 sort() 函数 (sort(km$cluster)) 对分类情况排序, 并整理得到

第 1 类：广东

第 2 类：西藏

第 3 类：河北、山西、内蒙古、辽宁、吉林、黑龙江、安徽、江西、河南、海南、贵州、陕西、甘肃、青海、宁夏、新疆

第 4 类：天津、江苏、福建、山东、湖北、湖南、广西、重庆、四川、云南

第 5 类：北京、上海、浙江

习　　题

8.1　根据经验, 今天与昨天的湿度差 X_1 及今天的压温差 (气压与温度之差)X_2 是预报明天下雨或不下雨的两个重要因素. 现有一批已收集的数据资料, 如表 8.7 所示. 今测得 $x_1 = 8.1, x_2 = 2.0$, 试问预报明天下雨还是预报明天不下雨? 分别用距离判别、Bayes 判别 (考虑方差相同与方差不同两种情况) 和 Fisher 判别来得到你所需要的结论.

表 8.7　湿度差与压温差数据

雨　天		非 雨 天	
X_1(湿度差)	X_2(压温差)	X_1(湿度差)	X_2(压温差)
−1.9	3.2	0.2	0.2
−6.9	10.4	−0.1	7.5
5.2	2.0	0.4	14.6
5.0	2.5	2.7	8.3
7.3	0.0	2.1	0.8
6.8	12.7	−4.6	4.3
0.9	−15.4	−1.7	10.9
−12.5	−2.5	−2.6	13.1
1.5	1.3	2.6	12.8
3.8	6.8	−2.8	10.0

8.2　某医院研究心电图指标对健康人 (I)、硬化症患者 (II) 和冠心病患者 (III) 的鉴别能力. 现获得训练样本如表 8.8 所示. 试用距离判别 (考虑方差相同与方差不同两种情况)、Bayes 判别 (考虑方差相同与方差不同两种情况, 且先验概率为 $11/23, 7/23, 5/23$) 对数据进行分析.

8.3　为了更深入地了解我国人口的文化程度状况, 现利用 1990 年全国人口普查数据对

表 8.8 3 类 23 人的心电图指标数据

序号	类别	x_1	x_2	x_3	x_4
1	I	8.11	261.01	13.23	7.36
2	I	9.36	185.39	9.02	5.99
3	I	9.85	249.58	15.61	6.11
4	I	2.55	137.13	9.21	4.35
5	I	6.01	231.34	14.27	8.79
6	I	9.64	231.38	13.03	8.53
7	I	4.11	260.25	14.72	10.02
8	I	8.90	259.91	14.16	9.79
9	I	7.71	273.84	16.01	8.79
10	I	7.51	303.59	19.14	8.53
11	I	8.06	231.03	14.41	6.15
12	II	6.80	308.90	15.11	8.49
13	II	8.68	258.69	14.02	7.16
14	II	5.67	355.54	15.13	9.43
15	II	8.10	476.69	7.38	11.32
16	II	3.71	316.32	17.12	8.17
17	II	5.37	274.57	16.75	9.67
18	II	9.89	409.42	19.47	10.49
19	III	5.22	330.34	18.19	9.61
20	III	4.71	331.47	21.26	13.72
21	III	4.71	352.50	20.79	11.00
22	III	3.36	347.31	17.90	11.19
23	III	8.27	189.56	12.74	6.94

全国 30 个省、直辖市、自治区进行聚类分析. 原始数据如表 8.9 所示. 分析选用了 3 个指标: (1) 大学以上文化程度的人口占全部人口的比例 (DXBZ), (2) 初中文化程度的人口占全部人口的比例 (CZBZ), (3) 文盲半文盲人口占全部人口的比例 (WMBZ) 来反映较高、中等、较低文化程度人口的状况.

    (1) 计算样本的 Euclid 距离, 分别用最长距离法、均值法、重心法和 Ward 法作聚类分析, 并画出相应的谱系图. 如果将所有样本分为 4 类, 试写出各种方法的分类结果;

    (2) 用动态聚类方法 (共分为 4 类), 给出相应的分类结果.

8.4 对 48 位应聘者数据 (见表 3.5) 的自变量作聚类分析, 选择变量的相关系数作为变量间的相似系数 (c_{ij}), 距离定义为 $d_{ij} = 1 - c_{ij}$. 分别用最长距离法、均值法、重心法和 Ward 法作聚类分析, 并画出相应的谱系图. 如果将所有变量分为 5 类, 试写出各种方法的分类结果.

表 8.9　1990 年全国人口普查文化程度占全部人口的比例

地区	DXBZ	CZBZ	WMBZ	地区	DXBZ	CZBZ	WMBZ
北京	9.30	30.55	8.70	河南	0.85	26.55	16.15
天津	4.67	29.38	8.92	湖北	1.57	23.16	15.79
河北	0.96	24.69	15.21	湖南	1.14	22.57	12.10
山西	1.38	29.24	11.30	广东	1.34	23.04	10.45
内蒙古	1.48	25.47	15.39	广西	0.79	19.14	10.61
辽宁	2.60	32.32	8.81	海南	1.24	22.53	13.97
吉林	2.15	26.31	10.49	四川	0.96	21.65	16.24
黑龙江	2.14	28.46	10.87	贵州	0.78	14.65	24.27
上海	6.53	31.59	11.04	云南	0.81	13.85	25.44
江苏	1.47	26.43	17.23	西藏	0.57	3.85	44.43
浙江	1.17	23.74	17.46	陕西	1.67	24.36	17.62
安徽	0.88	19.97	24.43	甘肃	1.10	16.85	27.93
福建	1.23	16.87	15.63	青海	1.49	17.76	27.70
江西	0.99	18.84	16.22	宁夏	1.61	20.27	22.06
山东	0.98	25.18	16.87	新疆	1.85	20.66	12.75

第 9 章　应用多元分析 (II)

第 8 章介绍了判别分析和聚类分析, 这两种方法均是处理数据分类问题. 本章介绍多元分析的另一部分内容 —— 主成分分析、因子分析和典型相关分析. 这 3 种方法的共同点是对数据作降维处理, 从数据中提取某些公共部分, 然后针对公共部分进行分析和处理, 得到我们需要的结论.

与第 8 章相同, 本章的重点还是放在用 R 软件来进行主成分分析、因子分析和典型相关分析, 而对于各种分析所用到的概念只作简单介绍.

9.1　主成分分析

主成分分析 (principal component analysis) 是将多指标化为少数几个综合指标的一种统计分析方法, 由 Pearson(1901) 提出, 后来被 Hotelling(1933) 发展了. 主成分分析是一种通过降维技术把多个变量化成少数几个主成分的方法. 这些主成分能够反映原始变量的绝大部分信息, 它们通常表示为原始变量的线性组合.

9.1.1　总体主成分

1. 主成分的定义与导出

设 $\boldsymbol{X}$ 是 p 维随机变量, 并假设 $\boldsymbol{\mu} = E(\boldsymbol{X})$, $\boldsymbol{\Sigma} = \mathrm{var}(\boldsymbol{X})$. 考虑如下线性变换

$$\begin{cases} Z_1 = \boldsymbol{a}_1^{\mathrm{T}} \boldsymbol{X}, \\ Z_2 = \boldsymbol{a}_2^{\mathrm{T}} \boldsymbol{X}, \\ \quad \vdots \\ Z_p = \boldsymbol{a}_p^{\mathrm{T}} \boldsymbol{X}, \end{cases} \tag{9.1}$$

易见

$$\mathrm{var}(Z_i) = \boldsymbol{a}_i^{\mathrm{T}} \boldsymbol{\Sigma} \boldsymbol{a}_i, \quad i = 1, 2, \cdots, p, \tag{9.2}$$

$$\mathrm{cov}(Z_i, Z_j) = \boldsymbol{a}_i^{\mathrm{T}} \boldsymbol{\Sigma} \boldsymbol{a}_j, \quad i, j = 1, 2, \cdots, p, \quad i \neq j. \tag{9.3}$$

我们希望 Z_1 的方差达到最大, 即 a_1 是约束优化问题

$$\begin{aligned} \max \quad & \boldsymbol{a}^{\mathrm{T}} \boldsymbol{\Sigma} \boldsymbol{a} \\ \text{s.t.} \quad & \boldsymbol{a}^{\mathrm{T}} \boldsymbol{a} = 1 \end{aligned}$$

的解. 因此, $\boldsymbol{a}_1$ 是 $\boldsymbol{\Sigma}$ 最大特征值 (不妨设为 λ_1) 的特征向量. 此时, 称 $Z_1 = \boldsymbol{a}_1^{\mathrm{T}} \boldsymbol{X}$ 为第一主成分. 类似地, 希望 Z_2 的方差达到最大, 并且要求 $\mathrm{cov}(Z_1, Z_2) = \boldsymbol{a}_1^{\mathrm{T}} \boldsymbol{\Sigma} \boldsymbol{a}_2 = 0$. 由于 $\boldsymbol{a}_1$ 是 λ_1 的特征向量, 所以, 选择的 $\boldsymbol{a}_2$ 应与 $\boldsymbol{a}_1$ 正交. 类似于前面的推导, $\boldsymbol{a}_2$ 是 $\boldsymbol{\Sigma}$ 第二大特征值 (不妨设为 λ_2) 的特征向量. 称 $Z_2 = \boldsymbol{a}_2^{\mathrm{T}} \boldsymbol{X}$ 为第二主成分.

一般情况下对于协方差阵 $\boldsymbol{\Sigma}$, 存在正交阵 $\boldsymbol{Q}$, 将它化为对角阵, 即

$$\boldsymbol{Q}^{\mathrm{T}} \boldsymbol{\Sigma} \boldsymbol{Q} = \boldsymbol{\Lambda} = \begin{bmatrix} \lambda_1 & & & \\ & \lambda_2 & & \\ & & \ddots & \\ & & & \lambda_p \end{bmatrix}, \tag{9.4}$$

且 $\lambda_1 \geqslant \lambda_2 \geqslant \cdots \geqslant \lambda_p$, 则矩阵 $\boldsymbol{Q}$ 的第 i 列就对应于 $\boldsymbol{a}_i$, 相应的 Z_i 为第 i 主成分.

2. 主成分的性质

关于主成分有如下性质:

(1) 主成分的均值和协方差阵.

记

$$\boldsymbol{Z} = \begin{bmatrix} Z_1 \\ Z_2 \\ \vdots \\ Z_p \end{bmatrix}, \quad \boldsymbol{\nu} = E(\boldsymbol{Z}), \quad \boldsymbol{\Lambda} = \begin{bmatrix} \lambda_1 & & & \\ & \lambda_2 & & \\ & & \ddots & \\ & & & \lambda_p \end{bmatrix},$$

由于

$$\boldsymbol{Z} = \boldsymbol{Q}^{\mathrm{T}} \boldsymbol{X}, \tag{9.5}$$

所以有

$$\boldsymbol{\nu} = E(\boldsymbol{Z}) = E(\boldsymbol{Q}^{\mathrm{T}} \boldsymbol{X}) = \boldsymbol{Q}^{\mathrm{T}} E(\boldsymbol{X}) = \boldsymbol{Q}^{\mathrm{T}} \boldsymbol{\mu},$$

$$\mathrm{var}(\boldsymbol{Z}) = \boldsymbol{Q}^{\mathrm{T}} \mathrm{var}(\boldsymbol{X}) \boldsymbol{Q} = \boldsymbol{Q}^{\mathrm{T}} \boldsymbol{\Sigma} \boldsymbol{Q} = \boldsymbol{\Lambda}.$$

(2) 主成分的总方差.

由于

$$\mathrm{tr}(\boldsymbol{\Lambda}) = \mathrm{tr}(\boldsymbol{Q}^{\mathrm{T}} \boldsymbol{\Sigma} \boldsymbol{Q}) = \mathrm{tr}(\boldsymbol{\Sigma} \boldsymbol{Q} \boldsymbol{Q}^{\mathrm{T}}) = \mathrm{tr}(\boldsymbol{\Sigma}),$$

所以

$$\sum_{i=1}^{p} \lambda_i = \sum_{i=1}^{p} \sigma_{ii} \quad \text{或} \quad \sum_{i=1}^{p} \mathrm{var}(Z_i) = \sum_{i=1}^{p} \mathrm{var}(X_i),$$

其中 σ_{ii} 是协方差阵 $\boldsymbol{\Sigma}$ 的第 i 个对角元素. 由此可以看出, 主成分分析把 p 个原始变量 $X_1, X_2, \cdots, X_p$ 的总方差分解成了 p 个不相关变量 $Z_1, Z_2, \cdots, Z_p$ 的方差之和.

称总方差中第 i 主成分 Z_i 的比例 $\lambda_i / \sum\limits_{i=1}^{p} \lambda_i$ 为主成分 Z_i 的贡献率. 第一主成分 Z_1 的贡献率最大, 表明它解释原始变量 $X_1, X_2, \cdots, X_p$ 的能力最强, 而 $Z_2, Z_3, \cdots, Z_p$ 的解释能力依次递减. 主成分分析的目的就是为了减少变量的个数, 因而一般不会使用所有的 p 个主成分, 忽略一些较小方差的主成分, 不会给总方差带来大的影响. 称前 m 个主成分的贡献率之和 $\sum\limits_{i=1}^{m} \lambda_i / \sum\limits_{i=1}^{p} \lambda_i$ 为主成分 $Z_1, Z_2, \cdots, Z_m$ 的累积贡献率, 它表明 $Z_1, Z_2, \cdots, Z_m$ 解释 $X_1, X_2, \cdots, X_p$ 的能力. 相对于 p, 通常取较小的 m, 使得累积贡献率达到一个较高的百分比 (如 $80\% \sim 90\%$). 此时, $Z_1, Z_2, \cdots, Z_m$ 可用来代替 $X_1, X_2, \cdots, X_p$, 达到降维的目的, 而信息的损失却不多.

(3) 原始变量 X_j 与主成分 Z_i 之间的相关系数.

由式 (9.5) 知

$$\boldsymbol{X} = \boldsymbol{Q}\boldsymbol{Z}, \tag{9.6}$$

即

$$X_j = q_{j1}Z_1 + q_{j2}Z_2 + \cdots + q_{jp}Z_p, \tag{9.7}$$

所以,

$$\mathrm{cov}(X_j, Z_i) = \mathrm{cov}(q_{ji}Z_i, Z_i) = q_{ji}\lambda_i, \quad j, i = 1, 2, \cdots, p, \tag{9.8}$$

$$\rho(X_j, Z_i) = \frac{\mathrm{cov}(X_j, Z_i)}{\sqrt{\mathrm{var}(X_j)}\sqrt{\mathrm{var}(Z_i)}} = \frac{\sqrt{\lambda_i}}{\sqrt{\sigma_{jj}}} q_{ji}, \quad j, i = 1, 2, \cdots, p. \tag{9.9}$$

在实际应用中, 通常只对 X_j 与 Z_i 的相关系数感兴趣.

(4) m 个主成分对原始变量的贡献率.

前面提到的累积贡献率这个概念度量了 m 个主成分 $Z_1, Z_2, \cdots, Z_m$ 从原始变量 X_1, $X_2, \cdots, X_p$ 中提取信息的多少, 那么 $Z_1, Z_2, \cdots, Z_m$ 包含有 $X_j(j = 1, 2, \cdots, p)$ 的多少信息应该用什么指标来度量呢? 这个指标就是 X_j 与 $Z_1, Z_2, \cdots, Z_m$ 的复相关系数的平方, 称为 m 个主成分 $Z_1, Z_2, \cdots, Z_m$ 对原始变量 X_j 的贡献率, 记为 $\rho_{j \cdot 1 \cdots m}^2$, 即

$$\rho_{j \cdot 1 \cdots m}^2 = \sum_{i=1}^{m} \rho^2(X_j, Z_i) = \sum_{i=1}^{m} \lambda_i q_{ji}^2 / \sigma_{jj}. \tag{9.10}$$

对式 (9.7) 两边取方差, 得到

$$\sigma_{jj} = q_{j1}^2 \lambda_1 + q_{j2}^2 \lambda_2 + \cdots + q_{jp}^2 \lambda_p, \tag{9.11}$$

由于 $q_{j1}^2 + q_{j2}^2 + \cdots + q_{jp}^2 = 1$, 故 σ_{jj} 实际上是 $\lambda_1, \lambda_2, \cdots, \lambda_p$ 的加权平均.

由式 (9.10)$\sim$ 式 (9.11), 可以得到 $Z_1, Z_2, \cdots, Z_p$ 对 X_j 的贡献率为

$$\rho_{j \cdot 1 \cdots p}^2 = \sum_{i=1}^{p} \rho^2(X_j, Z_i) = \sum_{i=1}^{p} \lambda_i q_{ji}^2 / \sigma_{jj} = 1. \tag{9.12}$$

(5) 原始变量对主成分的影响.

式 (9.5) 也可以表示成

$$Z_i = q_{1i}X_1 + q_{2i}X_2 + \cdots + q_{pi}X_p,$$

称 q_{ji} 为第 i 主成分在第 j 个原始变量 X_j 上的载荷 (loading), 它度量了 X_j 对 Z_i 的重要程度.

3. 从相关矩阵出发求主成分

当各变量的单位不完全相同, 或虽单位相同, 但变量间的数值大小相差较大时, 直接从协方差阵 $\boldsymbol{\Sigma}$ 出发进行主成分分析就显得不妥. 为了使主成分分析能够均等地对待每一个原始变量, 消除由于单位不同可能带来的影响, 常常将原始变量作标准化处理, 即令

$$X_j^* = \frac{X_j - \mu_j}{\sqrt{\sigma_{jj}}}, \quad j = 1, 2, \cdots, p. \tag{9.13}$$

显然, $\boldsymbol{X}^* = (X_1^*, X_2^*, \cdots, X_p^*)^{\mathrm{T}}$ 的方差矩阵就是 $\boldsymbol{X}$ 的相关矩阵 $\boldsymbol{R}$.

从相关矩阵 $\boldsymbol{R}$ 出发导出的主成分方法与从协方差阵 $\boldsymbol{\Sigma}$ 出发导出的主成分方法完全类似, 并且得到的主成分的一些性质更加简洁.

设 $\lambda_1^* \geqslant \lambda_2^* \geqslant \cdots \geqslant \lambda_p^* \geqslant 0$ 为相关矩阵 $\boldsymbol{R}$ 的 p 个特征值, $\boldsymbol{a}_1^*, \boldsymbol{a}_2^*, \cdots, \boldsymbol{a}_p^*$ 为相应的单位特征向量, 且相互正交, 则相应的 p 个主成分为

$$Z_i^* = \boldsymbol{a}_i^{*\mathrm{T}} \boldsymbol{X}^*, \quad i = 1, 2, \cdots, p.$$

令 $\boldsymbol{Z}^* = (Z_1^*, Z_2^*, \cdots, Z_p^*)^{\mathrm{T}}$, $\boldsymbol{Q}^* = (\boldsymbol{a}_1^*, \boldsymbol{a}_2^*, \cdots, \boldsymbol{a}_p^*)$, 于是

$$\boldsymbol{Z}^* = \boldsymbol{Q}^{*\mathrm{T}} \boldsymbol{X}^*.$$

关于相关矩阵 $\boldsymbol{R}$ 的主成分有如下性质:

(1) $E(\boldsymbol{Z}^*) = \boldsymbol{0}$, $\mathrm{var}(\boldsymbol{Z}^*) = \boldsymbol{\Lambda}^*$, 其中 $\boldsymbol{\Lambda}^* = \mathrm{diag}(\lambda_1^*, \lambda_2^*, \cdots, \lambda_p^*)$.

(2) $\sum\limits_{i=1}^{p} \lambda_i^* = p$.

(3) 变量 X_j^* 与主成分 Z_i^* 之间的相关系数为

$$\rho(X_j^*, Z_i^*) = \sqrt{\lambda_i^*}\, q_{ji}^*, \quad j, i = 1, 2, \cdots, p.$$

(4) 主成分 $Z_1^*, Z_2^*, \cdots, Z_m^*$ 对 X_j^* 的贡献率为

$$\rho_{j \cdot 1 \cdots m}^2 = \sum_{i=1}^{m} \rho^2(X_j^*, Z_i^*) = \sum_{i=1}^{m} \lambda_i^* q_{ji}^{*\,2}.$$

(5) $\rho_{j \cdot 1 \cdots p}^2 = \sum\limits_{i=1}^{p} \rho^2(X_j^*, Z_i^*) = \sum\limits_{i=1}^{p} \lambda_i q_{ji}^{*\,2} = 1.$

9.1.2 样本主成分

前面讨论的是总体主成分, 而在实际问题中, 一般总体的协方差阵 $\boldsymbol{\Sigma}$ 或相关矩阵 $\boldsymbol{R}$ 是未知的, 需要通过样本来估计.

设 $\boldsymbol{X}_{(k)} = (x_{k1}, x_{k2}, \cdots, x_{kp})^{\mathrm{T}}$ $(k = 1, 2, \cdots, n)$ 为来自总体 X 的样本, 记样本数据矩阵为

$$\boldsymbol{X} = \begin{bmatrix} x_{11} & x_{12} & \cdots & x_{1p} \\ x_{21} & x_{22} & \cdots & x_{2p} \\ \vdots & \vdots & & \vdots \\ x_{n1} & x_{n2} & \cdots & x_{np} \end{bmatrix} = \begin{bmatrix} \boldsymbol{X}_{(1)}^{\mathrm{T}} \\ \boldsymbol{X}_{(2)}^{\mathrm{T}} \\ \vdots \\ \boldsymbol{X}_{(n)}^{\mathrm{T}} \end{bmatrix} = [\boldsymbol{X}_1, \boldsymbol{X}_2, \cdots, \boldsymbol{X}_p],$$

其中 $\boldsymbol{X}_{(k)}^{\mathrm{T}}$ 表示样本数据矩阵的各行, $\boldsymbol{X}_j$ 表示样本数据矩阵的各列. 所以, 样本的方差矩阵 $\boldsymbol{S}$ 为

$$\boldsymbol{S} = \frac{1}{n-1} \sum_{k=1}^{n} \left(\boldsymbol{X}_{(k)} - \overline{\boldsymbol{X}}\right)\left(\boldsymbol{X}_{(k)} - \overline{\boldsymbol{X}}\right)^{\mathrm{T}} = (s_{ij})_{p \times p},$$

其中

$$\overline{\boldsymbol{X}} = \frac{1}{n} \sum_{k=1}^{n} \boldsymbol{X}_{(k)} = (\overline{x}_1, \overline{x}_2, \cdots, \overline{x}_p)^{\mathrm{T}},$$

$$s_{ij} = \frac{1}{n-1} \sum_{k=1}^{n} (x_{ki} - \overline{x}_i)(x_{kj} - \overline{x}_j), \quad i, j = 1, 2, \cdots, p.$$

样本的相关矩阵 $\boldsymbol{R}$ 为

$$\boldsymbol{R} = \frac{1}{n-1} \sum_{k=1}^{n} \boldsymbol{X}_{(k)}^{*} \boldsymbol{X}_{(k)}^{*\mathrm{T}} = (r_{ij})_{p \times p},$$

其中

$$\boldsymbol{X}_{(k)}^{*} = \left[\frac{x_{k1} - \overline{x}_1}{\sqrt{s_{11}}}, \frac{x_{k2} - \overline{x}_2}{\sqrt{s_{22}}}, \cdots, \frac{x_{kp} - \overline{x}_p}{\sqrt{s_{pp}}}\right],$$

$$r_{ij} = \frac{s_{ij}}{\sqrt{s_{ii}s_{jj}}}, \quad i, j = 1, 2, \cdots, p.$$

1. 从 $\boldsymbol{S}$ 出发求主成分

设 $\lambda_1 \geqslant \lambda_2 \geqslant \cdots \geqslant \lambda_p \geqslant 0$ 为样本协方差阵 $\boldsymbol{S}$ 的特征值, $\boldsymbol{a}_1, \boldsymbol{a}_2, \cdots, \boldsymbol{a}_p$ 为相应的单位特征向量, 且彼此正交, 则第 i 个主成分 $z_i = \boldsymbol{a}_i^{\mathrm{T}} \boldsymbol{x}$, $i = 1, 2, \cdots, p$, 其中 $\boldsymbol{x} = (x_1, x_2, \cdots, x_p)^{\mathrm{T}}$. 令

$$z = (z_1, z_2, \cdots, z_p)^{\mathrm{T}} = (a_1, a_2, \cdots, a_p)^{\mathrm{T}} x = Q^{\mathrm{T}} x,$$

其中 $Q = (a_1, a_2, \cdots, a_p) = (q_{ij})_{p \times p}$.

下面构造样本主成分, 令

$$Z_{(k)} = Q^{\mathrm{T}} X_{(k)},$$

因此样本主成分为

$$Z = \begin{bmatrix} z_{11} & z_{12} & \cdots & z_{1p} \\ z_{21} & z_{22} & \cdots & z_{2p} \\ \vdots & \vdots & & \vdots \\ z_{n1} & z_{n2} & \cdots & z_{np} \end{bmatrix} = \begin{bmatrix} Z_{(1)}^{\mathrm{T}} \\ Z_{(2)}^{\mathrm{T}} \\ \vdots \\ Z_{(n)}^{\mathrm{T}} \end{bmatrix} = \begin{bmatrix} X_{(1)}^{\mathrm{T}} Q \\ X_{(2)}^{\mathrm{T}} Q \\ \vdots \\ X_{(n)}^{\mathrm{T}} Q \end{bmatrix} = XQ$$

$$= [Xa_1, Xa_2, \cdots, Xa_p] = [Z_1, Z_2, \cdots, Z_p],$$

其中 $Z_{(k)}^{\mathrm{T}}$ 表示样本主成分的各行, Z_j 表示样本主成分的各列.

对于样本主成分有如下性质:

(1) $\mathrm{var}(Z_j) = \lambda_j, \ j = 1, 2, \cdots, p$.

(2) $\mathrm{cov}(Z_i, Z_j) = 0, \ i, j = 1, 2, \cdots, p, \ \ i \neq j$.

(3) 样本总方差

$$\sum_{j=1}^{p} s_{jj} = \sum_{j=1}^{p} \lambda_j.$$

(4) X_j 与 Z_i 的样本相关系数

$$r(X_j, Z_i) = \frac{\sqrt{\lambda_i}}{\sqrt{s_{jj}}} q_{ji}, \quad j, i = 1, 2, \cdots, p.$$

在实际应用中, 常常将样本数据中心化, 这不影响样本协方差阵 S. 考虑中心化数据矩阵

$$X - \mathbf{1} \overline{X}^{\mathrm{T}} = \begin{bmatrix} (X_{(1)} - \overline{X})^{\mathrm{T}} \\ (X_{(2)} - \overline{X})^{\mathrm{T}} \\ \vdots \\ (X_{(n)} - \overline{X})^{\mathrm{T}} \end{bmatrix},$$

其中 $\mathbf{1} = (1, 1, \cdots, 1)^{\mathrm{T}} \in \mathbf{R}^n$, 对应的主成分数据为

$$Z = \begin{bmatrix} z_{11} & z_{12} & \cdots & z_{1p} \\ z_{21} & z_{22} & \cdots & z_{2p} \\ \vdots & \vdots & & \vdots \\ z_{n1} & z_{n2} & \cdots & z_{np} \end{bmatrix} = \begin{bmatrix} Z_{(1)}^{\mathrm{T}} \\ Z_{(2)}^{\mathrm{T}} \\ \vdots \\ Z_{(n)}^{\mathrm{T}} \end{bmatrix} = \begin{bmatrix} (X_{(1)} - \overline{X})^{\mathrm{T}} Q \\ (X_{(2)} - \overline{X})^{\mathrm{T}} Q \\ \vdots \\ (X_{(n)} - \overline{X})^{\mathrm{T}} Q \end{bmatrix}.$$

2. 从 R 出发求主成分

设 $\lambda_1^* \geqslant \lambda_2^* \geqslant \cdots \geqslant \lambda_p^* \geqslant 0$ 为样本相关矩阵 R 的特征值, $a_1^*, a_2^*, \cdots, a_p^*$ 为相应的单位特征向量, 且彼此正交.

令

$$Z_{(i)}^* = Q^{\mathrm{T}} X_{(i)}^*,$$

其中 $Q = (a_1^*, a_2^*, \cdots, a_p^*)$, 因此样本主成分为

$$
Z^* = \begin{bmatrix} z_{11}^* & z_{12}^* & \cdots & z_{1p}^* \\ z_{21}^* & z_{22}^* & \cdots & z_{2p}^* \\ \vdots & \vdots & & \vdots \\ z_{n1}^* & z_{n2}^* & \cdots & z_{np}^* \end{bmatrix} = \begin{bmatrix} Z_{(1)}^{*\mathrm{T}} \\ Z_{(2)}^{*\mathrm{T}} \\ \vdots \\ Z_{(n)}^{*\mathrm{T}} \end{bmatrix} = \begin{bmatrix} X_{(1)}^{*\mathrm{T}} Q \\ X_{(2)}^{*\mathrm{T}} Q \\ \vdots \\ X_{(n)}^{*\mathrm{T}} Q \end{bmatrix} = X^* Q
$$
$$= [X^* a_1^*, X^* a_2^*, \cdots, X^* a_p^*] = [Z_1^*, Z_2^*, \cdots, Z_p^*],$$

其中 ${Z_{(k)}^*}^{\mathrm{T}}$ 表示样本主成分的各行, Z_j^* 表示样本主成分的各列.

对于样本主成分有如下性质:

(1) $\mathrm{var}(Z_j^*) = \lambda_j^*$, $j = 1, 2, \cdots, p$.

(2) $\mathrm{cov}(Z_i^*, Z_j^*) = 0, i, j = 1, 2, \cdots, p, \ \ i \neq j$.

(3) $\sum\limits_{j=1}^{p} \lambda_j^* = 1$.

(4) X_j^* 与 Z_i^* 的样本相关系数为

$$r(X_j^*, Z_i^*) = \sqrt{\lambda_i} \, q_{ji}, \quad j, i = 1, 2, \cdots, p.$$

9.1.3 相关的 R 函数以及实例

下面介绍与主成分分析有关的函数.

1. princomp 函数

作主成分分析最主要的函数是 princomp() 函数, 其使用格式为

```
princomp(formula, data = NULL, subset, na.action, ...)
```
其中 formula 是没有响应变量的公式 (类似回归分析、方差分析, 但无响应变量), data 是数据框 (类似于回归分析、方差分析). 或者

```
princomp(x, cor = FALSE, scores = TRUE, covmat = NULL,
         subset = rep(TRUE, nrow(as.matrix(x))), ...)
```
其中 x 是用于主成分分析的数据, 以数值矩阵或数据框的形式给出; cor 是逻辑变量, 当 cor=TRUE 表示用样本的相关矩阵 R 作主成分分析, 当 cor=FALSE(默认值) 表示用样本的协方差阵 S 作主成分分析; covmat 是协方差阵, 如果数据不用 x 提供, 可由协方差阵提供. 其他参数的意义请参见在线帮助.

prcomp() 函数的意义及使用方法与 princomp() 函数相同.

2. summary 函数

summary() 函数与回归分析中的用法相同, 其目的是提取主成分的信息, 其使用格式为

```
summary(object, loadings = FALSE, cutoff = 0.1, ...)
```

其中 object 是由 princomp() 得到的对象; loadings 是逻辑变量, 当 loadings = TRUE 表示显示 loadings 的内容 (具体含义在下面的 loadings() 函数), 当 loadings = FALSE 则不显示.

3. loadings 函数

loadings() 函数是显示主成分分析或因子分析中 loadings(载荷, 见因子分析) 的内容. 在主成分分析中, 该内容实际上是主成分对应的各列, 即前面分析的正交矩阵 Q. 在因子分析中, 其内容就是载荷因子矩阵. loadings() 函数的使用格式为

```
loadings(x)
```

其中 x 是由函数 princomp() 或 factanal()(见因子分析) 得到的对象.

4. predict 函数

predict() 函数是预测主成分的值 (类似于回归分析中的使用方法), 其使用格式为

```
predict(object, newdata, ...)
```

其中 object 是由 princomp() 得到的对象; newdata 是由预测值构成的数据框, 当 newdata 为默认值时, 预测已有数据的主成分值.

5. screeplot 函数

screeplot() 函数是画出主成分的碎石图, 其使用格式为

```
screeplot(x, npcs = min(10, length(x$sdev)),
          type = c("barplot", "lines"),
          main = deparse(substitute(x)), ...)
```

其中 x 是由 princomp() 得到的对象; npcs 是画出的主成分的个数; type 是描述画出的碎石图的类型, 其中 "barplot" 是直方图类型, "lines" 是直线图类型.

6. biplot 函数

biplot() 函数画出数据关于主成分的散点图和原坐标在主成分下的方向, 其使用格式为

```
biplot(x, choices = 1:2, scale = 1, pc.biplot = FALSE, ...)
```

其中 x 是由 princomp() 得到的对象; choices 是选择的主成分, 默认值是第 1、第 2 主成分; pc.biplot 是逻辑变量 (默认值为 FALSE), 当 pc.biplot=TRUE, 用 Gabriel (1971) 提出

的画图方法.

7. 实例

下面用一个例子说明前面介绍的函数的使用方法.

例 9.1 (中学生身体 4 项指标的主成分分析)

在某中学随机抽取某年级 30 名学生, 测量其身高 (X_1)、体重 (X_2)、胸围 (X_3) 和坐高 (X_4), 数据如表 9.1 所示. 试对这 30 名中学生身体 4 项指标数据作主成分分析.

表 9.1 30 名中学生身体 4 项指标数据

序号	X_1	X_2	X_3	X_4	序号	X_1	X_2	X_3	X_4
1	148	41	72	78	16	152	35	73	79
2	139	34	71	76	17	149	47	82	79
3	160	49	77	86	18	145	35	70	77
4	149	36	67	79	19	160	47	74	87
5	159	45	80	86	20	156	44	78	85
6	142	31	66	76	21	151	42	73	82
7	153	43	76	83	22	147	38	73	78
8	150	43	77	79	23	157	39	68	80
9	151	42	77	80	24	147	30	65	75
10	139	31	68	74	25	157	48	80	88
11	140	29	64	74	26	151	36	74	80
12	161	47	78	84	27	144	36	68	76
13	158	49	78	83	28	141	30	67	76
14	140	33	67	77	29	139	32	68	73
15	137	31	66	73	30	148	38	70	78

解 用数据框的形式输入数据. 用 princomp() 作主成分分析, 由前面的分析, 选择相关矩阵作主成分分析更合理, 因此, 这里选择的参数是 cor=TRUE. 最后用 summary() 列出主成分分析的值, 这里选择 loadings=TRUE. 以下是相应的程序. (程序名: exam0901.R)

```
####用数据框形式输入数据
> student<-data.frame(
    X1=c(148, 139, 160, 149, 159, 142, 153, 150, 151, 139,
         140, 161, 158, 140, 137, 152, 149, 145, 160, 156,
         151, 147, 157, 147, 157, 151, 144, 141, 139, 148),
    X2=c(41, 34, 49, 36, 45, 31, 43, 43, 42, 31,
         29, 47, 49, 33, 31, 35, 47, 35, 47, 44,
         42, 38, 39, 30, 48, 36, 36, 30, 32, 38),
```

```
    X3=c(72, 71, 77, 67, 80, 66, 76, 77, 77, 68,
         64, 78, 78, 67, 66, 73, 82, 70, 74, 78,
         73, 73, 68, 65, 80, 74, 68, 67, 68, 70),
    X4=c(78, 76, 86, 79, 86, 76, 83, 79, 80, 74,
         74, 84, 83, 77, 73, 79, 79, 77, 87, 85,
         82, 78, 80, 75, 88, 80, 76, 76, 73, 78)
    )
```

####作主成分分析,并显示分析结果

```
> student.pr <- princomp(student, cor = TRUE)
> summary(student.pr, loadings=TRUE)
Importance of components:
                          Comp.1      Comp.2      Comp.3      Comp.4
Standard deviation     1.8817805  0.55980636  0.28179594  0.25711844
Proportion of Variance 0.8852745  0.07834579  0.01985224  0.01652747
Cumulative Proportion  0.8852745  0.96362029  0.98347253  1.00000000


Loadings:
    Comp.1 Comp.2 Comp.3 Comp.4
X1 -0.497  0.543 -0.450  0.506
X2 -0.515 -0.210 -0.462 -0.691
X3 -0.481 -0.725  0.175  0.461
X4 -0.507  0.368  0.744 -0.232
```

在上述程序中, 语句 student.pr <- princomp(student, cor = TRUE) 可以改写成 student.pr <- princomp(~X1+X2+X3+X4, data=student, cor=TRUE), 两者是等价的.

summary() 函数列出了主成分分析的重要信息, Standard deviation 行表示的是主成分的标准差, 即主成分的方差的开方, 也就是相应的特征值 $\lambda_1, \lambda_2, \lambda_3, \lambda_4$ 的开方. Proportion of Variance 行表示的是方差的贡献率. Cumulative Proportion 行表示的是方差的累积贡献率.

由于在 summary 函数的参数中选取了 loadings=TRUE, 因此列出了 loadings (载荷) 的内容, 它实际上是主成分对应于原始变量 X_1, X_2, X_3, X_4 的系数, 即前面介绍的矩阵 $\boldsymbol{Q}$. 因此得到

$$Z_1^* = -0.497X_1^* - 0.515X_2^* - 0.481X_3^* - 0.507X_4^*,$$
$$Z_2^* = 0.543X_1^* - 0.210X_2^* - 0.725X_3^* + 0.368X_4^*,$$

由于前两个主成分的累积贡献率已达到 96%, 另外两个主成分可以舍去, 达到降维的目的.

第 1 主成分对应系数的符号都相同, 其值在 0.5 左右, 它反映了中学生身材的魁梧程度: 身体高大的学生, 他的 4 个部分的尺寸都比较大, 因此, 第 1 主成分的值就较小 (因为系数均为负值); 而身材矮小的学生, 他的 4 部分的尺寸都比较小, 因此, 第 1 主成分的值就较大. 我们称第 1 主成分为大小因子. 第 2 主成分是高度与围度的差, 第 2 主成分值大的学生表明该学生 "细高", 而第 2 主成分值小的学生表明该学生 "矮胖", 因此, 称第 2 主成分为体形因子.

我们看一下各样本的主成分的值. (用 predict() 函数)

作预测

```
> predict(student.pr)
        Comp.1      Comp.2      Comp.3      Comp.4
1    0.06990950 -0.23813701 -0.35509248 -0.266120139
2    1.59526340 -0.71847399  0.32813232 -0.118056646
3   -2.84793151  0.38956679 -0.09731731 -0.279482487
4    0.75996988  0.80604335 -0.04945722 -0.162949298
5   -2.73966777  0.01718087  0.36012615  0.358653044
6    2.10583168  0.32284393  0.18600422 -0.036456084
7   -1.42105591 -0.06053165  0.21093321 -0.044223092
8   -0.82583977 -0.78102576 -0.27557798  0.057288572
9   -0.93464402 -0.58469242 -0.08814136  0.181037746
10   2.36463820 -0.36532199  0.08840476  0.045520127
11   2.83741916  0.34875841  0.03310423 -0.031146930
12  -2.60851224  0.21278728 -0.33398037  0.210157574
13  -2.44253342 -0.16769496 -0.46918095 -0.162987830
14   1.86630669  0.05021384  0.37720280 -0.358821916
15   2.81347421 -0.31790107 -0.03291329 -0.222035112
16   0.06392983  0.20718448  0.04334340  0.703533624
17  -1.55561022 -1.70439674 -0.33126406  0.007551879
18   1.07392251 -0.06763418  0.02283648  0.048606680
19  -2.52174212  0.97274301  0.12164633 -0.390667991
20  -2.14072377  0.02217881  0.37410972  0.129548960
21  -0.79624422  0.16307887  0.12781270 -0.294140762
22   0.28708321 -0.35744666 -0.03962116  0.080991989
23  -0.25151075  1.25555188 -0.55617325  0.109068939
24   2.05706032  0.78894494 -0.26552109  0.388088643
25  -3.08596855 -0.05775318  0.62110421 -0.218939612
```

26	-0.16367555	0.04317932	0.24481850	0.560248997
27	1.37265053	0.02220972	-0.23378320	-0.257399715
28	2.16097778	0.13733233	0.35589739	0.093123683
29	2.40434827	-0.48613137	-0.16154441	-0.007914021
30	0.50287468	0.14734317	-0.20590831	-0.122078819

从第 1 主成分来看, 较小的几个值是 25 号样本、3 号样本和 5 号样本, 因此说明这几个学生身材魁梧; 而 11 号样本、15 号样本和 29 号样本的的值较大, 说明这几个学生身材瘦小.

从第 2 主成分来看, 较大的几个值是 23 号样本、19 号样本和 4 号样本, 因此说明这几个学生属于"细高"型; 而 17 号样本、8 号样本和 2 号样本的值较小, 说明这几个学生身材属于"矮胖"型.

画出主成分的碎石图.

```
> screeplot(student.pr,type="lines")
```

参数选择的直线型, 其图形如图 9.1 所示.

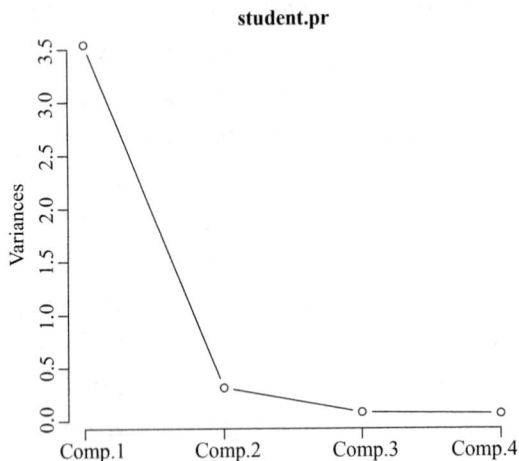

图 9.1　30 名中学生身体指标数据主成分的碎石图

还可以画出关于第 1 主成分和第 2 主成分样本的散点图, 其图形如图 9.2 所示. 从该散点图可以很容易看出: 哪些学生属于高大魁梧型, 如 25 号学生; 哪些学生属于身材瘦小型, 如 11 号或 15 号; 哪些学生属于"细高"型, 如 23 号; 哪些学生属于"矮胖"型, 如 17 号; 还有哪些学生属于正常体形, 如 26 号, 等等.

9.1.4　主成分分析的应用

这一小节讲两个主成分分析的应用, 一个是变量分类问题; 另一个是主成分回归问题.

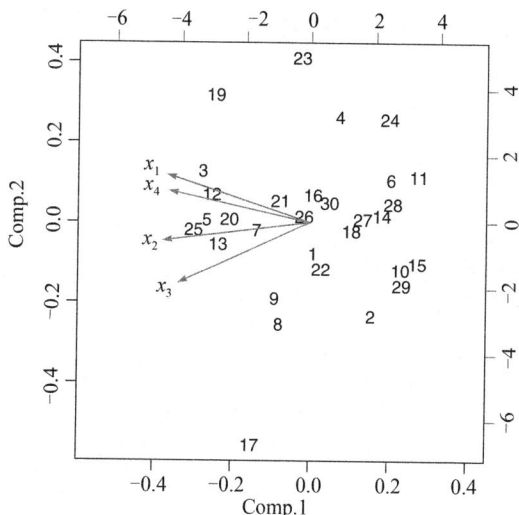

图 9.2   30 名中学生身体指标数据关于第 1 主成分和第 2 主成分的散点图

1. 主成分分类

例 9.2   对 128 个成年男子的身材进行测量, 每人各测得 16 项指标: 身高 (X_1)、坐高 (X_2)、胸围 (X_3)、头高 (X_4)、裤长 (X_5)、下裆 (X_6)、手长 (X_7)、领围 (X_8)、前胸 (X_9)、后背 (X_{10})、肩厚 (X_{11})、肩宽 (X_{12})、袖长 (X_{13})、肋围 (X_{14})、腰围 (X_{15}) 和腿肚 (X_{16}). 16 项指标的相关矩阵 $\boldsymbol{R}$ 如表 9.2 所示 (由于相关矩阵是对称的, 只给出下三角部分). 试从相关矩阵 $\boldsymbol{R}$ 出发进行主成分分析, 对 16 项指标进行分类.

解   首先输入相关矩阵, 再用 princomp() 对相关矩阵作主成分分析, 最后画出各变量在第 1、第 2 主成分下的散点图. (程序名: exam0902.R)

```
####输入数据, 按下三角输入, 构成向量
x<-c(1.00,
     0.79, 1.00,
     0.36, 0.31, 1.00,
     0.96, 0.74, 0.38, 1.00,
     0.89, 0.58, 0.31, 0.90, 1.00,
     0.79, 0.58, 0.30, 0.78, 0.79, 1.00,
     0.76, 0.55, 0.35, 0.75, 0.74, 0.73, 1.00,
     0.26, 0.19, 0.58, 0.25, 0.25, 0.18, 0.24, 1.00,
     0.21, 0.07, 0.28, 0.20, 0.18, 0.18, 0.29,-0.04, 1.00,
     0.26, 0.16, 0.33, 0.22, 0.23, 0.23, 0.25, 0.49,-0.34, 1.00,
     0.07, 0.21, 0.38, 0.08,-0.02, 0.00, 0.10, 0.44,-0.16, 0.23,
```

表 9.2　16 项身体指标数据的相关矩阵

	X_1	X_2	X_3	X_4	X_5	X_6	X_7	X_8	X_9	X_{10}	X_{11}	X_{12}	X_{13}	X_{14}	X_{15}	X_{16}
X_1	1.00															
X_2	0.79	1.00														
X_3	0.36	0.31	1.00													
X_4	0.96	0.74	0.38	1.00												
X_5	0.89	0.58	0.31	0.90	1.00											
X_6	0.79	0.58	0.30	0.78	0.79	1.00										
X_7	0.76	0.55	0.35	0.75	0.74	0.73	1.00									
X_8	0.26	0.19	0.58	0.25	0.25	0.18	0.24	1.00								
X_9	0.21	0.07	0.28	0.20	0.18	0.18	0.29	−0.04	1.00							
X_{10}	0.26	0.16	0.33	0.22	0.23	0.23	0.25	0.49	−0.34	1.00						
X_{11}	0.07	0.21	0.38	0.08	−0.02	0.00	0.10	0.44	−0.16	0.23	1.00					
X_{12}	0.52	0.41	0.35	0.53	0.48	0.38	0.44	0.30	−0.05	0.50	0.24	1.00				
X_{13}	0.77	0.47	0.41	0.79	0.79	0.69	0.67	0.32	0.23	0.31	0.10	0.62	1.00			
X_{14}	0.25	0.17	0.64	0.27	0.27	0.14	0.16	0.51	0.21	0.15	0.31	0.17	0.26	1.00		
X_{15}	0.51	0.35	0.58	0.57	0.51	0.26	0.38	0.51	0.15	0.29	0.28	0.41	0.50	0.63	1.00	
X_{16}	0.21	0.16	0.51	0.26	0.23	0.00	0.12	0.38	0.18	0.14	0.31	0.18	0.24	0.50	0.65	1.00

```
     1.00,
     0.52, 0.41, 0.35, 0.53, 0.48, 0.38, 0.44, 0.30,-0.05, 0.50,
     0.24, 1.00,
     0.77, 0.47, 0.41, 0.79, 0.79, 0.69, 0.67, 0.32, 0.23, 0.31,
     0.10, 0.62, 1.00,
     0.25, 0.17, 0.64, 0.27, 0.27, 0.14, 0.16, 0.51, 0.21, 0.15,
     0.31, 0.17, 0.26, 1.00,
     0.51, 0.35, 0.58, 0.57, 0.51, 0.26, 0.38, 0.51, 0.15, 0.29,
     0.28, 0.41, 0.50, 0.63, 1.00,
     0.21, 0.16, 0.51, 0.26, 0.23, 0.00, 0.12, 0.38, 0.18, 0.14,
     0.31, 0.18, 0.24, 0.50, 0.65, 1.00)

####输入变量名称
names<-c("X1", "X2", "X3", "X4", "X5", "X6", "X7", "X8", "X9",
        "X10", "X11", "X12", "X13", "X14", "X15", "X16")
####生成相关矩阵
R<-matrix(0, nrow=16, ncol=16, dimnames=list(names, names))
for (i in 1:16){
```

```
for (j in 1:i){
    R[i,j]<-x[(i-1)*i/2+j]; R[j,i]<-R[i,j]
}
}
####作主成分分析
pr<-princomp(covmat=R); load<-loadings(pr)
####画散点图
plot(load[,1:2]); text(load[,1], load[,2], adj=c(-0.4, 0.3))
```

得到的图形如图 9.3 所示.

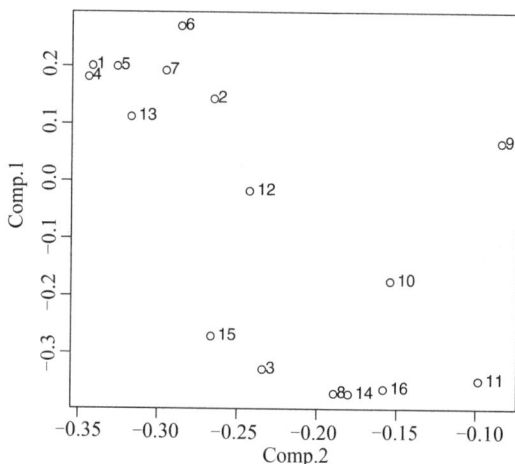

图 9.3　16 个变量在第 1、第 2 主成分下的散点图

图 9.3 中左上角的点看成一类, 它们是 "长" 类, 即身高 (X_1)、坐高 (X_2)、头高 (X_4)、裤长 (X_5)、下裆 (X_6)、手长 (X_7)、袖长 (X_{13}).

右下角的点看成一类, 它们是 "围" 类, 即身胸围 (X_3)、领围 (X_8)、肩厚 (X_{11})、肋围 (X_{14})、腰围 (X_{15})、腿肚 (X_{16}).

中间的点看成一类, 为体形特征指标, 即前胸 (X_9)、后背 (X_{10})、肩宽 (X_{12}).

2. 主成分回归

在回归分析一章中, 曾经讲过, 当自变量出现多重共线性时, 经典回归方法作回归系数的最小二乘估计一般效果会较差, 而采用主成分回归能够克服直接回归的不足. 下面用一个例子来说明如何作主成分回归, 并且是如何克服经典回归的不足.

例 9.3 (法国经济分析数据)

考虑进口总额 Y 与 3 个自变量: 国内总产值 X_1、存储量 X_2 和总消费量 X_3(单位为 10 亿法郎) 之间的关系. 现收集了 1949—1959 年共 11 年的数据, 如表 9.3 所示. 试对此数据作经典回归分析和主成分回归分析.

表 9.3 法国经济分析数据

序号	X_1	X_2	X_3	Y
1	149.3	4.2	108.1	15.9
2	161.2	4.1	114.8	16.4
3	171.5	3.1	123.2	19.0
4	175.5	3.1	126.9	19.1
5	180.8	1.1	132.1	18.8
6	190.7	2.2	137.7	20.4
7	202.1	2.1	146.0	22.7
8	212.4	5.6	154.1	26.5
9	226.1	5.0	162.3	28.1
10	231.9	5.1	164.3	27.6
11	239.0	0.7	167.6	26.3

解 输入数据 (采用数据框形式), 再用一般线性回归方法作回归分析. (程序名: exam0903.R)

```
####用数据框的形式输入数据
> conomy<-data.frame(
    x1=c(149.3, 161.2, 171.5, 175.5, 180.8, 190.7,
        202.1, 212.4, 226.1, 231.9, 239.0),
    x2=c(4.2, 4.1, 3.1, 3.1, 1.1, 2.2, 2.1, 5.6, 5.0, 5.1, 0.7),
    x3=c(108.1, 114.8, 123.2, 126.9, 132.1, 137.7,
        146.0, 154.1, 162.3, 164.3, 167.6),
    y=c(15.9, 16.4, 19.0, 19.1, 18.8, 20.4, 22.7,
        26.5, 28.1, 27.6, 26.3)
    )
####作线性回归
> lm.sol<-lm(y~x1+x2+x3, data=conomy)
> summary(lm.sol)
Call:
lm(formula = y ~ x1 + x2 + x3, data = conomy)

Residuals:
    Min      1Q  Median      3Q     Max
```

```
-0.52367 -0.38953  0.05424  0.22644  0.78313
```

```
Coefficients:
            Estimate Std. Error t value Pr(>|t|)
(Intercept) -10.12799    1.21216  -8.355  6.9e-05 ***
x1           -0.05140    0.07028  -0.731 0.488344
x2            0.58695    0.09462   6.203 0.000444 ***
x3            0.28685    0.10221   2.807 0.026277 *
---
Signif. codes:  0 '***' 0.001 '**' 0.01 '*' 0.05 '.' 0.1 ' ' 1
```

```
Residual standard error: 0.4889 on 7 degrees of freedom
Multiple R-Squared: 0.9919,     Adjusted R-squared: 0.9884
F-statistic: 285.6 on 3 and 7 DF,  p-value: 1.112e-07
```

从计算结果可以看出, 按 3 个变量得到的回归方程为

$$Y = -10.12799 - 0.05140X_1 + 0.58695X_2 + 0.28685X_3. \tag{9.14}$$

仔细分析式 (9.14), 发现它并不合理. 回到问题本身, Y 是进口量, X_1 是国内总产值, 而对应系数的符号为负, 也就是说, 国内的总产值越高, 其进口量越少, 这与实际情况不相符. 问其原因, 3 个变量存在着多重共线性 (后面我们将会看到最小特征值接近于 0).

为克服多重共线性的影响, 对变量作主成分回归, 先作主成分分析.

```
####作主成分分析
> conomy.pr<-princomp(~x1+x2+x3, data=conomy, cor=T)
> summary(conomy.pr, loadings=TRUE)
Importance of components:
                          Comp.1    Comp.2      Comp.3
Standard deviation      1.413915 0.9990767 0.0518737839
Proportion of Variance  0.666385 0.3327181 0.0008969632
Cumulative Proportion   0.666385 0.9991030 1.0000000000
```

```
Loadings:
   Comp.1 Comp.2 Comp.3
x1  0.706         0.707
x2        -0.999
x3  0.707        -0.707
```

前两个主成分已达到 99% 的贡献率. 第 1 主成分是关于国内总产值和总消费, 因此称第 1 主成分为产销因子. 第 2 主成分只与存储量有关, 称为存储因子. 注意,

$$\lambda_3 = 0.0518737839^2 = 0.002690889 \approx 0,$$

所以变量存在着多重共线性.

下面作主成分回归. 首先计算样本的主成分的预测值, 并将第 1 主成分的预测值和第 2 主成分的预测值存放在数据框 conomy 中, 然后再对主成分作回归分析. 其命令格式如下:

```
####预测样本主成分,并作主成分分析
> pre<-predict(conomy.pr)
> conomy$z1<-pre[,1]; conomy$z2<-pre[,2]
> lm.sol<-lm(y~z1+z2, data=conomy)
> summary(lm.sol)
Call:
lm(formula = y ~ z1 + z2, data = conomy)

Residuals:
     Min      1Q  Median      3Q     Max
-0.89838 -0.26050  0.08435  0.35677  0.66863

Coefficients:
            Estimate Std. Error t value Pr(>|t|)
(Intercept)  21.8909     0.1658 132.006 1.21e-14 ***
z1            2.9892     0.1173  25.486 6.02e-09 ***
z2           -0.8288     0.1660  -4.993  0.00106 **
---
Signif. codes:  0 '***' 0.001 '**' 0.01 '*' 0.05 '.' 0.1 ' ' 1

Residual standard error: 0.55 on 8 degrees of freedom
Multiple R-Squared: 0.9883,      Adjusted R-squared: 0.9853
F-statistic: 337.2 on 2 and 8 DF,  p-value: 1.888e-08
```

回归系数和回归方程均通过检验, 而且效果显著. 即得到回归方程为

$$Y = 21.8909 + 2.9892 Z_1^* - 0.8288 Z_2^*.$$

上述方程得到的是响应变量与主成分的关系, 但应用起来并不方便, 还是希望得到响应变量与原变量之间的关系. 由于,

$$Y = \beta_0^* + \beta_1^* Z_1^* + \beta_2^* Z_2^*,$$

$$Z_i^* = a_{i1}X_1^* + a_{i2}X_2^* + a_{i3}X_3^*,$$

$$= \frac{a_{i1}(X_1 - \overline{x}_1)}{\sqrt{s_{11}}} + \frac{a_{i2}(X_2 - \overline{x}_2)}{\sqrt{s_{22}}} + \frac{a_{i3}(X_3 - \overline{x}_3)}{\sqrt{s_{33}}}, \quad i = 1, 2,$$

所以,

$$Y = \beta_0^* - \beta_1^* \left(\frac{a_{11}\overline{x}_1}{\sqrt{s_{11}}} + \frac{a_{12}\overline{x}_2}{\sqrt{s_{22}}} + \frac{a_{13}\overline{x}_3}{\sqrt{s_{33}}} \right) - \beta_2^* \left(\frac{a_{21}\overline{x}_1}{\sqrt{s_{11}}} + \frac{a_{22}\overline{x}_2}{\sqrt{s_{22}}} + \frac{a_{23}\overline{x}_3}{\sqrt{s_{33}}} \right)$$

$$+ \frac{(\beta_1^* a_{11} + \beta_2^* a_{21})}{\sqrt{s_{11}}} X_1 + \frac{(\beta_1^* a_{12} + \beta_2^* a_{22})}{\sqrt{s_{22}}} X_2 + \frac{(\beta_1^* a_{13} + \beta_2^* a_{23})}{\sqrt{s_{33}}} X_3$$

$$= \beta_0 + \beta_1 X_1 + \beta_2 X_2 + \beta_3 X_3, \tag{9.15}$$

其中

$$\beta_0 = \beta_0^* - \beta_1^* \left(\frac{a_{11}\overline{x}_1}{\sqrt{s_{11}}} + \frac{a_{12}\overline{x}_2}{\sqrt{s_{22}}} + \frac{a_{13}\overline{x}_3}{\sqrt{s_{33}}} \right) - \beta_2^* \left(\frac{a_{21}\overline{x}_1}{\sqrt{s_{11}}} + \frac{a_{22}\overline{x}_2}{\sqrt{s_{22}}} + \frac{a_{23}\overline{x}_3}{\sqrt{s_{33}}} \right), \tag{9.16}$$

$$\beta_i = \frac{(\beta_1^* a_{1i} + \beta_2^* a_{2i})}{\sqrt{s_{ii}}}, \quad i = 1, 2, 3. \tag{9.17}$$

按照式 (9.16)~ 式 (9.17) 编写计算系数的函数

```
####作变换, 得到原坐标下的关系表达式
> beta<-coef(lm.sol); A<-loadings(conomy.pr)
> x.bar<-conomy.pr$center; x.sd<-conomy.pr$scale
> coef<-(beta[2]*A[,1]+ beta[3]*A[,2])/x.sd
> beta0 <- beta[1]- sum(x.bar * coef)
```

在程序中, coef 函数是提取回归系数; loadings 是提取主成分对应的特征向量; conomy. pr$center 是数据的中心, 也就是数据 X 的均值; conomy.pr$scale 是数据的标准差, 即 s_{ii} 的开方. 因此得到相应的系数

```
> c(beta0, coef)
 (Intercept)              x1           x2           x3
 -9.13010782   0.07277981   0.60922012   0.10625939
```

即回归方程为

$$Y = -9.13010782 + 0.07277981X_1 + 0.60922012X_2 + 0.10625939X_3. \tag{9.18}$$

此时, 对应 X_1, X_2, X_3 的系数均为正数, 比原回归方程 (9.14) 更合理.

9.2 因 子 分 析

因子分析 (factor analysis) 是主成分分析的推广和发展, 它也是多元统计分析中降维的一种方法, 是一种用来分析隐藏在表面现象背后的因子作用的一类统计模型. 因子分析

研究相关阵或协方差阵的内部依赖关系, 它将多个变量综合为少数几个因子, 以再现原始变量与因子之间的相关关系.

因子分析起源于 20 世纪初, 是 K. Pearson 和 C. Spearman 等学者为定义和测定智力所作的统计分析. 目前, 因子分析在心理学、社会学、经济学等学科取得了成功的应用.

9.2.1　引例

下面用几个例子说明如何用因子分析来构造因子模型.

例 9.4　为了解学生的学习能力, 观测了 n 个学生的 p 个科目的成绩 (分数), 用 $X_1, X_2, \cdots, X_p$ 表示 p 个科目 (例如代数、几何、语文、英语、政治、$\cdots$), $\boldsymbol{X}_{(i)} = (x_{i1}, x_{i2}, \cdots, x_{ip})^{\mathrm{T}} (i = 1, 2, \cdots, n)$ 表示第 i 个学生的 p 科目的成绩. 现要分析主要由哪些因素决定学生的学习能力.

现对这些资料进行归纳分析, 可以看出各个科目 (变量) 由两部分组成:

$$X_i = a_i f + \varepsilon_i, \quad i = 1, 2, \cdots, p, \tag{9.19}$$

其中 f 是对所有 $X_i(i = 1, 2, \cdots, p)$ 都起作用的公共因子 (common factor), 它是表示智能高低的因子; 系数 a_i 称为因子载荷 (loading); ε_i 是科目 (变量)X_i 特有的特殊因子 (specific factor). 这就是一个最简单的因子模型.

进一步, 可把简单因子模型推广到多个因子的情况, 即科目 X 所有的因子有 m 个, 如数学推导因子、记忆因子、计算因子等, 分别记为 $f_1, f_2, \cdots, f_m$, 即

$$X_i = a_{i1} f_1 + a_{i2} f_2 + \cdots + a_{im} f_m + \varepsilon_i, \quad i = 1, 2, \cdots, p. \tag{9.20}$$

用这 m 个不可观测且互不相关的公共因子 $f_1, f_2, \cdots, f_m$(也称为潜因子) 和一个特殊因子 ε_i 来描述原始可测的相关变量 (科目)$X_1, X_2, \cdots, X_p$, 并解释分析学生的学习能力. 它们的系数 $a_{i1}, a_{i2}, \cdots, a_{ip}$ 称为因子载荷, 表示第 i 个科目在 m 个方面的表现. 这就是一个因子模型.

例 9.5　Linden 对二次大战以来奥林匹克十项全能的得分作研究, 他收集了 160 组数据, 以 $X_1, X_2, \cdots, X_{10}$ 分别表示十项全能的标准得分, 这里十项全能依次是: 100m 短跑、跳远、铅球、跳高、400m 跑、110m 跨栏、铁饼、撑杆跳高、标枪、1500m 跑. 现要分析主要由哪些因素决定十项全能的成绩, 以此可用来指导运动员的选拔.

对于这十项得分, 基本上可以归结于短跑速度、爆发性臂力、爆发性腿力和耐力 4 个方面, 每一方面都称为一个因子, 因此该类问题可用因子分析模型去处理.

例 9.6　考察人体的 5 项生理指标: 收缩压 (X_1)、舒张压 (X_2)、心跳间隔 (X_3)、呼吸间隔 (X_4) 和舌下温度 (X_5). 从这些指标考察人体的健康状况.

从生理学的知识可知, 这 5 项指标受植物神经支配, 植物神经又分为交感神经和副交感神经, 因此这 5 项指标至少受到两个公共因子的影响, 也可用因子分析的模型去处理.

通过以上几个例子可以看到, 因子分析的主要应用有两个方面, 一是寻求基本结构, 简化观测系统, 将具有错综复杂关系的对象 (变量或样本) 综合为少数几个因子 (不可观测的随机变量), 以再现因子与原始变量之间的内在联系; 二是用于分类, 对于 p 个变量或 n 个样本进行分类.

因子分析根据研究对象的不同可以分为 $\boldsymbol{R}$ 型和 $\boldsymbol{Q}$ 型因子分析. $\boldsymbol{R}$ 型因子分析研究变量 (指标) 之间的相关关系, 通过对变量的相关阵或协方差阵内部结构的研究, 找出控制所有变量的几个公共因子 (或称主因子、潜在因子), 用以对变量或样本进行分类. $\boldsymbol{Q}$ 型因子分析研究样本之间的相关关系, 通过对样本的相似矩阵内部结构的研究找出控制样本的几个主要因素 (或称为主因子). 这两种因子分析的处理方法是一样的, 只是出发点不同. $\boldsymbol{R}$ 型从变量的相关阵出发, $\boldsymbol{Q}$ 型从样本的相似矩阵出发. 对一批观测数据, 可以根据实际问题的需要来决定采用哪一种类型的因子分析.

9.2.2 因子模型

1. 数学模型

设 $\boldsymbol{X} = (X_1, X_2, \cdots, X_p)^{\mathrm{T}}$ 是可观测的随机向量, 且

$$E(\boldsymbol{X}) = \boldsymbol{\mu} = (\mu_1, \mu_2, \cdots, \mu_p)^{\mathrm{T}}, \quad \mathrm{var}(\boldsymbol{X}) = \boldsymbol{\Sigma} = (\sigma_{ij})_{p \times p}.$$

因子分析的一般模型为

$$\begin{cases} X_1 - \mu_1 = a_{11}f_1 + a_{12}f_2 + \cdots + a_{1m}f_m + \varepsilon_1, \\ X_2 - \mu_2 = a_{21}f_1 + a_{22}f_2 + \cdots + a_{2m}f_m + \varepsilon_2, \\ \quad \vdots \\ X_p - \mu_p = a_{p1}f_1 + a_{p2}f_2 + \cdots + a_{pm}f_m + \varepsilon_p, \end{cases} \tag{9.21}$$

其中 $f_1, f_2, \cdots, f_m \ (m < p)$ 为公共因子, $\varepsilon_1, \varepsilon_2, \cdots, \varepsilon_p$ 为特殊因子, 它们都是不可观测的随机变量. 公共因子 $f_1, f_2, \cdots, f_m$ 出现在每一个原始变量 $X_i(i = 1, 2, \cdots, p)$ 的表达式中, 可理解为原始变量共同具有的公共因素, 每个公共因子 $f_j(j = 1, 2, \cdots, m)$ 一般至少对两个原始变量有作用, 否则它将归入特殊因子. 每个特殊因子 $\varepsilon_i(i = 1, 2, \cdots, p)$ 仅仅出现在与之相应的第 i 个原始变量 X_i 的表达式中, 它只对这个原始变量有作用. 可将式 (9.21) 写成矩阵表示形式

$$\boldsymbol{X} = \boldsymbol{\mu} + \boldsymbol{A}\boldsymbol{F} + \boldsymbol{\varepsilon}, \tag{9.22}$$

其中 $\boldsymbol{F} = (f_1, f_2, \cdots, f_m)^{\mathrm{T}}$ 为公共因子向量, $\boldsymbol{\varepsilon} = (\varepsilon_1, \varepsilon_2, \cdots, \varepsilon_p)^{\mathrm{T}}$ 为特殊因子向量, $\boldsymbol{A} = (a_{ij})_{p \times m}$ 为因子载荷矩阵. 通常假设

$$E(\boldsymbol{F}) = 0, \quad \mathrm{var}(\boldsymbol{F}) = I_m, \tag{9.23}$$

$$E(\varepsilon) = 0, \quad \text{var}(\varepsilon) = \boldsymbol{D} = \text{diag}(\sigma_1^2, \sigma_2^2, \cdots, \sigma_p^2), \tag{9.24}$$

$$\text{cov}(\boldsymbol{F}, \varepsilon) = 0. \tag{9.25}$$

由上述假定可以看出, 公共因子彼此不相关且具有单位方阵, 特殊因子也彼此不相关且和公共因子也不相关.

2. 因子模型的性质

(1) $\boldsymbol{\Sigma}$ 的分解

$$\boldsymbol{\Sigma} = \boldsymbol{A}\boldsymbol{A}^{\mathrm{T}} + \boldsymbol{D}. \tag{9.26}$$

(2) 模型不受单位的影响. 若 $\boldsymbol{X}^* = \boldsymbol{C}\boldsymbol{X}$, 则有

$$\boldsymbol{X}^* = \boldsymbol{\mu}^* + \boldsymbol{A}^*\boldsymbol{F}^* + \varepsilon^*,$$

其中 $\boldsymbol{\mu}^* = \boldsymbol{C}\boldsymbol{\mu}$, $\boldsymbol{A}^* = \boldsymbol{C}\boldsymbol{A}$, $\boldsymbol{F}^* = \boldsymbol{F}$, $\varepsilon^* = \boldsymbol{C}\varepsilon$.

(3) 因子载荷不是惟一的. 设 $\boldsymbol{T}$ 是一 m 阶正交矩阵, 令 $\boldsymbol{A}^* = \boldsymbol{A}\boldsymbol{T}$, $\boldsymbol{F}^* = \boldsymbol{T}^{\mathrm{T}}\boldsymbol{F}$, 则模型 (9.22) 可表示为

$$\boldsymbol{X} = \boldsymbol{\mu} + \boldsymbol{A}^*\boldsymbol{F}^* + \varepsilon. \tag{9.27}$$

因子载荷矩阵不惟一对实际应用有好处, 通常利用这一点, 通过因子旋转, 使得新因子有更好的实际意义.

3. 因子载荷矩阵的统计意义

(1)

$$\text{cov}(\boldsymbol{X}, \boldsymbol{F}) = \boldsymbol{A} \quad \text{或} \quad \text{cov}(X_i, f_j) = a_{ij}. \tag{9.28}$$

即因子载荷 a_{ij} 是第 i 个变量与第 j 个公共因子的相关系数. 由于 X_i 是 $f_1, f_2, \cdots, f_m$ 的线性组合, 所以系数 $a_{i1}, a_{i2}, \cdots, a_{im}$ 是用来度量 X_i 可由 $f_1, f_2, \cdots, f_m$ 线性组合表示的程度.

(2) 令 $h_i^2 = \sum\limits_{j=1}^{m} a_{ij}^2$, 则有

$$\sigma_{ii} = h_i^2 + \sigma_i^2, \quad i = 1, 2, \cdots, p. \tag{9.29}$$

h_i^2 反映了公共因子对原始变量 X_i 的影响, 可以看成是公共因子对 X_i 的方差贡献, 称为变量 X_i 的共同度 (communality) 或共性方差 (common variance); 而 σ_i^2 是特殊因子 ε_i 对 X_i 的方差贡献, 称为变量 X_i 的特殊方差 (specifie variance). 当 $\boldsymbol{X}$ 为各分量已标准化的随机变量 ($\sigma_{ii} = 1$) 时, 有

$$h_i^2 + \sigma_i^2 = 1, \quad i = 1, 2, \cdots, p. \tag{9.30}$$

(3) 令 $g_j^2 = \sum\limits_{i=1}^{p} a_{ij}^2$, 则有

$$\sum_{i=1}^{p} \mathrm{var}(X_i) = \sum_{j=1}^{m} g_j^2 + \sum_{i=1}^{p} \sigma_i^2. \tag{9.31}$$

g_j^2 反映了公共因子 f_j 对 $X_1, X_2, \cdots, X_p$ 的影响, 是衡量公共因子 f_j 重要性的一个尺度, 可视为公共因子 f_j 对 $X_1, X_2, \cdots, X_p$ 的总方差贡献.

9.2.3 参数估计

设 $\boldsymbol{X}_{(1)}, \boldsymbol{X}_{(2)}, \cdots, \boldsymbol{X}_{(n)}$ 是一组 p 维样本, 其中 $\boldsymbol{X}_{(i)} = (x_{i1}, x_{i2}, \cdots, x_{ip})^{\mathrm{T}}$, 则 $\boldsymbol{\mu}$ 和 $\boldsymbol{\Sigma}$ 可分别估计为

$$\overline{\boldsymbol{X}} = \frac{1}{n} \sum_{i=1}^{n} \boldsymbol{X}_{(i)} \quad \text{或} \quad \boldsymbol{S} = \frac{1}{n-1} \sum_{i=1}^{n} \left(\boldsymbol{X}_{(i)} - \overline{\boldsymbol{X}} \right) \left(\boldsymbol{X}_{(i)} - \overline{\boldsymbol{X}} \right)^{\mathrm{T}}.$$

为了建立因子模型, 首先要估计因子载荷矩阵 $\boldsymbol{A} = (a_{ij})_{p \times m}$ 和特殊方差矩阵 $\boldsymbol{D} = \mathrm{diag}(\sigma_1^2, \sigma_2^2, \cdots, \sigma_p^2)$. 常用的参数估计方法有以下 3 种: 主成分法、主因子法和极大似然法.

1. 主成分法

设样本的协方差阵 $\boldsymbol{S}$ 的特征值为 $\lambda_1 \geqslant \lambda_2 \geqslant \cdots \geqslant \lambda_p \geqslant 0$, 相应单位正交特征向量为 $\boldsymbol{l}_1, \boldsymbol{l}_2, \cdots, \boldsymbol{l}_p$, 则 $\boldsymbol{S}$ 有谱分解式

$$\boldsymbol{S} = \sum_{i=1}^{p} \lambda_i \boldsymbol{l}_i \boldsymbol{l}_i^{\mathrm{T}}.$$

当最后 $p - m$ 个特征值较小时, $\boldsymbol{S}$ 可近似地分解成

$$\begin{aligned} \boldsymbol{S} &= \lambda_1 \boldsymbol{l}_1 \boldsymbol{l}_1^{\mathrm{T}} + \cdots + \lambda_m \boldsymbol{l}_m \boldsymbol{l}_m^{\mathrm{T}} + \lambda_{m+1} \boldsymbol{l}_{m+1} \boldsymbol{l}_{m+1}^{\mathrm{T}} + \cdots + \lambda_p \boldsymbol{l}_p \boldsymbol{l}_p^{\mathrm{T}} \\ &\approx \lambda_1 \boldsymbol{l}_1 \boldsymbol{l}_1^{\mathrm{T}} + \cdots + \lambda_m \boldsymbol{l}_m \boldsymbol{l}_m^{\mathrm{T}} + \boldsymbol{D} \\ &= \boldsymbol{A} \boldsymbol{A}^{\mathrm{T}} + \boldsymbol{D}, \end{aligned} \tag{9.32}$$

其中

$$\boldsymbol{A} = (\sqrt{\lambda_1} \boldsymbol{l}_1, \sqrt{\lambda_2} \boldsymbol{l}_2, \cdots, \sqrt{\lambda_m} \boldsymbol{l}_m) = (a_{ij})_{p \times m} \tag{9.33}$$

$$\boldsymbol{D} = \mathrm{diag}(\sigma_1^2, \sigma_2^2, \cdots, \sigma_p^2), \tag{9.34}$$

$$\sigma_i^2 = s_{ii} - \sum_{j=1}^{m} a_{ij}^2 = s_{ii} - h_i^2, \quad i = 1, 2, \cdots, p. \tag{9.35}$$

式 (9.33)~ 式 (9.35) 给出的 $\boldsymbol{A}$ 和 $\boldsymbol{D}$ 就是因子模型的一个解. 载荷矩阵 $\boldsymbol{A}$ 中的第 j 列和 $\boldsymbol{X}$ 的第 j 个计成分的系数相差一个倍数 $\sqrt{\lambda_j}(j = 1, 2, \cdots, m)$. 故由式 (9.33)~ 式 (9.35) 给出的这个解称为因子模型的主成分解.

　　当相关变量所取单位不同时, 常常先对变量标准化, 标准化变量的样本协方差阵就是原始变量的样本相关阵 $\boldsymbol{R}$, 再用 $\boldsymbol{R}$ 代替 $\boldsymbol{S}$, 与上类似, 即可得主成分解.

　　下面写出主成分法的 R 程序. (程序名：factor.analy1.R)

```
factor.analy1<-function(S, m){
    p<-nrow(S); diag_S<-diag(S); sum_rank<-sum(diag_S)
    rowname<-paste("X", 1:p, sep="")
    colname<-paste("Factor", 1:m, sep="")
    A<-matrix(0, nrow=p, ncol=m,
                dimnames=list(rowname, colname))
    eig<-eigen(S)
    for (i in 1:m)
        A[,i]<-sqrt(eig$values[i])*eig$vectors[,i]
    h<-diag(A%*%t(A))
    rowname<-c("SS loadings","Proportion Var","Cumulative Var")
    B<-matrix(0, nrow=3, ncol=m,
                dimnames=list(rowname, colname))
    for (i in 1:m){
        B[1,i]<-sum(A[,i]^2)
        B[2,i]<-B[1,i]/sum_rank
        B[3,i]<-sum(B[1,1:i])/sum_rank
    }
    method<-c("Principal Component Method")
    list(method=method, loadings=A,
            var=cbind(common=h, spcific=diag_S-h), B=B)
}
```

函数输入值 S 是样本方差阵或相关矩阵, m 是主因子的个数. 函数的输出值是列表形式, 其内容有估计参数的方法 (主成分法)、因子载荷 (loadings)、共性方差和特殊方差, 以及因子 F 对变量 $\boldsymbol{X}$ 的贡献、贡献率和累积贡献率.

　　例 9.7　对 55 个国家和地区的男子径赛记录作统计, 每位运动员记录 8 项指标：100m 跑 (X_1)、200m 跑(X_2)、400m 跑(X_3)、800m 跑(X_4)、1500m 跑(X_5)、5000m 跑(X_6)、10000m 跑 (X_7)、马拉松 (X_8). 8 项指标的相关矩阵 $\boldsymbol{R}$ 如表 9.4 所示. 取 $m = 2$, 用主成分法估计因子载荷和共性方差等指标.

　　解　输入相关矩阵, 利用编写的函数 factor.analy1() 用主成分法估计载荷和相关指标. (程序名：exam0907.R)

表 9.4 16 项身体指标数据的相关矩阵

	X_1	X_2	X_3	X_4	X_5	X_6	X_7	X_8
X_1	1.000							
X_2	0.923	1.000						
X_3	0.841	0.851	1.000					
X_4	0.756	0.807	0.870	1.000				
X_5	0.700	0.775	0.835	0.918	1.000			
X_6	0.619	0.695	0.779	0.864	0.928	1.000		
X_7	0.633	0.697	0.787	0.869	0.935	0.975	1.000	
X_8	0.520	0.596	0.705	0.806	0.866	0.932	0.943	1.000

```
x<-c(1.000,
     0.923, 1.000,
     0.841, 0.851, 1.000,
     0.756, 0.807, 0.870, 1.000,
     0.700, 0.775, 0.835, 0.918, 1.000,
     0.619, 0.695, 0.779, 0.864, 0.928, 1.000,
     0.633, 0.697, 0.787, 0.869, 0.935, 0.975, 1.000,
     0.520, 0.596, 0.705, 0.806, 0.866, 0.932, 0.943, 1.000)
names<-c("X1", "X2", "X3", "X4", "X5", "X6", "X7", "X8")
R<-matrix(0, nrow=8, ncol=8, dimnames=list(names, names))
for (i in 1:8){
   for (j in 1:i){
      R[i,j]<-x[(i-1)*i/2+j]; R[j,i]<-R[i,j]
   }
}
source("factor.analy1.R")
fa<-factor.analy1(R, m=2); fa
```

得到

```
$method
[1] "Principal Component Method"
$loadings
      Factor1     Factor2
X1 -0.8171700 -0.53109531
X2 -0.8672869 -0.43271347
```

```
X3 -0.9151671 -0.23251311
X4 -0.9487413 -0.01184826
X5 -0.9593762  0.13147503
X6 -0.9376630  0.29267677
X7 -0.9439737  0.28707618
X8 -0.8798085  0.41117192
$var
      common    spcific
X1 0.9498290 0.05017099
X2 0.9394274 0.06057257
X3 0.8915931 0.10840689
X4 0.9002505 0.09974954
X5 0.9376883 0.06231171
X6 0.9648716 0.03512837
X7 0.9734990 0.02650100
X8 0.9431254 0.05687460
$B
                  Factor1    Factor2
SS loadings     6.6223580 0.8779264
Proportion Var  0.8277947 0.1097408
Cumulative Var  0.8277947 0.9375355
```

若记

$$\boldsymbol{E} = \boldsymbol{S} - (\boldsymbol{A}\boldsymbol{A}^{\mathrm{T}} + \boldsymbol{D}) = (e_{ij})_{p \times p},$$

可以证明,

$$Q(m) = \sum_{i=1}^{p} \sum_{j=1}^{p} e_{ij}^2 \leqslant \lambda_{m+1}^2 + \cdots + \lambda_p^2, \tag{9.36}$$

当 m 选择适当, 则近似式 (9.36) 的误差平方和 $Q(m)$ 很小.

计算出例 9.7 的 $Q(m)$ 值.

```
> E<- R-fa$loadings %*% t(fa$loadings)-diag(fa$var[,2])
> sum(E^2)
[1] 0.01740023
```

公因子个数 m 的确定方法一般有两种, 一是根据实际问题的意义或专业理论知识来确定; 二是用确定主成分个数的原则, 选 m 为满足:

$$\sum_{i=1}^{m} \lambda_i \bigg/ \sum_{i=1}^{p} \lambda_i \geqslant P_0$$

的最小个数 (比如取 $P_0 \geqslant 0.70$ 且 $P_0 < 1$).

2. 主因子法

主因子法是对主成分法的修正, 这里假定变量已经标准化. 设 $\boldsymbol{R} = \boldsymbol{A}\boldsymbol{A}^{\mathrm{T}} + \boldsymbol{D}$, 则

$$\boldsymbol{R} - \boldsymbol{D} = \boldsymbol{A}\boldsymbol{A}^{\mathrm{T}} = \boldsymbol{R}^*,$$

称为简约相关阵 (reduced correlation matrix). 易见, $\boldsymbol{R}^*$ 中对角线元素是 h_i^2, 而不是 1, 非对角线元素与 $\boldsymbol{R}$ 中完全一样, 并且 $\boldsymbol{R}^*$ 也一定是非负矩阵.

设 $\hat{\sigma}_i^2$ 是特殊方差 σ_i^2 的一个合适的初始估计, 则简约相关矩阵可估计为

$$\widehat{\boldsymbol{R}}^* = \begin{bmatrix} \hat{h}_1^2 & r_{12} & \cdots & r_{1p} \\ r_{21} & \hat{h}_2^2 & \cdots & r_{2p} \\ \vdots & \vdots & & \vdots \\ r_{p1} & r_{p2} & \cdots & \hat{h}_p^2 \end{bmatrix},$$

其中 $\hat{h}_i^2 = 1 - \hat{\sigma}_i^2$ 是 h_i^2 的初始估计.

设 $\widehat{\boldsymbol{R}}^*$ 的前 m 个特征值依次为 $\hat{\lambda}_1^* \geqslant \hat{\lambda}_2^* \geqslant \cdots \geqslant \hat{\lambda}_m^* > 0$, 相应的单位正交特征向量为 $\hat{\boldsymbol{l}}_1^*, \hat{\boldsymbol{l}}_2^*, \cdots, \hat{\boldsymbol{l}}_m^*$, 则有近似分解式:

$$\widehat{\boldsymbol{R}}^* = \widehat{\boldsymbol{A}}\widehat{\boldsymbol{A}}^{\mathrm{T}}, \tag{9.37}$$

其中

$$\widehat{\boldsymbol{A}} = \left(\sqrt{\hat{\lambda}_1^*}\, \hat{\boldsymbol{l}}_1^*, \sqrt{\hat{\lambda}_2^*}\, \hat{\boldsymbol{l}}_2^*, \cdots, \sqrt{\hat{\lambda}_m^*}\, \hat{\boldsymbol{l}}_m^* \right). \tag{9.38}$$

令

$$\hat{\sigma}_i^2 = 1 - \hat{h}_i^2 = 1 - \sum_{j=1}^{m} \hat{a}_{ij}^2, \quad i = 1, 2, \cdots, p, \tag{9.39}$$

则 $\widehat{\boldsymbol{A}}$ 和 $\widehat{\boldsymbol{D}} = \mathrm{diag}(\hat{\sigma}_1^2, \hat{\sigma}_2^2, \cdots, \hat{\sigma}_p^2)$ 为因子模型的一个解, 这个解就称为主因子解.

如果希望求得拟合程度更好的解, 则可以采用迭代的方法, 即式 (9.39) 中的 $\hat{\sigma}_i^2$ 再作为特殊方差的初始估计, 重复上述步骤, 直至解稳定为止.

与主成分法类似, 主因子法中的 $\boldsymbol{R}$ 也可以换成样本方差阵 $\boldsymbol{S}$, 只不过此时 $\hat{h}_i^2 = s_{ii} - \hat{\sigma}_i^2$.

按照主因子法的思想编写相应的 R 程序. (程序名: factor.analy2.R)

```
factor.analy2<-function(R, m, d){
    p<-nrow(R); diag_R<-diag(R); sum_rank<-sum(diag_R)
```

```
rowname<-paste("X", 1:p, sep="")
colname<-paste("Factor", 1:m, sep="")
A<-matrix(0, nrow=p, ncol=m,
          dimnames=list(rowname, colname))
kmax=20; k<-1; h <- diag_R-d
repeat{
    diag(R)<- h; h1<-h; eig<-eigen(R)
    for (i in 1:m)
       A[,i]<-sqrt(eig$values[i])*eig$vectors[,i]
    h<-diag(A %*% t(A))
    if ((sqrt(sum((h-h1)^2))<1e-4)|k==kmax) break
    k<-k+1
}
rowname<-c("SS loadings","Proportion Var","Cumulative Var")
B<-matrix(0, nrow=3, ncol=m,
          dimnames=list(rowname, colname))
for (i in 1:m){
  B[1,i]<-sum(A[,i]^2)
  B[2,i]<-B[1,i]/sum_rank
  B[3,i]<-sum(B[1,1:i])/sum_rank
}
method<-c("Principal Factor Method")
list(method=method, loadings=A,
     var=cbind(common=h,spcific=diag_R-h),B=B,iterative=k)
}
```

函数输入值 R 是样本相关矩阵或样本方差矩阵, m 是主因子的个数, d 是特殊方差的估计值. 函数的输出值是列表形式, 其内容有估计参数的方法 (主因子法)、因子载荷 (loadings)、共性方差和特殊方差、因子 F 对变量 X 的贡献、贡献率和累积贡献率, 以及求解的迭代次数.

例 9.8　取 $m = 2$, 特殊方差的估计值 $\widehat{\sigma}_i^2$ 为

0.123, 0.112, 0.155, 0.116, 0.073, 0.045, 0.033, 0.095,

用主因子法估计例 9.7 因子载荷和共性方差等指标.

解

```
> d<-c(0.123, 0.112, 0.155, 0.116, 0.073, 0.045, 0.033, 0.095)
> source("factor.analy2.R")
```

```
> fa<-factor.analy2(R, m=2, d); fa
$method
[1] "Principal Factor Method"
$loadings
        Factor1     Factor2
X1 -0.8123397 -0.5138770
X2 -0.8610033 -0.4156335
X3 -0.9005036 -0.2105394
X4 -0.9370464 -0.0178458
X5 -0.9545376  0.1186825
X6 -0.9384689  0.2861327
X7 -0.9470951  0.2858694
X8 -0.8728340  0.3770009
$var
        common     spcific
X1 0.9239653 0.07603473
X2 0.9140779 0.08592213
X3 0.8552337 0.14476635
X4 0.8783744 0.12162560
X5 0.9252275 0.07477251
X6 0.9625958 0.03740416
X7 0.9787105 0.02128951
X8 0.9039690 0.09603103
$B
                Factor1    Factor2
SS loadings     6.54088 0.8012746
Proportion Var  0.81761 0.1001593
Cumulative Var  0.81761 0.9177692
$iterative
[1] 16
```

用了 16 次迭代得到稳定解, 然后再计算 $Q(m)$,

```
> E<- R-fa$loadings %*% t(fa$loadings)-diag(fa$var[,2])
> sum(E^2)
[1] 0.005421902
```

要优于主成分法.

特殊方差 σ_i^2 的常用初始估计方法有以下几种:

(1) 取 $\widehat{\sigma}_i^2 = 1/r^{ii}$, 其中 r^{ii} 是 $\boldsymbol{R}^{-1}$ 的第 i 个对角线元素.

(2) 取 $\widehat{h}_i^2 = \max\limits_{j \neq i} |r_{ij}|$, 此时, $\widehat{\sigma}_i^2 = 1 - \widehat{h}_i^2$.

(3) 取 $\widehat{h}_i^2 = 1$, 此时, $\widehat{\sigma}_i^2 = 0$.

3. 极大似然法

设公共因子 $\boldsymbol{F} \sim N_m(0, \boldsymbol{I})$, 特殊因子 $\varepsilon \sim N_p(0, \boldsymbol{I})$, 且相互独立, 那么可以得到因子载荷矩阵和特殊方差的极大似然估计. 设 p 维观测向量 $\boldsymbol{X}_{(1)}, \boldsymbol{X}_{(2)}, \cdots, \boldsymbol{X}_{(n)}$ 为来自总体 $N_p(\boldsymbol{\mu}, \boldsymbol{\Sigma})$ 的随机样本, 则样本的似然函数为 $\boldsymbol{\mu}, \boldsymbol{\Sigma}$ 的函数 $L(\boldsymbol{\mu}, \boldsymbol{\Sigma})$.

设 $\boldsymbol{\Sigma} = \boldsymbol{A}\boldsymbol{A}^{\mathrm{T}} + \boldsymbol{D}$, 取 $\boldsymbol{\mu} = \overline{\boldsymbol{X}}$, 则似然函数 $L(\overline{\boldsymbol{X}}, \boldsymbol{A}\boldsymbol{A}^{\mathrm{T}} + \boldsymbol{D})$ 的对数似然函数为 $\boldsymbol{A}, \boldsymbol{D}$ 的函数, 记为 $\varphi(\boldsymbol{A}, \boldsymbol{D})$. 设 $(\boldsymbol{A}, \boldsymbol{D})$ 的极大似然估计为 $(\widehat{\boldsymbol{A}}, \widehat{\boldsymbol{D}})$, 即有

$$\varphi(\widehat{\boldsymbol{A}}, \widehat{\boldsymbol{D}}) = \max \varphi(\boldsymbol{A}, \boldsymbol{D}),$$

则 $\widehat{\boldsymbol{A}}, \widehat{\boldsymbol{D}}$ 满足以下方程组

$$\widehat{\boldsymbol{\Sigma}}\widehat{\boldsymbol{D}}^{-1}\widehat{\boldsymbol{A}} = \widehat{\boldsymbol{A}}\left(\boldsymbol{I} + \widehat{\boldsymbol{A}}^{\mathrm{T}}\widehat{\boldsymbol{D}}^{-1}\widehat{\boldsymbol{A}}\right), \tag{9.40}$$

$$\widehat{\boldsymbol{D}} = \mathrm{diag}\left(\widehat{\boldsymbol{\Sigma}} - \widehat{\boldsymbol{A}}\widehat{\boldsymbol{A}}^{\mathrm{T}}\right), \tag{9.41}$$

其中

$$\widehat{\boldsymbol{\Sigma}} = \frac{1}{n}\sum_{i=1}^{n}(\boldsymbol{X}_{(i)} - \overline{\boldsymbol{X}})(\boldsymbol{X}_{(i)} - \overline{\boldsymbol{X}})^{\mathrm{T}}.$$

为了保证方程组 (9.40) 得到惟一解, 可附加计算上方便的惟一性条件为

$$\boldsymbol{A}^{\mathrm{T}}\boldsymbol{D}\boldsymbol{A} = \text{对角矩阵}. \tag{9.42}$$

Jöreskog 和 Lawley 等人 (1967) 提出了一种较为实用的迭代法, 使极大似然法逐步被人们采用. 其基本思想是, 先取一个初始矩阵

$$\boldsymbol{D}_0 = \mathrm{diag}(\widehat{\sigma}_1^2, \widehat{\sigma}_1^2, \cdots, \widehat{\sigma}_p^2),$$

现计算 $\boldsymbol{A}_0$, 计算 $\boldsymbol{A}_0$ 的办法是先求 $\boldsymbol{D}_0^{-1/2}\widehat{\boldsymbol{\Sigma}}\boldsymbol{D}_0^{-1/2}$ 的特征值 $\theta_1 \geqslant \theta_2 \geqslant \cdots \geqslant \theta_p$, 及相应的特征向量 $\boldsymbol{l}_1, \boldsymbol{l}_2, \cdots, \boldsymbol{l}_p$. 令 $\Theta = \mathrm{diag}(\theta_1, \theta_2, \cdots, \theta_m)$, $\boldsymbol{L} = (\boldsymbol{l}_1, \boldsymbol{l}_2, \cdots, \boldsymbol{l}_m)$, 且令

$$\boldsymbol{A}_0 = \boldsymbol{D}_0^{1/2}\boldsymbol{L}(\Theta - \boldsymbol{I}_m)^{1/2}. \tag{9.43}$$

再由式 (9.41) 得到 $\boldsymbol{D}_1$, 然后再按上述方法得到 $\boldsymbol{A}_1$, 直到满足方程 (9.40) 为止.

下面是由上述思想编写的 R 程序. (程序名: factor.analy3.R)

```
factor.analy3<-function(S, m, d){
    p<-nrow(S); diag_S<-diag(S); sum_rank<-sum(diag_S)
    rowname<-paste("X", 1:p, sep="")
    colname<-paste("Factor", 1:m, sep="")
    A<-matrix(0, nrow=p, ncol=m,
              dimnames=list(rowname, colname))
    kmax=20; k<-1
    repeat{
        d1<-d; d2<-1/sqrt(d); eig<-eigen(S * (d2 %o% d2))
        for (i in 1:m)
            A[,i]<-sqrt(eig$values[i]-1)*eig$vectors[,i]
        A<-diag(sqrt(d)) %*% A
        d<-diag(S-A%*%t(A))
        if ((sqrt(sum((d-d1)^2))<1e-4)|k==kmax) break
        k<-k+1
    }
    rowname<-c("SS loadings","Proportion Var","Cumulative Var")
    B<-matrix(0, nrow=3, ncol=m,
              dimnames=list(rowname, colname))
    for (i in 1:m){
      B[1,i]<-sum(A[,i]^2)
      B[2,i]<-B[1,i]/sum_rank
      B[3,i]<-sum(B[1,1:i])/sum_rank
    }
    method<-c("Maximum Likelihood Method")
    list(method=method, loadings=A,
         var=cbind(common=diag_S-d, spcific=d),B=B,iterative=k)
}
```

例 9.9 取 $m = 2$, 特殊方差的估计值 $\hat{\sigma}_i^2$ 为

0.123, 0.112, 0.155, 0.116, 0.073, 0.045, 0.033, 0.095,
用极大似然法估计例 9.7 因子载荷和共性方差等指标.

解

```
> d<-c(0.123, 0.112, 0.155, 0.116, 0.073, 0.045, 0.033, 0.095)
> source("factor.analy3:R")
> fa<-factor.analy3(R, m=2, d); fa
```

```
$method
[1] "Maximum Likelihood Method"
$loadings
        Factor1      Factor2
[1,] -0.7310172 -0.62009641
[2,] -0.7919994 -0.54575786
[3,] -0.8549232 -0.34252454
[4,] -0.9158820 -0.16063750
[5,] -0.9580091 -0.02492734
[6,] -0.9725436  0.14485411
[7,] -0.9806291  0.14276290
[8,] -0.9226101  0.24953974
$var
      common     spcific
X1 0.9189057 0.08109428
X2 0.9251146 0.07488539
X3 0.8482167 0.15178334
X4 0.8646442 0.13535579
X5 0.9184028 0.08159724
X6 0.9668237 0.03317631
X7 0.9820147 0.01798529
X8 0.9134795 0.08652046
$B
                 Factor1   Factor2
SS loadings      6.407848 0.9297541
Proportion Var  0.800981 0.1162193
Cumulative Var  0.800981 0.9172002
$iterative
[1] 14
```

用了 14 次迭代得到稳定解, 然后再计算 $Q(m)$,

```
> E<- R-fa$loadings %*% t(fa$loadings)-diag(fa$var[,2])
> sum(E^2)
[1] 0.006710651
```

将上述 3 种估计方法结合在一起, 并考虑在主成分估计中介绍的因子个数 m 的选取方法, 和在主因子法中介绍的特殊方差 $\hat{\sigma}_i^2$ 的初始估计方法. 编写相应的 R 程序. (程序

名：factor.analy.R)

```
factor.analy<-function(S, m=0,
    d=1/diag(solve(S)), method="likelihood"){
    if (m==0){
        p<-nrow(X); eig<-eigen(S)
        sum_eig<-sum(diag(S))
        for (i in 1:p){
            if (sum(eig$values[1:i])/sum_eig>0.70){
                m<-i; break
            }
        }
    }
    source("factor.analy1.R"); source("factor.analy2.R")
    source("factor.analy3.R")
    switch(method,
            princomp=factor.analy1(S, m),
            factor=factor.analy2(S, m, d),
            likelihood=factor.analy3(S, m, d)
        )
}
```

函数输入样本方差矩阵 S 或样本相关矩阵 R、因子个数 m(默认时由贡献率计算出 m 值)、特殊方差的初始估计 d(默认值为 $\hat{\sigma}_i^2 = 1/r^{ii}$). 计算因子载荷的方法有 3 种, method=princomp 采用主成分方法, method=factor 采用主因子方法, method=likelihood(默认值) 采用极大似然方法. 函数输出就是采用前面介绍的 3 种方法的输出格式.

9.2.4　方差最大的正交旋转

因子分析的目的不仅是求出公共因子, 更主要的是应该知道每个公共因子的实际意义. 但由于前面介绍的估计方法所求出的公共因子解, 其初始因子载荷矩阵并不满足 "简单结构准则", 即各个公共因子的典型代表变量很不突出, 因而容易使公共因子的实际意义含糊不清, 不利于对因子的解释. 为此, 必须对因子载荷矩阵施行旋转变换, 使得因子载荷的每一列各元素的平方按列向 0 或 1 两极转化, 达到其结构简化的目的.

1. 理论依据

设因子模型：$X = AF+\varepsilon$, 其中 F 为公因子向量, 对 F 施行正交变换, 令 $Z = \Gamma^{\mathrm{T}}F(\Gamma$

为任一 m 阶正交矩阵), 则

$$X = A\Gamma Z + \varepsilon, \tag{9.44}$$

且

$$\mathrm{var}(Z) = \mathrm{var}(\Gamma^{\mathrm{T}} F) = \Gamma^{\mathrm{T}} \mathrm{var}(F)\Gamma = I_m, \tag{9.45}$$

$$\mathrm{cov}(Z, \varepsilon) = \mathrm{cov}(\Gamma^{\mathrm{T}} F, \varepsilon) = \Gamma^{\mathrm{T}} \mathrm{cov}(F, \varepsilon) = 0, \tag{9.46}$$

$$\mathrm{var}(X) = \mathrm{var}(A\Gamma Z) + \mathrm{var}(\varepsilon) = A\Gamma \mathrm{var}(Z)\Gamma^{\mathrm{T}} A^{\mathrm{T}} + D$$

$$= AA^{\mathrm{T}} + D. \tag{9.47}$$

式 (9.44)~ 式 (9.47) 说明, 若 F 是因子模型的公因子向量, 则对任一正交矩阵 Γ, $Z = \Gamma^{\mathrm{T}} F$ 也是公因子向量. 相应的 $A\Gamma$ 是公因子 Z 的因子载荷矩阵.

利用此性质, 在因子分析的实际计算中, 当求得初始因子载荷矩阵 A 后, 反复右乘正交矩阵 Γ, 使得 $A\Gamma$ 具有更明显的实际意义. 这种变换载荷矩阵的方法, 称为因子轴的正交旋转.

2. 因子载荷方差

设因子模型 $X = AF + \varepsilon$, $A = (a_{ij})_{p\times m}$ 为公因子向量 F 的因子载荷矩阵, $h_i^2 = \sum\limits_{j=1}^{m} a_{ij}^2$ $(i = 1, 2, \cdots, p)$ 为变量 X_i 的共同度.

A 的每一列 (即因子载荷向量) 数值越分散, 相应的因子载荷向量的方差越大. 为消除由于 a_{ij} 符号不同的影响及各变量对公共因子依赖程度不同的影响, 令

$$d_{ij}^2 = \frac{a_{ij}^2}{h_i^2}, \quad i = 1, 2, \cdots, p, \quad j = 1, 2, \cdots, m,$$

将第 j 列的 p 个数据 $d_{1j}^2, d_{2j}^2, \cdots, d_{pj}^2$ 的方差定义为

$$V_j = \frac{1}{p}\sum_{i=1}^{p}\left(d_{ij}^2 - \bar{d}_j\right)^2 = \frac{1}{p^2}\left[p\sum_{i=1}^{p}\frac{a_{ij}^4}{h_i^4} - \left(\sum_{i=1}^{p}\frac{a_{ij}^2}{h_i^2}\right)^2\right],$$

其中 $\bar{d}_j = \dfrac{1}{p}\sum\limits_{i=1}^{p} d_{ij}^2$, $j = 1, 2, \cdots, m$, 则因子载荷矩阵 A 的方差为

$$V = \sum_{j=1}^{m} V_j = \frac{1}{p^2}\left\{\sum_{j=1}^{m}\left[p\sum_{i=1}^{p}\frac{a_{ij}^4}{h_i^4} - \left(\sum_{i=1}^{p}\frac{a_{ij}^2}{h_i^2}\right)^2\right]\right\}.$$

若 V_j 值越大, 则 A 的第 j 个因子载荷向量数值越分散, 如果载荷值或是趋于 1 或是趋于 0, 这时相应的公共因子 F_j 具有简单化结构, 因而我们希望因子载荷矩阵 A 的方差尽可能大.

3. 方差最大的正交旋转

通常采用正交旋转得到方差最大的载荷矩阵. 设 $m = 2$, 因子载荷矩阵为

$$A = \begin{bmatrix} a_{11} & a_{12} \\ a_{21} & a_{22} \\ \vdots & \vdots \\ a_{p1} & a_{p2} \end{bmatrix},$$

取正交矩阵 $\boldsymbol{\Gamma} = \begin{bmatrix} \cos\varphi & -\sin\varphi \\ \sin\varphi & \cos\varphi \end{bmatrix}$, 则

$$B = \begin{bmatrix} a_{11}\cos\varphi + a_{12}\sin\varphi & -a_{11}\sin\varphi + a_{12}\cos\varphi \\ a_{21}\cos\varphi + a_{22}\sin\varphi & -a_{21}\sin\varphi + a_{22}\cos\varphi \\ \vdots & \vdots \\ a_{p1}\cos\varphi + a_{p2}\sin\varphi & -a_{p1}\sin\varphi + a_{p2}\cos\varphi \end{bmatrix} = \begin{bmatrix} b_{11} & b_{12} \\ b_{21} & b_{22} \\ \vdots & \vdots \\ b_{p1} & b_{p2} \end{bmatrix}$$

是 $\boldsymbol{Z} = \boldsymbol{\Gamma}^{\mathrm{T}}\boldsymbol{F}$ 的因子载荷矩阵, 这相当于将 f_1, f_2 确定的因子平面上旋转一个角度 φ. 此时,

$$V_j = \frac{1}{p^2}\left[p\sum_{i=1}^{p}\frac{b_{ij}^4}{h_i^4} - \left(\sum_{i=1}^{p}\frac{b_{ij}^2}{h_i^2}\right)^2 \right], \quad j = 1, 2.$$

为了使

$$\frac{\partial V}{\partial \varphi} = \frac{\partial}{\partial \varphi}\left(V_1 + V_2\right) = 0,$$

φ 应满足

$$\tan 4\varphi = \frac{d - 2\alpha\beta/p}{c - (\alpha^2 - \beta^2)/p}, \tag{9.48}$$

其中

$$\alpha = \sum_{i=1}^{p}\mu_i, \quad \beta = \sum_{i=1}^{p}\nu_i, \quad c = \sum_{i=1}^{p}(\mu_i^2 - \nu_i^2), \quad d = 2\sum_{i=1}^{p}\mu_i\nu_i, \tag{9.49}$$

$$\mu_i = \left(\frac{a_{i1}}{h_i}\right)^2 - \left(\frac{a_{i2}}{h_i}\right)^2, \quad i = 1, 2, \cdots, p. \tag{9.50}$$

对于 $m > 2$ 的情况, 需要作多次的旋转变换, 这里就不再介绍其方法了, 因为 R 软件中的 varimax() 函数可以完成因子载荷矩阵的旋转变换 (或反射变换). 它们的使用格式为

```
varimax(x, normalize = TRUE, eps = 1e-5)
```

其中 x 是因子载荷矩阵; normalize 是逻辑变量, 即是否对变量进行 Kaiser 正则化; eps 是迭代终止精度.

例 9.10   用 varimax() 函数对例 9.7、例 9.8 和例 9.9 中得到的因子载荷矩阵作旋转变换, 使其方差达到最大.

解   用自编的函数 factor.analy() 得到 3 种方法计算的因子载荷估计矩阵, 再用 varimax() 函数得到方差最大的因子载荷矩阵. 以主因子方法计算为例, 基本格式为

```
> source("factor.analy.R")
> fa<-factor.analy(R, m=2, method="princomp")
> vm1<-varimax(fa$loadings, normalize = F); vm1
```

将程序中的 "princomp" 改为 "factor" 和 "likelihood", 就可得到另外两种方法的计算结果, 具体的计算结果列在表 9.5 中.

表 9.5   旋转后的因子载荷矩阵

变量	主成分		主因子		极大似然	
	f_1^*	f_2^*	f_1^*	f_2^*	f_1^*	f_2^*
X_1	-0.278	-0.934	-0.299	-0.913	-0.297	-0.911
X_2	-0.380	-0.891	-0.399	-0.869	-0.388	-0.880
X_3	-0.547	-0.770	-0.561	-0.736	-0.548	-0.740
X_4	-0.715	-0.624	-0.711	-0.610	-0.695	-0.617
X_5	-0.816	-0.521	-0.812	-0.516	-0.803	-0.524
X_6	-0.904	-0.385	-0.906	-0.377	-0.904	-0.387
X_7	-0.905	-0.393	-0.912	-0.382	-0.910	-0.393
X_8	-0.937	-0.257	-0.913	-0.265	-0.916	-0.272
贡献	4.211	3.289	4.215	3.127	4.152	3.186
贡献率	0.526	0.411	0.527	0.391	0.519	0.398
累积贡献率	0.526	0.938	0.527	0.918	0.519	0.917
旋转	0.762	0.648	0.771	0.637	0.851	0.525
矩阵	-0.648	0.762	-0.637	0.771	-0.525	0.851

9.2.5   因子分析的计算函数

事实上, 在 R 软件中, 提供了作因子分析计算的函数 —— factanal() 函数, 它可以从样本数据、样本的方差矩阵和相关矩阵出发对数据作因子分析, 并可直接给出方差最大的载荷因子矩阵.

函数 factanal() 采用极大似然法估计参数, 其使用格式为

```
factanal(x, factors, data = NULL, covmat = NULL, n.obs = NA,
        subset, na.action, start = NULL,
        scores = c("none", "regression", "Bartlett"),
        rotation = "varimax", control = NULL, ...)
```

其中 x 是数据的公式, 或者是由数据 (每个样本按行输入) 构成的矩阵, 或者是数据框; factors 是因子的个数; data 是数据框, 当 x 由公式形式给出时使用; covmat 是样本的协方差矩阵或样本的相关矩阵, 此时不必输入变量 x. scores 表示因子得分的方法; scores="regression", 表示用回归方法计算因子得分, 当参数为 scores="Bartlett", 表示用 Bartlett 方法计算因子得分 (具体意义见 9.2.6 节), 默认值为 "none", 即不计算因子得分; rotation 表示旋转, 默认值为方差最大旋转, 当 rotation="none" 时, 不作旋转变换.

例 9.11 取 $m = 2$, 用 factanal() 函数估计例 9.7 因子载荷和共性方差等指标, 参数选择方差最大.

解

```
> fa<-factanal(factors=2, covmat=R); fa
Call:
factanal(factors = 2, covmat = R)
Uniquenesses:
    X1    X2    X3    X4    X5    X6    X7    X8
 0.081 0.075 0.152 0.135 0.082 0.033 0.018 0.087
Loadings:
   Factor1 Factor2
X1 0.291   0.913
X2 0.382   0.883
X3 0.543   0.744
X4 0.691   0.622
X5 0.799   0.529
X6 0.901   0.393
X7 0.907   0.399
X8 0.914   0.278

                Factor1 Factor2
SS loadings      4.112   3.225
Proportion Var   0.514   0.403
Cumulative Var   0.514   0.917
The degrees of freedom for the model is 13 and the fit was 0.3318
```

在上述信息中, call 表示调用函数的方法; uniquenesses 是特殊方差, 即 σ_i^2 的值; loadings 是因子载荷矩阵, 其中 Factor1, Factor2 是因子, X1, X2,···, X8 是对应的变量; SS loadings 是公共因子 f_j 对变量 X_1, X_2, ···, X_p 的总方差贡献, 即 $g_j^2 = \sum\limits_{i=1}^{p} a_{ij}^2$; Proportion Var 是方差贡献率, 即 $g_j^2 / \sum\limits_{i=1}^{p} \text{var}(X_i)$; Cumulative Var 是累积方差贡献率, 即

$$\sum_{k=1}^{j} g_k^2 / \sum_{i=1}^{p} \mathrm{var}(X_i).$$

在计算结果中, 因子 f_1 后几个变量 (X_6, X_7, X_8) 的载荷因子接近于 1, 这些变量涉及的是长跑, 因此可称 f_1 是耐力因子. 而因子 f_2 中前几个变量 (X_1, X_2) 接近 1, 涉及的是短跑, 因此可称 f_2 是速度因子.

例 9.12 现有 48 名应聘者应聘某公司的某职位, 公司为这些应聘者的 15 项指标打分, 其指标与得分情况见例 3.17. 试用因子分析的方法对 15 项指标作因子分析, 在因子分析中选取 5 个因子.

解 读数据 (由例 3.17 知, 数据在数据文件 applicant.data 中), 再调用函数 factanal() 进行因子分析.

```
> rt<-read.table("../chapter03/applicant.data")
> factanal(~., factors=5, data=rt)
Call:
factanal(x = ~., factors = 5, data = rt)
Uniquenesses:
    FL    APP    AA    LA    SC    LC   HON   SMS   EXP   DRV
 0.439 0.597 0.509 0.197 0.118 0.005 0.292 0.140 0.365 0.223
   AMB    GSP   POT    KJ  SUIT
 0.098 0.119 0.084 0.005 0.267

Loadings:
     Factor1 Factor2 Factor3 Factor4 Factor5
FL    0.127   0.722   0.102  -0.117
APP   0.451   0.134   0.270   0.206   0.258
AA            0.129           0.686
LA    0.222   0.246   0.827
SC    0.917           0.167
LC    0.851   0.125   0.279          -0.420
HON   0.228  -0.220   0.777
SMS   0.880   0.266   0.111
EXP           0.773           0.171
DRV   0.754   0.393   0.199           0.114
AMB   0.909   0.187   0.112           0.165
GSP   0.783   0.295   0.354   0.148  -0.181
POT   0.717   0.362   0.446   0.267
KJ    0.418   0.399   0.563  -0.585
```

```
SUIT  0.351   0.764        0.148
              Factor1 Factor2 Factor3 Factor4 Factor5
SS loadings   5.490   2.507   2.188   1.028   0.331
Proportion Var 0.366  0.167   0.146   0.069   0.022
Cumulative Var 0.366  0.533   0.679   0.748   0.770
Test of the hypothesis that 5 factors are sufficient.
The chi square statistic is 60.97 on 40 degrees of freedom.
The p-value is 0.0179
```

第一行是读数据, 得到的 rt 是数据框格式, 第二行作因子分析, ~. 表示全部变量.

在得到的结果中, 公共因子还有比较鲜明的实际意义.

第 1 公共因子中, 系数绝对值大的变量主要是: SC(自信心), LC(洞察力), SMS(推销能力), DRV(驾驶水平), AMB(事业心), GSP(理解能力), POT(潜在能力), 这些主要表现求职者的外露能力;

第 2 公共因子系数绝对值大的变量主要是: FL(求职信的形式), EXP(经验), SUIT(适应性), 这些主要反映了求职者的经验;

第 3 公共因子系数绝对值大的变量主要是: LA(讨人喜欢), HON(诚实), 它主要反映了求职者是否讨人喜欢;

第 4、5 公共因子系数绝对值较小, 这说明这两个公共因子相对次要一些. 第 4 公共因子相对较大的变量是: AA(专业能力), KJ(交际能力), 它主要反映了求职者的专业能力; 第 5 公共因子相对较大的变量是: APP(外貌), LC(洞察力), 它主要反映求职者的外貌.

9.2.6 因子得分

迄今为止, 已介绍了如何从样本协方差矩阵 S 或相关矩阵 R 来得到公共因子和因子载荷, 并给出相应的实际背景. 当我们得到公共因子和因子载荷后, 就应当反过来考察每一个样本. 如对于例 9.12, 在得到 5 个公共因子后, 应当考察 48 名应聘者在 5 个因子的得分情况, 这样可以便于公司从中挑选更适合本公司需要的人员.

估计因子得分的方法有两种: 一是加权最小二乘法, 二是回归方法.

1. 加权最小二乘法

设 X 满足因子模型 (不妨设 $\mu = 0$)

$$X = AF + \varepsilon.$$

假定因子载荷矩阵 A 和特殊因子方差矩阵 D 已知, 考虑加权最小二乘函数

$$\varphi(F) = (X - AF)^{\mathrm{T}} D^{-1} (X - AF).$$

求 F 的估计值 $\widehat{F}$, 使得 $\varphi(\widehat{F}) = \min \varphi(F)$. 由极值的必要条件得到

$$\widehat{\boldsymbol{F}} = \left(\boldsymbol{A}^{\mathrm{T}}\boldsymbol{D}^{-1}\boldsymbol{A}\right)^{-1}\boldsymbol{A}^{\mathrm{T}}\boldsymbol{D}^{-1}\boldsymbol{X}, \tag{9.51}$$

这就是因子得分的加权最小二乘估计.

如果假定 $\boldsymbol{X} \sim N_p(\boldsymbol{AF}, \boldsymbol{D})$, 则由式 (9.51) 得到的 $\widehat{\boldsymbol{F}}$ 也是对 $\boldsymbol{F}$ 的极大似然估计. 该方法称为 Bartlett 因子得分.

在实际问题中, 式 (9.51) 中的 $\boldsymbol{A}$ 和 $\boldsymbol{D}$ 用估计值 $\widehat{\boldsymbol{A}}$ 和 $\widehat{\boldsymbol{D}}$ 代替, $\boldsymbol{X}$ 用样本 $\boldsymbol{X}_{(i)}$ 来代替, 此时, 得到因子得分 $\boldsymbol{F}_{(i)}$.

2. 回归法

在因子模型中, 也可以反过来, 将因子表示成变量的线性组合, 即

$$f_i = \beta_{i1}X_1 + \beta_{i2}X_2 + \cdots + \beta_{ip}X_p, \quad i = 1, 2, \cdots, m \tag{9.52}$$

来计算因子得分. 称式 (9.52) 为因子得分函数. 写成矩阵形式

$$\boldsymbol{F} = \boldsymbol{\beta}\boldsymbol{X}, \tag{9.53}$$

其中 $\boldsymbol{F} = (f_1, f_2, \cdots, f_m)^{\mathrm{T}}$, $\boldsymbol{\beta} = (\beta_{ij})_{m \times p}$.

下面用回归的方法计算式 (9.53) 中 $\boldsymbol{\beta}$ 的估计值.

假设变量 $\boldsymbol{X}$ 已标准化, 公共因子 $\boldsymbol{F}$ 也已标准化, 并假设公共因子 $\boldsymbol{F}$ 和变量 $\boldsymbol{X}$ 满足回归方程

$$f_j = b_{j1}X_1 + b_{j2}X_2 + \cdots + b_{jp}X_p + \varepsilon_j, \quad j = 1, 2, \cdots, m. \tag{9.54}$$

由因子载荷矩阵 $\boldsymbol{A} = (a_{ij})_{p \times n}$ 的意义, 有

$$\begin{aligned}
a_{ij} = \mathrm{cov}(X_i, f_j) &= \mathrm{cov}(X_i, b_{j1}X_1 + b_{j2}X_2 + \cdots + b_{jp}X_p + \varepsilon_j) \\
&= b_{j1}r_{i1} + b_{j2}r_{i2} + \cdots + b_{jp}r_{ip}, \\
&= \sum_{k=1}^{p} r_{ik}b_{jk}, \quad i = 1, 2, \cdots, p, \quad j = 1, 2, \cdots, m,
\end{aligned} \tag{9.55}$$

即

$$\boldsymbol{A} = \boldsymbol{R}\boldsymbol{B}^{\mathrm{T}}, \tag{9.56}$$

其中 $\boldsymbol{R} = (r_{ij})_{p \times p}$ 为相关矩阵, $\boldsymbol{B} = (b_{ij})_{m \times p}$. 因此用

$$\boldsymbol{B} = \boldsymbol{A}^{\mathrm{T}}\boldsymbol{R}^{-1} \tag{9.57}$$

作为 $\boldsymbol{\beta}$ 的估计值. 代入式 (9.53) 得到

$$\widehat{\boldsymbol{F}} = \boldsymbol{A}^{\mathrm{T}}\boldsymbol{R}^{-1}\boldsymbol{X}. \tag{9.58}$$

式 (9.58) 是因子得分的计算公式. 由于该公式是由回归方程得到的, 因此称为回归法. 此方法是 Thompson (1939) 提出来的, 也称为 Thompson 方法.

到目前为止, 计算因子得分的两种估计方法到底哪一个好还没有定论, 因此, R 软件中作因子分析的函数 factanal() 同时给出了两种方法, 当参数 scores="regression" 时, 采用的是回归法; 当参数 scores="Bartlett" 时, 采用的是加权最小二乘法.

例 9.13 计算例 9.12 中 48 名应聘者的因子得分.

解

```
> rt<-read.table("applicant.data")
> fa<-factanal(~., factors=5, data=rt, scores="regression")
```

这里采用的是回归法. fa$scores 将给出 48 名应聘者在 5 个公共因子的得分情况 (略). 为直观起见, 画出 48 名应聘者在第 1、第 2 公共因子下的散点图,

```
> plot(fa$scores[, 1:2], type="n")
> text(fa$scores[,1], fa$scores[,2])
```

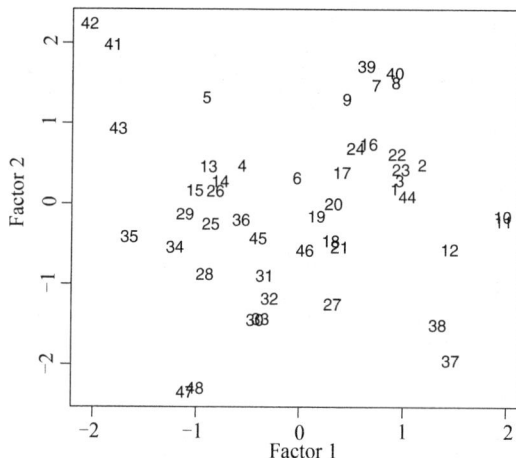

图 9.4 48 名应聘者在第 1、第 2 公共因子下的散点图

其图形如图 9.4 所示. 由前面分析可知, 第 1 公共因子主要表现求职者外露能力, 第 2 公共因子主要表现求职者的经验. 公司可以选择两者得分都比较高的应聘者, 如 39, 40, 7, 8, 9 和 2 号应聘者. 如偏重外露能力, 则选取第 1 公共因子得分较大的应聘者. 如偏重经验, 则可以考虑第 2 公共因子得分较大的应聘者. 公司也可以根据情况, 画出第 2、第 3 公共因子得分的散点图, 或选择 Bartlett 方法计算因子得分.

9.3　典型相关分析

典型相关分析 (canonical correlation analysis) 是用于分析两组随机变量之间相关性程度的一种统计方法, 它能够有效地揭示两组随机变量之间的相互线性依赖关系. 这一方法是由 Hotelling (霍特林, 1935) 首先提出来的.

在实际问题中, 经常遇到要研究一部分变量与另一部分变量之间的相互关系. 例如, 在工厂, 考察原料的主要指标 $(X_1, X_2, \cdots, X_p)$ 与产品的主要指标 $(Y_1, Y_2, \cdots, Y_q)$; 在经济学中, 研究商品的价格与销售之间的关系; 在地质学中, 为研究岩石形成的成因关系, 考

察岩石的化学成分与其周围岩化学成分的相关性; 在教育学中, 考察研究生入学考试成绩与本科阶段一些主要课程成绩的相关性, 等等.

一般地, 假设有两组随机变量 $X_1, X_2, \cdots, X_p$ 和 $Y_1, Y_2, \cdots, Y_q$, 研究它们的相关关系, 当 $p = q = 1$ 时, 就是通常两个变量 X 与 Y 的相关关系; 当 $p > 1, q > 1$ 时, 采用类似于主成分分析的方法, 找出第 1 组变量的线性组合 U 和第 2 组变量的线性组合 V, 即

$$U = a_1 X_1 + a_2 X_2 + \cdots + a_p X_p,$$
$$V = b_1 Y_1 + b_2 Y_2 + \cdots + b_q Y_q,$$

于是将研究两组变量的相关性问题转化成研究两个变量的相关性问题, 并且可以适当地调整相应的系数 a, b, 使得变量 U 和 V 的相关性达到最大, 称这种相关为典型相关, 基于这种原则的分析方法称为典型相关分析.

9.3.1 总体典型相关

1. 典型相关的定义

设 $\boldsymbol{X} = (X_1, X_2, \cdots, X_p)^{\mathrm{T}}, \boldsymbol{Y} = (Y_1, Y_2, \cdots, Y_q)^{\mathrm{T}}$ 为随机向量, 用 $\boldsymbol{X}$ 与 $\boldsymbol{Y}$ 的线性组合 $\boldsymbol{a}^{\mathrm{T}}\boldsymbol{X}$ 和 $\boldsymbol{b}^{\mathrm{T}}\boldsymbol{Y}$ 之间的相关来研究 $\boldsymbol{X}$ 与 $\boldsymbol{Y}$ 之间的相关, 并希望找到 $\boldsymbol{a}$ 与 $\boldsymbol{b}$, 使 $\rho(\boldsymbol{a}^{\mathrm{T}}\boldsymbol{X}, \boldsymbol{b}^{\mathrm{T}}\boldsymbol{Y})$ 最大. 由相关系数的定义,

$$\rho(\boldsymbol{a}^{\mathrm{T}}\boldsymbol{X}, \boldsymbol{b}^{\mathrm{T}}\boldsymbol{Y}) = \frac{\mathrm{cov}(\boldsymbol{a}^{\mathrm{T}}\boldsymbol{X}, \boldsymbol{b}^{\mathrm{T}}\boldsymbol{Y})}{\sqrt{\mathrm{var}(\boldsymbol{a}^{\mathrm{T}}\boldsymbol{X})}\sqrt{\mathrm{var}(\boldsymbol{b}^{\mathrm{T}}\boldsymbol{Y})}}. \tag{9.59}$$

对任意的 α, β 和 c, d, 有

$$\rho\left(\alpha(\boldsymbol{a}^{\mathrm{T}}\boldsymbol{X}) + \beta, c(\boldsymbol{b}^{\mathrm{T}}\boldsymbol{Y}) + d\right) = \rho\left(\boldsymbol{a}^{\mathrm{T}}\boldsymbol{X}, \boldsymbol{b}^{\mathrm{T}}\boldsymbol{Y}\right). \tag{9.60}$$

式 (9.60) 说明使得相关系数最大的 $\boldsymbol{a}^{\mathrm{T}}\boldsymbol{X}$ 和 $\boldsymbol{b}^{\mathrm{T}}\boldsymbol{Y}$ 并不惟一. 因此, 在综合变量时, 可限定

$$\mathrm{var}(\boldsymbol{a}^{\mathrm{T}}\boldsymbol{X}) = 1, \quad \mathrm{var}(\boldsymbol{b}^{\mathrm{T}}\boldsymbol{Y}) = 1.$$

设 $\boldsymbol{X} = (X_1, X_2, \cdots, X_p)^{\mathrm{T}}, \boldsymbol{Y} = (Y_1, Y_2, \cdots, Y_q)^{\mathrm{T}}, p + q$ 维随机向量 $\begin{pmatrix} \boldsymbol{X} \\ \boldsymbol{Y} \end{pmatrix}$ 的均值为 0, 协方差阵 $\boldsymbol{\Sigma}$ 正定. 若存在 $\boldsymbol{a}_1 = (a_{11}, a_{12}, \cdots, a_{1p})^{\mathrm{T}}$ 和 $\boldsymbol{b}_1 = (b_{11}, b_{12}, \cdots, b_{1q})^{\mathrm{T}}$ 使得 $\rho(\boldsymbol{a}_1^{\mathrm{T}}\boldsymbol{X}, \boldsymbol{b}_1^{\mathrm{T}}\boldsymbol{Y})$ 是约束问题

$$\max \quad \rho(\boldsymbol{a}^{\mathrm{T}}\boldsymbol{X}, \boldsymbol{b}^{\mathrm{T}}\boldsymbol{Y}), \tag{9.61}$$
$$\mathrm{s.t.} \quad \mathrm{var}(\boldsymbol{a}^{\mathrm{T}}\boldsymbol{X}) = 1, \tag{9.62}$$
$$\mathrm{var}(\boldsymbol{b}^{\mathrm{T}}\boldsymbol{Y}) = 1 \tag{9.63}$$

目标函数的最大值, 则称 $U_1 = \boldsymbol{a}_1^{\mathrm{T}}\boldsymbol{X}$, $V_1 = \boldsymbol{b}_1^{\mathrm{T}}\boldsymbol{Y}$ 为 $\boldsymbol{X}, \boldsymbol{Y}$ 的第 1 对 (组) 典型变量 (canonical variates), 称它们之间的相关系数 $\rho(U_1, V_1)$ 为第 1 典型相关系数 (canonical correlation).

如果存在 $\boldsymbol{a}_k = (a_{k1}, a_{k2}, \cdots, a_{kp})^{\mathrm{T}}$ 和 $\boldsymbol{b}_k = (b_{k1}, b_{k2}, \cdots, b_{kq})^{\mathrm{T}}$ 使得

(1) $\boldsymbol{a}_k^{\mathrm{T}}\boldsymbol{X}, \boldsymbol{b}_k^{\mathrm{T}}\boldsymbol{Y}$ 和前面的 $k-1$ 对典型变量都不相关;

(2) $\mathrm{var}(\boldsymbol{a}_k^{\mathrm{T}}\boldsymbol{X}) = 1$, $\mathrm{var}(\boldsymbol{b}_k^{\mathrm{T}}\boldsymbol{Y}) = 1$;

(3) $\boldsymbol{a}_k^{\mathrm{T}}\boldsymbol{X}$ 与 $\boldsymbol{b}_k^{\mathrm{T}}\boldsymbol{Y}$ 相关系数最大.

则称 $U_k = \boldsymbol{a}_k^{\mathrm{T}}\boldsymbol{X}$, $V_k = \boldsymbol{b}_k^{\mathrm{T}}\boldsymbol{Y}$ 为 $\boldsymbol{X}, \boldsymbol{Y}$ 的第 k 对 (组) 典型变量, 称它们之间的相关系数 $\rho(U_k, V_k)$ 为第 $k\,(k = 2, 3, \cdots, \min\{p, q\})$ 典型相关系数.

2. 典型变量和典型相关系数的计算

令 $\boldsymbol{Z} = \begin{pmatrix} \boldsymbol{X} \\ \boldsymbol{Y} \end{pmatrix}$, 则有

$$E(\boldsymbol{Z}) = 0, \quad \mathrm{var}(\boldsymbol{Z}) = \boldsymbol{\Sigma} = \begin{bmatrix} \boldsymbol{\Sigma}_{11} & \boldsymbol{\Sigma}_{12} \\ \boldsymbol{\Sigma}_{21} & \boldsymbol{\Sigma}_{22} \end{bmatrix},$$

令 $U = \boldsymbol{a}^{\mathrm{T}}\boldsymbol{X}, V = \boldsymbol{b}^{\mathrm{T}}\boldsymbol{Y}$, 因此, 求解第 1 对典型变量和典型相关系数的约束优化问题式 (9.61)$\sim$ 式 (9.63) 就等价为

$$\max \qquad \rho(U, V) = \boldsymbol{\alpha}^{\mathrm{T}}\boldsymbol{\Sigma}_{12}\boldsymbol{\beta}, \tag{9.64}$$

$$\text{s.t.} \qquad \boldsymbol{\alpha}^{\mathrm{T}}\boldsymbol{\Sigma}_{11}\boldsymbol{\alpha} = 1, \tag{9.65}$$

$$\boldsymbol{\beta}^{\mathrm{T}}\boldsymbol{\Sigma}_{22}\boldsymbol{\beta} = 1. \tag{9.66}$$

这是一个典型的约束优化问题, 这里采用约束问题的一阶必要条件进行求解.

构造约束问题式 (9.64)$\sim$ 式 (9.66) 的 Lagrange 函数

$$L(\boldsymbol{\alpha}, \boldsymbol{\beta}, \boldsymbol{\lambda}) = \boldsymbol{\alpha}^{\mathrm{T}}\boldsymbol{\Sigma}_{12}\boldsymbol{\beta} - \frac{\lambda_1}{2}\left(\boldsymbol{\alpha}^{\mathrm{T}}\boldsymbol{\Sigma}_{11}\boldsymbol{\alpha} - 1\right) - \frac{\lambda_2}{2}\left(\boldsymbol{\beta}^{\mathrm{T}}\boldsymbol{\Sigma}_{22}\boldsymbol{\beta} - 1\right),$$

其中 $\boldsymbol{\lambda} = (\lambda_1, \lambda_2)^{\mathrm{T}}$ 为 Lagrange 乘子.

由约束问题式 (9.64)$\sim$ 式 (9.66) 的一阶必要条件

$$\nabla_{\boldsymbol{\alpha}} L = 0, \quad \nabla_{\boldsymbol{\beta}} L = 0, \quad \boldsymbol{\alpha}^{\mathrm{T}}\boldsymbol{\Sigma}_{11}\boldsymbol{\alpha} = 1, \quad \boldsymbol{\beta}^{\mathrm{T}}\boldsymbol{\Sigma}_{22}\boldsymbol{\beta} = 1,$$

得到如下方程:

$$\boldsymbol{\Sigma}_{12}\boldsymbol{\beta} - \lambda_1\boldsymbol{\Sigma}_{11}\boldsymbol{\alpha} = 0, \tag{9.67}$$

$$\boldsymbol{\Sigma}_{21}\boldsymbol{\alpha} - \lambda_2\boldsymbol{\Sigma}_{22}\boldsymbol{\beta} = 0, \tag{9.68}$$

$$\boldsymbol{\alpha}^{\mathrm{T}}\boldsymbol{\Sigma}_{11}\boldsymbol{\alpha} = 1, \tag{9.69}$$

$$\boldsymbol{\beta}^{\mathrm{T}}\boldsymbol{\Sigma}_{22}\boldsymbol{\beta} = 1. \tag{9.70}$$

下面求解该方程. 在式 (9.67) 上左乘 $\boldsymbol{\alpha}^{\mathrm{T}}$, 式 (9.68) 上左乘 $\boldsymbol{\beta}^{\mathrm{T}}$, 再利用式 (9.69) 和式 (9.70), 得到 $\lambda_1 = \lambda_2 = \lambda$.

由于 $\boldsymbol{\Sigma} \neq \boldsymbol{0}$, 所以 $\boldsymbol{\Sigma}_{11}^{-1}$, $\boldsymbol{\Sigma}_{22}^{-1}$ 存在, 整理式 (9.67) 和式 (9.68) 得到

$$\lambda\boldsymbol{\alpha} = \boldsymbol{\Sigma}_{11}^{-1}\boldsymbol{\Sigma}_{12}\boldsymbol{\beta}, \qquad \lambda\boldsymbol{\beta} = \boldsymbol{\Sigma}_{22}^{-1}\boldsymbol{\Sigma}_{21}\boldsymbol{\alpha}, \tag{9.71}$$

所以有

$$\lambda^2\boldsymbol{\alpha} = \boldsymbol{\Sigma}_{11}^{-1}\boldsymbol{\Sigma}_{12}\boldsymbol{\Sigma}_{22}^{-1}\boldsymbol{\Sigma}_{21}\boldsymbol{\alpha} = \boldsymbol{M}_1\boldsymbol{\alpha}, \qquad \lambda^2\boldsymbol{\beta} = \boldsymbol{\Sigma}_{22}^{-1}\boldsymbol{\Sigma}_{21}\boldsymbol{\Sigma}_{11}^{-1}\boldsymbol{\Sigma}_{12}\boldsymbol{\beta} = \boldsymbol{M}_2\boldsymbol{\beta}, \tag{9.72}$$

其中 $\boldsymbol{M}_1 = \boldsymbol{\Sigma}_{11}^{-1}\boldsymbol{\Sigma}_{12}\boldsymbol{\Sigma}_{22}^{-1}\boldsymbol{\Sigma}_{21}$, $\boldsymbol{M}_2 = \boldsymbol{\Sigma}_{22}^{-1}\boldsymbol{\Sigma}_{21}\boldsymbol{\Sigma}_{11}^{-1}\boldsymbol{\Sigma}_{12}$.

因此, λ^2 是矩阵 $\boldsymbol{M}_1$ 或 $\boldsymbol{M}_2$ 的特征值 (注意, $\boldsymbol{M}_1$ 和 $\boldsymbol{M}_2$ 有相同的特征值), $\boldsymbol{\alpha}$ 是 $\boldsymbol{M}_1$ 的特征值 λ^2 对应的特征向量, $\boldsymbol{\beta}$ 是 $\boldsymbol{M}_2$ 的特征值 λ^2 对应的特征向量.

由于

$$\boldsymbol{\alpha}^{\mathrm{T}}\boldsymbol{\Sigma}_{12}\boldsymbol{\beta} = \lambda\boldsymbol{\alpha}^{\mathrm{T}}\boldsymbol{\Sigma}_{11}\boldsymbol{\alpha} = \lambda\boldsymbol{\beta}^{\mathrm{T}}\boldsymbol{\Sigma}_{11}\boldsymbol{\beta} = \lambda,$$

因此, 优化问题式 (9.64)$\sim$ 式 (9.66) 的解 $\boldsymbol{a}_1, \boldsymbol{b}_1$ 是求 $\boldsymbol{M}_1$ 或 $\boldsymbol{M}_2$ 最大特征值 λ_1^2 和相应的满足

$$\left\|\boldsymbol{\Sigma}_{11}^{1/2}\boldsymbol{\alpha}\right\| = 1, \qquad \left\|\boldsymbol{\Sigma}_{22}^{1/2}\boldsymbol{\beta}\right\| = 1$$

的特征向量 $\boldsymbol{\alpha}$ 和 $\boldsymbol{\beta}$.

下面给出计算过程:

(1) 令 $\boldsymbol{M}_1 = \boldsymbol{\Sigma}_{11}^{-1}\boldsymbol{\Sigma}_{12}\boldsymbol{\Sigma}_{22}^{-1}\boldsymbol{\Sigma}_{21}$;

(2) 计算 $\boldsymbol{M}_1$ 的最大特征值 λ_1^2 和相应的特征向量 $\boldsymbol{\alpha}_1$, 令

$$\boldsymbol{\beta}_1 = \boldsymbol{\Sigma}_{22}^{-1}\boldsymbol{\Sigma}_{21}\boldsymbol{\alpha}_1, \quad \boldsymbol{a}_1 = \boldsymbol{\alpha}_1 \Big/ \sqrt{\boldsymbol{\alpha}_1^{\mathrm{T}}\boldsymbol{\Sigma}_{11}\boldsymbol{\alpha}_1}, \quad \boldsymbol{b}_1 = \boldsymbol{\beta}_1 \Big/ \sqrt{\boldsymbol{\beta}_1^{\mathrm{T}}\boldsymbol{\Sigma}_{22}\boldsymbol{\beta}_1},$$

则 $\lambda_1 = \sqrt{\lambda_1^2}$ 为第 1 对典型相关系数, $\boldsymbol{U}_1 = \boldsymbol{a}_1^{\mathrm{T}}\boldsymbol{X}$, $\boldsymbol{V}_1 = \boldsymbol{b}_1^{\mathrm{T}}\boldsymbol{Y}$ 为第 1 对典型变量.

对于第 k 对典型相关变量的求解方法类似于第 1 对典型相关变量, 求解第 k 个最大特征值和相应的特征向量, 略去推导过程, 只需将上面的第 2 步改为

(2′) 计算 $\boldsymbol{M}_1$ 的第 k 大特征值 λ_k^2 和相应的特征向量 $\boldsymbol{\alpha}_k$, 令

$$\boldsymbol{\beta}_k = \boldsymbol{\Sigma}_{22}^{-1}\boldsymbol{\Sigma}_{21}\boldsymbol{\alpha}_k, \quad \boldsymbol{a}_k = \boldsymbol{\alpha}_k \Big/ \sqrt{\boldsymbol{\alpha}_k^{\mathrm{T}}\boldsymbol{\Sigma}_{11}\boldsymbol{\alpha}_k}, \quad \boldsymbol{b}_k = \boldsymbol{\beta}_k \Big/ \sqrt{\boldsymbol{\beta}_k^{\mathrm{T}}\boldsymbol{\Sigma}_{22}\boldsymbol{\beta}_k},$$

则 $\lambda_k = \sqrt{\lambda_k^2}$ 为第 k 对典型相关系数, $\boldsymbol{U}_k = \boldsymbol{a}_k^{\mathrm{T}}\boldsymbol{X}$, $\boldsymbol{V}_k = \boldsymbol{b}_k^{\mathrm{T}}\boldsymbol{Y}$ 为第 k 对典型变量.

9.3.2　样本典型相关

设总体 $\boldsymbol{Z} = (X_1, X_2, \cdots, X_p, Y_1, Y_2, \cdots, Y_q)^{\mathrm{T}}$, 在实际中, 总体的均值向量 $E(\boldsymbol{Z}) = \boldsymbol{\mu}$ 和协方差矩阵 $\mathrm{cov}(\boldsymbol{Z}) = \boldsymbol{\Sigma}$ 通常是未知的, 因而无法求得总体的典型变量和典型相关系数, 因此需要根据样本对 $\boldsymbol{\Sigma}$ 进行估计.

已知总体 $\boldsymbol{Z}$ 的 n 次观测数据

$$\boldsymbol{Z}_{(i)} = \begin{pmatrix} \boldsymbol{X}_{(i)} \\ \boldsymbol{Y}_{(i)} \end{pmatrix}_{(p+q)\times 1}, \quad i = 1, 2, \cdots, n,$$

于是样本资料为

$$\begin{bmatrix} x_{11} & x_{12} & \cdots & x_{1p} & y_{11} & y_{12} & \cdots & y_{1q} \\ x_{21} & x_{22} & \cdots & x_{2p} & y_{21} & y_{22} & \cdots & y_{2q} \\ \vdots & \vdots & & \vdots & \vdots & \vdots & & \vdots \\ x_{n1} & x_{n2} & \cdots & x_{np} & y_{n1} & y_{n2} & \cdots & y_{nq} \end{bmatrix}.$$

假设 $\boldsymbol{Z} \sim N_{p+q}(\boldsymbol{\mu}, \boldsymbol{\Sigma})$，则协方差矩阵 $\boldsymbol{\Sigma}$ 的极大似然估计为

$$\widehat{\boldsymbol{\Sigma}} = \frac{1}{n} \sum_{i=1}^{n} \left(\boldsymbol{Z}_{(i)} - \overline{\boldsymbol{Z}} \right) \left(\boldsymbol{Z}_{(i)} - \overline{\boldsymbol{Z}} \right)^{\mathrm{T}},$$

其中 $\overline{\boldsymbol{Z}} = \frac{1}{n} \sum\limits_{i=1}^{n} \boldsymbol{Z}_{(i)}$，称矩阵 $\widehat{\boldsymbol{\Sigma}}$ 为样本协方差阵.

因此，关于样本典型变量的计算，只需要将矩阵 $\boldsymbol{M}_1$ 或 $\boldsymbol{M}_2$ 中的 $\boldsymbol{\Sigma}_{11}, \boldsymbol{\Sigma}_{12}, \boldsymbol{\Sigma}_{21}, \boldsymbol{\Sigma}_{22}$ 换成 $\widehat{\boldsymbol{\Sigma}}_{11}, \widehat{\boldsymbol{\Sigma}}_{12}, \widehat{\boldsymbol{\Sigma}}_{21}, \widehat{\boldsymbol{\Sigma}}_{22}$ 即可，因此计算过程为

(1) 令 $\boldsymbol{M}_1 = \widehat{\boldsymbol{\Sigma}}_{11}^{-1} \widehat{\boldsymbol{\Sigma}}_{12} \widehat{\boldsymbol{\Sigma}}_{22}^{-1} \widehat{\boldsymbol{\Sigma}}_{21}$；

(2) 计算 $\boldsymbol{M}_1$ 的全部特征值 $\lambda_1^2 \geqslant \lambda_2^2 \geqslant \cdots \geqslant \lambda_m^2$，其中 $m = \min(p, q)$，和相应的特征向量 $\boldsymbol{\alpha}_k, k = 1, 2, \cdots, m$，令

$$\boldsymbol{\beta}_k = \boldsymbol{\Sigma}_{22}^{-1} \boldsymbol{\Sigma}_{21} \boldsymbol{\alpha}_k, \quad \boldsymbol{a}_k = \boldsymbol{\alpha}_k \Big/ \sqrt{\boldsymbol{\alpha}_k^{\mathrm{T}} \widehat{\boldsymbol{\Sigma}}_{11} \boldsymbol{\alpha}_k}, \quad \boldsymbol{b}_k = \boldsymbol{\beta}_k \Big/ \sqrt{\boldsymbol{\beta}_k^{\mathrm{T}} \widehat{\boldsymbol{\Sigma}}_{22} \boldsymbol{\beta}_k},$$

则 $\lambda_k = \sqrt{\lambda_k^2}$ 为第 k 对样本典型相关系数，$U_k = \boldsymbol{a}_k^{\mathrm{T}} \boldsymbol{X}, V_k = \boldsymbol{b}_k^{\mathrm{T}} \boldsymbol{Y}$ 为第 k 对样本典型变量.

9.3.3 典型相关分析的计算

R 软件提供了计算典型相关分析的函数，其计算形式为

cancor(x, y, xcenter = TRUE, ycenter = TRUE)

其中 x, y 是相应的数据矩阵，xcenter 和 ycenter 是逻辑变量，TRUE 是将数据中心化，FLASE 是不中心化 (默认值是 TRUE).

例 9.14 某康复俱乐部对 20 名中年人测量了 3 个生理指标：体重 (X_1)、腰围 (X_2)、脉搏 (X_3) 和 3 个训练指标：引体向上 (Y_1)、起坐次数 (Y_2)、跳跃次数 (Y_3). 其数据列在表 9.6 中. 试对这组数据进行典型相关分析.

表 9.6 康复俱乐部测量的生理指标和训练指标

序号	X_1	X_2	X_3	Y_1	Y_2	Y_3	序号	X_1	X_2	X_3	Y_1	Y_2	Y_3
1	191	36	50	5	162	60	11	189	37	52	2	110	60
2	193	38	58	12	101	101	12	162	35	62	12	105	37
3	189	35	46	13	155	58	13	182	36	56	4	101	42
4	211	38	56	8	101	38	14	167	34	60	6	125	40
5	176	31	74	15	200	40	15	154	33	56	17	251	250
6	169	34	50	17	120	38	16	166	33	52	13	210	115
7	154	34	64	14	215	105	17	247	46	50	1	50	50
8	193	36	46	6	70	31	18	202	37	62	12	210	120
9	176	37	54	4	60	25	19	157	32	52	11	230	80
10	156	33	54	15	225	73	20	138	33	68	2	110	43

解 用数据框的形式输入数据, 为消除数据数量级的影响, 先将数据标准化, 再调用函数 cancor() 进行计算. (程序名: exam0914.R)

```
test<-data.frame(
  X1=c(191, 193, 189, 211, 176, 169, 154, 193, 176, 156,
       189, 162, 182, 167, 154, 166, 247, 202, 157, 138),
  X2=c(36, 38, 35, 38, 31, 34, 34, 36, 37, 33,
       37, 35, 36, 34, 33, 33, 46, 37, 32, 33),
  X3=c(50, 58, 46, 56, 74, 50, 64, 46, 54, 54,
       52, 62, 56, 60, 56, 52, 50, 62, 52, 68),
  Y1=c( 5, 12, 13,  8, 15, 17, 14,  6,  4, 15,
        2, 12,  4,  6, 17, 13,  1, 12, 11,  2),
  Y2=c(162, 101, 155, 101, 200, 120, 215,  70,  60, 225,
       110, 105, 101, 125, 251, 210,  50, 210, 230, 110),
  Y3=c(60, 101, 58, 38, 40, 38, 105, 31, 25, 73,
       60, 37, 42, 40, 250, 115, 50, 120, 80, 43)
)

test<-scale(test)
ca<-cancor(test[,1:3],test[,4:6])
```

计算结果为

```
> ca
$cor
[1] 0.79560815 0.20055604 0.07257029
```

```
$xcoef
          [,1]          [,2]          [,3]
X1 -0.17788841 -0.43230348 -0.04381432
X2  0.36232695  0.27085764  0.11608883
X3 -0.01356309 -0.05301954  0.24106633
$ycoef
          [,1]          [,2]          [,3]
Y1 -0.0801801 -0.08615561 -0.29745900
Y2 -0.2418067  0.02833066  0.28373986
Y3  0.1643596  0.24367781 -0.09608099
$xcenter
             X1            X2            X3
 2.331468e-16  4.385381e-16 -2.220446e-16
$ycenter
             Y1            Y2            Y3
 1.443290e-16 -1.776357e-16  2.775558e-17
```

其中 cor 是典型相关系数; xcoef 是对应于数据 X 的系数, 也称为关于数据 X 的典型载荷 (canonical loadings), 即样本典型变量 U 系数矩阵 A 的转置; ycoef 是对应于数据 Y 的系数, 也称为关于数据 Y 的典型载荷, 即样本典型变量 V 系数矩阵 B 的转置; $xcenter 是数据 X 的中心, 即数据 X 的样本均值 $\overline{X}$; $ycenter 是数据 Y 的中心, 即数据 Y 的样本均值 $\overline{Y}$. 由于数据已作了标准化处理, 因此这里计算出的样本均值为 0.

对于康复俱乐部数据, 与计算结果相对应的数学意义是

$$\begin{cases} U_1 = -0.178X_1^* + 0.362X_2^* - 0136X_3^*, \\ U_2 = -0.432X_1^* + 0.271X_2^* - 0.0530X_3^*, \\ U_3 = -0.0438X_1^* + 0.116X_2^* + 0.241X_3^*, \end{cases} \tag{9.73}$$

$$\begin{cases} V_1 = -0.0802Y_1^* - 0.242Y_2^* + 0.164Y_3^*, \\ V_2 = -0.08615Y_1^* + 0.0283Y_2^* + 0.244Y_3^*, \\ V_3 = -0.297Y_1^* + 0.284Y_2^* - 0.0961Y_3^*, \end{cases} \tag{9.74}$$

其中 $X_i^*, Y_i^*, i = 1, 2, 3$ 是标准化后的数据. 相应的相关系数为

$$\rho(U_1, V_1) = 0.796, \quad \rho(U_2, V_2) = 0.201, \quad \rho(U_3, V_3) = 0.0726.$$

由式 (9.60) 可知, 式 (9.73) 和式 (9.74) 的系数并不惟一, 是它们的任意倍均可.

下面计算样本数据在典型变量下的得分. 由于 $U = AX$, $V = BY$, 所以计算得分的 R 程序为

```
U<-as.matrix(test[, 1:3])%*% ca$xcoef
V<-as.matrix(test[, 4:6])%*% ca$ycoef
```

画出以相关变量 U_1, V_1 和 U_3, V_3 为坐标的数据散点图, 其命令为

```
plot(U[,1], V[,1], xlab="U1", ylab="V1")
plot(U[,3], V[,3], xlab="U3", ylab="V3")
```

其图形如图 9.5 和图 9.6 所示.

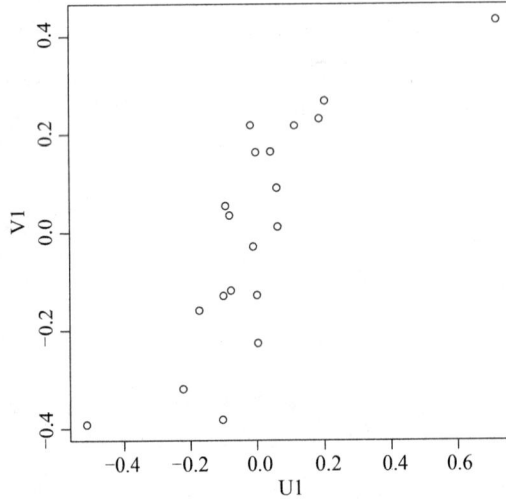

图 9.5   第 1 典型变量为坐标的散点图

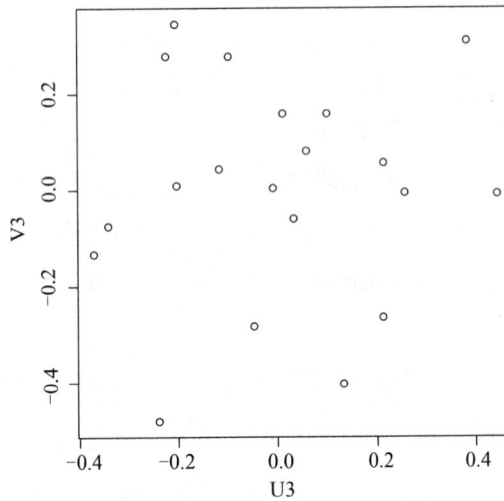

图 9.6   第 3 典型变量为坐标的散点图

观察这两张图, 你会发现, 图 9.5 中的点基本上在一条直线附近, 而图 9.6 中的点, 基本上分布很散. 这是为什么呢? 事实上, 图 9.5 画的是第 1 典型变量的散点图, 其相关系数为 0.796, 接近于 1, 所以在一直线附近, 而图 9.6 画的是第 3 典型变量的散点图, 其相关系数为 0.0726, 接近于 0, 所以很分散.

9.3.4 典型相关系数的显著性检验

作相关分析的目的, 与前面的主成分分析、因子分析类似, 都是利用降维的方法来处理数据, 这里同样存在着一个问题, 就是选择多少对典型变量? 要回答这一问题, 就需要作典型相关系数的显著性检验. 若认为典型相关系数 $\rho_k = 0$, 则就不必考虑第 k 对典型变量.

1. 全部总体典型相关系数均为零的检验

设 $\begin{pmatrix} \boldsymbol{X} \\ \boldsymbol{Y} \end{pmatrix} \sim N_{p+q}(\boldsymbol{\mu}, \boldsymbol{\Sigma}), \boldsymbol{\Sigma} > 0, \boldsymbol{S}$ 为样本的协方差矩阵, n 为样本个数, 且 $n > p + q$.
考虑假设检验问题:

$$H_0: \rho_1 = \rho_2 = \cdots = \rho_m = 0, \quad H_1: 至少一个 \rho_i 不为 0, \tag{9.75}$$

其中 $m = \min\{p, q\}$.

若检验接受 H_0, 则认为讨论两组变量之间的相关性没有意义; 若检验拒绝 H_0, 则认为第 1 对典型变量是显著的. 事实上, 式 (9.75) 等价于假设检验问题

$$H_0: \boldsymbol{\Sigma}_{12} = 0, \quad H_1: \boldsymbol{\Sigma}_{12} \neq 0. \tag{9.76}$$

当 H_0 成立, 表明 $\boldsymbol{X}$ 与 $\boldsymbol{Y}$ 互不相关. 似然比检验统计量为

$$\Lambda_1 = \prod_{i=1}^{m} \left(1 - r_i^2\right). \tag{9.77}$$

对于充分大的 n, 当 H_0 成立时, 统计量

$$Q_1 = -\left[n - \frac{1}{2}(p + q + 3)\right] \ln \Lambda_1 \tag{9.78}$$

近似服从自由度为 pq 的 χ^2 分布. 在给定的显著性水平 α 下, 若 $Q_1 \geqslant \chi_\alpha^2(pq)$, 则拒绝原假设 H_0, 认为典型变量 $\boldsymbol{U}_1$ 与 $\boldsymbol{V}_1$ 之间相关性显著; 否则认为第 1 典型相关系数不显著. 在这种情况下, 就没有必要作典型相关分析了.

2. 部分总体典型相关系数均为零的检验

假设前 k 个典型相关系数是显著的, 现要检验第 $k+1$ 个典型相关系数是否显著, 则作如下检验:

$$H_0: \rho_{k+1} = \rho_{k+2} = \cdots = \rho_m = 0, \quad H_1: 至少一个 \rho_i 不为 0. \tag{9.79}$$

其检验统计量为

$$\Lambda_{k+1} = \prod_{i=k+1}^{m} \left(1 - r_i^2\right). \tag{9.80}$$

对于充分大的 n, 当 H_0 为真时, 统计量

$$Q_{k+1} = -\left[n - k - \frac{1}{2}(p + q + 3) + \sum_{i=1}^{k} r_i^{-2}\right] \ln \Lambda_{k+1} \tag{9.81}$$

近似服从自由度为 $(p-k)(q-k)$ 的 χ^2 分布. 在给定的显著性水平 α 下, 若 $Q_{k+1} \geqslant \chi_\alpha^2((p-k)(q-k))$, 则拒绝原假设 H_0, 认为第 $k+1$ 个典型相关系数 ρ_{k+1} 是显著的; 否则认为典型相关系数不显著, 那么典型变量只取到 k 为止.

3. 相关系数检验的 R 程序

按照前面介绍的方法编写出相应的 R 程序. (程序名: corcoef.test.R)

```
corcoef.test<-function(r, n, p, q, alpha=0.1){
    m<-length(r); Q<-rep(0, m); lambda <- 1
    for (k in m:1){
        lambda<-lambda*(1-r[k]^2);
        Q[k]<- -log(lambda)
    }
    s<-0; i<-m
    for (k in 1:m){
        Q[k]<- (n-k+1-1/2*(p+q+3)+s)*Q[k]
        chi<-1-pchisq(Q[k], (p-k+1)*(q-k+1))
        if (chi>alpha){
            i<-k-1; break
        }
        s<-s+1/r[k]^2
    }
    i
}
```

程序的输入值是相关系数 r、样本个数 n、两个随机向量的维数 p 和 q, 以及置信水平 α(默认值为 0.1). 程序的输出值是典型变量的对数.

例 9.15 (续例 9.14)　对例 9.14 的典型相关系数作检验.

解　利用计算公式所编写的 R 函数 corcoef.test() 作检验.

```
> source("corcoef.test.R")
```

```
> corcoef.test(r=ca$cor, n=20, p=3, q=3)
```
[1] 1

只需第 1 对典型变量. 从图 9.6 我们也可以看到, 散点图很分散, 无法给出相关信息. 同样, 画第 2 典型变量的散点图, 其图形也很分散. 因此, 我们只利用第 1 典型变量分析问题, 达到降维的目的.

习　　题

9.1　用主成分方法探讨城市工业主体结构. 表 9.7 是某市工业部门 13 个行业, 分别是冶金 (1)、电力 (2)、煤炭 (3)、化学 (4)、机械 (5)、建材 (6)、森工 (7)、食品 (8)、纺织 (9)、缝纫 (10)、皮革 (11)、造纸 (12) 和文教艺术用品 (13), 8 个指标, 分别是年末固定资产净值 X_1(万元)、职工人数 X_2(人)、工业总产值 X_3(万元)、全员劳动生产率 X_4(元/人年)、百元固定原值实现产值 X_5 (元)、资金利税率 X_6(%)、标准燃料消费量 X_7(t) 和能源利用效果 X_8(万元/t) 的数据.

表 9.7　某市工业部门 13 个行业 8 个指标的数据

指标 行业	X_1	X_2	X_3	X_4	X_5	X_6	X_7	X_8
1	90342	52455	101091	19272	82.0	16.1	197435	0.172
2	4903	1973	2035	10313	34.2	7.1	592077	0.003
3	6735	21139	3767	1780	36.1	8.2	726396	0.003
4	49454	36241	81557	22504	98.1	25.9	348226	0.985
5	139190	203505	215898	10609	93.2	12.6	139572	0.628
6	12215	16219	10351	6382	62.5	8.7	145818	0.066
7	2372	6572	8103	12329	184.4	22.2	20921	0.152
8	11062	23078	54935	23804	370.4	41.0	65486	0.263
9	17111	23907	52108	21796	221.5	21.5	63806	0.276
10	1206	3930	6126	15586	330.4	29.5	1840	0.437
11	2150	5704	6200	10870	184.2	12.0	8913	0.274
12	5251	6155	10383	16875	146.4	27.5	78796	0.151
13	14341	13203	19396	14691	94.6	17.8	6354	1.574

(1) 试用主成分分析方法确定 8 个指标的几个主成分, 并对主成分进行解释;

(2) 利用主成分得分对 13 个行业进行排序和分类.

9.2　对某地区的某类消费品的销售量 Y 进行调查, 它与下面 4 个变量有关: X_1—— 居民可支配收入, X_2—— 该类消费品平均价格指数, X_3—— 社会该消费品保有量, X_4—— 其他消费品平均价格指数, 历史资料如表 9.8 所示. 试利用主成分回归方法建立销售量 Y

与 4 个变量 X_1, X_2, X_3 和 X_4 的回归方程.

表 9.8 某类消费品销售的原始数据

	X_1	X_2	X_3	X_4	Y
1	82.9	92	17.1	94	8.4
2	88.0	93	21.3	96	9.6
3	99.9	96	25.1	97	10.4
4	105.3	94	29.0	97	11.4
5	117.7	100	34.0	100	12.2
6	131.0	101	40.0	101	14.2
7	148.2	105	44.0	104	15.8
8	161.8	112	49.0	109	17.9
9	174.2	112	51.0	111	19.6
10	184.7	112	53.0	111	20.8

9.3 对 305 名女中学生测量 8 个体型指标, 相应的相关矩阵如表 8.5 所示. 试用因子分析的方法对这 8 个体型指标进行分析, 找出公共因子, 并给出合理的解释.

9.4 为考查学生的学习情况, 学校随机地抽取 12 名学生的 5 门课期末考试的成绩, 其数据见表 3.6, 试用因子分析的方法对这种数据进行分析.

(1) 找出 5 门课程的公共因子, 并进行合理的解释;

(2) 用回归方法或 Bartlett 方法计算样本的因子得分, 画出因子得分的第 1、第 2 公共因子的散点图, 通过这些散点图来分析这 12 名学生的学习情况.

9.5 欲研究儿童形态与肺通气功能的关系, 测得某小学 40 名 8~12 岁健康儿童形态 (身高、体重和胸围) 与肺通气功能 (肺活量、静息通气和每分钟最大通气量), 数据如表 9.9 所示. 试分析儿童形态指标与肺通气指标的相关性, 确定典型变量的对数.

表 9.9 儿童形态肺通气功能指标表

序号	儿童形态			肺通气功能		
	身高 X_1/cm	体重 X_2/kg	胸围 X_3/cm	肺活量 Y_1/L	静息通气量 Y_2/L	每分钟最大通气量 Y_3/L
1	140.6	43.7	77.9	2.67	7.00	108.0
2	135.7	39.5	63.9	2.08	6.98	91.7
3	140.2	48.0	75.0	2.62	6.17	101.8
4	152.1	52.3	88.1	2.89	10.42	112.5
5	132.2	36.7	62.4	2.14	7.47	97.5
6	147.1	45.2	78.9	2.86	9.25	92.4
7	147.5	47.4	76.2	3.14	8.78	95.4

序号	儿童形态			肺通气功能		
	身高 X_1/cm	体重 X_2/kg	胸围 X_3/cm	肺活量 Y_1/L	静息通气量 Y_2/L	每分钟最大通气量 Y_3/L
8	130.6	38.4	61.8	2.03	5.31	77.2
9	154.9	48.2	87.2	2.91	10.69	80.8
10	142.4	42.6	74.1	2.33	11.15	76.7
11	136.5	38.4	69.6	1.98	7.77	49.9
12	162.0	58.7	95.6	3.29	3.35	58.0
13	148.9	42.4	80.6	2.74	10.11	82.4
14	136.3	33.1	68.3	2.44	7.82	76.5
15	159.5	49.1	87.7	2.98	11.77	88.1
16	165.9	55.7	93.5	3.17	13.14	110.3
17	134.5	41.6	61.9	2.25	8.75	75.1
18	152.5	53.4	83.2	2.96	6.60	71.5
19	138.2	35.5	66.1	2.13	6.62	105.4
20	144.2	42.0	76.2	2.52	5.59	82.0
21	128.1	37.3	57.0	1.92	5.81	92.7
22	127.5	32.0	57.9	2.02	6.42	78.2
23	140.7	44.7	73.7	2.64	8.00	89.1
24	150.4	49.7	82.4	2.87	9.09	61.8
25	151.5	48.5	81.3	2.71	10.20	98.9
26	151.3	47.2	84.3	2.92	6.16	83.7
27	150.2	48.1	85.8	2.79	9.50	84.0
28	139.4	33.6	67.0	2.27	8.92	71.0
29	150.8	45.6	84.9	2.86	12.03	125.4
30	140.6	46.7	67.9	2.67	7.00	108.0
31	135.7	47.5	57.9	2.38	6.98	91.7
32	140.2	48.0	71.0	2.62	6.17	101.8
33	152.1	50.3	88.1	2.89	10.42	112.5
34	132.2	43.7	62.4	2.14	7.47	97.5
35	147.1	41.2	78.9	2.66	9.25	92.4
36	147.5	45.4	76.2	2.75	8.78	95.4
37	130.6	38.4	65.8	2.13	5.31	77.2
38	154.9	48.2	91.2	2.91	10.69	80.8
39	142.4	42.6	83.1	2.63	11.15	76.7
40	136.5	40.4	69.6	2.01	7.77	49.9

第 10 章　计算机模拟

在用传统的方法难以解决的问题中, 有很大一部分可以用概率统计模型进行描述. 由于这类模型难以作定量分析, 得不到解析结果, 或者有解析结果但工作量太大以致无法实现. 另外, 即便是确定性模型, 也有可能得不到解析的结果. 在这种情况下, 可以采用计算机模拟的方法来分析和解决问题.

本章介绍最基本的计算机模拟方法和与计算机模拟密不可分的 Monte Carlo 方法.

10.1　概率分析与 Monte Carlo 方法

10.1.1　概率分析

概率分析是指用概率的方法来分析和讨论随机模型. 下面请看一个例子.

例 10.1 (赶火车问题)　一列火车从 A 站开往 B 站, 某人每天赶往 B 站上火车. 他已了解到火车从 A 站到 B 站的运行时间是服从均值为 30min, 标准差为 2min 的正态随机变量. 火车大约下午 13:00 离开 A 站, 此人大约 13:30 达到 B 站. 火车离开 A 站的时刻及概率如表 10.1 所示. 此人到达 B 站的时刻及概率如表 10.2 所示. 问他能赶上火车的概率是多少?

表 10.1　火车离开 A 站的时刻及概率

火车离站时刻	13:00	13:05	13:10
概率	0.7	0.2	0.1

表 10.2　某人到达 B 站的时刻及概率

人到站时刻	13:28	13:30	13:32	13:34
概率	0.3	0.4	0.2	0.1

解　记 T_1 为火车从 A 站出发的时刻, T_2 为火车从 A 站到达 B 站运行的时间, T_3 为此人到达 B 站的时刻. 因此, T_1, T_2, T_3 均是随机变量, 且 $T_2 \sim N(30, 2^2)$, T_1, T_3 的分布律如表 10.3 和表 10.4 所示.

表 10.3　T_1 的分布律

时刻 T_1	0	5	10
概率 p	0.7	0.2	0.1

其中记 13 时为时刻 $t = 0$.

表 10.4 T_3 的分布律

时刻 T_3	28	30	32	34
概率 p	0.3	0.4	0.2	0.1

其中记 13 时为时刻 $t = 0$.

通过分析可知, 此人能及时赶上火车的充分必要条件是: $T_1 + T_2 > T_3$. 由此得到, 此人赶上火车的概率为 $P\{T_1 + T_2 > T_3\}$. 上述分析方法称为概率分析.

还有许许多多的概率分析问题. 提到概率分析就必须提到 Monte Carlo (蒙特卡洛) 方法, 因为 Monte Carlo 方法是完成概率分析和计算机模拟的重要手段.

10.1.2 Monte Carlo 方法

Monte Carlo 方法, 又称为 Monte Carlo 模拟, 或统计试验方法或随机模拟等. 所谓模拟就是把某一现实的或抽象的系统的部分状态或特征, 用另一个系统 (称为模型) 来代替或模仿. 在模型上做实验称为模拟实验, 所构造的模型为模拟模型.

Monte Carlo 是摩纳哥国的世界著名赌城, 第二次世界大战期间, Von Neumann (冯·诺依曼) 和 Ulam(乌拉姆) 将他们从事的与研制原子弹有关的秘密工作, 以赌城 Monte Carlo 作为秘密代号的称呼. 他们的具体工作是对裂变物质的中子随机扩散进行模拟.

Monte Carlo 方法的基本思想是将各种随机事件的概率特征 (概率分布、数学期望) 与随机事件的模拟联系起来, 用试验的方法确定事件的相应概率与数学期望. 因而, Monte Carlo 方法的突出特点是概率模型的解是由试验得到的, 而不是计算出来的.

此外, 模拟任何一个实际过程, Monte Carlo 方法都需要用到大量的随机数, 计算量很大, 人工计算是不可能的, 只能在计算机上实现.

我们可用 Monte Carlo 方法实现在第 1 章介绍的 Buffon 掷针问题.

例 10.2 (Buffon 掷针问题) 在概率论中, 著名的 Buffon 掷针问题就是用统计试验的方法求圆周率 π 的典型代表. 现用模拟的方法重现 Buffon 掷针问题.

解 由例 1.2 可知, 针与平行线相交的充分必要条件是

$$x \leqslant \frac{l}{2} \sin \theta.$$

Buffon 的投针试验在计算机上实现, 需要以下两个步骤:

(1) 产生随机数. 首先产生 n 个相互独立的随机变量 θ, x 的抽样序列 θ_i, x_i, $i = 1, 2, \cdots, n$, 其中 $\theta_i \sim U(0, \pi)$, $x_i \sim U\left(0, \frac{a}{2}\right)$.

(2) 模拟试验. 检验不等式

$$x_i \leqslant \frac{l}{2} \sin \theta_i \tag{10.1}$$

是否成立. 若式 (10.1) 成立, 表示第 i 次试验成功 (即针与平行线相交). 设 n 次试验中有 k 次成功, 则 π 的估值为

$$\hat{\pi} = \frac{2ln}{ak}, \tag{10.2}$$

其中 $a > l$, 均为预先给定.

将上述步骤编写成 R 模拟程序 (程序名: buffon.R) 如下:

```
buffon<-function(n, l=0.8, a=1){
    k<-0
    theta<-runif(n, 0, pi); x<-runif(n, 0, a/2)
    for (i in 1:n){
        if (x[i]<= l/2*sin(theta[i]))
            k<-k+1
    }
    2*l*n/(k*a)
}
```

调用已编好的 R 程序 buffon.R, 进行模拟, 取 $n = 100000, l = 0.8, a = 1$.

```
> source("buffon.R")
> buffon(100000, l=0.8, a=1)
[1] 3.142986
```

Buffon 的投针试验的模拟过程虽然简单, 但基本反映了 Monte Carlo 方法求解实际问题的基本步骤. 大体需要有建模、模型改进、模拟实验和求解四个过程.

为了便于理解模型改进, 这里用概率分析方法再讨论求 π 的另一种模拟方法.

例 10.3   用概率分析方法进行模拟, 计算圆周率 π 的估计值.

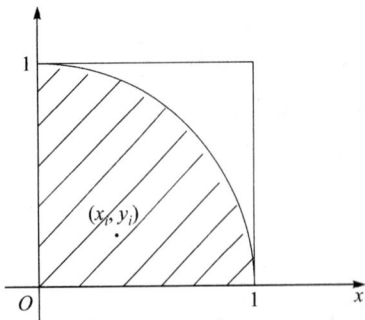

图 10.1   用 Monte Carlo 方法求 π
的估计值

解   考虑服从 $(0,1)$ 区间上均匀分布的独立的随机变量 X 与 Y, 因此, 二维随机变量 (X,Y) 的联合概率密度为

$$f(x,y) = \begin{cases} 1, & 0 < x < 1, \ 0 < y < 1, \\ 0, & \text{其他}, \end{cases}$$

则 $P\{X^2 + Y^2 \leqslant 1\} = \dfrac{\pi}{4}$.

考虑边长为 1 的正方形, 以一个角 (点 O) 为圆心, 1 为半径的 1/4 圆弧. 然后, 在正方形内等概率地产生 n 个随机点 (x_i, y_i), $i = 1, 2, \cdots, n$, 即 x_i 和 y_i 是 $(0,1)$ 上均匀分布的随机数, 如图 10.1 所示. 设 n 个点中有 k 个点落在 1/4 圆内, 即有 k 个点 (x_i, y_i) 满足 $x_i^2 + y_i^2 \leqslant 1$, 则当 $n \to \infty$, 有如下关系:

$$\left(\frac{k}{n}\right)_{n\to\infty} \longrightarrow \frac{1/4 圆面积}{正方形面积}, \qquad \left(\frac{k}{n}\right)_{n\to\infty} \longrightarrow \frac{\pi}{4}.$$

因此, π 的估计值为

$$\hat{\pi} = \frac{4k}{n}.$$

下面编写模拟程序. (程序名: MC1.R)

```
MC1 <- function(n){
    k <- 0; x <- runif(n); y <- runif(n)
    for (i in 1:n){
        if (x[i]^2+y[i]^2 < 1)
            k <- k+1
    }
    4*k/n
}
```

其中 runif() 是产生均匀分布的随机数, 其使用方法为 runif(n, a, b) 产生 n 个 (a, b) 区间上均匀分布的随机数, 若 a, b 值默认, 则产生 n 个 $(0, 1)$ 区间上均匀分布的随机数. 调用 MC1 函数, 取 $n = 100000$, 得到

```
> source("MC1.R"); MC1(100000)
[1] 3.14268
```

上面讨论的用 Monte Carlo 方法求 π 的方法, 本质上就是用 Monte Carlo 方法求定积分 $\int_0^1 \sqrt{1 - x^2} \mathrm{d}x$. 下面给出求定积分的一般方法.

例 10.4 用 Monte Carlo 方法求定积分

$$I = \int_a^b g(x)\mathrm{d}x. \tag{10.3}$$

解 图 10.2(a) 的阴影面积表示是定积分 (10.3) 的值. 为简化问题, 将函数限制在单位正方形 $(0 \leqslant x \leqslant 1, 0 \leqslant y \leqslant 1)$ 内, 如图 10.2(b) 所示. 只要函数 $g(x)$ 在区间 $[a, b]$ 内有界, 则可以适当选择坐标轴的比例尺度, 总可以得到图 10.2(b) 的形式.

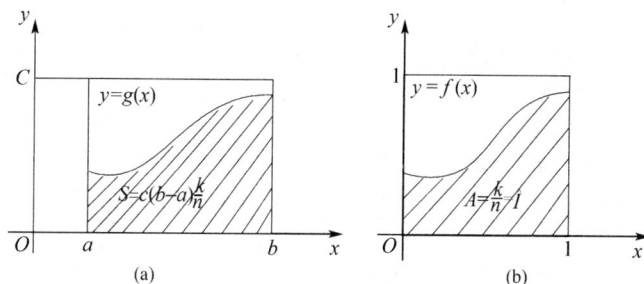

图 10.2 用 Monte Carlo 方法求定积分的示意图

现在只考虑图 10.2(b) 的情况, 计算定积分

$$I = \int_0^1 f(x)\mathrm{d}x. \tag{10.4}$$

令 x, y 为相互独立的 $(0,1)$ 区间上均匀随机数, 在单位正方形内随机的投掷 n 个点 (x_i, y_i), $i = 1, 2, \cdots, n$. 若第 j 个随机点 (x_j, y_j) 落于曲线 $f(x)$ 下的区域内 (图 10.2(b) 内有阴影的区域), 表明第 j 次试验成功, 这相应于满足概率模型

$$y_j \leqslant f(x_j). \tag{10.5}$$

设成功的总点数有 k 个, 总的试验次数为 n, 则由强大数定律有

$$\lim_{n \to \infty} \frac{k}{n} = p,$$

从而有

$$\hat{I} = \frac{k}{n} \approx p. \tag{10.6}$$

显然, 概率 p 即为图 10.2(b) 的面积 A. 从而, 随机点落在区域 A 的概率 p 恰是所求积分的估值 $\hat{I}$.

综上所述, 可以把 Monte Carlo 方法解题的一般过程归纳为以下三点.

(1) 构造问题的概率模型

对随机性质的问题, 如中子碰撞、粒子扩散运动等, 主要是描述和模拟运动的概率过程, 建立概率模型或判别式. 这一问题, 在后面的应用中还将进一步讨论.

对确定性问题, 如确定 π 值、计算定积分, 则需将问题转化为随机性问题, 例如图 10.2(a) 计算连续函数 $g(x)$ 在区间 $[a, b]$ 的定积分, 则是在 $c(b-a)$ 的有界区域内产生若干随机点, 并计数满足不等式 $y_j \leqslant g(x_j)$ 的点数, 从而构成了问题的概率模型.

(2) 从已知概率分布中抽样

从已知概率分布中抽样, 实际上是产生已知分布的随机数序列, 从而实现对随机事件的模拟. 例如, 要得到估值 $\hat{I}$, 关键在于产生 $f(x)$ 的抽样序列 $f(x_1), f(x_2), \cdots, f(x_n)$, 即产生具有密度函数为 $f(x)$ 的随机序列.

(3) 建立所需的统计量

对求解的问题, 用试验的随机变量 k/n 作为问题解的估值, 若 k/n 的期望值恰好是所求问题的解, 则所得结果为无偏估计, 这种情况在 Monte Carlo 方法中用得最多. 除无偏估计外, 有时也用极大似然估计、渐近估计等.

10.1.3 Monte Carlo 方法的精度分析

Monte Carlo 方法是以随机变量抽样的统计估值去推断概率分布的, 抽样不是总体, 这里就有一个误差估计的重要问题. Monte Carlo 方法所能达到的精度与其应用范围的大

小紧密相关. 我们希望能以较少的试验次数 (即较低的费用) 得到较高的精度, 下面讨论这一问题.

设有随机变量 X, 其抽样值为 $x_1, x_2, \cdots$, 现欲求其期望值 $E(X)$, 可以有两种方法.

1. 随机投点方法

随机投点方法 (见例 10.3 和例 10.4), 是进行 n 次试验, 当 n 充分大时, 以随机变量 k/n 作为期望值 $E(X)$ 的近似估值, 即

$$E(X) \approx \overline{p} = k/n,$$

其中 k 是 n 次试验中成功的次数.

若一次投点试验的成功概率为 p, 并以

$$X_i = \begin{cases} 1, & \text{表明试验成功,} \\ 0, & \text{表明试验失败,} \end{cases}$$

则一次试验成功的均值与方差为

$$E(X_i) = 1 \cdot p + 0 \cdot (1 - p) = p,$$
$$\mathrm{var}(X_i) = 1^2 \cdot p + 0^2 \cdot (1 - p) - p^2 = p(1 - p).$$

若进行 n 次试验, 其中 k 次试验成功, 则 k 为具有参数为 (n, p) 的二项分布. 此时, 随机变量 p 的估值为

$$\overline{p} = k/n.$$

显然, 随机变量 $\overline{p}$ 的均值和方差满足

$$E(\overline{p}) = E\left(\frac{k}{n}\right) = \frac{1}{n}E(k) = p, \quad \mathrm{var}(\overline{p}) = \frac{p(1 - p)}{n}.$$

因此标准差 $S = \sqrt{p(1 - p)/n}$. 当 $p = 0.5$ 时, 标准差达到最大.

现在讨论, 当试验次数 n 取多大时, 不等式 $|\overline{p} - p| < \varepsilon$ 的概率不小于 $1 - \alpha$, 即

$$P\{|\overline{p} - p| < \varepsilon\} = 1 - \alpha. \tag{10.7}$$

这就是说, 等式 (10.7) 的置信度为 α, 其精度为 ε. 例如, 若取 $\alpha = 0.05$, $\varepsilon = 0.01$, 则在 100 次试验中, 估值 $\overline{p}$ 与真值 p 之差, 大约有 95 次不超过 1% 的误差.

由中心极限定理可知, 当 $n \to \infty$ 时, $(\overline{p} - p)/S$ 渐近于标准正态分布 $N(0, 1)$, 因此有

$$P\left\{\frac{|\overline{p} - p|}{S} < Z_{\alpha/2}\right\} = 1 - \alpha, \tag{10.8}$$

其中 $Z_{\alpha/2}$ 为标准正态分布的上 $\alpha/2$ 分位点.

比较式 (10.7) 和式 (10.8), 得到

$$\varepsilon = Z_{\alpha/2}S = Z_{\alpha/2}\sqrt{p(1-p)/n},$$

从而有

$$n \geqslant \frac{p(1-p)}{\varepsilon^2}Z_{\alpha/2}^2. \tag{10.9}$$

例 10.3 是用随机投点法来估计圆周率 π, 下面来计算它需要多少次试验才能达到精度要求.

例 10.5 (续例 10.3) 考虑置信度为 5%, 精度要求为 0.01 的情况下, 求例 10.3 所需的试验次数.

解　由题意知 $\alpha = 0.05$, 因为 π/4 就是模拟的期望值, 得到 $p = \pi/4 = 0.785$, $\varepsilon = 0.01/4$. 查表或经计算 (qnorm(1−0.05/2)) 得到 $Z_{\alpha/2} = 1.96$, 因此

$$n = \left\lfloor \frac{p(1-p)}{\varepsilon^2}Z_{\alpha/2}^2 \right\rfloor = \left\lfloor \frac{0.785 \times 0.215 \times 1.96^2}{(0.01/4)^2} \right\rfloor = 103739.$$

其中 $\lfloor \cdot \rfloor$ 表示上取整.

因此, 作 100000 次模拟, 得到 π 的模拟值与真实值有 95% 的可能误差在 1% 以内.

按式 (10.9), 可得到不同精度 ε 和不同概率 p 情况下随机投点方法的试验次数, 如表 10.5 所示.

表 10.5　投点算法的试验次数 ($\alpha = 0.05$)

p	$\varepsilon = 0.05$	$\varepsilon = 0.01$	$\varepsilon = 0.005$	$\varepsilon = 0.001$
0.1(0.9)	140	3500	14000	350000
0.2(0.8)	250	6200	25000	620000
0.3(0.7)	330	8100	33000	810000
0.4(0.6)	370	9300	37000	930000
0.5(0.5)	390	9600	39000	960000

2. 平均值方法

平均值方法是用 n 次试验的平均值

$$\overline{x} = \frac{1}{n}(x_1 + x_2 + \cdots + x_n) = \frac{1}{n}\sum_{i=1}^{n}x_i$$

作为 X 的期望值 $E(X)$ 的近似估值.

设有 n 个独立同分布的随机变量序列 $x_1, x_2, \cdots, x_n$, 每个随机变量的均值为 μ, 方差为 σ^2, 则

$$\frac{x_1 + x_2 + \cdots + x_n - n\mu}{\sigma\sqrt{n}}$$

渐近地服从标准正态分布, 也就是说, 当 $n \to \infty$ 时, 有

$$P\left\{\left|\frac{x_1 + x_2 + \cdots + x_n - n\mu}{\sigma\sqrt{n}}\right| \leqslant Z_{\alpha/2}\right\} \longrightarrow \frac{1}{\sqrt{2\pi}}\int_{-Z_{\alpha/2}}^{Z_{\alpha/2}} \exp\left(-x^2/2\right)\mathrm{d}x = 1 - \alpha,$$

或者

$$P\left\{|\overline{x} - \mu| \leqslant Z_{\alpha/2}\sqrt{\sigma^2/n}\right\} = 1 - \alpha.$$

同样, 若要求 $|\overline{x} - \mu| \leqslant \varepsilon$, 则

$$\varepsilon = Z_{\alpha/2}\sqrt{\sigma^2/n},$$

从而有

$$n \geqslant Z_{\alpha/2}^2\sigma^2/\varepsilon^2. \tag{10.10}$$

式 (10.10) 即为平均值方法在给定 α 和 ε 下所需的试验次数.

在进行计算时, 通常并不知道方差 σ^2, 一般用其估计值代替. 即先做 n_0 次试验, 得到方差 σ^2 的估计值

$$S^2 = \frac{1}{n_0 - 1}\sum_{i=1}^{n_0}(x_i - \overline{x})^2.$$

在得到 S^2 后, 用 S^2 近似式 (10.10) 中的 σ^2, 则平均值方法的试验次数为

$$n \geqslant Z_{\alpha/2}^2 S^2/\varepsilon^2. \tag{10.11}$$

若 $n > n_0$, 需要做补充试验.

例 10.6 用平均值法估计圆周率 π, 并考虑置信度为 5%, 精度要求为 0.01 的情况下所需的试验次数.

解 事实上, 计算 π/4, 本质上就是用概率的方法计算积分 $\int_0^1 \sqrt{1 - x^2}\mathrm{d}x$. 也就是说, 随机变量 $X \sim U[0,1]$, 令 $g(X) = \sqrt{1 - X^2}$, 其期望值为

$$E[g(X)] = \int_{-\infty}^{\infty} g(x)f(x)\mathrm{d}x = \int_0^1 \sqrt{1 - x^2}\mathrm{d}x = \frac{\pi}{4},$$

因此,

$$\frac{\pi}{4} = E[g(X)] \approx \frac{1}{n}\sum_{i=1}^{n}\sqrt{1 - x_i^2}, \tag{10.12}$$

其中 x_i 是 [0,1] 区间上均匀分布的随机数.

按式 (10.12) 编写 R 程序 (程序名: MC1_2.R) 如下,

```
MC1_2 <- function(n){
    x <- runif(n)
    4*sum(sqrt(1-x^2))/n
}
```

作 10 万次模拟,

```
>  source("MC1_2.R"); MC1_2(100000)
[1] 3.141816
```

下面估计所需的试验次数. 由式 (10.10) 可知, 其关键是求方差 σ^2. 由统计知识得到

$$\sigma^2 = E[g(X)^2] - (E[g(X)])^2 = \int_0^1 (1-x^2)\mathrm{d}x - \left(\frac{\pi}{4}\right)^2$$
$$= \frac{2}{3} - \left(\frac{\pi}{4}\right)^2 = 0.04981641$$

此时, $\alpha = 0.05$, $Z_{\alpha/2} = 1.96$, $\varepsilon = 0.01/4$, 所以,

$$n = \left\lfloor \frac{Z_{\alpha/2}^2 \sigma^2}{\varepsilon^2} \right\rfloor = \left\lfloor \frac{1.96^2 \times 0.04981641}{(0.01/4)^2} \right\rfloor = 30620.$$

可见, 达到同样精度的情况下, 用平均值法的随机试验次数只是随机投点法的 1/3. 从这个例子可以看出, 平均值法要优于随机投点法.

从例 10.6 的计算过程, 可以得到用平均值法计算一般定积分的方法.

如要计算定积分 $\int_a^b g(x)\mathrm{d}x$. 令 $y = (x-a)/(b-a)$, 则有

$$\mathrm{d}y = \mathrm{d}x/(b-a),$$

$$I = \int_a^b g(x)\mathrm{d}x = \int_0^1 g(a+(b-a)y)(b-a)\mathrm{d}y = \int_0^1 h(y)\mathrm{d}y,$$

其中 $h(y) = (b-a)g(a+(b-a)y)$.

若 $Y \sim U(0,1)$, 则

$$E[h(Y)] = \int_{-\infty}^\infty h(y)f(y)\mathrm{d}y = \int_0^1 h(y)\mathrm{d}y = I,$$

所以

$$I \approx \frac{1}{n}\sum_{i=1}^n h(y_i) = \frac{1}{n}\sum_{i=1}^n (b-a)g(a+(b-a)y_i),$$

其中 y_i 是 [0,1] 区间上均匀分布的随机数.

综上讨论, 可归纳如下:

(1) Monte Carlo 方法的估值精度 ε 与试验次数 n 的平方根成反比, 即 $\varepsilon \propto 1/\sqrt{n}$. 若精度 ε 提高 10 倍, 则试验次数 n 需要增加 100 倍, 这意味着解题的时间要慢 100 倍. 故收敛速度慢是 Monte Carlo 方法的主要缺点.

(2) 式 (10.9) 和式 (10.11) 表明: 当 ε 一定时, 试验次数 n 取决于方差的数值, 即 $n \propto S^2$. 因而降低方差是加速 Monte Carlo 方法收敛的主要途径.

(3) Monte Carlo 方法的精度估计具有概率性质. 它并不能断言精度一定小于 ε, 而只是表明, 计算精度以接近于 1 的概率不超过 ε.

10.2 随机数的产生

在 10.1 节介绍的 Monte Carlo 方法中, 需要用到随机数, 在这一节介绍随机数产生的方法.

随机数产生的方法大致可分为 3 类. 第 1 类是利用专门的随机数表. 有一些已制备好的随机数表可供使用, 原则上可以把随机数表输入到计算机中储存起来以备使用, 但由于计算时常常需要大量的随机数而计算机的储存量有限, 因此一般不采用这种方法. 第 2 类是用物理装置即随机数发生器产生随机数, 但其成本太高. 第 3 类是用专门的数学方法用计算机计算出来. 这些数一般是按一定规律递推计算出来的, 因此它们不是真正的随机数 (称为伪随机数), 所得的数列经过一定时间会出现周期性的重复. 但是, 如果计算方法选得恰当, 它们可以同真正的随机数有近似的随机特征. 它的最大优点是计算速度快, 占用内存小, 并可用计算机来产生和检验.

下面我们介绍几种常用的随机数产生的方法.

10.2.1 均匀分布随机数的产生

1. 乘同余法

用以产生 $(0, 1)$ 均匀分布随机数的递推公式为

$$x_i = \lambda x_{i-1} (\bmod M) \qquad i = 1, 2, \cdots, \tag{10.13}$$

式中 λ 是乘因子 (简称乘子), M 是模数, 当给定一个初始值 x_0 之后, 就可以利用式 (10.13) 计算出序列 $x_1, x_2, \cdots, x_k, \cdots$. 再取

$$r_i = \frac{x_i}{M}, \tag{10.14}$$

则 r_i 就是均匀分布的第 i 个随机数.

由于 x_i 是除数为 M 的被除数的余数, 所以有 $0 \leqslant x_i \leqslant M$, 则 $0 \leqslant r_i \leqslant 1$. 因此序列 $\{r_i\}$ 是 $(0, 1)$ 区间上的均匀分布. 由式 (10.13) 和式 (10.14) 可以看出, 每一个 x_i, r_i 至多

有 M 个互异的值, 因此 x_i, r_i 是有周期 L 的, 即 $L \leqslant M$. 因此 $\{r_i\}$ 不是真正的随机数列. 但是, 当 L 充分大时, 则在一个周期内的数可能经受住独立性和均匀性检验, 而这些完全取决于参数 x_0, λ, M 的选择. 一些文献推荐下列参数, 取 $x_0 = 1$ 或正奇数, $M = 2^k$, $\lambda = 5^{2q+1}$, 其中 k, q 都是正整数. 其 k 愈大, 则 L 愈大. 若计算机位数为 n, 一般取 $k \leqslant n$, q 是满足 $5^{2q+1} < 2^n$ 的最大整数.

2. 混合同余法

混合同余法的递推公式为

$$x_i = (\lambda x_i + c)(\mathrm{mod}\ M), \qquad i = 1, 2, \cdots, \tag{10.15}$$

$$r_i = \frac{x_i}{M}. \tag{10.16}$$

通过适当地选取参数可以改善伪随机数的统计性质. 例如, 若 c 取正整数, $M = 2^k$, $\lambda = 4q + 1$, x_0 取任意非负整数, 可产生随机性好, 且有最大周期 $L = 2^k$ 的序列 $\{r_i\}$.

10.2.2 均匀随机数的检验

由于算法产生的随机数是伪随机数, 因此需要对产生的伪随机数进行统计检验. 下面介绍两种常用的检验方法.

1. 参数检验

若总体 X 服从 $(0, 1)$ 区间上的均匀分布, 则

$$E(X) = \frac{1}{2}, \quad \mathrm{var}(X) = E(X^2) - [E(X)]^2 = \frac{1}{12},$$

$$E(X^2) = \frac{1}{3}, \quad \mathrm{var}(X^2) = E(X^4) - [E(X^2)]^2 = \frac{4}{45}.$$

若 $r_1, r_2, \cdots, r_n$ 是 n 个来自总体 X 的独立的观测值, 令

$$\bar{r} = \frac{1}{n}\sum_{i=1}^{n} r_i, \qquad \overline{r^2} = \frac{1}{n}\sum_{i=1}^{n} r_i^2,$$

则它们的均值和方差分别为

$$E(\bar{r}) = \frac{1}{2}, \ \ \mathrm{var}(\bar{r}) = \frac{1}{12n}, \ \ E(\overline{r^2}) = \frac{1}{3}, \ \ \mathrm{var}(\overline{r^2}) = \frac{4}{45n}.$$

由中心极限定理, 当 n 较大时统计量

$$u_1 = \frac{\bar{r} - E(\bar{r})}{\sqrt{\mathrm{var}(\bar{r})}} = \sqrt{12n}\left(\bar{r} - \frac{1}{2}\right), \tag{10.17}$$

$$u_2 = \frac{\overline{r^2} - E(\overline{r^2})}{\sqrt{\mathrm{var}(\overline{r^2})}} = \frac{1}{2}\sqrt{45n}\left(\bar{r} - \frac{1}{3}\right), \tag{10.18}$$

渐近地服从标准正态分布 $N(0,1)$. 当给定显著性水平 α 后, 即可根据正态分布表确定的临界值, 判断 $\overline{r}$ 与 X 的均值 $E(X)$ 和 $\overline{r^2}$ 与 X^2 的均值 $E(X^2)$ 的差异是否显著, 从而决定能否把 $r_1, r_2, \cdots, r_n$ 看成来自总体为区间 $(0,1)$ 上均匀分布的随机数 X 的 n 个独立的取值. 检验时, 一般可取显著性水平 $\alpha = 0.05$, 此时临界值为 1.96, 即当 $|u_i| > 1.96$ 时, 认为有显著差异.

2. 均匀性检验

随机数的均匀性检验又称频率检验, 它用来检验经验频率和理论频率是否有显著性差异.

把区间 $[0, 1)$ 分成 k 等份, 以 $\left[\dfrac{i-1}{k}, \dfrac{i}{k}\right) (i = 1, 2, \cdots, k)$ 表示第 i 个子区间. 如 r_s 是 $[0,1)$ 上均匀分布的随机数 X 的一个取值, 则它落在每个子区间的概率均应等于这些子区间的长度 $\dfrac{1}{k}$, 故 n 个点中落在第 i 个子区间上的平均数为 $m_i = np_i = \dfrac{n}{k}$. 设实际上 $r_1, r_2, \cdots, r_n$ 中属于第 i 个子区间的数目为 n_i, 则统计量

$$\chi^2 = \sum_{i=1}^{k} \frac{(n_i - m_i)^2}{m_i} = \frac{k}{n} \sum_{i=1}^{k} \left(n_i - \frac{n}{k}\right)^2 \tag{10.19}$$

渐近地服从自由度为 $k-1$ 的 χ^2 分布. 据此进行显著性检验, 通常取显著性水平 $\alpha = 0.05$, 由自由度为 $k-1$ 的 χ^2 分布表查出临界值 $\chi_{0.05}^2(k-1)$. 如果 $\chi^2 > \chi_{0.05}^2(k-1)$, 则拒绝均匀性假设.

3. 独立性检验

独立性检验主要检验随机数 $r_1, r_2, \cdots, r_n$ 中前后的统计相关性是否显著. 我们知道, 两个随机变量的相关系数反映了它们之间的线性相关程度, 若两个随机变量相互独立, 则它们的相关系数必为 0(反之不一定). 因此, 可用相关系数来检验随机变量的独立性.

给定随机数 $r_1, r_2, \cdots, r_n$, 计算前后相距为 k 的样本的相关系数

$$\rho_k = \left(\frac{1}{n-k} \sum_{i=1}^{n-k} r_i r_{i+k} - (\overline{r})^2\right) \Big/ S^2, \quad k = 1, 2, \cdots, \tag{10.20}$$

其中 $S^2 = \dfrac{1}{n-1} \sum_{i=1}^{n} (r_i - \overline{r})^2$.

对若干个不同的 k 值作检验, 提出原假设 $H_{0k}: \rho_k = 0$. 若假设成立, 则当 $n - k$ 充分大时, 统计量 ρ_k 渐近于标准正态分布 $N(0,1)$. 在给定显著性水平下, 若拒绝原假设, 则可认为 $r_1, r_2, \cdots, r_n$ 有一定的线性相关性, 则它们不是相互独立的.

随机数的统计检验除上述 3 种检验外, 还有其他的检验方法, 还可以用到前面章节讲过的参数或非参数检验方法, 这里就不一一介绍了.

10.2.3   任意分布随机数的产生

1. 离散型随机变量的情形

设随机变量 X 具有分布律 $P\{X = x_i\} = p_i, i = 1, 2, \cdots$. 令 $p^{(0)} = 0$, $p^{(i)} = \sum\limits_{j=1}^{i} p_j$, $i = 1, 2, \cdots$, 将 $\{p^{(i)}\}$ 作为区间 $(0, 1)$ 上的分位点. 设 r 是区间 $(0, 1)$ 上均匀分布的随机变量, 当且仅当 $p^{(i-1)} < r \leqslant p^{(i)}$ 时, 令 $X = x_i$, 则

$$P\{p^{(i-1)} < r \leqslant p^{(i)}\} = P\{X = x_i\} = p^{(i)} - p^{(i-1)} = p_i, \quad i = 1, 2, \cdots.$$

具体的执行过程是, 每产生 $(0, 1)$ 区间上的一个随机数 r, 若 $p^{(i-1)} < r \leqslant p^{(i)}$, 则令 $X = x_i$.

例 10.7   产生具有分布律

$X = x_i$	0	1	2
p_i	0.3	0.3	0.4

的离散型随机变量 X 的随机数.

解   设 $r_1, r_2, \cdots, r_n$ 是 $(0, 1)$ 上均匀分布的随机数, 令

$$x_i = \begin{cases} 0, & 0 < r_i \leqslant 0.3, \\ 1, & 0.3 < r_i \leqslant 0.6, \\ 2, & 0.6 < r_i \leqslant 1, \end{cases}$$

则 $x_1, x_2, \cdots, x_n$ 是具有 X 的分布律的随机数.

例 10.8   产生 Poisson 分布的随机数

解   Poisson 分布是离散型分布, Poisson 分布的分布律为

$$P\{X = k\} = \frac{\lambda^k e^{-\lambda}}{k!}, \qquad k = 0, 1, 2, \cdots, \tag{10.21}$$

因此, 由 $(0, 1)$ 区间上均匀分布产生的随机数 r, 并给出参数 λ 值之后, 可由

$$e^{-\lambda} \sum_{j=0}^{k-1} \frac{\lambda^j}{j!} < r \leqslant e^{-\lambda} \sum_{j=0}^{k} \frac{\lambda^j}{j!}, \quad k = 0, 1, 2, \cdots \tag{10.22}$$

确定出 k 值, 并令 $X = k$, 则 X 为具有 Poisson 分布 (10.21) 的随机数.

2. 连续型随机变量的情形

一般地讲, 对具有给定分布的连续型随机变量 X, 均可利用 $(0, 1)$ 区间上均匀分布的随机数来产生分布的随机数, 其中最常用的方法是反函数法.

设连续型随机变量 X 的概率密度函数为 $f(x)$, 令

$$r = \int_{-\infty}^{x} f(t)\mathrm{d}t,$$

则 r 为 $(0,1)$ 区间上均匀分布的随机变量. 当给出了 $(0,1)$ 区间上的均匀随机数 $r_1, r_2, \cdots$ 时, 可根据方程

$$r_i = \int_{-\infty}^{x_i} f(t)\mathrm{d}t, \quad i = 1, 2, \cdots, \tag{10.23}$$

解出 $x_1, x_2, \cdots$. 此时 $x_1, x_2, \cdots$ 可作为随机变量 X 的随机数.

例 10.9 *产生参数为 λ 的指数分布的随机数.*

解 由于指数分布的概率密度为 $f(x) = \lambda \mathrm{e}^{-\lambda x}(x > 0)$, 由式 (10.4) 得到

$$r_i = \int_0^{x_i} \lambda \mathrm{e}^{-\lambda t}\mathrm{d}t = 1 - \mathrm{e}^{-\lambda x_i}, \quad i = 1, 2, \cdots,$$

即

$$x_i = -\frac{1}{\lambda}\ln(1 - r_i), \quad i = 1, 2, \cdots.$$

由于 $1 - r_i$ 与 r_i 具有相同的分布, 故上式可简化为

$$x_i = -\frac{1}{\lambda}\ln r_i, \quad i = 1, 2, \cdots. \tag{10.24}$$

反函数方法是一种普通的方法, 但是当反函数难以求得时, 此方法不宜使用.

10.2.4 正态分布随机数的产生

这里介绍两种产生正态分布随机数的方法.

1. 极限近似法

设 $r_1, r_2, \cdots, r_n$ 是 $(0,1)$ 区间上 n 个独立的均匀分布的随机数, 由中心极限定理得到

$$x = \frac{\sum\limits_{i=1}^{n} r_i - n/2}{\sqrt{n/12}} \tag{10.25}$$

近似地服从正态分布 $N(0,1)$. 为了保证一定的精度, 式 (10.25) 中的 n 应取得足够大, 一般大约取 $n = 10$ 左右, 为方便起见, 可取 $n = 12$. 此时, 式 (10.25) 有最简单的形式

$$x = \sum_{i=1}^{12} r_i - 6. \tag{10.26}$$

当 r_i 是 $(0,1)$ 上的随机数时, 则 $1 - r_i$ 也是 $(0,1)$ 上的随机数, 因此式 (10.26) 可改写为

$$x = \sum_{i=1}^{6} r_i - \sum_{i=7}^{12} r_i. \tag{10.27}$$

若随机数 x 服从 $N(0,1)$ 分布时, 令

$$y = \sigma x + \mu, \tag{10.28}$$

则 y 是正态分布 $N(\mu, \sigma^2)$ 的随机数. 由此可以得到任意参数 μ, σ^2 的正态分布的随机数.

2. 坐标变换法

可以证明, 有如下关系, 当 r_1, r_2 是两个相互独立的 $(0,1)$ 区间上均匀分布的随机数时, 作变换

$$x_1 = \sqrt{-2 \ln r_1} \cos(2\pi r_2), \quad x_2 = \sqrt{-2 \ln r_1} \sin(2\pi r_2), \tag{10.29}$$

则 x_1, x_2 是两个独立的标准正态分布 $N(0,1)$ 的随机数. 再由式 (10.28), 可以得到任意参数的正态分布 $N(\mu, \sigma^2)$ 的两个独立的随机数.

10.2.5　用 R 软件生成随机数

前面讲了各种产生随机数的方法, 实际上, 有很多软件可以自动生成各种分布的随机数. 现以 R 软件为例, 介绍用计算机软件生成随机数的方法.

在 R 软件中列出了各种分布 (见表 3.1), 在这些分布的函数前加 r, 则表示是生成该分布的随机数. 如

(1) runif —— 产生均匀分布的随机数, 参数为 n, a, b, 其中 n 为随机数的个数, a, b 为区间 (a, b) 端点值, 当 a, b 默认时, 为 $(0,1)$ 区间上的随机数.

(2) rnorm —— 产生正态分布的随机数, 参数为 n, μ, σ, 其中 n 为随机数的个数, μ 为均值, σ 为标准差, 当 μ, σ 默认时, 为标准正态分布 $N(0,1)$ 的随机数.

(3) rpois —— 产生 Poisson 分布的随机数, 参数为 n, λ, 其中 n 为随机数的个数, λ 为 Poisson 分布的参数.

R 软件还可以产生其他分布的随机数, 这里就不一一列举了.

10.3　系　统　模　拟

系统模拟是研究系统的重要方法. 对于一个结构复杂的系统, 要建立一个数学模型来描述它非常困难, 甚至是做不到的. 即使能构造出数学模型, 但由于结构复杂, 采用解析的方法得到模型的解也并非易事, 或者根本得不到解析解. 有些系统, 虽然结构并不复杂, 但

其内部机理有不明确的"黑箱"系统, 因此无法采用解析的方法来分析问题. 对于这类系统, 采用模拟的方法不失为一种求解的好方法.

10.3.1 连续系统模拟

状态随着时间连续变化的系统, 称为连续系统. 我们知道, 电子计算机的工作状态是离散化和数字化的, 因此, 对连续系统的计算机模拟只能是近似的, 获得的是系统状态在一些离散抽样点上的数值. 不过, 只要这种近似达到一定的精度, 也就可以满足要求了.

连续系统模拟的一般方法是首先建立系统的连续模型, 然后转化为离散模型并对该模型进行模拟. 现举例说明.

例 10.10 (追逐问题) 在正方形 $ABCD$ 的 4 个顶点各有一人. 在某一时刻, 4 人同时出发以匀速 v 走向顺时针方向的下一个人. 如果他们的方向始终保持对准目标, 则最终将按螺旋状曲线汇合于中心点 O. 试求出这种情况下每个人的轨迹.

解 这一问题的模拟方法是, 建立平面直角坐标系, 以时间间隔 Δt 进行采样, 在每一时刻 t 计算每个人在下一时刻 $t + \Delta t$ 时的坐标. 不妨设甲的追逐对象是乙, 在时间 t, 甲的坐标为 (x_1, y_1), 乙的坐标为 (x_2, y_2), 那么甲在 $t + \Delta t$ 时的坐标为 $(x_1 + v\Delta t \cos\theta, y_1 + v\Delta t \sin\theta)$, 其中

$$\cos\theta = \frac{x_2 - x_1}{d}, \quad \sin\theta = \frac{y_2 - y_1}{d}, \quad d = \sqrt{(x_2 - x_1)^2 + (y_2 - y_1)^2}.$$

选取足够小的 Δt, 模拟到甲、乙的距离小于 $v\Delta t$ 为止.

以下是模拟的 R 程序 (程序名: trace.R), $ABCD$ 的 4 个顶点的初始位置为 $A(0,1)$, $B(1,1)$, $C(1,0)$, $D(0,0)$.

```
####画出 A, B, C, D 和 O 五点的位置, 再作标记
plot(c(0,1,1,0), c(0,0,1,1), xlab =" ", ylab = " ")
text(0, 1, labels="A", adj=c( 0.3, 1.3))
text(1, 1, labels="B", adj=c( 1.5, 0.5))
text(1, 0, labels="C", adj=c( 0.3, -0.8))
text(0, 0, labels="D", adj=c(-0.5, 0.1))
points(0.5,0.5); text(0.5,0.5,labels="O",adj=c(-1.0,0.3))
####将计算出的各点位置存入矩阵 x, y 中,
####x 是 abcd 四点的 x 值, y 是 abcd 四点的 y 值
delta_t<-0.01; n=110
x<-matrix(0, nrow=5, ncol=n); x[,1]<-c(0,1,1,0,0)
y<-matrix(0, nrow=5, ncol=n); y[,1]<-c(1,1,0,0,1)
d<-c(0,0,0,0)
for (j in 1:(n-1)){
```

```
for (i in 1:4){
    d[i]<-sqrt((x[i+1, j]-x[i,j])^2+(y[i+1, j]-y[i,j])^2)
    x[i,j+1]<-x[i,j]+delta_t*(x[i+1,j]-x[i,j])/d[i]
    y[i,j+1]<-y[i,j]+delta_t*(y[i+1,j]-y[i,j])/d[i]
}
x[5,j+1]<-x[1, j+1]; y[5, j+1]<-y[1, j+1]
}
####画出相应的曲线
for (i in 1:4) lines(x[i,], y[i,])
```

连接 4 个人在各时刻的位置, 就得到所求的轨迹, 其图形如图 10.3 所示.

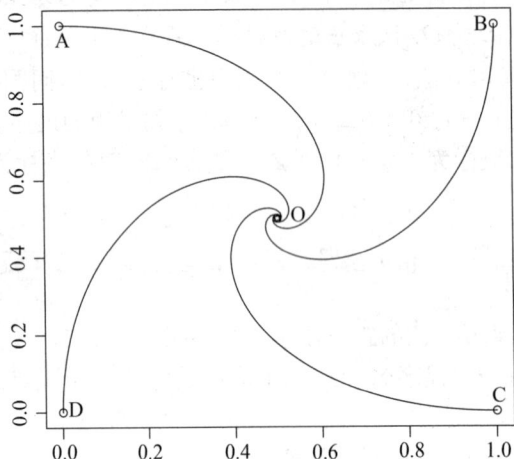

图 10.3　追逐问题

连续系统的描述常常用到常微分方程或微分方程组, 而求解方法则需要用求解微分方程的数值方法, 如 Runge-Kutta 法等. 有关连续系统的模拟的进一步讨论, 可以参见有关书籍, 这里就不论述了.

10.3.2　离散系统模拟

离散系统是指系统状态只在有限的时间点, 或无限但可数的时间点上发生变化的系统. 假设离散系统状态的变化是在一个时间点上瞬间完成的.

例 10.11　用模拟的方法求解例 10.1.

解　设

T_1—— 火车从 A 站出发的时刻;

T_2—— 火车从 A 站到 B 站的运行时间;

T_3—— 某人到达 B 站的时刻.

此人能赶上火车的充分必要条件是 $T_1 + T_2 > T_3$.

假设 T_1, T_2, T_3 均是随机变量, 且 $T_2 \sim N(30, 2^2)$, T_1, T_3 的分布律如表 10.3 和表 10.4 所示.

设 r_1, r_2 是 $(0,1)$ 区间上均匀分布的随机数, 则 T_1 和 T_3 的分布律的模拟公式为

$$t_1 = \begin{cases} 0, & 0 < r_1 \leqslant 0.7, \\ 5, & 0.7 < r_1 \leqslant 0.9, \\ 10, & 0.9 < r_1 \leqslant 1, \end{cases} \qquad t_3 = \begin{cases} 28, & 0 < r_2 \leqslant 0.3, \\ 30, & 0.3 < r_2 \leqslant 0.7, \\ 32, & 0.7 < r_2 \leqslant 0.9, \\ 34, & 0.9 < r_2 \leqslant 1, \end{cases}$$

则 t_1 和 t_3 可以看成 T_1, T_3 的一个观察值.

令 t_2 是服从正态分布 $N(30, 2^2)$ 的随机数, 则将 t_2 看成火车运行时间 T_2 的一个观察值.

在每次试验中, 产生两个 $U(0,1)$ 的随机数 r_1, r_2 来构造 t_1, t_3, 一个 $N(30, 2^2)$ 的随机数作为 t_2, 当 $t_1 + t_2 > t_3$, 认为试验成功 (能够赶上火车). 若在 n 次试验中, 有 k 次成功, 则用频率 k/n 作为此人赶上火车的概率. 当 n 很大时, 频率值与概率值近似相等.

以下是求解过程的 R 程序. (程序名: MC2.R)

```
MC2<-function(n){
    r1<-runif(n); r2<-runif(n); t2<-rnorm(n,30,2)
    t1<-array(0,dim=c(1,n)); t3<-t1;
    for(i in 1:n){
        if (r1[i]<=0.7){
            t1[i]<-0
        }else if (r1[i]<=0.9){
            t1[i]<-5
        }else
            t1[i]<-10
    }
    for(i in 1:n){
        if (r2[i]<=0.3){
            t3[i]<-28
        }else if (r2[i]<=0.7){
            t3[i]<-30
        }else if (r2[i]<=0.9){
            t3[i]<-32
        }else
```

```
        t3[i]<-34
    }
    k<-0
    for(i in 1:n)
        if (t1[i]+t2[i]>t3[i])  k<-k+1
    k/n
}
```

做一万次试验, 得到

```
> source("MC2.R"); MC2(10000)
```

`[1] 0.6306`

此人赶上火车的概率大约是 0.63.

例 10.12　核反应堆屏蔽层设计问题.

解　核反应堆屏蔽层是用一定厚度的铅 (Pb) 把反应堆四周包围起来, 用以阻挡或减弱反应堆发出的各种射线. 在各种射线中, 中子对人体伤害极大, 因此, 屏蔽设计主要是了解中子穿透屏蔽的百分比 (或概率), 这对反应堆的安全运行至关重要. 首先考虑一个中子进入屏蔽层后运动的物理过程: 假定屏蔽层是理想的均匀平板, 中子以初速 v_0 和方向角 α 射入屏蔽层内 (见图 10.4); 运动一段距离后, 在 x_0 处与铅核碰撞之后, 中子获得新的速度及方向 (v_1, θ_1); 再运动一段距离后, 与铅核第二次碰撞, 并获得新的状态 (v_2, θ_2) 等等; 经若干次碰撞后, 发生以下情况之一而终止运动过程:

(1) 弹回反应堆; (2) 穿透屏蔽层; (3) 第 i 次碰撞后, 中子被屏蔽层吸收.

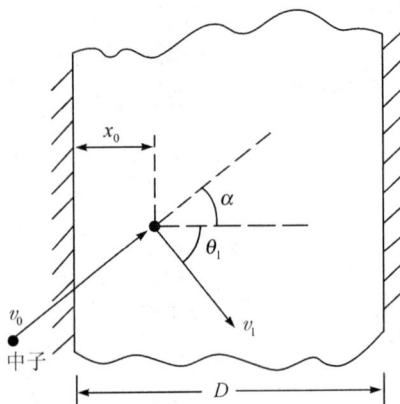

图 10.4　中子穿入屏蔽层的运动

α— 中子入射角, D— 屏蔽层厚度

θ_1 中子第一次碰撞弹射角

下面对问题作若干简化与假设:

(1) 假定屏蔽层平行板的厚度为 $D = 3d$, 其中 d 为两次碰撞之间中子的平均游动距离; 每次碰撞后中子因损失一部分能量而速度下降, 假设在第 10 次碰撞后, 中子速度下降到某一很小的数值而终止运动 (被吸收). 由于对穿透屏蔽层的中子感兴趣, 故用 (x_i, θ_i) 描述第 i 次碰撞后中子的运动状态, 其中 x_i 为中子在 x 轴上的位置, θ_i 是中子运动的方向与 x 轴的夹角.

(2) 假定中子在屏蔽层内相继两次碰撞之间游动的距离服从指数分布, 中子经碰撞后的弹射角服从 $(0, 2\pi)$ 上的均匀分布. 从而得到第 i 次碰撞后中子在屏蔽层的位置

$$x_i = x_{i-1} + R_i \cos\theta_i, \quad i = 1, 2, \cdots, 10, \tag{10.30}$$

其中 θ_i 是中子第 i 次碰撞后的弹射角度, R_i 是中子从第 $i-1$ 次碰撞到第 i 次碰撞时所游动的距离. 由假设可能得到

$$R_i = d(-\ln r_i), \quad \theta_i = 2\pi u_i, \quad i = 1, 2, \cdots, 10,$$

其中 d 为两次碰撞之间中子的平均游动距离; r_i, u_i 是 $(0,1)$ 区间上均匀分布的随机数. 式 (10.30) 表明了中子在屏蔽层内运动的概率模型, 可见中子运动的位置和方向都是随机的.

(3) 在第 i 次碰撞后, 中子的位置 x_i 有 3 种情况发生:

① $x_i < 0$, 中子返回反应堆;

② $x_i > D$, 中子穿出屏蔽层;

③ $0 < x_i < D$, 若 $i < 10$, 则中子在屏蔽层内继续运动; 若 $i = 10$, 则中子被屏蔽层吸收.

中子运动的 3 种模式如图 10.5 所示. 为简化问题, 假定中子入射角 $\alpha = 0$(即中子以垂直方向穿入屏蔽层), 屏蔽层的厚度为 $D = 3d$.

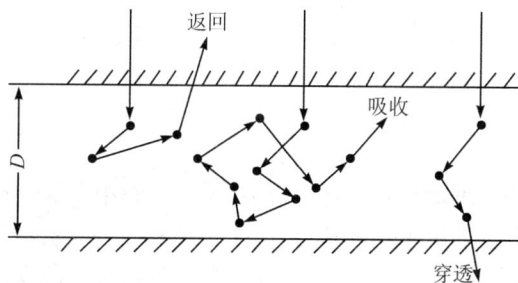

图 10.5 中子在屏蔽层内运动的 3 种模式

下面是用 R 软件编写的模拟程序. (程序名: MC3.R)

```
MC3<-function(n){
    D<-3; pi<-3.1416; back<-0; absorb<-0; pierce<-0
    for (k in 1:n){
```

```
x<- -log(runif(1))
for (i in 1:10){
    index <- 1
    r <- runif(2); R <- -log(r[1]); t <- 2*pi*r[2]
    x <- x + R * cos(t)
    if (x<0) {
        back<-back+1; index<-0; break
    }else if (x>D){
        pierce<-pierce+1; index<-0; break
    }else
        next
}
if (index==1)
    absorb<-absorb+1
}
data.frame(Pierce=pierce/n*100, Absorb=absorb/n*100,
            Back=back/n*100)
}
```

表 10.6 列出上述程序计算的结果.

表 10.6   不同中子数的模拟结果

中子数/个	穿透率/%	吸收率/%	返回率/%
100	35.0	11.0	54.0
1000	34.0	10.6	55.4
3000	33.1	10.5	56.4
5000	32.1	10.9	57.0

表 10.6 表明, 取屏蔽层厚度 $D = 3d$ 不合适, 因为此时中子穿透屏蔽层的百分比在 $1/3$ 左右. 而在实际应用中, 要求中子穿透屏蔽层的概率极小, 一般数量级为 $10^{-6} \sim 10^{-10}$, 即穿入屏蔽层的中子若为几百万个, 也只能有几个中子穿过屏蔽层. 问题是多厚的屏蔽层才能使它被穿透的概率 $W_D < 10^{-6}$?

值得注意的是, 仅模拟 5000 个中子的运动, 就用其穿透屏蔽层的频率来估计穿透屏蔽层的概率有 “勉强” 之嫌, 因为这时的模拟精度只有 1%, 欲提高模拟精度, 应适当增加模拟次数. 第 2 个问题是, 需要模拟多少个中子的运动, 才能用频率估计其概率?

先回答第 2 个问题. 由 10.1 节关于模拟精度与模拟次数的讨论, 由式 (10.9) 可以得到, 若使模拟精度达到千分之一, 则模拟次数要在 10^6 次以上. 由于中子穿透概率在 10^{-6} 以下, 所以其精度至少应达到这个数量级, 那么模拟次数就应在 10^{12} 次以上, 这一要求在通常的情况下, 显然行不通.

我们采用如下的解决办法. 将均匀平行板分为厚度相同的 m 层, 只取一层作模拟. 设中子在这一层中吸收和弹回的概率之和为 W, 则穿过一层的概率是 $(1-W)$, 因而穿透 m 层的概率是 $(1-W)^m$. 由于中子穿过一层的平均速度有所下降, 因而总穿透概率比 $(1-W)^m$ 要小.

用 Monte Carlo 方法, 先模拟 10000 个中子的运动时, 可以保证 $(1-W)$ 的精度要小于 1%. 经 m 层后, 有 $(1-W)^m < (0.01)^m$, 若取 $m=3$, 就可获得穿透概率 $(1-W)^3 < (0.01)^3 = 10^{-6}$. 这样处理后, 不必做高达 10^{12} 的实验, 只需做 10^4 次试验就可达到 10^{-6} 的精度, 这一改进比直接方法大大加快了收敛速度, 减少了模拟时间.

利用 R 程序 (MC3.R), 做 10000 次模拟, 得到: 当 $D=3d$ 时, 穿透概率为 $W_{3d} \leqslant 1/3$, 问题是多厚的屏蔽层才能使 $W_D < 0.01$?

设需要的屏蔽厚度为 x, 则 $(W_{3d})^x < 0.01$, 或 $3^x > 100$, 即

$$x > \frac{\lg 100}{\lg 3} = \frac{2}{0.47712} = 4.1918.$$

即屏蔽层的厚度达到 $4.1918D \approx 13d$, 才能使中子穿透概率不大于 0.01.

这时可以回答第 1 个问题了, 若使 $W_D < 10^{-6}$, 则总厚度为

$$TD = 3x = 39d.$$

也就是说, 屏蔽层的总厚度为 $39d$ 时, 可使中子穿透屏蔽层的概率 $W_D < 10^{-6}$.

10.4　模拟方法在排队论中的应用

排队论 (Queueing Theory) 又称随机服务系统, 是通过研究各种服务系统等待现象中的概率特征, 从而解决服务系统最优设计与最优控制的一种理论.

排队论属于随机过程的一部分, 这里以排队模型为例子来说明此类问题的随机模拟方法. 在介绍模型方法之前, 先简单介绍排队论的基本概念.

10.4.1　排队服务系统的基本概念

1. 排队的例子

例 10.13　某维修中心在周末只安排 1 名员工为顾客提供服务. 新来维修的顾客到达后, 若已有顾客正在接受服务, 则需要排队等待. 若排队的人数过多, 势必会造成顾客抱

怨, 会影响到公司产品的销售; 若维修人员多, 会增加维修中心的支出. 如何调整两者的关系, 使得系统达到最优.

　　例 10.13 是一个典型的排队的例子, 关于排队的例子有很多, 例如: 上下班坐公交车, 等待公交车的排队; 顾客到商店购物形成的排队; 病人到医院看病形成的排队; 人们到售票处购票形成的排队等; 另一种排队是物的排队, 例如文件等待打印或发送; 路口红灯下面的汽车、自行车通过十字路口.

　　排队现象是由两个方面构成, 一方要求得到服务, 另一方设法给予服务. 我们把要求得到服务的人或物 (设备) 统称为顾客、给予服务的服务人员或服务机构统称为服务员或服务台. 顾客与服务台就构成一个排队系统, 或称为随机服务系统. 显然, 缺少顾客或服务台任何一方都不会形成排队系统.

　　对于任何一个排队服务系统, 每一名顾客通过排队服务系统总要经过如下过程: 顾客到达、排队等待、接受服务和离去, 其过程如图 10.6 所示.

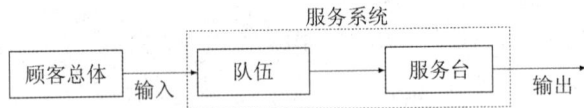

图 10.6　服务系统的描述

2. 排队服务系统的基本概念

(1) 输入过程

　　输入过程是描述顾客来源及顾客是按怎样的规律抵达排队系统的. ① 顾客源总体: 顾客的来源可能是有限的, 也可能是无限的, 例如工厂内发生故障待修的机器是有限的; 到达窗口购票的顾客总体可以看成是无限的. ② 到达的类型: 顾客是单个到达, 或是成批到达, 例如工厂内发生故障待修的机器是单个到达; 在库存问题中, 进货看成顾客到达就是成批到达的例子. ③ 相继顾客到达的间隔时间: 通常假定是相互独立、同分布的, 有的是等距间隔时间, 有的是服从 Poisson 分布, 有的是服从 k 阶 Erlang 分布.

(2) 排队规则

　　排队规则是指服务允许不允许排队, 顾客是否愿意排队. 常见的排队规则有如下几种情况. ① 损失制排队系统: 顾客到达时, 若有服务台均被占, 服务机构又不允许顾客等待, 此时该顾客就自动辞去, 例如通常使用的损失制排队系统是电话系统. ② 等待制排队系统: 顾客到达时, 若所有服务台均被占, 他们就排队等待服务. 在等待制系统中, 服务顺序又分为: 先到先服务, 即顾客按到达的先后顺序接受服务; 后到先服务, 例如情报系统、天气预报资料总是后到的信息更重要, 要先处理; 随机服务, 即在等待的顾客中随机地挑选一个顾客进行服务, 例如电话员接线就是用这种方式工作; 有优先权的服务, 即在排队等待的顾客中, 某些类型的顾客具有特殊性, 在服务顺序上要给予特别待遇, 让他们先得到服务, 例如病危的人先治疗, 带小孩的顾客先进站等. ③ 混合制排队系统: 损失制与等待制的混合, 分为队长 (容量) 有限的混合制系统、等待时间有限的混合制系统, 以及逗留时间有限制的混合系统.

(3) 服务机构

服务机构主要包括以下几个方面: ① 服务台的数目. 在多个服务台的情形下, 是串联或是并联; ② 顾客所需的服务时间服从什么样的概率分布, 每个顾客所需的服务时间是否相互独立, 是成批服务或是单个服务等. 常见顾客的服务时间分布有: 定长分布、指数分布、超指数分布、k 阶 Erlang 分布、几何分布、一般分布等.

3. 符号表示

排队论模型的记号是 20 世纪 50 年代初由 D. G. Kendall (肯达尔) 引入的, 通常由 $3 \sim 5$ 个英文字母组成, 其形式为

$$A/B/C/n$$

其中 A 表示输入过程, B 表示服务时间, C 表示服务台数目, n 表示系统空间数. 例如:

(1) $M/M/S/\infty$ 表示输入过程是 Poisson 流, 服务时间服从指数分布, 系统有 S 个服务台平行服务, 系统容量为无穷的等待制排队系统.

(2) $M/G/1/\infty$ 表示输入过程是 Poisson 流, 顾客所需的服务时间为独立、服从一般概率分布, 系统中只有一个服务台, 容量为无穷的等待制系统.

(3) $GI/M/1/\infty$ 表示输入过程为顾客独立到达且相继到达的间隔时间服从一般概率分布, 服务时间是相互独立、服从指数分布, 系统中只有一个服务台, 容量为无穷的等待制系统.

(4) $E_k/G/1/K$ 表示相继到达的间隔时间独立、服从 k 阶 Erlang 分布, 服务时间为独立、服从一般概率分布, 系统中只有一个服务台, 容量为 K 的混合制系统.

(5) $D/M/S/K$ 表示相继到达的间隔时间独立、服从定长分布、服务时间相互独立、服从指数分布, 系统中有 S 个服务台平行服务, 容量为 K 的混合制系统.

4. 描述排队系统的主要数量指标

(1) 队长 (L_s)

队长是指在系统中的顾客的平均数 (包括正在接受服务的顾客).

(2) 顾客的平均等待时间与平均逗留时间 (W_s)

顾客的平均等待时间是指从顾客进入系统的时刻起直到开始接受服务止的平均时间. 平均逗留时间是指顾客在系统中的平均等待时间与平均服务时间之和. 平均等待时间与平均服务时间是顾客最关心的数量指标.

(3) 系统的忙期与闲期

从顾客到达空闲的系统, 服务立即开始, 直到系统再次变为空闲, 这段时间是系统连

续繁忙的时间, 我们称为系统的忙期, 它反映了系统中服务机构的工作强度, 是衡量服务机构利用效率的指标.

10.4.2 排队模型模拟的关键

1. 关键变量

模型模拟的关键变量是事件, 以及每个事件发生的时间. 由于排队模型中的每个事件是按时间发生的, 例如在某时刻有顾客到达, 某时刻有顾客离开 (服务完成) 等, 因此进行模拟有 3 个关键变量:

(1) 时间变量. 记录系统发生某一事件的时间, 如顾客到达或顾客离开的时间.

(2) 计数变量. 当前在服务系统中顾客的个数.

(3) 系统状态变量. 系统的状态, 如系统是空闲还繁忙; 系统中顾客的个数; 分别在哪个服务台接受服务等.

有了这 3 个关键变量, 其他变量就好处理了.

2. Poisson 过程的模拟

在排队服务系统中, 通常假设顾客的到达时间和接受服务的时间服从 Poisson 过程, 因此, 对于 Poisson 过程的模拟十分重要.

由概率知识可知, 当随机过程是强度为 λ 的 Poisson 过程时, 其点间间距是相互独立的随机变量, 且服从参数为 λ 的指数分布, 即

$$f_{T_i}(t) = \begin{cases} \lambda e^{-\lambda t}, & t > 0, \\ 0, & t \leqslant 0, \end{cases} \quad i = 2, 3, \cdots,$$

相应的分布函数为

$$F_{T_i}(t) = \begin{cases} 1 - \lambda e^{-\lambda t}, & t > 0, \\ 0, & t \leqslant 0, \end{cases} \quad i = 2, 3, \cdots.$$

因此, 有

$$t = -\frac{1}{\lambda} \ln(1 - F_{T_i}(t)).$$

由于 $F_{T_i}(t) \sim U(0,1)$, 则 $1 - F_{T_i}(t) \sim U(0,1)$, 因此, 模拟 Poisson 过程到达的时间间隔公式为

$$t_i = -\frac{1}{\lambda} \ln u_i, \quad i = 1, 2, \cdots, \tag{10.31}$$

其中 $u_i \sim U(0,1)$.

10.4.3 等待制排队模型的模拟

等待制排队模型中最常见的模型是 $M/M/S/\infty$, 即顾客到达系统的相继到达时间间隔独立, 且服从参数为 λ 的指数分布 (即输入过程为 Poisson 过程), 服务台的服务时间也是独立同分布的, 且服从参数为 μ 的指数分布, 而且系统空间无限, 允许永远排队.

1. $S = 1$ 的情况 ($M/M/1/\infty$)

系统变量

单一变量

  t —— 时间变量

  t_A —— 顾客的到达时间

  t_D —— 顾客的离开时间

  N_A —— 在 t 时刻到达系统的顾客总数

  n —— 在 t 时刻当前到达系统的顾客数

  T —— 总服务时间

数组变量 (以 k 为自变量)

  w_t —— 记录发生事件的时间

  w_n —— 记录系统中的顾客数

  w_s —— 记录上一事件到下一事件的间隔时间

模拟算法 I

(1) 初始步. 输入总服务时间 T. 置 $t = N_A = 0$, 产生顾客到达系统的初始时间 T_0, 置 $t_A = T_0$. 置 $n = 0, t_D = \infty$(此时系统中无顾客). 置 $k = 0$.

(2) 记录系统状态. 置 $k = k + 1, w_t(k) = t, w_n(k) = n$. 如果 $t_A < T$, 则置

$$w_s(k) = \min(t_A, t_D) - t,$$

然后转 (3); 否则置

$$w_s(k) = \begin{cases} 0, & t_D = \infty, \\ t_D - t, & t_D < \infty, \end{cases}$$

然后转 (8).

(3) 如果 $t_A < t_D$, 则置 $t = t_A, N_A = N_A + 1$(顾客到达总数 +1), $n = n + 1$(系统中顾客数 +1), 产生下一顾客到达系统的时间 t_A.

(4) 如果 $n = 1$, 产生服务台上顾客的离开时间 t_D.

(5) 如果 $t_A \geqslant t_D$, 则置 $t = t_D, n = n - 1$(系统中顾客数 −1).

(6) 如果 $n = 0$(系统中无顾客), 置 $t_D = \infty$; 否则产生服务台上顾客的离开时间 t_D.

(7) 转 (2).

(8) (此时 $t_A \geqslant T$, 不再接收新顾客, 只完成系统中顾客的服务) 如果 $n > 0$(系统中还有顾客), 并置 $t = t_D$, $n = n - 1$(系统中顾客数 -1). 如果 $n > 0$, 产生服务台上顾客的离开时间 T_D, 然后转 (2); 否则转 (9).

(9) 计算队长 (L_s)、平均逗留时间 (W_s) 和顾客等待的概率 (P_{wait}).

$$L_s = \frac{1}{t} \sum_k w_s(k) w_n(k),$$

$$W_s = \frac{1}{N_A} \sum_k w_s(k) w_n(k),$$

$$P_{\text{wait}} = \frac{1}{t} \sum_{w_n(k) \geqslant 1} w_s(k),$$

停止计算, 输出 L_s, W_s 和 P_{wait}.

R 程序(程序名：queue1.R)

```
queue1<-function(lambda, mu, T){
    k<-0; wt<-0; wn<-0; ws<-0;
    tp<-0; nA<-0; n<-0; t<-0
    r<-runif(1); tA<--1/lambda*log(r); tD<-Inf

    repeat{
        k<-k+1; wt[k]<-t; wn[k]<-n
        if (tA < T){
            ws[k]<-min(tA, tD)-t
            if (tA < tD){
                t<-tA; n<-n+1; nA<-nA+1
                r<-runif(1); tA<-t-1/lambda*log(r)
                if (n==1){
                    r<-runif(1); tD<-t-1/mu*log(r)
                }
            }else{
                t<-tD; n<-n-1
                if (n==0){
                    tD<-Inf
                }else{
                    r<-runif(1); tD<-t-1/mu*log(r)
                }
            }
```

```
                }
            }else{
                ws[k]<-if(tD==Inf) 0 else tD-t
                if (n>0){
                    t<-tD; n<-n-1
                    if (n>0){
                        r<-runif(1); tD<-t-1/mu*log(r)
                    }
                }else
                    tp<-1
            }
            if (tp==1) break
        }
        data.frame(Ls=sum(ws*wn)/t, Ws=sum(ws*wn)/nA,
                    Pwait=sum(ws[wn>=1])/t)
    }
```

例 10.14　某维修中心在周末现只安排 1 名员工为顾客提供服务. 新来维修的顾客到达后, 若已有顾客正在接受服务, 则需要排队等待. 假设来维修的顾客到达过程为 Poisson 流, 平均 4 人/h, 维修时间服从指数分布, 平均需要 6min. 试用模拟的方法求该系统的队长 (L_s)、平均逗留时间 (W_s) 和顾客等待的概率 (系统繁忙概率)(P_{wait}).

解　调用编好的程序 queue1.R, 输入相应的参数指标, 模拟 1000h 的排队服务系统的运行情况.

```
> source("queue1.R")
> queue1(lambda=4, mu=10, T=1000)
        Ls        Ws       Pwait
1 0.6938313 0.1685005 0.4118629
```

其理论值为 $L_s = 0.6666667$(人), $W_s = 0.1666667$(h). $P_{\text{wait}} = 0.4$.

例 10.15　在商业中心处设置 1 台 ATM 机, 假设来取钱的顾客平均每分钟 0.6 个, 而每个顾客的平均取钱的时间为 1.25min, 试用模拟的方法求该 ATM 机的队长 (L_s)、平均逗留时间 (W_s) 和顾客等待的概率 (P_{wait}).

解　模拟 10000min 的排队服务系统的运行情况.

```
> queue1(lambda=0.6, mu=0.8, T=10000)
        Ls       Ws      Pwait
1 2.949336 4.895917 0.7577775
```

其理论值为 $L_s = 3$(人), $W_s = 5$(min), $P_{\text{wait}} = 0.75$.

从上面两个例子可以看出, 模拟值与理论值还是很接近的.

2. $S > 1$ 的情况 $(M/M/S/\infty)$

系统变量

对于 $S > 1$ 的情况, 变量意义基本上与 $S = 1$ 的情况相同, 只是此时的 t_D 为数组, 增加了一个状态变量 SS, 记录系统的状态情况.

模拟算法 II

(1) 初始步. 输入总服务时间 T. 置 $t = N_A = 0$, 产生顾客到达系统的初始时间 T_0, 置 $t_A = T_0$. 置 $n = 0$, $t_D(i) = \infty$, $i = 1, 2, \cdots, S$(此时系统中无顾客). 置 $SS(i) = 0$, $i = 1, 2, \cdots, S + 1$($SS(1)$ 记录系统当前状态的顾客数, $SS(2 \sim S+1)$ 记录 S 个服务台的工作状态, 0 为空闲, 1 为工作). 置 $k = 0$.

(2) 如果 $SS(1) = 0$, 则置 $t_1 = \infty$, $i_1 = 1$; 否则置 $t_1 = \min(t_D)$, $i_1 = \mathrm{argmin}(t_D)$.

(3) 记录系统状态. 置 $k = k + 1$, $w_t(k) = t$, $w_n(k) = n$. 如果 $t_A < T$, 则置

$$w_s(k) = \min(t_A, t_1) - t,$$

然后转 (4); 否则置

$$w_s(k) = \begin{cases} 0, & t_1 = \infty, \\ t_1 - t, & t_1 < \infty, \end{cases}$$

然后转 (11).

(4) 如果 $t_A < t_1$, 则置 $t = t_A$, $N_A = N_A + 1$(顾客到达总数 $+1$), 产生下一顾客到达系统的时间 T_A. 置 $n = SS(1)$, $SS(1) = n + 1$(系统中顾客数 $+1$).

(5) 对于 $i = 1, 2, \cdots, S$, 如果 $SS(1+i) = 0$(第 i 个服务台空闲), 则置 $SS(1+i) = 1$(将系统中的顾客分配给第 i 个服务台, 开始服务), 产生第 i 个服务台上顾客离开的时间 $t_D(i)$, 然后中止循环.

(6) 如果 $t_A \geqslant t_1$, 则置 $t = t_1$, $n = SS(1)$, $SS(1) = n - 1$(系统中顾客数 -1).

(7) 如果 $n = 1$(系统中无顾客), 置 $SS(1 + i) = 0$, $t_D(i) = \infty$, $i = 1, 2, \cdots, S$.

(8) 如果 $n \leqslant S$, 置 $SS(1 + i_1) = 0$, $t_D(i_1) = \infty$(第 i_1 个服务台空闲).

(9) 如果 $n > S$, 产生顾客离开第 i_1 个服务台的时间 $t_D(i_1)$.

(10) 转 (2).

(11) (此时 $t_A \geqslant T$, 不再接收新顾客, 只完成系统中顾客的服务) 置 $n = SS(1)$. 如果 $n > 0$, 则置 $t = t_D$, $SS(1) = n - 1$(系统中顾客数 -1), 然后转 (7); 否则转 (12).

(12) 计算队长 (L_s)、平均逗留时间 (W_s) 和顾客等待的概率 (P_{wait}).

$$L_s = \frac{1}{t} \sum_k w_s(k) \cdot w_n(k),$$

$$W_s = \frac{1}{N_A} \sum_k w_s(k) \cdot w_n(k),$$

$$P_{\text{wait}} = \frac{1}{t} \sum_{w_n(k) \geqslant S} w_s(k),$$

停止计算, 输出 L_s, W_s 和 P_{wait}.

R 程序(程序名：queue2.R)

```
queue2<-function(lambda, mu, T, S=2){
   k<-0; wt<-0; wn<-0; ws<-0
   tp<-0; nA<-0; t<-0
   r<-runif(1); tA<--1/lambda*log(r)
   tD<-rep(Inf, S); SS<-rep(0, S+1)

   repeat{
      t1<-if(SS[1]==0) Inf else min(tD)
      i1<-if(SS[1]==0) 1 else which.min(tD)
      k<-k+1; wt[k]<-t; wn[k]<-SS[1]
      if (tA < T){
         ws[k]<-min(tA, t1)-t
         if (tA < t1){
            t<-tA; nA<-nA+1
            r<-runif(1); tA<-t-1/lambda*log(r)
            n<-SS[1]; SS[1]<-n+1
            for (i in 1:S){
               if (SS[1+i]==0){
                  SS[1+i]<-1
                  r<-runif(1); tD[i]<-t-1/mu*log(r)
                  break
               }
            }
         }else{
            t<-t1; n<-SS[1]; SS[1]<-n-1
```

```
            if (n==1){
                SS[2:(S+1)]<-0; tD[1:S]<-Inf
            }else if (n<=S){
                SS[1+i1]<-0; tD[i1]<-Inf
            }else{
                r<-runif(1); tD[i1]<-t-1/mu*log(r)
            }
        }
    }else{
        ws[k]<- if( t1==Inf) 0 else t1-t
        n<-SS[1]
        if (n>0){
            t<-t1; SS[1]<-n-1;
            if (n==1){
                SS[2:(S+1)]<-0; tD[1:S]<-Inf
            }else if (n<=S){
                SS[1+i1]<-0; tD[i1]<-Inf
            }else{
                r<-runif(1); tD[i1]<-t-1/mu*log(r)
            }
        }else
            tp<-1
    }
    if (tp==1) break
}
data.frame(Ls=sum(ws*wn)/t, Ws=sum(ws*wn)/nA,
            Pwait=sum(ws[wn>=S])/t)

}
```

例 10.16 设打印室有 3 名打字员, 平均每个文件的打印时间为 10min, 而文件的到达率为每小时 15 件, 试用模拟的方法求该打印室文件的队长 (L_s)、文件的平均逗留时间 (W_s) 和文件等待的概率 (P_{wait}).

解 调用编好的程序 queue2.R, 输入相应的参数指标, 模拟 1000h 的排队服务系统的运行情况.

```
> source("queue2.R")
> queue2(lambda=15, mu=6, T=1000, S=3)
```

```
        Ls        Ws        Pwait
1 5.980315 0.4010408 0.7002678
```

其理论值为 $L_s = 6.011236$(件), $W_s = 0.4007491$(h), $P_\text{wait} = 0.7022472$.

10.4.4 损失制与混合制排队模型

损失制排队模型通常记为 $M/M/S/S$, 当 S 个服务器被占用后, 顾客自动离去.

混合制排队模型通常记为 $M/M/S/K$, 即有 S 个服务台或服务员, 系统空间容量为 $K(K \geqslant S)$, 当 K 个位置已被顾客占用时, 新到的顾客自动离去, 当系统中有空位置时, 新到的顾客进入系统排队等待. 当 $K = S$ 时, 混合制排队模型就退化成损失制排队模型.

这里只给出混合制排队模型的模拟情况, 因为当 $K = S$ 时, 就是损失制排队模型的情况. 在前面给出等待制模型的模拟后, 混合制排队模型的模拟就简单多了, 只需对前面的程序作小的修改, 在当前系统顾客数达到 K 时, 则新到的顾客自动离开. 其他程序不变.

下面给出相应的算法和程序. 注意: 对于损失制与混合制排队模型, 除关心队长 (L_s)、平均等待时间 (W_s) 外, 还要关心系统的顾客损失率 (P_lost).

1. $S = 1$ 的情况 $(M/M/1/K)$

模拟算法 III

(1) 初始步. 输入总服务时间 T. 置 $t = N_A = 0$, 产生顾客到达系统的初始时间 T_0, 置 $t_A = T_0$. 置 $n = 0, t_D = \infty$(此时系统中无顾客). 置 $k = 0$.

(2) 记录系统状态. 置 $k = k + 1, w_t(k) = t, w_n(k) = n$. 如果 $t_A \leqslant T$, 则置

$$w_s(k) = \min(t_A, t_D) - t,$$

然后转 (3); 否则置

$$w_s(k) = \begin{cases} 0, & t_D = \infty, \\ t_D - t, & t_D < \infty, \end{cases}$$

然后转 (9).

(3) 如果 $t_A < t_D$, 则置 $t = t_A, N_A = N_A + 1$(顾客到达总数 +1), $n = n + 1$(系统中顾客数 +1), 产生下一顾客到达系统的时间 t_A.

(4) 如果 $n = 1$, 产生服务台上顾客的离开时间 t_D.

(5) 如果 $n = K$(当前顾客达到系统容量), 做如下工作:

若 $t_A < t_D$(新顾客在已被服务的顾客离开前到达), 则产生下一顾客到达系统的时间 t_A(因为这个新顾客需要离开), 直至 $t_A \geqslant t_D$ 为止.

(6) 如果 $t_A \geqslant t_D$, 则置 $t = t_D, n = n - 1$(系统中顾客数 -1).

(7) 如果 $n = 0$(系统中无顾客), 置 $t_D = \infty$; 否则产生服务台上顾客的离开时间 t_D.

(8) 转 (2).

(9) (此时 $t_A \geqslant T$, 不再接收新顾客, 只完成系统中顾客的服务) 如果 $n > 0$(系统中还有顾客), 并置 $t = t_D$, $n = n - 1$(系统中顾客数 -1). 如果 $n > 0$, 产生服务台上顾客的离开时间 T_D, 然后转 (2); 否则转 (10).

(10) 计算队长 (L_s)、平均逗留时间 (W_s) 和系统的顾客损失率 (P_{lost}).

$$L_s = \frac{1}{t} \sum_k w_s(k) \cdot w_n(k),$$

$$W_s = \frac{1}{N_A} \sum_k w_s(k) \cdot w_n(k),$$

$$P_{\text{lost}} = \frac{1}{t} \sum_{w_n(k) \geqslant K} w_s(k),$$

停止计算, 输出 L_s, W_s 和 P_{lost}.

R 程序(程序名: queue3.R)

```
queue3<-function(lambda, mu, T, K=1){
    k<-0; wt<-0; wn<-0; ws<-0
    tp<-0; nA<-0; n<-0; t<-0
    r<-runif(1); tA<--1/lambda*log(r); tD<-Inf

    repeat{
        k<-k+1; wt[k]<-t; wn[k]<-n
        if (tA < T){
            ws[k]<-min(tA, tD)-t
            if (tA<=tD){
                t<-tA; n<-n+1; nA<-nA+1
                r<-runif(1); tA<-tA-1/lambda*log(r)
                if (n==1){
                    r<-runif(1); tD<-t-1/mu*log(r)
                }
                if (n==K){
                    while (tA < tD){
                        r<-runif(1); tA<-tA-1/lambda*log(r)
                    }
                }
            }else{
                t<-tD; n<-n-1
```

```
            if (n==0){
                tD<-Inf
            }else{
                r<-runif(1); tD<-t-1/mu*log(r)
            }
        }
    }else{
        ws[k]<-if(tD==Inf) 0 else tD-t
        if (n>0){
            t<-tD; n<-n-1
            if (n>0){
                r<-runif(1); tD<-t-1/mu*log(r)
            }
        }else
            tp<-1
    }
    if (tp==1) break
}
data.frame(Ls=sum(ws*wn)/t, Ws=sum(ws*wn)/nA,
            Plost=sum(ws[wn>=K])/t)
}
```

例 10.17 设某条电话线, 平均每分钟有 0.6 次呼唤, 若每次通话时间平均为 1.25min, 试用模拟的方法求该系统的队长 (L_s)、平均逗留时间 (W_s) 和系统的损失率 (P_{lost}).

解 调用编好的程序 queue3.R, 输入相应的参数指标, 模拟 10000min 的排队服务系统的运行情况.

```
> source("queue3.R")
> queue3(lambda=0.6, mu=0.8, T=10000)
        Ls          Ws      Plost
1 0.4289211 1.259454 0.4289211
```

其理论值为 $L_s = 0.4285714(次)$, $W_s = 1.25(\min)$, $P_{\text{lost}} = 0.4285714$.

例 10.18 某理发店只有 1 名理发员, 因场所有限, 店里最多可容纳 4 名顾客, 假设来理发的顾客按 Poisson 过程到达, 平均到达率为每小时 6 人, 理发时间服从指数分布, 平均 12min 可为 1 名顾客理发, 试用模拟的方法求该系统的队长 (L_s)、平均逗留时间 (W_s) 和系统的损失率 (P_{lost}).

解 模拟 1000h 的排队服务系统的运行情况,

```
> queue3(lambda=6, mu=5, T=1000, K=4)
         Ls        Ws       Plost
1 2.364356 0.5412132 0.2718579
```

其理论值为 $L_s = 2.359493$(人), $W_s = 0.5451565$(h), $P_{lost} = 0.2786498$.

2. $S > 1$ 的情况 $(M/M/S/K)$

模拟算法 IV

(1) 初始步. 输入总服务时间 T. 置 $t = N_A = 0$, 产生顾客到达系统的初始时间 T_0, 置 $t_A = T_0$. 置 $n = 0$, $t_D(i) = \infty, i = 1, 2, \cdots, S$(此时系统中无顾客). 置 $SS(i) = 0, i = 1, 2, \cdots, S+1$($SS(1)$ 记录系统当前状态的顾客数, $SS(2 \sim S+1)$ 记录 S 个服务台的工作状态, 0 为空闲, 1 为工作). 置 $k = 0$.

(2) 如果 $SS(1) = 0$, 则置 $t_1 = \infty$, $i_1 = 1$; 否则置 $t_1 = \min(t_D)$, $i_1 = \mathrm{argmin}(t_D)$.

(3) 记录系统状态. 置 $k = k + 1$, $w_t(k) = t$, $w_n(k) = n$. 如果 $t_A < T$, 则置

$$w_s(k) = \min(t_A, t_1) - t,$$

然后转 (4); 否则置

$$w_s(k) = \begin{cases} 0, & t_1 = \infty, \\ t_1 - t, & t_1 < \infty, \end{cases}$$

然后转 (12).

(4) 如果 $t_A < t_1$, 则置 $t = t_A$, $N_A = N_A + 1$(顾客到达总数 +1), 产生下一顾客到达系统的时间 T_A. 置 $n = SS(1)$, $SS(1) = n + 1$(系统中顾客数 +1).

(5) 对于 $i = 1, 2, \cdots, S$, 如果 $SS(1+i) = 0$(第 i 个服务台空闲), 则置 $SS(1+i) = 1$(将系统中的顾客分配给第 i 个服务台, 开始服务), 产生第 i 个服务台上顾客离开的时间 $t_D(i)$, 然后中止循环.

(6) 如果 $SS(1) = K$(当前顾客达到系统容量), 做如下工作:

置 $t_1 = \min(t_D)$. 若 $t_A < t_1$(新顾客在已被服务的顾客离开前到达), 则产生下一顾客到达系统的时间 t_A(因为这个新顾客需要离开), 直至 $t_A \geqslant t_1$ 为止.

(7) 如果 $t_A \geqslant t_1$, 则置 $t = t_1$, $n = SS(1)$, $SS(1) = n - 1$(系统中顾客数 −1).

(8) 如果 $n = 1$(系统中无顾客), 置 $SS(1+i) = 0$, $t_D(i) = \infty, i = 1, 2, \cdots, S$.

(9) 如果 $n \leqslant S$, 置 $SS(1+i_1) = 0$, $t_D(i_1) = \infty$(第 i_1 个服务台空闲).

(10) 如果 $n > S$, 产生顾客离开第 i_1 个服务台的时间 $t_D(i_1)$.

(11) 转 (2).

(12) (此时 $t_A \geqslant T$, 不再接收新顾客, 只完成系统中顾客的服务) 置 $n = SS(1)$. 如果 $n > 0$, 则置 $t = t_D$, $SS(1) = n - 1$(系统中顾客数 −1), 然后转 (8); 否则转 (13).

(13) 计算队长 (L_s)、平均逗留时间 (W_s) 和系统的顾客损失率 (P_{lost}).

$$L_s = \frac{1}{t} \sum_k w_s(k) \cdot w_n(k),$$

$$W_s = \frac{1}{N_A} \sum_k w_s(k) \cdot w_n(k),$$

$$P_{\text{lost}} = \frac{1}{t} \sum_{w_n(k) \geqslant K} w_s(k),$$

停止计算, 输出 L_s, W_s 和 P_{lost}.

R 程序(程序名: queue4.R)

```
queue4<-function(lambda, mu, T, S=1, K=1){
   if (K<S) K<-S
   k<-0; wt<-0; wn<-0; ws<-0
   tp<-0; nA<-0; t<-0
   r<-runif(1); tA<--1/lambda*log(r)
   tD<-rep(Inf, S); SS<-rep(0, S+1)

   repeat{
      t1<-if(SS[1]==0) Inf else min(tD)
      i1<-if(SS[1]==0) 1 else which.min(tD)
      k<-k+1; wt[k]<-t; wn[k]<-SS[1]
      if (tA < T){
         ws[k]<-min(tA, t1)-t
         if (tA < t1){
            t<-tA; nA<-nA+1
            r<-runif(1); tA<-t-1/lambda*log(r)
            n<-SS[1]; SS[1]<-n+1
            for (i in 1:S){
               if (SS[1+i]==0){
                  SS[1+i]<-1
                  r<-runif(1); tD[i]<-t-1/mu*log(r)
                  break
               }
            }
         }
         if (SS[1]==K){
```

```
            t1 <- min(tD)
            while (tA < t1){
                r<-runif(1); tA<-tA-1/lambda*log(r)
            }
         }
      }else{
         t<-t1; n<-SS[1]; SS[1]<-n-1
         if (n==1){
            SS[2:(S+1)]<-0; tD[1:S]<-Inf
         }else if (n<=S){
            SS[1+i1]<-0; tD[i1]<-Inf
         }else{
            r<-runif(1); tD[i1]<-t-1/mu*log(r)
         }
      }
   }else{
      ws[k]<- if( t1==Inf) 0 else t1-t
      n<-SS[1]
      if (n>0){
         t<-t1; SS[1]<-n-1;
         if (n==1){
            SS[2:(S+1)]<-0; tD[1:S]<-Inf
         }else if (n<=S){
            SS[1+i1]<-0; tD[i1]<-Inf
         }else{
            r<-runif(1); tD[i1]<-t-1/mu*log(r)
         }
      }else
         tp<-1
   }
   if (tp==1) break
}
data.frame(Ls=sum(ws*wn)/t, Ws=sum(ws*wn)/nA,
           Plost=sum(ws[wn>=K])/t)

}
```

例 10.19　某工厂的机器维修中心有 9 名维修工, 因为场地限制, 中心内最多可以容纳 12 台需要维修的设备, 假设待修的设备按 Poisson 过程到达, 平均每天 4 台, 维修设备服从指数分布, 每台设备平均需要 2 天时间, 试用模拟的方法求该系统的队长 (L_s)、平均逗留时间 (W_s) 和系统的损失率 (P_{lost}).

解　调用编好的程序 queue4.R, 输入相应的参数指标, 模拟 1000 天的排队服务系统的运行情况.

```
> source("queue4.R")
> queue4(lambda=4, mu=1/2, T=1000, S=9, K=12)
        Ls       Ws      Plost
1 7.736918 2.148876 0.08801383
```

其理论值为 $L_s = 7.872193$(台), $W_s = 2.153466$(min), $P_{\text{lost}} = 0.08610186$.

习　　题

10.1　用 Monte Carlo 方法计算定积分 $I = \int_0^1 \sqrt{1 + x^2} \mathrm{d}x$, 分别考虑随机投点法和平均值法, 并计算在置信度为 $\alpha = 0.05$, 精度要求为 $\varepsilon = 0.01$ 条件下, 两种方法所需的试验次数.

10.2　一只兔子在 O 点处, 它的洞穴在正北 20m 的 B 点处, 一只狼位于兔子的正东 33m 的 A 点处. 模拟如下追逐问题: 狼以一倍于兔子的速度紧盯着兔子追击. 画出狼追兔子的追逐曲线. 问: 当兔子到达洞口前是否被狼逮住?

10.3　一个服务员的售货亭, 顾客的平均到达时间服从均值为 20s, 标准差为 10s 的正态分布, 顾客购买 $1 \sim 4$ 件商品的概率为

$$1 \text{ 件}: 0.5, \quad 2 \text{ 件}: 0.2, \quad 3 \text{ 件}: 0.2, \quad 4 \text{ 件}: 0.1.$$

购买每件商品需要的时间服从均值为 15s, 标准差为 5s 的正态分布. 若售货亭无顾客, 则新到的顾客接受服务; 否则排队等待, 即看成是等待制排队系统. 试模拟售货亭运营 12 个小时后, 售货亭的顾客队长 (L_s)、顾客的平均逗留时间 (W_s) 和售货亭繁忙的概率.

10.4　电梯运输问题. 游客参观电视高塔, 到达为指数分布, 平均的到达间隔为 3min, 在下面排队等候电梯, 电梯容量 8 人, 至少有 3 人乘电梯时才开动, 电梯运行时间为常数. 在塔顶, 游客停留时间服从均值为 5min, 标准差为 3min 的正态分布, 然后下塔. 在下塔人中, 有 20% 的人步行下塔, 有 80% 的人乘电梯. 若塔顶的游客全部要下塔, 虽不足 3 人电梯也开动, 而且最后 1 人下塔总是乘电梯. 试模拟 10h 内游客上、下塔的平均等待时间.

10.5　按下列条件模拟理发店系统工作状态情况.

(1) 理发店上午 10:00 开门, 开门时无顾客等待.

(2) 各顾客是否来此店理发及何时来此店理发与他人无关, 且任意 2 个顾客到达的时

间间隔服从均值为 4min 的指数分布.

(3) 顾客中有 60% 的人仅剪发, 40% 的需要洗发、剪发和吹发.

(4) 服务员甲为 1 位顾客剪发的时间服从 6min 的指数分布, 洗发、剪发和吹发所花时间服从 9min 的指数分布. 服务员乙的服务时间也服从指数分布, 均值分别为 5min 和 7.5min.

(5) 当顾客到达时, 如发现已有 6 位顾客正在排队等待服务, 则放弃等待 (离去).

(6) 每位服务员不间断地为 4 位顾客服务后都要休息 1min.

(7) 理发店晚 8:00 后谢绝顾客进入, 在完成店内的顾客服务后关门.

试模拟在一天的运营中, 来店顾客的队长 (L_s)、平均逗留时间 (W_s) 和理发店的损失率 (P_{lost}).

附录　索引

在本书中, 共有两类函数, 一类是作者自编的函数, 另一类是 R 软件提供的函数. 为便于读者查找, 下面给出函数的索引. 索引由 3 部分组成, 第 1 部分是函数名, 第 2 部分是函数的意义, 第 3 部分是能够解释该函数意义或能够体现该函数使用方法的章节号. 由于有些函数在全书中不断调用, 因此在其他位置出现的章节号就不再列出了.

附录 A　自编写的函数 (程序)

A

anova.tab — 计算方差分析表, 7.1.3 节, 7.1.6 节, 7.2.1 节, 7.2.2 节
area — 计算定积分, 2.9.4 节

B

beta.int — 回归参数 β 的区间估计, 6.1.4 节, 6.3.4 节, 6.3.7 节
buffon — 模拟 Buffon 的投针试验, 10.1.2 节

C

corcoef.test — 典型相关系数检验函数, 9.3.4 节

D

data_outline — 计算样本的各种描述性统计量, 3.1.3 节
discriminiant.bayes — Bayes 判别函数 (两类), 8.1.2 节
distinguish.bayes — Bayes 判别函数 (多类), 8.1.2 节
discriminiant.distance — 距离判别函数 (两类), 8.1.1 节
distinguish.distance — 距离判别函数 (多类), 8.1.1 节
discriminiant.fisher — Fisher 判别函数 (两类), 8.1.3 节

F

factor.analy — 因子分析 (综合), 9.2.3 节
factor.analy1 — 因子分析 (主成分法), 9.2.3 节
factor.analy2 — 因子分析 (主因子法), 9.2.3 节
factor.analy3 — 因子分析 (极大似然法), 9.2.3 节
fzero — 二分法求非线性方程的根, 2.9.1 节

I

interval_estimate1 — 区间估计 (单个正态总体均值、双侧), 4.3.1 节

interval_estimate2 — 区间估计 (两个正态总体均值、双侧), 4.3.2 节

interval_estimate3 — 区间估计 (非正态总体均值、双侧), 4.3.3 节

interval_estimate4 — 区间估计 (单个正态总体均值、单侧), 4.3.4 节

interval_estimate5 — 区间估计 (两个正态总体均值、单侧), 4.3.4 节

interval_var1 — 区间估计 (单个正态总体方差、双侧), 4.3.1 节

interval_var2 — 区间估计 (两个正态总体方差比、双侧), 4.3.2 节

interval_var3 — 区间估计 (单个正态总体方差、单侧), 4.3.4 节

interval_var4 — 区间估计 (两个正态总体方差比、单侧), 4.3.4 节

M

MC1 — 用 Monte Carlo 方法 (随机投点法) 求 π 的估计值, 10.1.2 节

MC1_2 — 用 Monte Carlo 方法 (平均值法) 求 π 的估计值, 10.1.3 节

MC2 — 用 Monte Carlo 方法求解赶火车问题, 10.3.2 节

MC3 — 用 Monte Carlo 方法求解核反应堆屏蔽层设计问题, 10.3.2 节

mean.test1 — 单个正态总体的均值检验, 5.2.1 节

mean.test2 — 两个正态总体的均值差检验, 5.2.1 节

moment_fun — 作矩估计用的解方程函数, 4.1.1 节

N

Newtons — Newton 法求方程组的根, 2.9.3 节, 4.1.1 节

nP — 使谱系图更好看的函数, 8.2.2 节

O

outline — 绘数据的轮廓图, 3.5.1 节

P

paramet.int — 非线性拟合参数的区间估计, 6.7.2 节

P_value — 计算 P 值, 5.2.1 节

Q

queue1 — 模拟等待制 (单服务台) 排队模型, 10.4.3 节

queue2 — 模拟等待制 (多服务台) 排队模型, 10.4.3 节

queue3 — 模拟混合制 (单服务台) 排队模型, 10.4.4 节

queue4 — 模拟混合制 (多服务台) 排队模型, 10.4.4 节

R

Reg_Diag — 回归诊断, 6.5.4 节

Rosenbrock — Rosenbrock 函数, 4.1.2 节

ruben.test — 通过样本的相关系数估计总体的相关系数, 3.4.2 节

T

trace — 模拟追逐问题, 10.3.1 节

twosam — 计算两样本的 t 统计量, 2.9.1 节

U

unison — 绘数据的调和曲线, 3.5.3 节

V

var.test1 — 方差检验 (单个正态总体), 5.2.2 节

var.test2 — 方差比检验 (两个正态总体), 5.2.2 节

附录 B　R 软件中的函数 (程序)

A

abline — 低水平作图函数, 加直线, 3.3.3 节, 6.1.7 节

add — 图中的逻辑命令, 是否加图, 3.3.2 节

add1 — 逐步回归, 增加一个变量, 6.4.2 节

all — 判别全部为真, 2.2.3 节

anova — 生成方差分析表, 6.2.2 节

any — 判别之一为真, 2.2.3 节

aov — 计算方差分析表, 7.1.3 节, 7.2.1 节, 7.2.2 节, 7.3.2 节, 7.3.3 节

apply — 应用函数, 计算数组的各种运算, 2.5.5 节, 3.1.1 节

assign — 赋值函数, 2.2.1 节

as.data.frame — 转换为数据框, 2.6.2 节

as.dendrogram — 将系统聚类的对象转换为谱系图对象, 8.2.2 节

as.character — 转换为字符型变量, 2.3.1 节

as.numeric — 转换为数值型变量, 2.3.1 节

as.vector — 转换为向量, 2.5.5 节

array — 构造多维数组, 2.5.1 节

attach — 连接数据框或列表函数, 2.6.2 节

attr — 存取对象的属性, 2.3.3 节

attributes — 返回对象的属性, 2.3.3 节

axes — 图中的逻辑命令, 是否画坐标轴, 3.3.2 节

axis — 低水平作图函数, 边上加标记, 3.3.3 节

B

bartlett.test — Bartlett 检验函数, 7.1.5 节

binom.test — 二项总体分布的检验函数, 5.2.3 节, 5.3.4 节, 5.3.7 节

biplot — 按主成分画数据散点图, 9.1.3 节

break — 中止语句, 2.8.2 节

boxplot — 作箱线图, 3.2.3 节

C

c — 向量建立函数, 2.2.1 节

cancor — 典型相关分析计算函数, 9.3.3 节

cbind — 矩阵按列合并, 2.5.5 节

chisq.test — χ^2 检验函数, 5.3.1 节, 5.3.2 节, 5.3.3 节

coef — 提取回归系数, 6.2.2 节

coefficients — 提取回归系数, 6.2.2 节

complex — 生产复数, 2.2.6 节

contour — 绘三维图形的等值线, 3.3.1 节

cooks.distance — 计算 Cook 距离, 6.5.4 节

coplot — 绘样本的散点图 (不同水平), 3.3.1 节

cor — 计算相关矩阵, 3.4.1 节, 3.4.3 节, 5.3.6 节

cor.test — 相关性检验, 3.4.2 节, 3.4.3 节

cov — 计算协方差阵, 3.4.1 节, 3.4.3 节

covratio — 计算 COVRATIO 值, 6.5.4 节

crossprod — 交叉乘积运算 $(x'y)$, 2.5.4 节

cut — 将变量分成若干个区间, 5.3.1 节

D

data — 调用 R 中的数据库, 2.7.3 节

data.frame — 生成数据框, 2.6.2 节

density — 核密度估计函数, 3.2.2 节

det — 计算矩阵的行列式, 2.5.4 节

deviance — 提取残差平方和, 6.2.2 节

dffits — 计算 DFFITS 距离, 6.5.4 节

dim — 定义数组维数, 2.5.1 节

　　 — 取矩阵的维数, 2.5.5 节

dimnames — 数组命名, 2.5.5 节

dist — 生成聚类分析中的距离结构, 8.2.1 节

dnorm — 概率密度函数 (正态分布), 3.2.1 节

dotchart — 绘数据的点图, 3.3.1 节

dpois — 概率密度函数 (Poisson 分布), 3.2.1 节

drop1 — 逐步回归, 减少一个变量, 6.4.2 节

E

ecdf — 经验分布, 3.2.2 节

edit — 编辑函数, 2.6.3 节

eigen — 求矩阵的特征值与特征向量, 2.5.4 节, 6.5.5 节

exp — 指数函数, 2.2.1 节

F

factanal — 因子分析计算函数, 9.3.5 节

factor — 生成因子, 2.4.1 节

fisher.test — Fisher 检验函数, 5.3.3 节

fix — 数据编辑, 2.1.3 节

friedman.test — Friedman 检验, 7.1.7 节

fivenum — 五数总括, 3.2.3 节

for — 循环语句, 2.8.3 节

formula — 提取模型公式, 6.2.2 节

G

gl — 生成因子, 2.4.3 节

glm — 计算广义线性模型的函数, 6.6.1 节, 6.6.2 节

H

hat — 计算帽子矩阵, 6.5.4 节

hatvalues — 计算帽子矩阵, 6.5.4 节

hclust — 计算系统聚类, 8.2.2 节

hist — 绘样本直方图, 2.1.2 节, 3.2.2 节, 3.3.1 节

I

I(X^2) — X^2, 6.3.6 节

if / else — 分支语句, 2.8.1 节

image — 绘三维图形, 3.3.1 节

Inf — 无限数据, 2.2.4 节

influence.measures — 回归诊断总括函数, 6.5.4 节

is.character — 判断是否为字符型变量, 2.3.1 节

is.data.frame — 判断是否为数据框, 2.7.1 节

is.finite — 判断是否为有限数据, 2.2.4 节

is.infinite — 判断是否为无限数据, 2.2.4 节

is.list — 判断是否为列表, 2.7.1 节

is.na — 判断是否为缺失数据, 2.2.4 节

is.nan — 判断是否为不确定数据, 2.2.4 节

is.numeric — 判断是否为数值型变量, 2.3.1 节

K

kappa — 计算矩阵条件数, 6.5.5 节

kmeans — K 均值聚类函数, 8.2.3 节

ks.test — Kolmogorov-Smirnov 检验, 3.2.4 节, 5.3.2 节

kruskal.test — Kruskal-Wallis 检验, 7.1.6 节

L

length — 计算向量和维数, 2.2.1 节, 2.3.1 节, 4.1.1 节

library — 将数据库调入内存, 2.7.2 节, 2.7.3 节

lines — 画直线, 2.2.6 节, 3.2.2 节
　　　　 — 低水平作图函数, 加线, 3.3.3 节

list — 生成列表, 2.6.1 节

lm — 作线性回归, 6.1.3 节, 6.2.1 节, 6.3.3 节, 6.3.7 节, 6.4.2 节

load — 载入工作空间, 2.1.3 节

loadings — 提取载荷因子函数, 9.1.3 节

log — 对数函数, 2.8.1 节

lsfit — 最小二乘拟合, 2.5.4 节

M

mahalanobis — 计算 Mahalanobis 距离, 8.1.1 节

matrix — 构造矩阵, 2.5.1 节

max — 计算样本的最大值, 2.2.1 节

mcnemar.test — McNemar 检验函数, 5.3.3 节

mean — 计算样本均值, 2.1.2 节, 3.1.1 节, 4.1.1 节

median — 计算样本中位数, 2.2.1 节, 3.1.1 节

min — 计算样本的最小值, 2.2.1 节

mode — 属性函数, 2.3.1 节

N

NA — 缺失数据, 2.2.4 节

NAN — 不确定数据, 2.2.4 节

ncol — 取矩阵的列数, 2.5.5 节

next — 空语句, 2.8.2 节

nlm — 求多元函数极小点, 4.1.2 节, 6.7.2 节

nls — 计算非线性拟合函数, 6.7.2 节

numeric — 产生数值型变量, 2.2.7 节

nrow — 取矩阵的行数, 2.5.5 节

O

optimise — 求一元函数极小点, 4.1.2 节

optimize — 求一元函数极小点, 4.1.2 节

order — 计算顺序统计量的下标, 2.2.1 节, 3.1.1 节

outer — 叉积运算, 2.5.4 节

P

p.adjust — P 值调整函数, 7.1.4 节

pairs — 绘样本散布图, 3.3.1 节

pairwise.t.test — 均值的多重比较, 7.1.4 节

par — 图形参数设置函数, 6.5.4 节

paste — 连接字符串, 2.2.5 节

persp — 绘三维图形的表面曲线, 3.3.1 节

plclust — 绘出谱系图, 8.2.2 节

plot — 绘样本的散点图, 2.1.2 节, 3.3.1 节

　　　— 绘出经验分布图, 3.2.2 节, 6.3.7 节

　　　— 绘曲线、样本直方图、箱线图、散布图等, 3.3.1 节, 7.1.3 节

　　　— 绘回归诊断图, 6.2.2 节, 6.5.3 节

　　　— 绘出谱系图, 8.2.2 节

pnorm — 分布函数 (正态分布), 3.2.1 节

points — 低水平作图函数, 加点, 3.3.3 节

poly — 计算正交多项式, 6.7.1 节

ppois — 分布函数 (Poisson 分布), 3.2.1 节

prcomp — 计算主成分分析, 9.2.3 节

princomp — 计算主成分分析, 9.2.3 节

prod — 连乘积函数, 2.2.1 节

predict — 模型预测及区间估计, 6.1.5 节, 6.2.2 节, 6.3.5 节

　　　　— 预测主成分值, 9.1.3 节

print — 显示结果, 6.2.2 节

Q

q() — 退出 R 系统, 2.1.3 节

qnorm — 计算下分位点 (正态分布), 3.2.1 节

qpois — 计算下分位点 (Poisson 分布), 3.2.1 节

qqline — 绘制 QQ 散点图对应的直线, 3.2.2 节, 3.3.1 节

qqnorm — 绘制 QQ 散点图, 3.2.2 节, 3.3.1 节

qqplot — 绘制 QQ 散点图, 3.2.2 节, 3.3.1 节

qr — QR 分解, 2.5.4 节

qr.coef — 计算最小二乘的系数, 2.5.4 节

qr.fitted — 最小二乘的拟合值, 2.5.4 节

qr.resid — 最小二乘的拟合残差值, 2.5.4 节

quantile — 计算样本百分位数, 3.1.1 节

R

range — 计算样本的区间, 2.2.1 节

rank — 计算秩统计量, 5.3.5 节

rcauchy — 产生 Cauchy 分布的随机数, 4.1.2 节

rbind — 矩阵按行合并, 2.5.5 节

rbinom — 产生二项分布的随机数, 4.1.1 节

read.csv — 读 Excel 表的 CSV 文件, 2.7.2 节

read.delim — 读 Excel 表的纯文本文件, 2.7.2 节

read.dta — 读 Stata 文件, 2.7.2 节

read.S — 读 S-PLUS文件, 2.7.2 节

read.spss — 读 SPSS 文件, 2.7.2 节

read.table — 读数据文件, 2.1.2 节, 2.7.1 节

read.xport — 读 SAS 文件, 2.7.2 节

rect.hclust — 确定聚类函数, 8.2.2 节

resid — 计算回归残差, 6.5.2 节

residuals — 计算回归残差, 6.1.7 节, 6.2.2 节, 6.5.2 节

rep — 产生重复的数列, 2.2.2 节

repeat — 循环语句, 2.8.3 节

rnorm — 生成随机数 (正态分布), 3.2.1 节

rpois — 生成随机数 (Poisson 分布), 3.2.1 节

rstandard — 标准化 (内学生化) 残差, 6.5.2 节

rstudent — (外) 学生化残差, 6.5.2 节

S

save.image — 保存工作空间, 2.1.3 节

scale — 作数据中心化或标准化的函数, 8.2.1 节

scan — 读纯文本文件, 2.7.1 节

screeplot — 画出主成分的碎石图函数, 9.1.3 节

sd — 计算样本标准差, 2.1.2 节, 3.1.2 节

seq — 产生等间隔数列, 2.2.2 节

shapiro.test — 正态性 W 检验, 3.2.4 节, 6.5.2 节, 7.1.5 节

solve — 解方程组、矩阵求逆, 2.5.4 节

source — 执行自编的函数 (程序), 2.1.3 节

sort — 计算顺序统计量, 2.2.1 节, 3.1.1 节

sort.list — 计算顺序统计量的下标, 2.2.1 节

stars — 星图, 3.5.2 节

stem — 作茎叶图, 3.2.3 节

step — 作逐步回归, 6.2.2 节, 6.4.2 节

sqrt — 开方函数, 2.2.1 节

sum — 求和函数, 2.2.1 节, 3.1.1 节

summary — 提取模型信息, 6.1.3 节, 6.2.2 节, 6.3.3 节, 6.4.2 节

　　　　 — 提取主成分信息, 9.2.3 节

svd — 矩阵的奇异值分解, 2.5.4 节

sweep — 对数组或矩阵进行某种运算, 8.2.1 节

switch — 多分支语句, 2.8.1 节

T

t — 矩阵的转置, 2.5.4 节

tcrossprod — 交叉乘积运算 (xy'), 2.5.4 节

t.test — t 检验函数, 4.3.1 节, 4.3.2 节, 4.3.4 节, 5.2.1 节

table — 因子合并函数, 5.3.1 节

tapply — 对 "不规则" 数组的应用函数, 2.4.2 节

text — 低水平作图函数, 加文字, 3.3.3 节

title — 低水平作图函数, 加标记, 3.3.3 节

type — 图中的显示命令, 表示绘出各种形式的图形, 3.3.2 节

U

uniroot — 求非线性方程的根, 2.9.1 节, 4.1.2 节

updata — 模型修正, 6.3.6 节, 6.3.7 节

V

var — 计算样本方差, 2.2.1 节, 3.1.2 节, 4.1.1 节

var.test — 方差比检验函数, 4.3.2 节, 5.2.2 节

varimax — 计算最大方差因子载荷, 9.2.4 节

W

weighted.mean — 计算加权样本均值, 3.1.1 节

which.max — 给出最大值的下标, 2.2.1 节

which.min — 给出最小值的下标, 2.2.1 节

whicoxon — Wilcoxon 秩检验函数, 5.3.7 节

while — 循环语句, 2.8.3 节

write — 写纯文本文件, 2.7.4 节

`write.table` —— 将数据框或列表写成纯文本文件, 2.7.4 节

`write.csv` —— 将数据框或列表写成 Excel 的 CSV 文件, 2.7.4 节

其他

`% %` —— 除法求余数, 2.2.1 节

`%*%` —— 点积运算, 2.5.4 节

`%/%` —— 整除运算, 2.2.1 节

`%o%` —— 叉积运算, 2.5.4 节

`:` —— 产生等差数列, 2.2.2 节

参 考 文 献

[1] 高惠璇. 应用多元统计分析. 北京：北京大学出版社, 2005

[2] 王学民. 应用多元统计分析. 第 2 版. 上海：上海财经大学出版社, 2004

[3] 范金城, 梅长林. 数据分析. 北京：科学出版社, 2002

[4] 王松桂, 陈敏, 陈立萍. 线性统计模型. 北京：高等教育出版社, 1999

[5] Johnson D. Applied Multivariate Methods for Data Analysts. 影印版. 北京：高等教育出版社, 2005

[6] Weisberg S. Applied Linear Regression. Second Edition. 王静龙, 梁小筠, 李宝慧译, 柴根象校. 应用线性回归. 第 2 版. 北京：中国统计出版社, 1998

[7] 王玲玲, 周纪芗. 常用统计方法. 上海：华东师范大学出版社, 1994

[8] 吴国富, 安万福, 刘景海. 实用数据分析方法. 北京：中国统计出版社, 1992

[9] 薛毅. 数学建模基础. 北京：北京工业大学出版社, 2004

[10] 沈其君. SAS 统计分析. 北京：高等教育出版社, 2005

[11] Ross S M. 统计模拟. 影印版. 北京：人民邮电出版社, 2006

[12] http://www.r-project.org

[13] http://cran.r-project.org/bin/windows/base/(下载 R 软件)